ein Ullstein Buch

PROPYLÄEN WELTGESCHICHTE

Eine Universalgeschichte
Herausgegeben von
GOLO MANN
unter Mitwirkung von
ALFRED HEUSS
und
AUGUST NITSCHKE

Band I
Vorgeschichte · Frühe Hochkulturen
Band II
Hochkulturen des mittleren und östlichen Asiens
Band III
Griechenland · Die hellenistische Welt
Band IV
Rom · Die römische Welt
Band V
Islam · Die Entstehung Europas
Band VI
Weltkulturen · Renaissance in Europa
Band VII
Von der Reformation zur Revolution
Band VIII
Das neunzehnte Jahrhundert
Band IX
Das zwanzigste Jahrhundert
Band X
Die Welt von heute
Band XI
Summa Historica

Elf Bände in zweiundzwanzig Halbbänden

Elfter Band
2. Halbband

Summa Historica

HERBERT GRUNDMANN
JANHEINZ JAHN
GOLO MANN

CIP-Kurztitelaufnahme der Deutschen Bibliothek

Propyläen-Weltgeschichte:
e. Universalgeschichte; 11 Bd. in 22 Halbbd. /
hrsg. von Golo Mann unter Mitw.
von Alfred Heuss u. August Nitschke. –
Frankfurt/M, Berlin, Wien: Ullstein.
([Ullstein-Bücher] Ullstein-Buch;
Nr. 4720)
ISBN 3-548-04720-3

NE: Mann, Golo [Hrsg.]

Bd. 11. → Summa historica

Summa historica. –
Frankfurt/M, Berlin, Wien: Ullstein.

Halbbd. 2. Herbert Grundmann... – 1976.
(Propyläen-Weltgeschichte; Bd. 11)
([Ullstein-Bücher] Ullstein-Buch;
Nr. 4742)
ISBN 3-548-04742-4

NE: Grundmann, Herbert [Mitarb.]

*Ullstein Buch Nr. 4742
im Verlag Ullstein GmbH,
Frankfurt/M – Berlin – Wien*

*Der Text der Taschenbuchausgabe
ist identisch mit dem der
Propyläen Weltgeschichte*

*Umschlag: Hansbernd Lindemann
Alle Rechte vorbehalten
© 1965 by Verlag Ullstein GmbH,
Frankfurt a. M./Berlin
Printed in Germany 1976
Gesamtherstellung: Ebner, Ulm
ISBN 3 548 04742 4*

INHALTSVERZEICHNIS

Herbert Grundmann

363 ÜBER DIE WELT DES MITTELALTERS

»Mittelalter« und »Weltgeschichte« *(365)* Das letzte Zeitalter *(369)* Das letzte Weltreich *(373)* Erdkarte und Weltraum *(376)* Das antike und das patristische Erbteil des Mittelalters *(381)* Scheideweg zum Abendland – Anfänge des Mittelalters *(387)* Eigene Überlieferung mittelalterlicher Völker *(392)* Recht im Mittelalter *(396)* Adelsherrschaft *(401)* Königtum *(407)* Das mittelalterliche Kaisertum *(413)* Mönchtum, Kirche, Papsttum und deren Reformen *(420)* Ketzer, Gelehrte, Denker *(428)* Soziale Wandlungen – Kaufleute, Bürger, Städte *(435)* In summa *(442)*

Janheinz Jahn

447 AFRIKA · DER NEUE PARTNER IN DER WELTGESCHICHTE

Golo Mann

477 DIE EUROPÄISCHE MODERNE

Staat *(482)* Krieg und Frieden *(491)* Emanzipation *(494)* Demokratie und Revolution *(498)* Amerika *(506)* Geschichte *(515)* Zeitkritik und Individualität *(522)* Die Industrie-Gesellschaft *(528)* Kann man das Wesen seines eigenen Zeitalters bestimmen? *(535)*

541 LITERATUR ZUR WELTGESCHICHTE

689 NAMEN- UND SACHREGISTER

(Von *Heinrich Dechamps*)

716 QUELLENVERZEICHNIS DER ABBILDUNGEN

Herbert Grundmann

ÜBER DIE WELT DES MITTELALTERS

»Mittelalter« und »Weltgeschichte«

Wie einfach, wie gradlinig sah sich der Lauf der Weltgeschichte an für Europäer, die aus ihrer »Neuzeit« stolz oder wehmütig zurückblickten über ein »Mittelalter«, das ihr voranging, mißachtet oder romantisch verklärt, auf das »Altertum«, in dem fast alles zu beginnen schien, was denkwürdig und vorbildlich noch weiterwirkte: das philosophische Denken und die Wissenschaften, die Künste und die Literatur in den noch immer geschriebenen und lesbaren, nicht erst zu entziffernden Schriften, auch die Staatskunst und Staatslehre, nicht zuletzt die wahre, monotheistische, christliche Religion und Kirche. Das »klassische Altertum«, aus dem alles das kam, mochte »Vorstufen« gehabt haben im Orient, in Ägypten, Babylon, Palästina. Mancherlei war gewiß von dort zu den Griechen gekommen, von ihnen an die Römer weitergegeben worden. Auch Überlieferungen aus germanischer Heidenzeit, aus antiken Autoren bekannt, mochten sich dann mit griechisch-römischem und christlichem Erbe verbunden haben. Der »Strom der Geschichte« hatte wohl verschiedene Quellflüsse, er hatte auch Nebenflüsse, »Einflüsse« unterwegs. Aber er schien im ganzen überschaubar wie ein Flußnetz, stetig zurückzuverfolgen bis zu den Ursprüngen, unaufhaltsam in zeitweise ruhigem, manchmal gestautem, dann wieder strudelndem Gefälle gleichsam durch wechselnde Landschaften auf uns zufließend: aus dem Vorderen Orient, dem Zweistrom- und dem Nil-Land in die Mittelmeerländer, erst nach Griechenland mit seinen kleinasiatischen und süditalischen Kolonien, dann nach Rom und in seine Provinzen rings ums Mittelmeer, bis sich der Hauptstrom der Geschichte nach den Strudeln und Wirbeln der »Völkerwanderung« auch über die römischen Reichsgrenzen hinweg in alle europäischen Länder ergoß und von da aus schließlich in die »überseeischen« Länder, die Erde umspannend, die man gern »die Welt« nennt, zur »Weltgeschichte« geworden, als ob er damit ins weite Meer mündete. An manchen Wendepunkten oder Katarakten schien dieser Fluß, durch neue Einflüsse verändert und verstärkt, einen neuen Namen zu verdienen und sich danach gliedern zu lassen, etwa wie der Rhein in den Ober-, Mittel- und Niederrhein: so ähnlich unterschied man das Altertum, das Mittelalter, die Neuzeit voneinander, wenn auch nicht immer ganz einig darüber, wo und wann und warum das eine aufhörte, das andre begann, welche Gestalten, Werke, Ereignisse »noch« ganz antik, »schon« mittelalterlich oder bereits gegenwartsnäher »modern«

wirkten auf den Betrachter, der wie vom Ufer aus diesem vorübergleitenden, weitereilenden Strom der Geschichte glaubte zuschauen zu können, als triebe er nicht selbst in ihm. Bei näherem Zusehen mußte er statt scharfer Epochengrenzen allmähliche Übergänge und »Übergangszeiten« zugestehen, zumal so viel Antikes durch das Mittelalter in die Neuzeit überging oder unterwegs wieder zutage kam, aufgegriffen wurde und weiterwirkte. Ihre »Kontinuität« aber schien die Geschichte, trotz vieler Wandlungen, über alle Epochengrenzen hinweg zu wahren, nie ganz zu unterbrechen oder immer wieder herzustellen.

An diesem Gesamtbild der Weltgeschichte, wie es noch Leopold von Ranke (gestorben 1886) in seinem unvollendeten Alterswerk darstellte, ist man seitdem irre geworden. Nicht nur hat sich der Blick geweitet nach rückwärts auf viel ältere Zeiten der »Vorgeschichte«, nach außen auf fremde Kulturen mit eigener Geschichte weit abseits von jenem Flußsystem, in das sie nicht einmündet, ehe es ins Weltmeer der Gegenwart verströmt. Auch den Europäern selbst gilt ihre vermeintliche »Neuzeit« seit der Renaissance und Reformation oder den »Übergangszeiten« vor- oder nachher nicht mehr einhellig als Beginn ihrer eigenen Zeit; sie konnten bereits rückblickend vom »Ende der Neuzeit« sprechen (Romano Guardini), ja »Abschied von der bisherigen Geschichte« nehmen (Alfred Weber), sei sie beendet durch ein »neues Mittelalter« (Nikolai Berdjajew) oder durch eine »neueste Zeit«, durch die »Zeitgeschichte«, die »histoire contemporaine« nach der »histoire moderne«, durch »die Welt von heute«, wie sie der zehnte Band dieser Propyläen-Weltgeschichte darstellt: ein geschichtlicher Neubeginn, »wie er nur alle fünf- oder zehntausend Jahre vorkommt«, »eine der ganz großen Kulturschwellen in der Geschichte der Menschheit« (Hans Freyer). Schrumpfen aus dieser Sicht nicht die Unterschiede zwischen früheren Epochen zusammen?

In der hier nunmehr vorliegenden »Universalgeschichte« trägt denn auch kein Band mehr wie bisher in ähnlichen Werken den Titel »Altertum« oder »Mittelalter« oder »Neuzeit«. Nur im fünften Band, der neben dem Islam »Die Entstehung Europas« behandelt, behauptet sich in der Überschrift zweier Beiträge (von F.L. Ganshof und A. Borst) noch das Wort »Hochmittelalter«. Doch welchen Sinn hat es, wenn es nicht mehr zwischen einem Früh- und Spätmittelalter und mit beiden in der Mitte zwischen einem Altertum und einer Neuzeit steht? Statt dessen heißt nun der dritte Band »Griechenland – Die hellenistische Welt«, der vierte »Rom – Die römische Welt«, der letzte »Die Welt von heute«, und in der Einleitung zum fünften Band ist auch von der »mittelalterlichen Welt« und ihrer Andersartigkeit die Rede. Ist uns die »Weltgeschichte« zu einer Abfolge von verschiedenen, eigenartigen »Welten« geworden, die nur neben- oder nacheinander vergleichend zu beschreiben sind wie getrennte Erdteile, allenfalls durch Landbrücken verbunden wie Nord- und Südamerika oder Afrika und Asien, nur ausnahmsweise ineinander übergehend wie Asien und Europa, schwer genau abzugrenzen und doch unterscheidbar? Schon vor fünfzig Jahren hielt Oswald Spengler das herkömmliche Bild der kontinuierlichen Weltgeschichte für hinfällig und sah statt des einen stetig weiterfließenden Stroms eine Folge von »Kulturen« aus eigenem Keim pflanzenhaft wachsen, blühen, welken, fast beziehungs- und verständnislos untereinander; und für Arnold Toynbee löst sich die überschaubare Geschichte in eine noch größere Zahl von *civilizations* oder *societies* auf, die immer wieder vor ähnlichen Aufgaben stehen, sich daran erproben und entfalten und sie doch nicht bewältigen, wenn nicht diese vielgliedrige Kette schließlich gesprengt wird – durch den Glauben. Anderen Betrachtern ist wenigstens das »europazentrische Geschichtsbild« fragwürdig und verdächtig geworden, das alle frühere Geschichte auf Europa zugehen sieht; sie bemühen sich selbstlos um eine Art Vogelschau rings über und um den Erdball, als müßte auch dem Historiker eine nicht perspektivisch vom eigenen Stand- und Zeitpunkt bedingte, gleichmäßige Übersicht möglich sein, wie sie den Geographen seit vierhundert Jahren gelang.

Dem Geographen konnte der Blick sich entgrenzen und unbefangen rings um die ganze Erde gehen, seit sie – von Europa aus! – rund herum entdeckt und bekannt ist; die letzten weißen Flecke auf der Land- und Erdkarte konnten wenigstens vom Flugzeug aus photographiert werden, wie nun auch schon der Mond. Kann aber je auch die Zeit, in der sich menschliche Geschichte auf dieser Erde abspielt, gleicherweise als Ganzes überschaut werden? Selbst wenn die Anfänge menschlicher Frühkultur und Vorgeschichte aus ihren Spuren und Resten so weit erschlossen würden, daß uns der Weg, daß alle Wege, die von da aus in die Folgezeit führten, sichtbar und verständlich wären: wohin sie weiterführen über die Gegenwart hinaus, das kann für historische Forschung nicht erkennbar werden. Das ist auch nicht auszudenken, allenfalls zu vermuten, zu wünschen oder zu fürchten, zu wollen und zu steuern, soweit das menschenmöglich ist. Die Geschichte auf dieser Erde, die »Weltgeschichte«, kann wohl in allen Räumen und Erdteilen, aber nie durch alle Zeiten von Anfang bis Ende beobachtet und dargestellt werden, geschweige denn als Ganzes eingeordnet in einen größeren Zusammenhang der Welt- und Naturgeschichte im weiteren Sinn wie die Erdkugel in das erkennbar, berechenbar gewordene Sonnen- und Sternensystem.

So banal selbstverständlich das klingen mag, es unterscheidet doch den Historiker in seinen Erkenntnismöglichkeiten und -aufgaben grundlegend vom Geographen und vom Astronomen, das Zeitbild vom Raumbild: Dieses kann auch das Fernste einbeziehen und umfassen, jenes nur das Vergangene, nicht das Künftige, das ungewiß bleibt. Und jede Spanne neuer erlebter Geschichte, die zu erkennbarer Vergangenheit wird, kann den Rückblick auch auf die vorher bekannte Geschichte nicht nur erweitern, ergänzen, bereichern, sondern ändern: Sie sieht im Ganzen anders aus, wenn man von der nächsten Etappe des vorher unbekannten Weges darauf zurückschaut. Doch von einem Endpunkt, vom erreichten Ziel aus werden nie Menschen auf das Ganze der Weltgeschichte zurückblicken können, als wären sie an ihrem Fortgang nicht mehr mitverantwortlich beteiligt oder wüßten über ihn schon Bescheid. Nur sehen und wirken sie vielleicht auch anders in die ungewisse Zukunft, wenn ihnen die vergangene, bis zur Gegenwart reichende Geschichte nicht unbekannt ist. Die Versuchung ist zwar groß und hat viele verführt, daraus voreilige Folgerungen zu ziehen und den vermeintlich notwendigen, unausweichlichen, folgerichtigen Fortgang der Geschichte zu erschließen. Doch noch stets ist sie anders weitergegangen, als die beteiligten Menschen dachten und wollten; diese Einsicht aus historischer Erkenntnis könnte und sollte heilsam sein gegen die Anfälligkeit für Prognosen, willkürliches

Scheinwissen über die Zukunft und über den vermeintlich gesetzmäßigen Fortgang der Geschichte. Die bloße Kenntnis anderer »Welten« und »Kulturen« der Vergangenheit könnte zwar das tatkräftige Zutrauen in die Lösbarkeit eigener Aufgaben in der Welt von heute beirren und lähmen, wenn sie nicht auch zum Ansporn würde, aus Einsicht in die Eigenart und Bedingtheit aller bisherigen Geschichte über deren Grenzen noch hinauszukommen — nicht nur in den »Weltraum«, auch in eine Zukunft, die zwar ungewiß und nicht im voraus erkennbar, aber für uns und von uns zur weiteren Geschichte zu gestalten ist.

Gerade darin nicht zum wenigsten unterschied sich nun aber das Jahrtausend, das man Mittelalter zu nennen pflegt, von den Zeiten vor- und nachher: Es glaubte in einer nicht nur räumlich, sondern auch zeitlich begrenzten, als Ganzes überschaubaren Welt zu leben und über deren Anfang, Mitte und Ende Bescheid zu wissen. Eine künftige »Neuzeit«, die ihm folgen könnte, war ihm nicht denkbar oder höchstens in ganz anderem Sinne, als sie dann kam. Es hielt sich selbst für die Endzeit aller irdischen Geschichte. Und fast alles, was in diesem Jahrtausend in Europa geschaffen, gedacht, getan, gewollt wurde, war mitbestimmt oder doch umfangen vom Rahmen dieses Zeitbewußtseins. Das ist uns seitdem so fremd geworden, daß man es sich schwer noch vorstellen und ernst nehmen kann, während der enge Raumhorizont des Mittelalters und seine spätere Entgrenzung uns aus eigener Erfahrung und Anschauung begreiflicher ist.

Wie aber konnte dann gerade aus dem, was den Zeitgenossen als Endzeit galt, für Spätere das »Mittelalter« werden? Wie konnte aus der Vorstellung, daß keine neue Zeit folgen könne, die »Neuzeit« hervorwachsen? Dem Mittelalter unbekannte neue Räume und Erdteile, die es auch vorher gab, ließen sich entdecken, »erfahren« im ursprünglichen Sinn dieses Wortes. Dadurch konnte sich das Weltbild weiten, brauchte sich aber nicht im Kern zu ändern, hätte nicht zugleich eine neue, grenzenlose Zeit sich aufgetan, die kein Ende mehr absehen ließ, auf das bislang alles Leben, Denken und Schaffen gerichtet war. Dies aber war keine Entdeckung des Vorhandenen, sondern eine Entgrenzung ins Ungewisse einer weitergehenden Geschichte, deren Wege nicht gebahnt und vorgezeichnet sind, höchstens mitbestimmt durch ihren bisherigen Verlauf und durch menschliches Verhalten an jedem Kreuz- und Scheideweg.

Insofern ist von einer eigenen »Welt« des Mittelalters zu sprechen, die nicht mehr die unsre ist. Während aber die antike Mittelmeerwelt nicht einfach als Ganzes in dieses abendländische Mittelalter einmündete und sich in ihm fortsetzte, obgleich es selbst so dachte und vieles aus ihr aufnahm, führte es seinerseits dann wider Erwarten durch seine eigne Wandlung in die Folgezeit weiter. Fast unmerklich, nicht datierbar wie Entdeckungsfahrten in neue Räume, ist dabei jenes Endzeitbewußtsein verblaßt und entschwunden, nicht etwa plötzlich erst durch die Wiederentdeckung antiker Überlieferung in der Renaissance abgelöst durch ein andersartiges Zeit- und Weltbild. Vielmehr muß schon im Mittelalter selbst vieles daran mitgewirkt, ja dazu gedrängt haben, daß seine Welt nicht so end-gültig blieb, wie es gedacht hatte, sondern die »Neuzeit« aus ihr hervorging. Das kann freilich höchstens dann verständlich werden, wenn man diese mittelalterliche Welt nicht nur in ihrer Eigenart bewundernd, verehrend oder staunend beschreibt, wie es selbst sie sah und darstellte, sondern sie gleichsam durchleuchtet wie in einer Art Röntgenbild, das nicht Haut und Haar, Fleisch und Blut sichtbar macht, aber das tragende Gerüst mit seinen Spannungen und Gelenken, den Voraussetzungen seiner Bewegung und Wandlung. Vieles Anschauliche, Eindrucksvolle, Schöne und Seltsame mag dabei verlorengehen, nicht alles auf den ersten Blick in deutlicher Schärfe zu sehen sein. Aber Einblicke sind so vielleicht zu gewinnen, die der bloßen Schilderung und Nachzeichnung entgehen und uns verständlicher machen können, wie eigenartig diese Zeit nicht nur war, sondern fortwirkte, und was daraus wurde.

Das letzte Zeitalter

Im Jahre 397 n. Chr., zwei Jahre nach dem Tod des Kaisers Theodosius des Großen, der zum letztenmal den lateinischen Westen und den griechischen Osten des Römischen Reiches unter seiner Herrschaft verband, schrieb wohl in der reichen, blühenden Provinz Nordafrika, wo damals auch Augustinus als Bischof von Hippo Regius wirkte, ein sonst wenig bekannter Bischof Quintus Julius Hilarianus eine Schrift über den Zeitenlauf *(De cursu temporum)* oder über die Dauer der Welt *(De duratione mundi)*. Ähnlich wie zur gleichen Zeit in Gallien der gelehrte Sulpicius Severus, Freund und Biograph des heiligen Martin von Tours, in einer Weltchronik und wie schon andere vorher, berechnete Hilarian aus den Zeitangaben des Alten Testaments den Tag der Weltschöpfung auf den 25. März des Jahres 5500 vor Christi Geburt; und gleich anderen Christen seiner Zeit war er überzeugt, daß diese Welt sechs Jahrtausende lang bestehen sollte, wie sie in sechs Tagen geschaffen wurde – denn tausend Jahre sind vor Gott wie ein Tag (Psalm 89,4; 2. Petr. 3,8). Demnach erwartete er um das Jahr 500 das Weltende oder den Anbruch einer tausendjährigen Sabbatruhe und Friedenszeit auf Erden, in der der Satan gebunden wäre, wie es die Johannes-Apokalypse (20,4) verhieß, vor der letzten Auferstehung zum Weltgericht nach der Wiederkunft Christi. Hilarian verschwieg jedoch nicht, daß manche dagegen einwenden, über Anfang und Ende der Welt könne man überhaupt nichts wissen, während andere behaupten, die Welt bestehe schon über zwanzigtausend Jahre, oder sie habe weder Anfang noch Ende, oder sie habe zwar begonnen, werde aber ewig dauern. Doch sei das die widersprüchliche Weisheit der Welt, Selbsttäuschung durch Philosophenkunst. Gottes Wahrheit aber sei aus seiner Offenbarung, aus der Bibel zu ersehen, und nach deren Angaben sei die Weltdauer genau zu errechnen.

Fast neunhundert Jahre später, als das Stauferreich Kaiser Friedrichs II. zerbrochen war und nach dem Interregnum Rudolf von Habsburg als deutscher König sich vergeblich um die Kaiserkrönung bemühte, die ihm die Franzosen beim Papst streitig machten – Albertus Magnus und Thomas von Aquino waren nicht lange vorher gestorben –, schrieb ein Kölner Kleriker namens Alexander von Roes an der päpstlichen Kurie für einen Kardinal im Jahre 1288 eine kleine aktuelle »Weltkunde« *(Noticia seculi)*. Auch er beginnt in knappem Rückblick mit der Erschaffung der Welt und gliedert deren Verlauf nicht nur bis zu seiner Gegenwart, die ihn am meisten beschäftigt und beunruhigt, sondern bis zum Weltende, das er nach seltsamen, von einem Bamberger Grübler (um 1205) übernommenen Berechnungen an Hand des Alphabets – jeder Buchstabe ein Jahrhundert seit der Gründung Roms – um das Jahr 1500 nach Christi Geburt erwartet, rund sechstausend Jahre nach Erschaffung der Welt. Doch fügt er hinzu: »Manche versuchen freilich mit natürlichen Vernunftgründen zu beweisen, daß die Welt ewig sei oder wenigstens endlos, andere wollen behaupten, sie werde noch mehrere Jahrtausende dauern.« Er läßt das auf sich beruhen.

Diese beiden voneinander ganz unabhängigen Zeitbetrachter stehen gleichsam an den Rändern des »Mittelalters« und seines Zeitbildes. Der eine muß seinen christlichen Glauben, daß aus der Bibel die Dauer der Welt zwischen Schöpfung und Endgericht zu wissen sei, noch gegen die heidnisch-antike Zuversicht auf ewigen oder unermeßlichen, jedenfalls langen Bestand dieser Welt verfechten. Der andere weiß schon wieder, daß man darüber anders, weitfristiger denken kann als er selbst und alle Christen der Jahrhunderte vor ihm. Waren doch seit zwei, drei Generationen die naturphilosophischen Schriften des Aristoteles und anderer heidnischer Philosophen aus dem Griechischen oder Arabischen ins Latein übersetzt und wurden trotz mancher kirchlicher Verbote an der jungen Pariser Universität eifrig studiert, den Theologen der Scholastik ein neues Rüstzeug zur rationalen Klärung und Begründung ihrer Glaubenslehre, den Philosophen der Artistenfakultät aber, die man nach dem arabischen Aristoteles-Kommentator Averroës (Ibn Ruschd aus Córdoba, gestorben 1198 in Marokko) Averroisten nannte, eine Versuchung oder Ermutigung zum Zweifel an einer Befristung der Welt zwischen Schöpfung und Endgericht wie auch an der von Aristoteles nicht gelehrten Unsterblichkeit der Einzelseele. Ihre Meinung, die Welt sei ewig, die Zeit unbegrenzt nach vor- und rückwärts, wurde mit anderen Irrlehren noch 1277 in Paris als Häresie verdammt. Es hat noch lange gedauert, ehe dahinter die christliche Erwartung oder gar Berechnung des nahen Weltendes zu bloßer Sektiererei verblaßte und ebenso die Annahme, daß die Welt erst fünf- bis sechstausend Jahre vor Christi Geburt geschaffen wurde; die Jahresdatierung der Ostkirche erinnert noch heute daran. Solange man die Bibel auch für die Zeitrechnung beim Wort nahm, galt es als offenbarte, unumstößliche Glaubenswahrheit, daß von Adam bis Christus nicht mehr Zeit verging, als aus dem Alten Testament zusammenzurechnen war, und daß Christus bald wiederkommen werde zum Jüngsten Gericht, wie er verheißen hatte. In dieser Gewißheit hatten die frühen Christen gelebt. Da aber diese irdische Welt und ihre Geschichte wider Erwarten weiterging, mußten die Theologen bald die Ungeduld auf den Anbruch des Gottesreiches vertrösten, die frommen Gedanken mehr auf das Jenseits als auf die »Zukunft des Herrn« lenken. Die Furcht vor den Schrecken des Endes, wenn der Antichrist der Wiederkehr Christi voraninge und das Gericht folgte, überwog bald die freudige Hoffnung auf das baldige Kommen des Gottesreiches. Wenn aber christliche Chronisten alle ihnen bekannten Ereignisse und Gestalten der heidnischen Geschichte des Orients, Griechenlands und Roms der jeweils gleichzeitigen biblischen Geschichte zuordneten, um deren höheres Alter zu zeigen – Troja und Homer später als Moses! –, so lag es für sie besonders nahe, in diese Zeitrechnung auch die Frage einzubeziehen, wie lange diese Weltzeit noch dauern werde. In der Bibel, vor allem im Daniel-Buch und in der Johannes-Apokalypse, schien es dafür genug Anhaltspunkte zu geben, wenn man sie nur recht zu deuten verstand. Seit dem

3. Jahrhundert häufen sich solche Prognosen, zumeist kurzfristig und bald überholt; wann die sechstausend Weltjahre, die man ziemlich allgemein annahm, zu Ende sein werden, darüber sind die Meinungen geteilt, »doch scheint alle Erwartung nicht über zweihundert Jahre hinauszugehen«, schrieb am Hof Kaiser Konstantins der »christliche Cicero« Lactanz. Erst Augustinus hat solcher Rechnerei entschieden abgesagt, mit der sich überdies oft (wie noch zu seiner Zeit bei Hilarian) chiliastische Hoffnungen verbanden. Er wies auf Jesu Antwort auf die Frage der Apostel nach der Zeit seiner Wiederkunft hin: »Es ist nicht an euch, die Zeit oder Stunde zu wissen, die der Vater seiner Macht vorbehalten hat« (Apostelgesch. 1,7). Der Mensch, der Christ solle nach Gottes Willen nicht im voraus wissen, wann das Ende dieser Welt kommt, damit er immer so lebe, als stünde es unmittelbar bevor; er soll mehr an sein eignes Ende denken. Diese Worte Augustins hat noch Thomas von Aquino nachdrücklich wiederholt, wie viele andere Theologen vor und nach ihm. Sie konnten aber nicht verhindern, daß unablässig immer wieder versucht wurde – keineswegs nur von kleinen, verworrenen Geistern –, den Termin des Weltendes zu errechnen oder an den »Zeichen der Zeit« zu erkennen, wie nahe es sei, wie bald als sein Vorbote der Antichrist kommen werde, falls er nicht gar schon geboren sei. Auch Augustin hatte ja nicht gezweifelt, sondern besonders eindringlich betont, daß mit Christus das letzte Weltalter angebrochen sei, wenn es auch bis zur Wiederkunft Christi noch einmal solange dauern könne wie alle fünf früheren Weltalter zusammen. Er hatte dieser Lehre von sechs den Schöpfungstagen entsprechenden Zeitaltern *(aetates)* der Welt- und Heilsgeschichte, deren letztes mit Christus begann, die bleibende Form gegeben. Indem er damit die Lebensalter des Einzelmenschen verglich, bekam diese christliche Endzeit das Kennzeichen des Greisenalters der Menschheit, das dem Tod entgegenlebt. Dieses Bewußtsein, Spätlinge zu sein, Letztlinge, wurde seitdem durch ein Jahrtausend immer wieder ausgesprochen. Nicht nur Papst Gregor der Große (gestorben 604) spricht in seinen vielgelesenen Schriften und Briefen (auch an die von ihm bekehrten Angelsachsen, die das aufnahmen und verbreiteten) oft von »dieser alternden Welt«, die dem Ende entgegeneilt; auch noch in Staatsbriefen Kaiser Friedrichs II., den doch Jacob Burckhardt den »ersten modernen Menschen auf dem Thron« nannte, steht die Wendung aus dem 1. Korintherbrief (10,11): »wir, auf die das Ende der Welt gekommen ist« – vielleicht formelhaft, aber nicht abgestreift als unvereinbar mit einem neuen Zeitbewußtsein. Selbst Petrarca glaubte im letzten Zeitalter geboren zu sein, das mit Christus begann, und in einer alternden Welt zu leben, die sich zum Ende neigt. Erst in der Folgezeit wird dem Fortbestand dieser Welt manchmal mehr Spielraum gegeben. Nikolaus von Cues, der bei aller Denkkraft doch von solchen Berechnungen nicht lassen konnte, erwartete das Weltende erst am Anfang des 18. Jahrhunderts, der französische Reform- und Konzilstheologe Pierre d'Ailly (gestorben 1420) sogar ausgerechnet 1789, der humanistische Philosoph Pico della Mirandola im mediceischen Florenz und Melanchthons Freund Johannes Carion (gestorben 1537) in seiner Weltchronik noch später um das Jahr 2000, während Luther immer auf den »lieben jüngsten Tag« gefaßt war. Jedenfalls lebten sie alle und die meisten ihrer Zeitgenossen im Glauben an eine zeitlich begrenzte Welt, die in absehbarer, wenn nicht gar berechenbarer Zeit zu Ende gehe. Wenn schon der kalabrische Abt Joachim von Fiore (gestorben 1202) den baldigen Anbruch

eines neuen Zeitalters des Heiligen Geistes verhieß, das dem Zeitalter des Gottessohnes und seiner Kirche folgen sollte, wie dieses einst dem Zeitalter Gottvaters und der Synagoge gefolgt war, so dachte er damit wohl über das »Mittelalter« hinaus, das sich als Endzeit begriff. Doch so erregend dieser Gedanke unter franziskanischen Spiritualen des 13. Jahrhunderts und auch späterhin zeitweise wirkte, er erweckte zunächst höchstens bei frommen Schwärmern und bei Ketzern den Glauben, in einer neuen Zeit, einer Geistzeit kurz vor dem Ende zu leben; erst später konnte sich das bei Humanisten mit dem Zutrauen in eine unbegrenzte »Neuzeit« verbinden.

Unsere Zeitrechnung nach Jahren seit Christi Geburt entstand aus dem Glauben, daß mit Christus das letzte Zeitalter der Welt begann. Es ist uns schwer noch vorstellbar, wie lange es dauerte und wieviel Mühe es kostete, bis diese »Zeitwende« so errechnet und ins Bewußtsein gerückt wurde, daß man danach alle Ereignisse der weiteren Geschichte datieren konnte statt nach griechischen Olympiaden, römischen Konsul- oder Kaiserjahren, nach Jahren seit der Gründung Roms oder seit Erschaffung der Welt. Fast hundert Jahre nach Augustins Tod, im letzten Jahr Theoderichs des Großen, hat 525 n. Chr. der Skythe Dionysius Exiguus in Rom für den Papst den jährlich wechselnden, oft strittigen Ostertermin für längere Zeit im voraus ausgerechnet und dabei auch das Jahr der Geburt Christi so festgelegt, wie man es seitdem beibehielt (obgleich man längst weiß, daß er sich um einige Jahre verrechnet hat). Nochmals zweihundert Jahre später übernahm das der gelehrte angelsächsische Mönch Beda (gestorben 735) in seine Lehrbücher über Zeitrechnung *(De temporum ratione; De temporibus)*, die dem Mittelalter für den Festkalender unentbehrlich wurden. In seiner Angelsächsischen Kirchengeschichte datierte er als erster auch historische Ereignisse nach Jahren seit Christi Geburt. Durch ihn und die angelsächsische Mission bürgerte sich das im karolingischen Frankenreich ein. In die übersichtlichen Ostertafeln wurden in vielen Klöstern neben dem Ostertermin jedes Jahres auch dessen bemerkenswerte Ereignisse eingetragen; daraus entstand die typisch mittelalterliche Form historischer Aufzeichnungen in Annalen.

Das schwierig zu berechnende Osterfest, nach dem sich andre Kirchenfeste richten, hängt sowohl vom neunzehnjährigen Mondzyklus wie vom achtundzwanzigjährigen Sonnenzyklus ab, da es am ersten Sonntag nach dem ersten Vollmond im Frühjahr (also nach dem 21. März) gefeiert wird. Daher wiederholt sich jeweils erst nach 532 Jahren (19 mal 28, einem »Großjahr«) die gleiche Abfolge von Osterterminen. Vor dem Ablauf des ersten »Großjahres« hatte Dionysius für die Folgezeit gerechnet, bis 1064 richtete man sich nach Bedas Ostertafel; danach begann man vielerorts erneut zu rechnen (wie wiederum vor dem Ablauf des nächsten »Großjahres« Papst Gregor XIII. die Kalenderreform veranlaßte, die seit 1582 bis heute gilt). Denn zur Erkenntnis der von Gott gesetzten Zeitenordnung, des *ordo temporum*, war Chronologie (»Komputistik«) eine wichtige Wissenschaft der Klosterschulen geworden. Fehler bei Dionysius und Beda hatte sie inzwischen bemerkt, wußte sie freilich auch im 11. Jahrhundert nicht zu berichtigen. Weltchroniken entstanden aus solchen Bemühungen, die alles Geschehen seit der Schöpfung oder wenigstens seit Christus in die rechte Zeitfolge einordnen wollten. Im bedeutendsten Werk dieser Art hat der junge, den Saliern und Staufern verwandte Reichsbischof Otto von Freising (gestorben

1158) unmittelbar anschließend an seine Gegenwart im letzten Buch auch die Endzeit dargestellt: das Kommen des Antichrist, die Wiederkunft Christi zum Jüngsten Gericht. Anderes schien auf dieser Welt nicht mehr zu erwarten, das Ganze ihres Verlaufs zwischen Schöpfung und Ende überschaubar. Andere Chronisten folgten ihm darin. Noch die 1493 und öfters gedruckte, auch verdeutschte und dank vielen Holzschnitten weithin beliebte Weltchronik des Nürnberger Stadtarztes Hartmann Schedel »Vom Anbeginn der Welt bis auf unsere Zeit« führt über seine Gegenwart hinaus bis zum Antichrist und Weltgericht.

Wie lebten, dachten, wirkten die Menschen rund ein Jahrtausend lang mit und in dieser ihnen gemeinsamen, uns fremd gewordenen Vorstellung einer eng begrenzten Weltdauer, deren Anfang und baldiges Ende sie aus der Bibel zu kennen glaubten? Nur das letzte Stück war gleichsam noch auszufüllen mit ihrer eigenen Geschichte, der letzte Akt eines im Ganzen bekannten Dramas noch zu spielen mit eigenen Taten und Werken. Inwieweit ist deren Eigenart bedingt oder geprägt durch dieses Zeitbild und das ihm zugehörige Weltbild, von dem noch die Rede sein wird? Wie und wodurch hat es sich schließlich doch entgrenzt – nicht nur zur Kenntnis der ganzen Erde als eines um die Sonne kreisenden Sterns im Weltall, sondern erst recht zum Blick in eine unabsehbare Vergangenheit und Zukunft von ungewisser Dauer? Um die »Welt des Mittelalters« in ihrer geschichtlichen Eigenart und ihrer Wirkung auf die Folgezeit zu begreifen, wird man solchen Fragen nicht ausweichen dürfen.

Das letzte Weltreich

Am spürbarsten und bekanntesten ist die Wirkung dieses Zeitbildes auf das politischhistorische Denken. Das Lukas-Evangelium erinnerte ja in der Weihnachtsgeschichte immer daran, daß Christus unter dem ersten Kaiser Augustus geboren wurde und daß Johannes der Täufer unter dessen Nachfolger Tiberius predigte (Luk.3,1), daß also das Evangelium zur gleichen Zeit in die Welt trat wie das Imperium, das römische Kaisertum. Der Gedanke lag schon frühen Christen nahe, daß nach Gottes Willen dieses Imperium dem Evangelium den Weg bahnen, seine Ausbreitung unter alle Völker gewährleisten und daß es dazu bestehen sollte bis zum Anbruch des Gottesreiches. Überdies hatte der Apostel Paulus, selbst römischer Bürger, der ungeduldig auf Christi Wiederkunft wartenden Gemeinde in Thessalonich (Saloniki) angedeutet (2.Thess.2), daß den Antichrist, der vorher kommen werde zur letzten Prüfung und Bewährung der Gläubigen, noch etwas aufhalte und zuvor zerfallen müsse; von früh an verstand man das so, wie es wohl auch gemeint war: das Römische Reich halte diese irdische Welt noch zusammen, erst bei seinem Zerfall werde der Antichrist mit den Schrecken des Endes kommen. Für den Bestand des Imperiums und für den noch heidnischen Kaiser beteten deshalb Christen schon zur Zeit Tertullians um 200. Als vollends das Imperium, der Kaiser selbst seit Konstantin christlich wurde, galten Kaisertum und Christentum, Imperium und Evangelium als füreinander bestimmt nach Gottes Vorsehung und aufeinander angewiesen, solange diese Welt noch besteht. Hatte

Vergils Aeneas dem Gründer Roms das endlose *imperium sine fine* verheißen, so bedeutete das für Christen, denen ohnehin Vergils 4. Ecloge als heidnische Prophetie auf den Heiland galt: Das Römische Reich wird bestehen bis zum Weltende. Zudem kannten sie aus dem Daniel-Buch die Träume Nebukadnezars von den vier Tieren, Daniels von einer Statue aus vier Metallen, die der Prophet auf eine Abfolge von vier Weltreichen gedeutet hatte. Nachdem das Alexander-Reich längst vergangen war, das dabei als viertes und letztes nach den Babyloniern, Medern, Persern gemeint war, mußte jede Daniel-Deutung das Römische Reich für das letzte halten (Meder und Perser als zweites zusammenfassend). Mindestens seit dem Daniel-Kommentar des Vulgata-Übersetzers Hieronymus (gestorben um 420) zweifelte daher ein Jahrtausend lang fast niemand mehr, daß schon der Prophet Daniel weissagte, das Römische Reich werde als letztes der vier Weltreiche bis ans Ende dieser Welt dauern. Für alle Weltchronisten des Mittelalters gehörte demnach zum letzten, sechsten Zeitalter *(aetas)* seit Christus zugleich das Römische Reich seit Augustus als letztes, viertes Weltreich nach Daniels Traumdeutung, das bestehen sollte und mußte, bis vor Christi Wiederkunft der Antichrist käme.

Nun bestand ja wirklich das römische Kaisertum seit Augustus ununterbrochen fort, auch nachdem Konstantin seine Residenz nach Byzanz verlegt hatte, das man nach ihm Konstantinopel nannte, oft aber auch »Neu-Rom«, wie die byzantinischen Kaiser sich mit Nachdruck als Kaiser der Römer titulierten. Erst 1453 hat die Eroberung Konstantinopels durch die Türken diesem oströmisch-byzantinischen Kaisertum ein Ende gesetzt; vorher war es durch ein auf dem Vierten Kreuzzug errichtetes lateinisches Kaisertum in Byzanz nur zeitweise (1204–1264) nach Nikaia in Kleinasien verdrängt worden. Nach 1453 haben seine Nachfolge noch fast ein halbes Jahrtausend lang die Großfürsten von Moskau als russische »Zaren« (Caesaren) beansprucht. Im lateinisch-katholischen Westen aber, in Alt-Rom, hatte es seit 476 keinen eigenen Kaiser mehr gegeben, bis dort am Weihnachtstag 800 der Frankenkönig Karl der Große vom Papst zum Kaiser gekrönt wurde. Nichts bezeugt, daß ihn und den Papst dazu der Gedanke bestimmt hätte, das römische Imperium müsse fortbestehen oder erneuert werden, wenn nicht der Antichrist und das Weltende kommen sollte; für sie gab es ja noch den Kaiser in Byzanz, mit dem sich Karl der Große nach manchen Konflikten vertrug, als könnte ein westliches und ein östliches Imperium gleichberechtigt nebeneinander bestehen. Theologen und Chronisten der Folgezeit fanden das aber unvereinbar mit aller biblischen Verheißung, nach der es nur das eine römische Imperium als letztes Weltreich bis zum Weltende geben könne, nur einen Kaiser wie eine Kirche und einen Gott. Für den lateinischen Westen konnte das nur der fränkisch-römische, vom Papst gekrönte Kaiser sein, als hätte er seit 800 den byzantinischen gleichsam abgelöst, von dem man entweder nicht mehr Notiz nahm oder geringschätzig als »König der Griechen« sprach.

Als das karolingische Kaisertum schon hundert Jahre nach Karls Tod wieder erlosch, tauchte unter fränkischen Theologen die Überzeugung auf, das christliche Imperium Romanum werde und dürfe nicht vollends verschwinden, weil sonst der Antichrist komme; es müsse noch einmal von einem Frankenkönig wiederhergestellt werden, bis ein letzter großer Kaiser nach glücklicher Herrschaft über alle Welt nach Jerusalem ziehe und am

Ölberg Zepter und Krone niederlege; erst nach dieser Vollendung des christlich-römischen Imperiums könne der Antichrist und das Weltende kommen. Diese seitdem nicht mehr verstummte Verheißung einer Erneuerung und Fortsetzung des Kaisertums bis zu einem großen Endkaiser wurde zuerst um 950 von einem lothringischen Mönch Adso der Gemahlin des westfränkischen Karolingers Ludwig IV. dargelegt, einer Schwester des ostfränkisch-deutschen Königs Otto I. Beide »Frankenkönige« in West und Ost hätten sich dadurch zur Erneuerung des Kaisertums, zur Fortsetzung des Imperium Romanum, angespornt, ja religiös verpflichtet fühlen können. Ob Otto I. davon wußte, als er sich 962 in Rom zum Kaiser krönen ließ, wie er es zehn Jahre früher schon versucht hatte, ist schwer zu sagen. Jedenfalls mußte der Folgezeit dieses erneuerte Kaisertum nicht nur als eine politische Macht und Würde erscheinen, nicht nur als ein Anspruch aus karolingischer Tradition, sondern als gottgewollte, für den Bestand der Welt bis zu ihrem Ende unentbehrliche Ordnung. Als nach dem Zerfall des Stauferreichs dieses Kaisertum zu erlöschen drohte, da es zwei Menschenalter lang nach dem Tod Friedrichs II., den Papst Innocenz IV. und das Lyoner Konzil 1245 abgesetzt hatten, keinen gekrönten Kaiser mehr gab und dann nach dem kurzen Kaisertum Heinrichs VII., auf das Dante seine Hoffnungen setzte, nur einen vom Papst nicht gekrönten, sondern gebannten Kaiser Ludwig den Bayern, ehe 1355 Kaiser Karl IV. gekrönt wurde, da klammerten sich zumal die Deutschen in Sagen von der Wiederkehr des bergentrückten Kaiser Friedrich, in beschwörenden Denkschriften und politischen Traktaten an den Gedanken, das Kaisertum des Imperium Romanum müsse fortbestehen oder wiedererstehen, sonst komme der Antichrist und das Weltende. Noch die meisten deutschen Humanisten um 1500 teilen diese Überzeugung. Und als Luther 1530 während des Augsburger Konfessions-Reichstags, dem er fernbleiben mußte, auf der Feste Coburg das Buch Daniel verdeutschte, bemerkte er zu dessen Traumdeutungen gläubig: Wenn jetzt das römisch-deutsche Kaisertum unter Karl V. in neuer, weltweiter Macht zu blühen scheine, sei das wie das letzte Aufflammen einer Kerze vor dem Erlöschen.

Vier Weltreiche, das römische als letztes, dessen Kaisertum unter Karl dem Großen auf die Franken, seit Otto I. auf die Deutschen übertragen wurde, gliedern die Weltgeschichte auch noch in der lange wirksamen Chronik Carions, dem Melanchthon dabei half, und in späteren Weltgeschichten, aus denen noch Friedrich der Große und seine Zeitgenossen lernten. Außerhalb Deutschlands, zumal in den Ländern Westeuropas, die nie zum »Römischen Reich Deutscher Nation« gehören und dessen Kaiser als Oberherrn anerkennen wollten, war dieser Gedanke zwar längst verstummt. Doch erst Jean Bodin, der französische Kronanwalt, der in seiner Staatslehre 1576 den Souveränitätsbegriff der modernen Staatenwelt prägte, wagte in einer Geschichtslehre 1566 die schwer auszurottende Theologen- und Chronisten-Meinung über die vier Weltreiche einen »veralteten Irrtum« zu nennen. Was im Buch Daniel steht, könne zwar als biblische Wahrheit, an die auch Bodin glaubt, nicht falsch sein, aber es sei dunkel, rätselhaft, vieldeutig. Wie man bisher Daniels Traumdeutung verstand, das könne jedenfalls nicht richtig sein; denn längst seien neuere Weltmächte wie jetzt die spanische, vollends die türkische größer als einst die römische, und daß gar die Deutschen noch immer deren Fortsetzung beanspruchen, sei absurd und lächerlich. Endlich hatte der unbefangene Blick auf eine veränderte Welt den Bann des mittelalterlichen Denkens über Politik und Geschichte gebrochen, mag es auch bei Schwärmern für die »Reichsidee« noch bis in unsere Tage nachspuken. Solange man aber glaubte, im fränkisch-deutschen Reich setze sich das römische Imperium der Spätantike nach Gottes Willen fort bis ans Ende der Welt, war gleichsam der Horizont versperrt für die Sicht nach vor- wie nach rückwärts. Weder ein Anfang noch ein Ende der eigenen »Welt des Mittelalters« war da erkennbar und denkbar. Die Herrscher der Karolinger-, Ottonen-, Salier- und Stauferzeit wurden in der Reihe der römischen Kaiser fortgezählt wie die Päpste seit Petrus. Für Chronisten war Barbarossa der einundneunzigste Kaiser seit Augustus; sein Sohn Philipp von Schwaben nannte sich als König Philipp II., weil es schon einmal um die Mitte des 3. Jahrhunderts einen römischen Kaiser Philippus Arabs gegeben hatte, dessen Name noch dazu an den Vater Alexanders des Großen erinnerte. Die gereimte deutsche »Kaiserchronik« erzählte um die Mitte des 12. Jahrhunderts fortlaufend mehr Fabeln als Geschichte von Caesar und Augustus bis zum Staufer Konrad III. Ein politisch-historisches Traditionsbewußtsein reichte damit weit zurück – nur nicht in eine eigene Vergangenheit, sondern in die römisch-griechische Antike und zugleich in die biblische Geschichte. Die politische Wirklichkeit der eigenen Gegenwart sah sich ständig mit dieser Tradition verbunden oder konfrontiert, der sie doch nie entsprach, weil sie nicht aus ihr gewachsen war und nie ganz in sie hineinwuchs. Sie konnte zeitweise dadurch angespornt werden, aber auch in einen Zwiespalt geraten, der dann dieses Weltbild sprengen mußte.

Erdkarte und Weltraum

Begrenzt und als Ganzes überschaubar wie die Zeitenordnung und die Abfolge der Weltreiche erschien dem »Mittelalter«, das sich für die Endzeit hielt, auch der wohl-geordnete Raum seiner Welt mit der Erde in der Mitte, umkreist von Sonne, Mond und Sternen. Weltbilder, Himmels- und Erdkarten stellten sie anschaulich dar, zumeist gemalt in Handschriften biblischer Bücher wie der Apokalypse oder des Psalters oder auf Chor- und Altarbildern in Kirchen und Klöstern. Denn sie dienten nicht praktischen Zwecken wie die Land- und Straßenkarten der antiken Römer, etwa die in einer Kopie von 1264 überlieferten »Peutingerschen Tafeln« des frühen 3. Jahrhunderts, oder wie viele »Portolankarten« aus Seemanns-Erfahrungen über Küstenentfernungen seit dem 13. Jahrhundert. Jene Erd- und Weltkarten der Zwischenzeit zeigen die drei aus biblischer und antiker Überlieferung bekannten Erdteile Asien, Afrika, Europa rings umspült vom Ozean, vom Weltmeer, von dem aus die zwölf Winde über die Erde wehen – für Hildegard von Bingen ein Gleichnis für Gottes Verkündigung durch die Predigt –, umfangen und gehalten von Christus, überglänzt vom Heiligen Geist, und darüber thront Gottvater: »Er sitzt über dem Kreis der Erde« (Jesaja 40,22).

Wie die Erde selbst in der Mitte der Welt, liegt im Mittelpunkt dieser meistens kreisrunden »Radkarten« Jerusalem – nicht nur weil dort die drei Erdteile gleichsam mitein-

Die Wiederkunft Christi zum Jüngsten Gericht
Bogenrelief am Christus-Portal des Baptisteriums in Parma, um 1200

Ein Bild des Makrokosmos
Miniatur in einem im Zisterzienserkloster Aldersbach nach nordfranzösischer Vorlage
entstandenen »Lateinischen Physiologus«, um 1300. München, Bayerische Staatsbibliothek

ander verwachsen sind, sondern weil diese Welt dort, im irdischen Abbild des himmlischen Jerusalem, der Gottesstadt *(civitas Dei)* ihre heilsgeschichtliche Achse hat, um die sie sich schon in den fünf Zeitaltern des Alten Testaments, erst recht seit Christus und dem Neuen Testament im sechsten, letzten Zeitalter dreht bis zum Ende, wenn der letzte Kaiser am Ölberg Zepter und Krone niederlegen wird.

Nicht Europa, sondern das größere, wenngleich wenig bekannte Asien füllt die obere Hälfte solcher Erdkarten, die also »geostet« sind, nicht genordet. In die untere Hälfte teilen sich links Europa, rechts Afrika, beide durch das Mittelmeer getrennt wie von Asien durch das Schwarze, das Agäische, das Rote Meer. Wie ein T gliedern diese Meere den Erdkreis, so daß man von T-Karten spricht, die schon Augustinus ähnlich beschrieb. Ganz oben, fern im Osten also, wird das Paradies dargestellt mit Adam und Eva, dem Baum der Erkenntnis und der Schlange. Irgendwo in Asien sieht man oft auch die apokalyptischen Völker Gog und Magog eingemauert, die vor dem Weltende über die Christenheit hereinbrechen und dem Antichrist helfen werden. Das sind die Schauplätze des Anfangs und des Endes der irdisch-vergänglichen Menschenwelt. Wie Ninive und Babylon mit dem Turmbau, wie Sodom und Gomorrha wird aber auch das zerstörte Troja in die Karte eingezeichnet und manchmal die Amazonen in der Nähe des Kaspi-Sees; in Afrika neben den Pyramiden, die den Pharaonen von den verschleppten Kindern Israels gebaut wurden und als Josephs Kornspeicher galten, neben den Stätten der Flucht des Jesuskindes und seiner Eltern nach Ägypten bisweilen auch die Oase Siwa, in der sich Alexander der Große als Gott verehren ließ, und Indien als Ziel seiner Heerzüge: Überlieferungen der Antike neben Schauplätzen der biblischen Geschichte. Weltchronik und Heilsgeschichte vereinen sich da mit dem Erdbild vielschichtig wie im historischen Atlas.

Europa liegt auf diesen T- oder Radkarten links unten als kleinster der drei Erdteile, ist aber am dichtesten bebildert und beschriftet mit Städten, Kirchen und Klöstern, Völker- und Ländernamen. Rom tritt hervor als turmreiche Kaiser- und Papststadt, jedoch nicht in der Mitte Europas wie Europa nicht in der Mitte der Erde und damit der Welt. Es blickt vielmehr gleichsam nach Osten – nach oben – auf das heilige Land Palästina hin und weiter über den Ararat mit Noahs Arche auf das ferne, unzugänglich gewordene Paradies.

Ob diese Erde als Kugel schwebend oder als Scheibe auf dem Weltmeer schwimmend gedacht ist, lassen solche Bilder nicht immer erkennen; das bleibt fraglich oder gleichgültig. Rings um sie aber kreisen die Planetensphären und als äußerste Schalen der Fixsternhimmel und der Kristallhimmel aus reinem Äther. Darüber waltet Gottvater, der diese Welt geschaffen hat und lenkt. Wenn oft Christus das runde Welt- und Erdbild umfaßt, mit seinem Haupt überragt, mit seinen Händen hält, auf seinen unter dem Erdenrund sichtbaren Füßen stehend, so ist damit diese Erde als sein Leib dargestellt. Auf Gott und den Menschen, den er nach seinem Bilde schuf, ist dieses ganze Welt- und Erdbild bezogen, auf des Menschen Sündenfall, Heilsweg und Erlösung die ganze Geschichte, die sich darin abspielt und spiegelt. Oft wird das Menschenbild in Beziehung zu diesem Weltbild gesetzt als Mikrokosmos im Makrokosmos. Das ist nicht nur theologisch-philosophische Gelehrsamkeit, die mit antiker Bildung die biblische Offenbarung und die christliche Tradition bereichert, verquickt und bestätigt sehen will; es ist die geglaubte Wirklichkeit, in der diese Menschen leben, wirken und schaffen. Auch eine Visionärin wie die Äbtissin Hildegard von Bingen (gestorben 1179), die sich für ungelehrt hält, glaubt so die Welt und den Menschen in ihr unmittelbar zu schauen, sie in Wort und Bild beziehungsreich zeigen zu können. Noch nach 1335 zeichnet in Pavia ein Grübler wie Opicinus de Canistris in die ihm schon bekannten »Portolankarten« der Mittelmeerländer den gekreuzigten Christus ein und Menschengesichter in die Küstenlinien, Tierkreiszeichen in die Himmelssphären wie alle Astrologen.

Kurz vorher dichtet Dante (gestorben 1321) in der *Divina Commedia* seine Jenseitswanderung durch die Hölle über den Läuterungsberg zum Himmel. Auch ihm gilt Jerusalem als Mittelpunkt der bewohnten Erde zwischen Ganges und Ebro. Er stellt sie sich zwar als Kugel vor wie schon manche Gelehrte seiner Zeit, auf der Kehrseite jedoch unbewohnt. Im Innern öffnet sich ihm tief unter Jerusalem der Gang zum Höllentrichter, durch dessen sich weitende Ringe er von Vergil zu den sich steigernden Qualen der Verdammten geführt wird. Auf der anderen Halbkugel kommt er wieder ans Licht, wo sich gleichsam am Gegenpol zu Jerusalem der Läuterungsberg erhebt. Von seiner Höhe führt Beatrice den Dichter aufstrebend durch die um die Erde kreisenden Planetensphären, in denen er den Seligen und Heiligen begegnet und die Engels-Chöre schaut, bis er noch jenseits des Fixsternhimmels vom Empyräum des reinen Äthers aus auf den dreieinigen Gott mit der Jungfrau blicken darf, ehe er zur Erde zurückkehrt.

Bei aller dichterischen Phantasie und Gestaltungskraft im einzelnen weicht das doch im ganzen nicht ab von dem Weltbild, wie es die Theologie und Wissenschaft seiner Zeit zu erkennen glaubt, wie es etwa auch im deutschen »Buch der Natur« des Regensburger Domherrn Konrad von Megenberg um 1350 bildhaft-naiv dargestellt ist. Und was die Kleriker und Mönche auf Latein lasen und schrieben, wurde den ungelehrten Laien in der Predigt gesagt, in Bildern auf allen Kirchenwänden oder -fenstern gezeigt. Auch da sehen sie die biblische Geschichte mit ihren Bezügen zwischen Altem und Neuem Testament, Verheißung und Erfüllung, Schöpfung und Endgericht, Sündenfall und Erlösung abgebildet inmitten des Weltenraums zwischen Himmel, Erde und Hölle. Das Gotteshaus selbst, »die Kirche« genannt *(ecclesia)* wie die Gesamtheit der Gläubigen auch, und der Gottesdienst darin weisen mit vielen Symbolen auf die *Civitas Dei*, die das »himmlische Jerusalem« mit allem, was vom irdischen ausging, vereint: alle einst und jetzt und künftig Gläubigen und Erlösten.

Eine naturgegebene, »primäre« Weltsicht des Menschen auf Erden, der täglich am Morgen die Sonne im Osten auf-, abends im Westen untergehen und nachts die Sterne kreisen sieht, steht da im Einklang mit dem Glauben an den Schöpfer, der jenseits von Raum und Zeit über den Sternen thront und sie harmonisch um die Erde bewegt, auf die er seinen Sohn zur Erlösung der sündigen Menschheit sandte: Mensch geworden und in Jerusalem gekreuzigt, auferstanden und zum Himmel heimgekehrt, wird er am Zeitenende richten zu ewigem Leben oder ewigem Tod. Die natürliche Erfahrung von Tages- und Jahreszeiten und vom begrenzten Lebenslauf des Menschen im engen Horizont seiner Sichtweite ist in diesem Weltbild makroskopisch geweitet durch die nicht erfahrbare, aber offenbarte Kunde vom Zeitenlauf, von der Zeiten- und Weltordnung zwischen Anfang und Ende dieser irdischen Welt.

Uns gilt die Entgrenzung dieses mittelalterlichen Weltbildes seit der Entdeckung anderer Erdteile und vollends seit der Erkenntnis, daß die um die eigene Achse rotierende Erde sich um die Sonne bewegt gleich anderen Sternen, als Beginn der Neuzeit und einer neuen Weltsicht. Daß aber nicht nur der Raum, sondern zugleich auch und vielleicht folgenreicher noch die Zeit sich »entgrenzte«, wird uns seltener bewußt, obgleich darin sich die »moderne Welt« weiter von der des »Mittelalters« entfernte (das sie seitdem erst so nennt). Was Astronomen und Physiker seit Kopernikus und Kepler erkannten, wurde eine neue Wissenschaft, deren Folgen und Wirkungen die meisten Menschen nur mittelbar zu spüren bekamen, ohne daß sich ihr Weltbild dadurch wesentlich änderte: Sonne und Sterne drehen sich ihnen noch immer um die Erde wie der Mond, auch wenn sie es in der Schule anders lernten, und ihre Erde ist ihnen die Mitte ihrer Welt, Schauplatz aller »Weltgeschichte«. Daß aber diese ganze Welt vor wenigen Jahrtausenden so geschaffen wurde und zugleich mit ihr der Mensch und alle Tiere und Pflanzen, daß sie nach des Schöpfers Willen in absehbarer, wenn nicht gar berechenbarer Zeit zu Ende gehen soll – in diesem Glauben leben höchstens noch Sektierer, die allen anderen als Sonderlinge gelten.

So »sonderlich« aber dachte jeder Christ im Mittelalter, als es in Europa, im Abendland, kaum Nicht-Christen gab. Das ist für »moderne Menschen« viel schwerer vorstellbar als die enge räumliche Begrenztheit des mittelalterlichen Weltbildes. So sehr sich der Blick rings um die Erde und über sie hinaus in den Weltraum geweitet hat – seit sie rundum bekannt und nun sogar von außen, vom Stratosphärenflug aus zu sehen ist, stellt sie sich dem Menschen doch wieder als ein begrenztes Ganzes dar: nicht mehr nur drei vom Weltmeer umschlossene Erdteile inmitten der Sternensphären, aber als Erdkugel auf ihrer zuverlässig-pünktlichen Bahn im Sonnensystem, dessen Bewegungen ausgerechnet sind bis zu den kaum noch unheimlichen Kometen. Der Glaube an eine begrenzte, als Ganzes überschaubare oder gar zu berechnende Zeitenordnung ist uns dagegen gänzlich entschwunden, das Zeitbewußtsein radikal verändert. Nicht nur die Wissenschaft kennt die Spuren menschlichen Daseins auf Erden vor Millionen von Jahren und muß noch viel längere Zeiträume für die Menschwerdung aus tierischen Vorstufen annehmen, mehrere Milliarden von Jahren seit der Entstehung dieser Erde in einem längst oder immer bestehenden Universum. »Wir wissen nicht, wie alt unser Stern ist«, heißt es am Anfang dieser Weltgeschichte (Band I, S. 89). Ein »Weltende« aber ist auch dem naivsten Zeitgenossen höchstens noch als Katastrophe, als frevelhafte Selbstvernichtung dieser Erde durch wahnwitzigen Mißbrauch wissenschaftlicher Errungenschaften denkbar, nicht als geplant-sinnvoller Abschluß einer gottgewollten Zeitenordnung. Den Raum seiner Welt kann der Mensch nun besser kennen als einst, während ihre Dauer ihm unabsehbarer geworden ist, viel ungewisser als die Dauer des eigenen Lebens, das Augustinus mit dem Menschheits-Schicksal glaubte vergleichen zu können. Für den Einzelnen ist noch immer sein Alter und früher oder später sein Tod gewiß, für die Menschheit und ihre Erdenwelt nicht mehr, falls sie sich nicht selbst vernichtet. Vielen mag diese Ungewißheit gleichgültig sein für ihr Leben und Verhalten in ihren kurzen Erdentagen, in denen sie doch so gern in und um die »Welt«

reisen. Den Denkenden aber, den Planenden und über den Tag hinaus Schaffenden und Handelnden drängt sich Sorge und Verantwortung auf für den Weg in eine ungewisse, unbegrenzte Zukunft.

Wie anders muß der Mensch in dieser seiner Welt, auf dieser Erde gelebt, gedacht, gewirkt haben, als er noch zu wissen glaubte, wann sie geschaffen wurde und wie sie bald enden sollte, nicht in der Furcht, sie könnte von Menschen selbst freventlich vernichtet werden, sondern in dem Glauben, der Schöpfer werde sein Werk nach seinem den Menschen offenbarten Plan und Willen zu Ende führen. Wie kam es zu diesem in Raum und Zeit begrenzten Weltbild eines Jahrtausends, das wir »Mittelalter« nennen? Wie kam es zu seiner Entgrenzung sowohl im Raum- wie gründlicher noch im Zeitbewußtsein? Wie und wodurch hat sich dieses Mittelalter gewandelt in die Neuzeit, und was verdankt sie ihm? Wurde sie nur so, wie sie ist, weil das Mittelalter anders war? Damit wird nicht nur nach der Eigenart der Welt des Mittelalters gefragt und nach ihrer Entstehung, sondern auch nach ihrer Wirkung bis zu uns hin.

Wären Seefahrer und Missionare ziellos aus blindem Tatendrang übers weite Meer gesegelt und hätten nur zufällig eine »neue Welt« entdeckt? Hätten Könige und Kaufleute sie dazu ausgestattet und sich etwas davon versprochen? Sie alle glaubten noch, es müßten sich die altbekannten drei Erdteile auf dem sie umspannenden Ozean umschiffen oder, wenn die Erde eine Kugel ist, auf deren Kehrseite auch auf Westfahrt die Ostküsten Asiens erreichen lassen; und sie glaubten, daß am nahen Ende der Zeiten auch die fernsten Heiden noch bekehrt werden sollten. Kolumbus und seine Helfer haben so »mittelalterlich« gedacht, sonst wären sie nicht auf Amerika gestoßen. Als sie nach ihrer langen kühnen Fahrt endlich in »Ostindien« bei den »Indianern« landeten, meinten sie in dasselbe Indien gekommen zu sein wie einst Alexander der Große, das auch Vasco da Gama auf der Fahrt um die Südküste Afrikas suchte. Sie ahnten nicht, daß sie statt dessen einen vierten Kontinent entdeckt, eine neue Welt und Zeit eröffnet hatten. »Zum Gelingen des indischen Unternehmens«, sagte Kolumbus wiederholt, »nützen mir weder Scharfsinn noch Mathematik noch Weltkarten allein, sondern es erfüllte sich, was beim Propheten Jesaias (66,19) steht: Ich will ihrer etliche... senden zu den Heiden am Meer .... und in die Ferne zu den Inseln, wo man nichts von mir gehört hat, ... und sollen meine Herrlichkeit unter den Heiden verkündigen.« Auch Kolumbus war gläubig überzeugt, daß die in sieben Tagen erschaffene Welt nur sieben Jahrtausende lang bestehen, also bald zu Ende gehen werde, vor dem nach biblischer Verheißung noch alle Heidenvölker bekehrt werden sollten. Zugleich hoffte er, auf der Westfahrt nach Indien auch einen neuen Weg zur Erdmitte Jerusalem zu bahnen, nachdem die Türken den alten Ostweg der Kreuzfahrer versperrt hatten. Und noch die Franziskaner, die Cortés seit 1521 als Missionare nach Mexiko holte, fühlten sich berufen zur Bekehrung der fernsten Heiden in den letzten Tagen der Menschheit. Das enge, überschaubare Weltbild des Mittelalters selbst, das man vollends ausfüllen, »erfüllen« wollte, führte in eine neue Welt und Zeit und sprengte seine eigenen Grenzen.

Denn es war nicht einfach nur eine Phase oder Stufe in einer natürlichen Entwicklung des Menschen, die von einer primitiven, »primären« Welterfahrung und Weltsicht zu der besser erkennenden und daher wirksamer handelnden, schließlich rundum technisierten

Welt der Neuzeit geführt hätte, in der die Wissenschaft eine »sekundäre Weltsicht« gewann, wenigen ganz verständlich, aber für alle nutzbar zu machen. Auch jene Welt des Mittelalters beruhte keineswegs nur auf unmittelbar erlebter Erfahrung und sinnenhafter Anschauung, die erst durch wissenschaftliche Erkenntnisse und Entdeckungen der Neuzeit überbaut, überholt und verändert worden wäre. Die Weltsicht des Mittelalters ist räumlich und zeitlich enger begrenzt, aber durchaus nicht auf das dem Menschen von Natur mit seinen Sinnen Erfaßbare beschränkt. Sie glaubte vieles über alle eigne Erfahrung hinaus zu wissen, was der »moderne« Mensch nicht mehr weiß, selbst wenn er es gern noch glauben möchte, was aber auch auf ihn und seine Welt nachwirkt und deren Entstehung und Eigenart überhaupt erst ermöglichte, wenn nicht bewirkte. Wie die Neuzeit und unser gegenwärtige Welt geworden ist, wird daher nicht ohne die Vorfragen zu verstehen sein, wie es zur eigenartig anderen Welt des Mittelalters kam, wie sie war und wirkte, warum sie trotz ihrer scheinbar so geschlossenen Weltsicht sich wandelte und hinführte zur Folgezeit in Richtung auf unsere Gegenwart, *from the closed world to the infinite universe* (Alexander Koyré, 1957).

Das antike und das patristische Erbteil des Mittelalters

Man pflegt fast formelhaft von drei Wurzeln oder Komponenten der mittelalterlichen Kulturwelt zu sprechen: Antike, Christentum, Germanentum. Dreierlei Traditionen verschiedener Herkunft sind in der Tat schon auf den ersten Blick unverkennbar und überall handgreiflich wirksam im ganzen mittelalterlichen Abendland. Auf Latein, das nirgends mehr Muttersprache war, sondern in Schulen aus Büchern der Antike gelernt werden mußte, wird bis ins 12. Jahrhundert fast alles, auch danach noch das meiste geschrieben, was uns von diesem Mittelalter Zeugnis und Kunde gibt. Auf Latein wird auch der christliche Gottesdienst gehalten in allen Ländern Europas, obgleich sie größtenteils von Menschen germanischer Herkunft bewohnt oder wenigstens beherrscht wurden. Auch die Bibel liest man weder in den Volks- und Umgangssprachen noch in ihrer hebräischen und griechischen Ursprache, sondern in der lateinischen Übersetzung der Spätantike, der sogenannten Vulgata. Auf Latein werden bis ins 13. Jahrhundert auch alle Urkunden, Gesetze, Rechtsbücher aufgezeichnet, obgleich sie nicht römisches, sondern heimisches Recht enthalten oder schaffen. Mit dieser Sprache aller Bücher, Urkunden, Briefe lernt jeder, der überhaupt lesen und schreiben lernt – das sind freilich jahrhundertelang fast nur die Kleriker und Mönche, nicht die Laien –, vieles von der Literatur der römischen Antike kennen, vorchristlich-heidnische Dichter, Denker, Geschichtsschreiber, wie Vergil und Horaz, Cicero und Seneca, Sallust und Sueton und viele andere, neben christlichen Theologen der Spätantike, wie Ambrosius, Augustinus, Hieronymus und die ganze lateinische Patristik. Mit der Sprache dieser Bücher werden viele Gedanken, Vorbilder, Ausdrucksformen aus der Antike übernommen, vorausgesetzt daß sie mit der christlichen Lehre vereinbar oder gar ihrem Verständnis dienlich schienen. Alle diese antiken und christlichen

Traditionen wurden von Völkern übernommen, denen sie erst einige Jahrhunderte nach Christi Geburt zugebracht oder von denen sie vorgefunden wurden in den Provinzen des Römischen Reiches, in die sie nach deren Bekehrung zum Christentum seit Konstantin dem Großen in der sogenannten Völkerwanderung eindrangen. Von ihnen bekam manche dieser römischen Provinzen neue Namen wie Gallien-Frankreich von den Franken, Burgund von den Burgundern, die Lombardei von den Langobarden, auch Britannien-England mit Wessex, Essex, Sussex von den Angelsachsen, schließlich die Normandie von den Normannen, wahrscheinlich sogar Catalonien von den Goten, Andalusien von den Vandalen. Wie die Ländernamen wandeln sich aber auch die dort vorgefundenen antiken und christlichen Traditionen und Institutionen, als jene Völker anderer Herkunft mit eigener Überlieferung sie aufnahmen. Eben aus dieser Begegnung, Verbindung und Verwandlung entstand »das Mittelalter«.

Es wäre freilich eine irreführende Vorstellung, als ob einfach die gesamte Überlieferung der Antike verbunden mit der des Christentums von germanischen Völkern und am Rande auch von keltischen Iren, Schotten, Bretonen, später im Osten von Slawen übernommen worden wäre und mit ihren eigenen Überlieferungen verschmolzen zu einer neuartigen »Welt des Mittelalters«, wie in einem chemischen Prozeß verschiedene Elemente sich zu einem neuen Stoff verbinden oder zu einem Amalgam legieren, durch Analyse wieder zu scheiden oder wenigstens zu unterscheiden. Auch ist nicht der ganze Strom antiker Überlieferung mit der christlichen zusammengeflossen und hat sich, vereint mit germanischen Zuflüssen und anderen »Einflüssen«, ins Mittelalter ergossen, wie sich Werra und Fulda zur Weser vereinigen oder wie die Donau mit dem Inn und der Ilz bei Passau zusammenfließen, eine Strecke weit noch an der Farbe ihrer Wässer unterscheidbar, bis sie sich im Weiterfluß vermischen. So naturhaft vollziehen sich geschichtliche Synthesen nicht, und ihre »Elemente« sind nicht so analytisch zu sondern. Denn erst im Fortgang der Geschichte entscheidet es sich unterwegs immer aufs neue, was daraus wird.

Vor allem ist nicht das antike Erbe insgesamt mit dem christlichen Vermächtnis vereint den Völkern Europas allein überantwortet und von ihnen mitsamt ihren eigenen Traditionen bewahrt und verwertet worden. Was man heute von der antiken Kultur- und Geisteswelt weiß und als eine der Grundlagen abendländischer Kultur verehrt, war dem europäischen Mittelalter nur sehr teilweise bekannt, man könnte sagen: höchstens zur Hälfte. Nur die römisch-lateinische Antike konnte unmittelbar ins Mittelalter weiterwirken, die griechische nicht, soweit sie nicht schon in römischer Zeit durch lateinische Übersetzungen zugänglich und dem Westen vermittelt worden war. Andernfalls mußte griechische Dichtung und Geschichtsschreibung, Philosophie und Wissenschaft erst nachträglich für Europa wiederentdeckt werden, gehörte nicht zu seinen von jeher wirksamen Grundlagen und Vorbildern. Homer war dem Abendland bis ins 14. Jahrhundert nur dem Namen nach bekannt, dann erst konnte man die *Ilias* und die *Odyssee* auch auf lateinisch lesen oder als Humanist im griechischen Urtext. Petrarca rühmte ihn wohl wie Dante als *poeta sovrano* und veranlaßte die Übersetzung; aber viel vertrauter war beiden noch immer die *Aeneis* Vergils, an der man sich durch die Jahrhunderte stetig gebildet hatte, wie auch an der *Thebais* und *Achilleis* des Statius und an Lucans *Pharsalia*, die wiederum uns als Bildungstradition kaum noch unentbehrlich und gegenwärtig sind. Die griechischen Tragiker Aischylos, Sophokles, Euripides, auch Aristophanes sind dem Abendland vor der Renaissance unbekannt; es liest Senecas Tragödien und die Komödien des Terenz und Plautus. Statt Hesiod und Herodot, Thukydides und Xenophon, auch Polybios und Plutarch kennt und benutzt es Sallust und Sueton und andere lateinische Historiker als Quellen und Vorbilder seiner Geschichtsschreibung, auch Livius, soweit sein Werk nicht verlorenging, selten nur Tacitus, ehe man seine Annalen und Historien (leider unvollständig) und seine *Germania* in karolingischen Handschriften deutscher Klöster um 1500 wiederfand. Von Perikles und seinem Athen, von der attischen Demokratie weiß man daher im mittelalterlichen Abendland so gut wie nichts, viel dagegen vom augusteischen und kaiserlichen Rom. Den Trojanischen Krieg sah man mit den Augen Vergils, und wie dessen Römer ließ man dann auch die Franken von den Trojanern abstammen, die daher wichtiger, verwandter erschienen als die Griechen; nur von Alexander dem Großen, der auch im biblischen Makkabäerbuch vorkommt, wurde ebenso gern erzählt, gefabelt, gedichtet. Außer Platons früh übersetztem Dialog *Timaios* mit seiner dem biblischen Schöpfungsmythos vergleichbaren Kosmologie waren seine Werke dem Mittelalter unzugänglich, konnten höchstens indirekt durch neuplatonische Vermittler einwirken, ihm also auch die Gestalt und Bedeutung des Sokrates nur schattenhaft sichtbar machen. Hätte der späte Römer Boëthius den ganzen Platon und Aristoteles ins Latein übersetzt, wie er plante, bevor ihn der Ostgotenkönig Theoderich 524 einkerkern und hinrichten ließ, wieviel hätte das dem Mittelalter von Anfang an zu denken geben müssen! So aber dienten ihm nur die von Boëthius übersetzten Logik-Schriften des Aristoteles zur frühen, stetigen Denkschulung, während dessen naturwissenschaftlichen und metaphysischen Werke, auch die Ethik, Politik, Ökonomik und Poetik mit vielen anderen Werken griechischer Wissenschaft erst im 12./13. Jahrhundert übersetzt und bekannt wurden, oft zunächst aus dem Arabischen, von islamischen Gelehrten kommentiert – aufregend neue Impulse für die Scholastik, aber nicht geistige Grundlagen des Abendlandes von jeher.

In Byzanz dagegen, im griechischen Osten, hatte man alle jene Werke altgriechischer Dichtung, Philosophie, Historiographie und Wissenschaft immer gekannt und stetig benutzt, sorgsam abgeschrieben, eifrig studiert und kommentiert – sonst wäre das meiste davon überhaupt verlorengegangen, höchstens dürftige Reste in späten Papyrusfunden wieder aufgetaucht oder was die Araber viel früher als die Lateiner in ihre Sprache übertrugen und in ihren Schulen zwischen Bagdad und Toledo behandelten –, mehr griechische Philosophie und Naturwissenschaft als Dichtung und Geschichtsschreibung. Ihnen zuerst verdankt der lateinische Westen diesen späten, erregenden Zustrom zu seiner eigenen einseitigen Tradition aus der römischen Antike.

Die literarische und gelehrte Hinterlassenschaft des Altertums hatte sich also gewissermaßen verteilt, verzweigt: Nur das Römisch-Lateinische war unmittelbar – in mehr oder weniger zufälliger Auslese – an das mittelalterliche Abendland gekommen, das griechisch Geschriebene hatte mit dieser Sprache viel kontinuierlicher im byzantinischen Ostreich weitergelebt, war von dort teilweise auch an den Islam vermittelt worden und erst später auf seltsamen Umwegen an den lateinischen Westen. Darf man mit Recht sagen, daß das

Mittelalter bei der Antike buchstäblich »in die Schule ging«, so muß man doch hinzufügen und bedenken, daß diese Schule kein »humanistisches Gymnasium« war, in dem man auch Griechisch lernte; das mußte später nachgeholt werden.

Auch in Byzanz lebte diese antike Überlieferung seit der Bekehrung Konstantins, der seine Residenz von Rom dorthin verlegt hatte, gleichsam in Symbiose mit dem Christentum, bei den Arabern mit dem Islam, jeweils bei Völkern ganz verschiedener Herkunft und Tradition. Müßten sich die Folgen und Wirkungen solcher Verbindungen nicht aufschlußreich vergleichen lassen?

Auch das Christentum war jedoch schon seit der Spätantike nicht mehr ganz dasselbe im Osten und im Westen. In gewissem Sinn hat es sich gleichfalls verteilt und verzweigt wie das antike Erbe. Das »christliche Abendland« war seitdem immer nur ein Teil der Christenheit, auch wenn es das nicht recht wahrhaben wollte: römisch-katholisches Christentum neben dem griechisch-orthodoxen, das auch die meisten slawischen Länder für sich gewann, seit dem 10. Jahrhundert das weite Rußland. Zu einer endgültigen Scheidung in zwei Kirchen, die einander verfluchten, kam es zwar erst 1054, aber die Entfremdung reicht viel weiter zurück, schon weil auch das römische Reichsgebiet rings um das Mittelmeer nach Theodosius dem Großen (gestorben 395) nie mehr von einem gemeinsamen Kaiser beherrscht war. Dem Kaiser in Byzanz-Konstantinopel, der im Osten auch weiterhin als irdisches Oberhaupt der Kirche verehrt wurde, gingen die westlichen Provinzen an germanische Völker und Herrscher verloren, die erst arianische, dann katholische Christen wurden; ihr Papst, der Bischof von Rom, wurde andrerseits nie auch im Osten als Oberhaupt der ganzen Christenheit anerkannt. Gemeinsame »ökumenische Konzilien« wie zuerst in Nikaia 325 und noch 681 in Konstantinopel kamen danach trotz mancher Versuche nicht mehr zustande; einem zweiten nikaiischen Konzil 787 setzte Karl der Große sein eigenes Frankfurter Konzil entgegen. In Beschlüssen über Dogma und Kult gingen daher beide Kirchen auseinander; ihr Klerus, im Osten nicht durch eine Kirchenreform wie im Westen streng ans Zölibat gebunden und einer Hierarchie eingefügt, und ihr Mönchtum, dort ohne vergleichbare Ordensreformen, unterschieden sich mehr und mehr voneinander. Die griechische Theologie schon der letzten großen Kirchenväter Gregor von Nazianz (gestorben um 390) und Gregor von Nyssa (gestorben 394), Johannes Chrysostomos (gestorben 407) und Kyrill von Alexandrien (gestorben 444) nahm von der lateinischen Patristik noch weniger Kenntnis als diese von jenen, so vieles auch Hieronymus (gestorben 419) und seine Zeitgenossen noch übersetzten. Schon Augustinus (gestorben 430) verstand wenig Griechisch und las es nicht gern. Ihm schien es auch nicht entscheidend wichtig für die Kirche, ob der Kaiser in Byzanz Christ war – um so besser für ihn! – oder nicht; auch der abtrünnige Kaiser Julian galt ihm doch als tüchtiger Herrscher. »Was liegt daran, unter wessen Herrschaft der sterbliche Mensch lebt?«, heißt es in Augustins Werk *De civitate Dei* (Buch V Kap. 17 und 24/25).

Sprach- und Staats- und Völkergrenzen hatten die Christenheit im weiten römischen Reichsgebiet rings um das Mittelmeer schon in spätantiker Zeit einander entfremdet und auf verschiedene Wege geführt, im Osten zur byzantinisch-orthodoxen Kirche, im Westen zur römisch-katholischen, die ins Mittelalter einmündete. Alle späteren Begegnungen,

Disputationen und Unionsversuche blieben bislang vergeblich. Die Christenheit blieb gespalten, das abendländische Mittelalter war nur ein Teil von ihr und lernte den anderen Teil erst später wieder kennen wie das altgriechische Geisteserbe auch.

Schon am Leben der drei lateinischen Kirchenväter um 400, deren Schriften am meisten im Mittelalter gelesen und wirksam wurden, läßt sich drastisch diese Scheidung im antiken Mittelmeerraum beobachten, die die Absonderung des mittelalterlichen Abendlandes zu einer Eigenwelt anbahnte. Augustin war in Numidien als Sohn eines römischen Beamten 354 geboren, nach Studien daheim und in Karthago, in Rom und Mailand Christ geworden; in der nordafrikanischen Hafenstadt Hippo Regius (heute Bône in Algerien) wurde er Priester und Bischof und starb dort 430, als gerade die Vandalen Geiserichs von Spanien her einbrachen und seine Stadt belagerten, um bald in Karthago in der damals noch kornreichen römischen Provinz Nordafrika ihre eigene, romfeindliche Herrschaft zu errichten. Als Augustin sein großes Werk *De civitate Dei* begann zur Rechtfertigung des Christentums gegen heidnische Vorwürfe, es habe die alte römische Kraft gelähmt und die Einnahme Roms, der Hauptstadt des Erdkreises, durch Alarichs Westgoten 410 verschuldet, besuchte ihn der spanische Priester Paulus Orosius, der seine Heimat verließ, um vor den hinter den Vandalen nachdrängenden Westgoten auszuweichen, die seitdem dreihundert Jahre lang dort herrschten. Ihn veranlaßte Augustin, eine christlich-apologetische Weltgeschichte zu schreiben, *Historiae adversus paganos*, gleichsam eine irdische Unheilsgeschichte als ergänzendes Gegenstück zur Heilsgeschichte in Augustins *De civitate Dei*; sie wurde zum historischen wie diese zum theologischen Lehrbuch des Mittelalters. Von Augustin, der selbst nie in die griechischen Ostländer des Römischen Reiches ging und deren Sprache schlecht verstand, reiste Orosius nach Bethlehem zu Hieronymus, dem Sprachkundigen aus Dalmatien, einem Grenzland zwischen griechischem Osten und lateinischem Westen. In beiden Reichsteilen viel gereist, auch lange in Rom tätig und literarisch hochgebildet, wurde Hieronymus zum wirksamsten Übersetzer und Kommentator der Bibel, auch vieler anderer griechischer Schriften, wie der Weltchronik des Eusebius, der *Vita* des Mönchsvaters Antonius und anderer. Als er sich nach mancherlei literarischen Fehden in die Klosterstille nach Bethlehem zurückzog, kamen Besucher auch aus westlichen Ländern zu ihm. Orosius traf bei ihm einen Mann, der früher römischer Offizier unter Theodosius gewesen, dann Bürger in Narbonne geworden war und sich dort mit dem Westgotenkönig Ataulf befreundet hatte; vielleicht gehörte er zum Gefolge der Kaisertochter Galla Placidia, die der Gote Ataulf heiratete, um sich mit Rom zu verständigen; ihr Grabmal in Ravenna bestaunt man noch heute als Wunderwerk byzantinischer Mosaikkunst. Von König Ataulf selbst hatte jener Römer den Ausspruch gehört, den er bei Hieronymus in Bethlehem erzählte: er habe früher – wohl als er mit seinem Schwager Alarich gegen Rom zog – das Ziel verfolgt, den Römernamen auszutilgen, das ganze römische Reichsgebiet in ein Gotenreich *(imperium Gothorum)* zu verwandeln, aus der *Romania*, wie man im Volksmund sagt, eine *Gothia* zu machen und darin das zu werden, was einst Caesar Augustus für Rom war. Er habe dann aber aus Erfahrung lernen müssen, daß seine Goten noch zu unbändig-zügellos, zu barbarisch seien, um so den Gesetzen zu gehorchen, wie ein Staat es zu seinem Bestand erfordert. Deshalb habe er sein Ziel ändern und seinen Ruhm nun darin suchen müssen, mit den Kräften der Goten das Römische Reich wiederherzustellen und zu stärken, um bei der Nachwelt wenigstens als Erneuerer des Römischen Reiches zu gelten, da er sein Verwandler in ein Gotenreich nicht werden konnte. Orosius hörte das bei Hieronymus mit an und erzählt es glaubwürdig am Schluß seines Geschichtswerks (Buch VII Kap. 43). Es klingt wie ein prophetischer Vorklang dessen, was hundert Jahre später der Ostgotenkönig Theoderich der Große von Italien aus versuchte oder was das mittelalterliche Kaisertum mit einer *Renovatio Romani Imperii* zu verwirklichen glaubte: Erneuerung des spätantiken Römerreichs mit germanischen Kräften.

Gerade die Länder aber, in denen Augustin, Hieronymus, Orosius lebten und durch die ganze Weite des Mittelmeers zwischen Südeuropa und Nordafrika, Spanien und Vorderasien zueinander kamen gleich vielen anderen Reisenden und Handelsfahrern, gehörten dann nicht zu jenem mittelalterlichen Reich, nicht zum christlichen Abendland, in dem ihre Schriften weiterwirkten. Hatten Augustin und Orosius noch erlebt, wie Germanenvölker in ihre Heimat eindrangen, war auch Hieronymus zutiefst erschrocken über die Erstürmung Roms durch Alarichs Westgoten, so wollte doch keiner von ihnen wie viele andere Christen darin ein Zeichen sehen, daß diese irdische Welt zu Ende gehe und das Himmelreich bald anbräche – geschweige denn ein neues Zeitalter der Geschichte. Diese Welt mochte weiterbestehen in ihren Nöten und Kämpfen wie eh und je, der Christ sollte unberührt davon der Zukunft des Herrn harren.

Die antike Mittelmeerwelt dieser Kirchenväter brach vollends auseinander, als zweihundert Jahre nach ihrem Tod der Arabersturm ganz Nordafrika samt Spanien unter die Herrschaft des Islam brachte, für immer vom christlichen Europa trennte. Rom lag seitdem nicht mehr in der Mitte einer alten, sondern am Rande einer neuen Welt, Byzanz in einer ihr fremd gewordenen Eigenwelt. Die antike Welt war zerfallen, zerschnitten, ihre Erbschaft zerteilt. Nur der lateinische Westen bewahrte, verwendete und verwandelte sein römisch-christliches Erbteil in einem eigenen »Mittelalter«, das dann in eine »Neuzeit« weiterführte. Der byzantinische Osten zehrte nur von seinem griechischen Erbe, bis die Türken 1453 Byzanz eroberten. Der längst vorher islamisch gewordene Süden des Mittelmeerraums schied sich ganz von Europa und ging seine eigenen Wege. Manches übernahm zwar auch der Islam aus der antik-griechischen Kultur und vermittelte es später dem Abendland. Aber dessen Gegenstoß in den Kreuzzügen entriß ihm nur für kurze Zeit Palästina und Syrien, richtete sich vergeblich auch gegen Ägypten und Tunis, konnte ihn aus Spanien nur Schritt für Schritt zurückdrängen, völlig erst mit dem Fall von Granada 1492.

Diese Zerteilung der antiken, christlich gewordenen Mittelmeerwelt war die Voraussetzung für die Entstehung eines abendländischen Mittelalters, dessen Lebenskreis sich mit jener überschnitt, doch nicht deckte. Es konnte nicht allein, nur teilweise deren Erbschaft antreten und unmittelbar fortführen, dazu aber auch viel Eigenes ganz andersartiger Herkunft einbringen.

Scheideweg zum Abendland – Anfänge des Mittelalters

Zerfiel das spätantike Mittelmeerreich, weil Germanenvölker über seine Nordgrenzen hereinbrachen? Oder konnten sie nur eindringen, weil jenes Reich einer inneren Krise erlag? Oder zerstörte es vollends erst der Einbruch der Araber und des Islam in seine südlichen Provinzen von Kleinasien über Nordafrika bis Spanien? Begann das Mittelalter, als und weil das Altertum aufhörte, oder umgekehrt? Und wann geschah das? Wurde die Pforte zum Mittelalter von den Germanen aufgestoßen, oder schlugen erst die Araber das Tor zur Antike zu? (wie P.E. Hübinger die Alternative drastisch formulierte). Solche Fragen wurden selten so prägnant gestellt, aber oft sehr verschieden beantwortet. Für das simple Bedürfnis nach deutlichen Epochengrenzen mußten die seltsamsten Ereignisse herhalten. Daß im Jahre 476 ein völlig unbedeutender, minderjähriger Kaiser der westlichen Reichshälfte, den schon die Zeitgenossen spöttisch Romulus Augustulus nannten, von einem germanischen Heerführer in römischen Diensten namens Odoakar (Audwaker) abgesetzt, ja »pensioniert« wurde und keinen Nachfolger in Rom bekam, weil der neue Herr über Italien, den seine zusammengewürfelten Truppen zu dessen König ausriefen, vom oströmischen Kaiser in Byzanz ausreichend und besser zu seiner Herrschaft legitimiert zu werden hoffte – das konnte gewiß keinem Zeitgenossen als eine Zeitenwende erscheinen, nicht einmal als »Ende des Weströmischen Reiches«. Ähnliches hatten sie auch schon früher erlebt. Und als zwölf Jahre später der junge Ostgotenkönig Theoderich (Dietrich), dessen Vater noch 451 mit Attilas Hunnen nach Gallien ziehen und auf den Katalaunischen Feldern gegen Römer und Westgoten hatte kämpfen müssen, vom oströmischen Kaiser ermächtigt, an dessen Hof er aufwuchs, mit seinem Volk aus Pannonien an der mittleren Donau gegen Odoakar nach Italien zog, ihn besiegte und umbrachte, bekannte er sich in langer, friedlicher, auch von vielen Römern als segensreich gepriesener Herrschaft zu demselben Ziel wie hundert Jahre vor ihm der Westgotenkönig Ataulf: mit germanischen Kräften das Römische Reich auch im Westen zu erneuern, in Italien von klugen Römern beraten, mit anderen Germanenkönigen in den westlichen Provinzen und darüber hinaus verbündet und verschwägert, vom Kaiser in Byzanz als Patricius der Römer und König seiner Goten anerkannt, wie er ihn als kaiserlichen Oberherrn anerkannte. Fast vier Jahrzehnte lang (488–526) konnte er diese schwierige Aufgabe meistern, vor der seine schwächeren Nachfolger versagten. Trotz ihres Heldenmuts unterlagen sie den Feldherren Kaiser Justinians (527–565), die noch einmal ganz Italien wie auch das anderthalb Jahrhunderte lang von den Vandalen beherrschte Nordafrika unter kaiserliche Verwaltung brachten, bis 568 vom Norden her aus dem Donau-Theiß-Gebiet, vor den Awaren ausweichend, die Langobarden nach Italien bis über Rom hinaus vorstießen; sechzig Jahre später ging auch die nordafrikanische Provinz endgültig dem römisch-christlichen Reich an die islamischen Araber verloren. Das in Byzanz ununterbrochen fortbestehende »römische« Kaisertum herrschte dann nur noch über balkanische und kleinasiatische Länder und einen Rest Süditaliens. Wo und wann läge da in dem Viertel-Jahrtausend zwischen Kaiser Konstantin, der Christ wurde und von Rom nach Konstantinopel ging, und Kaiser Justinian, der Italien und Nordafrika zurückgewann und in Byzanz auf lateinisch das alte römische

Recht aufzeichnen ließ, ein entscheidender Einschnitt, eine endgültige Wende von der antiken Mittelmeerwelt zum mittelalterlichen Abendland?

Selbst die westlichsten Provinzen Spanien und Gallien blieben unter der Herrschaft der dort eingedrungenen Westgoten und Franken noch lange, in vielfacher Verbindung durch Handel und Kultur mit dem kaiserlichen Osten, nach dem Mittelmeerraum orientiert. Lateinisch wurde da weiterhin geurkundet, gedichtet, geschrieben, zumeist auf Papyrus, den man nur aus Ägypten beziehen konnte, bis die Araber diesen Handel störten. Kein Westgoten- oder Frankenkönig vor Karl dem Großen wagte selbst Kaiser zu werden oder sich dem Kaiser in Byzanz ganz ranggleich-ebenbürtig zu fühlen. Der salfränkische Kleinkönig Chlodwig, dessen Vater Childerich noch im Dienst der durch Westgoten und Burgunder von Italien abgeschnürten Restprovinz Nordgallien gekämpft und sich mit römischem Schmuck in Tournai an der Schelde hatte begraben lassen, besiegte zwar 486/7 den römischen Statthalter und trat eigenmächtig an seine Stelle, warf auch die Westgoten über die Pyrenäen, die Alemannen über den Rhein zurück, um in Gallien und darüber hinaus ein eigenes Frankenreich zu schaffen; aber auch er ließ sich doch vom Kaiser in Byzanz als Ehrenkonsul titulieren und streute römische Münzen unter die Einheimischen, die er für sich gewinnen wollte. Und wenn sein Enkel Theudebert selbstbewußt an Kaiser Justinian schrieb, die fränkische Herrschaft reiche nun schon weit ostwärts bis zur Donau und an die Grenzen Pannoniens, auch nach Norditalien hin, war es doch auch sein Wunsch, den Kaiser zum gnädigen Freund zu haben. Keine Abkehr von antiker Tradition, keine bewußte Wendung in ein neues Zeitalter waren da zu spüren. Überdies drohte das weitgespannte Merowingerreich bald durch Herrschaftsteilung unter Chlodwigs Nachkommen zu zerfallen, seine Moral und Bildung zu verkommen. Wer hätte es im 7. Jahrhundert für zukunftsträchtig halten können?

Nur die britischen Inseln gingen ganz eigene Wege, seitdem die römische Besatzung um 400 abzog und heidnische Angelsachsen eindrangen. Sie wurden um 600 als einzige Germanen direkt von Rom aus durch mönchische Missionare Papst Gregors I. zum Christentum bekehrt, nachdem vorher schon irische Wandermönche mit eigenartiger, in Gallien gewonnener Klosterbildung sich um sie bemüht hatten. Die bekehrten Angelsachsen blieben kirchlich und kulturell nach Rom orientiert, politisch selbständig und nie dem Oströmischen oder Fränkischen Reich verbunden, eine eigene Spielart germanisch-christlich-antiker Synthese nicht aus kontinuierlich-unmerklicher Tradition, sondern in bewußter Rezeption. Für das abendländische Mittelalter sollte das von seinem Rande her höchst wirksam werden.

Man hat neuerdings manchmal Konstantin den Großen als den »Herrn der Wende« gerühmt (A. Schenk von Stauffenberg) oder als den »großen Brückenbauer« (J. Vogt), dessen kolossalische Figur an der Schwelle des Übergangs von der antiken zur abendländischen Phase in der Geschichte Europas stehe (P. E. Hübinger). Denn der Kaiser, der Christ wurde und das Römische Reich mit der christlichen Kirche verband, hat auch als erster ganze Germanenvölker auf römischem Reichsboden sich ansiedeln lassen und germanische Krieger nicht mehr nur in römische Dienste genommen wie längst seine Vorgänger, sondern ihnen auch die höchste Laufbahn bis zum Reichsfeldherrn und Heermeister eröffnet – beides Vorstufen für die Entstehung von Germanenreichen unter eigenen Königen in römischen Provinzen. Auch wurde der Gote Wulfila in Konstantins Reich bald nach dessen Tod zum ersten Bischof eines Germanenvolkes, in dessen Sprache er die Bibel übersetzte. Bahnte sich hier nicht bereits die mittelalterliche Verschmelzung von Antike, Christentum und Germanentum an?

Nur ist dagegen zweierlei zu bedenken. Germanenvölker wurden zwar seit Wulfila (gestorben 383) Christen, nicht nur seine Goten, auch die hinter ihnen in den Donauländern jenseits der Reichsgrenzen nachdrängenden Ostgermanen: Vandalen, Burgunder, Langobarden und andere. Sie alle wurden nicht durch römische oder griechische Missionare bekehrt und kamen doch in den folgenden zwei Jahrhunderten nicht mehr als Heiden ins römische Reichsgebiet, sondern bereits als Christen. Doch hatten sie voneinander eine eigenartige Form christlichen Glaubens und Kults übernommen, wie sie Wulfila den Goten gebracht hatte. Das war in den Jahrzehnten heftiger dogmatischer Auseinandersetzungen innerhalb der christlichen Kirche zwischen dem Presbyter Arius in Alexandria (gestorben 336) und seinem Bischof Athanasius (gestorben 373), zwischen Arianern und Athanasianern. Für diese und ihre Trinitätslehre hatte sich das erste, von Konstantin 325 nach Nikaia berufene Reichskonzil entschieden, aber erst ein zweites, von Kaiser Theodosius 381 nach Konstantinopel berufenes Konzil konnte diese Entscheidung für die ganze Reichskirche endgültig durchsetzen, die Arianer als Häretiker verurteilen. In der Zwischenzeit hatten auch manche Kaiser geschwankt und den Arianismus anerkannt, den eben damals auch Wulfila und seine Goten annahmen und an andere Germanenvölker weitergaben, ohne daß sich beobachten läßt, wie das geschah. Infolgedessen kamen dann diese Germanen zwar nicht als Heiden, aber als arianische Ketzer ins römische Reichsgebiet, mit ihren eigenen Bischöfen, Priestern und Kirchen, mit ihrer gotischen Bibel und Liturgie, in eigenen Gemeinden, getrennt von der athanasianisch-katholischen Reichsbevölkerung, mit der sie sich nicht in kirchlicher Gemeinschaft vereinten. Der Unterschied in ihrem christlichen Glauben und Kult wurde nicht immer zu schroffer Feindschaft wie bei den Vandalen Nordafrikas; man konnte sich auch friedlich vertragen wie die Ostgoten und Römer in Theoderichs Italien, aber man hielt sich kirchlich und damit auch völkisch voneinander getrennt, ließ auch Eheverbindungen nicht zu. Germanisch-christlich-römisch konnte da noch nicht zu einer neuen dauerhaften Einheit werden. Erst der Frankenkönig Chlodwig entschloß sich zu einem anderen Weg als alle germanischen Herrschaftsgründer auf Reichsboden vor ihm. Obgleich mit dem arianischen Ostgotenkönig Theoderich verschwägert und von ihm umworben, ließ er sich (wohl 498) vom Bischof Remigius von Reims katholisch taufen, verband also seine Franken mit der von ihm beherrschten Provinzialbevölkerung Galliens zu einer kirchlichen Gemeinschaft mit lateinischer Liturgie, gewann auch die Bischöfe Galliens und ihren Klerus samt ihrer Verwaltungserfahrung und Autorität für den Aufbau seiner Machtordnung, behielt sich freilich auch die Einwirkung auf ihre Nachfolge vor und nahm andererseits auch Galloromer in seine Staatsdienste: aus Romanen und Germanen konnte ein gemeinsames christliches Kirchen- und fränkisches Staats- oder Reichsvolk werden. Unter fränkisch-germanischer Herrschaft konnten dabei viele antike und kirchliche Traditionen in Gallien kontinuierlich gewahrt und dann beim Wachsen des

Frankenreiches auch an andere Länder rechts des Rheins über die einstigen römischen Reichsgrenzen hinaus vermittelt werden. Gewiß ein ganz anderer Weg, als ihn Kaiser Konstantin angebahnt hatte.

Andrerseits hatten dessen Nachfolger in Byzanz zwar manche Germanenvölker, die zumal nach dem großen Hunnenvorstoß 375 unaufhaltsam über die Reichsgrenze an der unteren Donau drängten, vertraglich auf Reichsboden zeitweise angesiedelt, zu Waffenhilfe und Grenzschutz verpflichtet, dafür mit Getreide versorgt. Auf die Dauer aber ließen sie keine Germanenherrschaft in östlichen Provinzen nahe der Hauptstadt entstehen. Mit viel diplomatischer Kunst drängten sie diese selbstbewußt werdenden Heervölker über kurz oder lang nach Westen in die lateinische Reichshälfte ab. Da diese ohnehin nicht mehr unmittelbar vom Ostkaiser in Byzanz beherrscht wurde, mochte sie durch germanische Gast- und Hilfsvölker in Schach gehalten oder ihnen überlassen werden. So wurden Alarichs Westgoten, später Theoderichs Ostgoten aus der griechischen Reichshälfte westwärts abgeschoben. Andere aus den Donauländern nachdrängende Germanenvölker wie Vandalen und Burgunder, schließlich auch die Langobarden wichen selbst vor dem stärkeren Byzanz aus und zogen über die Alpen oder den Rhein in westliche Provinzen oder nach Italien. Im oströmisch-griechischen Reichsgebiet aber, wo sich antike und christliche Traditionen unlösbar miteinander verschmolzen, wurde das Germanentum wieder ausgeschieden und ferngehalten. Der Weg von Konstantin über Theodosius zu Justinian führte ins byzantinische Reich, nicht ins abendländische Mittelalter.

Jacob Burckhardts Schüler Carl Neumann, erst Historiker und Byzantinist, später Kunsthistoriker (gestorben 1934), hat sich in einem Vortrag über »Byzantinische Kultur und Renaissancekultur« 1903 gefragt, warum das stetige Weiterleben der griechischen Antike im christlichen Byzanz nicht schöpferische Kulturleistungen bewirkte wie die römisch-antike Tradition schon im mittelalterlichen Abendland und vollends die Aufnahme griechischen Geisteserbes aus dem von den Türken 1453 eroberten Byzanz in der italienischen Renaissance mit ihren befruchtenden, verwandelnden Wirkungen auf ganz Europa. Er fand keine andere Antwort, als daß nicht dem »antiken Element«, sondern den in Byzanz fehlenden Lebenskräften des Germanentums (er sagte: des Barbarentums) im Abendland die kulturellen Hochleistungen und Neuschöpfungen schon des Mittelalters, erst recht der Renaissance zu verdanken seien, während trotz aller hohen Bildung in Byzanz das geistige, künstlerische, auch politische Leben unfruchtbar erstarrt sei, längst ehe es 1204 von abendländischen Kreuzfahrern, 1453 von den Türken erobert wurde. Ganz so einfach wie in chemischer Analyse werden sich die Unterschiede nicht aus dem Fehlen oder Hinzukommen einzelner »Elemente« erklären lassen. Das Byzantinische Reich hat immerhin ein Jahrtausend lang das »Ende des Weströmischen Reiches« überdauert. Mindestens bis in die Karolingerzeit war es dem germanisierten Westen kulturell weit überlegen. Noch die Kreuzfahrer, die 1204 Konstantinopel eroberten, haben dort unvergleichliche Kunstwerke und Reliquienschätze bestaunt – und mitgenommen, und im 15. Jahrhundert haben griechische Flüchtlinge vor den Türken vieles ins Abendland gebracht, was man vorher dort nicht kannte. Die Byzantiner haben sich auch nicht nur der Germanen, sondern ohne deren Hilfe unter Kaiser Herakleios (610–641) der gefährlich vordringenden Perser und Awaren erwehrt und die Slawen zurückgedämmt. Sie haben sich hundert Jahre später gegen den Arabersturm, dem das spanische Westgotenreich 711 erlag, genauso behauptet wie das Frankenreich unter der einigenden Führung Karl Martells. Von den Byzantinern konnten dann die Araber sogar griechische Philosophie und Wissenschaft lernen und seit dem 12. Jahrhundert dem Abendland vermitteln. Dessen nur teilweise, nur zeitweilig erfolgreichen Gegenstöße in die an den Islam verlorenen Südländer des Mittelmeerraums haben ihm aber das Byzantinische Reich, dessen Hilferuf den ersten Kreuzzug auslöste, auf die Dauer weniger verbündet als entfremdet und verfeindet, bis Konstantinopel selbst 1204 einem Kreuzfahrerheer erlag. Von einem dort errichteten lateinischen Kaisertum mußte das byzantinische zwei Menschenalter lang nach Kleinasien ausweichen und hat sich doch dann noch ein Viertel-Jahrtausend lang zu einer Spätblüte erholt. Nicht an Lebenskraft und -dauer, nicht an reicher Bildungs-, Kultur- und Kunsttradition griechisch-antiker und christlicher Herkunft hat es dieser byzantinischen Welt im Vergleich zum Abendland gefehlt, wohl aber an Spannungen und Wandlungen, die aus dessen »Mittelalter« weiterdrängten in eine »Neuzeit«. Der Vergleich kann zwar nicht einfach erklären, aber doch den Blick dafür schärfen, was diesem mittelalterlichen Abendland seine Eigenart gab, abweichend vom byzantinischen Osten, und damit seine besondere, weiterführende Rolle in der Weltgeschichte.

Wann sie begann, ist schwerlich mit einem bestimmten Ereignis zu datieren – wie der Übergang von der spätantiken zur byzantinischen Geschichte auch – und ist auch weniger wichtig als das Verständnis ihrer Besonderheit. »Geburt des Abendlandes, Untergang der Antike am Mittelmeer und Aufstieg des germanischen Mittelalters« nannte P. E. Hübinger 1941 seine Verdeutschung des Spätwerkes von Henri Pirenne, das 1937, zwei Jahre nach dem Tod des belgischen Historikers, unter dem Titel »Mahomet et Charlemagne« erschienen war. Es wollte zeigen, daß nicht schon das Eindringen germanischer Völker ins Römische Reich oder ihre Christianisierung die antike Welt auflöste und zum Mittelalter wandelte, sondern daß erst der Einbruch des Islam in die südlichen Mittelmeerländer die alte seebedingte Wirtschafts- und Kultureinheit zerschnitt, in die sich vorher auch die neuen germanischen Herrschaftsbildungen und noch das merowingische Frankenreich einzufügen versuchten. Als aber die Araber den Handel und Verkehr zwischen den Mittelmeerküsten unterbanden, sei das Frankenreich, überhaupt das Abendland gleichsam auf sich selbst zurückgeworfen, zur Selbsthilfe genötigt worden mit eigenen bäuerlich-kriegerischen Kräften, statt weiterhin von antiker Stadtkultur und Staatsverwaltung zu zehren. Der Aufstieg der Karolinger im morsch gewordenen Merowingerreich sei die Antwort, die Reaktion auf dessen Ausschluß aus dem alten Wirtschafts- und Kulturraum rings um das Mittelmeer, das abendländische Imperium Karls des Großen eine Folge der Wirkungen Mohammeds. Eine neue, auf Europa mit dem Schwerpunkt nördlich der Alpen beschränkte Einheit konnte und mußte seitdem erst sich herausbilden, ein neues Zeitalter, das »Mittelalter« damit beginnen.

An diesem dramatisierten Geschichtsbild wurde seither manches im einzelnen berichtigt, doch wäre vor allem zu fragen, weshalb denn der griechisch-byzantinische Osten nicht gleicherweise oder ähnlich auf den Schnitt durch die Mittelmeerwelt reagierte, auch warum das päpstliche Rom, vorher ihre Mitte, eben damals in seiner Bedrängnis durch die Langobarden sich vom byzantinischen Kaisertum abkehrte und dem Frankenreich der aufsteigenden Karolinger zuwandte, nachdem es schon seit Gregor I. – noch vor Mohammeds Wirkung! – sich um die fernen Angelsachsen bemüht hatte. Wurden nicht auch dadurch grundlegende, unabdingbare Voraussetzungen für die Absonderung des Abendlandes, für die Eigenart seines Mittelalters geschaffen? Zu seiner Geburt verhalfen ihm weder die Araber allein noch die Germanen allein, weder das päpstliche Rom noch das kaiserliche Byzanz allein. Indem aber nach Konstantin der byzantinische Osten, nach Mohammed der islamische Süden der alten Welt eigene Wege ging, schied sich von ihnen das Abendland mitsamt Rom, das nun an seinem Rande lag, aber seine ideellen, traditionellen, universalen Ansprüche mitbrachte in eine vorwiegend von germanischen Völkern beherrschte neue Welt. So langwierig war ihre Geburt, so vielseitig bedingt. Mit frischen Kräften eine alte, aber zerteilte Erbschaft antretend, wurde sie vielleicht gerade dadurch besonders zukunftsträchtig.

Eigene Überlieferung mittelalterlicher Völker

Was die Germanen, auch Kelten und Slawen ins Mittelalter einbrachten, ist schwerer zu erkennen als seine antike und christliche Erbschaft. Von dieser zeugen schon in ihrer Schrift und Sprache alle Bücher, die man weiterhin durch die Jahrhunderte las und abschrieb, dadurch der Folgezeit erhielt, ebenso die Steinbauten und Kunstwerke nach antiken Vorbildern in kirchlicher Verwendung und die Fülle von Lehnwörtern aus dem Latein auch in den nicht ohnehin romanischen Sprachen Europas, von Schrift und Tinte, Mauer und Ziegel, Fenster und Keller bis zu Kaiser und Staat, ganz zu schweigen von griechisch-christlichen Lehnwörtern, wie Kirche, Bischof, Priester, Pfingsten und zahllosen anderen. Die Völker aber, die alles das übernahmen und sich zu eigen machten, waren selbst von Haus aus schriftlos, lernten erst von den Griechen, dann vor allem von den Römern und in deren Sprache lesen und schreiben; sie brauchten lange, ehe sie auch eigene, heimische Überlieferung in eigener Sprache aufzeichnen lernten, sofern sie nicht inzwischen vergessen war. Sie hatten auch noch kaum eine eigene Kunst dauerhaften Steinbaus, nur vergängliche Holzbauten und Grabhügel mit Beigaben an Waffen und Gerät, nicht kunstlos, aber stumm oder rätselhaft und spät erst wiederentdeckt. Sie hatten auch keine Göttertempel und -bilder, höchstens deutungsbedürftige Zeichen und Bräuche ihres Glaubens und Kults. Schon dem Römer Tacitus oder seinen Gewährsleuten fiel das auf. Er sagt auch in seiner *Germania* (c. 2): »Alte Lieder sind die einzige Art ihrer Überlieferung und Geschichtskunde« *(memoriae et annalium)*. Noch zu seiner Zeit um 100 n. Chr. wurde der achtzig Jahre früher gestorbene Arminius als Befreier Germaniens besungen. Aber nichts davon blieb erhalten. Dem Mittelalter war selbst der Name des Arminius unbekannt, ja lange Zeit der Name Germanen ungewohnt. Wie hätten ihm so vergängliche Zeugnisse germanische Tradition vermitteln können?

Und doch blieb solche mündliche Überlieferung in Liedern und Sagen statt in Schrift und Buch noch jahrhundertelang bis ins Spätmittelalter für die meisten Menschen im Abendland die einzige, neben Brauch und Herkommen wirksamste Form ihrer Tradition. Denn lesen, was geschrieben stand, lernten zumeist nur Kleriker und Mönche, nicht die Laien, weder Adlige noch Bauern. Auch ihr Recht wurde gesprochen, nicht geschrieben, war von den Alten zu erfragen, nicht in Büchern zu lesen. Auch die christliche Lehre mußte den Laien in ihrer Sprache gepredigt werden, allenfalls in ihrer Weise gedichtet und vorgetragen oder in Bildern an Kirchenwänden gemalt und erläutert, in liturgischer Kulthandlung vorgeführt. Was die Zeitgenossen davon vernahmen, ist für uns verklungen, höchstens aus zumeist lateinischen Zeugnissen zu erschließen, die wiederum jene größtenteils nicht selbst hätten lesen können. Ihnen aber wurde neben christlicher Predigt, Gebet und Gottesdienst, neben der darin aufgehobenen, verwendeten, verwandelten antiken Erbschaft, die schon die lateinische Kirchensprache der Liturgie wahrte, immer auch vieles aus eigener alter Überlieferung hörbar vergegenwärtigt, was noch nirgends aufgeschrieben war, aber gesungen und gesagt wurde auf Adels- und Bauernhöfen oder als Recht gesprochen im Gericht. Unsere fast überwältigend reiche Überlieferung aus dem Mittelalter in Handschriften und Urkunden der Kirchen und Klöster war nicht die einzige und nicht die für alle zugängliche Überlieferung im Mittelalter selbst. Ihr stand kaum weniger wirksam eine uns selten unmittelbar faßbare mündliche Überlieferung zur Seite, wenn nicht sogar entgegen, die mehr Germanisches, Eigenes, Heimisches bewahren und weiterwirken lassen konnte als die lateinisch-christlichen Texte auf Pergament. Das Bild, auch das Weltbild dieses Mittelalters wäre nicht nur unvollständig, sondern unwahr und einseitig verzeichnet, wenn man sich nur an seine schriftlichen Zeugnisse hielte. Schon Bauten und Bilder, Trachten und Schmuck, Waffen und Gerät aller Art ergänzen nicht nur, sondern ändern das Bild, wie es den Zeitgenossen sichtbar war. Erst recht ist das ihnen – uns nicht mehr – Hörbare hinzuzufügen, notfalls hinzuzudenken, um der erlebten Wirklichkeit mittelalterlichen Daseins und Denkens nahezukommen. Dann erst kann begreiflich werden, was auch aus dem christlichen und antiken Erbe im Abendland mit der eigenwüchsigen Tradition seiner Völker wurde – anders als in Byzanz.

An der Dichtung läßt sich das Weiterwirken mündlicher Überlieferung seit germanischer Frühzeit ins Mittelalter hinein am deutlichsten zeigen. Als um 1200 das Nibelungenlied neu gedichtet und nun erst für Laienleser auch in Handschriften aufgezeichnet wurde, muß bereits seit acht Jahrhunderten die Sage von den Burgunderkönigen am Rhein um Worms, von ihrem grausigen Ende durch den Hunnenkönig Etzel-Attila, der ihre Schwester heiratete, ununterbrochen von Mund zu Mund gegangen, in Liedern gesungen und gehört worden sein. Wie anders wäre sonst die Kunde davon dem mit Namen unbekannten Dichter in Österreich zur Babenbergerzeit zugekommen, dem das mittelhochdeutsche Werk zu verdanken ist? In Büchern konnte er sie nicht lesen, selbst wenn er sich überhaupt aufs Lesen verstand. Daß im Jahre 437 ein Burgunderkönig Gundicarius am Mittelrhein mit seinem Volk einem Hunnenvorstoß erlag, erwähnt zwar damals beiläufig ein aquitanischer Chronist Prosper Tiro, aber nichts von Siegfried und Hagen, Krimhild und Brunhild, nichts in diesem Zusammenhang von Attila, der danach erst zur Macht kam, geschweige denn von Dietrich-Theoderich, der zwei Jahrzehnte später in Pannonien geboren wurde. Daß tatsächlich Attila – in kirchlicher Überlieferung die »Gottesgeißel« – 453 in der Hochzeitsnacht mit einer blonden Ildico (Hilde) starb, weiß man nur aus dem Bericht eines byzantinischen Gesandten an seinem Hof. Diese denkwürdigen Ereignisse und Gestalten müssen sich jedoch in lebendiger Erinnerung bald zur Nibelungensage verknüpft, verdichtet haben, und sie muß seitdem unablässig weitererzählt und gesungen worden sein, obgleich niemand sie aufschrieb. Nur selten taucht eine Spur davon hie und da im lateinischen Schrifttum auf. Gegen Ende des 10. Jahrhunderts soll Bischof Pilgrim von Passau – an der Nibelungenstraße von Worms donauabwärts zum Hunnenhof! – einen Meister Konrad veranlaßt haben, ein Nibelungenlied, das ein Spielmann Swemmel vortrug, ins Latein umzudichten – wie vorher das Walthari-Lied, in dem ja auch der Burgunderkönig Gunther, auch Hagen und der Hunnenkönig Etzel auftreten, zum lateinischen Waltharius-Epos umgeformt wurde. Jene *Nibelungias* aber ist nicht erhalten. Was sie erzählte, lasen wenige auf Latein, doch man hörte es durch alle Menschenalter in der Muttersprache, nicht überall gleichmäßig, sehr verschieden in der Dichtweise jeder Zeit ausgestaltet, ehe es endlich nach 1200 auch zur Lektüre niedergeschrieben wurde. Nach wie vor galt es nicht nur als fabulierende Erdichtung, sondern als wahre Kunde aus eigener Vergangenheit der Sänger und Hörer, denen lateinische Chroniken und Annalen fremd blieben, kirchliche »Legenden« nur übersetzt »verlesen« werden konnten. Neben deren Heiligen wirkten so Könige und Helden der eigenen Vorzeit, christlich oder nicht, im Gedächtnis der Völker denkwürdig-vorbildhaft fort, auch wenn nichts über sie zu lesen war: Siegfried und Hagen, Krimhild und Brunhild, auch Kudrun und ihre Freier, bei den Angelsachsen Beowulf, bei den irisch-bretonischen Kelten König Artus, bei den Tschechen Libussa und Przemisl, bei den Polen der Bauer Piast, von dem ihre Herzöge und Könige abstammen sollen, bei Franzosen und Deutschen Roland und andere »Paladine« Karls des Großen – denn auch sie müssen neben und unabhängig von allen lateinischen Zeugnissen der Karolingerzeit zu Gestalten volkssprachlicher Sage und Dichtung geworden sein, längst ehe das französische Rolandslied um 1100, die *Chansons de geste* und deutsche Nachdichtungen in der Folgezeit aufgeschrieben wurden. Oft tauchen Helden der Dichtung erst spät in schriftlichen Zeugnissen auf, und es bleibt uns zweifelhaft, ob sie »historische« Gestalten oder »nur sagenhaft« sind. Für mittelalterliche Hörer war das gleichgültig wie bei Heiligenlegenden und bei der biblischen Geschichte schließlich auch: Für sie war es glaubwürdige, lebensmächtige Wirklichkeit.

Das drastischste Beispiel ist Dietrich von Bern, der Ostgotenkönig Theoderich. Seine eigenen Staatsbriefe, verfaßt und gesammelt von seinem römischen Kanzler Cassiodorus Senator, und zeitgenössische Chronisten in Ravenna und anderwärts hinterließen gut verbürgte Kenntnis von ihm. Doch ganz unabhängig davon, unvereinbar vollends mit der kirchlichen Legende, die ihn als Arianer verketzerte, bildete sich in volkssprachlichen Liedern bis nach Skandinavien hin ein ganzer Sagenkreis um ihn, der ihn als edlen, weisen, vereinsamt-tragischen Recken verklärte, noch im Nibelungenlied am Hunnenhof Etzels (obgleich Attila vor Theoderichs Geburt gestorben war) oder im Kampf mit dem Gotenkönig Ermanarich (der in Wahrheit anderthalb Jahrhunderte früher dem ersten Hunnensturm am Schwarzen Meer erlegen war). Unbekümmert um Chronologie, fügen diese Sagen Gestalten und Ereignisse verschiedener Zeiten zusammen, steigern ihre Helden über alles Menschen- und Zeitmaß hinaus, lassen sie schließlich in wuchernder Weiterbildung auch mit Drachen, Riesen, Zwergen kämpfen und erhielten sie dem Gedächtnis späterer Geschlechter so gegenwärtig, daß man in Notzeiten Dietrich, »von dem die Bauern singen«, auf schwarzem Roß heil- oder unheilverkündend durchs Land reiten sah (wie an der Mosel 1197 vor dem für das Reich verhängnisvollen Tod Kaiser Heinrichs VI.). Vergeblich hat die Kirche diesen arianischen Ketzerkönig verpönt: auf der Bronzetür von San Zeno in Verona – der Stadt, nach der Dietrich von »Bern« heißt! – reitet er verflucht in den Höllenrachen; Chroniken, Legenden, Predigten stellen ihn bis ins 14. Jahrhundert ähnlich dar. Doch weder von kirchlicher noch von spätantiker Tradition ließ sich das heldische Ideal der Sagen und Lieder von Dietrich verdrängen oder beirren. Es war lebensmächtiger als alle lateinisch-christliche Literatur.

Ein ziemlich frühes Glied dieser nie abreißenden Kette, die sich über die norwegische Thidreks-Saga des 13. Jahrhunderts hinaus fortgesetzt, ist zum Glück erhalten, weil Fuldaer Mönche um 800 die althochdeutschen Stabreim-Verse des Hildebrand-Liedes auf leere Vorder- und Rückseiten einer Handschrift voller lateinischer, biblisch-theologischer Texte schrieben (leider nicht ganz vollständig): Dietrichs Heermeister Hildebrand, der ihm vor Odoakars Haß treu zum Hunnenkönig folgte, bei der Rückkehr in tragisch-düsterem Streitgespräch und Kampf mit seinem Sohn Hadubrand, der ihn mißtrauisch nicht als Vater erkennt. Karl der Große selbst wollte nach Einhards glaubwürdigem Zeugnis solche uralte Lieder, in denen »Taten und Kämpfe der Könige von einst besungen wurden«, in der Volkssprache aufzeichnen lassen, die nach seinem Willen wie Latein zur Schriftsprache werden sollte. Er brachte auch nach seiner Kaiserkrönung ein Reiterstandbild Theoderichs aus Ravenna nach Aachen und stellte es vor seine Pfalz. Doch wie sein Nachfolger Ludwig der Fromme das von seinen Hoftheologen verfemte Ketzerbild beseitigte, so wollte er auch von »heidnischer Volksdichtung«, die er als Jüngling gelernt hatte, nichts mehr wissen, sie nicht aufschreiben, lesen, vortragen lassen, sondern sie durch christliche Dichtung in der Volkssprache ersetzen wie den altsächsischen Heliand oder das gereimte Evangelienbuch des Mönches Otfrid von Weißenburg. Seitdem wurde unablässig von Klerikern und Mönchen gegen Heldensang und Kampfruhm in volkssprachlicher Dichtung gewettert, wenn auch manche lateinische Chronisten selbst davon Gebrauch machten: Beweis genug, daß diese eigenwüchsige Laien-Überlieferung nicht auszurotten war, sondern allen klerikalen Bedenken zum Trotz weiterwirkte. Der große Kaiser Karl glaubte beides vereinen zu können, germanisches mit christlichem und antikem Erbe, wie er auch Volksrechte lateinisch aufzeichnen ließ, auch Laien im Lesen schulen wollte (und es selbst mühsam lernte), auch Volkssprache schreibfähig machen. Nach ihm schied sich lange – am wenigsten außerhalb seines Reiches bei den Angelsachsen – der nur Latein schreibende Klerus und Mönch von dem nur hörenden, nicht lesenden Laien, das kirchliche Schrifttum vom Wort und Bild für Laien, deren Herkommen, Brauch und Recht doch in ihrer Sprache und Dichtung stets lebendig wirksam blieb, nur uns selten noch so unmittelbar zugänglich wie die Bücher, die sie nicht lasen. War dann ihr »Mittelalter« nicht noch anders als das der Kirche, das wir aus deren reichem Schrifttum kennen? War es ebenso stark von christlichem Glauben geprägt, mit antiker Bildung durchtränkt, oder zwiespältiger, spannungsreicher, vielleicht eben deshalb auch wandelbarer als die biblisch-patristisch-spätrömische Tradition?

Recht im Mittelalter

Im Volksrecht, Kirchenrecht, römischen Recht scheint wiederum die dreifache Tradition germanischer, christlicher, antiker Herkunft das Mittelalter zu prägen, ohne trotz aller Wechselwirkung ganz miteinander zu verschmelzen. Denn Volksrecht gilt nur für Laien. Kleriker und Mönche sind ihm und den weltlichen Gerichten entzogen, sie unterstehen dem kanonischen Recht im kirchlichen Gericht oder der Regel ihrer Klöster und Orden. Römisches Recht vollends gilt in nachantiker Zeit bis ins Spätmittelalter fast nirgends; es wird nur von gelehrten Juristen an Universitäten studiert, seit man um 1100 das *Corpus iuris* Kaiser Justinians wiederfand. Und nicht nur im Geltungskreis unterscheiden sich die dreierlei Rechte, sondern erst recht in der Art ihrer Überlieferung und Kenntnis.

Römisches Recht ist für das Mittelalter nicht wie für die Antike eine Kodifikation und Interpretation geltenden Rechts, sondern ein inzwischen zeitweise verschollenes Rechtsbuch, das aus Interesse an gelehrter Jurisprudenz studiert und »glossiert« wird. Allenfalls gewinnt es den Nimbus alten Kaiserrechts, auf das sich mittelalterliche Kaiser seit Friedrich Barbarossa gelegentlich berufen, ihm sogar eigene neue Gesetze (zuerst für die Rechtsschule in Bologna) anfügend. »Rezipiert« aber, befolgt und angewandt wird es gerade erst in nachmittelalterlicher Zeit.

Schriftlich gleich diesem römischen Recht und nach seinem Vorbild kodifiziert war auch das Kirchenrecht, aus Konzilsbeschlüssen und päpstlichen Dekreten der frühen Kirche erwachsen, die man immer wieder sammelte, ordnete und bis ins 14. Jahrhundert hinein ergänzte. Es wurde von gelehrten Kanonisten kommentiert wie das römische Rechtsbuch von den Legisten – nur daß dieses kanonische Recht in der Kirche, für den Klerus immer auch galt, dem geistlichen Gericht als geschriebene Norm seiner Rechtsprechung diente und mit Geboten, Verboten, Dispensen auch tief ins Laienrecht einwirkte vor allem in Ehe- und Erbfragen, nicht zum wenigsten auch auf das Herrschaftsrecht der Könige und des Kaisers einwirken wollte.

Das Volksrecht der Laien dagegen stand wie ihre Dichtung in eigner Sprache nicht im Buch. Auch wenn es hie und da aufgezeichnet wurde, sei es auf Latein, sei es angelsächsisch, später deutsch und französisch oder wie sonst, urteilte das Laiengericht kaum je nach dem Rechtsbuch, das auch die meisten Laienrichter ohnehin nicht hätten lesen können (und gelehrte Juristen gab es da im Mittelalter nicht), sondern es fällte den Rechtsspruch nach mündlich überliefertem Recht, nach Herkommen und Brauch der Väter. Die schriftlosen Völker nördlich der Alpen kannten aus ihrer Frühzeit kein Zwölftafelgesetz wie die Römer, keine solonische Gesetzgebung wie die Griechen, kein mosaisches Gesetz oder die zehn Gebote wie das Volk Israel, keinen Hammurabi-Codex wie schon die Babylonier, dem noch ältere Keilschrift-Gesetztafeln vorausgingen. Recht aber, das von jeher und für immer unveränderlich gelten sollte, von den Vätern auf die Söhne durch alle Geschlechter überliefert, galt jenen schriftlosen Völkern um so unantastbarer als Vermächtnis der Vorfahren, wenn nicht der Götter. Es mochte sich leichter als geschriebenes Recht unmerklich wandeln im Fortgang des Lebens, sich anpassen an veränderte Verhältnisse und Bedürfnisse; es galt doch immer als altes Recht, seit Menschengedenken gültig. Es war nicht willkürlich zu ändern, höchstens zu ergänzen. Auch dann aber war Recht wie die Wahrheit und alles Rechte zu »finden«, als sei es von jeher gültig, nur noch nicht bekannt gewesen, nicht aber zu setzen oder zu beschließen, als könnten Menschen eigenmächtig Recht schaffen.

Germanenvölker, die mit dieser Rechtsgewohnheit ins römische Reichsgebiet kamen und dessen Rechtsbücher kennenlernten, versuchten zwar, nach deren Muster auch das für sie geltende Recht aufzuzeichnen – auf Latein, da ihre eigene Sprache trotz Wulfilas Bibelübersetzung noch kaum schreibfähig war, auch der von ihnen nun beherrschten Reichsbevölkerung nicht verständlich gewesen wäre, die weiterhin nach römischem Recht lebte, aber das Recht der neuen Herren bei Prozessen mit ihnen kennen oder anerkennen mußte. So wurde Westgotenrecht in Südgallien schon unter König Eurich um 475 kodifiziert und nochmals fast zwei Jahrhunderte später in Spanien, nun auch mit römischem Recht der dort Einheimischen verbunden; Ostgotenrecht unter König Theoderich in Italien, Burgunderrecht um die gleiche Zeit unter König Gundobad, der auch für die römisch-rechtliche Bevölkerung seines Herrschaftsgebiets an der Rhône ein eigenes Rechtsbuch schuf. Noch die Langobarden in Italien haben ihr Recht im Edikt ihres Königs Rothari 643 lateinisch aufgezeichnet, das spätere Langobardenkönige bis ins 8. Jahrhundert ergänzten; eine Art Rechtsschule in Pavia verglich es auch mit römischem und kanonischem Recht. Und schon der Frankenkönig Chlodwig veranlaßte auch die Aufzeichnung des salfränkischen Rechts in der *Lex Salica*, die bis in karolingische Zeit benutzt, erweitert, mehrfach auch sprachlich überarbeitet wurde. Inwieweit und wie lange solche Rechtsbücher jeweils wirklich maßgeblich waren für die Rechtsprechung im Volksgericht, ist freilich selten genau festzustellen. Die mündliche Rechtstradition und -praxis in eigener Sprache ließ sich schwerlich durch literarisch-lateinische Fixierung nach römischem Vorbild lange bestimmen oder gar ersetzen, mochte man auch gelegentlich darauf zurückgreifen. Sie ging bald darüber hinweg, schon weil die Germanenvölker, deren Recht da kodifiziert wurde, über kurz oder lang in neue Strudel der Geschichte gerieten und ihre Herrschaft nicht behaupteten.

Ihr eigenes Recht behielten sie freilich bei, auch wenn sie unter andre Herrschaft kamen. Denn darin unterschied es sich bei aller Angleichung an die schriftliche Rechtsüberlieferung der Römer und der Kirche nach wie vor am auffälligsten von ihr, daß es nur für Menschen des eignen Volkes galt, nicht für das ganze von ihm beherrschte Gebiet und dessen Bevölkerung anderer Herkunft. Es war jedem angeboren mit seiner Volkszugehörigkeit und blieb ihm eigen, wohin er auch kam und wo immer er lebte. Es war personales, nicht territoriales oder institutionelles Recht, ein »Recht, das mit uns geboren«, oder besser: in das jeder geboren war, aber bei aller Verwandtschaft verschieden für den West- oder Ostgoten, Burgunder oder Langobarden, salischen oder ripuarischen Franken,

Alemannen oder Baiern, Sachsen oder Thüringer. Ob es je in heidnischer Frühzeit ein gemeinsames, einigermaßen einheitliches Germanenrecht gab wie das römische Recht im Mittelmeerraum der Kaiserzeit, das Kirchenrecht in der Christenheit ist unerkennbar, mindestens strittig. Im Mittelalter gab es das nie, auch nicht im fränkisch-deutschen Reich des Mittelalters. Als die Frankenkönige seit Chlodwig ihrer Herrschaft ganz Gallien unterwarfen und dann auch rechtsrheinisch-germanische Gebiete, lebten doch in ihrem Reich nur die Franken nach fränkischem Recht; ja den »ripuarischen« Franken am Rhein um Köln, deren eigne, den Merowingern verwandte Könige Chlodwig beseitigte, um an ihre Stelle zu treten, wurde ihr abweichendes Recht eigens in einer *Lex Ribuaria* aufgezeichnet anders als den Salfranken in der *Lex Salica*. Die römische Provinzialbevölkerung Galliens, mit den katholisch gewordenen Franken in kirchlicher Gemeinschaft vereint, auch von ihrem Heer, ihren Ämtern und von der Ehe mit ihnen nicht ausgeschlossen (wie in Theoderichs Ostgotenreich), behielten doch ihr römisches Recht bei, die Reste der Westgoten südlich der Loire und die dem Frankenreich eingegliederten Burgunder das ihre. Als die Alemannen und die Baiern unter fränkische Herrschaft kamen, wurden auch deren Rechte (nach dem Vorbild der *Lex Salica*) lateinisch aufgezeichnet und galten weiter für sie. Noch Karl der Große gab den von ihm nach jahrzehntelangen harten Kämpfen unterworfenen Sachsen zunächst zwar eine Art »Besatzungsstatut« mit Ausnahmerecht, ließ dann aber ihr eigenes Recht aufschreiben und gelten wie das der Thüringer und Friesen auch. Einhard rühmt ihn eigens, er habe die Aufzeichnung ungeschriebener Rechte der von ihm beherrschten Völker veranlaßt. Wohl versuchte er mehr als seine Vorgänger diese Rechtsvielfalt in seinem weiten Reich durch überall geltende Königsgesetze (Capitularien) zu überwölben und Unterschiede auszugleichen. Bald nach seinem Tod beklagte Bischof Agobard von Lyon, daß nicht im ganzen Reich gleiches Recht gelte wie in der Kirche, daß manchmal sogar in einem Hause Menschen verschiedenen Rechts lebten und nicht füreinander Zeuge vor Gericht sein könnten. Aber ändern ließ sich das höchstens, wo ein starkes Königtum stetig im Hofgericht oder durch Königsrichter, die durchs Land reisten, Recht sprechen ließ nach gleichmäßigen Normen, die zum *common law* wurden wie im normannischen England nach Wilhelm dem Eroberer (das daher später keiner Rezeption römischen Rechts bedurfte). Auf ähnlichen Grundlagen konnte im normannischen Süditalien der staufische Normannen-Erbe Friedrich II. ein einheitliches Gesetzbuch schaffen, wenigstens für das Staats- und Verwaltungs-, auch Straf- und Prozeßrecht. Weniger gelang den Kapetinger- und Valois-Königen Frankreichs eine Vereinheitlichung des Rechts, am wenigsten dem unsteten Königtum Deutschlands, so anspruchsvoll da auch von »Kaiserrecht« gesprochen wurde. Noch als schließlich Kaiser Karl V. eine »Peinliche Gerichtsordnung« für das ganze »Römische Reich Deutscher Nation« schuf, wurde sie von den Reichsständen 1532 nur unter dem Vorbehalt angenommen, daß ihnen dadurch »an ihren alten wohlhergebrachten rechtmäßigen und billigen Gebräuchen nichts benommen« würde. Denn die niederdeutschen Fürsten hatten gegen diese vereinheitlichende Rechtsneuerung protestiert, weil bei ihnen nach wie vor sächsisches Recht gemäß dem Sachsenspiegel gelte.

Gerade an diesem Sachsenrecht läßt sich die zähe Eigenart, aber auch die Wandlungsfähigkeit mündlicher Rechtsüberlieferung besonders drastisch beobachten. Das alte Recht der eben erst dem Frankenreich unterworfenen, zum Christentum bekehrten oder genötigten Sachsen hatte Kaiser Karl lateinisch aufzeichnen lassen mit einigen Zusätzen zum Schutz des Königs, des Adels, der Kirche. Schon im nächsten Jahrhundert wählten diese Sachsen gemeinsam mit den rechtsrheinischen Franken ihren eigenen Herzog Heinrich zum ostfränkisch-deutschen König, der als solcher fränkischem Recht folgte. Auch bei den anfangs ihm widerstrebenden Baiern und Schwaben brachte er sich klug und tatkräftig zur Anerkennung. Jeder dieser »Stämme« behielt jedoch nach wie vor eigenes Recht. Als wiederum drei Menschenalter später Heinrichs letzter männlicher Nachkomme aus dem Zweig, dem Otto I. das Herzogtum Baiern übertrug, zum Nachfolger im Königtum erhoben wurde, mußte dieser Heinrich II. den Sachsen, damit auch sie ihn anerkannten, eigens schwören, daß er ihr Recht wahren und in nichts verderben wolle. Erst recht mußte sein Nachfolger, der fränkische »Salier« Konrad II., nach strittiger Königswahl den Sachsen, ehe sie ihm huldigten, ihr »sehr hartes Recht« ausdrücklich bestätigen (wie sein aus Burgund stammender Biograph Wipo bemerkt) und sein Enkel Heinrich IV. desgleichen. Wie aber dieses Sachsenrecht war, inwieweit es noch der von Karl dem Großen aufgezeichneten *Lex Saxonum* glich, ist unbekannt. Denn erst nach weiteren zwei Jahrhunderten wurde das für die Sachsen Ostfalens geltende Recht abermals niedergeschrieben, nunmehr auch auf deutsch, von dem anhaltischen Schöffen Eike von Repgow (Reppichau bei Dessau). Vergleicht man dessen kurz vor 1230 verfaßten »Sachsenspiegel« mit der alten *Lex Saxonum*, die er offenbar gar nicht kannte, so läßt sich ermessen, wie stark sich in diesen vier Jahrhunderten das vermeintlich von jeher geltende, immer erneut als unantastbar bestätigte Recht in mündlicher Überlieferung gewandelt hatte: es ist kaum noch wiederzuerkennen. Dabei war Eike ganz gewiß redlich gewillt und ehrlich überzeugt, nur das alte Recht der Väter zu »spiegeln«. In einer Reimvorrede dichtet er: »Dies Recht hab ich nicht selbst erdacht, es haben von alters an uns gebracht unsere guten Vorfahren.« Und doch nimmt er auch nachweislich junges, damals eben erst entstehendes Recht auf, als habe es von jeher gegolten. Von Kurfürsten, die den deutschen König und künftigen Kaiser zu wählen haben – zwar noch nicht allein, aber als die »Ersten an der Kur«, denen die anderen Reichsfürsten zu folgen haben –, liest man im Sachsenspiegel zum erstenmal. Das Kurfürstenkolleg, das es vor 1200 nicht gab, bildet sich gerade damals seit dem langen staufisch-welfischen Thronstreit nach dem Tod Kaiser Heinrichs VI. erst heraus, wohl nicht ohne Einwirkung des Sachsenspiegels, der erstmals sagt, wer dazu gehört in bestimmter Reihenfolge: die drei rheinischen Erzbischöfe von Mainz, Köln, Trier voran, unter den Laienfürsten nach dem Pfalzgrafen bei Rhein der Herzog von Sachsen und der Markgraf von Brandenburg – eben deshalb ist im Sachsenspiegel davon die Rede. Den König von Böhmen will Eike nicht als Kurfürsten gelten lassen, »weil er nicht deutsch ist«, kennt aber offenbar dessen Anspruch, der sich später durchsetzte. Er aber stellt es so dar, als hätten jene Fürsten von jeher ein Erstwahlrecht gehabt. Auch in seiner Ständeordnung nach sieben »Heerschilden« spiegelt sich das deutsche Lehnsrecht, wie es sich erst zu seiner Zeit ausbildete; für ihn aber steht das in sinnvoller Beziehung zur Zeitenordnung der sieben Weltalter zu je tausend Jahren, nur das letzte seit Christus von ungewisser Dauer, wie sich auch ihm das Reich seiner Zeit in die Abfolge der vier Weltreiche einfügt, als deren letztes sich das römische im fränkisch-deutschen Reich seit Kaiser Karl fortsetzt. In diesem auch ihm eigenen christlichen Weltbild mit seinen spätantiken Traditionen hatte aber das Recht der Sachsen, das er spiegelte, trotz aller Wandlungen in seiner mündlichen Überlieferung durch die Jahrhunderte seinen fast archaisch-germanischen Charakter ganz unbeeinflußt vom römischen Recht bewahrt, das doch damals längst eifrig studiert und glossiert wurde; nur auf das kanonische Recht der Kirche weist Eike gelegentlich hin, auf die Bibel oft. Nach seiner Überzeugung war immer Recht, was zu seiner Zeit galt, sei es auch mit der Zeit und ihren Anforderungen gemäß umgebildet und keineswegs für alle Völker und alle Stände gleich. Niemand kann, schreibt Eike, anderes Recht erwerben als ihm angeboren ist, und selbst der Papst kann kein Recht setzen, »womit er unser Landrecht oder Lehnrecht niedern (mindern) würde«. Da haben die waffenfähigen »Herren« noch immer das Recht der Fehde, nur nicht gegen Waffenlose – Kleriker, Frauen, Juden – und nicht an christlichen Festen und den Passionstagen (Freitag bis Sonntag), die durch Gottesfrieden geschützt sind. Da ist Gottesgericht durch Zweikampf, Gottesurteil durch Feuer- oder Wasserprobe noch immer Rechtens, wenn andere Beweismittel für Schuld oder Unschuld versagen – obgleich das Laterankonzil 1215 dem Klerus die Beteiligung daran verbot und schon Bischof Agobard von Lyon die Rechtsentscheidung durch Zweikampf als unchristlichen Aberglauben verwarf. Persönliche Unfreiheit, Hörigkeit, Leibeigenschaft hält auch Eike von Repgow eigentlich für unvereinbar mit dem Christentum, ja mit der Erschaffung des Menschen nach Gottes Bild; aber da sie, durch Zwang und Gewalt begründet, seit alters in »unrechte Gewohnheit« kam, gelte sie nun als Recht. Eike entschuldigt sich sogar, daß er nicht auch das Recht der Dienstleute behandle, weil es zu mannigfaltig sei, um darüber Bescheid zu wissen und zu geben.

Kein Wunder, daß ein Augustinermönch vierzehn »Irrlehren« im Sachsenspiegel entdeckte, die Papst Gregor XI. 1374 in einer Bulle verurteilte. Trotzdem hatte das Rechtsbuch inzwischen mehr Verbreitung und Einfluß gewonnen als irgendein anderes. Obgleich es kein Gesetzbuch mit staatlichem Geltungsanspruch war und wurde, richtete man sich vielfach danach im Gericht, auch in den jungen Städten, die Eike noch nicht beachtet hatte: nach seinem Vorbild begannen sie ihr werdendes Recht aufzuschreiben und verwendeten dabei den Sachsenspiegel, der vor allem mit dem Magdeburger Recht weithin nach Osten bekannt wurde durch deutsche Siedlung und Stadtgründungen, sogar ins Polnische übersetzt wie aus dem Nieder- ins Hochdeutsche. Nach seinem Muster und unter seinem Einfluß wurde 1274/75 in Augsburg auch ein »Schwabenspiegel« verfaßt, in dem wiederum das alte Alemannenrecht der Karolingerzeit kaum noch erkennbar ist, und andere deutsche Rechtsbücher folgten. Das war Eikes stärkste Wirkung, daß nun vielerorts das geltende, bisher mündlich überlieferte Recht niedergeschrieben wurde, wie ähnlich auch in Frankreich die *Coutumes* einzelner Rechtskreise und Städte. Einheitlicher wurde dadurch trotz mancher Angleichungen und Übernahmen das Recht nicht, es erstarrte eher in seiner Verschiedenheit durch die schriftliche Fixierung. Wenn deutsche Landesherren in ihren Territorien oder auch der Kaiser im Reich möglichst einheitliches Recht erstrebten, mußten sie gelehrte Juristen mit ihrer Kenntnis des römischen Rechts zu Rate ziehen – einer der wichtigsten Gründe für dessen »Rezeption«, die doch die alten vielfältigen Rechtsbräuche nie

Wil mouch der herre wisen. iener sal di
wisunge behalden mit gezuuge kegen
den herren mit siner manne rechte. daz
he an in so geuolget habe alse he in durch
recht wisen sulle. gezuuget he diz kege
den obersten hren. so en bedarf he keines
gezuuges kegen den herre da man in
wiset. Niemant en darf antwurde en
phan gut dazu sin hre gelegen hat. Ab
hez uf let. ad vrkouft. un iz ab und entse
he en darbe ō gewere sechs wochen un ein
iar. Swelches mannes gut d hre wer let. vn
m sine antwerte des daz gut is. ane des ma
nes rechte und sprache. kein rechten mac
he mer an deme gute berede. des iz er. vn
was. Ab ō herre sine mane cu lenrechte
teidinget. bin deme teidunge en is he nicht
phlichtic de mane cu antwerten ab hem
ichtes schult gut du wile sin sache unuolent
is. Wur al des hren lenrecht geurist mit
orteilen. vn urstirbet dem mane en gut an
iz sine dinge. ad len des he an den herre sin
net. ad buyt cu behaltene mit rechte. d h
re sal im lenrecht tun mit rechte. bin sine
teidingen. al si des herre schult egunge un
vorcunder. d herre mochte anders an der
schulde egogen den man iben biz he sich
virutere an siner sunuuge. Ab ein man
an sines vorsprechen wort nicht en ver.
un ab d herre den vorsprechen schulteger

Lehnsrecht
Eine Seite in einer aus dem 14. Jahrhundert stammenden Abschrift
des »Sachsenspiegels« von Eike von Repgow
Heidelberg, Universitätsbibliothek

Adlige Gesellschaft beim Maientanz
Aus einem Wandgemälde im Turniersaal der Burg Runkelstein bei Bozen, um 1400

ganz verdrängen konnte. Erst im rationalistisch-absolutistischen 18. Jahrhundert wurden ganz neuartige Gesetzbücher von Staats wegen geschaffen: das Allgemeine Preußische Landrecht Friedrichs des Großen, der *Code civil* Napoleons und andere. Bis dahin hatte – zumal auf dem Lande, wo man in »Weistümern« Recht fand und sprach, statt es im Gesetzbuch zu lesen – eigenwüchsiger mittelalterlicher Rechtsbrauch vielfältig fortgelebt oder nachgewirkt, sich behauptet neben dem geschriebenen Kirchenrecht der Kleriker, in dem auch erst 1917 ein neuer *Codex iuris canonici* das mittelalterliche *Corpus iuris canonici* ablöste, und neben dem römischen Recht der gelehrten Juristen.

Adelsherrschaft

Daß das Recht, nach dem im europäischen Mittelalter die meisten Menschen lebten, wie auch die Dichtung, die sie in eigener Sprache als eigene Überlieferung neben der biblischen zu hören bekamen, weder christlicher noch römisch-antiker, sondern heimisch-germanischer Herkunft und Eigenart war, kam den Zeitgenossen selten deutlich zum Bewußtsein. Eiferten Kleriker gegen »heidnische« Lieder und Bräuche, so blieb das ziemlich unwirksam. Das althergebrachte Recht, so unterschiedlich es war, galt selbst als Gabe und Gebot des einen Gottes, an den alle glaubten. »Ihm ist Recht lieb«, sagt Eike, denn »Gott ist selber Recht«. Diese Überzeugung genügte, um auch das Recht seiner sächsischen Altvordern wie alles wahre, alte Recht in Gottes Wille und Weltordnung begründet zu finden.

Wie hätte vollends die in diesem Recht verwurzelte oder von ihm vorausgesetzte Gesellschaftsordnung, in die jeder hineingeboren wurde, nicht als gottgewollt gelten sollen? Da gab es, so weit man zurückblicken konnte, adlige Herren und Geschlechter als Gebieter über Land und Leute, Burgen und Gefolge. Sie heirateten nur untereinander, oft über Völker- und Ländergrenzen, nie über Standesschranken hinweg. Sie waren unverkennbar herausgehoben über alle übrigen Menschen, mehr noch durch Geblüt und Familienzugehörigkeit als durch Besitz oder Amt, mehr durch Lebensweise und unbestrittenen Geltungsanspruch als durch persönliche Verdienste und Leistungen. Nur von ihnen und ihren Getreuen, ihren Freund- und Feindschaften untereinander sangen die alten Lieder; andere Leute erscheinen da höchstens am Rande als Nebenfiguren. Fast nur über ihre Taten und Untaten berichten auch die Chronisten. Ihr »Wergeld« als Buße, Sühne, Entschädigung für jedes Vergehen an ihrem Leib und Gut war nach den Volksrechten wesentlich höher, doppelt oder drei- bis sechsfach, als für andere, Freie oder Unfreie, als wären Adlige und das Ihre unter allen Umständen mehr wert: eine andere, höhere Art Menschen als sonstige Sterbliche, wie es bis heute noch nachwirkt im Nimbus jedes Adelsnamens, so besitz- und rechtlos oder untauglich sein Träger auch sein mag.

Das alles galt als so selbstverständlich, daß selten auch nur die Frage laut wurde, warum das so sei und seit wann oder gar, ob es so sein müsse. Adel mit seinen Vorrechten erschien wie alles Recht von Gott gewollt und gegeben – obgleich doch in der ganzen Bibel kein Adelsstand zu finden ist, sogar das Wort *nobilitas* in der Vulgata nur einmal vorkommt im 2. Makkabäerbuch (6,23), und da nicht als Standesbezeichnung. Ja, der Apostel Paulus hatte im 1. Korintherbrief geschrieben (1,26): »Nicht viele Mächtige, nicht viele Hochgeborene (εὐγενεῖς, *nobiles*) hat Gott erwählt, sondern ... das Unedle vor der Welt und das Verachtete«. Trotzdem gilt im »christlichen Mittelalter« der Adel nahezu unbestritten als ein höherer, von Gott bevorzugter »Stand«. Ihm gehört nicht nur der meiste Grundbesitz mit der Gerichtsbarkeit über die darauf schaffenden, von ihm abhängigen Leute, die er schützt, aber oft genug auch schädigt, da er allein Krieg führt untereinander und auswärts. Ihm ist alle politische Gewalt vorbehalten, denn nur aus adligen Geschlechtern werden Könige gewählt (wie schon bei den Germanen des Tacitus: *reges ex nobilitate sumunt*), nur aus ihnen gehen auch Herzöge und Grafen, Pfalz-, Mark- oder Landgrafen hervor, Reichs-, Land- oder Kirchenvögte, und sie vererben diese Ämter ihren Nachkommen. Ihnen allein sind aber jahrhundertelang auch alle höheren Kirchenämter zugänglich, Bischofssitze und Domkapitel, aus denen meist deren Anwärter kommen, und sogar die von diesem Adel gestifteten Klöster mit ihren aus ihrem Kreis gewählten Äbten.

Von »Adelsherrschaft« des »Herrenstandes« kann man daher nicht nur im weltlichen, auch im kirchlichen Bereich und sogar im Mönchtum wenigstens bis ins hohe Mittelalter des 12. Jahrhunderts sprechen, und weit darüber hinaus bis in neueste, revolutionäre Zeiten hat sie der europäischen Gesellschaft in allen Ländern ein besonderes, in vielem gleichartiges Gepräge gegeben, kaum weniger nachhaltig als das gemeinsame Christentum, dessen ursprüngliche Gesinnung doch schwer damit vereinbar war.

Als die Grafentochter Hildegard von Bingen (gestorben 1179), die visionäre Äbtissin vom Rupertsberg, einmal gefragt wurde, warum sie nur adlig geborene Frauen in ihr Kloster aufnehme, während doch Jesus arme Fischer zu seinen Jüngern berief, antwortete sie in einem Brief, der erhalten ist: »Man pfercht ja auch nicht Rinder und Esel, Schafe und Böcke in einen Stall zusammen! Da käme alles übel durcheinander, wollte man alles Viehzeug in eine Herde zusammentun. Genauso gäbe es böse Sittenverwilderung und gegenseitigen Haß, wenn der höhere Stand zum niederen herabgewürdigt würde, der niedere zum höheren aufsteigen wollte. Gott achtet bei jedem Menschen darauf, daß sich der niedere Stand nicht wie einst Satan überhebe zum höheren. Er teilte das Volk auf Erden in verschiedene Stände, die er alle liebt, wie die Engel im Himmel hierarchisch geordnet sind, Erzengel über den Engeln, Seraphim und Cherubim über anderen Engelchören«. Die himmlische Hierarchie der Engel-Lehre sanktionierte ihr die irdische Stände-Ordnung, in der Adlige von Nicht-Adligen oder gar unfreien Knechten geschieden sind wie Tierarten, getrennt zu halten sogar im Kloster. Manche Theologen und Dichter vor wie nach Hildegard wollten in den Ständen die Nachkommen der drei Noah-Söhne sehen, als stammten alle Adligen von deren ältestem ab, dem guten Sem (lauter »Semiten«!), die übrigen Freien von Japhet, die Unfreien vom bösen, deshalb zum Knechtsdienst verfluchten Ham (Gen. 9,18–27), – von einander geschieden seit biblischen Urzeiten.

Denn daß man zum Adel nur durch Abstammung von uralten Geschlechtern gehören, nur dadurch adlig sein könne von Geburt, nicht adlig-edel werden aus eigener Kraft, Gesinnung und Leistung, das war wenigstens bis ins 12. Jahrhundert keinem zweifelhaft, so schwer es auch christlich-biblisch oder mit antiker Überlieferung zu begründen war. Erst als im Hof- und Kriegsdienst adliger Herren, der Könige, Fürsten und Bischöfe auch Dienstmannen (Ministeriale) selbst unfreier Herkunft als »Ritter« in die adlige Gesellschaft und ihre Lebensform Aufnahme fanden, begann man auch anderes »edel« oder »nobel« oder »herrlich« zu nennen als die Menschen alt-angestammten Herrenadels. Für »edle Herzen« nicht nur adligen Bluts dichtete zuerst der nicht-adlige Gottfried von Straßburg seinen Tristan, in dem er auch von »edlem muot«, Edelmut, spricht wie keiner zuvor. Bald darauf (1215) konnte in Aquileia der Domherr Thomasin von Zirkläre aus friaulischem Ministerialengeschlecht in seinem lehrhaften »Welschen Gast« erklären: Als Kinder Gottes sind wir alle edel, doch nur »swer reht tuot z'aller frist, wizzet, daz der edel ist«. Der unstete, 1229 am Kreuzzug Kaiser Friedrichs II. beteiligte Spruchdichter, der sich »Freidank« und sein Werk »Bescheidenheit« nannte, als wisse und gebe er frei denkend Bescheid, mahnte gar: Wer von Geburt nicht edel sei, »der soll sich edel machen mit tugentlichen sachen«, denn »wer Tugend hat, ist wohlgeboren« und bringt sein Geschlecht zu Ehren. Der wenig jüngere Reinmar von Zweter stellte dem Adligen von Geblüt, der ein Narr sein könne, den durch eigne Tugend und Tüchtigkeit Edlen gegenüber, der nicht von hohem Stand zu sein brauche. Hundert Jahre später meint Petrarca, wahrer Adel wird nicht angeboren, sondern selbst erworben. Scheinbar wurde damit völlig umgekehrt, was früher unbestritten galt, sich aber dennoch auch weiterhin behauptete.

Der Aufstieg des Rittertums in die höfische Gesellschaft um 1200 konnte wohl zeitweise die Grenze zwischen Adel und Nichtadel verwischen oder auflockern, einen neuen »niederen« Adel entstehen lassen, wenn er auch dem alten nie als ebenbürtig galt und sich selten mit ihm versippen durfte. Das Wort »edel« wurde auch für dessen Gesinnung und Verhalten verwendbar, so wie man späterhin »ritterlich« nicht nur als Ritter, »höflich« sein kann und will nicht nur bei Hofe, dessen »courtoisie« vorbildlich wurde auch für andere. Aber Gesittung und Gesinnung, Lebens- und Umgangsformen ließen sich leichter nacheifernd aneignen als Standesschranken überwinden, die nicht allein auf Besitzunterschieden und Vorrechten beruhten. Ein Adliger konnte verarmen, mancher auch freiwillig arm ins Kloster gehen, er blieb doch immer adlig dank dem Ansehen seines Geschlechts und Standes. Ein Kaufmann und Bürger konnte reich werden, vermögender als manche Adlige, und gehörte doch nun und nimmer zu ihnen. Er konnte höchstens in seiner Stadt mit seinesgleichen als »Patriziat« einen ähnlichen Vorrang vor anderen Bürgern gewinnen und mit seinem Vermögen vererben wie der Adel auf dem Lande: Ratsgeschlechter, die für sich allein die »Wahl« in den Rat und zu Bürgermeistern beanspruchten, ihre eignen Altäre und Erbbegräbnisse in den Kirchen stifteten, nur untereinander heirateten und von Geburt etwas Besseres zu sein glaubten als andere Bürger oder gar Bauern. Dennoch verblieben sie mit ihnen immer im »dritten Stand«, und nur selten konnte im späteren Mittelalter einer ihrer Söhne durch eine kirchliche Laufbahn oder Ordenszugehörigkeit als Bischof in den ersten und zum Reichsfürsten-Stand aufsteigen. Es war schon viel und wurde als besondere Ehrung mit dankbarem Stolz empfunden, vom Chronisten eigens vermerkt, daß Kaiser Karl IV. bei seinem Besuch der führenden Hansestadt Lübeck 1375 auf der Höhe ihrer Macht, fünf Jahre nach dem Stralsunder Frieden, der den siegreichen Hansekrieg mit Dänemark beendete, den patrizischen Lübecker Rat als »Herren« ansprach, wie es sonst nur dem Adel gebührte.

Nur in den Städten Nord- und Mittelitaliens, in deren Mauern und Bürgerrecht sich auch viele Adlige ihres Umkreises aufnehmen ließen wie anderwärts selten, konnten seit dem 13. Jahrhundert, als sie kein Kaiser mehr wirksam beherrschte, Patriziergeschlechter sich zu erblicher, fürstengleicher »Signorie« aufschwingen, auch als Reichsvikare anerkannt werden. Schon als Friedrich Barbarossa 1154 zur Kaiserkrönung über die Alpen zog, staunten die Deutschen – so erzählt der Reichsbischof Otto von Freising, sein Oheim und Chronist –, daß in der Lombardei, wo seit fast zwei Jahrzehnten kein Kaiser mehr erschienen war, inzwischen Stadtbürger, den alten Römern gleich, von jährlich gewählten Konsuln regiert wurden und das Land ringsum beherrschten, daß auch Adlige sich ihnen fügten und daß Bürger und Handwerker, anderwärts gering geachtet, hier die Waffen führten und Ämter bekleideten. Diese Städte seien dadurch reicher und mächtiger geworden als andere, nicht mehr gewillt, sich kaiserlicher Herrschaft zu beugen. Wirklich sind ihrer die Staufer nie mehr ganz Herr geworden. Stadtstaaten entstanden, dem deutschen Adel schwer begreiflich und fremder als der Ständestaat, in den er hineinwuchs. Jener Teil Italiens, wo nur zeitweise arianische Ostgoten, dann Langobarden geherrscht, in der Karolingerzeit fränkische Grafen geboten hatten, entfernte sich dabei am wenigsten von der antiken Stadtkultur, näherte sich ihr am ehesten wieder in der Renaissance. Auch seine kirchliche Ordnung blieb am stetigsten, da jede Stadtgemeinde seit frühchristlicher Zeit ihren Bischof hatte. In Gallien war das ähnlich, wurde nur viel stärker und dauerhafter durch die fränkische Herrschaft, Königs- und Adelsherrschaft auch über Kirchen und Klöster verändert.

Außerhalb der alten Limesgrenzen an Donau und Rhein, deren römische Standlager zu Städten und Bischofssitzen werden konnten, und auch jenseits des Kanals, da die Römer Britannien räumten, ehe Angelsachsen dorthin kamen, war städteloses Germanenland. Schon dem Römer Tacitus war der »zur Genüge bekannte« Unterschied bemerkenswert, daß Germanen keine Städte bewohnen, nicht eng beisammen leben wollen, sondern jeder für sich (wie ihr Adel bis in jüngste Zeit). Und noch Bonifatius als Missionar in Deutschland mußte mehrfach päpstliche Bedenken entkräften, daß Bischofssitze nach kanonischen Bestimmungen nur in Städten sein dürften: die gab es nicht. Bistümer mußten noch von Karl dem Großen, als er die Sachsen unterwarf und bekehrte, gleichsam auf freiem Felde oder bei Burgen errichtet und weiträumig abgegrenzt werden. Christliche Stadtgemeinden konnten sich dann erst allmählich dort bilden. Vorerst war der Adel für das Christentum zu gewinnen und mußte aus seinem Grundbesitz Kirchen stiften und Klöster gründen. Kein Wunder, daß er seine jüngeren Söhne gern zu Bischöfen, Äbten, Priestern und Mönchen werden ließ, um sie so nicht nur zu »versorgen«, sondern zuvörderst auch für die eigene Sippe beten (sowie lesen und schreiben) zu lassen. Was man »Eigenkirche« und »Eigenkloster« nennt (seit Ulrich Stutz), ist nicht nachträgliche, widerrechtliche Aneignung, sondern grundlegende Eigenart christlicher Anfänge im städtelosen Land, unvermeidlich anders als in der antiken Stadtkultur, wo die Landbewohner am längsten heidnisch blieben (daher *pagani* = Heiden). Wo dagegen der Adel zuerst christlich wurde und eigene Kirchen und Klöster baute, entstand eine Adelskirche ganz anderer Struktur und Gesinnung. Da verstand man – wie im altsächsischen »Heliand« – Christus selber als »Herrn« im Adelssinn, die Jünger als sein Gefolge, Jerusalem als betürmte Gottes-Burg, der jeder Kirchenbau sinnbildhaft gleichen sollte, über alle Menschen-Häuser hinausragend und -weisend. Da fühlte sich der Adel, der sie stiftete, nicht nur diesem Glauben enger als andere verbunden, verpflichtet zu seinem Schutz nach innen und außen, sondern auch bestärkt in seinem ererbten Bewußtsein, bevorzugt zu sein durch Geburt und Geschlecht, Gott näher und dadurch berechtigt zur Herrschaft – auch in der Kirche. Gerade weil sie alle umfassen sollte, weil alle zu ihr gehörten, war sie nicht getrennt-unterscheidbar von der irdisch-natürlichen Gemeinschaft und ihren Ständen. Es war nicht Mißbrauch kirchlicher Ämter, nicht »Nepotismus«, wenn oft ganze Bischofs-Reihen aus demselben Adelsgeschlecht kamen, nicht »Standesdünkel«, wenn Mönche im Gebet namentlich ihrer eigenen Sippschaft gedachten, wenn auch in Legenden selten verschwiegen wurde, daß ein Heiliger vornehmer Herkunft, edlen Geschlechts war, und wenn Adelssippen gern einen der Ihren kanonisieren ließen, so daß auch der Himmel sich mit Adligen füllte, von allen verehrt. Es war die eigne Art, in der stadtlose Völker das Christentum aufnahmen, ihr Adel voran, neu verklärt durch den Glauben aller und dadurch nur um so beständiger und wirksamer in seiner Geltung.

Kriegeradel mit Herrschaftsvorrechten hatte es gewiß auch anderwärts gegeben, wohl in aller archaischen Kultur. Wo sonst aber dominierte er so nachhaltig nicht nur im politischen, auch im religiösen und kulturellen Leben wie im christlichen Abendland, wo trotz aller sozialen und geistigen Wandlungen noch heutzutage jeder Adelsname auch und gerade dem »Volk« nach etwas Höherem, Feinerem klingt? Das muß wohl zutiefst verwurzelt sein in uralter Überlieferung und Gewohnheit, nicht erst durch geschichtlich erkennbare Ereignisse erklärbar, soviel auch über »Entstehung des Adels« geforscht und gestritten wurde. Aus Königsdienst und -gunst allein konnte Adel nicht entstehen, sich höchstens ergänzen; gerade auch wo kein Königtum herrschte, wie rechts des Rheins bis zur Karolingerzeit, war Adel besonders mächtig und blieb es. Aus antiker Tradition kam er nicht. Senatorengeschlechter Galliens konnten zwar in die fränkische Aristokratie eingehen. Römische Dichtung wie die *Aeneis* konnte dem Ahnenstolz zusagen wie die Helden eigener Lieder, zumal man die Franken für Nachkommen der Trojaner hielt. Aber schon in den frühen Ständekämpfen Roms waren Adelsrechte ins Bürgerrecht eingeebnet worden, das dann auch auswärtigen Gemeinden, den Bundesgenossen und Provinzen verliehen wurde, schließlich (seit der *constitutio Antoniniana* von 212 n. Chr.) für die gesamte Reichsbevölkerung gleichmäßig galt. Nichts dergleichen im Mittelalter; Bürgerrecht höchstens im engen Raum spätmittelalterlicher Städte, denen schon die Aufnahme von »Pfahlbürgern«, das heißt Scheinbürgern vor den Stadtmauern, in ihr Bürgerrecht von den Fürsten unterbunden, noch in der Goldenen Bulle Karls IV. 1356 untersagt wurde. Nichts auch von der Geringschätzung für Adlige, Vornehme durch den Apostel Paulus, der sich vor kaiserlichen Offizieren auf sein römisches Bürgerrecht berufen hatte. Christentum konnte vollends keinen Geblütsadel begründen. Und doch verklärte, bestärkte es ihn, wo die Kirche selbst zur Adelskirche wurde, weil sie Gemeindekirche noch gar nicht hätte sein können, solange die Stadtgemeinde fehlte, die der *ecclesia* ursprünglich diesen Namen gab. Für germanische Völker hieß sie (wohl seit Wulfilas Zeit) mit einem griechischen Lehnwort »Kirche«, das bedeutet »Haus des Herrn«, Herrenhaus.

Man hat viel von »Germanisierung des Christentums« gesprochen, die mit der Christianisierung der Germanenländer in Wechselwirkung Hand in Hand ging, so wie früher die »Hellenisierung des Christentums« durch griechisches Denken seine theologische Lehre ausgestaltet, dann seine »Romanisierung« die kirchlichen Kult- und Rechtsformen geprägt hatte. Glaubenslehre und liturgischer Kirchenkult kamen zu den nördlichen Völkern, die katholische Christen wurden, schon in fester Tradition, die sie wohl auf eigene Weise aufnehmen, zeitweise auch abwandeln, doch nicht mehr wesentlich verändern konnten. Unvermeidlich mußte sich aber das Gefüge, die Struktur der Kirche ändern, wenn das Christentum aus den Städten der Mittelmeerwelt an germanische Königs-, Adels- und Bauernhöfe kam und sich in deren andere Welt einfügen sollte, die es nicht plötzlich ändern konnte.

Beda (gestorben 735) erzählt in seiner Angelsächsischen Kirchengeschichte (II,13), wie einer vom Adel seinem König die Annahme des Christentums empfahl: Das irdische Leben des Menschen gleiche dem raschen Flug eines Sperlings durch die Halle, in der zur Winterszeit der König mit Edlen und Mannen am Herd beim Mahl sitzt, während draußen Schnee oder Regen stürmt. Ein Sperling fliegt zur Tür herein, bald zur andern wieder hinaus, kurze Zeit vor dem Wintersturm gefeit, dann entschwunden ins Dunkel, aus dem er kam. So das Leben des Menschen: eine kurze Weile hier im Hellen, Warmen, ungewiß was folgen wird, was vorher war. Die neue Lehre sagt es, deshalb folge man ihr. Das ist es, was man von ihr erwartet: nicht zuvörderst eine radikale Verwandlung dieses Daseins auf Erden, in der Helle, sondern Gewißheit, was ihm folgt, für den Einzelnen wie für alle, und was voranging seit Beginn der Welt. Danach will man sich richten können in seinem Verhalten, jeder in seinem Stand, um in den Himmel, nicht in die Hölle zu kommen, um auch auf Erden schon Sieg für die Krieger, Frieden und Segen für alle und künftiges Seelenheil erwirken zu können von dem einen gnädigen Gott, der alles schuf und lenkt, statt von den vielen Göttern, die sich allzuoft als schwach und unnütz erwiesen.

Vieles von dem, was dem Christentum in dieser vom Adel beherrschten Welt und umgekehrt diesem ein neues Gepräge gab, wird verständlich aus solcher Gesinnung. Sie ließ sich weniger bekehren als belehren, wie dieser Gott zu verehren sei und sein Sohn, den er in diese Welt sandte, noch nicht vor- und dargestellt als leidender Christus am Kreuz, sondern thronend als Weltenherrscher, als König aus Davids Geschlecht. Ihm war zu dienen, für ihn auch zu kämpfen. Zu ihm und seinen Heiligen, die ihn wie adliges Gefolge im Himmel umgaben, war zu beten für eigenes Seelenheil und das der Ahnen vor allem. Dafür waren Kirchen und Klöster zu stiften, war ihnen Land zu schenken zur Versorgung der Priester und Mönche, am besten aus eigenem Geschlecht oder Stand. Die lernten die Lehre in fremder Sprache lesen, in eigener predigen und deuten, auch Bücher und Wände der Kirchen und später deren Fenster kunstvoll zu schmücken mit Bildern aus heiliger Schrift: Lehre für die Laien, die nicht selbst lasen, aber die Predigt hörten – wie sonst die Lieder eigener Überlieferung.

Eine in sich beschlossene Welt der Gewißheit über das, was war, ist und sein wird, für jeden nach seinem Verhalten in seinem Stand. Die Frage war nur, ob Christentum außerhalb dieser Adelswelt anders wirken, ob die biblische Lehre auch anders verstanden werden konnte, und ob die Kirche, die aus einer anderen Welt kam, sich auf die Dauer dieser Adelswelt ganz einfügen, sich von ihr gestalten und beherrschen ließ.

Königtum

Erstaunlicher noch als die Vereinbarkeit von Christentum mit Adelsherrschaft auch in der Kirche ist das dem Adel entsprossene, stets auf dessen »Wahl«, Zustimmung, Mitwirkung angewiesene christliche, ja »allerchristlichste« Königtum »von Gottes Gnaden«, das so lange das Mittelalter überdauerte. Keine antike Erbschaft wie das seit Karl dem Großen damit verbundene Kaisertum, das seit der Salierzeit dem deutschen König sogar den Titel »König der Römer« einbrachte. Doch die alten Römer hatten ihr nur noch sagenhaft bekanntes Königtum früh abgeschüttelt und waren stolz darauf. Sie hatten Caesar ermordet, als er König werden wollte, und sich Königen der Barbaren oder des Orients stets überlegen gefühlt. Aber christlich? »Die Könige der Völker herrschen über sie, und ihre Gewalthaber heißt man gnädige Herren; ihr aber nicht also«, hatte Jesus zu den Jüngern gesagt (Luc.22,25). Und wenn Paulus der jungen Christengemeinde in Rom schrieb: »Jedermann sei untertan der Obrigkeit, die Gewalt über ihn hat«, denn sie ist wie alle Obrigkeit »von Gott verordnet«, ja »Gottes Diener«, so war das von den heidnischen Gewalthabern im Römischen Reich zur Zeit Neros gesagt, längst ehe an »christliche Könige« oder Kaiser zu denken war.

Bischof Gregor von Tours (gestorben 594), der erste Geschichtsschreiber der Franken, selbst aus gallo-römischem Senatorengeschlecht, erzählt, wie der Frankenkönig Chlodwig nach langem Sträuben sich zum Glauben an den Christengott seiner burgundischen Gemahlin erst bekehrte, als ihm im Kampf gegen die Alemannen seine alten Götter nicht halfen, sondern Christus, den er anrief, ihm den Sieg schenkte. Nach wie vor seiner Taufe brachte er zwar grausam-listig andere Frankenkönige um, seine nächsten Verwandten, um allein zu herrschen; dennoch schaltet Bischof Gregor in den unverblümten Bericht darüber (II,40) die biblisch verbrämten Worte ein: »So gab ihm Gott täglich seine Feinde in die Hand und mehrte seine Herrschaft, sein Reich, weil er rechten Herzens vor ihm wandelte und tat, was in seinen Augen wohlgefällig war.« Was Gregor weiterhin über Chlodwigs Nachkommen zu erzählen weiß, findet er selbst großenteils abscheulich, selten christlich gut, und nach ihm wurden sie kaum besser, nur schwächer. Trotzdem bleibt dieses Geschlecht ein Viertel-Jahrtausend auf dem Thron, teilt das mit viel Gewalt und Krieg geeinte, geweitete Reich jeweils unter alle Königssöhne, deren jeder das Königsblut erbt, das ihn zur Herrschaft berechtigt, er müßte denn ganz untauglich sein – und beseitigt werden. Das wirkt noch so heidnisch-vorchristlich wie das wallende, nie geschnittene Haar dieser Merowingerkönige als Vorzug und unantastbares Zeichen ihrer Königskraft, wie ihr eponymer Stammvater Merowech, der ihnen als Sohn eines übermenschlichen Meerwesens galt; angelsächsische Könige führten ihren Stammbaum gar auf Wotan zurück, schwedische auf andere Götter. Daß diese Königsgeschlechter mit ihrem Volk, zunächst ihrem

Gefolge und Adel Christen wurden, änderte nichts daran, daß nur ihren Blutserben Herrschaftsrecht, Kraft und »Heil« zum Königtum zugetraut wurde; ja dieses mythische »Geblütsrecht« aus heidnisch-germanischer Vorzeit wurde christlich sanktioniert.

Als schon nur noch merowingische Schattenkönige auf dem fränkischen Thron saßen, der zeitweise sogar leer stand, weil ihr »Hausmeier« Karl Martell aus einem in diesem Amt und auf eignem Besitz längst mächtigen Adelsgeschlecht im Maas-Moselland das weite Frankenreich tatkräftig regierte, neu einte und gegen die Araber siegreich schützte – vom Papst auch nach Italien gegen die Langobarden, nach Rom gerufen, ohne ihm zu folgen –, wagte er doch nicht, das alte, entkräftete, doch als unantastbar geltende Königshaus zu entthronen. Wohl aber vererbte und verteilte er gleich ihm seine eigne Machtstellung an seine beiden Söhne. Erst als der ältere Karlmann, Förderer des Bonifatius bei der Mission und kirchlichen Reorganisation im östlichen Frankenreich, verzichtete und ins Kloster ging, entschloß sich der jüngere Pippin, selbst König zu werden. Dazu glaubte er jedoch außer der Zustimmung seiner adligen Standesgenossen, der »Wahl« durch die fränkischen Großen, einer höheren Legitimation zu bedürfen, wie sie noch die ohnmächtigsten Merowinger durch ihr ererbtes Königsblut hatten, er nicht. Der Papst in Rom sollte sie ihm geben, der Nachfolger Petri, des »Himmelspförtners«, den die von Rom aus bekehrten Angelsachsen von jeher besonders verehrten, zu dessen Grab sie eifrig nach Rom pilgerten; und Bonifatius, romverbunden und vom Papst zum Missionsbischof in Deutschland bestellt, hatte diese Verehrung des Apostelfürsten und seiner Nachfolger auch im Frankenreich bestärkt, das in der Merowingerzeit ziemlich romfern geblieben war. An Papst Zacharias richtete Pippin die Frage, ob es gut sei, daß im Frankenreich Könige ohne Königsmacht regierten. Die Antwort war: um der rechten Ordnung willen, die sonst verwirrt werde, sei es besser, daß König heißt, wer die Königsmacht hat, nicht einer, dem sie fehlt; deshalb solle Pippin König werden. Und so wurde dem letzten Merowinger das Königshaar geschoren; tonsuriert mußte er ins Kloster gehen, auf Nachkommen verzichten. An seiner Stelle wurde 751 Pippin nicht nur von den fränkischen Großen zum König »gewählt«, auch von einem Bischof – wohl Bonifaz selbst – gesalbt wie zuerst Saul von Samuel (obgleich Gott seinem Volk gezürnt hatte, weil es einen andern zum König haben wollte statt Ihn allein! 1. Sam. 8). Und als drei Jahre später Papst Stephan II. über die Alpen kam, um fränkische Hilfe gegen die Rom bedrängenden Langobarden zu erbitten, salbte er nochmals Pippin, nun aber auch dessen Gemahlin und beide Söhne; und die Franken ließ er schwören, nie in aller Zukunft einen anderen König zu wählen als einen aus Pippins Geschlecht.

Von allen anderen weittragenden Folgen dieser ersten Begegnung zwischen Papsttum und fränkischem Königtum vorerst abgesehen – Italienzüge, Kirchenstaat, Kaisertum – wurde damit nicht nur Pippins Königtum, sondern ein neues Königsgeschlecht, ja das alte Geblütsrecht christlich sanktioniert. Die Wirkung davon, allem »Staatsinteresse« zuwider, ist zu verfolgen bis zu den fürstlichen Erb- und Landesteilungen des Spätmittelalters, bis ins Habsburgerreich und zu allen »Erbfolgekriegen« Europas, zunächst aber unheilvoll genug bei den Karolingern selbst. Wie die Merowinger teilte Pippin sein Reich unter zwei Söhne, die beide zu Königen gesalbt, sich nicht vertrugen. Erst nach dem Tod des jüngeren Karlmann (771) konnte Karl der Große dessen Söhne verdrängen, um allein zu herrschen. Und doch wollte auch er noch 806, noch als Kaiser, sein Reich unter drei bereits gesalbte Söhne teilen! Nur weil die beiden älteren vor ihm starben, wurde der Jüngste, Ludwig der Fromme, allein zum Nachfolger im Gesamtreich und im Kaisertum. Er versuchte dann, diese »von Gott gewollte« Einheit in einer Reichsordnung 817 für immer zu erhalten, nicht zum wenigsten aus christlicher Gesinnung um der Kirche willen, zu deren Schutz, für den Frieden alles christlichen Volkes. Doch zwei jüngere Söhne und deren Bluterben glaubte auch er nicht ganz entrechten zu dürfen: Sie sollten als Könige unter dem ältesten Lothar als Kaiser kleinere Teilreiche am Ost- und Westflügel beherrschen, nicht ganz unabhängig, doch kraft des auch ihnen angeborenen Herrschaftsrechts. Dieser wohl allzu ausgeklügelte Versuch, Geblütsrecht aller Königssöhne mit Reichseinheit und Kaisertum dauerhaft zu verbinden, ist nach langen, wechselvollen Kämpfen der Ludwigs-Söhne untereinander gescheitert. Das alte Geblütsrecht aller Königserben setzte sich durch gegen den Einheits- und Kaisergedanken, den mit Lothar I. vornehmlich die Kirche verfocht, weniger der Laienadel. Germanische Tradition wirkte stärker als christliche und römische und hat weiterhin den Gang der europäischen Geschichte entscheidend bestimmt. Im Vertrag von Verdun 843 wurde das Reich so geteilt, daß Lothar I. als ältester zwar die Mitte von Aachen bis Rom mit dem Kaisertum erhielt, Ludwig der Deutsche aber den Osten, Karl der Kahle den Westen als selbständige Könige, dem Kaiser neben-, nicht untergeordnet. Da überdies alle drei ihre Reichsteile weiterhin unter mehrere Söhne teilten, zerfiel das Karolinger- wie einst das Merowingerreich, nur durch dynastische Zufälle noch einmal kurze Zeit (882–887) in einer schwachen Hand vereint.

Nie ist seitdem das Karls-Reich als Ganzes wiederhergestellt worden, das außer England und Irland alle damals christlichen Länder Europas umfaßte, vom Ebro bis zur Elbe, vom Tiber bis zum Kanal, über den viele gelehrte Angelsachsen auf den Kontinent kamen wie früher schon Iren. Nie wieder, auch als es seit Otto I. ein neues Kaisertum gab, wurde das *regnum Europae*, wie das Frankenreich gelegentlich schon in Karls Frühzeit genannt wurde, so weitgehend politisch, kirchlich, kulturell geeint, wurde auch so planvoll und weitherzig versucht, heimische Überlieferung in Recht und Dichtung mit antiker Bildung in deren norm- und formgebender Sprache und Schrift und mit patristischer Theologie zu vereinen in einer kirchlichen Ordnung mit nach römischer Norm geregeltem Kult. Dabei wußte Karl der Große, daß er keineswegs die ganze Christenheit einte und lenkte. Dem 787 von der byzantinischen Kaiserin nach Nikaia berufenen Konzil, dessen Entscheidung für kirchliche Bilderverehrung ihm zu weit ging, ließ er selbstbewußt durch ein eigenes Konzil in Frankfurt (794) widersprechen. Er wußte auch als Kaiser, daß neben seinem *occidentale imperium*, dem »abendländischen Reich«, das ältere in Byzanz fortbestand, mit dem er sich nach manchen Konflikten schließlich über eine Art »Koexistenz« und Abgrenzung verständigte. Auch daß noch heidnische Germanen aus dem Norden abzuwehren – oder zu bekehren waren, bekam er durch Wikinger- und Normannenschiffe an den Küsten seines Reiches zu spüren, deren Raubzüge bis tief ins Binnenland sich bald häuften. »Universal« beanspruchte Karls Imperium nicht zu sein; mit Rücksicht auf die Byzantiner vermied er sogar, sich »Kaiser der Römer« zu nennen wie jene, wenn er auch auf seine

Kaiserbulle die antike Devise *Renovatio Romani Imperii* schrieb. Nach ihm unter Ludwig dem Frommen wurde universale Einheit oft lauter postuliert: »Ein Gott, eine Kirche, ein Reich« und ähnlich; doch der Horizont wurde dabei enger, die Kraft zur Abwehr an den weiten Grenzen immer schwächer, der innere Zwist schlimmer, da jeder Königssohn seinen eigenen Reichsteil beanspruchte, in dem sich um so leichter auch Völker verschiedener Sprache und Eigenart sondern und einander entfremden konnten, nicht mehr von einem fränkischen »Reichsvolk« zusammengehalten.

»Nationale« Unterschiede hätten dieses Reich wohl nicht sprengen müssen, sowenig sie die gemeinsame Kirche sprengten; aber sie mußten wachsen und bewußter werden, je mehr sich die Reichsteilung unter alle Königssöhne gegen die Reichseinheit durchsetzte. Spürbar wurde das schon 887, als dem ostfränkischen Karl III. durch den Tod fast aller Verwandten nochmals das ganze Karolingerreich samt dem Kaisertum zugefallen war, er aber versagte, erkrankte und gestürzt wurde. »Ohne legitimen Erben«, schrieb der Abt Regino von Prüm, »löste sich das Reich in seine Teile auf, deren jeder einen König aus seinem Innern wählte«. Doch war das in Deutschland noch immer ein illegitimer Karolingersproß aus kirchlich nicht anerkannter Ehe, Markgraf Arnulf von Kärnten, und in Frankreich setzte sich gegen den damals gewählten Grafen Odo von Paris, von dem die Kapetinger abstammen, bald wieder ein Karolinger durch, dessen Nachfahren endgültig erst 987 von den Kapetingern verdrängt und abgelöst wurden. Als aber Arnulfs Sohn und Nachfolger Ludwig 911 als Kind starb, wollte rechts des Rheins niemand den westfränkischen Karolinger als nach allem Herkommen rechtmäßigen König anerkennen. Es war eine entscheidende Wende zu einem eigenen, deutschen Königtum, als statt dessen der Frankenherzog Konrad, nach ihm der Sachsenherzog Heinrich gewählt wurde. War es eine Abkehr vom Geblütsrecht?

Konrad I. hinterließ keine Kinder, Heinrich I. aber vier Söhne. Sein ostfränkisch-deutsches Reich unter sie zu teilen, hätte zu dessen Zerfall führen können. Hatte doch der Baiernherzog Arnulf selbst schon 918 deutscher König werden wollen, und auch die Schwaben hatten inzwischen ihren eignen Herzog. Nicht mehrere, höchstens einen der Königssöhne konnten diese Herzöge mit ihren Stämmen als gemeinsamen König anerkennen, »wählen«. Heinrich I. vermochte noch vor seinem Tod ihre Wahl für seinen Sohn Otto I. zu sichern und auch dessen kirchliche Salbung und Krönung in der Aachener Thron- und Grabkirche Karls des Großen, die er mit Lothringen für sein ostfränkisch-deutsches Reich gewonnen hatte. Gerade der »ungesalbte König« Heinrich, der nach seiner eigenen Wahl auf kirchliche Weihe verzichtet hatte, um nicht wie sein Vorgänger am Widerstand anderer Herzöge und des Laienadels ihrer Stämme gegen ein Königtum mit kirchlichem Rückhalt zu scheitern, dessen Sachsen überdies am spätesten Christen geworden waren, gerade er rang sich – wie selbst Karl der Große nicht und keiner seiner Nachkommen – wider alles Herkommen zur Beschränkung des Herrschaftserbes auf nur einen seiner Söhne durch, sicherte dadurch für immer die Unteilbarkeit seines ostfränkisch-deutschen Reiches und lenkte es andrerseits doch in die Aachener Karls-Tradition zurück.

Trotzdem wurde damit das alte »Geblütsrecht« aus heidnischer Zeit keineswegs unwirksam für die weitere Geschichte Deutschlands und Europas. Otto I. mußte sich anfangs mühsam gegen Thronansprüche und Empörungen seiner Brüder behaupten, gab dann aber auf andere Weise seinen nächsten Blutsverwandten einen Herrschaftsanteil: Nicht neben, aber mit ihm sollten sie im unteilbaren Reich herrschen als Herzöge, mit einer Herzogstochter vermählt, oder auch als Kirchenfürsten wie sein jüngster Bruder Brun, der Erzbischof von Köln und auch Herzog in Lothringen wurde; sogar Ottos vorehelicher Sohn Wilhelm wurde Erzbischof von Mainz. Obgleich sich diese Beteiligung des Königshauses an der Herrschaft nicht immer bewährte, hat sie sich oft wiederholt bis zu den ersten Habsburgern hin, ähnlich auch in Frankreich und England: alle Königssprossen bekamen Anteil an der Herrschaft, nächst dem Thron, wenn nicht auf ihm.

Vor allem aber galten noch lange nur sie als thronfähig, ein Königssohn sogar schon als Kleinkind wie Otto III. (983 dreijährig) und Heinrich IV. (1056 sechsjährig), beide in schwieriger Lage des Reichs unter der Regentschaft ausländischer Mütter (der Griechin Theophanu und der bald den Fürsten weichenden Agnes von Poitou). Erst der dreijährige Friedrich II. kam, obgleich wie jene schon »gewählt«, nach dem frühen Tod seines Vaters Heinrich VI. 1197 nur auf den sizilischen, nicht auf den deutschen Thron, um den langer Streit entbrannte; dann wurde doch er König. Zwist gab es schon früher, wenn ein Königssohn fehlte, wie in Deutschland allzu oft (1002, 1024, 1125, 1137). Dann konnten fürstliche und kirchliche Interessen an »freier Königswahl« ohne Beschränkung auf die Nachkommen früherer Könige aufkommen. Als gar Heinrich IV. von Gregor VII. gebannt und entthront wurde, wählten 1077 seine fürstlichen Widersacher im Beisein eines Legaten den Schwabenherzog Rudolf von Rheinfelden nur unter der Bedingung zum König, daß er die Krone nicht, wie bisher üblich, vererben wolle, sondern seinen Sohn, selbst wenn er dazu besonders tauglich wäre, höchstens durch »freie Wahl« König werden ließe. Und 1125 wurde unter gleichen Einflüssen der Sachsenherzog Lothar von Supplinburg gerade deshalb gewählt, weil er nicht königsverwandt war wie der Schwabenherzog Friedrich von Staufen, der als Enkel Heinrichs IV., Neffe des letzten Saliers, dessen Nachfolge beanspruchte. Solche Versuche, Königserben auszuschalten und »frei« zu wählen, zeigen jedoch nur um so deutlicher, wie stark dennoch der alte Glaube an das angeborene Herrschaftsrecht des Königsblutes weiterwirkte. Denn jedesmal kamen schließlich – sei es nach einer Unterbrechung – die Nachkommen früherer Könige, wenigstens einer Königstochter, doch noch auf den Thron: die Staufer nach den Saliern wie diese nach den Ottonen. Ja selbst nachdem Fürsten und Päpste erreicht hatten, daß nach dem Ende der Staufer ein Jahrhundert lang der deutsche König – und geflissentlich nie sein Sohn – von sieben Kurfürsten frei gewählt wurden, wie es die Goldene Bulle Karls IV. 1356 dann als Reichsgesetz für immer verbriefte, wurden dennoch bald nur noch Königserben gewählt, nach den Luxemburgern die ihnen nächstverwandten Habsburger bis ans Ende des alten Reiches. So nachhaltig wirkte trotz aller Einwände und Wandlungen der alte Glaube an den Vorzug des Königsbluts, selbst in Deutschland, das rechtlich zum Wahlreich wurde, erst recht in anderen Ländern Europas.

Auch in Frankreich hatte sich im 9. Jahrhundert aus ähnlichen Gründen wie rechts des Rheins die Unteilbarkeit des nun für immer von Deutschland dynastisch getrennten Westfrankenreiches durchgesetzt, nach dem Sturz der letzten Karolinger 987 aber auch das

Kronrecht des neuen kapetingischen Königshauses allein, das sogar am längsten auf dem Thron blieb, in seinen verschiedenen Zweigen bis zur Französischen Revolution. Es hatte das Glück, daß zunächst über drei Jahrhunderte lang immer ein Königssohn den Vater überlebte, anfangs von den oft mächtigeren Großen »gewählt«, immer auch kirchlich gesalbt und gekrönt, bis man das so gewohnt wurde, daß Frankreich schon um 1200 als Erbmonarchie galt, keiner Königswahl bedürftig, ohne daß sie je eigens abgeschafft wurde. Eine diesen »geborenen Königen« zugetraute magische Heilkraft erinnerte noch unmittelbar an heidnische Wurzeln dieses Königsglaubens, der vom Christentum nicht geschaffen, aber auch nicht angefochten, nur geläutert, überglänzt und erhöht wurde. Wie zu herrschen sei, konnten Theologen in Fürstenspiegeln ihren Königen mahnend sagen, nicht aber, wer zu herrschen habe.

Erst als ein Kapetinger 1328 keinen Sohn hinterließ, wurde es strittig, ob dann nur ein Nachkomme von Söhnen – oder auch von Töchtern früherer Könige folgen dürfe (wie in Deutschland). Im normannischen England hatte sich dieselbe Frage schon zwei Jahrhunderte früher entschieden: Nach Heinrich I. (1135), dem jüngeren Sohn, zweiten Nachfolger Wilhelms des Eroberers, war zwar nicht dessen Tochter Mathilde, wohl aber dann nach langen Wirren deren Sohn Heinrich II. Plantagenet von Anjou auf den Thron gekommen, den daher später – bis heute – auch Frauen als Erben des Königsblutes besteigen durften. In Frankreich nie, obgleich oder gerade weil dessen Krone seit 1328 die englischen Könige als Nachkommen einer Schwester des letzten Kapetingers nach dem für sie geltenden Thronfolgerecht beanspruchten. Hundert Jahre lang kämpften sie darum gegen die französischen Valois-Könige, die vom Neffen eines früheren Kapetingers abstammten. Deren »salisches« Erbrecht – so genannt, als sei es urfränkisch – hat sich dabei unter Ausschaltung der Nachkommen von Königstöchtern behauptet. Gewiß ging es dabei zugleich um den englischen Festlandsbesitz; die von früheren normannischen und angiovinischen Königen Englands ererbten französischen Kronlehen zwischen dem Kanal und den Pyrenäen gingen im Hundertjährigen Krieg verloren. Und wie einst in karolingischer Spätzeit wurde durch den langen Thronzwist und Machtkampf auch die »nationale« Sonderung der Völker Westeuropas herausgefordert und bestärkt – Jeanne d'Arc war ihr Herold und Opfer. Primär aber bestimmten nicht die Völker, sondern die Könige und Fürsten mit ihren ererbten, verzweigten, entzweiten Herrschaftsansprüchen die Geschicke Europas im Mittelalter und weit darüber hinaus. Daher Erbfolgekriege auch innerhalb der Länder: Dem Rückschlag der hundertjährigen Kriege um Frankreich folgten in England drei Jahrzehnte der »Rosenkriege« zwischen den Plantagenet-Nachkommen der Häuser Lancaster, York, Tudor – Helden der Königsdramen Shakespeares –, während Spaniens Königreiche, in vier Jahrhunderten des Vordringens gegen den Islam (Reconquista) oft vereint, oft geteilt, sich nun durch Heirat verbanden, nur Portugal getrennt blieb. Nicht viel anders die skandinavischen Königreiche, wechselnd verbunden unter gemeinsamen Herrschern oder verteilt unter deren Erben; Polen bald unter viele Piasten zerspalten, dann unter einem geeint, schließlich durch heiratende Königstöchter zeitweise mit Ungarn, endlich mit Litauen verbunden. Ähnlich allerwärts.

Dynastien-Geschichte ist nicht mehr beliebt. Sie stellte jedoch im Mittelalter die Weichen der Gleise aller Völker- und Staatengeschichte Europas, in denen auch das wirtschaftliche, kulturelle, geistige Leben verlief und verschieden geprägt wurde. Sie bestimmte weitgehend auch die Unterschiede im Verhalten zum Christentum, zur gemeinsamen Kirche, zum Papsttum wie zum Kaisertum, längst vor der Reformationszeit, in der das vollends offenkundig wurde: *cuius regio, eius religio* – wer herrscht, bestimmt den Glauben; wer aber zu herrschen habe, entschied die Herkunft, das ererbte Königsblut. Daran hat auch das Christentum und die Kirche mit ihren Bemühungen um »freie Wahl« nichts zu ändern vermocht, solange Königtum besteht.

Das mittelalterliche Kaisertum

König ist wie Adel ein germanisches Wort, das ursprünglich bedeutet: Mann von (vornehmem) Geschlecht. Kaiser ist ein Lehnwort lateinischer Herkunft, in dem Caesars Name fortlebt. In Rom wurde der Frankenkönig Karl am Weihnachtstag des Jahres 800 von Römern zu ihrem Kaiser ausgerufen, vom Papst gekrönt. Zeitgenossen rühmten ihn als neuen Konstantin, verglichen ihn also dem ersten christlichen Kaiser, der die Residenz von Rom nach Byzanz verlegte, sprachen gelegentlich auch von Aachen als neuem, anderem Rom. Römisch und christlich, auch am byzantinischen Kaisertum zu messen, mußte demnach dem Frankenkönig und den Seinen die neue Würde erscheinen. Ob er sie selbst erstrebt hatte, ob er nach eignem Wunsch und Willen vom Papst in Rom gekrönt wurde, darüber waren schon die Zeitgenossen und ist die Forschung noch heute nicht einig. Sein Biograph Einhard, der ihn gut kannte, aber sein Leben wohl erst anderthalb Jahrzehnte oder länger nach Karls Tod in veränderter Zeit unter Ludwig dem Frommen darstellte, erzählt bekanntlich, Karl habe nach der römischen Krönung unwillig gesagt: Hätte er gewußt, was der Papst vorhatte, so hätte er an diesem Weihnachtstag trotz des hohen Festes die Peterskirche nicht betreten. Viel ist über diesen einzigen von Einhard eigens erwähnten Ausspruch des neuen Kaisers gerätselt worden. Jedenfalls bezeugt er, daß Karl nicht so hatte Kaiser werden wollen, wenn überhaupt. Sein Hoftheologe Alkuin hatte zwar schon vorher von Karls *christianum imperium* gesprochen, andere von seinem *imperiale regnum;* aber Kaiser hatte ihn keiner genannt. Er selbst äußerte sich noch um 790, als er das Frankfurter Konzil zur Auseinandersetzung mit den Beschlüssen des von der Kaiserin Irene nach Nikaia berufenen Konzils vorbereitete, sehr geringschätzig über die römischen Kaiser alter und neuer Zeit, keineswegs so, als strebte er nach ihrer Würde und Nachfolge. Nur wollte er und sollte sein Reich nicht hinter ihrem *Imperium* zurückstehen oder gar unter ihm, sondern ihm mindestens gleichrangig sein. Er fühlte sich ihm überlegen, auch ohne Kaiser zu heißen, zumal als in Byzanz eine Frau regierte, die Kaiserwitwe Irene, die 797 ihren eigenen Sohn blenden ließ und entthronte; 803 wurde sie selbst gestürzt. In Rom aber, wo Karl als Patricius, wie es bereits sein Vater war, schon bei früheren Besuchen kaisergleich geehrt wurde, brauchte Papst Leo III. einen Kaiser als Richter über seine Widersacher; und so ließ er den mächtigen christlichen Frankenkönig und Patricius der Römer in allen in Byzanz üblichen Formen zum Kaiser ausrufen und krönte ihn.

Die Frage war seitdem, wie Karl dieses neue, nolens volens angenommene Kaisertum auffaßte und verwendete, was daraus werden sollte. Nie ging er als Kaiser wieder nach Rom und Italien wie vorher mehrmals als König; nie legte er wieder die Kaisertracht an mit langer Tunika und roten Stiefeln, wie in Rom zur Krönung und einmal schon früher auf päpstlichen Wunsch; wieder daheim, kleidete er sich nach wie vor fränkisch und trug Königs-, nicht Kaiserornat. Von Aachen aus, wo er seither zumeist residierte, ließ er zwar nach der Heimkehr in seinem ganzen weiten Reich von allen Erwachsenen den Treueid erneuern, jetzt für den Kaiser wie früher für den König: Alle sollten wissen, daß er nun Kaiser sei, um so mehr Gott verantwortlich für die Ordnung, das Recht, den Glauben aller in seinem Reich. Von Rom war dabei nicht die Rede; vom Kaisertum nicht, als Karl 806 für den Fall seines Todes drei Söhnen ihre künftigen Reichsteile abgrenzte. Als aber nur der Jüngste am Leben blieb, ließ ihn Karl 813 in Aachen ohne Mitwirkung des Papstes als Nachfolger im Kaisertum wie im Gesamtreich von den Franken anerkennen und sich mit eigner Hand krönen. Erst nachträglich und zusätzlich wurde dieser Kaiser Ludwig der Fromme, der in dem Vierteljahrhundert seiner Herrschaft nie nach Italien ging, auch noch vom Papst bei einer Begegnung in Reims 816 gekrönt. Doch ließ auch er schon im nächsten Jahr seinen ältesten Sohn Lothar wiederum in Aachen von den Franken zum Mitkaiser und Nachfolger »wählen« und krönen, dem sich nach der zugleich beschlossenen Reichsordnung die beiden jüngeren Brüder als Könige mit ihrem kleineren Reichsteil unterzuordnen hätten; und das sollte für immer gelten, das Kaisertum zur Klammer der Reichseinheit werden, der jeweils älteste Kaisersohn in Aachen zum Nachfolger gekrönt, als brauchte man dazu – wie in Byzanz – keinen Papst. Auch der junge Mitkaiser Lothar I. wurde zwar, als er 823 nach Rom kam, vom Papst nochmals gekrönt. Da aber nach langem Brüderzwist der Verdun-Vertrag seine Herrschaft auf das Mittelreich beschränkte, das er dann seinerseits unter drei Söhne teilte, ließ er deren Ältesten, der nur das italienische Drittel bekam, 850 in Rom vom Papst zum Kaiser krönen – wo und wie sonst? Dieser Kaiser Ludwig II. konnte also einen Vorrang seines auf Italien beschränkten, aus dem Frankenreich fast schon wieder ausgesonderten Kaisertums nur noch mit der päpstlichen Krönung in Rom legitimieren, auch gegenüber dem byzantinischen Kaiser. Da er keine Söhne hatte, wurde es nach seinem Tod 875 vollends zur päpstlichen Gabe an hilfsbereite oder ehrgeizige Bewerber beiderseits der Alpen, bis es 926 sang- und klanglos erlosch.

Verklärende Erinnerung an Kaiser Karls Reich, das so bald zerfiel, genügte gewiß nicht und konnte kaum dazu ermutigen, es zu erneuern, selbst wenn manche Theologen und Chronisten in ihm nun das letzte Weltreich der Daniel-Visionen nach deren patristischer Deutung sahen, das bis zum Weltende dauern, den Antichrist mit seinen Schrecken vor Christi Wiederkunft aufhalten sollte, die Fortsetzung also des römischen Imperiums, das mit Augustus begann, seit Konstantin auf die Griechen, seit Karl auf die Franken übertragen sei. Das konnte allenfalls zum religiösen Ansporn, zur Rechtfertigung von Ansprüchen auf Erneuerung des Kaisertums auch im Abendland werden, obgleich es ja im byzantinischen Osten immer fortbestand.

Vieles mußte zusammenkommen, gelingen und mißlingen, ehe ein ostfränkisch-deutscher König sächsischer Herkunft wiederum nach Rom gerufen und vom Papst zum Kaiser gekrönt wurde — scheinbar den Weg Karls des Großen wiederholend und doch mit ganz anderem Ergebnis. Hätte schon die von Heinrich I. ermöglichte Königswahl und -krönung seines Sohnes Otto I. in Aachen, Kaiser Karls Thron- und Grabstätte, ihn auf diesen Weg karolingischer Tradition mit dem Ziel der Erneuerung des Kaisertums gewiesen — warum ließ er sich und später seinen Sohn nicht dort zum Kaiser erheben und krönen, ohne Papst, wie einst Karl seinen Sohn und dieser desgleichen? Manche Zeitgenossen nannten ihn nach seinen Siegen über innere und äußere Feinde bereits Kaiser, ehe er in Rom vom Papst gekrönt wurde; und auch danach noch stellte es Widukind von Corvey in seiner Sachsengeschichte so dar, als sei Otto 955 nach der Lechfeldschlacht über die heidnischen Ungarn von seinem siegreichen Heer zum Kaiser und Vater des Vaterlandes ausgerufen worden wie einst römische Imperatoren; die römisch-päpstliche Krönung verschwieg er. Otto I. aber nannte sich nicht Kaiser, ehe er sieben Jahre später nach Rom gerufen und von einem jugendlichen, untauglichen Papst zu Lichtmeß 962 in der Peterskirche gekrönt wurde. Er hatte zwar schon zehn Jahre früher dorthin gehen wollen, als er zuerst nach Italien gezogen, in Pavia König der Langobarden geworden war, deren frühere Königin Adelheid er heiratete. Die Adelsherrschaft über Rom und das Papsttum glaubte jedoch damals keinen Helfer und Kaiser zu brauchen, und auch in der Lombardei behauptete sich der nur zeitweise aus Pavia verdrängte König Berengar, von Otto notgedrungen anerkannt, nur mit einem Treueid verpflichtet, da ihn daheim Aufruhr seiner nächsten Verwandten und neue Ungarneinfälle bedrohten. Erst als er darüber Herr geworden, Rom aber von Berengar bedrängt war, folgte Otto dem Ruf dorthin und ließ sich und seine Gemahlin vom Papst zum Kaiser krönen — gewiß in ähnlicher Weise wie einst Karl der Große und in vielem nach seinem Vorbild, aber mit ganz anderen Folgerungen. Denn er hielt sich nicht seitdem von Italien fern wie jener, sondern blieb dort mit kurzer Unterbrechung fast neun von seinen elf Kaiserjahren, nicht zum wenigsten durch Auseinandersetzungen mit rasch wechselnden Päpsten festgehalten oder zurückgerufen. Von fünf Päpsten dieser kurzen Zeit ließ er zwei durch Synoden absetzen, auch den, der ihn gekrönt hatte, dessen Vetter dann den Kaisersohn krönte. Denn trotz aller schlimmen Erfahrungen mit diesem Stadtadel auf dem Papststuhl rief der Kaiser seinen gleichnamigen Sohn, der schon vor dem Romzug in Aachen zum König »gewählt« und gekrönt worden war, als Zwölfjährigen nach Rom zur Kaiserkrönung durch den Papst, der dann auch dessen Gemahlin Theophanu zur Kaiserin krönte, als die Anerkennung des neuen Kaisertums durch Byzanz mühsam erreicht und durch diese Ehe besiegelt wurde.

So anders als die ersten Karolinger-Kaiser dachte und wünschte sich also Otto I. die Nachfolge in seinem Kaisertum: der Kaisersohn, in Deutschland zum König »gewählt«, in Aachen vom Kölner Erzbischof gekrönt, in Rom noch zu Lebzeiten des Vaters vom Papst zum Kaiser. Das ist jedoch nie wieder gelungen, selbst dem Staufenkaiser Friedrich Barbarossa nicht, der zweihundert Jahre später dasselbe versuchte, aber beim Papst nicht erreichte, weil es nicht gleichzeitig zwei gekrönte Kaiser geben dürfe. Denn inzwischen war aus diesem Kaisertum etwas seltsam anderes geworden. Schon Otto II. starb 983 zu früh, als daß er seinen und Theophanus Sohn noch zur Kaiserkrönung hätte bringen können. Nur zum König war der dreijährige Otto III. schon gewählt und wurde er nun trotz manchen Widerspruchs in Aachen gekrönt. Doch es dauerte über zwölf Jahre, ehe er nach Rom ziehen und Kaiser werden konnte, gekrönt von seinem eigenen jungen Vetter, den er selbst wenige Tage zuvor zum Papst wählen ließ. Diesem ersten deutschen Papst Gregor V. folgte der erste französische Silvester II., Gerbert von Aurillac, vorher Erzbischof von Reims, wo er verdrängt wurde, der gelehrte Mentor und Freund des jungen Kaisers, der ihm zum Papststuhl verhalf. Doch auch diese enge Verschränkung von Kaisertum und Papsttum, beide mit weitgreifenden Plänen zur »Erneuerung des römischen Reiches« von Rom aus als gemeinsamer Residenz, blieb Episode, zwar mit manchen dauerhaften Wirkungen, aber ohne bleibenden Bestand. Denn als Otto III. mit 22 Jahren 1002 starb, noch unvermählt, gab es wieder zwölf Jahre lang keinen Kaiser im Abendland, nur in Byzanz, und in Rom bald wieder Päpste aus einheimischem Adel. Daran änderte auch Heinrich II. nichts, als er 1014 zur Kaiserkrönung nach Rom kam, ohne lange in Italien zu bleiben.

Ähnlich wiederholte sich das seitdem bei jedem deutschen Thronwechsel: Auch wenn er nicht umstritten war, unterbrach er jahre-, oft jahrzehntelang die Kontinuität im Kaisertum, das höchstens potentiell und ideell als Anspruch der deutschen Könige stetig fortbestand. Sie selbst aber unterschieden in der Datierung ihrer Urkunden genau zwischen Königs- und Kaiserjahren und titulierten sich nicht als Kaiser, ehe der Papst sie in Rom krönte. Daß sie nicht ohne weiteres vom Herrschaftsbeginn an auch Kaiser waren, mußte schon dadurch ihnen und den Zeitgenossen immer wieder bewußt werden, am empfindlichsten aber im Vergleich und Verkehr mit Byzanz und dessen permanentem Kaisertum. Es ist höchst bezeichnend für diesen Unterschied, daß der erste Stauferkönig, der nie zum Romzug und zur Kaiserkrönung gelangte, nur in Briefen nach Byzanz sich trotzdem Kaiser nannte und, als die Antwort ihn als König anredete, seinerseits den Byzantiner als »König der Griechen« titulierte wie sich selbst sonst »König der Römer«. Dieser diplomatische Titel-Streit erschwerte, verhinderte fast ein Bündnis beider Herrscher vor dem Zweiten Kreuzzug und zeigt besonders kraß den Unterschied im Kaisertum und dessen Eigenart hier und dort.

Denn das Kaisertum in Byzanz wie schon in der römischen Kaiserzeit war nie wie im Abendland mit einem Königsgeschlecht verbunden und von dessen Erb- und Thronfolge abhängig, nie auch einer auswärtigen Krönung bedürftig. Daher konnte dort lückenlos ein Kaiser dem andern folgen, freilich nicht immer der Sohn dem Vater. Vielmehr wurden von achtundachtzig oströmisch-byzantinischen Kaisern seit Konstantin dem Großen, von Mit- und Gegenkaisern ganz abgesehen, mindestens dreiundvierzig gewaltsam gestürzt: ermordet, geblendet, verstümmelt oder ins Kloster geschickt. Nicht selten bestieg dann der Kaisermörder den Thron, heiratete die Witwe des Ermordeten oder dessen Geliebte – und wurde trotz so offenkundiger Untaten zum fast gottähnlich verehrten »Allherrscher«, »von Gott gewählt« zu seinem Stellvertreter auf Erden, Beschützer der Kirche, Wahrer des rechten Glaubens, Gründer einer neuen Dynastie, falls es ihm gelang, seinen Nachkommen den Thron zu sichern, gleichgültig, woher er selbst stammte, aus welcher Provinz, aus welchem Stand. Ein Bauernsohn aus Syrien, Makedonien, Armenien konnte im Kriegs-

Der Palas der staufischen Kaiserpfalz Wimpfen am Berg

Papst Paschalis II. neben Kaiser Heinrich V. zur Zeit des Investiturstreites
Miniatur in einer von Ekkehard von Aura überarbeiteten Weltchronik
des Frutolf von Michelsberg, um 1113. Cambridge, Corpus Christi College

dienst zum Feldherrn aufsteigen, sich auf den Thron schwingen und zu einem großen Kaiser werden (so Leo III., gestorben 741; Basileios I., gestorben 886; Romanos I., gestorben 944). Er konnte eine schöne, kluge Tänzerin oder Wirtstochter heiraten und zur Kaiserin machen wie schon Justinian I., selbst bäuerlicher Herkunft aus Illyrien, die berüchtigte Theodora, Tochter eines Zirkuswärters – wer ahnt das vor ihrem erhabenen Mosaikbild in Ravenna? Sie hat noch manche Nachfolgerin ihresgleichen. Auf Herkunft kam es in der Großstadt Byzanz und auf ihrem Kaiserthron nicht an. *Porphyrogennetos* zu sein, das heißt: schon im Purpur, im Kaiserpalast geboren, nicht erst aus eigner Kraft hineingelangt, konnte zwar seit dem 9. Jahrhundert als Vorzug oder Anspruch geltend gemacht werden, aber nie als Voraussetzung kaiserlicher Herrschaft, die Gott dem Erwählten gab, wer immer dessen Vorfahren sein mochten, wie immer sein Aufstieg zum Thron.

Unvorstellbar das alles für abendländische Begriffe von Adel, Königtum, Kaisertum, deren eines hier nicht ohne das andre sein konnte, keins ohne Ahnen hoher Geburt, alten Geschlechts. Welche Skrupel schon bei der Heirat Kaiser Ottos II., ob die aus Byzanz geschickte Prinzessin Theophanu wirklich »purpurgeboren« sei (man weiß es noch heute nicht sicher), nicht nur schön und klug, sondern »ebenbürtig«. Es war eine andere Welt. Vieles mochte sie dem älteren, stetigen Kaisertum in Byzanz ablauschen, um nicht dahinter zurückzustehen, es möglichst noch zu überbieten in prunkvoll-sakralen Titulaturen und Herrschaftszeichen, im Zeremoniell und Ornat, in Liturgie und kunstreicher Symbolik, die dort seine Erhabenheit, seine von Gott gegebene Autorität um so höher steigern mußten, je weniger sie durch Vorfahren begründet war, nur durch Vorgänger in diesem höchsten irdischen Amt. Im Abendland aber blieb dieses Amt, so begehrenswert glanz- und eindrucksvoll seine Schauseite wirken mochte (und noch heute auf viele Betrachter verehrungswürdig wirkt), dennoch allzuoft und lange vakant; denn es kam nur dem angestammten, daheim »gewählten« und gekrönten deutschen König zu, wenn der Papst ihn in Rom zum Kaiser krönte.

Es ist eine seltsame, oft nicht zur Genüge beachtete Folge dieses Unterschieds, dieser Verschränkung von deutscher Thronfolge und päpstlicher Kaiserkrönung, daß es während des halben Jahrtausends zwischen Otto I. und der letzten Kaiserkrönung in Rom, als 1452 der Humanistenpapst Nikolaus V. den Habsburger Friedrich III. krönte, insgesamt dreihundert Jahre gab, in denen kein rechtmäßig gekrönter Kaiser im Abendland herrschte wie in Byzanz immer, obgleich jeder deutsche König diese Würde erstrebte, die er doch ohne Romzug und Mitwirkung des Papstes nicht erreichen konnte. Daher auch die Konflikte fast aller dieser »römischen Könige«, wie sie sich seit der Salierzeit ihren Anspruch demonstrierend nannten, mit dem Papsttum, das sie zur Kaiserkrönung brauchten und doch als Haupt der Gesamtkirche nie so ganz in ihre Herrschaftsordnung einbeziehen konnten wie die Bischöfe ihres Reichs. Heinrich III. hat das zwar versucht, aber gerade dadurch jene polare Spannung noch gesteigert und zur Entladung gebracht. Er wollte das vom römischen Stadtadel beherrschte, ja mißbrauchte Papsttum reformieren, indem er drei rivalisierende Päpste absetzen und viermal nacheinander Reichsbischöfe aus deutschem Adel »wählen« ließ, deren erster ihn (über sieben Jahre nach seinem Herrschaftsbeginn) am Weihnachtstag 1046 zum Kaiser krönte. Doch als er knapp zehn Jahre später nur einen unmündigen, bereits zum deutschen König »gewählten« Sohn hinterließ, war dieses reformierte Papsttum inzwischen selbstbewußt geworden, wirksam in der Gesamtkirche, aus der es ständige Berater ins Kardinalskollegium berief, das künftig auch den Papst wählen und so die Stetigkeit kurialer Reformpolitik sichern, die Wiederkehr von Adels- oder Königsherrschaft über das Papsttum abwehren sollte. Seitdem hatte sich umgekehrt die deutsche Königswahl päpstlicher Einwirkung zu erwehren, weil der dort Gewählte künftig vom Papst zum Kaiser gekrönt werden sollte. Infolgedessen wurde schon Heinrich IV., von Gregor VII. gebannt wie noch kein König vor ihm, in seiner fünfzigjährigen Herrschaft niemals von einem rechtmäßigen Papst zum Kaiser gekrönt, nur von einem Gegenpapst, den er selbst erheben ließ. Von seinen nächsten neun Nachfolgern – ganz abgesehen von Gegenkönigen – wurden drei überhaupt nicht Kaiser (die Staufer Konrad III., Philipp von Schwaben, Konrad IV.), zwei andre zwar vom Papst gekrönt, aber auch wieder abgesetzt (Otto IV., Friedrich II.); und in nachstaufischer Zeit wurde kaum noch ein Drittel der deutschen Könige bis zu Karl V. in Rom gekrönt, Ludwig der Bayer 1328 wider alles Herkommen zwar von den Römern, aber nicht vom Papst, der ihn gebannt hatte. Erst als Maximilian I. sich 1508 entschloß, nach allen diesen Erfahrungen sich »erwählter römischer Kaiser« zu titulieren, ohne je vom Papst gekrönt zu sein, und die weiteren Habsburger ihm darin folgten – nur Karl V. wurde trotzdem noch 1530 unterwegs von Spanien nach Deutschland in Bologna vom Mediceer Clemens VII. gekrönt –, erst in der Neuzeit also, nicht im Mittelalter, gab es ein stetig-ununterbrochenes Kaisertum im Abendland, nun faktisch erblich mit dem deutschen »Wahl«-Königtum der Habsburger verbunden, um so leichter verträglich mit dem Papsttum.

War das alte Reich in seiner Spätzeit nach Hegels Worten »ein Staat in Gedanken und kein Staat in der Wirklichkeit« (Die Verfassung Deutschlands, 1801/02), so galt das ähnlich schon für das mittelalterliche Kaisertum: Mehr gedacht als verwirklicht, war es nie, was es sein und scheinen wollte, wie es sich darstellte und dargestellt wurde. Es war nicht der allein legitime Nachfolger und Fortsetzer römischer Kaiser seit Augustus, sondern rivalisierte darin mit Byzanz. Es galt und wirkte nicht einmal im Abendland »universal« wie das Papsttum. Die Könige Frankreichs, Englands, Spaniens haben dem Kaiser höchstens eine Art Vorrang zugestanden, eine höhere Würde, die sie manchmal selbst begehrten, aber keinerlei Herrschaftsrechte über ihr Land, geschweige denn eine »Weltherrschaft«, von der antikisierende Poeten und Chronisten, Juristen und Theologen reden mochten. Dänemark, Polen, Ungarn wurden zeitweise, Böhmen für immer dem deutschen König lehnspflichtig nicht, weil er Kaiser war; und nicht deshalb war er auch König (Nord-) Italiens und Burgunds geworden. Die Personalunion dieser Königreiche mit dem deutschen wurde wohl zur Machtgrundlage der Kaiser; sie öffnete und sicherte ihnen die Wege nach Rom zur Krönung, zum Eingreifen als Schützer und Vögte der römischen Kirche gemäß karolingischer Tradition und Kaiserpflicht. Auf Deutschland, Italien, Burgund, die man dann zusammenfassend »das Imperium« nannte, blieb jedoch die wirkliche Herrschaft dieser Kaiser beschränkt. Selbst das Königreich Sizilien-Süditalien, das normannische Erbe der Mutter Kaiser Friedrichs II., sollte auch nach dessen Willen nur verbunden, nicht vereint sein mit jenem »Imperium«, so rhetorisch und bildhaft er auch sein Kaisertum verklären ließ. Sein Vater Heinrich VI., der Barbarossa-Sohn, dessen Kaiserwillen man am stärksten auch außerhalb jener Grenzen zu spüren bekam, hatte zwar kühn versucht, gleich dem sizilisch-normannischen Erbreich seiner Gemahlin Konstanze und zwecks dauernder Vereinigung mit ihm auch die deutsche Königskrone und damit das Kaisertum erblich zu machen in seinem Haus. Vielleicht wollte er dafür sogar eine päpstliche Lehnshoheit, wie sie über das Königreich Sizilien seit normannischer Zeit bestand, auch für das Kaisertum anerkennen, obgleich vierzig Jahre zuvor seinen Vater und die Reichsfürsten schon der Verdacht empört hatte, der Papst habe die Kaiserkrone als sein Lehen *(beneficium)* bezeichnet. Doch wenn sie erblich würde samt dem deutsch-italienisch-burgundischen Königreich wie Süditalien-Sizilien – warum sollte nicht der Papst jeweils den Staufererben bei der Kaiserkrönung damit belehnen? Solche Pläne, die der europäischen Geschichte eine unabsehbar andere Wendung gegeben hätten, wurden jedoch durch päpstlichen Widerstand und den frühen Tod Heinrichs VI. vereitelt. Statt dessen schrumpfte nach dem Ende der Staufer die Kaisermacht vollends auf das »Heilige Römische Reich Deutscher Nation« – dieser klangvolle, spät aufkommende Name besagt ja in Wahrheit, daß die Herrschaft des »römischen Königs«, selbst wenn er Kaiser wurde, über die »deutschen Lande« kaum noch hinausreichte. Und auch dort wurde sie, von fürstlichen Landesherren beschränkt, schwächer als in anderen Ländern die Macht ihrer Könige, die längst den Juristen als »Kaiser in ihrem Königreich« galten, ganz unabhängig von einem übergeordneten Kaisertum.

Um so besorgter wurde gerade im Spätmittelalter von Deutschen oft die Welt beschworen, ihr Kaisertum müsse nach Gottes offenbartem Willen als Fortsetzung des römischen Imperiums, des letzten der vier Weltreiche, bestehen bis ans Ende der Welt und den Antichrist aufhalten. Nach wie vor verglich man auch Papsttum und Kaisertum mit den beiden von Gott geschaffenen Himmelsleuchten Sonne und Mond (Gen.1,16) – doch wie selten schien dieser Mond, öfter war Neu- als Vollmond in sehr unsteten Phasen! – und mit den zwei Schwertern, die nach Jesu Worten (Luk.22,38) den Jüngern genug sein sollten – aber wie viele Mächte führten neben dem Kaiser ganz unabhängig von ihm das weltliche Schwert! Die biblische Symbolik für dieses Kaisertum stimmte nicht zu seiner Wirklichkeit. Auch die spätrömisch-frühchristlichen, karolingischen und byzantinischen Traditionen des Kaisertums wurden mehr beansprucht und gezeigt als verwirklicht und wahrhaft angeeignet. Wenigstens war etwas ganz anderes daraus geworden als das Mittelalter selbst dachte – sei es selbst in Dantes hohem Denken und Dichten.

Gilt das aber nicht ähnlich auch für andere vom Mittelalter übernommene Traditionen? Ist es vielleicht gerade deshalb nicht geblieben, was es zu sein dachte: die Endzeit, sondern recht eigentlich zum »Mittelalter« geworden, das in eine verwandelte Zeit und Welt weiterdrängte?

Mönchtum, Kirche, Papsttum und deren Reformen

Wie das Kaisertum spätantiker Herkunft in das fränkisch-deutsche Königtum einbezogen und dadurch verwandelt wurde, so die Kirche und das Mönchtum des Frühmittelalters in die Adelswelt germanischer Herkunft, ohne doch je gleicherweise darin aufgehen zu können. Denn sie brachten ihre schriftliche Tradition mit, die man zwar verschieden verstehen und verwenden, nach der man sich aber immer auch wieder richten und auf die man sich berufen konnte als Ansporn und Norm für Reformen.

Könige und Adel entschieden über die Bekehrung ihrer Völker zum Christentum, stifteten Kirchen und Klöster, gewiß nach dem in Gallien und anderwärts vorgefundenen Vorbild, aber ausgestattet aus ihrem eigenen Grundbesitz, und wen sie damit versorgten, das bestimmten sie gern selbst: zuvörderst ihresgleichen, die auch das unentbehrliche Ansehen mitbrachten. Adlige wurden Bischöfe, Äbte, Mönche, andre Leute höchstens vereinzelt. Schon der Frankenkönig Chlodwig machte nach seiner Taufe den Eintritt in den Klerus, erst recht die Besetzung der Bistümer von der Genehmigung des Königs abhängig, der auch Synoden berief und deren Beschlüsse herbeiführte oder wenigstens gutheißen mußte. Ähnlich ging es im engeren Bereich adliger Eigenkirchen und -klöster zu. Wie sonst hätte das Christentum zumal im städtelosen Land rechts des Rheins Fuß fassen und wirken sollen? Unendlich viel Mühe und Aufwand, Selbstlosigkeit und Fürsorge für das eigene Seelenheil und das der Nächsten war da erforderlich im Dienste Gottes, an den man glauben lernte und lehrte. Nicht zum wenigsten für den Unterhalt und die Unterkunft seiner Diener war zu sorgen und für würdige Stätten ihres Gottesdienstes.

Was alles da gestiftet, geschaffen, gebaut wurde, ist hier nicht zu schildern. Daß es auch mißbraucht werden konnte durch bloße Nutznießer von Kirchen- und Klostergut oder aus Ehrgeiz der Stifter, zur Versorgung ihrer Verwandten und Günstlinge oder durch Ausnutzung von Kirchenämtern, wurde früh spürbar und beanstandet. Man las und hörte ja in der Apostelgeschichte (8,20), daß der Magier Simon von Petrus verdammt wurde, weil er den Heiligen Geist, die Gabe Gottes, glaubte kaufen zu können, während Jesus den Jüngern gesagt hatte: »Gebt umsonst, was ihr umsonst empfingt«, und Händler aus dem Tempel jagte. »Simonistische Häresie« wurde daher schon in der Frühkirche verpönt, zumal als sie seit Konstantin Staatskirche war. Das wiederholte sich in Mahnungen oder Klagen fränkischer Synoden, Chronisten, Legenden. Nur dachte dabei noch niemand an die Vergabung von Kirchenämtern, Bistümern oder Abteien durch Könige und Adlige, die sie stifteten, reichlich ausstatteten und schützten – sofern dabei nicht untaugliche, unwürdige, eigensüchtige Bewerber bedacht wurden. Tüchtige Herrscher verhinderten und »reformierten« das notfalls selbst, da sie auch tüchtige Bischöfe und Geistliche, Äbte und Mönche für ihre eigenen Aufgaben brauchten. Den Karolingern zumal erschien die weltliche und die kirchliche Ordnung nach Gottes Willen untrennbar verbunden und aufeinander angewiesen, der König oder gar Kaiser für beides verantwortlich vor Gott, sein Stellvertreter auf Erden. Wo freilich das Königtum versagte wie im spät- und nachkarolingischen Frankreich, auch im vor- und frühottonischen Italien samt Rom oder in England nach Alfred dem Großen vor der normannischen Eroberung, da konnte der Adel um so eigenmächtiger auch über Kirchen und Klöster verfügen. Sie hatten darunter wohl nicht immer nur zu leiden, am ehesten aber Grund zum Zusammenschluß gegen Willkür, zum gemeinsamen Ruf nach Reform.

Die Mönche hatten in ihrer Regel die deutlichste Norm für ihr Leben und Verhalten im Kloster, gleichsam die früheste geschriebene Verfassung für eine Gemeinschaft, auf die sich jeder Eintretende verpflichtete, die ihm regelmäßig verlesen wurde, deren Übertretung vom Abt zu strafen war. Ihren Abt sollten die Mönche selbst wählen nach Sankt Benedikts Regel, die alle Klöster des Frankenreichs nach dem ordnenden Willen seiner ersten karolingischen Könige gleichmäßig annahmen wie vorher schon die Angelsachsen. Sie regelte freilich nur das Zusammenleben der Mönche jedes einzelnen Klosters unter seinem Abt; einen Ordensverband mit gemeinsamer Leitung hatte Benedikt von Nursia nicht gegründet und geregelt. Seinen Mönchen war jeder Eigenbesitz untersagt, sie waren auf Klosterbesitz angewiesen, und der wurde ihnen nun so reichlich gestiftet, daß sie ihn allein ohne Helfer gar nicht hätten bewirtschaften können neben dem regelgemäßen Chorgebet von früh bis spät, stellvertretend und fürbittend auch für andere. Die Verfügung über diese Klöster und ihre Beter, ihren Grundbesitz und ihre Leitung konnte, mußte zur Verlockung werden für den Laienadel, damit zu einer Gefahr für das Klosterleben nach der Regel. Laienäbte oft mehrerer Klöster zugleich sind keine Seltenheit noch lange nach Karl dem Großen; sogar sein junger Freund und Biograph Einhard gehört zu ihnen, auch als er verheiratet war. Das brauchte, wie das Beispiel zeigt, nicht unwürdig zu sein; nur der Regel entsprach es nicht. Ihr zu folgen konnte aber damals wie später zum Leitziel eifriger Mönche werden. So für den westgotischen Grafensohn Benedikt von Aniane, dem der junge Ludwig der Fromme in Aquitanien Freund wurde und später als Kaiser das Kloster Inden (Kornelimünster bei Aachen) übertrug, damit er als »Generalabt« auch andre, wenn nicht alle Klöster des Frankenreichs reformiere und leite. Noch entstand daraus kein einheitlicher Benediktinerorden, da Benedikt von Aniane schon 821 starb und bald der Zwist der Ludwig-Söhne das Reich spaltete. Sein Werk wurde jedoch nicht ganz vergessen. Es wirkte nach, als Herzog Wilhelm von Aquitanien 910 im burgundischen Cluny ein Kloster stiftete, das ganz der Regel folgen sollte, aller Einwirkung des Adels, auch des Königs und Bischofs entzogen, deshalb dem Papst zu Eigen und Schutz unterstellt (so unselbständig der damals selbst in Rom war). Ihren Abt sollten die Mönche von Cluny selbst wählen, und es war nicht nur Glück, daß seine Äbte ungewöhnlich lange und stetig amtieren konnten – nur sieben in den ersten zwei Jahrhunderten seit der Gründung. Denn immer ließ der Vorgänger noch vor seinem Tod einen jungen, besonders fähigen Nachfolger wählen. Andere Klöster – schließlich waren es über tausend – schlossen sich bald an Cluny und seine Reform an, indem sie unter Verzicht auf eigene Äbte nur unter einem Prior sich dem Abt von Cluny unterstellten, den man um die Jahrtausendwende »König der Mönche« nennen konnte. In Cluny selbst wuchs deren Zahl auf mehrere hundert. Seine Kirche mußte jedes Jahrhundert neu, immer größer gebaut werden, um 1100 die größte im Abendland, die erste mit Steinwölbung statt flacher Holzdecke, ein Wunder der Baukunst für die Zeitgenossen, Rivale für den Kaiserdom in Speyer. Dem feierlich ausgestalteten Chordienst und Heiligenkult der Mönche durften dort auch Laien verehrungsvoll beiwohnen, und schon dadurch wirkte Cluny mit seinen Prioraten weit über die Klostermauern hinaus – die erste große Reformbewegung im Abendland. Aber eine Klosterreform, keine Kirchenreform, auch nicht gegen weltliche Mächte gerichtet, sofern sie nicht das Eigenleben der Klöster beeinträchtigten. Zumal den deutschen Herrschern standen die Äbte von Cluny freundschaftlich nahe: Abt Odilo schrieb einen rühmenden Nachruf auf die Kaiserin Adelheid, die Witwe Ottos I., und beriet deren Enkel Otto III. Dessen Nachfolger Heinrich II. schenkte die Goldkugel mit Kreuz, die ihm der Papst bei der Kaiserkrönung gab, Symbol der christlichen Welt, dem Kloster Cluny. Dessen bedeutendster Abt Hugo wurde sogar Taufpate Heinrichs IV. und sein Fürsprech bei Gregor VII. in Canossa; noch fünfundzwanzig Jahre später erbat Heinrich Rat und Hilfe von ihm und den Mönchen von Cluny, um endlich vom Bann gelöst zu werden. Cluny war nie kaiser- und reichsfeindlich, auch im Investiturstreit kein einseitiger Parteigänger der Gregorianer, öfter Vermittler in weltlichen und kirchlichen Konflikten, auch früh beteiligt an Bemühungen um den »Gottesfrieden«, der wenigstens zeitweise, an den Passionstagen jeder Woche, Adelsfehden eindämmen und Wehrlose davor schützen sollte: Kleriker, Bauern, Kaufleute, Frauen. Insofern wirkte die Cluniazenser-Reform wohl über die Klöster hinaus auf die Welt, auch auf die Volksfrömmigkeit durch das Vorbild der Mönche. Aber sie hat nicht, wie man früher meinte, unmittelbar zur Kirchenreform geführt und gedrängt.

Gregor VII. war kein Cluniazenser, höchstens in jungen Jahren, aus Rom verbannt, zeitweise Gast in Cluny. Erst sein zweiter Nachfolger Urban II. kam von dort, war Mönch und Prior in Cluny, ehe er Kardinal und Papst wurde, ebenso aber ein Menschenalter später auch der »Gegenpapst« Anaklet II., der Pierleoni jüdischer Abstammung, der sich nach der zwiespältigen Papstwahl von 1130 nicht gegen eine Minderheit reformeifriger Kardinäle und ihre Helfer behaupten konnte. Denn inzwischen war Cluny gleichsam überholt durch neue Reformziele auch im Mönchtum. Nicht weil die Cluniazenser zu bald erschlafft und entartet wären; sie hatten auch damals in Petrus Venerabilis (gestorben 1155) einen bedeutenden Abt. Aber gerade was ihnen nach Benedikts Regel als wesentlichste Aufgabe des Mönchtums galt: feierlich-liturgische Ausgestaltung des Chorgebets, des *Opus Dei* als Gottesdienst in kunstreichen Kirchen vor verehrendem Volk, erschien späteren Mönchen als Abirrung vom Geist der Regel, die nicht nur Gebet und Feier, sondern auch eigne Handarbeit und Selbstversorgung verlange in menschenferner Einsamkeit ohne Kirchenprunk und Weltgeltung, oder sogar Vervollkommnung zu härterer, schweigsamer eremitischer Askese. Aus solchen Motiven, immer unter Berufung auf dieselbe Regel Benedikts, lösten sich um 1100 aus dem cluniazensischen Mönchtum neue Orden wie die Zisterzienser, Kartäuser und manche kleinere. Das waren nicht mehr nur Klösterverbände mit gemeinsamem Abt und gleichen Bräuchen, sondern wirkliche Mönchsorden neuer Art mit einer die Regel ergänzenden Verfassung (vorbildlich wurde die *Carta caritatis* der Zisterzienser), mit eigner Gesetzgebung durch jährliche Generalkapitel aller Äbte der regelmäßig visitierten Klöster, die jeweils als Tochtergründung einem Mutterkloster zugeordnet waren. Diese neuen Impulse zu mönchischem Leben in neuen Formen waren erstaunlich wirksam, nicht zum wenigsten dank Bernhard von Clairvaux, der 1115 in Cîteaux eintrat; bei seinem Tod 1153 gab es bereits fast dreihundertfünfzig Klöster seines Ordens im ganzen Abendland, und ihre Zahl hat sich weiterhin noch mehr als verdoppelt. Infolge solcher Erfolge wurde aber auch dieser Orden so angesehen und einflußreich, seine anfangs einfachen, turm- und schmucklosen Kirchen so schön in früher Gotik, seine Rode- und Feldarbeit in abseitigen Waldtälern so ertragreich und auf Hilfskräfte angewiesen, auch seine Marienverehrung und mystische Versenkung so literarisch beliebt, daß wiederum strengere Mönchsgesinnung sich von ihm abkehrte, neue Orden abzweigten und in den Bettelorden eine ganz neue Art von Möchtum entstand, obgleich die älteren Zweige benediktinischen Mönchtums nie abstarben, auch noch manchmal durch Reformen erneuert wurden. Das Mönchtum wurde immer vielfältiger, nicht erst durch neue Aufgaben, die hinzukommen konnten, wie bei den Bettelorden Predigt und Seelsorge zumal in den wachsenden Städten, auch nicht zunächst durch neue soziale Schichten – Cluniazenser wie frühe Zisterzienser, Prämonstratenser, Kartäuser sind noch immer vorwiegend Adlige, die auch in den Bettelorden keineswegs fehlen. Das Mönchtum selbst verzweigte sich in wechselnder Auffassung seiner wahren Aufgabe und Tradition, in immer erneutem Streben, sich ihr nicht entfremden zu lassen.

In Deutschland ist keiner dieser neuen Orden entstanden, obgleich manche ihrer Gründer deutscher Herkunft waren wie der Kartäuser Bruno von Köln, Domscholaster in Reims, ehe er Eremit in Chartreuse wurde, oder Norbert von Xanten, der als Wanderprediger in Nordfrankreich Prémontré gründete. Auch Cluniazenserklöster gab es in Deutschland nicht, nur verwandte Reformbestrebungen von Lothringen aus (Gorze bei Metz, Brogne bei Namur), dann von Hirsau im Schwarzwald weithin wirksam auf viele Klöster, doch weniger straff geleitet, weniger unabhängig hervortretend. Es bedurfte dessen nicht, wo der König selbst solche Reform förderte, die Klöster unter seinen Schutz stellte, auch die Bistümer selbst besetzte mit Männern seines Vertrauens und beide der Verfügung anderer Laiengewalten, auch der Herzöge in ihrem Stammesgebiet entzog. Otto I. tat noch mehr: er übertrug diesen Bischöfen und Äbten nicht nur reichlich Grundbesitz aus Reichsgut, sondern auch Hoheitsrechte und -pflichten, Gerichtsbarkeit bisweilen in ganzen Grafschaften, Zoll- und Münz- und Marktrechte, also Verwaltungsaufgaben, für die ihnen schreibkundige Kleriker und Mönche zur Hand waren. In der Hofkapelle und Kanzlei ausgebildet und erprobt, konnten sie zuverlässige Helfer des Königtums werden; und die ihnen, ihren Kirchen und Klöstern übereigneten Reichsgüter und -rechte konnten nicht wie vom Laienadel vererbt werden und damit der Reichsgewalt entgleiten – sofern es nur dem König vorbehalten blieb, wer darüber jeweils als Bischof oder Abt zu verfügen hatte, wer mit dem Kirchen- oder Klosteramt zugleich dieses Zubehör bekam, das ihn als Herrn über Land und Leute auch zum Aufgebot für Reichskriege verpflichtete. Eine Anforderung von Truppen, die Otto II. um 983 nach Italien rief, läßt ermessen, wie stark damals schon die Beteiligung dieser geistlichen Reichsfürsten auch am Reichskrieg war: Von über zweitausend Panzerreitern sollten Laienfürsten nur reichlich ein Viertel, fast drei Viertel aber Bischöfe und Äbte stellen, manche auch selbst mitreiten. Kriegstüchtige Erzbischöfe kämpften noch für Barbarossa.

Bedenken gegen diese Verquickung von Kirchen- und Klosteramt mit weltlich-politischen, auch kriegerischen Aufgaben wurden allerdings früh laut. Der fromme Erzbischof Friedrich von Mainz (gestorben 954) – der auch meinte, im Kloster sollten lieber wenige

Mönche makellos als viele lässig leben, was den Abt von Fulda gegen ihn aufbrachte – machte sich Otto I. zum Feind, weil er Waffen- und Königsdienst mit seinem Kirchenamt nicht vereinbar fand. Ihm wurde entgegnet: Dann solle er aber auch alles zurückgeben, was er königlicher Gunst verdanke, da es sonst nur den Königsfeinden zugute komme. Es war wie ein warnender, damals übertönter Vorklang des Investiturstreits. In dessen Spätphase hat der mönchische Papst Paschalis II. sogar mit dem herrischen Heinrich V. auf dessen Romzug 1111 vor der Kaiserkrönung vereinbart: Wenn die Reichsbischöfe und -Äbte auf ihre »Regalien« verzichteten, auf die von früheren Königen ihnen verliehenen Hoheitsrechte über Städte, Burgen, Märkte, Zölle, Münzstätten, Grafschaften und dergleichen, dann wolle der König sie nicht mehr mit Ring und Stab »investieren«, also in ihr geistliches Amt einsetzen, dann könnten sie ohne weltliche Geschäfte, Hof- und Kriegsdienst sich ganz der Seelsorge widmen, wie der Apostel Paulus mahnte. Doch als das in der Peterskirche verkündet wurde, entfachte es einen Sturm der Entrüstung, nicht nur bei Gregorianern, deren »Programmatiker« Kardinal Humbert schon in seiner Schrift gegen die Simonisten solchen Verzicht schroff abgelehnt hatte, sondern erst recht bei den deutschen Prälaten, die Reichsfürsten bleiben wollten. Sie blieben es – wie der Papst Herrscher im »Kirchenstaat« –, auch als nach weiteren schweren Konflikten und langen Verhandlungen im Wormser Konkordat 1122 der Ausweg im Kompromiß gefunden wurde wie ähnlich vorher schon in Frankreich und England. Der König verzichtete zwar auf die seit Otto I. übliche, nun so lange strittige Investitur der Bischöfe und Reichsäbte mit Ring und Hirtenstab, Symbolen ihres geistlichen Amtes; er hatte ihnen aber – in Deutschland vor der kirchlichen Weihe, ehe sie also gültig amtieren konnten, in Italien und Burgund binnen sechs Monaten danach – die damit verbundenen Regalien mit einem Zepter als Zeichen weltlicher Herrschaft zu verleihen und durfte deshalb schon bei ihrer »kanonischen« Wahl zugegen sein, bei Wählerzwist sogar den Ausschlag geben. Tatkräftige Herrscher wie Friedrich Barbarossa hatten es danach noch immer in der Hand, wer Bischof oder Reichsabt werden konnte. Erst im staufisch-welfischen Thronstreit nach 1200 wurden diese Königsrechte preisgegeben, während die Regalien den Kirchenfürsten blieben. Sie wurden Landesherren, ja die drei rheinischen Erzbischöfe konnten dann als Kurfürsten oft genug entscheiden, wer deutscher König wurde. Bis ins 12. Jahrhundert war es umgekehrt gewesen.

Die Kirchenreform, die zum Investiturstreit führte und solche Folgen manchmal schon ahnen ließ (am deutlichsten bei der Wahl von Gegenkönigen 1077–1081), hatte freilich zunächst ein anderes Ziel: die Kirche herauszulösen aus der Königs- und Adelsherrschaft, sie autonom auf ihre eigenen »kanonischen« Rechtsgrundlagen zu stellen. Diese »Freiheit der Kirche« wurde weitgehend erreicht, nicht auf einmal, aber zielbewußt in langem Ringen, am frühesten in Rom. Schon als Heinrich III. dort die Adelsherrschaft über den Papststuhl brach, wurden Einwände strenger Reformer laut, selbst von einem Reichsbischof wie Wazo von Lüttich: ein Laie dürfe nicht Päpste absetzen lassen, über die niemand zu richten habe. Der Kaiser aber wie seine Vorgänger glaubte kein Laie zu sein, sondern kraft seiner Königsweihe »Gesalbter des Herrn«, ja Stellvertreter Christi und Gottes; und andre Reformer rühmten ihn, zumal er auch allgemein der verpönten Simonie absagte, die man gerade seinem Vater Konrad II., auch vielen Bischöfen und Äbten vorwarf: er wollte und sie sollten ohne Entgelt geben, was zur Religion, zum Dienst Gottes gehört, von dem auch er seine Krone empfing. Die von ihm zu Päpsten erhobenen Reichsbischöfe gingen jedoch viel weiter in der »Reform«. Der ihm nahe verwandte Leo IX., vorher Bischof von Toul, berief ihre kühnsten Verfechter als Kardinäle nach Rom, darunter aus seiner Heimat Lothringen den Mönch Humbert, der als Kardinalbischof von Silva Candida wenige Jahre nach dem Tod Heinrichs III. in einem Buch »Gegen die Simonisten« auch jede Verleihung von Kirchenämtern durch Laien, auch von Bistümern und Abteien durch den König für simonistische Häresie erklärte, alle von ihnen erteilten Weihen und Sakramente daher für ungültig. Das war radikal gedacht, umstürzend. Nahezu alle Bischöfe und die von ihnen geweihten Priester wären dann dazumal und seit Jahrhunderten Simonisten gewesen, die von ihnen gespendeten Sakramente, angefangen von der Taufe, ungültig. Solche rückwirkenden Konsequenzen ließen sich zwar nicht im Ernst ziehen, wohl aber Folgerungen für künftig. Wirklich folgten bald Schlag auf Schlag entsprechende Beschlüsse päpstlicher Synoden, die nun Jahr für Jahr nach Rom oder auch nach Reims oder Mainz berufen wurden: Kein Kleriker, kein Priester darf eine Kirche oder ein kirchliches Amt, kein Abt ein Kloster von Laien empfangen, mit oder ohne Gegengabe: es ist Simonie und Häresie, was vorher in allen adligen Eigenkirchen und -klöstern geschah, was auch die Könige überall für ihr gutes altes Recht hielten. Auch soll niemand Messe hören bei beweibten Priestern – denn der Zölibat war die andere Hauptforderung der Reformer, um den Klerus aus der Verflechtung ins Weltleben herauszulösen, um auch nicht Erbansprüche von Priesterkindern auf Kirchengut zu dulden. Kampf gegen Simonie und Priesterehe hieß vornehmlich, den Klerus, die Kirchen und Klöster der Adelsgesellschaft entziehen, die seit Chlodwigs Zeiten darüber guten Gewissens verfügt hatte. Jetzt wird ihr »kanonisches« Kirchenrecht aus vorgermanischer Zeit dagegengehalten, frühe Konzilsbeschlüsse und Papsterlasse, mit denen die seit Jahrhunderten herrschenden, fast nirgends aber schriftlich und gesetzlich eigens geregelten, verbrieften Zustände unvereinbar waren. Jetzt werden sie als reformbedürftige Mißstände gebrandmarkt, Herkommen und alter Brauch als Mißbrauch, und mit moralischer Entrüstung wird das Laienvolk aufgerufen, simonistische und beweibte Priester zu meiden, da ihre Sakramente unwirksam, ja sündhaft seien. In Mailand vor allem, Roms alter Rivalin, wo zuerst der offene Kampf ausbrach zwischen dem hohen Klerus, der kaum anders lebte als seine adlige Laienverwandtschaft, und dem Stadtvolk der *Pataria*, verächtlich nach dem Lumpenmarkt benannt, wurde vom Papst und seinen Legaten der bis zum Straßenkampf erbitterte Widerstand gegen die »Simonisten« geschürt und benutzt, um den vom deutschen König investierten Erzbischof zu verdrängen durch einen, der »kanonisch« gewählt und vom Papst bestätigt wird. Hier und in anderen Städten der Lombardei entzündete sich der schwere, wechselvolle Konflikt zwischen dem Reformpapsttum und dem deutschen Königtum. Er hat sich nicht zum wenigsten deshalb viel länger und härter durch fast fünf Jahrzehnte hingezogen als der Investiturstreit in Frankreich oder England und anderwärts, weil es dabei zugleich um die Beherrschung Norditaliens ging, aus dem das erneuerte Papsttum die nach dem Kaisertum strebende Reichsgewalt zurückdrängen wollte, schon um nicht auch in Rom wieder von ihr beherrscht zu werden.

Auch deshalb gehörte zu den ersten und auf die Dauer wirksamsten, folgenreichsten Reformbeschlüssen der Kardinäle ein neues Papstwahlgesetz, vielmehr das erste überhaupt. Auf der Fastensynode 1059 verkündete es Nikolaus II., vorher Bischof von Florenz. Er stammte wohl aus Burgund, wurde von den Kardinälen in Siena gewählt, weil in Rom wieder ein Adelspapst erhoben wurde, wie gegen den nächsten Kardinalspapst ein »kaiserlicher« Gegenpapst aus der Lombardei. Eben um solche Rückfälle in Adels- oder Königsherrschaft über den Papststuhl zu verhüten und um die auswärtige Wahl der Kardinäle zu rechtfertigen, bedurfte es eines neuen Gesetzes, für das man sich nicht auf altes, »kanonisches« Kirchenrecht berufen konnte. Denn seit alters und bislang galt für jeden Bischof, auch den von Rom, den Papst, daß er von Klerus und Volk einmütig zu wählen sei, wobei die jeweils Mächtigen diese Wahl lenkten. Jetzt aber wurde beschlossen, daß zuvörderst die Kardinäle, voran die Kardinalbischöfe – notfalls außerhalb Roms – über die Papstwahl beraten und beschließen, dann der übrige Klerus und das Volk ihr zustimmen sollen. Noch werden die römischen Laien, auch der deutsche König und künftige Kaiser, soweit ihm eine Mitwirkung dabei zustehe, nicht gänzlich ausgeschaltet. Aber es läßt sich von da aus Schritt für Schritt verfolgen, wie im Laufe eines Jahrhunderts, in dem zweimal (1130 und 1159) die Kardinäle selbst uneinig waren und daher in langem Schisma auswärtige Mächte eingreifen konnten, die Papstwahl zunächst auf das Kardinalskolleg allein beschränkt und schließlich dessen Zweidrittelmehrheit für unanfechtbar wahlentscheidend erklärt wurde (vom 3. Laterankonzil 1179 unter Alexander III., dem Juristen bürgerlicher Herkunft aus Siena, der sich fast zwei Jahrzehnte lang gegen kaiserliche Gegenpäpste aus dem Adel behaupten mußte).

Eine gerade Linie führt hier vom Beginn der Kirchenreform zum noch heute geltenden Kirchenrecht, aus dem Mittelalter zur Neuzeit und Gegenwart. Und dabei wurde in der Papstwahl allererst die Stimmenzahl allein entscheidend, allerdings eine »qualifizierte« Mehrheit von zwei Dritteln der Kardinäle, als verbürgte sie besser den nicht nur menschlichen, den göttlichen Willen. Viel später erst, durch die Goldene Bulle Karls IV. von 1356, wurde auch für die deutsche Königswahl aus ähnlichen Gründen der Abwehr fremder, zumal päpstlicher Einwirkung, gleichfalls nach den Erfahrungen mehrfachen Wahl- und Thronstreits, allein die Stimmenmehrheit des Kurkollegs unanfechtbar entscheidend. Sonst wurden fast überall noch die Wählerstimmen, wenn sie nicht einmütig waren, nicht nur gezählt, sondern gewogen, auch bei den Bischofswahlen. Zwar forderten die Kirchenreformer von früh an »freie«, kanonische Wahl der Bischöfe, von der die Laien gleichfalls bald ausgeschaltet, die Domkapitel allein wahlberechtigt wurden. Immer aber konnte und sollte dabei – nur bei der Papstwahl nicht! – eine übergeordnete Instanz noch prüfen und entscheiden, ob eine Wahl, sei es auch der Mehrheit, gut und gültig sei, und in letzter Instanz behielt sich der Papst diese Entscheidung vor, der dann seit dem 13. Jahrhundert immer öfter Bischöfe selbst »providierte«, ernannte statt wählen ließ.

Nirgends wird deutlicher sichtbar als an der Papst- und Bischofswahl, wie hierarchisch sich die Kirche seit ihrer Reform umbildete: aus Bischofs- und Eigenkirchen, die dem Königtum und Adel eng verbunden waren, zur unabhängigen Papstkirche eigenen Rechts. Es hat an Widerspruch dagegen auch in der Kirche selbst nicht gefehlt. Kurz ehe

Gregor VII. noch vor dem Ausbruch seines Konflikts mit Heinrich IV. in einer Aufzeichnung seiner Grundsätze, dem *Dictatus papae*, schroff formulierte: Nur der Papst, über den niemand zu richten hat, könne Bischöfe (wie auch Kaiser!) absetzen oder versetzen, Bistümer teilen oder vereinen, nur er könne neue Gesetze geben, Untertanen vom Treueid entbinden, Urteile anderer verwerfen, von denen jedermann an ihn appellieren dürfe usw., entrüsteten sich Reichsbischöfe in erregtem Briefwechsel (Anfang 1075): »Dieser gefährliche Mensch will uns befehlen, als wären wir seine Beamten, seine Verwalter«, er will uns ein schweres, unerträgliches Joch auferlegen und der Kirche ein neues Recht aufzwingen, das keinesfalls zu billigen ist. Sie standen dann mit ihrer Absage an diesen Papst fast alle hinter Heinrich IV., als er in Worms 1076 dem »falschen Mönch Hildebrand« zurief: »Steige herab!«, weil er sich nur anmaße, Papst zu sein, und freventlich seine Hand erhebe gegen die »Gesalbten des Herrn«, den König und seine Bischöfe, die er mit Füßen zu treten wage. Über kurz oder lang mußten sie sich ihm doch fügen – oder weichen.

Manche Zugeständnisse mochten späterhin an den Episkopat einzelner Länder notgedrungen wenigstens zeitweise gemacht werden, Konkordate darüber mit deren Herrschern geschlossen, »gallikanische Freiheiten« der Kirche Frankreichs und eine fast staatskirchliche Sonderstellung Englands geduldet werden und anderes mehr. Doch selbst als das Papsttum nach der Rückkehr aus siebzigjährigem Exil in Avignon unter französischem Druck sich im Großen Schisma spaltete und schwächte, bis schließlich die Bischöfe und ihre Herrscher zur Überwindung dieses Notstands und zu neuer Reform der Kirche Konzilien in Konstanz und Basel zustande brachten, die auch weiterhin als höchste Instanz der Kirche über dem Papst stehen und dessen Rechte eindämmen wollten, setzte sich gegen diese konziliare Idee und Bewegung doch wieder die päpstliche Allgewalt durch. Schon zu den Grundsätzen Gregors VII. gehörte es, daß nur der Papst allgemeine Konzilien berufen und leiten könne. Seit dem 1. Laterankonzil von 1123, das nach dem Wormser Konkordat gleichsam die Ernte des Investiturstreits und der Kirchenreform einbrachte, wurde die in der Karolingerzeit unterbrochene Kette »ökumenischer« Konzilien fortgesetzt, nun im Abendstatt im Morgenland, bis sie nach dem Tridentinum, der Entgegnung auf Luthers Reformation, vier Jahrhunderte lang entbehrlich schienen, dann aber das I. Vaticanum die wiederum schon von Gregor VII. beanspruchte Unfehlbarkeit des Papstes als Dogma verkündete.

Man hat die Kirchenreform des 11. Jahrhunderts neuerdings als erste europäische Revolution bezeichnet, als »Papstrevolution«, der dann die Reformation des 16. Jahrhunderts als »deutsche Revolution« gefolgt sei (E. Rosenstock-Huessy). Revolutionäre Züge sind unverkennbar: Auflehnung gegen eine seit langem bestehende Ordnung und Gesellschaft, eine Art *ancien régime* in der Kirche, aufrüttelnde Schlagworte wie »Freiheit der Kirche« und »freie«, kanonische Wahl, »Simonisten« als Schmähwort für alle Gegner, Aufwiegelung des Laienvolkes gegen sie und beweibte Priester. Ein eifernder Heißsporn wie der elsässische Chorherr Manegold von Lautenbach meinte sogar, das christliche Volk müsse schlechte, dem Papst widerstrebende Herrscher absetzen, wie man ungetreue Schweinehirten entläßt und davonjagt. Und Gregor VII. selbst schrieb einmal im Zorn einem Reichsbischof: »Wer wüßte nicht, daß Könige und Fürsten von denen stammen, die Gott nicht kennend, durch Raub, Trug, Mord, Verbrechen aller Art, vom Teufel angestiftet, in blinder Gier und unerträglicher Anmaßung über Menschen herrschen wollten, über Gleiche?« Andrerseits rief er Fürsten und Ritter zur *militia sancti Petri* oder *militia Christi* auf im Dienst seiner Reformziele, und Urban II. vollends lenkte sie, während der deutsche und der französische König gebannt waren, der englische abseits stand, fast wie zu einem »Revolutionskrieg« nach außen gegen die Ungläubigen, auf den Kreuzzug zur Befreiung des Grabes Christi und Jerusalems, der geistig-religiösen Mitte dieses Abendlandes, die sie trotz unerhörter Mühen und Opfer doch nur für wenige Menschenalter gewinnen, nicht behaupten konnten. Aber selbst in diesem »Heiligen Land« entstand alsbald wieder eine feudale Gesellschaft in einem erblichen Königreich Jerusalem und anderen Fürstentümern, eher ein koloniales Zerrbild der alten Adelswelt als ihre Überwindung und Verwandlung.

Denn was die Kirchenreform ihrem ursprünglichen Ziel gemäß wirklich erreichte, war trotz revolutionärer Mittel und Töne nicht ein Umsturz der alten Gesellschaftsordnung, aus der sich nur die Kirche unter päpstlicher Führung gleichsam herauslöste. Nicht deren Glaube änderte sich dabei, aber ihr Recht, ihre Struktur, ja ihr Begriff. *Ecclesia* hieß vorher die Gesamtheit der Gläubigen, die man seitdem »die Christenheit« nennen lernte: Klerus, Mönchtum und Laien gemeinsam umfassend, geistliche wie weltliche Gewalten mit ihren Häuptern Papst und Kaiser. Nachher aber schrieb sogar der kaiserverwandte Reichsbischof Otto von Freising, fast ratlos bestürzt über deren Entzweiung, in seiner Chronik (Prolog zu Buch VII): »*Ecclesia* nenne ich fürder nach dem Sprachgebrauch die Priester Christi und ihresgleichen, die kirchlichen Personen«, den Klerus. Er war seither gesondert aus der Adels- und Laienwelt, einer Hierarchie eigenen Rechts eingefügt, so oft man auch noch um so nachdrücklicher die Notwendigkeit von Eintracht und Zusammenwirken geistlicher und weltlicher Gewalt beteuerte: ihre alte Einheit war gesprengt, Spannungen zwischen ihnen wurden unvermeidlich und lösten auch viele andere Wandlungen aus.

Ketzer, Gelehrte, Denker

Beim Ausbruch des Investiturstreits, den eine Flut parteiisch erregter Streitschriften begleitete, schrieb ein kaiserlich gesinnter Mönch in Brabant (Sigebert von Gembloux): »Was sonst schallt nun allerwärts selbst aus den Webstuben der Weiber, den Werkstätten der Handwerker, als Geschrei um die verstörten Rechte aller menschlichen Gemeinschaft?« Und in seiner Chronik: »Laien mißachten die Sakramente und disputieren darüber, Irrlehrer treten in der Kirche auf und entfremden das Volk der Kirchenzucht durch schändliche Neuerungen.« Für ihn waren die Gregorianer gefährliche Neuerer, für diese die »Simonisten« Ketzer. Die aufwühlende Wirkung solcher Polemik reichte weiter, als auch die Kirchenreformer es wollen und dulden konnten. Ob nur der rechtmäßig ohne Simonie Ordinierte wirksam Sakramente spenden, Seelenheil vermitteln könne oder etwa nur, wer wahrhaft christlich lebt, wurde auch für Laien zur Gewissensfrage, die nicht so bald wieder zur Ruhe kam, sich nicht durch kanonisches Kirchenrecht allein beschwichtigen ließ. Seit so vieles strittig wurde, hörten viele mit geschärften Ohren auf Evangelien- und Apostelworte, fühlten sich unmittelbar davon betroffen, machten sich eigene Gedanken darüber und fragten, wie damit das Verhalten des Klerus, seine Lehre, sein liturgischer Kult vereinbar seien, ob nicht die Lehre Christi und seiner Apostel vielleicht anders gemeint, beim Wort zu nehmen und unmittelbar zu verwirklichen – oder aber »geistig« zu verstehen sei. Eigensinnige oder fremde Deutung biblischer Überlieferung konnte da leicht Gehör finden, auch wenn sie als Häresie verpönt und verfolgt wurde.

Einzelne Ketzergruppen waren schon früher im 11.Jahrhundert auch im Abendland entdeckt worden, von Synoden verhört, von Königen, Bischöfen oder fanatischem Volk auf den Scheiterhaufen gebracht oder an den Galgen. Sendboten der auf dem Balkan verbreiteten, vom byzantinischen Kaiser verfolgten Bogomilen-Sekte, mit ihrer dualistischen Weltlehre und Askese den längst verstummten Manichäern verwandt, scheinen im Westen eingewirkt zu haben auf sehr verschiedenartige Kreise: Gelehrte, angesehene Kleriker wurden 1022 in Orléans verurteilt, Handwerker 1025 in Arras, schon vorher ein Bauer der Champagne, bald darauf Adlige in der Burg Monteforte bei Turin, andre Ketzer ohne erkennbaren Sektenzusammenhang in Burgund, Aquitanien, Italien, 1051 auch in Goslar. Die Kloster- und Kirchenreform schien dann solche Sonderwege aufzufangen oder abzuschneiden. Seit dem Investiturstreit aber ziehen zumal in West- und Südfrankreich, auch am Niederrhein und anderwärts eifernde Prediger apostelgleich durchs Land und finden viel Anhang, besonders auch weiblichen, nicht für eine gemeinsame Sektenlehre, aber für Auflehnung gegen Kirchen- und Prälatenprunk, gegen Kreuzverehrung, Kindertaufe und anderes, was ihnen nicht als evangelien- und apostelgemäß galt. Es war da nicht immer leicht, übereifrige Reformer von Ketzern zu unterscheiden. Manche solcher Wanderprediger wurden zu Gründern neuer Orden, wenn sie sich kirchlichen Geboten fügten und ihren Anhang in Klöstern mit eigener Regel unterbrachten: Norbert von Xanten mit seinen Prämonstratensern ist nur der bekannteste, erfolgreichste von ihnen. Gerade er oder Reformäbte wie Petrus von Cluny und vor allem Bernhard von Clairvaux glaubten um so wirksamer gegen hartnäckig kirchenfeindliche Agitatoren predigen und schreiben zu können, jedoch ohne nachhaltigen Erfolg. Denn jene hatten den Boden bereitet für das Eindringen der organisierten Katharer-Sekte aus dem Osten mit ihrer dualistischen Bogomilen-Lehre, daß alles Materielle, Irdisch-Leibliche nicht von Gott geschaffen sei wie Seele und Geist, sondern von Anbeginn böse und des Teufels, nicht sakramental zu entsühnen, nur asketisch-rituell zu verneinen – völlig unvereinbar mit dem Kirchenglauben und -Kult. So fremd diese Lehre klang, so eindrucksvoll müssen doch ihre Verkünder gewesen sein, die als »wahre Christen«, als »gute Menschen«, als »Vollkommene« unter Entbehrungen und Gefahren durchs Land zogen und nicht wenige »Gläubige« gewannen für ihre Sekte mit eigenen Bischöfen und Ritualen, am meisten in den Städten der Lombardei und Südfrankreichs, wo auch viele Adlige und deren Frauen sie begünstigten. Nicht zum wenigsten dadurch wurde diese Sekte um 1200 zu einer ernstlichen Gefahr für die Kirche, die darüber schließlich nur mit Feuer und Schwert Herr werden konnte: mit »Kreuzzügen« gegen die Albigenser und mit den neuartigen Sondergerichten der Inquisition. Es hat lange gedauert, ehe die Papstkirche sich dazu entschloß, zugleich aber Verständnis gewann und Spielraum gab für religiöse Kräfte, die ohne Entfremdung von der Kirchenlehre apostelgleich predigen, evangeliengemäß leben wollten in freiwilliger Armut. Dem Lyoner Kaufmann Valdes und den Humiliaten lombardischer Städte wurde das 1179 auf dem 3. Laterankonzil unter Alexander III. noch verwehrt; dem sehr ähnlich bekehrten Kaufmannssohn Franz von Assisi und seinen Gefährten wurde es 1215 auf dem 4. Laterankonzil und vorher schon von Innozenz III. erlaubt. Während die Waldenser, da sie sich nicht fügten – denn man solle Gott mehr gehorchen als den Menschen –, zu Ketzern wurden, obgleich sie ihrerseits eifrig auch gegen die Katharer predigten, konnten die Franziskaner zu einem neuartigen »Bettelorden« ohne Klosterbesitz werden: nach der klerikalen Reform ein neuer Schritt zur Wandlung der Kirche. Die Dominikaner taten es ihnen gleich, weil der adlige spanische Priester Dominikus aus Erfahrungen mit Katharern und Waldensern Südfrankreichs nur darin ein Heilmittel gegen die Irrlehren der Sekten sah: gleich ihnen apostelhaft-besitzlos, evangeliengemäß leben und wirken, aber gegen sie die wahre Kirchenlehre predigen. Diese beiden ersten Bettelorden haben denn auch vornehmlich die Aufgaben der Inquisition übernommen und weitgehend gelöst: Die Katharer und viele kleinere Sekten verstummten nach dem 13. Jahrhundert, nur die weniger aufsässigen Waldenser waren durch alle Verfolgungen nie ganz auszurotten; sie hielten sich als eigensinnig-fromme »Stille im Lande« – bis heute.

Diese Ketzer haben die mittelalterliche Welt nicht eigentlich verwandelt, höchstens zeitweise gefährdet, wo sie sich mit politischen Kirchengegnern verbanden wie die Katharer in Südfrankreich, später die Hussiten in Böhmen (und noch Luther hätte sich schwerlich ohne landesherrlichen Rückhalt behaupten können). Nur war die Deutung der christlichen Überlieferung vielstimmiger geworden – denn alle Ketzer glaubten nur das Christentum wahrer, buchstäblicher oder geistiger zu verstehen, ihm besser zu folgen als der Klerus auch nach seiner Reform, die überdies gleich anfangs (1054) zum völligen Bruch mit der byzantinischen Ostkirche führte, aus der nun auch Ketzerlehren übergriffen. Diese Vielstimmigkeit aber löste Gegenwirkungen aus, die auch das kirchliche Denken und Verhalten im späteren Mittelalter auf neue Wege drängten.

»Es muß auch Ketzereien geben«, hatte der Apostel Paulus an die Gemeinde in Korinth geschrieben (1. Cor. 11,19). Wie schon Augustin verstanden das mittelalterliche Theologen seit karolingischer Zeit immer auch so, daß Ketzerei nach Gottes Willen zum aufrüttelnden Ansporn dienen solle für die Bemühung um besseres, wahres Verständnis der Heiligen Schrift. Dazu kam nun im Investiturstreit die kontroverse Verwendung biblischer, patristischer, kirchenrechtlicher Überlieferung, die doch allen als unanfechtbare Autorität galt. Worauf sonst sollte man sich berufen, wenn das bloße Herkommen nicht mehr respektiert, alter Brauch als Mißbrauch angefochten wurde, »Gewohnheitsrecht« als Unrecht? In der Schrift und den Vätern ließen sich aber Argumente zur Begründung unterschiedlicher, ja gegensätzlicher Standpunkte finden und polemisch gegeneinander ausspielen; mit Schrift- und Väter-Zitaten mußte nun auch die häretische Ausdeutung von Bibelworten entkräftet werden. Mindestens scheinbare Widersprüche in der Tradition selbst wurden sichtbar und drohten deren Geltung überhaupt in Frage zu stellen, wenn sie nicht durch genaueres Verständnis in Einklang zu bringen waren. Mit bloßer Sammlung und verehrender Rezeption der Autoritäten war da nicht mehr auszukommen wie im wesentlichen seit karolingischer

Zeit; man mußte sie sichten, abwägen, ihre jeweilige, auch zeitbedingte Bedeutung, Tragweite und Vereinbarkeit ermessen. Theologische und kanonistische Gelehrsamkeit wurde erforderlich, um Kirchenreform und Ketzerabwehr stichhaltig zu begründen.

In der Kanonistik ist es am deutlichsten zu beobachten, wie die Kirchenreformer von früh an neue Sammlungen kirchenrechtlicher Überlieferung anlegten, um durch eine ordnende Auswahl früher Konzilsbeschlüsse, Papstdekrete, Vätersprüche *(sententiae)* päpstlich-hierarchische Ansprüche gegen die seit langem in der Kirche herrschenden Zustände zu verfechten, zu rechtfertigen und durchzusetzen. Die ohnehin schwer nachprüfbare Echtheit solcher Überlieferung war ihnen dabei weniger wichtig als ihre Verwendbarkeit. Die tendenziös verfälschten, auch durch bewußte Erfindung ergänzten Pseudo-Isidorischen Dekretalen der späten Karolingerzeit mitsamt der darin enthaltenen »Konstantinischen Schenkung«, bislang selten beachtet, wurden jetzt guten Glaubens benutzt. Mit biblischen Argumenten und mit manchen Fälschungen versuchte aber auch die Gegenseite die nicht verbrieften, doch bisher geltenden Königs- und Adelsrechte in der Kirche zu behaupten. Dem verwirrenden Widerstreit war nur abzuhelfen, wenn geklärt wurde, wie die Autoritäten gemeint waren, in welchem Sinn, in welchem Fall und Bereich sie gelten sollten. Das erfolgreichste Ergebnis solcher vielstimmiger Bemühungen, das um 1140 in Bologna verfaßte *Decretum* des Kamaldulensermönchs Gratian, nannte sich geradezu *Concordia discordantium canonum*: Die Diskordanzen, die vermeintlichen Unstimmigkeiten in der kirchenrechtlichen Überlieferung wollte es zur Konkordanz, in Einklang miteinander bringen, nicht mehr durch Polemik, sondern durch Gelehrsamkeit. Es wurde dadurch zum immer wieder kommentierten Lehrbuch aller weiteren Kanonistik als Wissenschaft, ja zum Grundstock des bis 1917 maßgebenden Rechtsbuchs der Kirche, des *Corpus iuris canonici*.

Daß schon zu Gratians Zeit, gewiß lehrreich für ihn, auch das lange unbeachtete römische Recht des *Corpus iuris civilis* Kaiser Justinians wieder studiert wurde, war zwar nicht ebenso offenkundig ein Erfordernis der Zeitnöte. Immerhin machte schon für die ererbten Herrschaftsrechte Heinrichs IV. gegen päpstliche und fürstliche Anfechtung ein Ravennater Jurist Petrus Crassus auch Rechtssätze aus Justinians Institutionen geltend, und Kaiser Heinrich V. zog auf seinem letzten Italienzug den Magister Irnerius zu Rate, dem man die Gründung der Bologneser Rechtsschule zuschrieb. Von deren berühmtesten Doktoren ließ sich vierzig Jahre später Barbarossa bei seiner Ronkalischen Gesetzgebung beraten, als könnte altes römisches Kaiserrecht seine Herrschaftsansprüche in der Lombardei sanktionieren, wie er ihm auch die Bezeichnung *sacrum imperium* für sein Reich entnahm, das neben der *sancta ecclesia* nicht nur profan sein sollte. Ein Privileg, mit dem er 1158 dankbar die Professoren und Scholaren Bolognas unter seinen Schutz stellte, nennt schon als wahres Motiv ihrer Studien den *amor scientiae:* Liebe zum Wissen, zur Wissenschaft, die viele von weither unter Entbehrungen und Gefahren zum Studium nach Bologna ziehe. Wirklich entstand hier die erste Universität im Abendland, nicht im Dienst der Kirche oder des Staates, eines Standes oder der Berufsausbildung – war doch das dort gelehrte römische Recht zunächst kaum praktisch verwendbar –, sondern aus unabhängigem Wissensdrang, der Studenten aus allen Völkern und Ständen nach Bologna oder jüngeren Universitäten führte und von früh an auf deren autonome Selbstverwaltung bedacht sein ließ. Im *studium* aus

Liebe zum Wissen sah der weltkundige Kölner Alexander von Roes um 1280 bereits eine dritte, selbständige Aufgabe der Christenheit neben *sacerdotium* und *regnum*, Kirche und Reich, gleicherweise von Gott gewollt und allen dienlich. Ihm schienen dazu vornehmlich die scharfsinnigen Franzosen mit ihrer Universität Paris begabt und bestimmt wie für das Papsttum die Römer oder Italiener, für das Kaisertum die Deutschen.

Denn in Paris führten im Laufe des 12. Jahrhunderts theologisch-philosophische Studien ähnlich zur Entstehung einer Universität, einer autonomen *universitas magistrorum et studentium*, wie die Rechtsstudien in Bologna. Auch in der Theologie galt es seit Beginn der Kirchenreform mehr als zuvor, zwiespältige Autoritäten auszugleichen, Kontroversen zu schlichten, vor allem aber den Einklang zwischen Denken und Glauben zu suchen, wenn die in jeder Schule aus den Logik-Schriften des Aristoteles gelernten Denkregeln der Dialektik nicht den offenbarten Glaubenslehren widerstreiten sollten. Ob und wie sie deren rechtem Verständnis dienen könnten, wurde strittig, schon als der Domscholaster Berengar von Tours (gestorben 1088), nicht ohne Rückhalt an Reformern um Gregor VII., die Abendmahlwandlung von Brot und Wein in Fleisch und Blut Christi vernunft-begreiflich erklären wollte; anderen schien das vermessen, ja häretisch gedacht. Vor »Häretikern der Dialektik« warnte auch Erzbischof Anselm von Canterbury (gestorben 1109), der standhaft die Kirchenreform und das Investiturverbot gegen seinen König Heinrich II. bis zu einem Konkordat durchfocht. Gerade er aber war zutiefst überzeugt, daß die dem Menschen von Gott gegebene Vernunft auch aus eigener Einsicht, nur ihren Denknormen folgend, dasselbe erkennen müsse, was der fromme Christ glaubt. Das Dasein Gottes und die Menschwerdung seines Sohnes versuchte er als denknotwendig zu erweisen. Statt des aus patristischer Frühzeit überlieferten *Credo, quia absurdum* – Glaube an das dem Verstand Unbegreifliche – wurde sein Wahlspruch und der aller Scholastik: *Credo ut intelligam* oder *Fides quaerens intellectum:* der Glaube selbst sucht, drängt, verlangt nach verstehender Einsicht. Die offenbarten, unanfechtbaren Glaubenswahrheiten blieben dabei Richtmaß aller wahren Erkenntnis, forderten nun aber das rationale Denken geradezu heraus, auf eigenen Wegen zu ergründen, was bislang als Autorität und Tradition gelehrt wurde, mit dem Verstand nicht immer leicht begreiflich und vereinbar. Daß seine Ermächtigung zum Nach-Denken auf einen gefährlich schmalen Grat führen konnte, zeigte sich schon in der nächsten Generation, als scharfsinnigen Gelehrten wie dem Bretonen Abaelard (gestorben 1147) oder dem Bischof von Poitiers, Gilbert de la Porrée (gestorben 1154), denen lerneifrige Schüler von weither zuströmten, wo immer sie lehrten, auf Betreiben besorgter Hüter des rechten Glaubens, voran Bernhards von Clairvaux, der Prozeß gemacht wurde wegen häretischer Irrlehren; und noch dem bis heute wirksamsten Scholastiker Thomas von Aquino (gestorben 1274) wie dem gelehrtesten Mystiker Meister Eckhart (gestorben 1327) blieb das nicht erspart. Wenn aber Abaelard um 1120 unter dem kühnen Titel »Ja und Nein« *(Sic et non)* biblische, patristische, kanonistische Autoritäten schroff konfrontierte, die scheinbar gegensätzlich auf gleiche Fragen antworteten, wollte er sie dadurch keineswegs entkräften, sondern im Gegenteil die Notwendigkeit demonstrieren, sie denkend, fragend, klärend als gültig zu erweisen in ihrem wahren Sinn; denn Fragen sei der Schlüssel zur Weisheit, zur Lösung der Widersprüche. Trotz seiner mehrfachen Verurteilung erwuchs daraus jene »scholastische Methode«, die

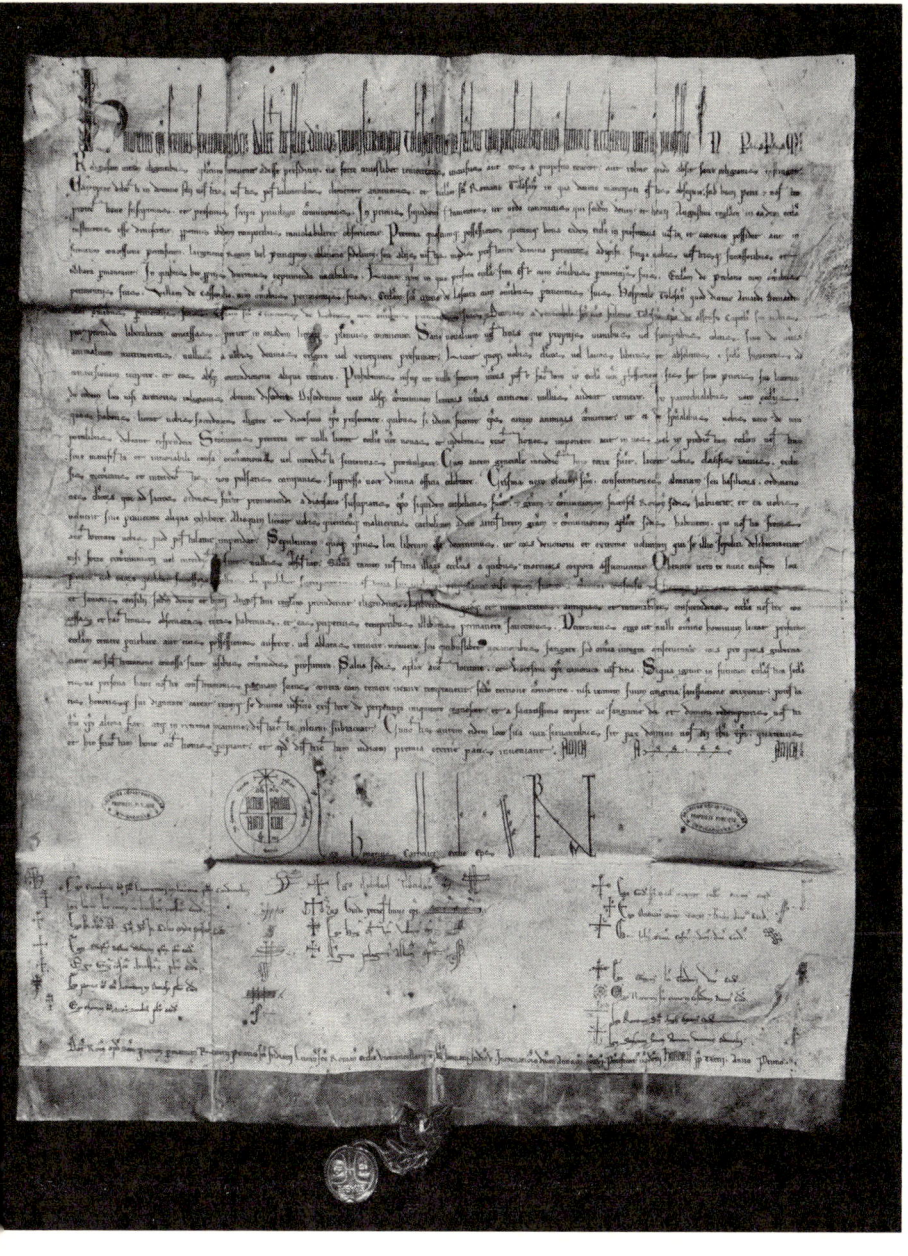

Die Anerkennung des Predigerordens der Dominikaner durch Papst Honorius III.
Urkunde vom 22. Dezember 1216
Toulouse, Archives Départementales de la Haute Garonne

Der Augustinereremit Heinrich der Deutsche bei einer Vorlesung an der Sorbonne (?)
Deckfarbenmalerei von Laurentinius de Valtalina, zweite Hälfte 14. Jahrhundert
Berlin, Staatliche Museen Preußischer Kulturbesitz, Kupferstichkabinett

in der systematischen *Summa* des Dominikaners Thomas gipfelte und auch der Kanonistik vorbildlich wurde: abwägende Erörterung des Für und Wider zu jeder theologischen, philosophischen oder juristischen Frage *(quaestio)*, bis ihre Lösung *(solutio)* unter Wahrung aller dialektisch gesichteten Tradition gefunden war.

Jahrhundertelang hat sich das gelehrte Denken im Abendland an dieser Aufgabe geschult und geschärft, oft fast zum Denksport entartet an den Universitäten, die nach dem Vorbild von Bologna oder Paris die Lehrenden und Lernenden zu autonomen Gemeinschaften vereinten, privilegiert von Päpsten und Königen, aber selbständig in ihrem Wissensdrang, der sich nicht mehr auf Kloster- und Domschulen beschränkt sah. Schon bei Abaelard zeigte sich freilich auch die Gefahr gelehrter Eitelkeit, Streitsucht, Rivalität und gegenseitiger Verketzerung, und Schulstreit hat weiterhin die Entfaltung der Scholastik begleitet, aber auch belebt und angespornt.

Dazu kam die Entdeckung altgriechischer und islamischer, auch jüdischer Philosophie, die man schwerlich seit dem 12. Jahrhundert bei den Arabern Spaniens und Siziliens oder in Byzanz gefunden und ins Latein übersetzt hätte, wenn nicht eigenes Denken jetzt nach allem Wissenswerten gesucht hätte. Aus begreiflichen kirchlichen Bedenken wurde zwar der jungen Pariser Universität 1210 und noch öfter die Benutzung dieser vor- und unchristlichen Philosophen vom Papst und seinen Legaten verboten, doch ließ sich die Lektüre zumal der naturwissenschaftlichen und metaphysischen Schriften des Aristoteles und seiner arabischen Kommentatoren dort nicht unterbinden. Sie wurden auch den Theologen zum philosophischen Rüstzeug, schon um Folgerungen zu begegnen, die in der alle anderen Studien vorbereitenden *Artes*-Fakultät daraus gezogen wurden, ohne Rücksicht auf Glaubenslehren, oft damit unvereinbar. Der bekannteste dieser Pariser »Artisten« und »Averroisten«, Siger von Brabant, der um 1282 in einem päpstlichen Gefängnis in Orvieto endete und doch in Dantes Sonnenhimmel neben seinen theologischen Widersachern Thomas, Albertus Magnus und anderen christlichen Gelehrten leuchten darf, sprach besonders prägnant aus, was seit Abaelard die Wissenschaft im Abendland vorantrieb: »Wache, studiere und lies, und wenn dir dabei ein Zweifel bleibt, sporne er dich zu weiterem Studieren und Lesen, denn leben ohne Wissenschaft ist der Tod, ein Begräbnis für den elenden Menschen.« Mochte dieser Ansporn des Zweifels dann zeitweise erlahmen, im Leerlauf spätscholastischen Schulbetriebs erstarren oder als häretisch verdrängt werden, er war doch mitten im Mittelalter aus dessen eigenen Nöten erwacht, gerade durch seine christlichen und antiken Traditionen geweckt, und er hat das Abendland nie wieder ganz zur Ruhe kommen lassen.

Dieses fragende, zweifelnde, suchende Denken galt nicht nur der Theologie und Philosophie, Kanonistik und Jurisprudenz oder den ihnen vorausgehenden »Trivialfächern« der Grammatik, Rhetorik und Dialektik (Logik). Nach diesem *Trivium* wurden ja in den »sieben freien Künsten« *(artes)* immer auch im *Quadrivium* wenigstens die Anfangsgründe der Geometrie, Arithmetik, Astronomie und Musiktheorie gelehrt. Wieviel dabei zumal an frühen Universitäten wie Paris und Oxford oder an der Mediziner-Universität Salerno auch naturwissenschaftliche Erkenntnisse gewonnen wurden oder wenigstens gesucht, wird erst neuerdings ebenso eindringlich erforscht wie früher allzu einseitig die theologisch-philosophische, philologisch-literarische und juristisch-kanonistische Bildung und Gelehrsamkeit des Mittelalters. Daß man von »Vorläufern Galileis« mindestens seit dem 14. Jahrhundert sprechen kann (P. Duhem, Anneliese Maier und andere), daß Oxforder Franziskaner des 13. Jahrhunderts mit Apparaten zu experimentieren begannen und optische Studien damals zur segensreichen Erfindung des vergrößernden »Lesesteins«, dann der Brille führten, daß gelegentlich schon an technische Möglichkeiten bis zur Flugmaschine gedacht, auch der menschliche Körper durch Sektion studiert wurde, das alles sind nur einzelne Symptome intensiver Bemühungen um die Erkenntnis der Natur längst vor Leonardo, Vesal, Kopernikus und ihresgleichen, die davon nicht weniger wußten und lernten als von wiederentdeckten antiken Autoren.

Manchen Zeitgenossen wurde es seit dem 12. Jahrhundert beängstigend bewußt, wie unaufhaltsam ihre Welt sich wandelte. Klagen über die Veränderlichkeit *(mutabilitas)* alles irdischen Geschehens sind ein Leitmotiv der Weltchronik Ottos von Freising (gestorben 1158), den auch die frühe Scholastik und die neuen Mönchsorden – an beidem war er beteiligt –, erst recht die Entzweiung zwischen Kirche und Reich nur in dem Glauben bestärkten, diese hinfällige Welt gehe bald zu Ende – und doch meinte er dann in den Anfängen seines Neffen Friedrich Barbarossa den Anbruch neuer Morgenröte zu erleben. Um die gleiche Zeit versuchte Anselm von Havelberg, Abaelard-Schüler, Prämonstratenser und Bischof, zuletzt Erzbischof von Ravenna (gestorben 1158), die Wandelbarkeit und wachsende Vielfältigkeit auch des religiösen und geistigen Lebens zu begreifen als Gottes heilsame Erziehung des Menschengeschlechts durch stufenweise fortschreitende Entfaltung des offenbarten Glaubens, der sonst in uniformer Gewohnheit erlahmen würde. Und wie schon vor ihm der aus Lüttich stammende Benediktiner-Abt Rupert von Deutz (gestorben 1129-30) unablässig grübelnd über das Bibel-Verständnis der Väter hinauszukommen suchte zu einer Schriftdeutung für eine vom Heiligen Geist erleuchtete Spätzeit, wie auch Hildegard von Bingen (gestorben 1179) visionär nach aller Unbill ihrer Gegenwart eine Zukunft friedvoller Gerechtigkeit und ohne Bücher erleuchteter Erkenntnis ankündigte, so erschloß vollends der Zisterzienser-Abt und Ordensgründer Joachim von Fiore (gestorben 1202) aus dem Vergleich biblischer Verheißung mit der Kirchengeschichte, daß bald ein neues, drittes Zeitalter des Heiligen Geistes anbrechen werde, dessen mönchische Geistkirche gleicherweise die Klerikerkirche nach dem neutestamentlichen Zeitalter des Gottessohnes ablösen werde wie diese einst die Synagoge der alttestamentlichen Gottvater-Zeit. Solche Gedanken, die dann im Franziskanerorden aufgegriffen und aktualisiert, auch späterhin immer wieder wirksam wurden, wandelten den Glauben, die Endzeit der Welt habe mit Christus begonnen und werde bald enden, in die Erwartung einer veränderten, vergeistigten, geläuterten Zukunft. Sie entgrenzten noch nicht, weiteten aber den Horizont des Zeitbewußtseins und ließen nicht mehr das nahe Weltende fürchten, sondern auf den Anbruch einer neuen Zeit größerer Vollkommenheit hoffen.

Wie sich auch das Denken über den eigenen Glauben im Verhältnis zu anderen Religionen öffnete seit der Begegnung mit den »Ungläubigen«, auch mit den Byzantinern auf den Kreuzzügen und mit islamischer, altgriechisch-heidnischer und jüdischer Philosophie, sei hier nur in Stichproben angedeutet: Als Abaelard nach seinem zweiten Ketzerprozeß 1140, zum Schweigen verurteilt, im Kloster Cluny eine Zuflucht fand, schrieb er kurz vor seinem Tod ein Gespräch zwischen einem heidnischen Philosophen, einem Christen und einem Juden, noch immer überzeugt, sie alle müßten den wahren, offenbarten Glauben auch aus Vernunft einsehen. Hundert Jahre später warf Papst Gregor IX. dem verketzerten Kaiser Friedrich II. vor, er habe ungläubig von Moses, Jesus, Mohammed als drei Menschheits-Betrügern gesprochen, was der Staufer empört bestritt; aber der blasphemisch-unheimliche Gedanke, der schon ein Menschenalter zuvor einem Pariser Theologen zu dialektischer Widerlegung diente, war denkbar geworden, wenn auch niemand ihn wahrhaben wollte. Wieder zweihundert Jahre später, als die Türken 1453 Konstantinopel eroberten, schrieb der Kardinal Nikolaus von Cues, der Fischersohn von der Mosel, der Bischof von Brixen, also Reichsfürst wurde und der tiefsinnigste Denker seiner Zeit war, eine Schrift »Vom Glaubensfrieden« *(De pace fidei)*: ein Religionsgespräch im Himmel, wo die in ihren Riten so vielfältig-verschiedenen Religionen einander als irdisch-zeitliche Entfaltung des einen, wahren, ewigen Glaubens gelten lassen und sich versöhnen. Abermals anderthalb Jahrhunderte später, während der Religionskriege in Frankreich, fand sich im Nachlaß des 1596 gestorbenen Staatsdenkers Jean Bodin ein *Colloquium Heptaplomeres*, ein Gespräch zwischen sieben Bekennern verschiedenen Glaubens, die sich doch zur Toleranz zusammenfinden – fast zweihundert Jahre ehe Lessing Nathans Fabel von den drei Ringen dichtete, deren Echtheit sich nur durch Bewährung erweisen kann. Lessing selbst erinnert in seiner »Erziehung des Menschengeschlechts« (1780) an »gewisse Schwärmer des 13. und 14. Jahrhunderts«, deren Erwartung eines neuen ewigen Evangeliums in einem dritten Zeitalter »vielleicht keine so leere Grille« war, nur verfrüht und übereilt, »und eben das machte sie zu Schwärmern«. Er denkt dabei an Joachim von Fiore und die ihm folgten. Er wußte, daß manche Wege seines eigenen Denkens und Suchens im Mittelalter begannen und bis zu ihm hinführten, nicht immer geradlinig-stetig, oft ins noch Ungewisse tastend nach neuen Antworten auf die alten, aus eigener Vergangenheit kommenden Fragen – wie schon jenes Mittelalter selbst, dem dabei manche verfrühte Gewißheit und damit Begrenztheit, ja Beschränktheit unterwegs verlorengegangen war.

Soziale Wandlungen – Kaufleute, Bürger, Städte

Weder die Kirchen- und Klosterreform noch der Investiturstreit und die Ketzerei, weder die Entstehung der Universitäten noch der Bettelorden lassen sich allein oder auch nur vorwiegend aus sozialen Motiven erklären, geschweige denn ihre geistigen Wirkungen. Nie hat sich dabei eine aufstrebende Gesellschaftsschicht gegen den herrschenden Adel aufgelehnt oder dessen Rechte beansprucht. Nur herauslösen wollte sich die Kirche und das Mönchtum kraft eigenen Rechts aus der Adelsherrschaft; aber gerade auch Adlige haben sich vielfach an diesen Reformbestrebungen beteiligt, drängten ebenso zu den neuen Studien und Universitäten wie zu den neuen religiösen Orden, sogar zu häretischen Sekten wie den Katharern. Die alte Ständescheidung wurde dadurch nicht aufgehoben, nicht einmal angefochten, nur in manchen Lebensbereichen durchbrochen. In den Bettelorden kamen Adlige und Nichtadlige aller Stände zusammen, konnten auch nach Mehrheitsbeschluß zum Leiter eines Konvents, einer Provinz, ja zum Ordensgeneral gewählt werden; ihre Herkunft spielte dabei keine Rolle wie noch in allen älteren Klöstern und Orden. Nur bevorzugten Adelssöhne vor dem Minoritenorden des Bürgersohns Franziskus oft den Predigerorden des adligen Dominikus – Albertus Magnus und Thomas von Aquino sind dafür die berühmtesten, doch keineswegs vereinzelte Beispiele. Daß aber hier wie dort – und mehr als früher auch im hohen Klerus – die Herkunft, die Standes- wie auch die Volkszugehörigkeit fast gleichgültig wurde neben der gemeinsamen Gesinnung, Aufgabe und Lebensform, daß neue Gemeinschaften aus verschiedenen Ständen sich bildeten, das war das Neuartige, hatte aber mehr soziale Wirkungen als Ursachen. Ebenso schlossen sich zum Studium in Paris oder Bologna und anderwärts Magister und Scholaren aus allen Ständen und Ländern zu einer möglichst autonomen Gemeinschaft, einer *universitas*, zusammen, zu Universitäten, die ihre Rektoren, Dekane, Prokuratoren, manchmal sogar ihre Professoren selbst wählten. Unter den Juristen Bolognas und anderer Rechtsschulen sind zwar mehr Adlige zu finden als in anderen Fakultäten, und auch nichtadlige Doktoren der Rechte konnten sogar in den Adelsstand aufrücken, da ihr Doktordiplom zeitweise einem Adelsbrief gleichgeachtet wurde. Überall aber gab es auch arme Studenten geringer, oft unbekannter Herkunft, denen durch zahlreiche Stipendien, Freitische, Unterkünfte (Bursen) geholfen wurde. Auch studierten keineswegs nur Kleriker, sondern mit ihnen nicht wenige Laien, so daß sich sogar diese kirchliche Ständescheidung verwischte, *clerc* auch zur Bezeichnung studierter Laien werden konnte und ein »Gelehrtenstand« sich bildete, wenngleich die meisten Studenten dieser Gemeinschaft nur einige Jahre zugehörten, nicht lebenslang wie dem »Ordensstand«, zu dem übrigens (zumindest bei den Franziskanern) auch Kleriker und Laien – wie Franziskus selbst – gleicherweise gehörten.

Nun bildete sich ja um dieselbe Zeit im 12./13. Jahrhundert nicht nur ein zum Adel aufstrebender, sich ihm weitgehend angleichender »Ritterstand«, sondern noch viel folgenreicher begann sich ein »Bürgerstand« in ganz anderen, neuartigen Lebensformen abzusondern, beide zunächst »Berufsstände«, die bald ihrerseits wieder zu erblichen »Geburtsständen« wurden. Seltsam genug wohnten die »Bürger« gerade nicht in Burgen wie der Adel mit seinen ritterlichen Dienstmannen, sondern in Städten. Manche junge städtische Bürgergemeinde wurde selbst als *universitas* im Sinne einer autonomen Gemeinschaft bezeichnet, und Städte wurden zum Sitz der Universitäten, aber auch zum wichtigsten Wirkungsfeld der Bettelorden mit Predigt und Seelsorge, obgleich das nicht ursprünglich deren Ziel war. Ein Zusammenhang, ein Ineinandergreifen geistig-religiöser und sozialer Wandlungen ist dabei unverkennbar, nur nicht einfach so, als hätte sich von der alten adlig-feudalen Gesellschaftsordnung, auch in der Kirche und im Mönchtum, eine neu heraufziehende bürgerliche geschieden. Gerade die in den Städten wirkenden Bettelorden wie auch die ihnen schon vorangehenden und noch folgenden religiösen Bewegungen ähnlicher Gesinnung, ob rechtgläubig oder häretisch, sind in ihren Motiven mehr gegen eine neue bürgerliche als gegen die alte adlige Mentalität gerichtet, gegen bereicherndes Gewinnstreben durch Handel, Gewerbe und Geldgeschäfte mehr als gegen ererbten Grundbesitz mit Herrschaftsrechten. Ein reicher Kaufmann Valdes in Lyon gibt plötzlich um 1173, ins Gewissen getroffen von einer altchristlichen Legende und von Bibelworten, alles Geld, das er gewann, den Armen, verläßt seine Frau, schickt seine Töchter ins Kloster und zieht als armer Prediger wie die Apostel durch Stadt und Land; Hunderte folgen seinem Beispiel, auch als die Kirche sie als Ketzer ausstößt. Über dreißig Jahre später, wohl ohne davon zu wissen, hört der junge Franziskus, Sohn eines reichen Tuchhändlers in Assisi, Jesu Worte zu dem reichen Jüngling (Matth. 19,21): »Willst du vollkommen sein, so gehe hin, verkaufe, was du hast, und gib's den Armen... und folge mir nach«; er entsagt allem Wohlstand und seinem jugendlichen Ehrgeiz, rittergleich zu leben; er gebietet auch seinen Gefährten, die sich ihm und seinem Orden bald in aller Welt aus allen Ständen anschließen, keinesfalls Geld anzunehmen oder Besitz, lieber das tägliche Brot zu erbetteln, wenn sie es nicht durch Handarbeit verdienen können. Verzicht auf »unrecht erworbenes Gut« wird auch anderwärts vielfach zur religiösen Losung dieser Zeit; zu »freiwilliger Armut« bekehren sich zahllose Reiche und zumal ihre Frauen, oft Neureiche in den Städten, aber auch Adlige wie die junge Landgrafen-Witwe Elisabeth von Thüringen, die den ritterlichen Musenhof der Wartburg verläßt.

Insofern sind die religiösen Bewegungen dieser Zeit allerdings eine Folge oder Rückwirkung ihrer sozialen und wirtschaftlichen Wandlungen: ein Protest des christlichen Gewissens gegen die zunehmend spürbare Geldwirtschaft, gegen alles Gewinnstreben durch Handel und Gewerbe als Geschäft nicht zur Versorgung, sondern zur Bereicherung oder um seiner selbst willen als Lebensinhalt und -ziel. Denn alles dies, was die Städte und ihr Bürgertum erst hochkommen und zu einem neuen selbstbewußten Stand werden ließ, stand in krassem Widerspruch zur christlichen Lehre und Tradition. Jesus hatte gesagt: »Ihr könnt nicht Gott dienen und dem Mammon«, er hatte die Händler und Wechsler aus dem Tempel getrieben, und auch sein Weheruf über die Reichen wie sein Wort, es sei leichter, daß ein Kamel durch ein Nadelöhr gehe, denn daß ein Reicher ins Reich Gottes komme, wurde selten auf reichen Grundbesitz bezogen, immer auf Gelderwerb durch Handelsgeschäft oder gar Zinsnehmen, als könnte Geld selbst ohne Arbeit Früchte tragen. Beides war für Christen als Wucher verpönt, auch dem Adel verächtlich, wurde den Juden überlassen oder syrischen Händlern, wenn man auf teure Luxusgüter und Gewürze des Orients nicht verzichten wollte. Für Christen soll »gerechter Preis« gelten, der keinen Handelsgewinn über die eigenen Kosten abwirft. Das war die Lehre und stete Mahnung aller Theologen. Noch Thomas von Aquino hatte Mühe, wenigstens eine Preisspanne als Entgelt für Handelsrisiko und Verluste zu rechtfertigen – zu einer Zeit, als Levante- und Hansehandel bereits große Vermögen häufte. Wenig später jedoch erzählte man gern vom bürgerfreundlichen König Rudolf von Habsburg, nach seinem Rat habe ein Kaufmann dreifachen Preis erzielt, als er ausnahmsweise einmal Wein in Köln aufkaufte, in Straßburg auf den Markt brachte, Heringe umgekehrt – der König hatte kühn, aber richtig spekuliert. Wie mißtrauisch und geringschätzig sprach dagegen kaum hundert Jahre früher selbst der Schatzmeister König Heinrichs II. von England in seinem Dialog vom Schatzamt über reich gewordene Bürger und Kaufleute als Geschäftemacher, deren Schätze man nicht sieht wie den adligen Grundbesitz – obwohl damals schon der Londoner Stalhof Stapelplatz und Gildehalle der Hansekaufleute war!

Es ist wahrhaft erstaunlich, wie in diesem christlichen und adligen Abendland ein Stadtbürgertum hochkommen konnte, das mit Handelsgeschäft und Großgewerbe, mit Wirtschaftsgesinnung und Gewinnstreben schließlich die ganze Welt, nicht nur die des Mittelalters, und die meisten Menschen veränderte. Alle Theorien über eine vermeintlich gesetzmäßig-geradlinige Entwicklung von der Naturalwirtschaft über Geld- und Verkehrs- zur Kreditwirtschaft, von »geschlossener Hauswirtschaft« im Hof und Dorf über die Stadt- zur Volks- und schließlich Weltwirtschaft – oder wie immer man solche »Wirtschaftsstufen« unterscheiden wollte – können nicht ausreichend erklären, was sich da im Abendland vollzog, in seinem Mittelalter anbahnte. Denn nie zuvor und nirgends sonst, auch wo große Städte seit alters die Zentren der Kultur und Politik waren wie in der antiken Mittelmeerwelt, auch im alten Orient, wo immer gehandelt wurde, hat sich je ein ähnlich expansives Wirtschaftsleben und -denken entfaltet, wie es die europäische Stadt seit dem Hochmittelalter kennzeichnet, ja geradezu erst entstehen ließ. Die Bürger Roms oder Athens und Spartas, zu schweigen von Babylon oder den Städten Ägyptens, waren keine Geschäftsleute gleich den mittelalterlichen Patriziern, die alle hätten sagen können, wie zuletzt der erfolgreichste unter ihnen, Jakob Fugger der Reiche in Augsburg (1459-1525): Er »wollte gewinnen, dieweil er könne«. Das war kein antikes geschweige denn ein christliches Erbe. Es war den Römern so fremd, daß ihr Wort *negotium* nur die Negation des erstrebenswerten *otium* ist, während es in den romanischen Sprachen seit dem Mittelalter zur Bezeichnung des Geschäfts und Handels wird, *otium* dagegen fast ausstirbt – selten als »Muße« geschätzt, meistens als »Müßiggang« getadelt, zumal von geschäftstüchtigen Bürgern.

Städte der Spätantike blieben zwar trotz der Germaneneinfälle in Italien, Spanien, Gallien, am Rhein und an der Donau bewohnt, behielten ihre Bischöfe und Gemeinden, waren Verwaltungssitze auch in fränkischer Zeit. Doch danach erst kam etwas einzigartig Neues hinzu, was auch solchen alten Städten ein ganz anderes, zukunftsträchtiges Gepräge gab und neuartige Städte auch rechts des Rheins bis in die Ostseeländer entstehen ließ. Von den Germanen, wie sie Tacitus kannte, kam es nicht; die mieden Städte, mißachteten Geld. Nur von skandinavischen Nordgermanen sagt er (*Germania* c. 44), daß sie Reichtümer schätzten, mit Bernstein handelten und dafür Geld nahmen. Wirklich tauchen dann seit der Karolingerzeit kühne skandinavische Seefahrer, heidnische Normannen, Wikinger, Waräger an allen Küsten Europas auf und unternehmen die Ströme hinauf weit ins Binnenland ihre Beute- und Handelsfahrten, schwer unterscheidbar bei diesen Krieger-Kaufleuten, in deren Gräbern sich oft Schwert und Wage beisammen finden. In ihren Stützpunkten und Handelsplätzen, sogenannten »Wiken«, hat man neuerdings Vorstufen oder Frühformen der europäischen Stadt sehen wollen, und wirklich mögen sie zu Nacheiferung und Wettbewerb angespornt haben, zu Handelsfahrten auch christlicher Kaufleute nicht mehr nur für die Bedarfsdeckung im Nahhandel, sondern mit größerem Risiko und Gewinn ins Weite, etwa auf den Spuren christlicher Missionare nach dem Norden und Osten. Deutsche Hansekaufleute aus Westfalen verdrängten noch im 12. Jahrhundert von Lübeck aus, der neu gegründeten, bald erfolgreichen Rivalin des seitdem verfallenden dänischen Haithabu-Schleswig, die Skandinavier aus der Ostsee und gründeten statt deren Wiken ihre Städte längs der Küste bis nach Reval. Andrerseits mußten die Kreuzzüge und schon frühere Pilgerfahrten ins

Heilige Land den Orienthandel italienischer Seestädte anspornen, alte Beziehungen zu Byzanz die Venezianer, politische Verbindungen zwischen Deutschland, Burgund und Italien den Fernhandel über die Alpen. Wanderkaufleute lassen sich seit ottonischer Zeit vielfach unter Königsschutz stellen, werden dann auch wie andere Wehrlose in die »Gottesfrieden« einbezogen, Marktfrieden wird ihnen verbrieft, sie schließen sich zu Gilden zusammen, um einander unterwegs zu helfen.

Das alles läßt sich hier in seiner Vielfältigkeit nur andeuten, ist schwer auf einen Nenner zu bringen und der neueren Forschung erst allmählich sichtbar geworden. Denn vieles mußte fast unmerklich zusammenkommen, überall anders, ehe sich beobachten läßt, wie solche unstete Kauffahrer seßhaft wurden bei Bischofssitzen oder Herrenburgen, sich mit dort ansässiger, den Grundherren höriger Bevölkerung in Interessengemeinschaft verbanden und auch überschüssige Kräfte vom Lande anlockten, da Fernhandel nun den Erzeugnissen des Handwerks gesteigerten Absatz und Gewinn versprach, andrerseits mancherlei zur Verarbeitung wie zum Verbrauch zubrachte. So bilden sich bürgerliche Stadtgemeinden, verschwören sich zu gemeinsamer Wahrung ihrer Interessen, und solche »Schwurverbände« oder »Eidgenossenschaften« werden oft wahrhaft zur »Verschwörung« – alles das heißt in lateinischen Quellen *coniuratio* – gegen bischöfliche oder fürstliche Stadtherren, um sich gegen Bevormundung und Besteuerung zu wehren, wirtschaftliche Unabhängigkeit mit Selbstverwaltung und eigener Gerichtsbarkeit nach Stadtrecht zu erringen. Der Investiturstreit förderte vielfach solche Bestrebungen, sei es daß die Bürger Mailands und anderer lombardischer Städte mit Rückhalt am Reformpapsttum sich gegen ihre »simonistischen« Bischöfe auflehnten oder umgekehrt etwa die Bürger von Worms (wie auch anderer rheinischer Städte oder Würzburgs) dem bedrängten Heinrich IV. gegen ihren Bischof und fürstliche Gegner halfen und zum Dank dafür Zollfreiheit vom König verbrieft bekamen für ihren Handel bis nach Dortmund und Goslar hin (1074). Überall sind dabei Kaufleute die treibenden, führenden Kräfte. Sie bilden das wohlhabende Patriziat der jungen Städte, werden ihre Ratsherren und Bürgermeister, verbinden sie zu Städtebünden, wie sie selbst in Gilden und »Hansen« vereint waren, um gemeinsam, wenn nötig gewaltsam den freien Verkehr miteinander zu sichern und die Freiheit in der Stadtgemeinde eigenen Rechts auch für ihre Handwerker und vom Lande zuziehende Neubürger, die sich ihren Grundherren entzogen. »Stadtluft macht frei.«

Die Herrschenden mußten sich entschließen, ob sie dieses Autonomiestreben der Städte, um deren wachsenden Geldreichtum auch für sich zu nutzen, dulden sollten, fördern oder unterbinden. Auf seinem ersten Italienzug 1154 wies Friedrich Barbarossa noch mit stolzer Entrüstung die Zumutung der Mailänder zurück, von ihnen Geld zu nehmen, damit er ihre Wahl eigener Konsuln und ihre usurpierten Hoheitsrechte anerkenne. Da sie sich den von ihm eingesetzten Podestàs nicht fügten, hat er die große Stadt jahrelang erbittert bekämpft, nach der Eroberung 1162 im Zorn völlig zerstört, die Bewohner in vier Dörfer umgesiedelt. Doch sie bauten im Bunde mit anderen Städten und Papst Alexander III. bald Mailand wieder auf – und zwanzig Jahre später schloß der Kaiser Frieden und Bündnis mit der alten Feindin, ließ sich fünfzehntausend Silbermark als Abfindung für die ihr nun konzedierten Rechte zahlen und hohe Jahrgelder, auch Truppenhilfe für seine Politik in Italien zusagen;

er begnügte sich mit Bestätigung der gewählten Konsuln, und der vorher strikt verbotene Bund lombardischer Städte durfte sich auf dreißig Jahre erneuern. Vergeblich versuchte Barbarossas Enkel Friedrich II. diese Städte doch noch zu unterwerfen. Nach seinem Tod wurden sie in kaiserloser Zeit vollends unabhängig.

Nur in Nord- und Mittelitalien sind die größten, reichsten Städte, die sich die kleineren in unablässigen Kämpfen gefügig machten, zu ganz selbständigen Stadtstaaten geworden. Es ist jedoch bezeichnend, daß den Römern das nicht gelang, obgleich sie oft ihren päpstlichen Stadtherrn vertrieben, sich schon um die Mitte des 12. Jahrhunderts stolz auf ihre antike Vergangenheit beriefen und den Senat wiederherstellten; zweihundert Jahre später während des avignonesischen Exils der Päpste erhob sich Cola di Rienzo, mit Petrarca befreundet, zum römischen Volkstribun. Rom aber war keine reiche Handelsstadt, es war immer auf Pilgerzustrom zu den Apostelgräbern und zur päpstlichen Kurie angewiesen. Politische Ambitionen und antike Reminiszenzen genügten nicht zur Selbständigkeit, wo es an eigener Wirtschaftskraft fehlte.

Anderwärts waren die Städte stets mehr auf wirtschaftliche Unabhängigkeit bedacht als auf völlige politische Selbständigkeit. In Frankreich fügten sie sich der erstarkenden Monarchie, deren Residenz die größte Stadt Paris wurde; ein Aufgebot von sechzehn Communen half dem König Philipp II. Augustus 1214 in der Entscheidungsschlacht bei Bouvines gegen die mit dem englischen Anjou-König und dem deutschen Welfen-Kaiser verbündeten Lehnsfürsten, und besonders die durch Tuchgewerbe und -handel früh aufblühenden Städte Flanderns hatten ihren Vorteil davon. In England wurden ein Jahr nach diesem Rückschlag seiner Königsmacht auch den Bürgern Londons und anderen Städten neben den Baronen und Prälaten in der Magna Charta ihre Freiheiten verbrieft, Besteuerung von ihrer Zustimmung abhängig gemacht – wenigstens ein erster Keim künftiger Vertretung auch im Parlament. Das sind nur Schlaglichter, doch für die Unterschiede in der politischen Haltung der Städte kennzeichnend, zumal im Vergleich mit Deutschland.

Als das deutsche Königtum nach dem frühen Tod Kaiser Heinrichs VI. strittig und geschwächt wurde, hätte das aufstrebende Bürgertum vielleicht ihm helfen können – verspätete Ansätze dazu im Interregnum und unter Rudolf von Habsburg, noch unter Ludwig dem Bayern sind unverkennbar – oder aber mit fürstlichen Landesherren gegen die Reichsgewalt zusammengehen. Der letzte Staufenkaiser Friedrich II. jedoch, in seinem sizilischen Erbreich an straffe Einordnung der Städte in seinen Beamtenstaat mit eigener Wirtschaftspolitik und Finanzverwaltung gewöhnt, gab die Städte Deutschlands (außer »Reichsstädten«, die auf Königsgut lagen oder gegründet wurden) den Territorialfürsten preis, die er für seine Politik in Italien gewinnen wollte. In seinen Gesetzen zugunsten der Fürsten (1220-32) wurde der Zuzug ihrer Hörigen in die Städte und die Einbeziehung umwohnender »Pfahlbürger« ins Stadtrecht unterbunden; alle Einungen in und zwischen den Städten ohne fürstliche Erlaubnis wurden verboten, ebenso die Wahl von Stadträten und Bürgermeistern in Bischofsstädten. Ein Städtebund am Mittelrhein wurde 1226 aufgelöst. Die Bürger von Worms mußten sogar ihr eigenmächtig erbautes Rathaus wieder abreißen. Lange wirksam waren freilich solche Maßnahmen nicht, da der wirtschaftliche Aufschwung der Städte sich dadurch nicht drosseln ließ. Bald nach dem Tod Friedrichs II. wurde ein neuer

Privatgeschäftsbuch des Regensburger Kauf- und Handelshauses W. und M. Runtinger
mit Eintragungen über Wareneinkäufe
in Mailand, Lucca, Bologna, Venedig, Brabant, Prag, Breslau und Wien, 1383–1407
Regensburg, Museum der Stadt

Die Anerkennung der Zollfreiheit in Brabant
Norimbergia bei der Schwert-, Handschuh- und Schlüsselübergabe an Brabantia
Relief in dem (im Zweiten Weltkrieg zerstörten) Saal des Rathauses zu Nürnberg, 1340

Rheinischer Städtebund sogar auch politisch aktiv, um nicht nur im Handelsinteresse Sicherheit des Verkehrs, sondern Friede und Recht im ganzen Reich in kaiserloser Zeit zu wahren. Über siebzig Städte zwischen Aachen, Lübeck, Regensburg, Zürich schlossen sich ihm an, auch geistliche und weltliche Fürsten, Grafen und Herren wurden zum Beitritt genötigt, wenn sie nicht als Friedensfeinde gelten wollten. Der Bund verschwor sich, nur einen einmütig gewählten König anzuerkennen, als könnte er im Interregnum das politische Steuer ergreifen, Zwiespalt verhüten und eine Art Reichsreform von unten aus bürgerlicher Initiative anbahnen. Als aber trotzdem die Kurfürsten 1257 zwiespältig wählten – Richard von Cornwall und Alfons von Kastilien –, hat der Rheinische Bund die politische Probe nicht bestanden, sondern wurde gesprengt, weil die Handelsinteressen der Städte überwogen und auseinanderstrebten, im Norden über Lübeck zur Ostsee und über Köln nach England, im Süden zum Mittelmeer.

Nie hat sich seitdem wieder ein so umfassender Städtebund in der Reichspolitik versucht. Nur engere Bünde verfochten ihre lokaleren Interessen noch öfters auch kriegerisch gegen Fürsten und Ritter. Die Deutsche Hanse aber, die eben damals aus Vereinigungen norddeutscher Kaufleute im Ausland zusammenwuchs, doch erst hundert Jahre später auch deren Heimatstädte zu einem Bund unter Lübecks Führung einte, hat ihre Ziele ohne eigentlich politischen Ehrgeiz immer auf gemeinsame Handelsinteressen im Ost- und Nordseeraum beschränkt. Dafür allein führten die Hansestädte ruhmreiche Kriege gegen Dänemark oder England, ohne doch je in die staatliche Ordnung Deutschlands oder anderer Länder einzugreifen. Eben deshalb konnten zur Hanse so viele Städte – zeitweise im 15. Jahrhundert über hundertsechzig – verschiedenster politischer Stellung gehören: Reichsstädte und Landstädte fürstlicher Territorien, Städte im preußischen Ordensland oder auch in Schweden (Stockholm) und Polen (Krakau, Breslau und andere), wenn nur ihre Kaufmannschaft deutsch war, die sie erst zu Städten machte.

Über die Reichs- und Ländergrenzen hinweg verband sich da ein neuer Berufsstand – nicht mehr gleichartig-ebenbürtiger Herkunft wie der Adel oder gemeinsamer kirchlicher Aufgaben, Rechte und Bildung wie der Klerus, sondern gleichen, gemeinsamen Gewinnstrebens und gleicher »Zunge«, jedoch mit Kaufleuten anderer Völker, auch anderen Glaubens durch Handel verbunden zu einer »mittelalterlichen Weltwirtschaft« (F. Rörig) bis Nordafrika, zum Orient, nach Indien, ja China hin. Überseeische Entdeckungen konnten diese Welt später ausweiten, andrerseits wurde jene »Weltwirtschaft« durch Staatsinteressen, Glaubens- und Türkenkriege wieder beengt und unterbrochen. Die Mentalität aber, die sie im Mittelalter allen seinen Traditionen zuwider schuf, wurde dessen nachhaltig wirksamste, folgenreichste Erbschaft an die Nachwelt.

Jener Jakob Fugger, der »gewinnen wollte, dieweil er könne«, zeigt noch einmal am Ausgang des Mittelalters wie im Hohlspiegel vergrößert ein Bild vom Aufstieg des städtischen Bürgertums. Erst sein Großvater war 1367 aus einem Lechfeld-Dorf nach Augsburg gezogen, vom Bauernsohn zum Weber geworden, der Bürgerrecht erwarb, seine Werkstatt zum Großbetrieb mit Eigenhandel weitete und dadurch wohlhabend wurde, als Schwiegersohn eines Zunftmeisters auch ratsfähig, nachdem die Handwerkerzünfte sich Beteiligung am Stadtregiment errungen hatten. Seine beiden Söhne wechselten von der Weber- zur

Kaufmannszunft, gründeten eine Handelsgesellschaft und konnten ins Patriziat einheiraten. Sein jüngster Enkel Jakob, beim Tod seines gleichnamigen Vaters 1469 erst zehnjährig, war zum Kleriker bestimmt, empfing die niederen Weihen und eine kleine Kanonikerpfründe – nicht im Augsburger Domstift, das dem Adel vorbehalten war. Wahrscheinlich wäre der junge Fugger Theologe geworden, wenn nicht acht seiner zehn Geschwister jung gestorben wären; da trat er mit zwanzig ins Familiengeschäft ein, um dessen Bestand zu sichern, und wurde – bald als der »rechte Schaffierer« unter seinen Brüdern bezeichnet – in knapp vier Jahrzehnten der reichste Mann, der größte Unternehmer nicht nur seiner Stadt, sondern Deutschlands, ja der Welt: Bankier der Päpste wie vorher die Medici in Florenz, Geldgeber der Kaiser und anderer Fürsten. Maximilian I. erhob ihn zum Dank in den Grafenstand; Karl V., dessen Wahl und dessen Kriege er finanzierte, verpfändete ihm dafür die Silber- und Kupfergruben in Tirol, König Ferdinand die in den ungarischen Karpathen, so daß der Fugger auch zum größten Montanindustriellen wurde. Viel angefeindet von den Zeitgenossen – auch von Luther –, die ihm die Schuld gaben an ihren Wirtschafts- und Geldnöten, schrieb er selbstbewußt und guten Gewissens an einen Reichsfürsten, er sei »reich von Gottes Gnaden, jedermann ohne Schaden«. Der verarmte Reichsritter Ulrich von Hutten aber nannte geringschätzig die Fugger wie die Medici »vornehme Kaufleute, doch nicht adlig von Geburt« *(nobiles mercatores, generosi vero non sunt)*. Gegensätzliche Gesinnungen, doch beide mit dem Anspruch – sei es durch Geblüt, sei es durch Geschäft und Reichtum – »von Gottes Gnaden« zu sein wie ihre gemeinsame Welt des Mittelalters. In ihr war auch das Bürgertum hochgekommen, nicht gegen Adel und Klerus gerichtet – es dauerte noch lange, bis es dahin kam –, manchmal in sie hineinstrebend, aber nicht aus ihnen und ihren Traditionen hervorgewachsen, sondern aus eigener Wurzel ganz anderer Art. Ob und wie sich das alles miteinander vertragen und verbinden konnte, war die Frage der weiteren Geschichte, an deren Fortgang dieses Mittelalter selbst nicht hatte glauben wollen.

In summa

Läßt sich aus allen diesen Beobachtungen, so unvollständig und skizzenhaft sie sind, eine Summe ziehen zur Kennzeichnung der Welt des Mittelalters nicht nur in ihrer Eigenart, sondern auch in ihrer weltgeschichtlichen Bedeutung und Wirkung? Von innen gesehen mit den Augen der Zeitgenossen sah sie gewiß in vielem anders aus, geschlossener, beständiger, einheitlicher, wenigstens überwölbt und umfaßt vom Unvergänglich-Bleibenden über aller menschlichen Wandelbarkeit und Hinfälligkeit. Der in Raum und Zeit begrenzte Horizont ließ die Frage nicht offen, was daraus weiterhin werden könnte und sollte; die Antwort darauf galt im voraus als gewiß: keine irdische Zukunft zu erwarten, nur die himmlische oder höllische, die in Büchern, Bildern und Predigten verkündigt, im Kirchenbau und -kult dargestellt wurde. Jede bewußte, gewollte Neuerung war verpönt. Was man ändern oder bessern wollte, mußte als *Re-form* erscheinen, als *re-novatio* oder *re-stauratio*, mit rückwärts gewandtem Blick auf eine frühere, anfängliche Norm für immer. Das gilt ja ähnlich noch für die *Re-formation* und die *Re-naissance*, ja anfangs sogar für den Begriff der *Re-volution*, der (ähnlich dem Wirtschafts-Begriff Konjunktur) vom stetig sich wiederholenden Umlauf der Gestirne (Kopernikus: *De revolutionibus orbium coelestium*, 1543) seit Cromwell und Englands *Glorious Revolution* von 1688 auf die Wiederkehr oder Wiederherstellung einer alten Ordnung übertragen wurde. Danach erst im Jahrhundert der Aufklärung und der Französischen Revolution wird Veränderung zum Neuen bejaht, gewollt, gewagt, wird *Reaktion* verpönt, *Restauration* mindestens fragwürdig.

Nie ist jedoch die Geschichte auch im Mittelalter oder gar in der Reformation und Renaissance wirklich zum Früheren zurückgekehrt; auch wenn man das dachte und wollte, wurde sie nicht zum wenigsten dadurch weitergetrieben und verwandelt. Schon deshalb war dieses Mittelalter anders, als es selbst zu sein glaubte und sich darstellte. Es war und blieb nicht das letzte, endgültige und bald endende Zeitalter der Welt- und Heilsgeschichte, sondern führte weiter in eine neue andersartige Zeit. Die Welt, unendlich viel älter und größer als geglaubt, bestand viel länger weiter als erwartet, und ihre Geschichte ging ganz andere Wege, als irgend jemand gedacht oder gar gewollt hatte. Das Römische Reich mit seiner vermeintlichen Fortsetzung im fränkisch-deutschen Reich, dessen Kaisertum nie so universal war, wie es beanspruchte, blieb nicht das letzte in dieser Welt, und seinem Ende folgte nicht der Antichrist. Diese Welt war auch nicht auf die drei altbekannten, vom Ozean umgürteten Erdteile beschränkt, und die Erde war nicht die Mitte des Weltalls, das nicht um sie kreiste; weder Jerusalem noch Rom war ihr Mittelpunkt, nur Stätten der Verehrung an der Peripherie des Abendlandes, das seinerseits wahrhaft zur ausstrahlenden Mitte einer neuen Zeit für alle Welt wurde.

Über all dies aber wurde das europäische Denken nicht von außen her eines Besseren belehrt, sondern durch eigene Erfahrung, Erkenntnis und Einsicht. Begegnungen mit fremden Völkern und Gedanken, mit dem Islam, mit Byzanz und – durch beide vermittelt – mit der altgriechischen Überlieferung haben die eigene Denkweise des Abendlandes gewiß nicht nur bereichert und geweitet, sondern auch verändert; aber auch solche Begegnungen wurden nie von außen aufgedrängt, sondern gesucht von abendländischen Missionaren, Pilgern oder Kreuzfahrern, Gelehrten oder Kaufleuten, und nur ihr eigenes Weltbild, auch wenn sie auf dessen Bestätigung oder Betätigung ausgingen, hat sich dabei gewandelt, kaum das der andern, es sei denn bekehrter Heiden.

Diese Welt des abendländischen Mittelalters wurde nicht beendet oder zerteilt durch den Einbruch fremder Völker wie die antike Mittelmeerwelt durch Germanen und Araber, Byzanz durch die Türken, die an Europas Ostgrenzen aufgehalten, schließlich wieder zurückgedrängt wurden wie im 13. Jahrhundert schon die mongolischen Tataren. Wenn das Abendland sich in anderer Weise spaltete in Nationen, Staaten, Konfessionen, so war das gerade ein Ergebnis seiner eigenen Entfaltung und Differenzierung, ohne Einwirkung von außen her (die auch für die Ketzersekten des Mittelalters nur bei den Katharern eine bemerkenswerte Rolle spielt). Das gemeinsame mittelalterliche Erbe blieb dabei überall auf eigene Weise wirksam, konnte auch immer wieder zusammenführen und ließ die weiteren geistig-kulturellen, sozial-ökonomischen und politisch-staatlichen Wandlungen trotz aller Unterschiede meistens in einer Art Gleichtakt verlaufen, mit Vorsprung oder Rückstand, doch in paralleler Richtung und in stetem Kontakt miteinander.

Der grüblerische Historiker Karl Wilhelm Nitzsch schrieb 1872: »Man kann im Großen und Ganzen das Mittelalter als diejenige Periode der Geschichte bezeichnen, in der die langsame, aber unwiderstehliche Triebkraft nationaler Bildungen auf dem weiten Gebiet occidentaler Cultur am stätigsten und gleichmäßigsten sich entwickelt hat«, obgleich um 1200 »die mächtigen Gegensätze der nationalen Bildungen zu verschwinden und sich in eine allgemeine Gesamtcultur der gebildeten Welt aufzulösen scheinen«. Das war eine ungewöhnliche Sicht in jener Zeit, der nationale Kultur und Nationalstaat zumeist als neuere Errungenschaften galten, universale Einheit von Kirche und Reich dagegen als mittelalterlich, allenfalls gerade in der Stauferzeit mit einem Vorklang nationaler Eigenart in der frühen Blüte französischer, deutscher, bald auch italienischer Dichtung. Nach der Katastrophe des Nationalwahns in zwei Weltkriegen wurde andrerseits die »europäische Einheit des christlichen Abendlandes« fast im Übermaß als Vorbild und verpflichtendes Erbe des Mittelalters beschworen, als wäre nationale wie kirchlich-religiöse Sonderung ein Sündenfall erst der Neuzeit, dem Mittelalter noch fremd. Beides aber ist in Wahrheit aus ihm hervorgewachsen, die europäischen Nationen mit ihrem schon damals nicht immer verträglichen Sonderbewußtsein wie auch ihre Gemeinsamkeiten – und wie vieles andere noch: die Dynastien, die zum Teil bis heute regieren, die Universitäten, deren Professoren noch immer gern seine Trachten tragen wie Prälaten und Mönche auch, die Wissenschaft nicht nur der Theologen und Juristen, sondern auch manche Probleme der Naturwissenschaft, wie sich allmählich bei näherem Zusehen zeigt, Adel wie Bürgertum und kaufmännisches Unternehmertum. Überall reichen die Traditionen – erst recht im frommen und ländlichen Brauchtum – weit zurück ins Mittelalter, »das stets zu Ende geht und nie zu Ende ist« (H. Heimpel).

Eben deshalb ist seine Grenze zur »Neuzeit« noch viel schwerer zu bestimmen als die zum »Altertum«. In neueren Betrachtungen schwankt sie zwischen 1300 oder noch früher und 1700 oder noch später. In den Jahrzehnten um 1500 häufen sich allerdings Ereignisse, die schon damals – zumal von Humanisten und Reformatoren – als Zeitwende empfunden wurden und deren Folgen die Welt nachhaltig veränderten: Erfindung des Buchdrucks, Entdeckung Amerikas, Kirchenspaltung, dazu Entstehung eines neuartigen »europäischen Staatensystems« (Ranke), wie auch das Wort »Staat« um diese Zeit erst geläufig wurde, bald auch »Staatsräson«. Das alles steht in keinem unmittelbar ersichtlichen Zusammenhang miteinander, als wäre es aus gemeinsamen geistigen oder sozialen Ursachen zu erklären; aber es hatte, ineinandergreifend, unabsehbare soziale, kulturelle, politische Wirkungen, die noch kein Beteiligter, kein Zeitgenosse ahnen oder so wollen konnte. Mochten Gutenberg, Kolumbus, Luther, auch Kaiser Karl V., selbst Kopernikus gleich anderen Zeitgenossen noch so »mittelalterlich« denken, sie bewirkten doch auf weitere Sicht etwas sehr anderes, als sie gewollt hatten – wie Saul auf der Suche nach seines Vaters Eselinnen ein Königreich fand (und doch schließlich ein schlimmes Ende nahm). Vieles Neue hatte sich im Denken und Glauben, in der Politik, Wirtschaft und Gesellschaft schon lange vor ihnen angebahnt, vieles wandelte sich langsam erst nachher für alle spürbar. Nicht so plötzlich wie die Raumgrenze des mittelalterlichen Weltbildes wurde sein eng begrenzter Zeithorizont durchbrochen; erst allmählich mußte es allen zum Bewußtsein kommen, daß sie nicht mehr in jenem »Mittelalter« lebten, das man nun erst so zu nennen begann, oder in einer von manchen seiner Propheten verheißenen mönchisch-vergeistigten Endzeit. Während aber die Erdkugel nun rund herum bekannt wurde und ihre gesetzmäßige Bahn im kosmischen Raum wenigstens den Gelehrten erkennbar, ist die Zeitenordnung, die das Mittelalter zu kennen glaubte, nicht eigentlich widerlegt, nur langsam zerdehnt worden und verblaßt, bis man sie zu ersetzen versuchte durch andere Lehren vom Gesamtverlauf der Weltgeschichte. Ihre dreiteilige Gliederung in Altertum-Mittelalter-Neuzeit statt der biblischen sechs Zeitalter und vier Weltreiche war ein wenig durchdachter Notbehelf, um alle Geschichte vor dem Mittelalter und nach ihm davon abzugrenzen und über diese Zwischenzeit hinweg eine Brücke zu schlagen von der vermeintlich durch Renaissance und Reformation für immer verwandelten neuen Zeit zu ihren Vorbildern im klassischen Altertum und frühen Christentum. Da jedoch die Geschichte wiederum anders weiterging, als Humanisten und Reformatoren erwarteten, da sie andrerseits weit über die antike Welt zurück und auch abseits von ihr erforscht wurde, hörten neue Bemühungen um ein Gesamtbild vom Verlauf der Weltgeschichte nicht auf. Sie sind von Giambattista Vico *(Nuova scienza*, 1725*)* über Hegel und Marx bis zu Spengler und Toynbee noch nicht ans Ziel gelangt, das vielleicht gar nicht endgültig erreichbar ist aus der in und mit der Geschichte gleitenden Perspektive des Menschen, der Anfang und Ende nicht kennt. Soviel aber ist dabei deutlich genug sichtbar geworden:

Weder die Endzeit der Welt, wie es selbst dachte, noch eine lange Unterbrechung oder Mittelzeit zwischen der klassischen und christlichen Antike und deren vermeintlichen Erneuerung durch Renaissance und Reformation, war das seither so genannte Mittelalter auch keine in sich geschlossene Welt für sich, die zu Ende ging wie andere Kulturen vor ihm. Es setzte nicht die antike Mittelmeerwelt als Ganzes kontinuierlich fort, die auseinanderbrach; es übernahm nur einen Teil ihrer Traditionen und verband sie mit denen germanischer, keltischer, slawischer Völker, die zum Christentum bekehrt, an römischer Überlieferung in Schrift und Kunst geschult wurden, zu einer neuen, vielfältigen, spannungsreichen Einheit. Doch gerade die schwer vereinbare Verschiedenheit dieser Traditionen im kirchlichen Glauben und Kult, im lateinischen Schrifttum, im adligen und bäuerlichen Rechtsbrauch, heimischer Sprache und Dichtung ließ diese Welt des Mittelalters nicht gleichförmig erstarren ähnlich Byzanz oder dem Islam, sondern drängte zu Auseinandersetzungen trotz aller Gemeinsamkeit, zum Geltendmachen, Behaupten und Begründen gegensätzlicher Ansprüche, zum vergleichenden Blick auch auf andere, zum Nachdenken über das Für und Wider und über deren Vereinbarkeit in einer *concordia discordantium* oder, mit dem Kusaner zu sprechen, in der *coincidentia oppositorum*. Bis ins einzelne läßt sich beobachten, wie dadurch jeweils in bestimmten Epochen und Krisen die Spannkraft gesteigert, das Denken geschärft, der Blick geweitet wurde. Schwerer ist im ganzen zu sagen oder gar auf eine Formel zu bringen, was die dadurch immer wieder ausgelöste Bewegung der Geister im spannungsreichen Wechselspiel alter und neuer Kräfte vorantrieb, lenkte und über die in Raum und Zeit begrenzte Welt des Mittelalters hinausführte, bis sie schließlich von diesem Abendland aus alle Welt umgriff. Wären es sozial-ökonomische oder kulturmorphologische Gesetzmäßigkeiten oder dergleichen, so hätten sie auch anderwärts in älterer Kultur und Gesellschaft längst ähnlich wirken müssen, in China, Indien, Ägypten, Mexiko, in der antiken, islamischen oder byzantinischen Welt oder sonstwo. Doch so vieles da vergleichbar sein mag, ging doch nur von Europa, dessen Mittelalter auch römisches und christliches Erbe vermittelte, alles das aus über die ganze Erde, was ihr nun trotz aller Unterschiede, Spannungen und Gegensätze ein in vielem gleichartiges Gepräge gibt: Weltwirtschaft, forschende Wissenschaft der Universitäten, Technik, die jene beiden zusammen erst ermöglichten, nationale und imperiale Ambitionen miteinander verquickt und noch vielerlei, bis zur Kleidung. Auch wer die Weltgeschichte nun nicht mehr »europazentrisch« sehen und beurteilen will, darf doch nicht verkennen und verschweigen, daß andere Erdteile und Kulturen auf eigenen Wegen nicht zu dem gelangten, was ihnen nun von Europa ausgehend gemeinsam geworden ist, daß auch im Osten wie im Westen dieser zwiespältig-einen Welt Ideen verfochten, Ziele erstrebt werden, die aus Europa kamen. Warum aber allein dieses Europa so wurde, so denken und schaffen lernte, daß es weiter als jede andere Kultur über seine eigene enge Welt hinauswirkte auf die ganze Erde, deren andere »Welten« es sich zugänglich und verständlich machte, dafür kann – wenn überhaupt – eine Erklärung, können die Voraussetzungen nur zu finden sein in seinem »Mittelalter«, das nicht endete, sondern in die Folgezeit mündete und weiterwirkte. Niemand hat das damals gewollt, gedacht, geplant. Doch gilt auch hier das Wort des Philosophen Georg Simmel (gestorben 1918) in seinem nachgelassenen Tagebuch: »Es ist niemals in der Welt so gekommen, wie die Propheten und die Führer meinten und wollten; aber ohne die Propheten und Führer wäre es überhaupt nicht ›gekommen‹«.

Janheinz Jahn

AFRIKA

DER NEUE PARTNER IN DER

WELTGESCHICHTE

I.

Der Eintritt neuer Völker in die Weltgeschichte wäre keiner, vollzöge er sich lautlos, unbemerkt. Nur aus bemerkbaren Veränderungen besteht die Geschichte. Treten zu den bisher bestimmenden Kräften neue, müssen vertraute Vorstellungen sich umorientieren. Die Umordnung zeitigt Unordnung und entsteht aus ihr. Eine neue Art Unruhe kommt in die Politik: Die neue Stimme im Konzert der Spannungen ist mißverständlich und wird mißverstanden, aber sie läßt sich nicht mehr zum Schweigen bringen. Handlungen haben nicht die erwarteten Folgen, lassen sich aber auch nicht mehr rückgängig machen. Und schon sind politische Veränderungen bewirkt, die in der Rückschau zu Geschichte werden.

Als die Germanen in die Weltgeschichte einbrachen, hörte die Weltgeschichte selber für ein Jahrtausend auf. Das Römerreich zerbrach samt seiner weltweiten Beziehungen bis nach China, und was schon Weltgeschichte gewesen, wurde wieder Kontinental-, ja gar Lokalgeschichte, bis die beginnende Neuzeit abermals Weltbeziehungen fand. Der Auftritt der Afrikaner hingegen fällt in eine andere, buchstäblich kosmo-politische Zeit, die bereit ist, Neulinge einzuordnen, und ihnen gar Entwicklungshilfen spendet, um durch Angleichung ihres technischen Lebensstandards die Spannungen zu verringern – freilich auch, weil die rivalisierenden älteren Mächte einander jeden neuen Verbündeten gründlich mißgönnen. So ist das Kostüm für die welthistorische Rolle des Neulings bereits geschneidert, ehe er es anprobiert hat.

Den Neulingen aber paßt weder das Kostüm noch der vorgesehene Text. Statt im dunkelgrauen Anzug herkömmlicher Internationalität tritt der Vertreter Ghanas, Quaison-Sackey, im bunten *Kente* seiner Heimat als Präsident vor die Vollversammlung der Vereinten Nationen; die Entwicklungshilfe zeitigt keine Danksagungen, sondern steigert Mißtrauen und Haß. Denn indem man den Neulingen ihre Texte vorspricht, mißachtet man ihre Würde und ihr Recht auf eigenen Ausdruck. Und so schreien sie denn, um zu sagen, daß sie Subjekt sein wollen, nicht weiterhin Objekt.

Objekt ist Afrika nämlich jahrhundertelang gewesen. Während der Zeiten des Sklavenhandels und der Kolonialherrschaft konnte es auf den Zugriff der Weltgeschichte nur passiv reagieren, durch Widerstand oder Ergebung. Seine Geschichte blieb Binnengeschichte.

Afrikas Eintritt aber in die Weltgeschichte bedeutet, daß es von nun an auch die Geschichte der anderen mitbestimmt, daß es nicht mehr nur reagiert, sondern agiert, daß seine Binnengeschichte nicht nur als Tummelplatz fremder Rivalitäten, sondern auch als Ausdruck eigenen Handelns für die anderen relevant wird.

Unsere Unsicherheit gegenüber dem neuen Partner entspringt der getäuschten Erwartung. Denn seine Handlungen sind nicht nur Reaktionen auf die Aktionen der andern, sondern sind zugleich durch dessen eigene Binnengeschichte und Kultur motiviert. Will man daher seine Motive und Ziele verstehen, so muß man seine Binnengeschichte und seine Kultur kennenlernen.

Diese Binnengeschichte, die einst die harten Hände kolonialer Herren zum Stillstand brachten, bricht überall dort mit Vehemenz wieder hervor, wo die fragilen kolonialen Superstrukturen zerreißen. Im Kongo loderten alte Stammesfehden auf, in Nigeria drohten allgemeine Wahlen die so fein ausgewogene Harmonie in das Chaos widerstreitender Interessen der Teilvölker zu stürzen. Die afrikanischen Politiker, welche die künstlichen kolonialen Staatsstrukturen erbten, können diese nur stärken, wenn sie sie afrikanisieren: die Völkerschaften zu Mitträgern machen, die hohlen Formen mit afrikanischem Leben füllen, afrikanische Symbole und Ziele setzen. Denn solange Verfassungen, Parlamente und Ämter nur als Relikte fremder Herrschaft erscheinen, bleiben sie jeglichen Meuterern Anreiz, sie sich zur Beute zu machen, und solange auch wird solche Volkskraft, wie sie in Sambia etwa einer amoklaufenden christlichen Prophetin folgte, sich nicht für die Ziele einer Regierung gewinnen lassen.

Freilich erfordert die Afrikanisierung der Strukturen auch einen afrikanischen Stil. Erklärungen, die Beschwörungen waren, rissen Nigerien vom Abgrund zurück in den Kompromiß, bis dann die Selbstsucht traditionsvergessener Politiker die Armee zur einzigen überstammlichen Ordnungsstruktur werden ließ – die Armee aber zerbrach ihrerseits an Traditionen und schuf Konflikte, die kaum ein Politiker, eher ein Zauberer lösen kann.

Mag der Abstand, der zwischen den Ansprüchen der neuen afrikanischen Partner und ihrem Vermögen noch klafft, vorerst nur in poetischer Vorwegnahme einer beschworenen Zukunft zu überbrücken sein – die Leitbilder dieser Zukunft und damit die Motive des Wollens werden zunehmend mitgeprägt von der Binnengeschichte Afrikas und von seiner Kultur. Grund genug für die nichtafrikanischen Partner, sich nicht nur zur Vermeidung psychologischer Fehler damit zu beschäftigen.

II.

Nicht Mangel an Sonnenlicht, sondern angebliche Geschichtslosigkeit ließ Afrika als »dunklen Erdteil« erscheinen. Die Bezeichnung galt freilich nicht für die ans Mittelmeer anrainenden Küstenländer, die römische Provinz Africa, deren Name man später auf den ganzen Südkontinent übertrug, sondern jene südlich Libyen ins Unbekannte sich dehnende Landmasse, der Ptolemaeus den Namen Agisymba gegeben hatte.

Die unbekannte Fremde war jedoch auf den frühen europäischen Weltkarten nicht durch weiße Flecken bezeichnet, die Ansporn zur Entdeckung später einzutragender Realitäten hätten sein können. Man hatte den Rand der Welt, vor allem dies unbekannte Südland, mit Phantasiegebilden bevölkert. Fabelwesen und Mißgeburten haben, sind sie erst einmal erfunden, ein schwer auslöschliches Dasein, besitzen kulturgeschichtliche und historische Wirksamkeit, haben aber selber keine Geschichte. Ihre Urheber sind bekannt: Eratosthenes aus Kyrene (276–159 v. Chr.), Polyhistor und Vorsteher der berühmten Bibliothek von Alexandria, hatte zum erstenmal den Erdumfang bis auf knapp vier Kilometer Differenz richtig berechnet. Doch auf seiner Weltkarte tauchen in unbekannten Weltgegenden bereits Menschen auf, die keinen Mund, nur ein Stirnauge oder gar so große Ohren haben, daß sie sich darin einhüllen können. Einfallsreicher noch und für ein über tausend Jahre lang gültiges abendländisches Weltbild bestimmender waren die Erfindungen des römischen Modeschriftstellers Gaius Iulius Solinus (um 250 n. Chr.) und des heiligen Isidorus, der 570 bis 636 Erzbischof von Sevilla war. So findet man auf den Weltkarten bis ins 13. Jahrhundert hinein den polymorphen Umriß des Südkontinents illustriert mit des Feuers Unkundigen, mit Zungenlosen, die sich durch Gesten verständigen, mit Engmündigen, die sich vermittels eines Strohhalms ernähren, mit Kopflosen, die das Gesicht auf der Brust tragen, mit Schattenfüßlern, die ihren einen riesigen Fuß als Sonnenschirm über sich halten. Am Nigerfluß, der wegen der dort herrschenden Hitze unentwegt kocht, leben Pygmäen und Hermaphroditen, vieräugige Äthiopier, nasenlose Neger, hakenbeinige Wüstenbewohner, die sich nur kriechend vorwärts bewegen können, und verwandelte Menschen: Werwölfe, Hexen, Schweine und Ohreneulen neben Zwergen und Riesen. Die späteren Entdecker begehrten denn auch vor allem das Außergewöhnliche zu sehen, Ostindienfahrer des 17. Jahrhunderts ließen die Bewohner des Kaps der guten Hoffnung für ein Stück Brot das Schaffell lüpfen, um zu besehen, »wie sie conditioniert sind«, Hottentottenschürze und Fettsteißigkeit wurden zu bevorzugten Forschungsobjekten der Anthropologen, und Riesen und Zwerge, Watussi und Pygmäen, gehören bis heute zu den Lieblingskindern der Völkerkundler.

Wenn auch die Zeiten vorbei sind, in denen man in Europa darüber diskutierte, ob Neger Menschen seien und ob man sie der christlichen Taufe unterziehen dürfe – die Frage, ob die afrikanischen Völker Geschichte haben und wie es mit ihrem Geschichtsbewußtsein bestellt sei, ist noch immer aktuell. Pflanzen und Tiere haben Geschichte nur im Sinne von Entwicklungsgeschichte, von Morphologie, und sogenannte Naturvölker, die man noch in unserem Jahrhundert gelegentlich in zoologischen Gärten zur Schau stellte, sah man gleichfalls nur morphologisch und ihre Kulturentwicklung als Kulturmorphologie, nicht als Geschichte: Noch heute verwenden Völkerkundler bei der Beschreibung afrikanischer Völker mit Vorliebe das Präsens. Theorien, nach denen in afrikanischer Kunst sich pflanzenhaftes oder tierhaftes Dasein ausdrücke, werden noch heute veröffentlicht.

Die morphologische Betrachtungsweise sieht menschliche Gruppen als Wieder- und Weiterkäuer von Kultureinflüssen. Die Einheit, die jede Kultur aus geerbten Vorstellungen und äußeren Anregungen formt, interessiert weniger als die Herkunft ihrer konstituierenden Teile. Wie die Gruppe funktioniert, ihre Bedürfnisse befriedigt, ihr Glück sucht und findet, ist nur insofern bemerkenswert, als sich Motive, Formen, Ideen finden lassen, die man mit fernen Entsprechungen verknüpfen kann. An einem Märchen beachtet man nicht die künstlerische Form, die erzählerische Qualität, die Dichte der Bilder oder die Rhythmik des Vortrags, sondern allein die verschiedenen Motive als Wegmarken des einen oder anderen Verbreitungsgebiets. Dagegen wäre wenig einzuwenden, da wechselseitige Einflüsse sichtbar werden, die unter Umständen helfen, vorgeschichtliche Beziehungen aufzuhellen. Leider aber ist die Methode mit Vorurteilen verknüpft. Die morphologisch betrachteten Kulturen entwickeln sich nicht aus eigener Tatkraft, sondern allein als Folge fremder Einwirkungen und Umstände, die sich wie Jahresringe von Pflanzen in ihnen ablagern. Statt von historisch gegliederter Vergangenheit spricht man von übereinandergelagerten kulturellen Schichten. Die Vergangenheit der Völker erscheint statisch.

Daß man es im Unterbewußtsein noch immer mit Fabelwesen zu tun hatte, ist nicht die einzige Ursache. Bevor Dampf und Stahl ihre Wunder zeitigten, sahen Europäer ihre Kultur immer noch als eine unter vielen anderen. Die zwischen 1736 und 1765 veröffentlichte fünfundsechzigbändige »Universalgeschichte« widmete die Hälfte ihrer Bände der nichtabendländischen Welt. Natürlich hielten jene Europäer ihre Kultur für die beste der Welt, aber sie hatten aufgehört, die überseeische Welt zu ignorieren. Vor 1750 war die europäische Expansion in Afrika und Asien vorwiegend kommerziell, die Eroberung der Welt hatte noch nicht eingesetzt. Mit Technik und Industrie und einem plötzlichen, vorher nie dagewesenen wirtschaftlichen Wachstum veränderte sich aber die Vorstellung, die der Okzident von sich hatte. Die eigenen Errungenschaften stiegen im Wert, und wenn man an Fortschritt dachte, bemaß man ihn nach dem raschen Wechsel der eigenen letzten Jahrzehnte. In anderen Gesellschaften erschien der geschichtliche Fortschritt vergleichsweise langsam. Man begann vom »unbeweglichen Osten« zu reden. In Wahrheit war »der Osten« keineswegs unbeweglich, nur die raschen Veränderungen im Europa des 19. Jahrhunderts ließen ihn langsam erscheinen. Die eigene so beschleunigte Geschichte wurde zum Maßstab, das neue geschichtliche Denken begann mit Europa und konzentrierte sich auf die Errungenschaften Europas, und die Geschichte anderer Völker, die man als »Naturvölker«, als »Völker ewiger Urzeit« ansah, war keiner Beachtung mehr wert. »Unmöglich kann man von den Völkern eines ewigen Stillstandes ausgehen, um die innere Bewegung der Weltgeschichte zu begreifen«, meinte Ranke.

Dieses sehr spezielle Kulturverständnis hatte noch einige Nebenwirkungen. Bei der Suche nach der Wurzel der eigenen Zivilisation rückte eine offensichtliche, aber oberflächliche Tatsache in den Vordergrund: Europäer waren weiß, Nichteuropäer waren im großen und ganzen nicht weiß. Außerdem glaubten die Europäer in jener Zeit, daß sie allein zivilisiert seien, andere Völker hingegen als »Wilde« oder »Barbaren« statisch dahinlebten. Addierte man die beiden Behauptungen, so ließ sich offensichtlich folgern, daß hellhäutige Völker dunkelhäutigen überlegen seien. Freilich ist das eine unhistorische Ansicht. Geht man fünf oder sechs Jahrtausende zurück, müßte man mit der gleichen Logik folgern, daß nur sehr dunkelhäutige Völker eine Zivilisation aufbauen könnten und die Ahnen der heutigen Europäer als Barbaren am äußersten Rande der zivilisierten Welt eine minderwertige Rasse seien.

Das befriedigende Gefühl, einer »höheren Rasse« anzugehören, fand sich im Verlauf des 19. Jahrhunderts von scheinbar wissenschaftlichen Argumenten bestärkt. In der anatomischen Forschung wurden die Rassenunterschiede hervorgehoben, ein polemisch verstandener und angewandter Darwinismus ließ die nichtweißen Völker als entwicklungsgeschichtliche Vorstufen des weißen zivilisierten Menschen erscheinen. Den anatomisch unterschiedenen Rassen wurde je eine spezifische »Rassenseele«, eine »Rassenmentalität« zugewiesen: der weißen Rasse eine dynamische, der schwarzen eine statische Mentalität. Um 1900 waren diese Anschauungen in der westlichen Welt Allgemeingut, gerade in jener Zeit also, als sie Afrika eroberte und kolonisierte. Afrikanische Geschichte war damals die Geschichte der europäischen Entdeckungen und Eroberungen in Afrika.

Als in den ersten Jahrzehnten des 20. Jahrhunderts genauere Untersuchungen feststellten, daß Rasse und Kultur voneinander unabhängig sind, daß die Rasse mit dem Ablauf der Geschichte nichts zu tun hat und man keiner Rasse spezifische Neigungen oder Fähigkeiten – oder Unfähigkeiten – zuweisen kann, wurde der pseudowissenschaftliche Rassismus in den Kreisen ernstzunehmender Wissenschaftler aufgegeben. Er lebte nur als ein populärer Mythos weiter, der sich aber in Gesellschaften, denen es politisch nützlich erschien, zu gefährlicher Ideologie verhärten konnte – so ist er noch heute in Südafrika das Hauptargument für den Herrschaftsanspruch der weißen Minderheit über eine nichtweiße Mehrheit.

Auch die Völkerkunde hat sich bemüht, allzu offensichtliche Rassenvorurteile abzuwerfen, doch blieben die eingefahrene Methodik, das in der Überzeugung vom ewigen Stillstand zusammengetragene Material und die morphologische Betrachtungsweise ein schwerer Ballast, vor allem für die historische Forschung. Historiker haben schon seit langem erkannt, daß die afro-eurasiatische Zivilisation auf gegenseitigen Beziehungen und dem Austausch von Ideen beruhe. Das Afrika südlich der Sahara, Agisymba, mag dabei mehr von Norden und Osten empfangen haben, als es zurückgab, doch stellten sich die Historiker der Ära eines übertriebenen Kultur- und Rassebewußtseins den Weg der Kulturverbreitung als Einbahnstraße vor. Da sie die Afrikaner für eine mindere Rasse hielten, suchten sie in jedem irgendwie beachtenswerten Zug afrikanischer Kulturen den fremden Ursprung. Und nicht nur das. Ein fremdes Element konnte nicht etwa durch Übernahme von einem Volk durch ein anderes verbreitet worden sein – eine solche Übernahme hätte ja bei den Empfangenden eigenes Denken und Werten vorausgesetzt –, sondern Angehörige einer fremden Rasse mußten die Empfänger überlagert und ihnen das betreffende Kulturelement aufgezwungen haben. Jeder irgendwie beachtenswerte Zug in schwarzafrikanischen Kulturen galt also nicht nur als notwendigerweise fremdes Element, er galt zugleich als Beweis historischer Eroberung und Überlagerung durch fremdrassige Völker. Noch in einem 1952 erschienenen Standardwerk über afrikanische Geschichte wird behauptet, alle afrikanischen Großstaaten gingen in ihren Ursprüngen durchweg auf ein Einströmen fremder, den »Negern politisch überlegener Menschen« zurück, und diese Fremden seien vorwiegend aus dem Osten, zum Teil auch aus dem Norden gekommen. »Die Entstehung afrikanischer Reiche«, schreibt Westermann, »läßt sich in einer einfachen, für fast alle gemeinsamen Formel ausdrücken: Fremde Menschen einer anderen Rasse wandern als Hirten, Jäger oder Räuberhorden in ein Negerland ein, bilden hier eine Herrenschicht, machen die Neger zu ihren Untertanen und fassen sie zu einem Staatswesen zusammen.

Sie selber werden halb oder ganz ansässig, führen ein Herrenleben, vermischen sich auch mit den Eingesessenen und gehen in ihnen auf. Die Dynastie wird zunehmend negerisch, die Fremdkultur wird von der heimischen aufgesogen, und eine Herrschaft der Neger tritt an die Stelle der fremden.« Nicht einmal das Fehlen Fremdrassiger kann die kühne Hypothese widerlegen, jene sind dann eben »aufgesogen« worden — »vernegert« –, und zudem gilt ja ihre rassische Überlegenheit als so groß, daß schon ein Tröpfchen fremden Blutes ausreicht, um große kulturelle Veränderungen hervorzurufen.

Dennoch war die nachweisbare Existenz eines fremdrassigen Kulturträgervolkes, das man für die zivilisatorischen Errungenschaften vor allem jener bald »nord- und süderythräisch«, bald »jungsudanisch« und »rhodesisch«, bald »orientalisch« genannten Großstaatkulturen verantwortlich machen konnte, höchst wünschenswert. »Da es ein solches nicht gab, wurde es erfunden. So entstand der Hamitenmythos« (Curtin). Seine Ursprünge gehen bereits ins frühe 19. Jahrhundert zurück und spiegeln einige anthropologische und linguistische Irrtümer. Die Völkerkundler glaubten damals, daß die Sprache ein vererbbarer Zug der Rasse sei, etwa wie die Hautfarbe. Ja, einige glaubten sogar, die Hautfarbe könne sich im Verlaufe weniger Generationen verändern, während die Sprache viel beständiger sei. Die Rassen in Afrika wurden daher nicht nach der physischen Erscheinung, sondern nach der Sprache klassifiziert. Da die Bantusprachen eng miteinander verwandt sind, unterschied man eine in Zentral- und Südafrika lebende Banturasse von der in Westafrika wohnenden Rasse der »eigentlichen Neger« oder der »Mischneger« oder »Sudanneger«. In Wahrheit ist »Bantu« überhaupt keine Rasse, es gibt bantusprechende Pygmäen und bantusprechende Völker, die wie Äthiopier aussehen. Zudem sind die Bantusprachen mit den westafrikanischen Sprachen ebenso eng verwandt wie diese untereinander.

Zu der falschen Unterscheidung in »Bantu« und »Neger« trat aber noch eine dritte Rasse, die man die hamitische nannte. Ursprünglich hatte man darunter die Äthiopier verstanden, eine Bevölkerung, in der sich afrikanische und arabische Rassenmerkmale vermischt und stabilisiert hatten. Da ihre Sprachen deutlich mit dem Arabischen und dem Hebräischen — mit »weißen« Sprachen also — verwandt waren, klassifizierte man sie als »Kaukasier« oder als »Europide«. Alle Züge »höherer« Kultur in Afrika wurden nun mit diesen »Hamiten« in Verbindung gebracht, denn sie galten ja als eine »höhere« Rasse. Ihre historische Wirkung in Afrika stellt der Hamiten-Mythos auf folgende Weise dar: Die sukzessiven Wellen eindringenden Hamiten sind viehzüchtende Europide, besser bewaffnet und geistig aufgeweckter als die dunklen bäuerlichen Neger. Die Hamiten, zumindest ihre Aristokratie, bemühten sich zuerst, ausschließlich Hamitenfrauen zu heiraten. Aber es konnte nicht ausbleiben, daß in Kürze Völkerschaften entstanden, in denen Hamiten- und Negerblut sich mischte. Diese Mischlinge, die wiederum den reinen Negern überlegen waren, wurden jedoch von der nächsten hereinbrechenden Hamitenwelle verachtet und weiter landeinwärts gestoßen, wo sie ihrerseits gegenüber den Negern, die sie dort antrafen, eine Aristokratie bildeten. Und dieser Prozeß wiederholte sich mit geringen Abweichungen immer wieder über einen langen Zeitraum hin, stets behaupten die Viehzüchter ihre Überlegenheit über die Ackerbauern, die ihrerseits zur Viehzucht übergehen oder sie zumindest mit dem Ackerbau verbinden. »Das Endresultat einer Serie solcher Kombinationen sieht man bei den Zulu, den Ganda, oder noch häufiger in solchen Symbiosen wie die der Hima und Iru in Ankole oder der Tussi und Hutu in Ruanda.« (Seligman)

Typisch ist, daß den »Hamiten« vier Charakteristika zugeteilt wurden, die an sich nichts miteinander zu tun haben. Physisch, so glaubte man, waren sie Europäer oder Europide, linguistisch gehörten sie zur hamito-semitischen Gruppe, wirtschaftlich waren sie Viehzüchter, und historisch waren sie Eroberer. Fand man nun bei einer Volksgruppe einen oder mehrere dieser Züge, gleich erklärte man sie für Hamiten. Buschmänner und Hottentotten sind zwar keine Eroberer, aber da beider Hautfarbe relativ hell ist und die eine Gruppe Vieh züchtet, sah man in ihnen Hamiten und klassifizierte auch ihre Sprache als hamitisch, bis genauere Forschung die Khoisan-Sprachen als eigene Gruppe erkannte. Die Zulu sind nicht europid und sprechen keine hamitische Sprache, aber da sie Vieh züchten und in einer Epoche ihrer Geschichte als Eroberer auftraten, galten sie als Hamiten. Die Fulani oder Pöl in Westafrika züchteten Vieh und haben einige europäisch erscheinende Gesichtszüge, also erklärte man auch ihre Sprache, die in Wahrheit zur westatlantischen Untergruppe der Niger-Kongo-Sprachen gehört, für hamitisch. Die Haussa in Nordnigeria sind keine Viehzüchter, haben keine Eroberungen gemacht und gehören auch der Rasse nach wie ihre Nachbarn zu den Negro-Afrikanern, da sie jedoch eine Sprache sprechen, die mit dem Arabischen und Hebräischen von ferne verwandt ist, deklarierte man auch sie zu europiden Hamiten. Wo immer in Afrika Staaten entstanden – und es gab sehr viele –, der Hamitenmythos machte es möglich, jede dieser Gründungen der einen oder anderen Welle europider Eindringlinge zuzuschreiben. Die Formen des Hauses, die Schnitztrommel, das Wurfeisen, die Götter, die Mythen, die Helden, der rituelle Königsmord und die Geheimbünde, die Kunst des Schnitzens, der Gelbguß, die Tierfabeln und die Märchen – kurz alles, worin die Forscher nur irgendeinen kulturellen Wert sahen, wurde auf die eine oder andere europide, sagenhafte oder vermutete oder konstruierte Erobererwelle zurückgeführt, auf Inder, Perser, Indonesier, Judäo-Syrer, Phönizier, Garamanten, Berber, Atlantisbewohner oder Hamiten.

Alle diese Kulturbringer sind, so will es der Mythos, Nomaden. Durch ihre Beweglichkeit und eine Lebensweise, die militärische Geschicklichkeit entwickelt, haben Nomaden oft seßhafte Zivilisationen erobert. Seit Jahrhunderten ist es den Historikern bekannt, daß überall, wo halbtrockene Gebiete an bebautes Kulturland grenzen, Nomaden und seßhafte Völker miteinander in Konflikt geraten. Zuweilen haben die Nomaden neue Dynastien begründet und sich selbst als Herrscher über eine seßhafte Zivilisation aufgeschwungen. Aber nur der intensive seßhafte Ackerbau ist die Mutter der Zivilisation – nicht das Leben in der Steppe. Die Geschichte kennt Tausende von Fällen, in denen Nomaden über eine seßhafte Kultur herfielen, aber keinen einzigen sicher belegten Fall, daß Nomaden eine Kultur begründet hätten, wo zuvor keine war (Curtin). Im westlichen Sudan aber sollen wir glauben, daß die »weißen« Eroberer aus der Wüste, die da die eine oder andere Dynastie begründeten, keine nomadischen Räuber und Plünderer waren, sondern daß sie über die seßhaften »minderwertigen« Neger das Füllhorn ihrer »höheren« Kultur ausgegossen hätten.

Die meisten Kulturen der Erde erwuchsen aus ackerbaulicher Grundlage und der sukzessiven Aufnahme und Verarbeitung fremder Anregungen. Einflüsse werden umgedeutet, assimiliert, zu neuen Gestaltungen verarbeitet. Eine Kultur entsteht wie ein Kunstwerk. Ihre Wandlungen darzustellen, ist die Aufgabe des Historikers, ihren Stil zu beschreiben die der Kulturwissenschaft. Soziologie und Sprachwissenschaft haben entsprechende Aufgaben. Die Völkerkunde hätte, die verschiedenen Disziplinen verbindend, sich zur vergleichenden Kulturanthropologie entwickeln können. Bisher hat sie das nur in Ansätzen versucht. Was Afrika betrifft, so hat sie bisher ihr Arbeitsfeld vorwiegend als einen gewaltigen Steinbruch betrachtet, als eine Kulturmoräne, in der es darauf ankam, jeden Kiesel wieder seiner ursprünglichen Gesteinsschicht zuzuordnen. Daß diese Kiesel inzwischen Teile neuer Bauwerke geworden waren, blieb von untergeordneter Bedeutung. Das Ergebnis dieser Tätigkeit sind einige hartnäckig sich haltende Fehlschlüsse, die jedermann deutlich werden, wenn wir beispielsweise die Werke Shakespeares einer ähnlichen Betrachtungsweise unterziehen.

Wir müssen dabei nur annehmen, daß von der britischen Geschichte so gut wie nichts bekannt und schriftliche Dokumentierung erst in jüngster Zeit möglich geworden wäre. Die Untersuchung begänne dann mit dem Zweifel, ob es einen Autor Shakespeare überhaupt gegeben habe, ob man nicht vielmehr annehmen müsse, daß es sich bei den Dramen um eingedrungenes fremdes Kulturgut handle, das, in der Kaste der Krieger oder »Speerschüttler« überliefert, erst spät kompiliert und jenem mythischen, angeblich schreibkundigen britannischen Eingeborenen zugeschrieben worden sei, dessen enthüllenden Namen er selber auf mindestens vier, die Überlieferung gar auf sechzehn verschiedene Weisen buchstabiert haben soll. Zehn Dramen – etwa »Othello«, »Romeo und Julia«, »Cymbelin«, »Viel Lärm um nichts« – gehören motivlich dem spätitalischen Hochkulturkreis an, acht – so »Julius Caesar«, »Antonius und Kleopatra«, »Sommernachtstraum«, »Pericles« – weisen durch ihre Motive auf einen ägyptisch-frühgriechisch-frühitalischen Kulturkreis. »Hamlet« weist nach Dänemark, »Titus Andronicus« nach Byzanz, »Verlorene Liebesmüh« nach Navarra, »König Lear« ist keltisch. Die Träger dieser Hochkulturen, Altgriechen, Frühitaliker, Byzantiner, Dänen, Navarreser und Spätitaliker, müssen also in sukzessiven Wellen erobernd in Britannien eingedrungen sein und die Eingeborenen überlagert haben, wobei nur unklar bleibt, ob die Spätitaliker ihren Weg über Wien (»Maß für Maß«) oder über Böhmen (»Wintermärchen«) oder über beide Orte genommen haben. Die ursprüngliche Primitivität der Eingeborenen wird an »Macbeth« und den zehn Königsdramen deutlich, deren autochthone blutrünstige Motive sie als mißglückte Imitationsversuche einer minderwertigen Rasse ausweisen. Und mehr wäre dann über Shakespeare nicht zu sagen.

Man darf sich daher nicht wundern, daß moderne Afrikaner der üblichen europäischen Darstellung afrikanischer Geschichte nur wenig Glauben entgegenbringen. Einige afrikanische Nationalisten gehen sogar so weit, den Spieß umzudrehen: Die Hamiten, abgeleitet vom hebräischen Wort Ham, das auf das altägyptische Wort »kemit« in der Bedeutung »schwarz« zurückgehe, seien zunächst die pharaonischen Ägypter gewesen, die Schwarzen, die in der nach dem Exodus entstandenen Heiligen Schrift der Fluch Noahs treffen mußte, weil die zivilisierten Ägypter das israelische Hirtenvolk unterdrückt hatten. Die Hamiten seien keine Europide, sondern Schwarze, Neger, welche eine der großen frühen Hochkulturen, die altägyptische, geschaffen hätten. Da von dieser die kretische, die frühgriechische und die karthagische Kultur abstammen und da die Grimaldirasse Südeuropas negroiden Prognathismus aufweist, kann man schwarze Afrikaner zu den Urvätern und Verbreiter der westlichen Zivilisation, zu den Lehrmeistern Europas erklären. Der phrygische Sklave Äsop lehrte die Griechen die Weisheit Afrikas, und Tyro, ein afrikanischer Sekretär Ciceros, erfand die Stenographie. Doch haben selbst die eifrigsten afrikanischen Nationalapologeten die Umkehrung nicht so weit getrieben, daß sie der Konstruktion dunkelhäutiger europider Kulturträger in Afrika eine Rasse hellhäutiger Negroider in Europa entgegengestellt hätten, der allein dann aller Fortschritt in Kultur und Wissenschaft zuzuschreiben wäre.

Die Gegenkonstruktionen haben einen psychologischen Wert, sie helfen afrikanische Minderwertigkeitskomplexe aus den vergangenen Jahrzehnten überwinden, bleiben jedoch innerhalb der Wertvorstellungen okzidentalen Denkens und bedienen sich der gleichen Argumente. Ihr wissenschaftlicher Wert liegt nur darin, daß sie die Methode, die den Hamitenmythos und ähnliche Konstruktionen hervorgebracht hat, ad absurdum führen. Konstruktion und Gegenkonstruktion heben einander auf. Und nach wie vor bleibt zu erklären, wie das »Nachhinken« Afrikas gegenüber der technischen Entwicklung des Okzidents zustande gekommen ist.

Diese Aufgabe ist nicht einfach, zumal dann nicht, wenn man Kulturen miteinander vergleicht. Zunächst wäre festzustellen, worin denn die »Höhe« einer Kultur besteht. Die Irrtümer waren ja gerade dadurch entstanden, daß man das Kulturniveau nach westlichen Wertvorstellungen bemaß. Hier aber muß der Zweifel einsetzen, denn jede Kultur ist nach den ihr inhärenten Wertvorstellungen gestaltet und demnach jeder anderen Kultur, die diese Vorstellungen nicht teilt, überlegen. Und jede Kultur meint, ihre eigenen Vorstellungen dessen, was gut oder böse, schön oder häßlich, hoch oder niedrig sei, müßten auch von Völkern anderer Kulturen geteilt werden. Nach den traditionellen Maßstäben der westlichen Kultur ist die afrikanische minderwertig, und nach den Maßstäben afrikanischer Kulturen – zumindest von einigen ihrer extremen Exponenten – ist die europäische Kultur minderwertig. Kulturrelative Urteile können weder universal gebilligt noch rational bewiesen werden. Die Ästhetik etwa kann vernünftige Kriterien aufstellen, nach denen sich die relative Qualität zweier Sinfonien innerhalb des okzidentalen musikalischen Stils bemessen läßt. Sie mag sogar solche Kriterien zum Vergleich zweier afrikanischer Musikstücke heranziehen, wobei es aber schon wieder fraglich ist, ob es überhaupt auf die gleichen Qualitäten ankommt. Sosehr man sich aber innerhalb einer bestimmten Stilform auf Qualitätskriterien einigen kann, sowenig ist das außerhalb der Stilformen möglich. Es gibt keine Kriterien, die zweifelsfrei erkennen ließen, was »besser«, »schöner« und »höherstehend« ist: eine europäische Sinfonie oder die Musik eines afrikanischen Trommelorchesters. Selbst die Tonleitern sind in den verschiedenen Kulturen nicht die gleichen, eine jede Kultur empfindet die eigene als schön und richtig, die fremde klingt häßlich und falsch.

Zwar werden gewisse ethische Grundvorstellungen von allen Kulturen geteilt. Das unnötige Töten menschlicher Wesen wird weltweit als ein Übel angesehen. Wann aber ist Töten nötig, wann unnötig? In einigen afrikanischen Gesellschaften war das Menschenopfer Teil des religiösen Ritus. Die Europäer verurteilten diese Praxis, denn sie hielten sie für unnötig. In Europa hat man bis in die Neuzeit hinein Ketzer verbrannt und in modernen Kriegen Millionen von Menschen ins Feuer mechanischer Waffen getrieben. Ein fremder Beobachter mag diese Menschenopfer mit gleichem Recht als unnötig und verwerflich ansehen.

Auf rein technischem Gebiet hingegen ist ein rationales Urteil möglich. Definiert man Technik als die Gesamtheit von Kenntnissen und Geschicklichkeiten zur Herstellung von Gütern und Leistungen, dann kann man jede Technik an der Wirksamkeit messen, mit der sie den vorgesetzten Zweck erreicht. Wichtig ist natürlich, daß die zu vergleichenden technischen Instrumente tatsächlich dem gleichen Zweck dienen. Ein Klavier ist als Instrument zur Erzeugung von Tönen der Dundun-Trommel überlegen, denn es kann mehrere Oktaven von Tönen erzeugen. Die Dundun-Trommel aber kann jene Zwischen- und Gleittöne hervorbringen, die allein es möglich machen, daß die Trommel »spricht«, daß sie Rhythmus und Tonfolge von Sätzen einer Tonsprache verständlich reproduziert. Für diesen Zweck konstruiert, ist sie jedem Klavier technisch überlegen.

Wenn man diese sich aus den kulturellen Besonderheiten ergebenden Einschränkungen berücksichtigt, lassen sich landwirtschaftliche und industrielle, selbst politische Techniken – doch nur diese – bezüglich ihrer relativen Fortgeschrittenheit in den verschiedenen Kulturen miteinander in Beziehung setzen, und es ist dann offensichtlich, daß die afrikanische Kultur technisch hinter der westeuropäischen des 18. und 19. Jahrhunderts zurückgeblieben ist. Wie groß aber ist dieser Abstand, und wie läßt er sich historisch erklären?

Für die Südspitze Afrikas ist die Lösung einfach. Geographisch ist sie das Ende eines langen Weges, und jede irgendwo anders gewonnene Erfindung oder Entdeckung mußte erst über einen langen Weg weitergegeben worden sein, bis sie diese Endstation erreichte. Die südafrikanischen Buschmänner blieben aus dem gleichen Grunde rückständig, aus dem auch andere isolierte Völker, die sich allein mit ihren eigenen Erfindungen begnügen mußten, etwa in Australien oder Patagonien, hinter dem technischen Fortschritt einherhinkten.

Schwieriger ist die Erklärung für die weiter nördlichen Gebiete, besonders den Südrand der Sahara, das Savannenland, das sich vom Cap Verde bis ans Rote Meer zieht, das die Araber »Sudan«, das »Land der Schwarzen«, genannt haben. Wenn dieses Gebiet zur Frühzeit des Seeverkehrs hinter der Entwicklung Nordafrikas und des Nahen Ostens zurückblieb, dann mußten auch alle weiter südlich liegenden Länder »nachhinken«. Die Beziehungen des Sudan zum übrigen Afro-Eurasien haben daher eine entscheidende Bedeutung. Wann wurde im Sudan die Landwirtschaft eingeführt, die in jeder Zivilisation gegenüber dem Sammeln und Jagen einen technischen Fortschritt darstellt? Die meisten Historiker stimmen überein, daß die Landwirtschaft nur selten, vielleicht sogar nur einmal erfunden wurde und daß die früheste landwirtschaftliche Gesellschaft im achten Jahrtausend in Südwestasien bestand. Sie bediente sich verbesserter Steinwerkzeuge, »neolithischer Werkzeuge«. Archäologische Funde lassen darauf schließen, daß sich neolithische

Werkzeuge und Landwirtschaft vom alten Vorderen Orient aus verbreitet haben. Um das Jahr 4000 hatten die neolithischen Werkzeuge – möglicherweise auch ohne die Landwirtschaft – bereits die Negervölker südlich der heutigen Sahara erreicht. Das Neolithikum beginnt also im subsaharischen Afrika etwa um die gleiche Zeit wie in Indien oder in China und etwa tausend Jahre früher als in Nordwesteuropa. In jener Zeit war demnach Europa rückständig, während Teile Afrikas zu den fortschrittlichsten Gebieten der Erde zählten. Wie es dann weiterging, sind die Ansichten geteilt. Nach der einen Ansicht hatten die neolithischen Werkzeuge und die Kenntnis, sie herzustellen, den Sudan um 4000 erreicht, jedoch noch nicht der Ackerbau. Zwar sei die Erkenntnis, daß Ackerbau möglich ist, vorhanden gewesen, nicht aber die Möglichkeit dazu, weil die in der Levante und in Ägypten kultivierten Pflanzen sich zum Anbau in der Savanne nicht eignen. So mußten zwei oder drei Jahrtausende vergehen, bis geeignete im Sudan heimische Wildpflanzen für den Ackerbau in der Savanne hinreichend veredelt waren. Nach dieser Ansicht habe kontinuierlicher Ackerbau südlich der Sahara erst im zweiten Jahrtausend v. Chr. beginnen können, und die zweitausendjährige Rückständigkeit gegenüber Ägypten beziehungsweise die eintausendjährige Rückständigkeit gegenüber Westeuropa wäre auf die klimatischen Bedingungen zurückzuführen.

Nach anderer Meinung habe Afrika die Entwicklung zur Landwirtschaft angeführt und sei erst später rückständig geworden. Obwohl die Beweise spärlich seien, müsse man annehmen, daß im Sudan bereits im vierten Jahrtausend oder noch früher Nahrungspflanzen angebaut wurden. Vor allem, weil es wahrscheinlich ist, daß schon um 3000 Baumwolle angebaut wurde und der Anbau von Nahrungspflanzen natürlicherweise dem Anbau einer Textilpflanze vorausgeht.

Diese Ansicht stellt auch einige Annahmen über die Kultur Altägyptens in Frage. Es ist bekannt, daß die Kulturen Schwarzafrikas in einer Reihe von Zügen der altägyptischen ähneln. Man hat daher angenommen, daß diese Züge aus Ägypten stammen und nilaufwärts das Savannenland südlich der Sahara erreichten. Es gibt aber keinen Beweis, daß Ägypten stets der Gebende, Schwarzafrika stets der Nehmende gewesen wäre. Wenn es sich bestätigt, daß es schon um 5000 im Sudan Landwirtschaft gab, dann war er damals technisch ebensoweit fortgeschritten wie Ägypten, das dann vermutlich nicht nur Anregungen an den Sudan weitergab, sondern auch solche von dort empfing.

Gottkönigtum und rituelle Königstötung, Formen von Königskronen, Hofbeamtentum, amtliche Königsmütter und die Verehrung des heiligen Widders – alles in Agisymba weit verbreitete Bräuche und Einrichtungen – gehen dann nicht notwendig auf ägyptische Anregungen zurück, sondern können von Nubien aus nach Ägypten vorgedrungen sein. Die enge Verbindung des Königs mit dem Ackerbau, die in allen Einsetzungsriten zum Ausdruck kommt – er besitzt Kräfte, die dem Boden Fruchtbarkeit verleihen –, müßten dann nicht dadurch erklärt werden, daß die »fremden (hamitischen!) Herren sich dem Gesetz ihrer negrischen Untertanen beugten«, sondern wären die eigenständig entwickelte natürliche Form des negroafrikanischen Königtums. Die Hypothese, daß eine frühe autochthone Ackerbaukultur spezifische rituelle Formen der Königsherrschaft entwickelte, die dann nur teilweise von Ägypten übernommen wurden, ist schließlich wahrscheinlicher als die

Annahme, eine ägyptische Anregung, weitergetragen von »Fremden«, habe in den verschiedensten Gebieten Schwarzafrikas immer die gleiche kultische Aufwertung erfahren. Wie dem auch sei, die Rückständigkeit Afrikas entstand nach dieser Theorie zu einer späteren Epoche, nicht durch die Verzögerung in der Einführung der Landwirtschaft, sondern dadurch, daß sich im Gegensatz zu Ägypten und Mesopotamien keine bronzezeitliche Stadtkultur bildete. Der bequeme Verkehr zwischen Ägypten und dem Sudan muß im vierten Jahrtausend plötzlich unterbrochen worden sein. Der Sudan übernahm damals Haustiere, aber der Gebrauch der Bronze und der Schrift, die wenig später in Ägypten entwickelt wurden, erreichte den Sudan nicht. Erst kurz vor der Einführung des Eisens und der mit ihm verbundenen Techniken kam auch die Bronze in Schwarzafrika in Gebrauch, also im ersten Jahrtausend v. Chr. Agisymba hat also die Bronzezeit gleichsam übersprungen, wohl deshalb, weil die Verbindung mit Nordafrika vom vierten bis ins erste Jahrtausend unterbrochen war. Diese Periode fällt mit einem Klimawechsel zusammen, der die Austrocknung der Sahara verursachte. Schwarzafrika war hinter der technischen Entwicklung des Vorderen Orients um ein bis zwei Jahrtausende zurück – genau so weit zurück übrigens wie das westliche Europa: Beide hatten Eisen und Ackerbau, aber beide hatten noch keine Stadtkulturen entwickelt. Die Kombination von fortgeschrittener Landwirtschaft, Metallurgie, Schrift und Stadtkultur war noch auf wenige geographisch begünstigte Zentren beschränkt: Unterägypten, das östliche Mittelmeer, Mesopotamien, das Tal des Indus und die nördlichen Flußtäler Chinas. Soweit sich diese Zentren unabhängig voneinander entwickelt hatten, standen sie doch um das erste Jahrtausend v. Chr. sporadisch miteinander in Verbindung, häufig genug jedenfalls, daß in einem dieser Zentren entwickelte neue Techniken früher oder später von den anderen entlehnt werden konnten. Durch diese Beziehungen beschleunigte sich der Fortschritt, und jedes Zentrum konnte die umliegenden Landstriche beeinflussen.

Nach Westen verbreiteten sich die neuen Techniken entlang den Küsten des Mittelmeers, wo mit dem Seehandel Küstenstädte entstanden. Nach Süden schob sich die ägyptische Zivilisation zunächst nach Nubien vor, dessen Goldminen in der Blütezeit jährlich vierzigtausend Kilogramm Gold lieferten – einen Ertrag, den die Weltproduktion erst wieder im 19. Jahrhundert erreichte –, dann über den dritten Nilkatarakt hinaus ins Land Kusch, das zunächst eine ägyptische Kolonie war, dann aber, als Ägypten den Libyern, Assyrern, Persern, Griechen und Römern zur Beute fiel, als unabhängiges Staatswesen fortbestand, die Hauptstadt von Napata nach Meroe ins Land der Schwarzen verlegte und eine Eisenindustrie aufbaute, deren Schutthalden noch heute an ein zentralafrikanisches Ruhrgebiet denken lassen. Um das Jahr 500 v. Chr. war Kusch ein ebenso ins unterentwickelte Gebiet vorgeschobener Außenposten wie die griechische Stadt Massalia (Marseille) zur gleichen Zeit. Zur Zeitwende hatte in Europa die neue Zivilisation die Gebiete südlich der Alpen etwa durchdrungen, während sich nördlich davon noch »barbarische« Länder erstreckten; im Sudan war der Osten zivilisiert – im Reiche Axum war Meroe ein tödlicher Konkurrent entstanden –, und westlich erstreckte sich das »Barbarenland« noch bis zum Atlantik. Nordwesteuropa und der westliche Sudan standen noch immer auf der gleichen technologischen Stufe. Als dann Rom die verschiedenen Mittelmeerkulturen zu einer neuen Einheit zusammenfügte, konnte es deren Techniken leicht über die Alpen nach Gallien und nach Britannien tragen – der Sudan im Süden aber lag Hunderte von Kilometern jenseits der Wüste, die jeden nachhaltigen Verkehr zum Scheitern brachte. Sogar das Christentum drang erst, nachdem das Weströmische Reich zusammengebrochen war, in Nubien und Axum ein.

Die Unruhen der Völkerwanderungszeit machten den bereits gewonnenen technologischen Fortschritt in Westeuropa zunichte und stellten das Gleichgewicht mit dem Sudan wieder her. Doch blieb Westeuropa am Rande jener fortgeschrittenen Zivilisation, die in Byzanz und einigen südeuropäischen städtischen Zentren den Sturz überlebt hatte. Das Reich der Merowinger und Karolinger, das etwa gleichzeitig mit dem westafrikanischen Reiche Gana aufblühte, konnte an antike Bildung anknüpfen, während Gana, einen Hunderte Kilometer breiten Wüstengürtel von jenen Zentren getrennt, dennoch vergleichbare Einrichtungen aufbaute. Afrika hatte sich Schritt für Schritt wie Europa, wie andere Weltteile weiterentwickelt. Es war nur die ungewöhnliche technologische Entwicklung Europas, die erst mit der Neuzeit einsetzte und den Entwicklungsgang anderer Kontinente langsam oder gar statisch erscheinen ließ; der gewaltige Aderlaß durch den Sklavenhandel bildete für Agisymba ein besonderes Entwicklungshindernis.

Eine eigene technologische Sonderentwicklung war jedoch von Afrika nicht zu erwarten. Seine Philosophie vom Zusammenhang aller Kräfte hatte zu einem Ganzheitsverständnis des Kosmos geführt, in dem alles lebte und aneinander teilhatte, in dem es folglich kein »Ding«, kein »Objekt« gab, das man aus dem Lebenszusammenhang hätte ablösen, abstrahieren und schließlich gar zum Fabrikat hätte machen können, mit dem man nicht mehr »lebt«, sondern das man nur noch handhabt. Selbst das Gold wurde nicht zum Goldstück, zur Münze mit reinem Metallwert – der abgewogene Goldstaub blieb werdendes Schmuckstück: Symbol und Geschmeide. Und das Geld sogar wurde nie zur reinen Verrechnungseinheit: die Kaurimuscheln, deren kaum zwei an Farbe oder Form je einander gleichen, bewahrten schon in ihrer Gestalt die Erinnerung ihrer lebendigen Herkunft und wurden, auf Lederstreifen gereiht, wieder vollends zu gleichsam lebendigen Gliedern. Ein jedes Werkstück war mit Bedeutung geladen, wurde einzeln für eine bestimmte Person und deren Leben geschaffen und als lebendige Kraft in seine Funktion »ernannt«. An rationelle Nutzung und abstrakte Technik zu denken, wäre Frevel gewesen.

Bei aller geographischen Benachteiligung aber hatte Agisymba Anregungen und Fertigkeiten übernommen und selbständig weiterentwickelt. Da gab es, lange bevor Europäer eintrafen, verbesserten Landbau, Stalldüngung und Terrassenkultur und künstliche Bewässerung, wo dergleichen notwendig wurde und möglich war; ein feines Kunsthandwerk verarbeitete Tierhäute zu Säcken und Matten, zu Taschen und Gefäßen, Griff- und Trittwebstühle lieferten Raphia- und Baumwollgewebe, ja die feinsten Plüschstoffe aus Baumrinde. Alles, was die Pflanzenwelt lieferte, wurde mit einfachem Werkzeug bearbeitet und zu nützlichen Gegenständen und Geräten gestaltet, handlich geschnitzt und mit hohem Kunstsinn. Aus Blättern und Wurzeln wurden Medizinen und Gifte bereitet und Farbstoffe für die Tönung der Häuser und der Gewänder. Man förderte Metalle, Gold, Silber, Kupfer, Eisen und Zinn, Hochöfen schmolzen mit Holzkohle Roheisen aus dem Erz, und die Schmiede,

Beherrscher einer alten unheimlichen Kunst, genossen hohes Ansehen oder Mißtrauen. Man stellte Glas her, und der Gelbguß in verlorener Form erreichte in Benin eine solche Vollendung, daß nach dem Urteil von Fachleuten Benvenuto Cellini die Bronzeplatten nicht feiner hätte gießen können. »Sie stehen technisch auf der Höhe des überhaupt Erreichbaren« (v. Luschan). Und man erfand unzählige Musikinstrumente, Harfen und Xylophone, Rasseln und Trommeln.

Man nahm die Schrift nicht in Gebrauch – denn zur Nachrichtenübermittlung bediente man sich der Trommel, die, zuweilen derart verfeinert, daß sie die feinsten Stimmodulationen der Tonsprache wiedergibt wie die berühmte sanduhrförmige Sprechtrommel, jede Nachricht schneller und klarer an einen größeren Personenkreis verbreitet als geschriebene Schrift. Man hatte gleichsam eine akustische Schrift, gegen die jene optische sich nicht durchsetzen konnte, zumal im steinarmen feuchtheißen Tropengürtel auch ihre Funktion der Nachrichtenbewahrung fragwürdig bleiben mußte: Da war kein Schreibmaterial, das den Termiten und der Feuchtigkeit trotzte und den Schreiber zu überdauern versprach. So mußten, um auch jener zweiten Funktion der Schrift, der Nachrichtenbewahrung, gerecht zu werden, für die akustische Überlieferung Sicherungen geschaffen werden, die eine Veränderung des Textes verhindern konnte. Das »Dokument« wurde auf einen bestimmten Personenkreis beschränkt, der es von Generation zu Generation weiterzugeben hatte, und es wurde unter den Schutz sakraler Unantastbarkeit gestellt: Ein Fehler in der Rezitation mußte schwerste Strafen nach sich ziehen. Strenge Geheimhaltung vor Unbefugten war Pflicht. Als ein Student aus Angola sieben Jahre alt war und gerade schreiben konnte, wurde sein Vater sterbenskrank. Der Mann rief seinen kleinen Sohn, hieß ihn Schulhefte und Schreibzeug nehmen und diktierte ihm die Geschichte des Stammes. Der Sterbende war der alleinige Kenner der Tradition und verpflichtet, sie an seine Nachkommen weiterzugeben. Als der Mann jedoch genas, forderte er die Hefte ein und bewahrt sie noch heute, obwohl er als Flüchtling im Kongo lebt. Erst vor seinem Tode wird er dem Sohn die Hefte wieder aushändigen. Er selbst hatte sein Wissen noch wie seine Väter und Vorväter auswendig gelernt. Manche Überlieferungen durften nur auf einer besonderen rituell geweihten Trommel rezitiert und weitergegeben werden. Die Zerstörung solcher Trommeln durch koloniale Eroberer oder Missionare hat dann häufig zum Untergang der Texte geführt, da die Wissenden, Eide und Flüche fürchtend, nicht wagten, die Texte auf Ersatzinstrumenten weiterzugeben.

So ist die Rekonstruktion der afrikanischen Geschichte schwierig, jedoch nicht unmöglich. Das schlimmste Hindernis, die Vorstellung, Agisymba habe keine Geschichte, weil es nur mündliche Überlieferung kennt, ist im Schwinden. Der Hofchronist eines orientalischen Satrapen, die Verlautbarungen einer Regierung können ein Ereignis ebenso beschönigend verfälscht haben wie der Hofbarde eines afrikanischen Königs. Schriftliche wie mündliche Texte können gut oder schlecht sein, in beiden Fällen ist Quellenkritik unerläßlich, und was die objektive Wahrheit betrifft, so bleibt die Geschichte eine Wissenschaft von den Wahrscheinlichkeiten. Bei Überlieferungen, die miteinander verbunden 'sind, ist die Wahrscheinlichkeit geringer als bei Texten, die unabhängig voneinander über das gleiche Ereignis Ähnliches berichten. Freie Texte, die ein Ereignis als Sensation mitteilen, sind anders zu beurteilen als fixierte, absichtlich überlieferte genealogische Listen, Kommentare und Gesetzesmuster, bei denen der Text selbst zwar fast unverfälscht über eine lange Epoche hinweg bewahrt worden sein mag, das mitgeteilte Ereignis aber vielleicht erfunden war, um die Legitimität einer Dynastie, die Rechtmäßigkeit eines Anspruchs oder die Gültigkeit bestimmter Rechtsnormen nachzuweisen. Frei überlieferte Texte mögen je nach ihrem Alter unterschiedliche Veränderungen erfahren haben, doch vergleicht man ihrer eine größere Anzahl, die sich unabhängig voneinander auf die gleiche Überlieferung beziehen, so wird der Kern immer wahrscheinlicher. Absichtlich überlieferte Texte zeichnen sich oft durch hohes Alter aus, sind aber in manchen Gebieten selten oder durch sakralen Geheimnisschutz schwer zugänglich, in anderen Gebieten hingegen gibt es alte Texte in Fülle, in Ruanda gar einige Tausend, darunter allein 176 große dynastische Epen, die zum Teil bis ins 9. Jahrhundert zurückgehen – die Quellen fließen da reicher als in Europa über die Kelten, die Merowinger oder das späte Rom.

Verbindet sich eine zwar mühsame, aber die Mühen lohnende Durchforschung der mündlichen Überlieferungen mit den Ergebnissen der nach sprachlichen Verwandtschaften suchenden Linguistik und der ebenfalls noch ganz jungen afrikanischen Archäologie, die dem früher für leer gehaltenen Boden immer mehr Artefakte und Kunstgegenstände entnimmt, dann wird in absehbarer Zeit sich aus dem Mosaik lokaler Familien-, Dorf-, Königs- und Stammesgeschichten ein immer differenzierteres Bild der afrikanischen Geschichte abzeichnen. Allein die kunstgeschichtliche Stilforschung hat im letzten Jahrzehnt, ausgehend von individuellen Künstlern und Werkstätten, die Schnitz- und Gelbgußtraditionen der Yoruba auf den Stil von Ife (13. und 14. Jahrhundert) zurückführen können, der seinerseits mit dem Stil der Nok-Kultur (von etwa 500 v. bis 200 n. Chr.) in Beziehung steht, die damals im mittleren Nigeria blühte. Die Linguisten sind sich ziemlich einig, daß die Sprache der Yoruba mehrere tausend Jahre lang als gesondertes Glied der Kwa-Gruppe gesprochen worden ist, und so darf man annehmen, daß die Yoruba schon zur Zeit der Nok-Kultur nicht sonderlich weit von ihren gegenwärtigen Wohnsitzen entfernt lebten. Ihr an der Spitze einer sozialen Pyramide stehender Gottkönig, ihr ausgeprägtes Pantheon mit einer Hierarchie von Göttern und ihre Tendenz zum Urbanismus bilden eine gedankliche Einheit, wie sie nur ein organisches Wachstum hervorbringt (Fagg). Betrachtet man dagegen das Reich Benin, das im 12. oder 13. Jahrhundert eine tiefgreifende Infiltration von Yoruba-Kultur erfuhr und die daraus resultierenden Konflikte noch heute deutlich erkennen läßt, so werden jene Theorien immer fragwürdiger, nach denen die Yoruba-Kultur ein Auffangbecken fremder Einflüsse, eine Endmoräne abgesunkenen altmediterran-syrtischen und erythräisch-jungsudanischen Berber- und Hamitenkulturgutes sein soll. Wie das Beispiel zeigt, wird es immer wahrscheinlicher, daß die Afrikaner ihre Kulturen selbst aufgebaut haben – was fremde Anregungen natürlich nicht ausschließt –, je mehr sich die historische Forschung allenthalben noch unerschlossener Quellen und Hilfsmittel bedient. So wird man künftig noch weitere Überraschungen erwarten dürfen.

III.

»Wir sind die Menschen des Tanzes«, schreibt Senghor, ein afrikanischer Dichter und Staatspräsident, in einem seiner Gedichte. Vom Senegal bis zum Osthorn, von der Sahara zum Kap: Afrika tanzt. Auf dem Lande die alten magischen und ekstatischen Tänze, in den Städten, in Bars und Kirchen die neuen symbolischen und ekstatischen Tänze – der Stil ist der gleiche geblieben. In Agisymba ist der Tanz das Leben selbst, Afrikas Herz schlägt im Tanz, der Tanz drückt die Philosophie aus, verkörpert die Götter, die Umwelt, das Dasein, Vergangenheit und Geschichte, Werden und Zukunft. Afrikaner tanzen, wenn sie gehen, verrichten ihre Arbeit als Tanz im Rhythmus der Instrumente. Der Tanz ist der reinste, der deutlichste Ausdruck afrikanischer Kultur und der Schlüssel zu seinem Wesen.

Dennoch: wer die ethnologischen Werke durchblättert, wird über die afrikanischen Tänze so gut wie nichts entdecken. Da ist gesagt, man tanze bei Einweihungsriten, bei Tod und Geburt, bei Jagd und Kriegszug, bei Opfer und Fest. Aber wie getanzt wird und was der Tanz ausdrückt, das wird nicht vermerkt und fand bei den auf die materielle Kultur gerichteten Blicken der Beobachter auch keine Beachtung. Wer unter dem Stichwort »Tanz« in den Standardwerken nachschlägt, stößt gar oft nur auf die Abbildung einer »Tanzbekleidung der Männer«, einer »Tanzmaske«, einer »Tanzkeule«. Es ist nicht anders, als käme in unsere westliche Schriftkultur ein Beobachter von einem anderen Stern, der zwar getreulich vermerkt, daß diese Okzidentalier überall und bei jeder Gelegenheit schreiben, da er jedoch keines der Schriftstücke zu lesen vermag, begnügt er sich mit Illustrationen und Bildtexten wie »dickes Buch«, »Füllfederhalter«, »ein Blatt, zeilenweise beschrieben«.

Der Tanz zeigt das Eigenständige, das Gemeinsame schwarzafrikanischer Kultur. Auch in anderen Kulturen, überall auf der Welt gibt es Tänze, doch wo man ohne Tanz nicht leben kann, wo Leben ohne Tanz schlechthin kein Leben mehr wäre, dort ist Agisymba. Und wie der Okzident fruchtbar geworden ist an Geschriebenem, an Objekten, Geräten, Maschinen, so war und ist Afrika fruchtbar an Tänzen. Alle die Völkerkundler und Kulturmorphologen, die in Afrika nach Schichten suchen und nicht nach Geschichte und die fast jedem Stamm je nach der Kombination jener »abgehobenen« kulturellen Schichten einen eigenen Stil, eine eigene Stammeskultur zuweisen möchten, müßten am Tanz die gemeinsame Basis erkennen, wobei die Vielfalt, die unerschöpfliche Erneuerungskraft der Tänze ebenso Ausdruck einer geprägten geistigen Grundhaltung ist, wie nicht eine Maschine, sondern die Unzahl unterschiedlicher Maschinen die ihren Benutzern gemeinsame technische Einstellung eines Maschinenzeitalters repräsentiert.

Auch Europa hat Tänze. Ob Volkstanz, Gesellschaftstanz oder Ballett: Der Körper wird als geschlossene Einheit bewegt, von einem einzigen Bewegungszentrum aus, das im Schwerpunkt des Körpers liegt. Das elastische Rückgrat gibt dem schwingenden, tanzenden Körper den Halt, er ist eine elastische Feder. Die Bewegung ist monozentrisch. Der afrikanische Tänzer hingegen sucht nicht die Schwingung im Raum, »sondern die den ganzen Körper umfassende binnenkörperliche Bewegung. Er will nicht das Erlebnis des Schwungs, sondern er will die Ekstase« (H. Günther). Die einzelnen Glieder werden unabhängig

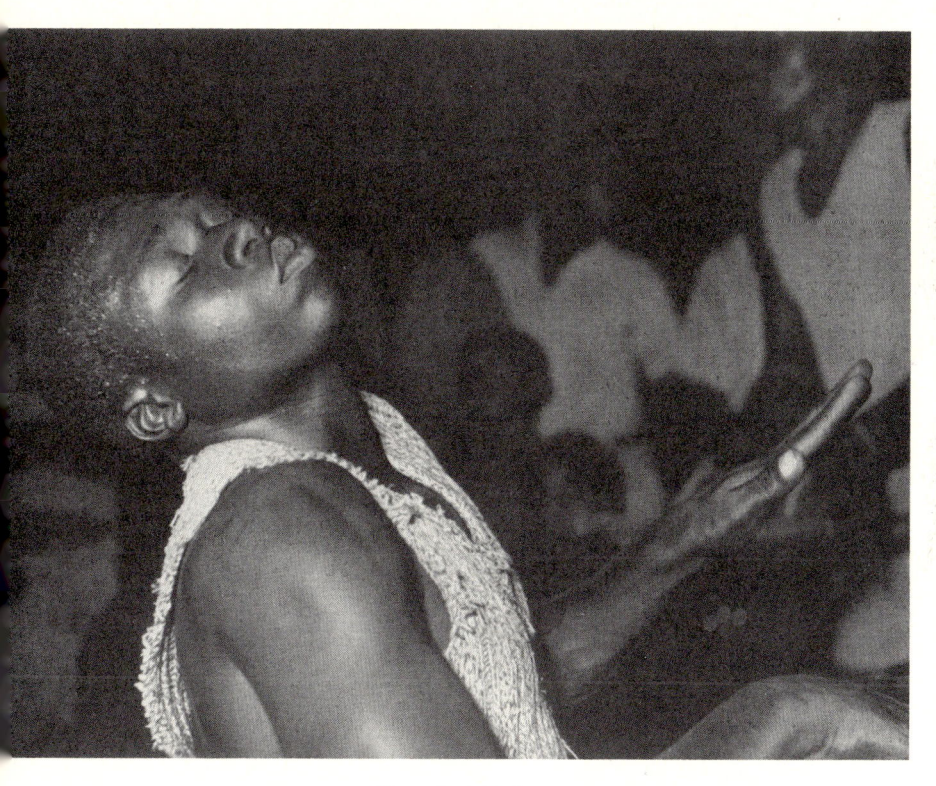

Ekstase durch Musik
Trommler auf einem Tanzfest am Eduard-See in Zentralafrika

Tanzende Watussi im Gebiet des Tanganjika-Sees

voneinander bewegt nach einer polyzentrischen Technik, und um das zu ermöglichen, ist die Musik auch nicht monometrisch wie die europäische, sondern polymetrisch und polyrhythmisch. So gibt es etwa drei Trommeln verschiedener Tonhöhe, von drei Männern gespielt. Die Schritte der Tänzer richten sich nach der mittleren Trommel, während die Schultern sich nach der tiefen Trommel bewegen. Der Kopf mag dem Pulsschlag einer dritten Trommel gehorchen. So wird das Menschwesen gleichzeitig von verschiedenen Kräften bewegt und in die Ekstase getrieben, die, als Ziel gewollt und von den Schlagformeln jener Trommeln genau kontrolliert, den Menschen spürbar teilhaben läßt am Universum der Kräfte, ihn zum Verkörperer der angerufenen Kräftekombinationen macht, sei diese nun Gottheit, Ahn, Geist, Naturkraft oder eine Wirkkraft des Menschen selbst.

Der Grundgedanke im traditionellen afrikanischen Weltbild war der, daß alles Kraft ist, daß die Materie nicht existiert, daß sich ein Universum von lebendigen Kräften in unaufhörlicher Bewegung, in ewigem »Tanz« befindet. Und daß dieses Universum von Kräften, in der jede Kraft von der anderen abhängt, eine kosmische, eine hierarchische Grundordnung hat, die durch das Wirken des Menschen unaufhörlich gestört wird und daher durch das Bemühen des Menschen immer wieder in Harmonie gebracht werden muß. Denn die anthropomorphen Kräfte, ihrerseits hierarchisch geordnet vom lebendigen Menschen über die verstorbenen Menschen, die vergöttlichten Menschen, die Geister, die Gottheiten und die Götter bis hinauf zum Schöpfergott, sind kraft ihres magischen Wortes Herr über alle anderen Kräfte – Tiere und Pflanzen, Gegenstände und Werkzeuge –, derer sie sich bedienen, um zueinander in Beziehung zu treten zu ständiger Wechselwirkung und Austausch – und um aneinander teilzuhaben; und Ausdruck dieser Teilhabe ist, lebendig erlebbar, der Tanz. Im Tanz wird der Tänzer zur beschworenen Gottheit, zum durch die Maske zitierten Vorfahren, der dann aus ihm spricht, zum eine Naturkraft repräsentierenden Geist, der ein Opfer verlangt. Im Tanz drückt er seine eigene Lebenskraft aus, vermählt er sich mit der Natur, demonstriert er die Schönheit, die Kraft seines Leibes, wirbt er um die Gunst des andern Geschlechts, erweist er dem Toten die Ehre und sichert ihm, tanzend neue Zeugung darstellend und sie so beschwörend und zur Tätigkeit zwingend, den Fortbestand seines Geschlechts. Im Tanz rächt er sich an den Widersachern, schafft er sich Mut, erschlägt er symbolisch den Feind, bannt er das Wild, lockt er die Fische herbei und rhythmisch die Hacke schwingend, arbeitend-tanzend, beschwichtigt er die Geister des Bodens und befiehlt er der Saat, daß sie aufgehen soll. Im Tanz erlebt er sich als gleichgestimmtes Glied der Gemeinschaft, als Teil einer Altersklasse, Anführer einer Gruppe, Priester einer Gottheit, König einer Stadt, eines Reiches – oder in neuerer Zeit als Zugehöriger eines Clubs, einer arrivierten Gesellschaftsschicht, als Mitglied einer Kirche, in der, an Stelle einer anderen Gottheit, sich nun Jesus in ihm tanzend verkörpert – kurz: im Tanz und nur im Tanz erlebt er sich völlig als Menschwesen in seiner Welt.

Nur die Polyzentrik der Bewegung ermöglicht die Ekstase und die nötige Differenziertheit so vieler Tänze, und nur die Polymetrie der Rhythmen macht die polyzentrische Bewegung möglich. Die europäische Musik kennt keine Polymetrie, sie ist grundsätzlich monometrisch, in der Sinfonie wie im Volkslied erklingt zu einer bestimmten Zeit nur ein einziges Metrum. Im afrikanischen Trommelorchester hingegen erklingen verschiedene, und zwar gerade und ungerade Metren zur gleichen Zeit, etwa ein Zweier-, ein Dreier-, ein Vierer- und ein Sechsermetrum gleichzeitig über die ganze Dauer des Tanzes hinweg, wobei der Grundschlag des einen Metrums nicht mit dem Grundschlag der andern zusammenfallen muß. Der Tänzer hat gelernt, das, was dem europäischen Ohr als unbehagliche Wirrnis erscheint, zusammen- und auseinanderzuhören und verschiedene Körperteile nach den verschiedenen resultierenden Schlagformeln zu bewegen. Dazu gibt es noch, zuweilen mit der Polymetrie verbunden, die Polyrhythmik, bei der innerhalb eines Metrums dessen Akzente rhythmisch verschoben werden und dadurch rhythmische Gruppen entstehen. Sind diese Gruppen kleiner als die Grundeinheit, spricht man von Binnenrhythmik, sind sie größer als jene, von Überrhythmik (Dauer). Die Polyrhythmik ist durch den echten Jazz auch in Europa bekanntgeworden, die Polymetrie hingegen – der Schlüssel zum afrikanischen Tanz – ist selbst dem Ethnologen noch eine meist nicht erlebbare Welt. Dabei macht nur sie es möglich, die psychologischen Erlebnisse des ekstatischen Tänzers zu steuern. Sie ist ein raffiniert-einfacher Mechanismus zur Lenkung der kompliziertesten Erlebnisse der menschlichen Seele, so wie auch die vielfältige Leistung eines Elektronengehirns auf dem raffiniert-einfachen Mechanismus der Zahlen Null und Eins beruht.

Doch der Rhythmus ist nicht nur ein technisches Instrument, er ist, wie Senghor sagt, »die Architektur des Seins, ist die innerliche Dynamik, die ihm die Form gibt, ist der reine Ausdruck der Lebenskraft. Der Rhythmus ist der Schock, der die Vibration erzeugt, er ist die Kraft, die durch die Sinne hindurch uns an der Wurzel packt.« Er drückt sich stofflich aus durch Linien, Farben, Oberflächen und Formen in der Architektur, der Malerei und vor allem in der Plastik, er drückt sich durch Akzente aus in der Dichtung, durch Bewegung im Tanz. Ein Gedicht ist nur dann vollendet, wenn es zugleich gesungen und getanzt wird. Die Perkussionsinstrumente geben dabei den Grundrhythmus an, den Pulsschlag des Universums, der, da er tonlich gestimmt ist, schon Wort-Sinn in sich trägt, erfüllt mit den Worten der Ahnen, und der Vorsänger improvisiert in rhythmischem Kontrapunkt seine Verse darüber hin, denen das Publikum, das, da es mitwirkt, eigentlich gar nicht Publikum ist, in rhythmischem Wechsel Antwort gibt. Die Grundform der Dichtung ist Wechselgesang, wiederum Ausdruck der Verbundenheit aller lebendigen Kräfte, des Kräfte-Alls. Preislieder, Spottlieder, Arbeitslieder, historische Epen, Orakelverse – alle sind auf den Rhythmus gespannt, selbst bei Märchen und Fabeln und Sprichwörtern hat die rhythmische Gestik entscheidende Aussagekraft. Die Grundformen sind wie die Tänze mit den afrikanischen Sklaven in die Neue Welt verpflanzt worden, haben dort eine reiche Folklore entwickelt und von dort aus die westliche Welt beeinflußt. Und das moderne afrikanisch geschriebene Gedicht ist, wenn es afrikanischen Stil bewahrt hat, selbst in französischer oder englischer Sprache auf einen zugrunde liegenden Rhythmus bezogen. Der Text gibt dann gleichsam nur die freie darüberschwebende Stimme des Sängers, und die Form ist an Anfang und Ende offen: Eine Zeitlang begleitet die menschliche Stimme den ewig und kontinuierlich gedachten Pulsschlag des Universums, irgendwann schwingt sie sich in ihn hinein, und irgendwann löst sie sich wieder ab; Anfang und Ende sind nicht deutlich markiert wie in der klassischen europäischen Dichtung und deren typischster Form, dem Sonett. Auch das Trommelorchester hat keinen markierten Beginn oder Abschluß: Eine einzige Trommel beginnt, und dann setzen nacheinander die anderen ein, und am Ende hören die Instrumente einzeln auf. Polymetrische Musik läßt sich auf andere Art gar nicht spielen, da jedes weitere Instrument seinen »Beat« ja zwischen die Akzente der anderen legen muß. Längere Gedichte lassen sich fast willkürlich unterteilen, bei gelungener Grundform ergibt jeder nicht allzu kurze Ausschnitt wieder ein sozusagen »ganzes« Gedicht, denn auch das vollständige Gedicht ist im Grunde nie »ganz«, ist immer nur Teil, Lautwerdung einer »unendlichen« Rede.

Der Rhythmus erst gibt dem Wort die wirksame Fülle, die Heiligung, und macht aus dem Wort das schöpferische, das magische Wort, durch welches die anthropomorphen Kräfte ihre Herrschaft über alle anderen Kräfte aufrichten und sichern. Durch das rhythmische magische Wort macht sich der Mensch zum Herrn über die Natur, befiehlt er den niederen dinglichen Kräften, was sie tun sollen, verkehrt er mit höheren anthropomorphen Kräften, mit Geistern und Göttern, und zwingt ihnen seinen Willen auf. Agisymbas Religiosität ist nicht auf Erlebnisse gestimmt, bei denen der Gläubige einer transzendenten Gottheit sich öffnet und diesem Gott die Entscheidung darüber überläßt, ob er die Gnade gewähren will. Seine Religiosität sucht auch nicht die Verzückung der Mystik, sondern die Ekstase der Magie: die rhythmische Schlagformel der Trommeln, das magische Wort und die magische Geste zwingen in Anruf und Beschwörung viel nähere, diesseitige Götter und Geister und Ahnen in die Maske und in den Tänzer hinein, der in der Ekstase den Herbeizitierten verkörpert.

Das rhythmische magische Wort bestimmt auch die Stellung des Dichters. Er ist nicht »Individuum« wie der europäische Dichter, macht sich nicht zum Außenseiter par excellence, und er besingt nicht seine persönliche Liebe, seine spezifische Empfindung gegenüber der Umwelt, sein Verhältnis zu Gott – er ist Person, eingefügt in die Gemeinschaft, die er tanzend erlebt; da jedes magische Wort ein Wirkwort ist, Folgen hat, ist der Dichter verantwortlich für sein Wort, er ist Zauberer, Dichter, Beschwörer, Anrufer, Lehrer, Sprecher aus der Gemeinschaft und für die Gemeinschaft, Beispielsetzer, Unheilabwender, Weltbild-Erklärer. Preist er die Gottheit im Lied, wird die Gottheit gestärkt, verspottet er den Frevler, wird der Frevler bestraft: Sein Fluch kann töten. Besingt er die Liebe, erhöht er dadurch die Fruchtbarkeit. Erzählt er ein »Märchen« oder spielt er auf Mythen und Sagen an, macht er die Weisheit der Ahnen und diese selbst lebendig. Seine Fabeln sind nachahmenswerte oder abschreckende Beispiele für das allgemeine Verhalten, und bringt er die Leute zum Lachen, erhöht er ihre Lebenskraft. Er ist kein Außenseiter, sondern wichtiges, mitbestimmendes Glied der Gemeinschaft, und daß so viele moderne afrikanische Dichter zugleich Politiker sind, beruht nicht auf Extravaganz, sondern fügt sich in eine erweiterte, umgewandelte Tradition. Der Politiker selbst wird nicht selten zum Dichter, Debatten und Wahlreden haben poetischen Stil, denn ein Auditorium auf dem Lande, das zum größeren Teil aus Analphabeten besteht, weiß nicht viel anzufangen mit abstrakten politischen Theorien – um so besser versteht es das zündende, das poetische Bild.

Das rhythmische magische Wort macht den Menschen zum Herrscher über die niederen Kräfte, die Ding-Kräfte: Pflanzen und Tiere, Geräte und Steine. Gruppen von hackenschwingenden Tänzern bestellen gemeinsam die Felder; ihr Rhythmus begattet die Erde, ihr Gesang ist die Wort-Saat, die das Samenkorn wachsen macht. Gewiß, auch auf anderen Feldern in anderen Kulturen wird bei der Arbeit gesungen, doch ist da Gesang meist Zutat, emotionelles, psychologisches Mittel, das die Arbeit erleichtert. In altafrikanischer Vorstellung aber wird die Bewirkung, das Wesentliche also, dem magischen rhythmischen Wort zugeschrieben, die manuelle Arbeit ist die Zutat, das Uneigentliche und nur nötig, weil das lebendige Menschwesen auf der Stufenleiter der anthropomorphen Kräfte nicht hoch genug steht, um solche ungeistig-technischen Nachhilfen entbehren zu können. Höhere Menschwesen, Geister, Göttlichkeiten brauchen nicht durch Handarbeit nachzuhelfen, damit auf Befehl ihrer Worte Bäume und Wälder entstehen, denn nie hat man ein solches Geistwesen Arbeit verrichten sehen. Selbst die vergöttlichten Ahnen, die Stammväter und Städtegründer hatten noch die volle Kraft des magischen Wortes und damit die ganze Herrschaft über die Dinge-Natur. Der eine etwa hatte die Gabe der Ubiquität, welche ihm die Überlegenheit im Kampfe sicherte, und die Macht, über ein Meer von Flammen zu gebieten, das den Feind täuschen sollte, so daß auf seinen Befehl hin Feuergarben von den Berghängen herabrieselten und das Dorf, ohne es zu berühren, von den Feinden abschirmte. Ein anderer konnte auf jede Entfernung hin töten und der Sonne Befehle erteilen, die in die Hand zu nehmen er sogar die Gewalt hatte. Es gibt unzählige solcher Berichte. Da den Objekt-Kräften in der Hierarchie der Kräfte ein minderer Wert zukommt und sie durch magischen Zugriff manipulierbar sind, kommt es nur darauf an, das richtige Wirkwort zu wissen, und so ist das Wie immer wichtiger als das Was.

Das magische Wort ist das wichtigste Heilmittel in der Gewalt des Arztes, des Medizinmannes, wie auch das magische Wort den Patienten krank gemacht hat. Da ja die niederen Kräfte aus sich selber nicht wirken können, muß jede Krankheit von einem Menschwesen – lebendiger Mensch oder Geist oder Gott – geschickt worden sein. Aus dem Bereich der Tiere, Pflanzen, Dinge und Substanzen hingegen kann keine Krankheit kommen. Der Arzt muß daher zunächst den Verursacher finden. Hat der Patient die Ahnen gekränkt? Hat er Feinde, über die er sich ärgert und die ihm Lebenskraft rauben? Denkt er schlecht von sich, wenn der Mond aufgeht? Schicken ihm Geister, die er verletzt hat, schlechte Gedanken? Denn als Krankheit gilt nicht nur schmerzhaftes Leiden, sondern auch jede Art von Sorge, Kummer und Leid. Krankheit ist die Unordnung in den Beziehungen zwischen den Kräften, und die Krankheitssymptome sind nur die Kennzeichen, daß in diesen Beziehungen etwas nicht stimmt. Ein Gottkönig, der den Schnupfen hat, steht mit den höheren Kräften nicht mehr im Einklang, kann die Weltordnung nicht mehr repräsentieren und bringt das ganze Volk in Gefahr: Man muß ihn töten und durch einen heileren Repräsentanten ersetzen. Gewöhnlichen Sterblichen aber kann der Arzt helfen, indem er die Beziehungen wieder in Ordnung bringt – exorzierend wird er zum Tänzer – oder indem er dem bösen magischen Wort ein gutes entgegensetzt. Er bereitet eine Gegenmedizin. Doch alle diese Medizinen, Talismane und Zauberhörner, ja selbst die Gifte können nicht wirken ohne das magische Wort, das *Nommo*, das sie erst auflädt. Wenn sie nicht »besprochen« sind, nützen sie nichts. Erst die Intelligenz des Wortes löst ihre Kräfte und macht sie wirksam. Alle Substanzen, Mineralien, Säfte, Absude sind nur Gefäße des magischen

Musizierende Nankanni in Navrongo/Goldküste

Altes und junges Afrika
Am Hauptpostamt von Accra/Ghana

Wortes, dem die eigentliche Heilkraft zukommt: Weigert sich der Patient, den Arzt nach erfolgter Behandlung zu honorieren, zieht dieser durch Beschwörung die magische Kraft des *Nommo* aus der Medizin wieder heraus, und der Patient wird wieder krank. Je »stärker« der Medizinmann, um so wirkungsvoller sein Wort und die Medizin, ob man sie nun einnehmen, einreiben – oder an einer Schnur um den Hals tragen muß. Am wirksamsten ist sie dann, wenn ihr zugleich ein Sühnewert zukommt, wenn sie ekelhaft, schmerzhaft oder unbequem ist, so daß die heroische Haltung des Kranken den verletzten Verursacher zusätzlich in versöhnliche Stimmung zwingt. Medizin in Agisymba ist Willenstherapie: Psychotherapie, Psychosomatik. Während in Europa nur zu oft der Patient seinen Leib als Maschine empfindet, als reparierbaren Gegenstand, das Herz als Pumpe, die Nerven als Drähte, Magen und Leber als chemische Laboratorien und den Arzt als Reparateur, als Chemiker, der mit wirkungsvollen Heilgiften und künstlichen Ersatzteilen störende Defekte zu beseitigen hat. Freilich kennt auch der europäische Arzt Zuspruch und Ermutigung und – doch erst in neuester Zeit – wissenschaftliche Psychotherapie. Und auch Agisymba kannte Objekt-Medizin: das Einrichten von Brüchen, die lebendige Kraft der Kräuter, die Wirkung von Giften, den chirurgischen Eingriff der Schädeltrepanation. Aber die Akzente liegen verschieden, die Kulturen haben sich divergierend spezialisiert.

Auch das traditionelle Kunstwerk hat seine Kraft, seine Wirksamkeit, aus dem magischen Wort. Der Zauberer muß es weihen, »ernennen«; aus sich selbst hat das geschnitzte Stück Holz keinerlei Wert. Wie das Gedicht nur seine Kraft offenbart, wenn es gesungen, getanzt wird, ist auch die Maske nur Kunst, solange der Tänzer sie beim Maskentanz trägt. Und wie der Arzt seiner Medizin die magische Kraft wieder zu entziehen vermag, kann das Kunstwerk entthront werden, wenn man es nicht mehr braucht, und dann hat das Stück Holz, wie schön es auch immer geschnitzt sein mag, seinen Wert verloren, wird weggeworfen und durch ein neues ersetzt. Entscheidend an ihm ist der durch das magische Wort hineingelegte Sinn, der formal sich in »Determinatoren« ausdrückt, in Kennzeichen, welche die dargestellte Kraft ihrem ontologischen Rang gemäß verdeutlichen. Dabei herrscht äußere Sparsamkeit. Je kleiner und isolierter die Gruppe ist, der das Kunstwerk etwas bedeuten soll, um so mehr kann sich der Künstler auf Andeutung beschränken: seine Form liefert nur das »Stichwort«, was weiter dazugehört, »sieht« man, weil man es weiß, die Gestaltung ist »idiomatisch« (Glück). Wo größere soziale Verbände zusammengefügt sind, wo eine herrscherliche Hofhaltung breite Repräsentation erfordert, das Macht-Wort des Königs weithin verständlich sein soll, da erwächst, von spezialisierten Künstlern aus den gleichen Grundanschauungen geschaffen, eine detailliertere Hofkunst, eine »Aulik«, bei der die rhythmisch gegliederten Determinatoren sich vervielfältigen. Konstant bleibt die »afrikanische Proportion« (Fagg) – die Höhe des Kopfes beträgt ein Drittel bis ein Viertel der Gesamthöhe gegenüber der natürlichen Proportion von einem Sechstel bis zu einem Siebentel –, worin sich die Bedeutung des Kopfes als »Sitz der Lebenskraft« ausdrückt, jener Lebenskraft, die beschworen wird im Gebrauch der Plastik, im Tanz der Maske. So ist die Plastik magisch geladenes Vor-Bild, räumlich dargestellte beispielhafte Aktion, und jene Maske, die das nicht-mehr-menschliche Gesicht höherer Lebenskräfte in die Wirklichkeit reißt, stimulierende Darstellung des ekstatischen Tanzes.

Im ekstatischen Tanz werden Verstorbene – auch die Götter sind Kräfte, die einst »gelebt« haben – wieder ins gegenwärtige Dasein gerissen. Auf diese Weise wird der lebendige Mensch Teilhaber ihrer Lebenskraft und verstärkt seine eigene. Denn er hat einerseits Teil am biologischen Leben, andererseits an der magisch-geistigen Welt, die ihn vom Tier unterscheidet. Nach der Geburt ist er noch kein richtiger Mensch, erst das magische Wort, der Name, ernennt ihn zum Menschen – daher wird vielfach der vor der Namengebung gestorbene Säugling in der Kinderschar nicht mitgezählt und nicht wie ein Mensch zeremoniell bestattet, sondern wie ein Tier verscharrt. Der Name lädt den Geborenen auf, gibt ihm den ersten Anteil an Mensch-Sein, an geistigem Leben, das sich im Bewußtsein der Lebenskraft, im Glück und im Wohlbefinden äußert. Wir nennen diese Lebenskraft, die man hat, »Magara« und die Lebenskraft, die man ausübt, das magische Wort, »Nommo«. Magar kann man »haben«, erwerben, einbüßen; der Lauf des Lebens zielt darauf ab, sich immer mehr Magara zu verschaffen, und bei jedem deutlichen Erwerb zusätzlichen oder neuen Magaras erwirbt man sich einen neuen oder zusätzlichen Namen oder »Titel« – Magara aber kann man nicht »sein« als lebendiger Mensch: Magara »sein«, geistige Lebenskraft »sein«, heißt als Verstorbener existieren, als Geist-Kraft, die kein geistiges Leben, kein Glück, kein Wohlbefinden mehr »hat«, sondern nur noch geistige Lebenskraft »ist«. Zwischen Magara-Haben und Magara-Sein steht der Tod. Die Lebendigen sind glücklicher als die Verstorbenen, die Verstorbenen sind mächtiger als die Lebendigen.

Durch die Lebenskraft, die man ausübt, das »Nommo«, das rhythmische magische Wort im Gesang, im plastischen Bildnis, im Opfer, im Tanz, tritt der Lebendige mit dem Verstorbenen in Verbindung, tauscht Lebenskraft mit ihm aus, gibt ihm »Macht« und erhält von ihm »Glück«. So steht der Ahn weiterhin mit seiner Nachkommenschaft in Verbindung, der Stammvater mit dem Stamm, die Götter mit allen, die sie verehren. Erst wenn ein Vorfahre keine Nachkommen mehr hat, die ihn mit Nommo »speisen«, ist er gänzlich »tot« und kann auch als Geist-Kraft nicht mehr fortexistieren. Der lebendige Mensch, der keine lebendigen Nachkommen hinterläßt, bringt nicht nur sich um die Weiterexistenz nach dem Tode, sondern auch alle Ahnen, die ihm vorangingen. Keine Nachkommen zu hinterlassen, ist also das schlimmste Übel, die nie wieder rückgängig zu machende Katastrophe, und Unfruchtbarkeit die schrecklichste Krankheit. Und die Gottheit, der keiner mehr Opfer bringt – »Nommo« gibt –, hört auch als Gottheit auf zu existieren. Die Existenz aller höheren Kräfte ist abhängig vom Leben und Gedeihen der Lebendigen.

Der Tod war demnach kein Ende, sondern ein Übergang. Nicht vom Diesseits ins Jenseits – denn die Toten leben ebenso in dieser Welt, um die Lebendigen, denen sie Magara, »Lebensfülle«, spenden, sondern vom Reich der Glücklicheren ins Reich der Mächtigeren. So verliert der Tod viel von seinem Schrecken. Oft kommt er einer Rangerhöhung gleich, einer neuen Einweihung: Schon bei den Initiationsfeiern der Jugend legte man seinen alten Namen ab, begab sich als Toter ins Reich der Verstorbenen, legte weiße »Toten«-Farbe an, erlernte die »Geister«-Sprache und ging nach der Wieder-Geburt mit neuem Namen und dem neuen Rang eines Vollmitglieds der Gemeinschaft wieder daraus hervor. Für den Verbrecher bedeutete der Tod den Wiedereintritt in eine geachtete Existenz, für den sich freiwillig Opfernden den Einzug in ein Dasein, in welchem ihm besondere Verehrung zuteil wird: In Dahome wurde das Privileg, sich mit dem toten König lebendig einmauern lassen zu dürfen, unter den Königinnen durch einen Wettlauf errungen; nur wenigen Siegerinnen wurde die Gunst zuteil, doch alle rannten, so schnell sie nur konnten. Für den Gottkönig ist der Tod die Erlösung aus einem oft nur allzu beschwerlichen Leben und der Gewinn der wirklichen göttlichen und königlichen Macht. Agisymba ist das Land, »wo der Tod schön wie ein Milchzeitvogel auf der Hand liegt« (Césaire).

Aus der Lebenskraft-Philosophie, aus diesem in sich so logischen Denkgebäude vom Zusammenhang aller Kräfte und Wesen, das man auch »Dynamismus« genannt hat, erwuchsen ganz natürlich die entsprechenden Formen der Herrschaft. In der erweiterten Familiengemeinschaft, der Sippe, versah der Älteste, der das höchste Magara, die höchste Lebensfülle und das höchste Wissen in sich vereint, den Dienst an den Ahnen und göttlichen Kräften, verrichtete die nötigen Opfer und erhielt dafür von ihnen das Wissen der magischen Worte, die das Gedeihen der Saat, das Fallen des Regens erzwangen. Sein Wort war mächtig, doch eingeschränkt von dem Bewußtsein, daß falsches Verhalten von Ahnen und Göttern durch Magara-Entzug gerächt wird und dann nicht nur ihn, sondern die gesamte Gemeinschaft trifft. In größeren Gemeinschaften erhöhte sich die Pyramide der Herrschaft, dem Fürsten stand der Ältestenrat zur Seite, der ihn ausgewählt und eingesetzt hatte und auf dessen Reihen sich kultische und kriegerische Führungsfunktionen verteilten. Den Gottkönig, die Spitze eines gewaltigen Reiches, umgab ein ganzer Hofstaat von Würdenträgern, Priestern, Ministern, Beamten, Frauen, Pagen, Leibwächtern, Bildschnitzern, Sängern, Henkern und Hofnarren. Und doch »herrschte« er nicht: er war umgeben von einer Unzahl von Verboten und Meidungen, durfte überhaupt nicht oder nur nachts oder bei besonderen Festen seinen Palastbezirk verlassen, durfte sich nur an bestimmten Tagen des Jahres vom Volke sehen lassen, man durfte ihn nicht essen oder trinken sehen, er durfte nicht krank werden, er durfte die Erde nicht betreten – und was dergleichen Vorschriften mehr waren, die ihn nicht selten fast handlungsunfähig machten. Er war zwar ein Gottkönig, aber nicht Gegenstand eines Kultes.

In Ägypten erscheint, und zwar von Anfang an, das Königtum als Verkörperung der Gottheit, als »Horus im Palaste«: ein Gottkönigtum, das als Institution fest gefügt ist, den jeweiligen Träger mit göttlicher Macht anfüllt, ihn mit einer aufs gesamte hin orientierten Ideologie umgibt und ihn zum zeitlichen Repräsentanten eines zeitlosen Prinzips macht. In Agisymba aber gibt es keinen »Horus«, keine zentrale Gottheit, die zugleich mit dem Königtum derart verbunden wäre, daß aus ihr im Laufe der Zeit eine transzendente Gottheit und aus dem Königtum ein für die Gesamtheit der Unterworfenen verbindliches Ordnungsprinzip werden konnte. Die Könige Agisymbas waren zwar göttlich, aber sie repräsentierten nicht einen universalen Gott, sondern die Gottheit des Vorgängers oder des »Gründers«. Im Gottkönig konzentrierten sich magische Kräfte. Er spendete Fruchtbarkeit, vor allem dem Boden, in vielen Fällen mußte er selber die Aussaat beginnen. Sein Gedeihen und richtiges Funktionieren war das Kennzeichen, daß sich die Beziehungen des Volkes zum Universum der Kräfte in Ordnung befanden. Wurde der König krank oder alt, drohte schweres Unheil, und man mußte ihm das Leben nehmen. Sein Blut aber war heilig und durfte nicht vergossen werden — darum wurde der König erdrosselt — oder es wurde aufbewahrt und mit Erde vermischt der Saat beigegeben. Bei manchen Völkern durfte er niemals eines natürlichen Todes sterben, bei manchen war seine Regierungszeit konstitutionell auf eine bestimmte Zeitspanne — acht oder sieben Jahre — festgesetzt, danach wurden ihm die Papageieneier geschickt, und er mußte sich selbst entleiben. Oft war genau festgelegt, wer ihn erdrosseln mußte. Seine Nägel und Haare wurden aufbewahrt und vor bösen Mächten geschützt. Seine magischen Kräfte wurden auf den Nachfolger übertragen, der sich eine Zeitlang im Gemach des Vorgängers aufhalten, dessen Gebrauchsgegenstände berühren mußte, ja oft mußte er Hirn, Herz und Leber des Vorgängers essen, während man dessen restliche Leiche mumifizierte.

Der König ist also nicht das Gefäß einer Gottheit, sondern die herausgestellte Spitze der magischen Fähigkeiten des ganzen Volkes. Nicht er ist der Herrscher, sondern sein zu einer höheren Gottheit gewordener Vorgänger oder Vorfahr, mit dem er in ständiger Beziehung steht und bei dem er sich Rat holt, indem er ihm einen Boten schickt, einen Diener, der seinen genauen Auftrag auswendig lernt und dann dem verstorbenen Herrscher geopfert wird. Und dann erhält der Orakelpriester die Antwort. Doch die höchste Instanz ist auch der Vorgänger nicht, sondern der »Gründer« und »Stammvater«, aus dessen Leiblichkeit und magischem Wort sich die gesamte Stammesgemeinschaft hervorgegangen glaubt. So hat sie auch, soweit sie aus freien, dem Ahnherrn entsprossenen Gliedern besteht, einen mittelbaren oder unmittelbaren Anteil an der Herrschaft. Der Staatsrat ist kein Funktionärsapparat aus königlicher Machtfülle, sondern ein Kontrollorgan, das dafür sorgt, daß jede Handlung mit Brauch und Herkommen in Einklang steht. Der Rat der Notabeln setzt sich aus den Oberhäuptern der Sippen, Clane und Kulte zusammen, oft auch aus den Anführern der Altersklassen-, Zunft- und Frauenverbände; manche dieser Ämter sind erblich. Der Rat sucht unter den Prätendenten den neuen König aus — wobei die Wahl möglichst einstimmig sein soll — und ernennt ihn dann unter festgelegten Riten. Der Einfluß des Rats ist bedeutend, da es nirgendwo Primogenitur gibt. Man sucht den Nachfolger unter den Söhnen des Königs — die polygame Hofhaltung sorgt für eine größere Anzahl von Kandidaten — oder bei anderen Völkern unter des König Brüdern, oder — so war es zum Beispiel in Alt-Gana und Aschanti — unter den Söhnen seiner Schwester. Der Einfluß der Frauen ist groß, an der Spitze vieler Kulte stehen Priesterinnen, und das Amt der Königsmutter, die oft nicht die richtige Mutter des Königs, sondern eine ernannte Person ist, steht oft dem Amt des Königs an Bedeutung nicht nach.

Da sich der Kreis von Notabeln auf ähnlich repräsentative Weise von unten ergänzte, kann man bei diesen Reichen viel eher von Staaten reden als in Ägypten. Eine Vielzahl von Institutionen wachen über das Gemeinwohl. Zwischen Meidungen und Vorschriften, unzähligen Wächtern über das Herkommen und dem bei jedem »Fehler« gewissen Tod, ist die Macht eines solchen Königs aufs äußerste eingeschränkt. Das Bild, das europäische Reisende des vorigen Jahrhunderts vom blutrünstigen afrikanischen Despoten zeichneten, ist falsch. Für herrscherliche Willkür war wenig Spielraum; wenn Blut floß, so floß es notwendigerweise, weil bei jedem unvorhergesehenen Ereignis der König von seinem Vorgänger Rat brauchte und ihm einen Boten schicken mußte; weil der oder jener einen

Fehler gemacht, der Sänger des Morgengrußes etwa gestottert und dadurch den Tag beleidigt, die Ordnung gestört hatte, die dann nur durch sein Opfer wiederhergestellt werden konnte. Den Betroffenen wurde ihr Opfer durch Rangerhöhung versüßt, nur für Fremdstämmige, Kriegsgefangene war es schlimm, da sie durch ihren Tod einem ewigen Sklavendasein zugeteilt wurden.

Wir können von Staaten sprechen, doch gab es eine Art »staatsbürgerliches Bewußtsein« nur im Kern der Herrschaft, bei dem das Königtum tragenden und es durch seine Notabeln kontrollierenden Stamm. Nach außen reichte die Herrschaft so weit, wie das Nommo, das magische Wort des Königs Kraft hatte: Das heißt so weit der den Staat tragende Stamm seine Herrschaft über die Nachbarvölker ausdehnen konnte. An eine Grenze war nie gedacht. Zuweilen, etwa in Aschanti, gelang es, die um den Kern herumliegenden Gebiete in föderativer Loyalität anzugliedern, dadurch, daß man deren Oberhäupter in den Staatsrat aufnahm. In den meisten Fällen aber bestand das Staatsgebiet aus dem festen Kern und dem je nach Kriegsglück fluktuierenden hegemonialen Eroberungsraum. In seinem Kerngebiet konnte der Staat viele Jahrhunderte überdauern, sich sogar, wenn er eine Zeitlang von einem anderen abhängig wurde, wieder regenerieren. Die Eroberungsräume konnten jedoch nacheinander von verschiedenen Kernen abhängig werden. Das alte Gana war von den Soninke getragen und bestand über achthundert Jahre lang. Die Reiche Gana, Mali, Segu, Goa, Wagadugu organisierten nacheinander die gleichen oder einander überschneidende Räume, wobei jeweils das den Staat tragende Kernvolk ein anderes war: die Soninke, die Mandingo, die Bambara, die Songhai, die Mossi.

Im Innern ist die Struktur dieser Königreiche gut ausgewogen, wenn auch ihr Typus der eines erweiterten Dorfes ist (Bertaux). Das alles läßt es recht unwahrscheinlich erscheinen, daß die Idee des so natürlich von unten nach oben gewachsenen Gottkönigtums in Agisymba von Ägypten gekommen sein soll. Eher ist man geneigt, einen umgekehrten Einfluß anzunehmen.

Von jedem Einzelnen wurde Wohlverhalten gefordert in einer übersichtlichen Gemeinschaft, in der durch Brauch und Herkommen alles geregelt war. Man fühlte sich verantwortlich, daß auch andere sich ebenso wohlverhielten, dann war fürs geistige wie fürs leibliche Wohl gesorgt. Der Boden gehörte weder dem König noch einem Feudalherrn, nicht einmal dem Stamm, sondern den Ahnen, und jeder erhielt davon für sein zeitliches Dasein, was er zum Auskommen brauchte. Er war als Bürger nicht »frei«, war kein »Individuum«, aber Persönlichkeit, geachtet gemäß den Jahresringen an Namen und Titeln, die er sich durch Reife oder Leistung erworben haben mochte. Zwar durfte er kein Außenseiter sein, die Harmonie nicht in Unordnung bringen, doch blieb er im Rahmen, dann kannte er keine persönliche Not, genoß, was alle genossen, und litt in schlechten Zeiten, wie alle litten – eingebunden in eine Gemeinschaft, die schlechthin die Welt war und die solche Sprichwörter hervorbrachte wie: »Das Essen schmeckt allen nicht, wenn einer nichts hat.«

Für den Hausgebrauch war er als Hausvater selber Priester, opferte Hühner, tanzte, verkehrte mit den Ahnen und stieg bei besonderen Fähigkeiten wie von selbst, von Gelingen zu Gelingen wachsend, Magara und Preisnamen ansetzend, in höhere Funktionen empor, denn keine institutionalisierte Priesterkaste verbaute – wie in Ägypten – den Aufstieg, noch mußte er fürchten, durchs Los in ein Amt gewählt zu werden – wie in Griechenland –, das ihm nicht lag. War er für etwas begabt, würde ihn das Orakel, dem er sich ohnehin anvertraute, nach einer Prüfung, die er gar nicht bemerkte – und die wir heute psychische Analyse nennen würden – einem bestimmten Kult zuweisen, wo er durch Beispiel und ohne Zwang die Kniffe eines spezialisierten Berufes erlernen konnte. Was immer er erlernte, er lernte es gründlich und durfte, ob er dann Schnitzer, Schmied, Sänger, Weber, Medizinmann war, mit gutem Gelingen rechnen: Kein Zweifel quälte ihn, kein Zeitdruck, keine Absatzsorge, er konnte und durfte sich ganz seinem Tun hingeben. Ein Schmied etwa schmiedete eine Hacke, er schmiedete sie so gut und so schön er nur konnte, um sie dem König zu schenken. Doch der König war weit und kam nicht ins Dorf, und so schmiedete er denn eine neue, noch schönere Hacke für den König und gab die vorige seinem Nachbarn. Hacke um Hacke, jede die schönste und beste.

Wenn der König gedieh, der Feind nicht einbrach, der Regen nicht ausblieb, die Kinder nicht starben und jeder tat, was Brauch und Herkommen erheischten, war die Arbeit ein Fest, das Leben ein Fest, und in Tanz und Ekstase in Einklang mit allen Mächten und Kräften war ein Glück, eine Harmonie und Lebensintensität erreichbar, die Betrachter aus anderen Zonen sich kaum vorstellen und sicher nicht nachempfinden können. Freilich war dieses Glück immer zerbrechlich, immer von außen bedroht – der Feind im Innern hingegen, die Aggressivität in der eigenen Seele, der Unrast, Neid und Ehrgeiz entspringen, war aufgezehrt in der Ekstase des Tanzes, in der man zum Helden, zum Ahn, zum Gott wurde – zu allem, was die Wünsche je eingeben mochten. Das wahre Leben, das eigentliche Leben erfüllte sich im Tanz, und so war das Leben selber von der Geburt bis zum wenig schreckenden Tode im Grunde nichts weiter als ein rhythmisch gegliederter, alles erfüllender festlicher Tanz.

Im Tanz wurde auch die Geschichte lebendig, wurden die Mythen, die Sagen, die Königslisten, die Gestalten der Ahnen mit ihren guten und schlimmen Erfahrungen in vergangenen Zeiten, die Überlieferungen alle, da ja so wichtig waren, da sie die Beispiele für die Gegenwart setzten, die einem von Kind auf rhythmisch-bildhaft eingeprägt wurden bei Reifefeiern und Zeremonien und Festen, die aus den Bildern sprachen, aus den Trommeln erklangen und über welche die Weisen, die Trommler, die Sänger, die Geschichtenerzähler noch viel Genaueres und Geheimeres wußten – im Tanze wurden sie alle unter der Maske lebendige Gegenwart, wurde das Einst zum Heute: Die Zeitkulissen waren dann niedergerissen, man wußte nicht nur, man erlebte, leidenschaftlich beteiligt, wie alles gewesen war; Vermächtnisse wurden zum Auftrag, die Harmonie wiederherzustellen, den Sieg des Menschen über die dinglichen Kräfte, über Raum und Zeit, über Übel und Tod weiter zu festigen und ihn in der bevorstehenden Bedrohung erneut zu erringen.

Der Tanz ist der Schlüssel nicht nur zum Wesen, sondern auch zum Geschichtsbewußtsein und zum Geschichtsverständnis der Kultur Agisymbas.

IV.

Der Versuch, die Probleme in der Betrachtung afrikanischer Geschichte – wobei ich über weite Strecken Philip D. Curtin gefolgt bin – und das Geschichtsbewußtsein Agisymbas darzustellen, hat mich im ersten Teil zu Ironie und Polemik, im zweiten zu Emotion und Poetik verführt, zu Untugenden also, deren der Wissenschaftler sich schämt. Aber waren da nicht eingefleischte Vorurteile zu attackieren? Und war nicht eine tänzerische Kultur zu zeichnen, die sich von innen her überhaupt nur im Miterleben erschließt? Ich bin mir auch bewußt, den Widerspruch zwischen erstrebter Struktur und geleisteter Realität nicht deutlich hervorgehoben, lokal begrenzte Erfahrungen gröblich verallgemeinert, gesicherte Fakten ignoriert, nach alter Mode frisierte Quellen gegen den Strich gekämmt zu haben und schließlich auch noch den Beweis für meine poetischen Visionen schuldig geblieben zu sein. Zu meiner Entlastung kann ich nur auf meine Vorgänger weisen: Die Mären vom edlen Wilden, vom blutrünstigen Barbaren, vom unfähigen Afrikaner waren auch nur mit realen Fakten belegbare – und belegte – poetische Projektionen Europas. Die vielschichtige Wirklichkeit, in der immer das eine zwar wahr ist, aber beinahe das Gegenteil auch, in der oft das eine erstrebt und das andere erreicht wird, in der die etwa mit so viel Aufwand errungene Harmonie plötzlich ins grausame Chaos umschlägt, aus dem heraus sie dann wieder noch glühender, noch verzweifelter angestrebt wird – die Wirklichkeit ist nie eindeutig und in keiner Beschreibung zu sichern. So sucht der Beschreibende nach der Struktur, der Historiker nach der Perspektive – doch Muster und Perspektive werden nur deutlich von einem Standpunkt aus. Der Darsteller kann nur hoffen, daß sein Standpunkt dem Stand der Erkenntnis und dem Zustand seiner Zeit gerecht wird.

Doch nun soll er noch wagen, Prognosen zu stellen, soll die Sicht des nicht unbeteiligten Beobachters mit der des Propheten vertauschen? Die Betrachtung gänzlich zur spekulativen Vision werden lassen?

Nur so viel läßt sich andeuten:

Andere Kulturen in anderen geographischen oder zeitlichen Räumen haben in verschiedenen historischen Epochen bereits Ideen, Errungenschaften, Einflüsse auf unsere westliche Kultur ausgestrahlt, manche sind mit ihrem Erbe in sie eingegangen. Agisymba ist lange einen isolierten Weg gegangen und begegnet eigentlich dem okzidentalen Bewußtsein erst in unserer Zeit. In dieser Begegnung wird Agisymba selbst zum erstenmal in seiner Geschichte bis in die Tiefe erschüttert, in Frage gestellt, umgestaltet und sich seiner selbst konkret bewußt. Dieser Prozeß ist im Gange. Wird seine Assimilationskraft stark genug sein, sich all das Fremde so anzueignen, daß es nicht nur zum Eigenen wird, sondern das Angeeignete auch vom Eigenen geprägt bleibt? Im Vertrauen auf eine in Jahrhunderten ausgebildete Prägekraft, einer trotz aller Brüche ungebrochenen Imagination und der erprobten Fähigkeit, Unverdauliches eruptiv wieder abzustoßen, kann man trotz zuweilen anderen Anscheins damit rechnen, daß Afrika seinen eigenen Stil bewahren wird.

Doch es nimmt nicht nur auf. Die Rhythmen seiner geschnitzten Bilder haben zu Beginn dieses Jahrhunderts der europäischen Kunst einen Anstoß zu tieferem, fast schon beschwörendem Sehen ergeben; die Polyrhythmik seiner Musik hat, zwar noch in amerikanischer Verdünnung als Jazz, seit fast der gleichen Zeit angefangen, uns aus dem Unbehagen des Abendlandes zu rütteln. Die echte Begegnung mit der polymetrischen Rhythmik, mit dem ekstatischen Tanz steht jedoch noch aus.

Der Okzident hat Agisymba die Unabhängigkeit *de jure* gewähren wollen, doch ist eine Unabhängigkeit *de facto* daraus geworden, durch die bei allen Verflechtungen, die eine Partnerschaft im technischen Zeitalter in Politik und Kultur mit sich bringt, der Stil Agisymbas ebenso auf die Partner einwirkt, wie diese ihre Werte, ohne sie selbst zu verlieren, auf Agisymba nachhaltig haben einwirken lassen. Der neue Partner, dem die Konkursmasse fremder Herrschaft wie die eigene technische Rückständigkeit schwere Probleme aufgibt, die wir in gegenseitiger Achtung gemeinsam mit ihm werden lösen müssen, kann auch unseren Nöten vielleicht Hilfe bieten, denn, meint Senghor, »wer sonst sollte die an Maschinen und an Kanonen gestorbene Welt den Rhythmus lehren? Wer sollte denn sonst den Freudenschrei ausstoßen, der Tote und Weise zu neuer Dämmerung weckt? Sagt, wer gäbe denn sonst den Menschen mit der zerfetzten Hoffnung das Lebensgedächtnis wieder?«

Golo Mann

DIE EUROPÄISCHE MODERNE

Wenn es sinnvoll war, die Geschichte Indiens, die Geschichte Chinas in unserem Band zu resümieren, so wäre es nicht sinnvoll, mit Europas neuerer und neuster Geschichte ein Gleiches zu tun. Europa sind wir selber; uns selber kennen wir am besten, uns selber nehmen wir am wichtigsten. Das Resümee von Europas Geschichte ist dem Leser bekannt. An seine Stelle haben begriffliche Untersuchungen zu treten. Aber die Perspektive ist nicht alles. Europa ist wirklich der historische Kontinent. Der Begriff der Moderne, die Existenzformen der Menschheit in diesem Augenblick sind so von Europa her bestimmt worden, wie von keiner anderen Zivilisation; wer vom modernen Europa handelt, handelt, ob er will oder nicht, von Weltgeschichte; die Grenzen zwischen Europa und Nicht-Europa sind nirgends fest.

Die fünf Kontinente haben von Europa ihren Namen bekommen. Die Vereinigten Staaten sind ein Europa-in-Amerika, eine Konzentration der europäischen Moderne jenseits des Atlantik. In Latein-Amerika ist es nicht genauso, weil hier die ursprünglichen, »präkolumbischen« Rassen überlebten und mit den Eroberern eine Verbindung eingehen mußten, zwischen deren Komponenten noch heute allerlei Spannungen bestehen; genüge es zu sagen, daß die kulturellen, sozialen, politischen Schicksale Süd- und Mittel-Amerikas, so wie sie zum Heute geführt haben, von Europäern geprägt wurden.

Das ist in Afrika in viel geringerem Grade der Fall. Die Herrschaft der Europäer in Afrika konnte enden und ist am Ende; in Latein-Amerika nicht. Aber auch die Afrikaner wissen nur von den Europäern, daß sie Afrikaner sind. Ohne die europäischen Forscher, Eroberer und Siedler würden sie ihren Kontinent nicht kennen, würden sie keine Ahnung von der Existenz von Völkern haben, mit denen sie sich heute brüderlich verbunden fühlen. Die Grenzen ihrer Staaten sind beinahe alle von Europäern gezogen worden; ihre Verfassungen, die funktionieren oder nicht, tragen europäischen Stempel. Die Idee der »Einheit Afrikas« ist eine europäische Idee, auch wenn und gerade weil sie sich gegen Europa richtet. Man spricht dort von »Socialisme Africain«; beide Begriffe, beide Worte sind europäisch. – Nicht anders in Indien, das, als Nation, als nationaler Föderativstaat, teils von den Engländern, teils gegen die Engländer gemacht wurde. Diesen Satz kann man wiederholen, indem man statt Indien Indonesien, statt Engländer Holländer sagt.

Die chinesische Zivilisation ist alt und reich. Die Herrschaft der Europäer über China hat nicht sehr lange gedauert, etwas über ein halbes Jahrhundert, sie war der Form und der Substanz nach nicht vollständig. Aber nie ist China dem europäischen Geist so untertan gewesen wie heute, da es Europa als eine fremde, feindliche Großmacht gegenübersteht. Die Idee der Revolution, des sich Losreißens von aller Vergangenheit, die Preisgabe aller alten Wertungen, ihrer Ersetzung durch Wissenschaft, industriellen Aufbau, Technologie ist eine europäische Idee par excellence. Kommunismus, Marxismus sind europäische Dogmen. In diesem Moment haben die Chinesen den sonderbaren Ehrgeiz, das englische Produktionsniveau zu erreichen oder zu übertreffen, was wieder eine Nachahmung der europäischen Russen ist, welche das amerikanische Produktionsniveau übertreffen wollen.

Dem Kaiserreich Japan ist die erstaunliche Leistung geglückt, seine alten Traditionen zu erhalten, ja künstlich wiederzubeleben, und gleichzeitig dem europäischen Einfluß nicht passiv zu erliegen, sondern die politischen, wissenschaftlichen, wirtschaftlichen, militärischen Künste Europas spontan und aktiv nachzuahmen. Die alten Traditionen schwinden nun rasch dahin. Übrig bleibt ein moderner, demokratischer Industriestaat, dessen äußeres Gesicht sich von dem Europa-Amerikas nicht mehr wesentlich unterscheidet.

Womit wir einen flüchtigen Rundgang um den Planeten beendet hätten. Denken wir Indien fort, so sähe er doch ungefähr so aus, wie er heute aussieht. Denken wir Europa fort, so sähe er so aus, wie er vor fünfhundert Jahren aussah.

Die »Vereinten Nationen« werden der Zahl nach von Asiaten und Afrikanern beherrscht. Ihr Generalsekretär ist ein Asiat. Aber sein Titel ist europäisch, er bedient sich einer europäischen Sprache, und die Idee, welche der von ihm geleiteten Organisation zugrunde liegt, ist eine europäische. Die Europäer haben das gemacht, was man »Weltwirtschaft« nennt, haben das gemacht, was man »Weltpolitik« nennt. Von Europa ist der Emanzipationsprozeß ausgegangen, der nicht überall auf Erden zu soliden Neugründungen, aber überall auf Erden zu bis zum Grunde wühlenden Entwurzelungen geführt hat. Heute spricht man von einer »Mutation« des Menschen. Die Europäer haben das Verdienst oder die Schuld daran.

Darum ist die Geschichte der europäischen Zivilisation nicht die einer Zivilisation unter anderem, wie Oswald Spengler, wie noch Arnold Toynbee es haben sehen wollen. Das war sie wohl einmal. Das war sie noch in ihrem »Mittelalter«, worüber in diesem Band so schön gehandelt wird. Damals noch waren andere Zivilisationen, frühere sowohl wie gleichzeitig blühende, der europäischen in mancher Beziehung ebenbürtig oder überlegen. Die Herrschafts-Strukturen des Mittelalters, die Bewältigungen der Lebensnotwendigkeiten, der Bau der Städte, Paläste und Tempel, Begriffe und Wirklichkeiten der Kirche, der scholastischen Philosophie, des christlichen Naturrechts, ließen sich mit indischen oder chinesischen Leistungen auf ungefähr dieselbe historische Stufe setzen; auch die »Ketzer, Gelehrten und Denker« bestanden früh noch keine kühneren Denkwagnisse, als damals im fernen Asien bestanden wurden oder in der klassischen Antike bestanden worden waren. Auf einer anderen Seite dieses Bandes hat Herbert Grundmann die Frage gestellt, wie gerade eine so geschlossene, ihrem eigenen Begriff und Willen nach statische Kultur wie jene des europäischen Mittelalters zu einer Dynamik fortschreiten konnte, die schließlich alle Völker der Erde mit sich riß und die sich nun anschickt, die alte Erde zu überschreiten, so wie sie seit dem 15. Jahrhundert die »alte Welt« überschritt. Grundmann vermag diese Frage nicht eindeutig oder erschöpfend zu beantworten; das kann niemand. Aber sehr nachdenkenswert erscheint seine Bemerkung, die ungeheure Bewegung müsse in der erstrebten Ruhe von vornherein angelegt gewesen sein, der Begriff der endlosen Zeit in dem der Endzeit; es kam nicht von außen, und woher hätte es kommen sollen. Wachstum also oder wiederum, wenn man will, »Mutation«; ein aus seinen eigenen Begriffen Herauswachsen. Dies sucht Grundmann durch die Tatsache zu verstehen, daß die Begriffe, welche das mittelalterliche Europa sich von sich selber machte, mit seiner Wirklichkeit nie übereinstimmten. Es war in Bewegung, indem es nach der rechten, dauernden Identität strebte. Es suchte den heiligen Gral und fand etwas ganz anderes.

Diese Bewegung, zeigt uns Grundmann, begann niemals, sie war immer. Schon im 12. Jahrhundert wurden die Menschen von einer *Mutabilitas* der Dinge beunruhigt, die ihrem kosmischen Ordnungssinn widersprach. Und so wie nicht zu zeigen ist, wann das Mittelalter zu enden begann, so ist auch das Ende seines Endens nicht zu zeigen, denn in vielen Beziehungen setzt es sich heute noch fort. Noch mehr: Geistige und politische Mächte, die wir als charakteristische Schöpfungen des Mittelalters ansehen, sind Träger der von ihm fortführenden Bewegung gewesen. Aus dem gebundenen religiösen Denken wurde das loser gebundene, das *ut intellegam*, das ungebundene, das unreligiöse. Die Kirche selber hat die Expansion Europas oder Europäisierung der Erde in großen Schüben vorantreiben helfen, von den Kreuzzügen über die Entdeckungen und imperialen Gründungen des 15. und 16. Jahrhunderts bis zu den Missionsunternehmungen des 19. Der Streit der Konfessionen hat zum überkonfessionellen Staat geführt, der eine Vorstufe des säkularistischen war. Die Dynastien, durchaus mittelalterlichen Ursprunges, haben ihre größte Rolle als Begründer der Nationalstaaten gespielt, welche über die dynastische Epoche hinauszuführen bestimmt waren. Fast könnte man sagen: Das nachdynastische Europa hat das Werk der Dynastien fortgesetzt, so wie das nachkoloniale Asien und Afrika das Werk der Kolonisatoren fortsetzen. Auch haben die Dynastien ihre größte Rolle noch in modernen Zeiten gespielt, etwa in jenen der »Erbfolgekriege«. Einzelne Dynasten, die kraft traditionell-uralten Rechtes regierten, uralte Titel trugen, sind fanatische Förderer der Ratio, des Emanzipationsprozesses gewesen, eigentliche Revolutionäre: Peter der Große, Joseph II., in geringerem Maße Friedrich der Große, zahlreicher kleinerer Potentaten Italiens, Deutschlands, der Iberischen Halbinsel nicht zu gedenken. Die Königsmacht, die von Ludwig dem Heiligen stammte, hat den Sieg der amerikanischen Revolution ermöglicht, französischer Adel die große Französische Revolution begonnen, wobei er freilich wiederum fand, was er nicht gesucht hatte. Andere Neuerer haben sich in die alten Kostüme gekleidet, das Revolutionäre und Utopisch-Restaurative verwirrend gemischt; so Napoleon, der sich mit Karl dem Großen identifizierte und dem bürgerlichen, liberalen, industriellen Europa bahnbrechen half. – Dialektisch das alles, oder vieles davon; obgleich nicht dialektisch in der klaren, zuverlässigen Anordnung, welche der am tiefsten und kühnsten europäische unter Europas Philosophen, Hegel, der Weltgeschichte gab.

Wie weit man nun aber auch die europäische Moderne in die Vergangenheit zurückführen will, wann immer man sie eigentlich beginnen läßt: Die Bewegung, die da begann, besitzt eine Gestaltenfülle, eine Schnelligkeit im Wandel, eine Kraft des Höhenfluges, eine Intensität und Radikalität, die ihresgleichen nirgendwo hat. Unsere »Weltgeschichte« hat allen außereuropäischen Kulturen den Platz gegeben, den sie verdienen. Sie hat, in diesem Sinn, nicht mehr europa-zentrisch sein wollen. Aber wir lassen uns trotzdem nichts vormachen. Die Geschichte Indiens, die Geschichte Chinas, auch die Geschichte von Europas Mutter, der klassischen Antike, hat das nicht, was der Entwicklung der europäischen Politik vom religiösen Absolutismus zu den sozialen Demokratien unseres Tages, was der Entwicklung des europäischen Krieges von den Fehden der Ritterzeit bis zum Zweiten Weltkrieg, was der Entwicklung der europäischen Wissenschaft von Galilei bis Bohr, des europäischen Romans von Cervantes bis Dostojewskij, der europäischen Malerei vom Quattrocento zu Picasso, der europäischen Musik von Palestrina bis Schönberg, der europäischen Philosophie von Cusanus bis Hegel und bis Nietzsche zu vergleichen wäre. Wie könnte es anders sein? Woher käme das Schicksal, zu dem Europa dem Planeten geworden ist? Doch nicht nur von einer vorübergehenden technischen Überlegenheit? Woher käme denn die? Warum hallen heute nicht nur die Detonationen der von ihm erfundenen Waffen, auch die Stimmen seiner Philosophie, oft seiner schlechtesten Philosophie, Europa aus allen Himmelsrichtungen entgegen? Sollte Europa selbst einmal an Asiaten und Afrikanern zugrunde gehen, die Sieger würden ihren Sieg noch immer europäischer Wissenschaft verdanken, würden ihn in europäischen Begriffen, nicht mehr in ihren alten, eigenen artikulieren.

Toynbee hat das Verhältnis Europas – er sagt des »Westens« – zur nichtokzidentalen Welt mit dem Verhältnis der hellenistisch-römischen Zivilisation zu Asien und Afrika verglichen. Spengler hat ähnliches angespielt. Geistvolle, auch lehrreiche Versuche, ohne Zweifel, aber doch ihre Gegenstände nicht im Ernst deckende. So weit und stark ausstrahlend, so überlegen ist die Kultur des Hellenismus bei weitem nicht gewesen; in China war sie beinahe, in Amerika völlig unbekannt. Schließlich ist sie ja erloschen oder überlagert und zersetzt worden, was man von der europäisch-amerikanischen Kultur bis zum heutigen Tag nicht sagen kann. Sie hat zu Krisen geführt, die in der Nähe siedelnde Völker zu spüren bekamen; nicht zu einer dauernden »Weltkrise« oder »Mutation der Menschheit«. Europa hat das Jetzt des Menschen geschaffen, seine Geschichte ist in die Weltgeschichte übergegangen, die heute allen Völkern bewußt ist, so wie sie alle die europäische Zeitrechnung übernommen haben. Darum kann man europäische Geschichte nicht so vergleichsweise bequem resümieren wie die indische und kann sie nicht isoliert betrachten.

Staat

Die wesentlichste Einrichtung, die aus dem Mittelalter in die europäische Moderne hinübergeht, aber in ihr ungleich schärfer ausgeprägt wurde, ja, deren immer schärfere Ausprägung recht eigentlich den Beginn der Moderne bedeutet, ist der Staat. Europa setzt sich aus Staaten zusammen. Das tat Indien auch, mitunter China; aber die amorphen, hier und da erscheinenden und wieder verschwimmenden Herrschaftsgebiete dieser Kulturen sind etwas anderes als die geordnete Intensität der europäischen Staatenwelt. Diese Staaten haben gedauert, sie dauern heute noch. Wenn ihre Macht gegeneinander und gegenüber nichteuropäischen Völkern seit neuestem stark gesunken, wenn sie zum erstenmal nicht mehr ihr Hauptinteresse ist, so ist ihre Macht über die in ihnen selbst lebenden Bürger oder Untertanen bis zur Mitte unseres Jahrhunderts immer nur gestiegen; seither zeichnet sich auch hier der Anfang einer Minderung ab, die zugunsten gewisser überstaatlicher oder mehreren Staaten gemeinsamer Institutionen geht. Umgekehrt hat gerade das europäische Staatswesen, das im Ursprung völlig anders sein wollte als die alteuropäischen Staaten, das seinen Bürgern nur mit einem Minimum von Macht gegenübertreten wollte, die nordamerikanische Union, im zweiten Drittel des Jahrhunderts einen immer stärkeren, fast monströs zu nennenden Einfluß auf das Leben und Wirtschaften des Einzelnen gewonnen. Was die europäische Gesellschaft war, das war sie im Rahmen des Staates und, mit Gradunterschieden, durch den Staat; Formen der Produktion und des Handels, Erziehung, Bildung, öffentliche Moral, Pflege der Kultur wurden durch den Staat immer mitbestimmt, mitunter nahezu ausschließlich durch ihn bestimmt. Was Europa als Ganzes und in der nichteuropäischen Welt war, wurde es durch seine Staaten. Ohne sie keine »großen Entdeckungen«, keine Reiche in Übersee; was sich schließlich zum »Weltstaatensystem« erweiterte, wurde durch die Machtkonkurrenz der europäischen Staaten geschaffen. Ohne Staaten kein Krieg; ohne Kriege nicht die Expansion Europas und nicht der schließliche Ruin seiner Weltstellung.

Das Wort »Status« meinte ursprünglich etwas wie Bedingung oder Zustand; eine Bedeutung, die in dem jährlichen Bericht des amerikanischen Präsidenten über *the State of the Nation* noch heute vorkommt. Im Italien der Renaissance nahm es zum erstenmal den Sinn an, den es noch heute hat; nicht zufällig erscheint es im ersten Satz von Machiavellis »Fürst«. Bald wurde es mit den Worten *Ragione, Raison* verbunden, um nun das höchste, das absolute Interesse der Staatsmacht gegen innen und außen zu bedeuten; *Raison de la République, Raison du Royaume, Reichsraison* hätten nicht gut geklungen, weil Königreiche, Republiken und zumal »Das Reich« älter waren als der »Staat« und sich begrifflich mit ihm nicht deckten. Gewisse Schwankungen in der Bedeutung des Wortes Staat in den europäischen Sprachen wird man übrigens feststellen können. Die Staaten Italiens und Deutschlands waren das *Territorium*, die Bürger und die Herrschaft in einem. Der französische *État* tritt dem *Royaume* oder der Republik als das ordnende und herrschende Prinzip gegenüber; so ist das Ludwig dem XIV. in den Mund gelegte *L'État c'est moi* zu verstehen, und so hat noch General de Gaulle *état* in seinen Memoiren gebraucht: Land und Bürger hatten auch in den Tagen der Erniedrigung, dann der Unordnung nie aufgehört da zu sein; jetzt galt es ihnen gegenüber den »Staat« wieder durchzusetzen. – Für die Angelsachsen hat das Wort kaum dieselbe appellierende Kraft gehabt. Das rechtliche Verhältnis zwischen Krone, Herren und Bürgern wurde in England früh ein von den Dingen auf dem Kontinent unterschiedenes; nur die Stuarts haben versucht, aus England einen »Staat« zu machen. Der erste nordamerikanische Staat, Massachusetts, zog den Namen *Commonwealth* vor, der eine Anglisierung von »Republik« darstellt. Daß die dreizehn Kolonien während des Unabhängigkeitskrieges dazu übergingen, sich »Staaten« zu nennen, hat den Anspruch auf eben Unabhängigkeit europäischen Stils, auf Souveränität bekräftigen sollen, könnte aber auch in Anlehnung an die niederländischen »Generalstaaten« geschehen sein, welch letztere »Staaten« mehr im Sinn des deutschen »Reichsstandes« waren. Der Ausdruck *Reason of state* war den Amerikanern immer fremd – was nicht hindert, daß sie im 20. Jahrhundert des öfteren einem Prinzip gefolgt sind, welches diese Benennung wohl verdiente.

Zum Staat gehörte die Souveränität. Ein Staat, europäischen Stils, ist souverän oder er ist nicht, wobei Souveränität die Unabhängigkeit von jeder dem Staat übergeordneten Macht, jedem ihm fremden Gesetz oder Befehl bedeutet. Beides, der Staat und seine Souveränität, entstanden im Zeichen der Auflösung oder wesentlichen Schwächung der beiden Mächte, welche noch im Hochmittelalter den Königen Europas hatten befehlen wollen: des Papsttums und des »Römischen Reiches« oder seines Kaisers. Daß der universale, »katholische« Anspruch des Papstes ungleich mehr Wirklichkeit hatte als jener des Kaisers, tut hier nichts zur Sache. Auch das »Reich« war seiner Idee nach universal, ein Ganzes, mindestens eine Vielfalt umschließend. Staat und Souveränität sind gegen eine Universalität entstanden; im Wesen des europäischen Staates lag es, daß es mehrere von ihnen gab, denn eine sich auflösende Universalität mußte sie aus sich entlassen. Ein Staat für sich allein, in Isolierung, hätte des Begriffes der Souveränität nicht bedurft und hätte ihn nie entwickeln können. Souverän sein hieß zuerst: unabhängig sein gegenüber der alten Katholizität. Es hieß dann: unabhängig sein gegenüber anderen Staaten, die sich mit den gleichen Rechten ausstatteten. Da immer mehrere Staaten waren, die sich miteinander und gegeneinander entwickelten, voneinander wußten, einen gemeinsamen Ursprung besaßen, so entstand zwischen ihnen ein geregeltes Treiben und Verkehren, eine »Diplomatie«, die, zuerst von der römischen Kurie, dann von der Republik Venedig, den italienischen Staaten überhaupt, dann den großen Kontinentalstaaten ausgebildet, im 17. Jahrhundert ein vorher so nie dagewesenes Maß von Disziplin und Kunst erreichte. Ihre Verwalter waren zuerst Kleriker, dann Legisten, dann, meist aristokratische, »Berufsdiplomaten«.

Wer vertrat die Souveränität, wer hatte sie inne? Der Theorie nach konnte es das ganze Volk sein, ein Gedanke, der schon gegen Ende des 15. Jahrhunderts in Frankreich gewagt wurde. Bevor aber, gegen Ende des 18. Jahrhunderts, der Begriff der Volks-Souveränität, nun eng verbunden mit dem Begriff der Demokratie und der Gefühlsmacht des Nationalismus, wieder auftauchte, erschien die Staats-Spitze, der Monarch, oder, wo es keinen gab, die regierende Aristokratie als eigentlicher Träger der Souveränität. Bis ins 20. Jahrhundert wurden Europas Könige in ihrer Eigenschaft als Personen »Souveräne« genannt. Begrifflich wie ihrer Wirklichkeit nach war die souveräne Macht gegen außen wie gegen innen gerichtet; hier nicht so sehr gegen das Volk als Ganzes – im Gegenteil, der Souverän wollte das Volk als Ganzes und hat es zu dem gemacht, was es wurde – wie gegen die Teil- und Untermächte der Feudalität, der großen geistlichen Orden, des Klerus, der »Stände« überhaupt. Das berühmte Wort Friedrich Wilhelms des I. von Preußen, er »stabiliere die Souveränität wie einen rocher de bronce« war in diesem Sinn gegen innen, nicht gegen außen gerichtet. In seinem Werk über »Das Alte Regime und die Revolution« hat Tocque-

König Ludwig XIV.
Gemälde von Hyacinthe Rigaud, 1701. Paris, Louvre

»...und stabiliere die Suverenitet und sehtze die Krohne ferst wie ein Rocher von Bronse...«
Randbemerkung König Friedrich Wilhelms I. von Preußen zu einem Erlaß vom 25. April 1716
an die Hufenkommission zur Durchführung einer Grundsteuer bei den ostpreußischen Ständen
Berlin, Preußischer Kulturbesitz, Geheimes Staatsarchiv

ville gezeigt, wie die Könige von Frankreich von alters her vorbereitet und schon sehr weit getrieben hatten, was dann die Revolution vollenden sollte: Die Herrschaft des einen souveränen Staates über eine Masse vereinzelter, nicht mehr ständisch gebundener Individuen. Die revolutionäre Volkssouveränität setzte so die monarchische direkt fort und basierte auf der Arbeit, welche die Könige geleistet hatten.

Der Monarch gehörte zum europäischen Staat nicht unbedingt. Venedig, einer der ersten Staaten im modernen Sinn, hatte keinen, Florenz nicht vor dem Aufstieg der Medici; nicht die Stände der schweizerischen Eidgenossenschaft, deren bedeutendste (Bern) zeitweise eine eigentlich europäische Rolle spielten. Überwiegend ist aber der europäische »personifizierte Flächenstaat« (Carl Schmitt) ohne seine Dynastien nicht zu denken. Philipp der Schöne, Ludwig XI., Heinrich IV., Ludwig XIV. von Frankreich, Philipp II. von Spanien, Heinrich VIII., Elisabeth I., Karl I. von England, die drei ersten Könige von Preußen, Gustav Adolf, Karl X., Karl XII. von Schweden, Peter I. von Rußland und andere waren, wenn nicht die Schöpfer ihrer Staaten – mitunter waren sie es geradezu –, doch die Inkarnationen der Staatsräson, die Pole, um die das Leben des Staates und der Gesellschaft kreiste. Die deutschen Fürsten waren es auch; zugleich weniger und noch mehr. Weniger, weil sie noch immer im Verhältnis einer seit dem 17. Jahrhundert freilich dünn gewordenen Bindung an Kaiser und Reich standen. Mehr, weil ihre Territorialstaaten reine Schöpfungen dynastischen Willens waren; nicht die werdende politische Behausung einer Nation, auch nicht, wie die italienischen Staaten oder die Schweizer Kantone aus alten Stadtrepubliken hervorgegangen. Preußen, seit dem 18. Jahrhundert der bedeutendste von ihnen, unter Friedrich dem Großen in Wirklichkeit ein europäischer Staat und kein deutscher mehr, ist so zum Staat par excellence geworden; Territorien, Völker fremder Zunge sammelnd, wo er sie finden konnte, die militärische Anstrengung bis zum äußersten Möglichen treibend, ganz sich selber zum Zweck setzender Machtstaat, aber auch erzieherischer Kulturstaat, seit Friedrich dem Großen auch Rechtsstaat und den König selber, der doch sein Zentrum war, in sich einbeziehend. Das Wort Friedrichs, er sei der »Erste Diener seines Staates«, ist im vollen Ernst zu nehmen. Es war dies neue Preußen und das ihm verwandte petrinische Rußland, über das Lord Acton in einer Vorlesung der 1890er Jahre das Urteil fällte: »Der Staat, so verstanden, ist der intellektuelle Führer der Nation, der Garant ihres Reichtums, der Lehrer ihres Wissens, der Wächter ihrer Moral, die Quelle aller vorwärts und aufwärts treibenden Energien. Das ist die furchtbare, durch Millionen von Bajonetten getragene Macht, die in den Tagen, von denen hier die Rede war, in St. Petersburg entstand und die dann von ungleich fähigeren Geistern weiter entwickelt wurde, hauptsächlich in Berlin...«

Die Dynastien waren einander nicht fremd, sowenig wie die Staaten es waren. Der Bundesgenosse von heute konnte der Feind von morgen sein. Die Größten, Bourbonen und Habsburg, haben ein Vierteljahrtausend lang miteinander im Kampf gelegen: eine nationale und eine übernationale Dynastie. Trotzdem entwickelte sich eine Gemeinsamkeit des Handwerks, der Interessen, der Würden, kraft derer die uralten Rittersitten sich in modernen Zeiten neu belebten. Die Monarchen Europas waren »Brüder« oder, wenn es sich um kleinere Fürsten handelte, »Vettern«, das letztere häufig auch im Sinn der

Blutsverwandtschaft. Ihre Kriegsgefangenschaft war eine ritterlich vergoldete, zutiefst unterschieden von dem schmachvollen Schicksal, welches das republikanische Rom besiegten Feinden bereitet hatte, zutiefst unterschieden auch von den Sitten, die im 20., nicht mehr dynastischen Jahrhundert Platz griffen. Die Begegnung Wilhelms I. mit Napoleon III. nach der Schlacht von Sedan erinnert in ihren Formen noch an jene zwischen Karl V. und Franz I. nach der Schlacht von Pavia. Ein halbes Jahrhundert später verlangten die Sieger die Auslieferung Wilhelms II., um über ihn Gericht zu halten. Nach dem Zweiten Weltkrieg wurden die Anführer der besiegten Völker erdrosselt, wie zweitausend Jahre früher im römischen Staatsgefängnis.

Im 18. Jahrhundert begann man den Königen vorzuwerfen, daß sie im selbstischen Übermut Kriege entfesselten, von deren Last und Schmerz sie nichts zu spüren bekamen (Kant; Voltaire); Völker, die sich selber regierten, würden den Frieden zu erhalten wissen. Mindestens die erste Behauptung ist nicht ohne Wahrheit. »Kabinettskriege« wurden in der Tat ohne jede Rücksicht auf die öffentliche Meinung – insofern eine solche überhaupt vorhanden war – begonnen, und auch die »Staatsraison«, deren Zwecke sie erfüllen sollten, leuchtet den Historikern nicht immer ein. Andererseits war es die Ebenbürtigkeit der Dynastien, welche den schnellen, maßvollen Friedensschluß ermöglichte und die Atmosphäre nach dem Krieg entgiften half. Politik war ein leichteres Handwerk, solange nur Könige und ihre Vertrauten miteinander zu tun hatten. Noch Bismarck hat gern betont, die öffentliche Meinung in Rußland interessiere ihn nicht, über die russische Außenpolitik entscheide allein »Seine Majestät der Kaiser von Rußland«. Das hatte jedoch in den 1880er Jahren in Rußland schon angefangen, nicht mehr wahr zu sein, und war zwei Jahrzehnte später überhaupt nicht mehr wahr. Die Dynastien, einst Schöpfer und Träger der Staaten, hatten gegen Ende ihrer Zeit ihre entscheidende wie ihre mäßigende Macht schon verloren. Sie wurden in den Strom des Nationalismus gerissen und schwammen nun mit ihm, bis sie untergingen.

Staat und Nation haben begrifflich verschiedene Ursprünge. Weder die italienischen noch die deutschen Staaten behausten eine Nation. Machiavelli fühlte sich auch, und leidenschaftlich, als Italiener; mit seiner Analyse des Herrscherhandwerks hatte das aber nichts zu tun. Die Schweizer Nation ist aus einer Genossenschaft kleiner deutscher Republiken, der ein kompliziertes Bündnissystem sich anschloß, erst allmählich hervorgegangen. Auch die amerikanische Nation ist jünger als die amerikanischen Staaten oder deren Vereinigung. In Spanien waren Staaten, dann eine Verbindung von Staaten oder Königreichen, ehe es eine spanische Nation gab. Dem deutschen Philosophen, der das Prinzip des Staates am schärfsten und mit fast vergottender Bewunderung entwickelte, Hegel, fiel es nicht ein, Staat und Nation einander gleichzusetzen.

Es ist aber dann doch so gekommen, daß die beiden Begriffe zusammengerieten; nicht überall und immer, aber oft genug, um anderen Lust zu machen, ein Gleiches zu tun.

Die Wirklichkeit der europäischen Nationalstaaten in ihrem Werden ist älter als der Gebrauch der Worte »Nation«, »National«, welche sie erst im 19. Jahrhundert bezeichneten. *Natio*, »Geburt«, »Herkunft«, war den Römern ein wilder »eingeborener« Stamm. Im Mittelalter organisierten sich die Studenten an den – durchweg internationalen –

Universitäten nach »Nationen«, die aber nicht etwa die französische, deutsche, italienische, sondern die sächsische, normannische, rheinische waren. Ein deutsches Lexikon noch im 18. Jahrhundert definiert »Nationalismus« als die Zänkereien und Raufereien zwischen Studenten aus verschiedenen Gegenden Deutschlands (Friedrich Hertz). Als einige Jahrzehnte später Immanuel Kant die »Aufforderung der Gecken zum Nationalstolz« verspottete, meinte er schon etwas anderes damit; eben das, was wir heute unter »Nationalismus« verstehen.

Die ersten großen Nationalstaaten entstanden ohne Plan, die Nationen mit ihnen; nicht wie später, als Nationen ihren Staat forderten. England zuerst, das nach der normannischen Eroberung die stärkste Zentralregierung besaß; dann Frankreich, im Kampf gegen England und im Kampf der Könige gegen die großen Feudalherren. Das Ziel von Philip le Bel, Ludwig XI., Franz I., Heinrich IV., Ludwig XIV. war die Stärkung und Expansion der königlichen Macht, die Festigung des Staates, nicht die Sammlung der Nation; was auch hätten Provençalen und Basken mit Normannen, Bretonen, Flamen gemeinsam gehabt? Noch Ludwig XIV. sprach von seinen »Völkern«, nie von der Nation, und hielt es für nichts Befremdendes, deutsche Untertanen zu haben. Das änderte sich im 18. Jahrhundert, mehr gegen die Könige als in ihrem Sinne; es besteht eine geschichtliche Affinität zwischen den Begriffen Nation, Konstitution, Volkssouveränität, Demokratie. Nie aber war man sich einig darüber, was eine Nation denn nun eigentlich sei; das Volk eines Staates oder das Volk eines Staates insoweit es dieselbe Sprache spräche, ein Volk auch ohne Staat und über mehrere Staatsgrenzen hinweg, nur die obersten, ständisch vertretenen Schichten eines Volkes, und so fort. Die Verwirrung kann nicht wundernehmen. Man hatte einen vagen politischen Sammelbegriff geschaffen, mit dem man die unterschiedlichsten Wirklichkeiten benannte, den man aber bald zu einer ursprünglichen, ewig gottgewollten, höchsten Sache erhob.

Das Zeitalter des Nationalismus wird gemeinhin im späteren 19. Jahrhundert gesucht; aber seine Anfänge sind im 18. zu finden, und die Französische Revolution hat die neue Kraft gewaltig gefördert. Deren kosmopolitische, befreiende Heilsbotschaft, an sich keineswegs ohne Substanz, vermischte sich rasch mit einem Element, das ihr begrifflich fremd war und dennoch nicht ganz fremd; denn ein Volk, das über sich nach innen selbst bestimmen will, will auch über sich nach außen selbst bestimmen, wovon es zu aggressivem Nationalstolz und zur Eroberungslust nicht weit ist, es jedenfalls in der Praxis nicht war. Die »jacobinische Eroberung« (Taine) vollendete nicht nur mit ungeheurer Radikalität die Zentralisierung des französischen Staates; die Jakobiner trieben auch einen Kult mit der Sprachgemeinschaft und suchten den Gebrauch des Deutschen, Bretonischen, Baskischen auf französischem Boden auszurotten. Die militärischen Triumphe Frankreichs, zuerst in wirklicher oder angeblicher Defensive, auch wohl zum Zwecke der Befreiung anderer Völker errungen, endeten im Imperialismus der »befreienden« Nation, die unter Napoleon »die Große« genannt wurde. Die Reaktion der Niederländer, Spanier, Deutschen, im Jahre 1812 selbst der Russen, antwortete dem französischen Anspruch; heimgesucht und ausgebeutet auch da, wo sie durch Frankreich bürgerlich-zeitgemäße Einrichtungen erhielten, begannen sie sich auf ihre nationale Würde und Eigenart zu besinnen, eben weil diese beleidigt worden waren. Das Abenteuer der Revolution und Napoleons hat so im doppelten Sinne die internationale Bewegung des Nationalismus gefördert; es reizte zum Widerstand, aber mit den gleichen Mitteln und dem gleichen Sinn; es gab ein positives Beispiel, das über Italien bis in den türkischen Balkan, über Polen bis nach St. Petersburg und nach Finnland wirkte. Die Mittel, das waren die Rationalisierung, Zentralisierung des Staates und die Entfesselung des bürgerlichen Erwerbsbetriebes. Es waren die ungeheure Erweiterung, die Intensivierung und Brutalisierung des Krieges; dem französischen Vorbild folgend und es überschreitend hat Preußen die allgemeine Wehrpflicht eingeführt und das Monopol des Adels auf Offiziersstellen aufgehoben. Die Demokratisierung oder Nationalisierung des Krieges war früher vollendet als die Demokratie überhaupt. Die theoretischen Begriffe aus Napoleons kriegerischer Praxis hat Carl von Clausewitz gezogen. Kriege, wollte er zeigen, sind bisher meistens beschränkt gewesen, aber das war ein Widerspruch in sich, wie ihn die Wirklichkeit eine Zeitlang, aber nicht immer duldet. Im Krieg liegt eine Tendenz zum Absoluten – wir würden heute sagen, zum Totalen; wo bisher nur ein Teil der Kräfte des Staates zu Kriegszwecken mobilisiert wurde, da waren es unter Napoleon die gesamten Kräfte des Staates; wo man bisher sich mit Halb-Siegen und Kompromissen zufriedengab, da zielte Napoleon auf das völlige Brechen des gegnerischen Willens – wir würden sagen, auf »bedingungslose Kapitulation«.

Von da an ist das Streben nach der Gleichsetzung von Nation und Staat nicht mehr zur Ruhe gekommen. Die alten vor-nationalen Mächte konnten noch Rückzugsgefechte und sterile Siege gewinnen – Rußland 1831, Preußen und Österreich 1848 bis 1849 –, kunstvoll verbogene Kompromisse schließen (Preußen 1871), ein Reich aus vielen Nationen oder Nationssplittern noch einige Jahrzehnte länger aufrechterhalten (die Habsburger Monarchie). Über die Gründung der südamerikanischen Republiken, Griechenlands, Belgiens, Rumäniens, Italiens, des fälschlich sogenannten »Deutschen Reiches«, der Trennung Norwegens von Schweden führt der Weg zur Proklamierung des »Selbstbestimmungsrechtes der Nationen« im Ersten Weltkrieg, zur Auflösung der Donaumonarchie und des später freilich zum großen Teil wieder zusammengezwungenen Zarenreiches; zur Schöpfung des unerfreulichen Begriffes »nationaler Minderheiten« innerhalb eines angeblichen Nationalstaates; zum mörderischen Gezänk zweier oder mehrerer auf engstem Raum zusammenlebender Nationalitäten, welche die längste Zeit sich leidlich oder auch gut vertragen hatten (Böhmen, Südslawien, Anatolien); zur Gründung eines jüdischen Nationalstaates und ihm gegenüber zur Wiederentdeckung einer »arabischen Nation«; schließlich zur freiwilligen oder unfreiwilligen Preisgabe der europäischen Gebiete in Übersee, immer noch und immer wieder im Zeichen eines Nationalismus, dessen europäische Logik auf die asiatische und afrikanische Wirklichkeit nicht paßt.

Gemeinhin wird ein Unterschied gemacht zwischen einem gesunden, maßvollen Nationalgefühl und einem übersteigerten »Nationalismus«. Er mag berechtigt, würde aber doch nur ein Unterschied des Grades sein; ob die Deutschen um 1870, die Tschechen um 1919 national oder nationalistisch dachten, darüber wäre zu streiten müßig. National oder nationalistisch – im 19. und 20. Jahrhundert hat regelmäßig eine Feindschaft dazu gehört, welche dem aufgeregten Kult der eigenen geglaubten Wesenheit entsprach. Der italienische Nationalismus wäre nicht geworden, was er wurde, ohne Österreich; der deutsche nicht ohne Frankreich, später England, später »die Kommunisten«; der polnische nicht ohne Rußland und Deutschland; der tschechische, der balkanische nicht ohne Österreich, Ungarn und, nur zu häufig, die eigenen gleichfalls zu befreienden oder befreiten Nachbarnationen; der arabische von heute nicht ohne Israel; der asiatisch-afrikanische von heute nicht ohne die »Imperialisten« und, wiederum, nicht ohne gewisse nur theoretisch geliebte Nachbarn und Schicksalsbrüder. Mitunter ist der Gegenstand einer zum Nationalismus spornenden Feindschaft im eigenen Land gewesen: Armenier in der Türkei, nichtweiße Bevölkerungen in Südafrika, Neger im Süden der Vereinigten Staaten. Ohne solche Feindschaften und die mit ihnen verbundene Genugtuung hätte der Nationalismus nicht so wirken können, wie er gewirkt hat; eine Beobachtung, die zu seiner Charakteristik beitragen mag.

Es ist häufig bemerkt worden, daß die Forderung nach dem Nationalstaat, dann ein übersteigerter Nationalismus die Sache von Minderheiten war. Die Italiener standen der Gründung ihres Königreiches zum großen Teil passiv gleichgültig, ja widerwillig gegenüber. In Deutschland möchte noch in den 1860er Jahren eine Volksbefragung über die Gründung eines Deutschen Reiches ein verneinendes Resultat gebracht haben — mindestens dann, wenn alle Befragten eine Stimmabgabe auch nur für der Mühe wert gehalten hätten. Der panslawische und westslawische Nationalismus interessierte vor allem die Gebildeten; Professoren, Lehrer, Schriftsteller, Journalisten, Offiziere. Aber das widerlegt die historische Macht der Bewegung nicht und denunziert sie auch nicht als etwas im Grunde Betrügerisches. Denn schließlich sind alle großen oder sogenannten »großen« Dinge in der Geschichte von Minderheiten gemacht worden; so die europäischen Staaten in ihrem Ursprung durch die Könige und eine kleine Schar von Königsdienern. Auch die amerikanische Unabhängigkeit wurde, gegen die Gleichgültigkeit der Mehrheit, von einer intellektuellen Elite erkämpft, später, im »Krieg zwischen den Staaten« die Union wieder gegen die Gleichgültigkeit oder Widerwilligkeit eines Teils der Bürger im Norden selbst erhalten. Vollends die russischen Bolschewiken waren 1917/1918 eine notorische Minderheit, welche der Diskussion mit der in der Nationalversammlung erscheinenden Mehrheit wohlweislich aus dem Wege ging. Demgegenüber hat der europäische Nationalismus vergleichsweise eine immerhin breite Basis im Bürgertum, oft auch im Adel gehabt; genügend breit, um auf die Dauer unwiderstehlich zu sein.

Die Prinzipien Staat und Nationalismus haben einander ungeheuer gestärkt; trotz des von den Anführern der Französischen Revolution gegebenen Versprechens, ein nationaler Staat werde ein Staat im alten Sinn gar nicht mehr sein und darum auch außerhalb seiner Grenzen keine Feinde mehr haben. Dies Versprechen ist von den Kommunisten wiederholt und auch von ihnen bis heute nicht eingelöst worden. Aus dem Heer des Königs wurde das Heer der Nation; verzehnfacht, schließlich verhundertfacht den schieren Zahlen nach und oft, etwa im Deutschen Reich der Hohenzollern, der Stolz der Nation. Die Staatsräson der Fürsten, die man hatte preisgeben wollen, wurde übernommen, wobei es nun nicht mehr um Macht und Prestige des Königs, des Staates — der »Höfe« von Versailles, Schönbrunn, Saint James, Potsdam, St. Petersburg —, sondern um die »heiligsten Güter«, um

»Leben und Tod« der Nation gehen sollte. Schon der Fürstenstaat hatte die Erziehung und Bildung der Untertanen sich angelegen sein lassen, aber es war eine religiöse oder humanistische Erziehung, mit nur einem geringen Beisatz »vaterländischer« Sitte und Gesinnung gewesen. Nun, zumal gegen Ende des 19. Jahrhunderts, wurde die Wissenschaft nationalisiert; das Memorandum des deutschen Theologen Adolf von Harnack, welches zur Gründung der »Kaiser-Wilhelm-Gesellschaft« aufforderte, gibt ein klassisches Beispiel dafür. Die Schule, jeden Zweckes und Zweiges bis hinauf zu den Fakultäten der Hochschule, hatte im Dienst der Nation zu stehen, ihrer kulturellen und wirtschaftlichen Ausstrahlung zu dienen, mit anderen Nationen zu konkurrieren. Was immer nun im Rahmen des Staates geschah und geleistet wurde, vom Wachstum der Bevölkerung bis zum Wachstum der wirtschaftlichen Produktion, von der allgemeinen Volksschulbildung bis zu den verwegensten Erfindungen der Technik, den tiefsten Forschungen der Gelehrten, den sublimsten, besonders aber den weniger sublimen Schöpfungen der Kunst – es stand alles im nationalen Dienst, oder es war tadelnswert, wenn es nicht in ihm zu stehen meinte. Daher der neue, späte europäische Imperialismus nach 1871, der in den neunziger Jahren seinen Höhepunkt erreichte; das hastige, gierige Sammeln eines ephemeren Kolonialbesitzes, nicht, wie man sich einredete, um die Ernährung des eigenen Volkes zu sichern, auch nicht, wie die Schüler von Karl Marx uns einreden wollten, weil der innere Widerspruch des »Kapitalismus« dazu getrieben hätte, sondern aus schierer Freude an der Konkurrenz mit den anderen, aus schierer Lust, möglichst große und viele Flecken der Erdkarte mit den eigenen Nationalfarben bezeichnet zu sehen. Daher die beispiellose Intensität der neuen Kriegführung, in deren Dienst nun die »nationale Wissenschaft«, die »nationale Industrie«, sogar die nationale Literatur stehen mußte; zum erstenmal im amerikanischen Bürgerkrieg und im Deutsch-Französischen Krieg von 1870, um fünfundvierzig Jahre später sich in seiner letzten Konsequenz zu erfüllen.

Der Krieg von 1914 bis 1918, in Asien als »europäischer Bürgerkrieg« mit Recht gesehen, führte das Prinzip des Nationalstaates ad absurdum oder hätte es sollen. Aber zur Kriegführung dieses Stils gehörte auch, daß man um eine Idee kämpfte oder zu kämpfen sich selber einredete. Westeuropa und dann Amerika schrieben den Kampf für Demokratie und für das Selbstbestimmungsrecht der Nationen auf ihr Banner. Folglich brachte ihr Sieg einen neuen Höhenflug des erschöpften und tief blamierten Prinzips, die Schaffung von einem halben Dutzend neuer Nationalstaaten und das Versprechen, in der Reife der Zeit noch mehr von ihnen zu schaffen, das nach 1945 wohl oder übel eingelöst werden mußte. Nie waren die Zänkereien zwischen Europas Nationalstaaten und Nationalitäten bösartiger als gerade in den 1920er Jahren.

Erst der Zweite Weltkrieg, der dem vorhergehenden noch einmal eine Dimension hinzufügte, ließ erkennen, was der Erste hätte erkennen lassen sollen. In Europa – aber keineswegs in den weiten Gebieten der Erde, in denen man Europa nachahmt – hat der Nationalismus heute die Kraft nicht mehr, die er hundert bis hundertfünfzig Jahre lang besaß. Im Westen ist man zu übernationalen, die nationale Souveränität tatsächlich einschränkenden Gründungen geschritten; im Osten halten die kommunistischen Parteien den alten Nationalhaß nieder, oder doch in Grenzen, und zwingen West- und Balkanslawen und

Magyaren zu einem freundlichen Zusammenleben, wie es seit dem Niedergang der habsburgischen und türkischen Imperien nie bestanden hatte. Der Endgültigkeit dieser Entwicklung können wir jedoch weder im Westen noch im Osten Europas sicher sein. Einstweilen werden dort, wo sie es bisher nie waren, in den Vereinigten Staaten, Erziehung und Wissenschaft im steigenden Maße nationalisiert; sei es, weil private oder einzelstaatliche Mittel zur Finanzierung der neuen Aufgaben nicht mehr ausreichen, sei es, weil die wirkliche oder fiktive Konkurrenz mit Rußland zu Anspannungen zwingt, welche wieder nur zentral geplant werden können. Wie im späten 15. und 16. Jahrhundert die europäischen Mächte im Entdeckungswettlauf lagen, wie sie im späten 19. einander in der Erwerbung von Kolonien zuvorzukommen suchten, so kämpft heute die amerikanische Wissenschaft mit der russischen um den Mond, und dem Vorhaben nach um die Planeten.

Krieg und Frieden

In dem berühmten Roman von Sinclair Lewis, »Babbitt«, räumt der amerikanische Geschäftsmann sein Büro, bevor er es verläßt, mit einer Gründlichkeit auf, »als gelte es einen europäischen Krieg vorzubereiten«. Den Amerikanern noch unserer zwanziger Jahre war das europäische Kriegführen ein Gegenstand des Spottes; heute allerdings nicht mehr. Die europäische Gründlichkeit haben sie, in dieser Beziehung, übernehmen müssen.

Gibt man dem Krieg die allgemeinste, von Clausewitz vorgeschlagene Definition als einen »Akt der Gewalt, um dem Gegner den eigenen Willen aufzuzwingen«, so ist er so alt wie die Menschheit oder älter; auch Tiere führen Krieg. Wohl aber hat der europäische Krieg im Lauf der Zeit Charakterzüge entwickelt, die nur ihm eigen sind oder waren.

Der moderne europäische Staat war Kriegsstaat und ohne die immerwährende Möglichkeit und Vorbereitung des Krieges nicht zu denken; während wir uns die antiken Stadtrepubliken gut ohne Krieg denken können. Das Aufeinander-Bezogensein der europäischen Staaten, ihre Machtkonkurrenz, welche die Kunst der Diplomatie entwickelte, gab auch deren *Ultima ratio*, dem Krieg, einen in Begriff und Wirklichkeit so ausgebildeten Charakters, wie er in keiner anderen Zivilisation besaß. Die modernen »Regierungen« sind aus der Verwaltung zweier staatlichen Hauptanliegen hervorgegangen, die wiederum eng zusammenhingen: Finanzen und Krieg. Die Monarchen waren Kriegsherren, die Uniform bis ins 20. Jahrhundert ihre natürliche Gewandung; die »Großen« sind alle Kriegsanführer gewesen, und auch die Unbedeutenen glaubten sich diese Pflicht vor allen anderen schuldig zu sein. Das Heer war ihr besonderer Besitz. Es bedeutete einen entscheidenden Fortschritt in Richtung auf die Demokratie, als das englische Heer im 17. Jahrhundert »Parlamentsheer« wurde. In Deutschland ist dieser Schritt formal erst in der vorletzten Woche des Hohenzollernreiches, Ende Oktober 1918, getan worden. – Für Hegel war ein Gemeinwesen, das nicht unter dem Druck ähnlicher Nachbarn stand, nicht periodisch gezwungen war, Krieg zu führen, überhaupt kein Staat; eben darum meinte er, die nordamerikanische Union sei keiner, oder noch keiner; auch für sie würden kriegerische Zeiten kommen.

Einer auf profunden Studien beruhenden Rechnung zufolge hat Europa die Hälfte der Zeit Krieg geführt. Betrachtet man etwa das 17. und 18. Jahrhundert, so wird man in der Tat feststellen, daß die Perioden des Friedens und des ausgewachsenen Krieges sich ungefähr die Waage halten, ferner auch, daß friedliche und kriegerische Zeiten miteinander abwechseln. Bei näherer Prüfung sind freilich auch die friedlichen Epochen (1715–1740, 1815–1854, 1871–1914) nie ganz friedlich gewesen.

Trotz der Dichtigkeit der Kriege hat man wenigstens bis ins 17. Jahrhundert dazu geneigt, den Frieden als den normalen Zustand anzusehen, den Krieg als außerhalb der Norm liegend, und verursacht durch einen verbrecherischen Akt, der eine berechtigte Gegenwehr, das *bellum iustum* erforderte. Im Zeichen der vollendeten staatlichen Souveränität hat diese Auffassung sich gewandelt; der Begriff des *bellum iustum* verlor seine rechtlich-moralische Bedeutung und nahm eine überwiegend formale an. Krieg durfte jederzeit sein, wenn er nach den Regeln begonnen und geführt würde, die das *ius publicum europaeum* entwickelt hatte. Trotzdem war es gerade in der Zeit der Kabinettskriege üblich, eine Kriegserklärung mit der Darlegung des eigenen unwiderleglichen Rechtes zu verbinden; eine Gewohnheit, die bis ins 20. Jahrhundert erhalten blieb, in einer Zeit noch, als das europäische Völkerrecht praktisch zusammengebrochen war. Die Heuchelei, heißt es, ist ein Zugeständnis, welches die Sünde der Tugend macht; auch galt es, um die Neutralen zu werben, seit dem 19. Jahrhundert die öffentliche Meinung im eigenen Lande zu beschwichtigen.

Der Begriff des Gleichgewichts der Mächte, in Asien unbekannt, in der klassischen Antike nur andeutungsweise entwickelt, ging aus der Vielzahl ebenbürtiger, ähnlich strukturierter, miteinander in enger Verbindung stehender europäischer Staaten hervor. Keiner von ihnen durfte so stark werden, daß er, wenn nicht »Universalmonarchie«, so doch Hegemonie, oder wie der zeitgenössische Ausdruck war, *arbitrium rerum* erringen konnte. Strebte einer nach diesem Ziel, drohte er ihm nahe zu kommen, so taten die Bedrohten sich gegen ihn zusammen. Im 18. Jahrhundert ist die Erhaltung des Gleichgewichts zur bewußten Kunst entwickelt worden; ihren höchsten Triumph hat sie 1815 gefeiert, noch ein Jahrhundert später bestimmend gewirkt. Den Schutz des Gleichgewichts sollten auch Staaten genießen, und gerade sie, die aus eigener Kraft sich nicht hätten erhalten können. Der Schutz war gut, aber nicht zuverlässig. Machten unter besonders günstigen oder verwilderten Umständen mehrere Großstaaten halbpart, so waren die zwischen ihnen liegenden schwächeren Gemeinwesen trotzdem verloren, wie gegen Ende des 18. Jahrhunderts das Beispiel Polens, dann Italiens lehrte.

Der Friede, den man nach einem Kriege schloß, sollte bis ins 17. Jahrhundert ein endgültiger sein, eben weil der Krieg als etwas Anormales, nur durch Verbrechen oder Mißverständnis Verursachtes galt. Später hatten die Diplomaten und ihre Auftraggeber während der Friedensverhandlungen recht wohl die Möglichkeit oder Wahrscheinlichkeit eines neuen Krieges im Kopf, sei es noch einmal gegen den Feind von gestern, sei es im Bund mit ihm gegen den Alliierten von gestern. Immer aber waren, im Gegensatz zur althellenischen Praxis, Friedensschlüsse unbefristet, ein anderes Zeichen dafür, daß der Friede als das erschien, was immer sein sollte, nicht der Krieg Die Friedensschlüsse haben sich am besten bewährt, die auf keiner Niederlage beruhten, also frei ausgehandelt wurden, oder wenigstens die Niederlage höflich bemäntelten. In den Verträgen von Utrecht und Rastatt, welche den Spanischen Erbfolgekrieg beendeten, wurde die Beute, um die es gegangen war, das spanische Weltreich, dermaßen aufgeteilt, daß man nicht hätte sagen können, wer nun eigentlich verloren hatte; jeder erhielt etwas. Mitunter mußte der unterlegene Teil sehr viel herausrücken, um wenig oder gar nichts zu erhalten; so Frankreich 1763. Eigentlich »karthagische« Friedensschlüsse hat das europäische Staatensystem vor 1917/18 nicht gekannt; und selbst im Vertrag von Versailles 1919 war es auf eine »Vernichtung« Deutschlands keineswegs abgesehen. Wäre es darauf abgesehen gewesen, so müßte man die dafür gewählten Mittel als höchst ungeschickt bezeichnen.

Die Anerkennung des Krieges als eines rational zu gebrauchenden, rechtlich geformten Instruments, die Ebenbürtigkeit der souveränen Staaten, die Kollegialität der Monarchen, hat die Entwicklung des europäischen Völkerrechtes, zumal des Rechtes und der Pflichten der Neutralen, entscheidend gefördert und zur Milderung der Kriegsgreuel beigetragen. Nicht ganz so sehr, übrigens, wie gern behauptet wurde. Fürchterlich waren auch die Kriege des 18. Jahrhunderts, die uns als nachahmenswertes Modell vorgehalten werden; worüber man Voltaires »Candide« nachlesen mag. Das gemeinsame Interesse der Monarchie hätte im Lande des Feindes geschürte Revolution als Mittel der Strategie eigentlich ausschließen sollen. Sie tat es aber nie. Das Frankreich Ludwigs XIV. machte nicht bloß mit den gestürzten Stuarts, auch mit den irischen Rebellen im Kampf gegen England gemeinsame Sache, das Frankreich Ludwig XVI. mit den amerikanischen und holländischen Revolutionären. Im 19. Jahrhundert wurde es zur Gewohnheit, mit dem Öffnen der revolutionären Pandorabüchse im Reiche des Gegners wenigstens zu drohen; eine angespielte Möglichkeit, die im Ersten Weltkrieg auf beiden Seiten zur vollen Wirklichkeit wurde. Die Geister, die man in blinder Kriegswut rief, ist man dann nicht wieder losgeworden.

Langwierige Kriege haben immer die Tendenz zur Ausweitung und zur Mobilisierung noch vorhandener Kräfte gehabt; so der Dreißigjährige Krieg, der Spanische Erbfolgekrieg. Im großen und ganzen jedoch kann man, trotz der gesteigerten Wirkung der Feuerwaffen, von einer erhöhten Intensität des Krieges bis gegen das Ende des 18. Jahrhunderts nicht sprechen. Ungefähr waren die Truppenzahlen damals noch, was sie schon im 17. Jahrhundert und was sie in der römischen Antike gewesen waren. Der große Sprung wurde im Zeitalter der Französischen Revolution getan. Seither war es ein dauernder Prozeß. Die Größe der Armeen vor der Französischen Revolution, auf dem Höhepunkt der Napoleonischen Kriege, und im Zweiten Weltkrieg könnte man ungefähr mit eins, zehn und hundert benennen, und dem entsprachen die Verluste, die wissenschaftlichen und die wirtschaftlichen Anstrengungen. Die treibenden Kräfte hinter diesem Steigerungsprozeß waren die nationale Demokratie und die Industrie – zwei ihrerseits eng verbündete, historisch zusammengehörende Kräfte. Sie haben aus dem Krieg gemacht, was er wurde und was 1916/17 zu einer nicht mehr zu heilenden Verwundung, 1940/45 zum Zusammenbruch des europäischen Staatensystems und Völkerrechts führte. Die besonders von gewissen deutschen Staatsrechtlern mit geistreichen Sophismen vertretene These, nicht Europa selber, sondern die einem unwirklich-raumlosen, »nihilistischen« Rechtsbegriff ergebenen Amerikaner seien an dieser Entwicklung schuld, ist nicht haltbar.

Staat, Kriegsstaat und Krieg haben auf das Sein und Streben des wirtschaftenden, des denkenden und grübelnden europäischen Menschen einen mit Worten überhaupt nicht ausreichend zu beschreibenden Einfluß gehabt. Der Merkantilismus des 17. und 18. Jahrhunderts, der Neomerkantilismus des späten 19. und 20. sind Staatssache, Kriegssache. Die staatsbejahende, kriegsbejahende europäische Philosophie und Geschichtsschreibung, von Hobbes bis Hegel und bis Oswald Spengler ist es auch. Die kriegsverneinende, den Staat oder doch wenigstens den absoluten Staat verneinende Philosophie von Bayle und Locke bis zu Kant, zu Auguste Comte und Herbert Spencer und Bertrand Russell ist es ganz ebenso. Ohne den Staat, so wie er war, kein Protest gegen ihn, keine pazifistische, kosmopolitische Gesinnung; keine Friedens-Utopie. Waren die europäischen Staaten mitunter Zuchthäuser, so waren sie gleichzeitig Treibhäuser der Wirtschaft wie des Denkens. Hegel meinte, die nordamerikanische Union sei kein Staat, weil sie nicht Krieg führen müsse, nicht unter Druck lebe, ihre Bürger nicht unter Druck setze. Sicher war die amerikanische Philosophie noch im 19. Jahrhundert eine flaue, wenig angetriebene und treibende, verglichen mit der europäischen. Deren große Vermittler, Leibniz, Voltaire, Kant, stehen bewußt und leidenschaftlich partizipierend im politischen, kriegerischen Gewirr ihrer Zeit; ebenso, noch stärker, ihre persönlich-inkarnierten geistigen Katastrophen: Rousseau, Nietzsche, Dostojewski. Was wäre der große europäische Roman ohne Staat und Krieg? Was die europäische Geschichtsschreibung?

Emanzipation

In dem Kapitel über das europäische Mittelalter wurde gezeigt, wie der Dom, unter dessen Dach man die »Endzeit« zu erleben gedachte, doch nie fertig wurde; wie selbst unter seinen Baumeistern solche waren, die, unwissentlich, nicht nur bauten, sondern auch abtrugen. Auch hier war der Gedanke vom machtpolitischen Kampf nicht zu trennen; die Reformierung der Kirche unter Gregor VII. eine Revolution gegen die Könige; die philosophische Schule der »Nominalisten« im offenen Bund mit den Königen, gegen die römische Kirche. Die Lehre, wonach Universalia, Allgemeinbegriffe, nichts seien als Worte, Stimmgeräusch, und wirklich nur die einzelnen Sachen – welche einreißende Folgerungen waren daraus nicht zu ziehen! Daß Glauben und Wissen aus dem Grunde verschiedene, unversöhnliche Dinge seien, bestritt im 17. Jahrhundert Leibniz; aber im 13. hatte der *Doktor angelicus*, Thomas von Aquino, es anders gesehen: »Non est possibile, quod sit de eodem fides et scientia.« Selbst im Hochmittelalter waren Religion und Wissenschaft nicht aus dem gleichen Stoff. Das Mittelalter, lasen wir, hat nie geendet. Die Emanzipation von seinen politischen und geistigen Werken hat nie begonnen. Sie war immer. Die Entwicklung der Städte – die angelsächsische Geschichtsschreibung spricht von einer »städtischen Revolution« – geschah außerhalb des Rahmens der Feudalität und gegen sie. Im Streit zwischen Papst und Kaiser, Papst und Königen kämpften beide Seiten nicht nur um Herrschaft, sondern auch um Abtrennung, um Freiheit. Die Wege, welche die Erkundung der

Natur ging, hatten nichts mit Religion zu tun, die doch alles überwölben sollte, auch nichts mit scholastischer Spekulation.

Emanzipation – Immanuel Kant nannte sie mit einem Modewort seiner Zeit »Aufklärung« und definierte sie als das Streben des Menschen, »aus seiner selbstverschuldeten Unmündigkeit herauszukommen«. Unmündig war, wer nicht selber denken durfte oder es nicht wagte; wer ohne zu prüfen der über ihn gesetzten Autorität gehorchte.

Emanzipation konnte im Lager der herrschenden Geistesmächte selber vorwärts getragen werden; in der Hitze des Kampfes; durch Weiterentwicklung und subtile Auslegung der alten Lehre. Hierher gehört selbst der frühe Protestantismus, der nicht einmal subtil sein, der im Gegenteil reformieren, zu den einfachen Grundwahrheiten der Überlieferung zurück wollte, aber eine Bewegung begann, die sehr, sehr weit von ihrem ursprünglichen Wollen fortführen sollte. Emanzipation konnte wesentlich kritisch sein; ein gefährliches, lange Zeit furchtbar gefährdetes Rebellentum von außen. Oder sie war in ihrem eigenen Bereich positiv und schöpferisch ohne gewollte Kritik an den bestehenden Ordnungen, mit denen sie dennoch in Widerstreit geriet. So Galileis Himmelsmechanik, die weder antikirchlich noch antichristlich sein sollte, aber es wurde, weil die Kirche etwas andres lehrte und Galileis Lehre verbot.

Die Befreiung der Ratio von der Autorität, die immer am Werke war, ging dennoch in großen Schüben vor sich: in der Zeit der Spätscholastik, in der Renaissance, im 17. und 18. Jahrhundert. Damals war sie, was die Spitzen, nicht was die Basis betrifft, schon nahezu vollendet; freiere Geister, als Voltaire oder Lessing waren, gibt es heute nicht. Im 19. Jahrhundert ergriff sie die Basis, eroberte sie die Massen, wurde sie siegessicher und ordinär. Nun konnten Platitüden gedruckt werden, wie, daß keine Philosophie die wahre Philosophie sei, oder, daß der Mensch sei, was er esse. Nun war es keine Leistung mehr, Atheist zu sein, sowenig es im Politischen eine war, Demokrat zu sein; es konnte höchstens noch die Beamtenlaufbahn des Freigeistes verderben. Seither war nur noch das schöpferisch, was in ihrem Ursprung durch Emanzipation ermöglicht worden war: freie Wissenschaft. Bloße Kritik an der Tradition wurde öde.

Die Emanzipation hat immer wieder Halbwegshäuser gesucht, bei denen sie stehenzubleiben wünschte; hat christlichen Glauben und freie Vernunft zu versöhnen gesucht (Descartes, Locke, Leibniz); hat sich selber Gehäuse gebaut, Kirchen im persönlichen Besitz sozusagen, die aus zeitbedingtem Stoff gemacht waren (Spinoza); hat, indem sie alles Wissen um Gott, Freiheit, Unsterblichkeit zu zerstören meinte, Gott, Freiheit und Unsterblichkeit als »Ideen« zu erhalten gesucht (Kant); hat die christliche Wahrheit in die eingebildete Allerkenntnis von Sein und Werden kunstvoll mit hineingenommen (Hegel). Solche Halbwegshäuser hielten für die, die sie bauten; aber regelmäßig blieben andere dort nicht stehen.

Rationalismus und Empirizismus, der hier freilich nur fand, was das rationalistische Dogma ihm zu finden vorschrieb, konnten umschlagen in neue Autorität. Einer hatte, im verachtungsvollen Kampf gegen die Tradition, die ganze Wahrheit über Mensch und Welt, Mensch und Geschichte gefunden; wehe dem, der es nicht glaubte. Das ist ein paarmal versucht worden; gelungen ist es nur einmal, und zwar da, wo Philosophie sich völlig in den

Dienst des politischen Machtkampfes stellte. Wir meinen den »Marxismus« oder »dialektischen Materialismus«. Diese in ihrem Ursprung geistvolle, später unglaublich arme, plumpe Lehre, beherrscht heute einen dritten Teil der Erde und die Seelen, die dort wohnen. Man ist versucht, hier von bestrafter Anmaßung zu sprechen. Die ganz frei sein wollten von den Lügengeweben der Vergangenheit, sind nun im Geistigen ganz unfrei. Ihr besseres Wissen müssen sie unterdrücken oder unter Verrenkungen in das Gefüge der herrschenden Lehre einpassen, und die Gefahr der Anklage wegen Ketzerei ist über ihnen, wie sie je über den Gelehrten des 16. Jahrhunderts war.

Die große Emanzipation war segensreich, insofern die alte Autorität vielerlei Qual verursacht hatte; Ketzerverfolgungen, Hexenbrände, körperliche und geistige Foltern; Leid derer, die »unten sterben« mußten, »wo die schweren Ruder der Schiffe streifen«; Angst und Enge des Aberglaubens. Sie war segensreich, insofern die alte Autorität den freien Gang der Wissenschaft behindert hatte; von dieser kann man sagen, daß sie seit dem Ende des 17. Jahrhunderts essentiell frei war. Sie war nicht segensreich, insofern die alte Autorität den Menschen eine Geborgenheit im Glauben und in Überlieferungen gegeben hatte, welche die freie Ratio ihnen nehmen, aber nicht ersetzen konnte. Ein wenig Fortschrittsglaube oder »Humanismus« war kein Ersatz und war auch wieder nur ein Halbwegshaus; warum, wenn es keinen Gott gab, wenn der Mensch nur eine ephemere Erscheinung in unendlicher Zeit, in unendlichem Raum, auf einem von Myriaden Planeten war, sollte ihm denn ein besonderer Wert zukommen? Es war kein Verlaß auf die Ersetzung der Religion durch Naturalismus und wissenschaftlichen Positivismus. Im Geiste des Mannes zum Beispiel, der in den dreißiger und vierziger Jahren unseres Jahrhunderts über Deutschland herrschte, schlugen sie um in Verbrechen eines neuen Aberglaubens, wie kein Papst, kein König von Gottes Gnaden sie je begangen hatte. Eine Erfahrung, durch die die Warnung Edmund Burkes aus dem Jahre 1791 bestätigt wurde: »Wir wissen, und setzen unseren Stolz darein zu wissen, daß der Mensch ein zur Religion geschaffenes Wesen ist, daß der Atheismus nicht allein mit unserer Vernunft, sondern mit unseren Instinkten streitet, und daß er nicht lange bestehen kann. Wenn wir also in einem Augenblick des Übermutes ... eine Religion von uns stießen, die seither unser Ruhm und unsere Stütze und eine machtvolle Quelle der Kultur bei uns und bei so vielen anderen Nationen war, so würden wir fürchten (denn eine gänzliche Leere würde der Geist nicht ertragen), daß irgendein roher, verderblicher, erniedrigender Aberglaube sich einfände und von ihrer Stelle Besitz nähme.«

Dort, wo säkularisierte Freiheit nicht entartete, könnte man wohl zeigen, daß sie häufig gleichwohl gebunden blieb; zumeist durch eine gleichsam evaporierte, aber noch immer wirksame Religiosität, wie dies in Amerika am deutlichsten der Fall ist. Indessen hat es menschengläubigen, dem Menschen Ehre machenden guten Willen auch in Bewegungen gegeben, deren religiöse Bindung nicht mehr erkennbar ist; zum Beispiel in der europäischen Sozialdemokratie.

Was immer nun aber der Segen und der Unsegen des hier in Rede stehenden Emanzipationsprozesses gewesen sein mag: Es hätte keinen Sinn, ihn zu beklagen. Beklagen kann der Historiker nur das Auftreten gewisser Personen, gewisse Entscheidungen, Taten, Ereignisse, gewisse kollektive Verirrungen von kurzer Dauer. Hier kann er sich vorstellen, daß sie hätten anders sein können und sollen; er kann sie wegdenken. Ein Prozeß von der Breite und Tiefe wie der hier ins Auge gefaßte ist nicht wegdenkbar und nicht anders denkbar. Auf ihm beruht nahezu alles, was wir heute sind und tun und haben, Politik und Gesellschaft nicht nur, auch alle Wissenschaft, alle Industrie, alle Literatur und Philosophie und Kunst. Gewiß kann man die Geschichte des Menschen als Ganzes bedauern, oder bedauern, daß er eine Geschichte hat, anders ausgedrückt, daß es ihn gibt. Solche pessimistische Philosophie ist auch in Europa aufgetreten; Einzelgänger haben sie vertreten, und eine extreme Auslegung der christlichen Lehre vom Sündenfall wirkt in ihrem Sinn. Man braucht ihre Bedeutung nicht zu leugnen. Nur ist sie so allumfassend, daß sie nur die menschliche Geschichte als Ganzes, nicht aber eine epochale Entwicklung innerhalb der Geschichte treffen könnte. Für seine Person sieht der Schreiber dieser Zeilen nicht, wie man auch von einem religiösen Standpunkt aus bestreiten könnte: Daß der Mensch als ein sich in der Zeit entwickelndes, veränderndes, als historisches Wesen gemeint war, als eines, dem Prüfungen aufgegeben sind, an denen er sich bewährt hat oder nicht, bewähren wird oder nicht. Man gibt vieles zu, wenn man das zugibt. Man kann dann nicht meinen, der europäische Mensch wäre auf einer bestimmten Stufe seiner Entwicklung, im 12. Jahrhundert, im 16. oder 18. oder 19. Jahrhundert besser für alle Zeiten stehengeblieben. Man kann dann nicht umhin, den großen, seit dem späten 17. Jahrhundert überdeutlichen, in seinen Ursprüngen viel älteren Emanzipationsprozeß als Ganzes – jedoch nicht in allen seinen ausschweifenden Details – zu bejahen.

Er war unaufhaltsam. Immer wieder hat man ihn aufhalten wollen, indem man die Gewalt der Kirche, die Gewalt des Staates gegen seine Förderer aufbot und allzu viele von ihnen zu Märtyrern machte; vergebens. Der römische Index hat, auf lange Dauer, so wenig gewirkt wie der geistige Despotismus Ludwigs XIV., wie die im Grunde zaghafte, kein Dogma aufzwingende, nur formale Mäßigung fordernde Zensur des Fürsten Metternich, wie der Versuch des Zaren Nikolaus I., sein Reich gegen Westeuropa hin abzuschließen und mit den Begriffen Zarismus, Russentum, Orthodoxie monolitisch zu zementieren. Rückzugsgefechte das alles nur; oft durch die Jahrhunderte und sehr großartigen Charakters. Unbestreitbar ist das geistige Leben in den Gegenden Europas, in denen die katholische Reformation triumphierte, lange Zeit sehr verschieden gewesen von jenen, in denen sie nicht triumphierte; Italien und Spanien von England; im deutschen Bereich Österreich und Bayern von Sachsen und Preußen. Aber im 19. Jahrhundert haben diese Unterschiede sich sehr schnell verwischt. Lehrreicher: gerade da, wo die alten Geistesmächte den härtesten Widerstand leisteten, hat die Emanzipation auf der Gegenseite die radikalsten Formen angenommen: so in Italien, in Spanien, in Rußland, auch in Frankreich.

Auf den ersten Blick mag diese Unwiderstehlichkeit der Sache wiederum durch Europas politische Vielfalt zu erklären sein. »Universalmonarchie« hätte sie vielleicht zum Stillstand bringen können, aber Universalmonarchie gab es niemals. Und so konnte in den Niederlanden oder in England gedruckt werden, was im Frankreich Ludwigs XIV. nicht gedruckt werden durfte; in Zürich, in Paris, in Brüssel, in New York, was in Deutschland die Zensur des Fürsten Metternich verbot. Von außen wirkte herein, was drinnen nicht geschehen durfte. Kein Reich, nicht Spanien, nicht Rußland, schließlich nicht Japan vermochte sich vom Strom europäischen Denkens zu isolieren. Übrigens wäre es ihnen politisch übel bekommen; denn mit der Emanzipation des Denkens war die Wissenschaft und mit dieser die wirtschaftliche, die militärische Macht eng verbunden, eine Tatsache, welche heute auch die neoscholastische Autorität der kommunistischen Parteiherrschaft bedroht. Indessen wird man sich mit dieser Erklärung des immerwährenden und schließlich totalen Sieges der Emanzipation nicht begnügen. Die geistige Energie, die hier am Werk war, konnte nie erstickt werden, wie anders man sich auch die politischen Grenzen denkt; der europäische Geist, nachdem er sich einmal auf das Abenteuer eingelassen, gab nicht Ruhe und hätte nie Ruhe gegeben, bis das gefährliche Ziel erreicht war.

Demokratie und Revolution

Insofern die europäische Emanzipation wesentlich kritisch war, gegen die alte Autorität, Kirche, Feudalität, Monarchie von Gottes Gnaden, gegen Aberglauben und Glauben sich richtete, insofern sie also unter spezifisch europäischen Bedingungen wirkte, wäre sie die nichteuropäischen Völker so viel nicht angegangen. Was sie in China, Japan, Indien zum Triumph führte, was sie heute in Afrika ihr teils entwurzelndes, teils neu integrierendes Werk treiben läßt, waren ihre positiven Schöpfungen; auf der einen Seite Wissenschaft, Medizin und Hygiene, Technik, offenbare wirtschaftliche und militärische Überlegenheit; Demokratie und Revolution auf der anderen.

Was seit den 1860er Jahren die Japaner zu dem staunenswerten Unternehmen ihres zunächst nicht so sehr geistigen wie technischen Nachahmens trieb, was anderthalb Jahrhunderte früher den an der Grenze des damaligen Europa herrschenden russischen Zaren, was heute die chinesischen oder ägyptischen Anführer mit dem Ehrgeiz erfüllt, Europa-Amerika einzuholen oder zu »überholen«, war das Bewußtsein, oft die demütigende Erfahrung, daß man ohne Europas Künste den Europäern hilflos ausgeliefert war. Die Europäer als Kolonialherren, Protektoren, intervenierende und konkurrierende Mächte taten selber das Ihre, die Unterlegenen die neuen *Arcana imperii* zu lehren, und tun es, in echtem und unechtem Wohlwollen, auch heute noch.

Und dann die politischen Heilslehren der Europäer, Demokratie und Revolution. Beide sind mit dem großen Emanzipationsprozeß eng verbunden. Revolution, das sollte, nach lange wühlender Vorarbeit, Emanzipation mit einem Schlag sein; das plötzliche und ganze In-eine-vernünftige-Ordnung-Bringen dessen, was bisher immer in Unordnung gewesen war. Demokratie, das gleichberechtigte Mitwirken aller an der öffentlichen Sache ergab sich aus der Emanzipation wie von selber: *ex negatione;* wenn alle ererbten, durch Tradition und Glauben vorgeschriebene Privilegien vor dem Richterstuhl der Vernunft geopfert wurden, was blieb als das gleiche politische Recht jedes Einzelnen? Was blieb, schärfer gefragt, wenn man von der Geschichte weg, aber nach vorwärts wollte, nicht zurück zu einem barbarischen Naturzustande, zum schieren Recht des Stärkeren? Freilich hätte die dürre, negative Logik nicht genügt, um zu einer demokratischen Ordnung zu kommen. Eine lange Kette positiver geistiger Schöpfungen war dafür notwendig.

Sie reicht, wie anderwärts gezeigt wurde, tief ins Mittelalter, sie kommt aus dem Mittelalter. Ihm – nicht aber der klassischen Antike – war das Prinzip der Repräsentation wohl bekannt, so das Recht des Widerstandes gegen schlechte Könige, ihre Verpflichtung und auch ihre Absetzbarkeit, die auf einer nicht wirklich geschehenen, aber modellartig gedachten Wahl beruhte. Ihm war das nicht von Menschen willkürlich geschaffene, sondern ewig dauernde, gottgewollte Recht bekannt, von dem das dekretierte, kodifizierte nur eine Spiegelung sein sollte. So waren denn auch die ersten modernen Revolutionen Europas, die beiden englischen des 17. Jahrhunderts, nicht als Neuerungen, sondern als Wiederherstellungen ewiger Rechte gedacht, die gleichzeitig historische Rechte der Engländer waren. Dasselbe gilt für die amerikanische Revolution mindestens im Ursprung. Auch die Amerikaner kämpften für ihre historischen Rechte als Engländer; die *Bills of Rights*, Menschen- und Bürgerrechte, die von einigen Kolonien 1776 verkündet wurden, gingen auf eine lange Tradition englischer Rechte von der *Magna Charta* bis 1689 zurück. Aber dem Historischen, Lokalisierten wohnte eine Dynamik inne, die es antihistorisch und universal wirken ließ. Das gilt schon für die radikalsten Forderungen, die sich aus dem englischen Bürgerkrieg erhoben. Es gilt für die Glorreiche Revolution von 1688; nicht so, wie die Whig-Anführer es zunächst verstanden, aber so, wie das hohe Lied von der Gewaltenteilung, den Individualrechten, den Parlamentsrechten, von der »Verfassung« überhaupt, von Locke und von seinen kontinentalen Bewunderern, Montesquieu, Voltaire, auch Kant, verkündet wurde. Es gilt für die amerikanische Revolution in einer späteren Phase; für die um den Erdball schallenden Trompetentöne der »Unabhängigkeitserklärung«, für das menschenfreundlich-anmaßende, antihistorische und – weil eben Europa der geschichtliche Kontinent war – antieuropäische Denken Thomas Paines und Thomas Jeffersons. Es gilt schließlich und im allerhöchsten Maße für die Französische Revolution.

Auch sie hatte ja zunächst noch keine »Revolution« sein sollen in dem verhängnisvollen Sinn des Wortes, den erst sie ihm gab. Sie hatte ihr Vorspiel in einer Protestbewegung des Adels und der amtsadligen »Parlamente« gegen die Reformversuche der Krone; sie begann mit dem Rückgriff auf eine uralte, nahezu abgestorbene Institution, die drei Stände des Königreiches. Der Geist der Zeit, das amerikanische Beispiel, der provozierende Widerstand der alten Mächte brachten mit unglaublicher Schnelligkeit in der wirklichen Bestrebung sowohl wie im Bewußtsein der an ihr Teilnehmenden den »Durchbruch zum modernen Staat« hervor. Und damit war der Begriff der Revolution geschaffen, wie es ihn vorher, als man nur Umschwünge und Umstürze, Bürgerkriege aller Art, Rebellionen, »Res novae« oder »Reformationen« kannte, nie gegeben hatte; die Revolution, die mit einem gewaltigen Schlag alles recht macht, wo vorher alles unrecht gewesen war. Das Ding war lange in statu nascendi gewesen, auch Engländer und Angloamerikaner hatten vorbereitend an ihm mitgewirkt. So aber, wie es nun plötzlich fertig dastand, war es kontinental-europäisch und in einem Gegensatz zu dem evolutionären, eine lange Vergangenheit bejahenden Denken der Angelsachsen. Theoretisch band sich auch die neue, einzige und unteilbare Souveränität der französischen Nation durch Menschen- und

Bürgerrechte, die der Staat nie sollte antasten dürfen. In der Praxis war es zunächst anders; weil das Vaterland in Gefahr war. Solange durfte die regierende Mehrheit als der allgemeine Wille anders gesinnten Minderheiten vorschreiben und antun, was die Not erheischte. Wer in der Hauptstadt an der Macht war, vertrat in jedem Fall die Mehrheit und durch sie das Ganze. Das öffentliche Heil legte ihm die Pflicht auf, mit Menschenrechten und Menschenleben großzügig umzugehen. Solche Notstände, während derer, zum Zwecke der Verteidigung der Revolution, die Volkssouveränität von einer Diktatur getragen wurde und Terror und Enthusiasmus eine früheren Zeiten unbekannte Verbindung eingingen, sind seither mehrfach vorgekommen.

Der Begriff der nationalen und demokratischen Revolution, als etwas Gewolltes oder Gefürchtetes, hat das 19. Jahrhundert beherrscht. Die Völker Europas hatten sich zu konstituieren, sich eine Verfassung zu geben, so oder so formulierte Menschen- und Bürgerrechte festzusetzen; dort, wo sie einen Staat besaßen, der kein Verfassungsstaat war; erst recht, wo sie keinen Staat besaßen, sondern fremden Herren untertan waren. Die Amerikaner hatten den Arbeitsgang unter den besonderen Bedingungen ihres Inselkontinents erfunden, die Franzosen ihn auf europäischem Boden zuerst, dann noch einmal und wieder noch einmal durchgeführt. Es war ein Drama in mehreren Akten. Der Sturz der alten Gewalten, sei es durch friedlichen Verzicht unter bloßem Druck, sei es nach Straßenschlachten und Barrikadenstürmen in den Hauptstädten; die provisorische, revolutionäre Regierung; die Wahlen zu einer verfassunggebenden Nationalversammlung. Äußeren Krieg schrieb die Logik des Prozesses nicht vor, aber die Macht der Tatsachen führten ihn oft herbei; so schon in Amerika 1776, in Frankreich 1792, in Italien 1848 und 1859. Auch für Deutschland erwarte er »Krieg und Revolution kombiniert«, hat Bismarck einmal geschrieben. Nie wurde man die alte, von den Monarchen begründete Staatsräson los. Sie leistete Widerstand von außen; sie half von außen aus ihr eigenen Gründen; sie lebte selbst in jenen fort, die sie für immer begraben wollten, so daß etwa die Anführer der ersten Französischen Revolution den territorialen Expansionismus der Bourbonen mit nur veränderten Argumenten weitertrieben: Erbrechte und »Reunionen« ehemals, »natürliche Grenzen« jetzt. Das Fortwirken der alten Tradition oder Fortbestehen der alten Mächte führte zu den wunderlichsten Kompromissen, zu Verfassungen, die nicht von Nationalversammlungen beschlossen, sondern von den Königen als Geschenk gegeben wurden; zu Revolutionen, die nicht kämpfen, sondern sich durch Vereinbarung mit den Königen durchsetzen wollten; zu einem neuen Nationalstaat – dem deutschen –, der seiner Form nach ein Bündnis fürstlicher Regierungen sein sollte. Auf die Dauer haben solche Kompromisse selten gehalten. Das nachgerade klassische Prinzip der revolutionären Staatsgründung war lebendig noch im 20. Jahrhundert; ihm gemäß wurde die deutsche Republik von 1919 gegründet und hätte, dem von Lenin vereitelten Plane nach, die russische von 1918 gegründet werden sollen. Ihm gemäß soll heute noch die von der deutschen Bundesrepublik geforderte Wiedervereinigung Deutschlands erfolgen.

Dem ursprünglichen Anspruch nach war die Revolution eine und einmalig. War die souveräne Nation nach ihrem eigenen Willen konstituiert, so konnte sie sich nicht mehr mit sich selber verfeinden. Sie mochte neue Gesetze machen, so wenige wie möglich allerdings

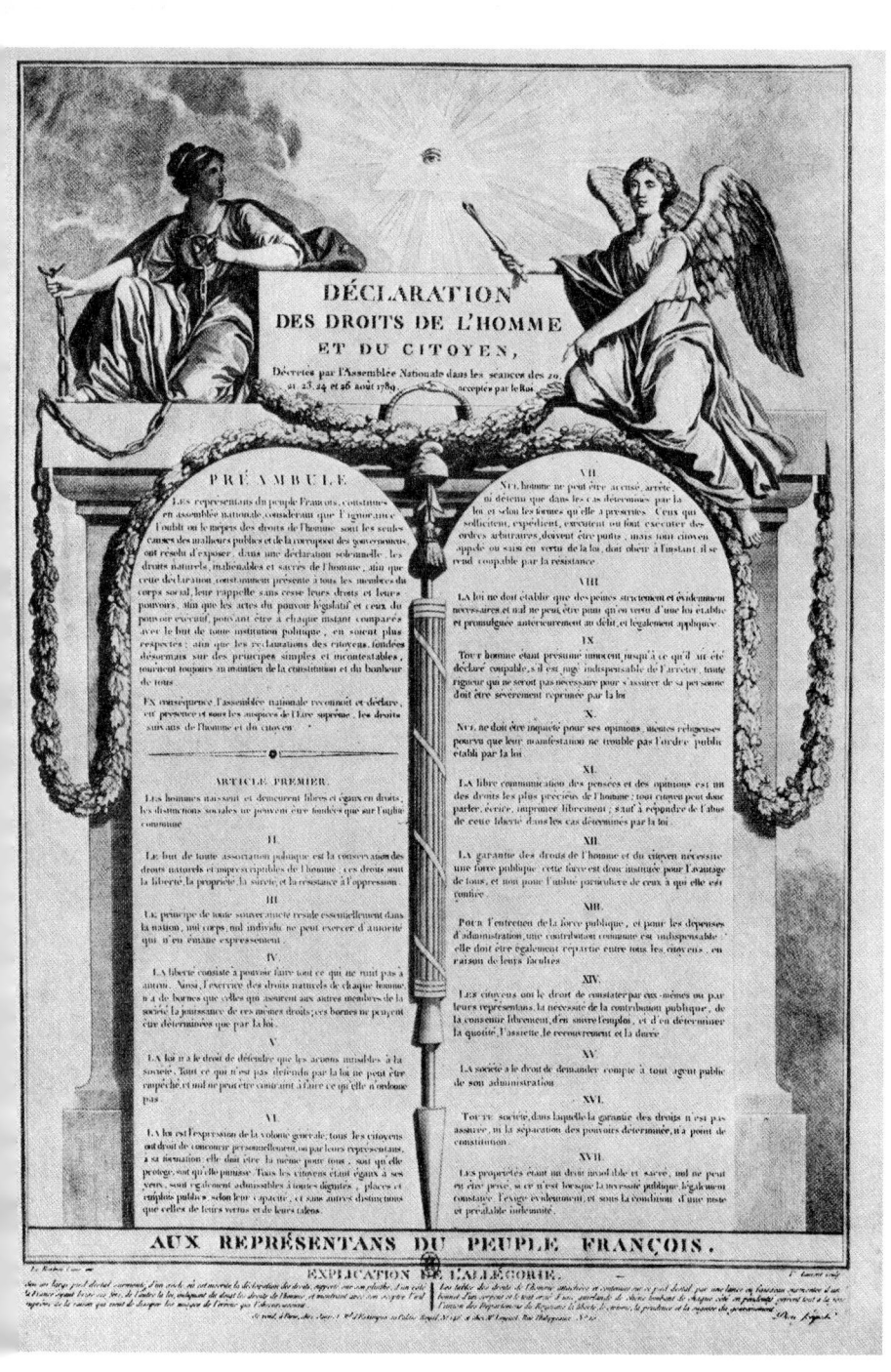

Erklärung der Rechte des Menschen und des Bürgers
Beschluß der Nationalversammlung während ihrer Sitzungsperiode vom 20. bis 26. August 1789

Barrikadenkampf an der Rue du Petit Pont in Paris im Juni 1848
Lithographie

und in den Grenzen, welche die Menschenrechte setzten. Sie mochten sogar die Verfassung ändern, nach Methoden, welche die Verfassung selbst vorsah. Ein neuer Sprung, aus dem Unvernünftigen ins Vernünftige, war nicht mehr zu tun.

Die Behauptung, daß es in Wirklichkeit ganz anders sei und eine neue Revolution, diesmal die wirklich letzte, erst noch bevorstehe, kam in den 1830er Jahren auf. Im nächsten Jahrzehnt wurde sie von zwei Deutschen, Lorenz Stein und Karl Marx, systematisiert, war aber damals schon nicht mehr originell; die beiden sammelten nur ein, was in der Luft lag. Es war der Gedanke, daß formale Gleichheit vor dem Gesetz, formale Freiheit, formale, indirekte Partizipation an der Staatsmacht nicht genügten, vielmehr, daß sie nur einer einzigen bevorzugten Klasse, nämlich dem besitzenden Bürgertum, genügten. Die Revolutionen der Amerikaner, erst recht der Franzosen, waren im Schein des Gesamtnationalen, des Universalen und Menschlichen tatsächlich Revolutionen einer Klasse gewesen, der Bourgeoisie. Der dritte Stand, das Bürgertum, sei die Nation, hatten sie behauptet, aber er war es sowenig, wie Adel und Klerus es gewesen waren. Der vierte Stand, der Stand der Armen, der »Proletarier«, war die überwältigende Mehrheit der Nation. Ihm war mit formalen Rechten nicht geholfen, solange eine Minderheit, und zwar eine der Zahl nach immer geringer werdende Minderheit, den materiellen Reichtum der Nation besaß, ihre Produktionsmittel nicht nur, auch ihre staatlichen Machtmittel, Heer, Justiz, Verwaltung in Wahrheit beherrschte. Die Gleichheit vor dem Gesetz war also so zu ergänzen, war überhaupt erst real zu machen durch Gleichheit der materiellen Lebensbedingungen, Gleichheit des Eigentums oder Abschaffung des Eigentums. Diese Revolution würde der vierte Stand, das Proletariat besorgen und dabei zuerst ebenso diktatorisch regieren müssen, wie der dritte auf dem Höhepunkt der französischen »bürgerlichen« Revolution regiert hatte, wieder im Zeichen eines vorübergehenden Notstandes, bis alle inneren und äußeren Widerstände gebrochen wären. Dann und dann erst würde für immer die friedliche und freie Identität der Gesellschaft mit sich selber sein, welche schon der bürgerliche Klassenstaat versprochen hatte, aber nicht schaffen konnte. Marx ging so weit, den anarchischen, den staatlosen Charakter einer solchen befreiten Gesellschaft vorauszusagen. Denn aller Staat war Herrschaft und auf »Ideologien« gründend, welche die herrschende Klasse in ihrem Interesse die Beherrschten lehrte. Entfielen die Klassen und der Klassenkampf, so entfiel der Staat.

Aus der einen Revolution, welche den Sprung aus dem Reich des Geschichtlichen, Unvernünftigen in das Reich des Ungeschichtlichen, Vernünftigen vollzogen, wurde eine Kette von Revolutionen, welche die menschliche Geschichte ausmachte. Praktisch zwar wußte Marx eigentlich nur zwei zu nennen, die bürgerliche und die proletarische. Aber theoretisch waren »Revolutionen« nicht als bloße Palastrevolutionen oder *res novae*, sondern als soziologisch strukturierte und erkennbare Klassenrevolutionen zu verstehen, als die »Lokomotiven der Weltgeschichte«, und waren es immer gewesen. Sie würden aber nun aufhören es zu sein, und zwar bald. Der bürgerlichen Revolution würde die proletarische auf dem Fuße folgen. Die Herrschaft der bourgeoisen »Kapitalisten« war ephemer, obgleich nützlich im Sinne der großen Absichten der Weltgeschichte. Sie mochte das zentralisierende, nivellierende Werk der Könige noch weitertreiben, die materiellen Produktivkräfte noch weiter entbinden bis zu dem Punkt, an dem sie dem von ihr selbst Begonnenen auf eine gesellschaftlich nicht mehr erträgliche Weise hindernd im Weg stünde; dann würde sie samt allen ihren Einrichtungen und Wertungen hinweggefegt werden.

Das Versprechen war von jenem der »bürgerlichen« Revolutionäre des späten 18. Jahrhunderts nicht so sehr in der Form wie inhaltlich verschieden. Auch hier sollte aus der richtig konstituierten Gesellschaft der innere wie der äußere Friede folgen; in einem Falle Friede und Freundschaft zwischen befreiten Nationen, im anderen das »Verwelken« der Staaten und der nationalen Unterschiede überhaupt. Beide Denkschulen waren antihistorisch; ein gewaltiger Strich sollte gezogen werden zwischen aller dunklen Vergangenheit und der hellen Zukunft. Jedoch ist von den Sozialisten oder Kommunisten zumal Karl Marxscher Observanz zu sagen, daß sie immerhin tauglichere Denkmittel zum Verständnis der Geschichte entwickelten als die Republikaner des 18. Jahrhunderts. Für Immanuel Kant war das Mittelalter eine »unbegreifliche Abirrung des menschlichen Geistes« gewesen. Für Marx war es das nicht, sondern eine nicht zu überspringende Stufe der gesellschaftlichen Entwicklung ebenso wie der Absolutismus; so hat Marxens geistreichster Schüler, Leo Trotzkij, selbst die historische Leistung Iwans des Schrecklichen oder Peters des Großen zu würdigen vermocht.

Beide Revolutionsbegriffe, der national-republikanische und der kommunistische, haben geschichtlich sehr stark gewirkt, nachdem sie einmal ausgeprägt waren. Sie haben nicht immer das gewirkt, was in ihrer Absicht lag, der kommunistische hat das nahezu gar nicht und konnte es nicht, weil er falsch war, das heißt den Sachen, denen er entsprechen sollte, nicht entsprach, so daß, wenn man ihn verwirklichen wollte, etwas ganz anderes dabei herauskommen mußte. Gewirkt hat er trotzdem, weil er jenen, die ihm dienten, Energien des Glaubens und des Siegeswillens zuführte, die sie ohne ihn nicht in diesem Grad besessen hätten. – Beide wirken heute noch.

Gewirkt haben sie auch auf die andere Seite, auf die traditionellen Mächte, insoweit sie noch herrschten oder teilweise herrschten. Ohne den Revolutionsbegriff hätte es keine konservative Staatsphilosophie gegeben. Mit dem nationalrepublikanischen Revolutionsbegriff haben gewisse alte Mächte schwierige und gewagte Kompromisse geschlossen, welche ihnen für den Moment, obgleich nicht auf lange Dauer, gut bekamen; so die savoyanische Dynastie, so die preußische. (Bismarck: »Soll Revolution sein, so wollen wir sie lieber selber machen als erleiden.«) Mit der kommunistischen Revolution war ein Kompromiß ausgeschlossen; es wäre denn der Versuch gewesen, den Propheten der Revolution durch soziale Reformen den Wind aus den Segeln zu nehmen. Tatsächlich war unter den Regenten und den Großbesitzenden Europas die Angst vor der kommunistischen Revolution im letzten Drittel des 19. Jahrhunderts tief, manchmal panikartig. Wir wissen heute, daß sie auf einem Mißverständnis beruhte. Der kommunistische Revolutionsbegriff stammte aus der Frühzeit der Industrie, projizierte die von ihr zunächst geschaffenen Arbeits- und Lebensbedingungen in die Zukunft und wurde von der allmählich zur Reife kommenden Industriegesellschaft widerlegt; ein Umstand, den die sozialrevolutionären Wortführer lange nicht begriffen und ihre schärfsten Gegner ebensowenig.

Einer, der es früh begriff, war der ältere Zeitgenosse von Karl Marx, Alexis de Tocqueville. Er hielt, wie die Klassiker des republikanischen Gedankens, die demokratische Revolution für die letzte, aber richtete sich nicht, wie sie, an der Logik des Gedankens, sondern an der Beobachtung der demokratischen Wirklichkeit, in seinem Fall der amerikanischen aus. In einem historischen Augenblick, in welchem in Europa noch die meisten Demokratie mit Anarchie oder dauernder Revolution gleichsetzten, sah Tocqueville die enge Verwandtschaft demokratischer Gewohnheiten mit dem Geist materieller Produktivität und einem von ihr erzeugten, sich emsig steigernden Wohlstand. Beide zusammen würden im Sinn von dauernder Ordnung wirken, nicht im Sinn von Unordnung; würden ein Nachlassen der revolutionären Energien, des politischen Interesses, der utopischen Hoffnungen verursachen in dem Maß, in dem eine uralte Utopie, ungefähre Gleichheit aller und allgemeiner, mäßiger Wohlstand, verwirklicht würde. Die Menschen würden dann nicht freie, stolz ihr eigenes Leben lebende Persönlichkeiten sein, wie man früher geglaubt hatte; ein gewaltiger Druck sowohl des Staates wie einer gleichgesinnten, dichtverwobenen Gesellschaft würde auf ihnen liegen, so jedoch, daß sie sich seiner nicht einmal bewußt sein könnten. Veränderungen im Bereiche der materiellen Lebensbedingungen würde es dann wohl noch geben, Revolutionen und revolutionäre Hoffnungen aber nicht mehr. Der Begriff der Revolution wäre ein ephemerer gewesen; im 18. Jahrhundert geboren, im 20. schon wieder erloschen.

Tocqueville hat nicht sehr genau prophezeit und hat das auch gar nicht gewollt. Er hat die den gesellschaftlichen Prozeß ungeheuer beschleunigende Wirkung des Krieges nicht vorausgesehen; nicht die des amerikanischen Bürgerkrieges, nicht die der beiden europäischen »Weltkriege«. Er sah auch, wenigstens im einzelnen, die hindernde, verlangsamende, verwirrend durchkreuzende Wirkung nicht voraus, welche die traditionellen Mächte durch ihren Widerstand, ihre Rückzugsgefechte, ihre falschen Kompromisse in den gesellschaftlichen Prozeß eingehen ließen. Er ignorierte, als reiner Soziologe, den Kampf der Staaten und Nationen; nahezu den Kampf der Klassen, der in Europa und selbst in Amerika unbestreitbar zeitweise eine Realität war. Wenn man aber die amerikanisch-europäische Gesellschaft betrachtet, so wie sie heute ist, so kann auf die Frage, wer mehr recht behalten habe, Marx oder Tocqueville, die Antwort nicht zweifelhaft sein.

Obgleich es mit der Vollendung der formalen Demokratie wie mit der Ausbreitung allgemeinen Wohlstandes in Europa bis tief ins 20. Jahrhundert hinein langsamer vor sich ging, als Tocqueville geschätzt hatte, war der Begriff der kommunistischen Revolution schon vor 1914 verfault und erledigt; die Haltung der revolutionären sozialistischen Parteien zu Beginn des »Weltkrieges« bewies es, wenn es noch eines Beweises bedurft hätte. Die mitteleuropäischen Revolutionen von 1918 waren eine Folge von Erschöpfung, eines militärischen, wirtschaftlichen und psychischen Zusammenbruchs. Im Gebiet der alten Habsburger Monarchie trugen sie überwiegend nationalen, nicht sozialen Akzent; in Deutschland wäre die Monarchie leicht zu erhalten gewesen, wenn die alten Autoritäten ein klein wenig Klugheit gezeigt hätten.

Es ist vom Rande, von Rußland her, daß »die Revolution« wieder nach Europa hereinkam und von wo sie auch in Asien, in Afrika, selbst in Amerika ihren Einzug hielt. Eine in der Mitte des 19. Jahrhunderts und für diese in West-Europa erdachte Sozialdoktrin und Geschichtsdoktrin wurde hier von Menschen übernommen, die unter völlig anderen Bedingungen agierten. Daß sie an die Doktrin glaubten, gab ihnen den Fanatismus, ein in der modernen europäischen Geschichte beispielloses Überlegenheitsgefühl; aber den Inhalt der Doktrin – wie sie denn nun eigentlich verwirklicht werden sollte – bestimmten nun sie, insoweit er ihnen nicht von den Umständen bestimmt wurde. Marx hatte die revolutionäre Übernahme einer reifen Industrie durch die Gesellschaft vorausgesagt. Hier unternahm eine Gruppe intellektueller Terroristen den forcierten Aufbau einer Industrie, wo sie erst in den Anfängen war. Die »Diktatur des Proletariats«, die es ohnehin nie und nirgends hätte geben können, wurde zur Diktatur einer terroristischen Wissenschaft, eines von der Spitze her eisern gelenkten Ordens, mit dem unpassenden Namen »Partei« genannt, der einem zurückgebliebenen, amorphen, in der Folge des Krieges in schierer Auflösung begriffenen Gemeinwesen neue Ordnung gab. Der Staat, der hatte verwelken sollen, erfuhr eine auch unter dem Absolutismus nie gekannte Erweiterung und Straffung seiner Macht. Der Krieg, den es im kommunistischen Zeitalter gar nicht mehr hätte geben sollen, wurde zum wesentlichsten Gegenstand der Arbeit der Gesellschaft, welcher der Staat kommandierte; wobei man zugeben muß, daß lange nur an einen defensiven Krieg gedacht wurde und das russische Reich, sinnloserweise in »Sowjetunion« umbenannt, ohne seine vor allem dem Militärischen dienende forcierte Industrialisierung die Probe des Zweiten Weltkrieges nicht bestanden hätte.

Man mag über den ganzen gewaltigen Vorgang denken, wie man will; auch etwa über die Frage, ob die Industrialisierung Rußlands nicht auf dem »normalen«, nämlich freien oder »kapitalistischen«, vor 1914 schon begonnenen Wege nicht schneller und preiswerter zu haben gewesen wäre, spekulieren, wie man will. Eines ist sicher: Das Werk der russischen Kommunisten hat mit der europäischen sozialen Revolution, so wie sie in den 1840er Jahren konzipiert wurde, nichts zu tun; die Eroberung Chinas durch die Kommunisten chinesischer Spielart ebensowenig; darum auch nicht die Ausstrahlung beider kommunistischen Reiche auf andere Gegenden der Erde. Eine Komödie der Irrungen hat hier gewaltet. Sie glauben, die von der Geschichte längst überholten Ideen eines europäischen Doktors in die Tat umzusetzen; viele Europäer und Amerikaner glauben es auch oder haben es zeitweise geglaubt, als ob ihre so ganz anders definierte Sache in Rußland und China betrieben würde.

Freilich aber haben beide Unternehmungen und jene, die direkt oder indirekt in ihrem Banne stehen, mit der europäischen Moderne zu tun. Es ist europäische Wissenschaft und der absolute Glaube an ihren Segen, ohne den Beisatz von Pessimismus und »Kulturkritik«, welche sie in Europa von jeher begleiteten. Es ist die Art und Weise nichteuropäischer Völker, sich von der europäisch-amerikanischen Vormacht zu befreien, sich modern und Europa ebenbürtig zu machen. Ob dies im Zeichen des »Marxismus« geschieht oder im Zeichen eines nationalen Sozialismus, der auf den Namen Marx Verzicht tut, dürfte bald keinen großen Unterschied mehr bedeuten. Man will, durch »Revolution«, die eigene geschichtliche Individualität wiederherstellen und zu neuen Triumphen führen. Man tut es, indem man sich von der eigenen Vergangenheit trennt und sich kopfüber in die

Moderne stürzt, die man nicht geschaffen hat; Fabriken und mehr Fabriken, technologischer Unterricht und immer mehr davon, und so bald wie möglich die Atombombe. Menschen- und Bürgerrechte gelten wenig dabei. Schutz der Minderheiten gegenüber der Mehrheit, genauer gesagt den Machthabern, findet wenig Interesse. Von Rußland wurde das System der einen und einzigen Staatspartei übernommen, auch dort, wo sie nicht »kommunistisch« ist. Militärisch stark zu sein, in den Kämpfen um das Schicksal fremder Völker mit bewaffneter Hand zu intervenieren, das eigene Territorium zu erweitern, das eigene Prestige leuchten zu lassen, gegnerische Staaten zu »vernichten« bleibt eine Politik, die schärfer verfolgt wird, als Ludwig XIV. sie je verfolgte. – Wunderliches Schicksal der im 18. Jahrhundert geborenen europäischen-amerikanischen Revolution!

In Europa haben wir in den 1920er und 1930er Jahren Bewegungen gehabt, die zunächst als Konter-Revolutionen auftraten, insofern sie gegen die Demokratie, die Sozialdemokratie und die kommunistische Revolution gerichtet waren. Aber besonders der deutsche »Nationalsozialismus« hat trotzdem revolutionär gewirkt. Er hat, was von der alten Hierarchie noch blieb, gebrochen, die Klassen, im Kriege auch die Völker durcheinandergewirbelt. Mit der Zerstörung der alten Städte, die er heraufbeschwor, sind auch Gesinnungen und Stimmungen verlorengegangen, die noch in ihnen nisteten. Bei allem Irrsinn, zu dem er gewisse abergläubische Doktrinen trieb, ist ihm auch eine Neigung zum Positivismus eigen gewesen; die Ausschüttung der von der Industrie produzierten Güter auf alle Klassen hat er so lange gefördert, bis sein Krieg ihm das Konzept verdarb. Diese Konter-Revolution ist mit revolutionären Elementen vermischt gewesen; tatsächlich hat auch sie in Deutschland und in dem während einiger Jahre von Deutschland unterworfenem Europa den Boden für die sozialen Veränderungen vorbereitet, die seit etwa 1950 deutlich zu werden begannen. Eine ähnliche Wirkung hatte auf die intakt gebliebenen Gegner des nationalsozialistischen Deutschland, auf England und die Vereinigten Staaten, der Krieg selber und die von ihm erzwungene »Vollbeschäftigung«.

Seither war in Europa-Amerika keine Revolution mehr im klassischen Sinn und ist der Begriff der Revolution selber in der Wirklichkeit verlorengegangen. Aber Veränderung der Gesellschaft war; so tiefgreifend in knapp zwei Jahrzehnten, wie keine theoretisch erdachte Revolution sie je hat hervorbringen können. Sie hat den Unterschied der Gesellschaftsklassen nicht eliminiert, aber stumpf gemacht und der Industriearbeiterschaft eine Verhandlungsposition gegeben, die jener der »Kapitalisten« ebenbürtig ist; sie lockt Millionen von Menschen von einem Land Europas ins andere, von anderen Kontinenten nach Europa im Zeichen einer historisch beispiellosen Freizügigkeit; sie läßt in den von ihr erfaßten Regionen die Abschaffung der Armut zum erstenmal als möglich erscheinen und hat sie für die große Mehrzahl zum erstenmal erreicht. Amerika ist nicht den Weg Europas gegangen, wie Marx wollte. Europa ist den Weg Amerikas gegangen, wie Tocqueville vorausgesagt hatte. Die formale Demokratie vollendet sich in der wirklichen Macht aller organisierten Interessengruppen; die Gleichheit vor dem Gesetz sich in der Gleichheit der Konsumgüter und der geistigen Kommunikationsmedien, in der Einebnung und Ausbreitung von Wissen und Bildung. Sozialversicherungen aller Art befreien von Existenzangst in einem Maße, das an uralte Utopien herankommt. Planen im Großen wird unvermeidlicherweise auch von den Regierungen betrieben, die sich gedanklich noch dem Wirtschaftsliberalismus des 19. Jahrhunderts verhaftet glauben.

Die Wirklichkeit ist mit Schlacken behaftet, welche die Idee nicht kennt, und Tocquevilles Frage, wie in der vollendeten Demokratie noch persönliche Freiheit erhalten werden könne, bleibt so aktuell wie vor hundertfünfundzwanzig Jahren. Aber eine solche »Revolution« war noch nie; und neben den Schlacken wird man gut daran tun, die Segnungen, welche sie bringt und welche trotz allem dem vor hundert und zweihundert Jahren Erträumten ähneln, nicht zu vergessen.

Amerika

Das größte politische Werk der europäischen Moderne, der europäischen Emanzipation und Revolution sind die Vereinigten Staaten. Es ist historisch beispiellos. Für andere angelsächsische, französische, holländische Siedlungen in Übersee, für Australien, Südafrika, Quebec könnte man, bei verringerter Dimension, Parallelen in der klassischen Antike finden. Die Doppelung einer kontinentalen Zivilisation auf einem anderen, neuen Kontinent, die Entstehung einer weltbeherrschenden Macht aus den bescheidensten Anfängen binnen zweihundert Jahren, binnen dreihundert aus dem Nichts, ist nur einmal vorgekommen. Von Europas Niedergang ist viel die Rede gewesen. Aber Amerika ist eine Tochter und Spiegelung Europas, eine Konzentration Europas, ein Teil Europas. Und es ist wissenschaftlich, wirtschaftlich und militärisch das stärkste Gemeinwesen der Erde. Die Römer standen im Bann des hellenistischen Kulturkreises, aber sie waren keine Griechen. Die Amerikaner sind Europäer und sonst nichts; europäischer also als die in Europa Gebliebenen. Diese existieren in unterschiedenen Nationalitäten. Aber jeder Brite, jeder Deutsche, Ire, später Italiener, Pole, Russe, der nach Amerika ging, gab seine Sondernationalität auf.

Der essentiell europäische Charakter Amerikas wurde ein Jahrhundert lang verdeckt durch zeitbedingte Gegensätze, durch Mißverständnisse. Der Europäer, der nach Amerika auswanderte, tat es im Protest gegen seine Umwelt: Herrschaftsverhältnisse, gesellschaftliche und wirtschaftliche Bedingungen. Folglich glaubte er wohl, Europa für immer den Rücken zu kehren, antieuropäisch zu sein. In Wirklichkeit war er nur gegen den König oder gegen irgendeine innereuropäische Fremdherrschaft, gegen den Militärdienst, gegen die Armut. Eine auf tausendjähriger Vorgeschichte beruhende, europäische Zivilisation lebte in ihm fort, und er nahm sie mit hinüber.

Drüben, bei langem, noch heute, aber zusehends schwächerem Fortwirken der ursprünglichen nationalen Unterschiede, entstand allmählich eine Mischnation, die doch nichts ist als eine europäische unter anderen. Man würde es nie bezweifeln, hätte der Vorgang sich in räumlicher Nähe zu Europa und in engeren Dimensionen abgespielt. Schließlich stellen alle europäischen Völker, so wie sie geworden sind, Mischnationen dar; zum Beispiel die Engländer, zum Beispiel die Sizilianer. Hier war ein anderer Kontinent, dem schieren Raum nach größer als Europa, und sehr weit weg. Seine Besiedler wurden bald mächtig stolz; sie entwickelten einen Nationalismus, der sich nicht, wie der polnische, gegen ein paar europäische Nationen, sondern gegen Europa als Ganzes zu richten glaubte. In Wirklichkeit fluchten sie nicht dem Mutterkontinent; sie fluchten nur dem alten vorrevolutionären Europa, das ihre eigenen, so ausgezeichneten Einrichtungen noch nicht hatte nachahmen dürfen oder wollen. Und immer blieb ihre Abneigung mit Sympathie, mit verhehlter Bewunderung, mit etwas Heimweh gemischt. Wurden sie wohlhabend, so kehrten sie gern zurück; manchmal für immer – dagegen mußten eigene Gesetze gemacht werden –, öfter zu Besuchen, die gerade dem Alten, Verrotteten, aber Schönen und Gemütlichen galten, dem einen, was man selber nicht besaß.

Offiziell glaubte die Union ein Jahrhundert lang, von Europa total getrennt und unterschieden zu sein; verachtungsvoll gleichgültig gegenüber den europäischen Wirren; auf dem eigenen Kontinent Herr in Unabhängigkeit und Sicherheit; durchaus gut, durchaus unschuldig; und so, im Zeichen der »Doktrin des unsterblichen Monroe«, sollte es immer bleiben. Was ein Irrtum war.

Nie, auch nicht auf dem Höhepunkt des »Isolationismus« war Amerika so getrennt von Europa, wie man sich einredete, und jeder, der es wissen wollte, konnte es wissen. Ohne den immer wachsenden Strom der Einwanderer hätte der neue Kontinent nicht durchdrungen und zivilisiert, der Mittlere und Ferne Westen den östlichen Randstaaten nicht angeschlossen werden können. Starke Sympathien hörten nicht auf, wenn nicht »Europa«, so doch gewissen Sachen in Europa zu gelten: der Sache der Griechen 1820, der Sache der Deutschen und der Ungarn 1848, der Sache der Italiener 1859. Welche geistige Bewegung immer durch Europa ging, durch Amerika ging sie auch; zum Beispiel der Nationalismus. Übrigens gab es die Einwanderung nicht bloß europäischer Armut, sondern auch europäischen Reichtums. Die Union blieb ein Schuldnerstaat bis 1914, und noch ein paar Jahrzehnte früher war die Beherrschung des Landes durch europäisches Kapital ein beliebter Gegenstand nationaler Klage. Das europäische Kapital war im Osten konzentriert und mit der Großfinanz des Ostens verbündet. Die europäisch-amerikanische Dialektik setzte so in einer inneramerikanischen ost-westlichen sich fort.

Die isolierte Selbstherrlichkeit beruhte nicht so ganz auf der eigenen Tugend, wie man glaubte, und beruhte auch nicht nur auf räumlichen Bedingungen, so günstig sie lagen. Sie beruhte zu einem guten Teil auf den politischen Verhältnissen in Europa selber; auf dem europäischen Gleichgewicht, welches nun Amerika schützte, wie es ehedem die Republik Genf oder das Herzogtum Savoyen geschützt hatte; auf der seebeherrschenden Stellung Englands, welche die Alte und die Neue Welt zugleich verband und trennte. Die Amerikaner haben daher große Stücke ihres Kontinents, die ihnen zunächst nicht gehörten, durch Kauf oder Raubkrieg überaus leicht erwerben können, das französische Louisiana, das spanische Florida, das mexikanische Texas und Kalifornien, das russische Alaska; nur das englische Kanada nicht. Mit diesem haben sie sich trotz allem Bramarbasieren arrangiert in Abrüstungsverträgen und in immer erneuten, vernünftigen Grenzfestsetzungen, in dem Maße, in dem beide Gemeinwesen nach Westen vorrückten.

Erstarkt durch Menschenzustrom und Kapitalzustrom, durch inneren Krieg und innere Leistung, bewußter, stolzer und gedrängter existierend als zuvor, hat die Union den

Einfluß des europäischen Spät-Imperialismus sowenig vermieden wie andere europäische Einflüsse. Daher der Krieg mit Spanien über Kuba; die Erwerbung von »Kolonien« (Hawaii, Puerto Rico, die Philippinen); das Ausgreifen auf Mittelamerika. Daher auch die erste große Wiederbegegnung oder Verschmelzung mit Europa, die freilich nun ihrem geglaubten Zweck nach anti-imperialistisch war, die Intervention von 1917. Uralte amerikanische Missions- und Erlösungsmotive – ihrerseits europäischen Ursprungs – flossen hier mit neuesten, teils der Meinung nach rational-machtpolitischen, teils irrationalen des Stolzes und Geltungswillen zusammen. Ein Vorspiel zu Späterem. Aber es wurde abgebrochen, so selbstherrlich, wie es begonnen worden war. Der »Völkerbund«, von den Amerikanern gegründet, mußte sich ohne sie behelfen. Nur amerikanische Tugend und »Ausgenommenheit« triumphierten noch einmal in dem zum Weltgläubiger und wirtschaftlich herrschend gewordenen Lande. Um eine Wiederholung des angeblichen großen Irrtums der Intervention unmöglich zu machen, wurden die wunderlichsten »Neutralitätsgesetze« ausgedacht: Eine Art von Zwangsjacke, die man sich selbst anlegte, für den Fall, daß man wieder mondsüchtig würde. Die Zwangsjacke war aus Spinnweben gemacht. Der im Anfang und Grund isolationistische Präsident, Franklin Roosevelt, wiederholte das außenpolitische Abenteuer seines Lehrers und Vorgängers Wilson mit ganz anderer Energie und Konsequenz. Ein Zeichen dafür, daß die Intervention und Verschmelzung mit Europa kein Irrtum, sondern historische Notwendigkeit gewesen war. Das unreife Gemeinwesen hatte zu selbsterzieherischen Zwecken sich isoliert glauben können. Das zur Volljährigkeit und Vollmacht gekommene mußte um das Schicksal seiner eigenen Zivilisation, der europäischen, die zugleich das stärkste Kräftezentrum auf Erden war, sich aktiv kümmern. Seither sind amerikanische Politik und amerikanisches Schicksal mit europäischer Politik, europäischem Schicksal auf Gedeih und Verderb eins geworden. Die Vereinigung der beiden, aus der gleichen Quelle stammenden, aber zeitweise getrennt fließenden Ströme, ist eben in dem Moment erfolgt, in dem alle Völker und Staaten der Erde bewußt miteinander und gegeneinander zu wirken begannen, in dem die Geschichte von Zivilisation zum erstenmal zur eigentlichen Weltgeschichte wurde. Dieser Prozeß ist durch die Vereinigung Amerikas und Europas so sehr gefördert worden, wie umgekehrt sie durch ihn.

Damit wurde auf eine ungefähre, überquere und den Erfüllenden selber tief verwirrende Weise ein Versprechen erfüllt, das die Amerikaner der Menschheit früh verkündet hatten. Denn ihrem Wunsch, das verheißene Zion auf eigenem Boden, und nur auf ihm zu errichten und von der Welt allein gelassen zu werden, widersprach schon im 19. Jahrhundert ein anderer: die Welt sich gleich zu machen, ihre Einrichtungen, ihre »Lebensart« erlösend oder mindestens beispielgebend zu verbreiten. Er richtete sich vor allem auf das europäische Mutterland, aber nicht bloß auf es; auch auf Südamerika, zumal dieser Kontinent kraft eines wunderlichen Zufalls den gleichen Namen trug und in der gleichen »Hemisphäre« lag; auch auf China; vage selbst auf Afrika. Revolution und Demokratie in Amerika waren im Geiste und in ihrer Wirklichkeit anders als in Frankreich, aber mit einem Drang zur Mission waren auch sie verbunden. Schon die in der »Unabhängigkeitserklärung« proklamierten Wahrheiten waren *self-evident* und mußten also überall gelten; solange sie es nicht taten, war die Welt nicht so, wie sie sein sollte.

Die Unabhängigkeitserklärung der Vereinigten Staaten von Amerika
vom 4. Juli 1776 in der gedruckten Fassung
San Marino/Cal., The Henry E. Huntington Library and Art Gallery

Treffen Voltaires und Franklins in Paris im Jahr 1778
Lithographie nach einer verlorenen Zeichnung
Paris, Bibliothèque Nationale

Es ist nichts weniger als ein Zufall, daß der amerikanische Waffensieg von 1918 die Gründung eines halben Dutzends neuer demokratischer Nationalstaaten im Gefolge hatte, daß damals das Deutsche Reich sich beeilte, sich demokratische Institutionen zu schaffen, um speziell diesem Sieger gefällig zu sein, daß England und Frankreich schon jetzt nicht mehr wagen konnten, die den Deutschen abgenommenen afrikanischen Kolonien sich als direkten Besitz anzueignen. Nach dem Zweiten Weltkrieg erhielt Deutschland demokratische Einrichtungen auf amerikanischen Befehl genau in der Weise, wie es Amerika vorschrieb; daß sie, ungefähr, wohl auch den deutschen Wünschen entsprachen, tut hier nichts zur Sache. Im folgenden Jahrzehnt haben die Vereinigten Staaten die freiwillige Preisgabe, oder, wo man sie nicht zugestehen wollte, den Zusammenbruch der europäischen Imperien in Übersee entscheidend gefördert und beschleunigt. Es war nach ihrem uralten Sinn, daß keine Kolonien mehr sein sollten. Nutzen und Nachteil, Vermeidlichkeit oder Unvermeidlichkeit dieser Revolution sollen hier nicht betrachtet werden. Genüge es zu sagen, daß sie dem in Amerika herrschenden Geist entsprach.

Jedoch mag ein Mißverständnis immerhin der Rede wert sein. Die Amerikaner waren für Demokratie überall auf Erden, weil sie selber von alters her eine hatten und gut mit ihr gefahren waren. Sie waren gegen Kolonien, weil sie ihr eigenes Gemeinwesen aus einem Freiheitskampf gegen fremde Herrscher hervorgegangen glaubten. Aber »Kolonien« im Sinn des europäischen Kolonialismus in Afrika waren die europäischen Niederlassungen in Nordamerika ja nie gewesen. Sie waren das genaue Gegenteil davon. Und gegen die Opfer dieses Kolonialismus, die eingeborene Bevölkerung Nordamerikas, haben die amerikanischen Europäer sich bekanntlich nicht sehr edelmütig verhalten.

Der Widerspruch bedeutet wenig. Es gibt tiefere im Wirken der amerikanischen Demokratie, im Fortwirken der amerikanischen Revolution.

Daß Revolutionen, oder ihre Träger, nach der Erreichung ihrer Zwecke dazu neigen, konservativ zu werden, wird durch Erfahrungen auch anderswo erhärtet. Es gilt für die Haltung der französischen Bourgeoisie, der französischen Bauern im 19. Jahrhundert; es mag sogar für die Bolschewisten gelten. Man will das Errungene erhalten, das nun die rechte Ordnung ist und jene, die zur Macht gekommen sind, begünstigt. Auch die amerikanische Revolution wurde konservativ; in vielen Seelen, in ganzen Klassen der Gesellschaft fror sie ein. Ein berühmtes amerikanisches Gemälde zeigt Mitglieder des hocharistokratischen Vereins, weibliche Nachkommen der Männer, welche die Revolution gemacht hatten: *Daughters of the Revolution*. Es sind einige zart-verknöcherte, schmuckbehängte, offenbar erzreaktionäre alte Damen, welche Tee trinken; im Hintergrund sieht man General Washington beim Überschreiten des Delaware in einer Wintersturmnacht. Dahin, will der Künstler zeigen, ist es mit der Revolution gekommen.

Die Unabhängigkeitserklärung von 1776 proklamierte des Menschen unverlierbare Rechte, Leben, Freiheit, freies Ringen um das eigene Glück. Die Verfassung der Union begründete ein kunstvoll ausbalanciertes, Macht, die zum Schutz der Ordnung, der Geldwährung, des Handels, der erworbenen Vermögen allerdings sein sollte, streng befristendes, ängstlich beschränkendes Gemeinwesen. Weder die Grundprinzipien noch die Verfassung wußten etwas von den Aufgaben des modernen Staates als des Hüters und Lenkers der gesellschaftlichen Wohlfahrt. Beide wurden zu nationalen Heiligtümern: Wehe dem, der die Weisheit der »gründenden Väter« antastete, die eine wahre Philosophie (des 18. Jahrhunderts), die älteste geschriebene Verfassung der Welt. Die Prinzipien waren die eines radikalen Individualismus: Jeder für sich, Gott für uns alle. Das Leitmotiv der Verfassung war Mißtrauen gegenüber der Macht, selbst der Macht, die man nun organisierte und die auf dem Volke selber, sowohl der gesamten Nation wie den Völkern der Einzelstaaten beruhte. Auch Volksvertreter konnten, nach Rousseau, despotisch werden. Man ließ sie zu, weil man bei den Dimensionen der großen Republik nicht anders konnte, aber man dekretierte die für die dreizehn dünnbesiedelten Kolonien des Ostrandes allenfalls mögliche, für ein Reich von hundertachtzig Millionen Seelen aber bis zum Absurden ungeschickte Neuwahl des Repräsentantenhauses in jedem zweiten Jahr. Sie, ebenso wie die auf vier Jahre befristete Amtszeit des Präsidenten behindern heute den Staat bei der Erfüllung seiner Aufgaben auf das allerlästigste, aber an beiden Einrichtungen wird man nichts ändern. Dem Vorsatz nach wollte man überhaupt nichts ändern, nachdem die Dinge einmal in die gute Ordnung gebracht worden waren. Es gibt keine andere Nation, die so gläubig auf große Gestalten der Vorzeit, die, im Politischen, so auf alte heilige Texte schwört wie die amerikanische. Oder doch: Eine gibt es, die zu ihren heiligen Revolutionstexten sich ähnlich verhält.

Dieser überaus starke Sinn für die zeitlose Identität der Nation im Bereich des Staatsrechtes, des politischen Glaubens, der Philosophie überhaupt, ist um so erstaunlicher, als er von einem Gemeinwesen geprägt wurde, dessen reale Verwandlung in den weniger als zweihundert Jahren seiner Existenz jeder Beschreibung spottet: die Vermehrung seiner Bürger um das Fünfzigfache, der ihnen zur Verfügung stehenden Energien um das Millionenfache oder Milliardenfache. Der gläubige Kult, den die Amerikaner mit ihrer Verfassung trieben, hat diesen Wandel vom Abgleiten ins Chaotische beschützt, dem er mitunter nahe genug kam. Andererseits haben jene, die offiziellen oder heimlich-korrupten Zugang zur Handhabung der Verfassung hatten, wieder und wieder die am dringendsten notwendigen Reformen zu verhindern gewußt. Noch ein großer Teil von Präsident Franklin Roosevelts Sozialprogramm wurde auf diese Weise verboten: Die Verfassung sehe zwar vor, daß die Union »den Handel zwischen den Staaten regele«, aber von wirtschaftlicher Gesetzgebung durch die Union stehe da nichts... Mittel und Wege, dem Staat zu geben, was er brauchte, um die Gesellschaft vor dem Ärgsten zu schützen, sind auf die Dauer doch gefunden worden; nicht so sehr durch formale Verfassungszusätze, wie durch Interpretation und schiere persönliche Staatskunst, die monströsen Anstrengungen einiger großer Präsidenten, die sich im Dienst des Vaterlandes verbrauchten.

Konservativ sein hieß in Europa: die Autorität, die alte oder auch die nicht alte, möglichst stark zu wollen, das Individuum möglichst gebunden, das Verhältnis zwischen Staat und Kirche möglichst dicht und positiv. In Amerika hieß es das genaue Gegenteil davon. In unseren Tagen haben wir das Auftreten eines Kandidaten für die Präsidentschaft erlebt, der seinen Konservativismus recht eigentlich ins Anarchische trieb: Er forderte die Abschaffung der Einkommensteuer, weil sie einen unerträglichen Eingriff in die Rechte der frei erwerbenden Persönlichkeit darstelle.

Kein anderes europäisches Land wird so sehr von einem einzigen öffentlichen Geist beherrscht wie Europa-in-Amerika; aber dies Denken hat verschiedene Ursprünge und hat verschiedene Entwicklungsmöglichkeiten bewiesen. Der eine Ursprung ist puritanisch, calvinistisch. Es ist eine Tradition der Intoleranz, des Mißtrauens gegenüber dem Bösen im Menschen, des Mißtrauens darum auch gegenüber der Macht, die gleichwohl sein muß, eben weil so viele Menschen böse sind. Eine streng bindende, nun wirklich konservative Religiosität war damit verbunden; noch in unserem Jahrhundert ist die Verbreitung der Lehre Darwins an gewissen amerikanischen Hochschulen verboten gewesen. Der andere Ursprung liegt bei den »Dissenters«, den freien, toleranten, im Politischen der Demokratie zuneigenden Sekten, welche früh sich gegen die Puritaner wandten, gegen sie sogar zur Gründung von neuen »Kolonien« schritten. Sie bereiteten den Boden für den Geist der Aufklärung, den Geist Voltaires, der im 18. Jahrhundert herüberkam und mit dem sie, nicht wohl der strenge Calvinismus, sich so oder so versöhnen konnten. Hier war nun Glaube an den Menschen, an die Auserwähltheit aller, die auserwählt sein wollten, die Einschätzung des Bösen als Mißverständnisses, zu bannen durch Erziehung und Wissenschaft. Von da ging der Weg zum Glauben an die Auserwähltheit des einen glücklichen und reichen Landes, glücklich und reich, weil es unter den rechten Gesetzen lebte.

Die gewaltige Tatsache des neuen Kontinents selber kam dazu; des Landes ohne Grenzen, wo kein Rang und Titel halfen, in dem jeder schaffen mußte, jeder, der das Zeug dazu hatte, es zu Wohlstand bringen konnte, und die wildeste Natur zu zivilisieren war. Die These, daß hier die wahre Erklärung für den Charakter der amerikanischen Demokratie liege, nicht in europäischen Ideen, nicht einmal in den Absichten der »gründenden Väter«, ist von amerikanischen Historikern vertreten worden, und sie ist wahr, wenn man sie als einen Beitrag zur Erklärung versteht; anders nicht. Das Land, die Menschentypen, die das Land anzog und prägte, indem es von ihnen aufgebaut wurde, die Ideen, welche die Menschen mitbrachten oder vorfanden, die historische Zeit, in welcher das Land aufgebaut wurde, das 18. und 19. Jahrhundert; es gehört alles zusammen. Es floß zusammen zu dem amerikanischen Fortschrittsglauben des 19. Jahrhunderts: Keine Revolution mehr, die war nun gewesen, aber »Größeres und Besseres« mit jedem Tag, Verlaß auf die Verfassung, Verlaß auf den Menschen, seinen Hilfstrieb wie seinen Erwerbstrieb, Glauben an die Auserwähltheit dieses Landes, verbunden mit der Hoffnung, die anderen möchten es ihm einmal gleichtun; ein wenig verdünnte, das ganze Leben leicht, aber nicht allzu verbindlich durchdringende Religion mit darein. Sie wurde in der Tat dünn im 20. Jahrhundert, mindestens in ihren zahllosen protestantischen Spielarten. Die ungeheure Ausbreitung der katholischen Kirche in dem Lande, das im Zeichen von *No popery* gegründet worden war, ist eine andere Sache, hier nicht zu betrachten.

Hatte Amerika in unserer Zeit eine Philosophie, die dem Gemeinwesen entsprach und, im Gegensatz zu nur akademischen oder einsamen Bestrebungen, im Betrieb der Erzieher wie der Politiker wirksam war – die »Wirtschaft« kommt ohne Philosophie aus –, so war es der »Pragmatismus«. Er unterscheidet sich vom europäischen »Positivismus« durch das Gewicht, das er auf die Aktion, die menschliche Tätigkeit und ihren Erfolg legt. Wahrheit ist Erfolg, die Wahrheit dessen, »was wirkt«. Sie soll nicht blind geglaubt, sie darf nicht als ein totes Stück übernommen, sie muß erfahren werden, die Erfahrung hilfreich sein. In diesem Sinn, konzedierte der einflußreiche Meister des Pragmatismus, John Dewey, mag auch Religion wahr sein, wenn nämlich die religiöse Gemeinde nicht autoritär gebunden ist und etwas ihren Mitgliedern Nützliches treibt. Dogma trennt; Wahrheit vereint jene, die im gemeinsamen Forschen – *cooperative inquiry* – an ihr teilhaben. Es gilt, alle falschen Trennungen, alle Dualismen der Vergangenheit zu überwinden: Regierende und Regierte, Politik und Nicht-Politik, Arbeit und Muße, arm und reich, Kindsein, Erwachsensein, Greissein, Wissenschaft und Leben, Naturwissenschaft und Gesellschaftswissenschaft, humanistische Bildung und praktische Bildung, Geschichte und Gegenwart, Idee und Wirklichkeit, Böse und Gut. Alle solche Gegensätze stammen aus vorwissenschaftlicher Zeit und werden mitgeschleppt von einer Gesellschaft, die sie nicht mehr brauchen kann, für die sie also nicht mehr wahr sind; wie auch ein atavistischer Macht-Trieb noch in Betrieben haust, die ihrem wahren Wesen nach nichts weniger als atavistisch sind, zum Beispiel in der Industrie. Diese, die rationale Anwendung von Wissenschaft für Massenproduktion und Steigerung des Massenwohlstandes hat mit Klassendünkel, Machtgelüsten, konservativen Ängsten nichts zu tun; keine dogmatische Revolution, keine Enteignung der Kapitalisten ist notwendig, um das, was ihr Wesen ausmacht, zum vollen Triumph zu führen, nur wieder nichts anderes als demokratisch-freie Erziehung und Selbsterziehung in allen Sphären, auf allen Stufen des Lebens.

John Dewey war des destruktiven Elementes in seinem Denken sich wohl bewußt. »Gestehen wir«, so schreibt er, »dies den Konservativen zu: Haben wir einmal zu denken angefangen, so ist über das Ende nichts gewiß, außer, daß so manche alte Glaubensgegenstände und Werte und Einrichtungen verurteilt sind. Jeder Denker bringt einen Teil der existierenden Ordnung in Gefahr, wie stabil sie auch scheinen möge, und niemand kann mit Bestimmtheit sagen, was an ihre Stelle treten wird.« Jedoch traute Dewey dem guten Genius des Menschen zu, ohne die alten, dualistischen Wert-Überlieferungen mit der Welt und sich selber auszukommen, besser als ehedem; und man muß zugeben, daß zu Letzterem nicht allzuviel gehören würde.

Im Zeichen des Pragmatismus steht, trotz einiger kritischer Reaktionen gegen seine Übertreibungen, das amerikanische Leben auch heute noch. In seinem Zeichen schwindet das Studium der alten Sprachen dahin, wird der Geschichtsunterricht ersetzt durch »Sozialwissenschaft«. Universitätsprofessoren treffen sich periodisch zu Kongressen, deren Aufgabe es ist, Wissenschaft, Philosophie und Religion in ihrem Verhältnis zur »demokratischen Lebensart« – *way of life* – zu kritisieren oder zu integrieren. Das wohl-angepaßte Individuum, seine Selbstverwirklichung und freie Entfaltung in der Gemeinschaft, harmonische Gruppen, Friede zwischen den Gruppen und zwischen den Nationen, Befreiung von Furcht und Aggressivität und Bosheit, gemeinsame Meisterung des modernen Lebens, der Technik, der neuen Kommunikationsinstrumente in Frieden und furchtloser Freude – das ist das Ziel beinahe aller amerikanischer Soziologie. Hier gibt es kein Tabu, hier gilt kein Absolutum – außer Demokratie und freier Wissenschaft. Was soll Wert, was Wahrheit haben, wenn es nicht beiträgt zum reibungslosen Zusammenleben der Individuen und Gruppen, wenn es nicht Energie freilegt und Energie spart? Eine Gesellschaft muß die ihr angemessenen Werte selber entwickeln; Wissenschaft kann ihr nur im Bloßlegen, im Bewußtmachen dieser zeit-entsprechenden Werte behilflich sein.

Es ist das alte amerikanische Credo, seines calvinistischen Beisatzes nun völlig verlustig, in den Ausdrucksformen unserer Zeit; das moderne amerikanische Credo. Es war immer modern, der Anlage nach, und seit dem 18. Jahrhundert ist nichts radikal Neues dazugekommen. Hätte nicht Voltaire seine Freude daran gehabt? Voltaire, der die ererbten Dogmatismen und Dualismen bekämpfte, die Zänkereien zwischen den Konfessionen und den Königen verspottete, über die unnütze, dogmatisch-spekulative Wissenschaft, die Metaphysico-theologo-cosmolo-nigologie des Dr. Pangloss seinen Hohn ausgoß, ganz wie John Dewey? Voltaire und der ehrwürdigste der »gründenden Väter«, Benjamin Franklin, sich in Paris begrüßend und umarmend – man könnte keine andere Szene nennen, welche den Beginn oder ersten Triumph der europäischen Moderne eindrucksvoll-persönlicher zur Darstellung brächte.

Man muß hinzufügen, daß die Amerikaner in unseren Tagen die wissenschaftlich-menschenfreundlichen Ermunterungen des Pragmatismus nicht immer befolgt haben; bei sich zu Hause nicht und noch weniger in ihrer Außenpolitik. Denn Politiker, und die Wähler, um deren Gunst sie werben müssen, sind simplere Leute als die Philosophen, deren Bemühungen, allen atavistischen Haß im Lande und in der Welt aufklärend zu beseitigen, das erhoffte Resultat bisher nicht brachten. Man dürfte nicht sagen: gar keine Resultate brachten. Ein Unternehmen wie der »Marshall-Plan« war Pragmatismus in bestem Stil, von den Politikern beschlossen, von den Wählern wenigstens geduldet und bezahlt. Die »Entwicklungshilfe«, von anderen Staaten aufgegriffen, aber in Amerika zuerst konzipiert und realisiert, ist es, oder wäre es, wäre ihre Durchführung so wissenschaftlich zweckentsprechend wie der ursprüngliche Gedanke. Wo geschenkte »Entwicklungsgelder« von afrikanischen Diktatoren verschleudert werden, um in Ländern, welche sie nichts angehen, Krieg zu führen oder den Untergang eines Nachbarn vorzubereiten, da wird pragmatischer guter Geist betrogen auf eine Weise, die er sich mit dem von ihm selber entwickelten Kategorien nicht erklären kann. Der Theologe Reinhold Niebuhr hat in solchem Zusammenhang von der »Ironie der amerikanischen Geschichte« gesprochen.

Der »Kalte Krieg«, so wie er auf seinem Höhepunkt geführt wurde, entsprach der regierenden amerikanischen Philosophie nicht. Es war nicht Pragmatismus, im eigenen Lande dissentierende Stimmen zu unterdrücken, dem von einem Dogma besessenen Gegner ein anderes Dogma entgegenzusetzen und, ungefähr so wie er, wenn auch mit anderen Mitteln, es überall auf Erden zum Siege führen zu wollen. Pragmatismus hätte gefragt, ob der Gegner, abgesehen davon, daß er von einem falschen Dogma besessen war, nicht in der Praxis für gewisse Völker und Regionen brauchbare Methoden entwickelt habe; ob die Verbindung von Demokratie und *Free Enterprise*, die in Amerika eine, man muß wohl sagen, dogmatische Verehrung genoß, überall gleichmäßig taugte. – Solche Fragen sind später wohl auch selbstkritisch gestellt worden, und man hat von den Prinzipien, die man überall verwirklicht sehen wollte, einige Abstriche gemacht.

Mittlerweile sind die Vereinigten Staaten seit den Zeiten des Zweiten Weltkriegs, der endgültig ihr und aller Völker letzter Krieg hatte sein sollen, in eine Reihe überaus blutiger

Machtkämpfe verwickelt worden. Dabei ging es immer um die Freiheit der Völker von der Herrschaft »kommunistischer Aggressoren«; so in Korea, so in Vietnam. Aber jedermann wußte, daß es auch um etwas anderes ging: um die Erhaltung des Mächtegleichgewichts auf Erden; um das Auftrumpfen eigener Macht in gefährlicher Umwelt, um die Erhaltung von Prestige. Man mag dies Hineingerissenwerden eines im Ursprung friedlichen und wohlwollenden Gemeinwesens in schmutzigblutige Händel, die noch immer das sind, was sie in vormoderner Zeit waren, tragisch nennen. Niebuhr nennt es ironisch. Er meint: Die Amerikaner schrieben lange Zeit ihrer Auserwähltheit zu, was nur die Folge einer günstigen, undauerhaften Ausgangsposition war. Sie vertrauten der Expansion der Wirtschaft als Allheilmittel, ohne die Verursachung neuer Widerwärtigkeiten durch eben dies Allheilmittel zu gewärtigen. Sie glaubten an endgültige Erfüllungen, die es auf Erden nicht gibt. Sie waren auf Enttäuschungen, Kummer, Gefahren nicht vorbereitet. Daher ihre Ungeduld mit dem widerspenstigen Weltlauf, die ihre eigene Lage nur gefährlicher macht; ihr Gebrauch auch der grausamsten Kriegsmittel in der Überzeugung, das Mittel sei unvermeidlich gut, wenn der Gebrauchende es ist. Völker, die sich für unschuldig halten, schreibt Niebuhr, sind unleidlich.

Ganz so weit, wie hier christlich erleuchtete amerikanische Selbstkritik geht, kann der Schreiber dieser Zeilen nicht gehen. Die Amerikaner haben ihr revolutionäres Versprechen nicht ganz erfüllt; weder bei sich zu Hause, wo neben leichtem Glück und bequemer Freundlichkeit viel Leid, Haß, Brutalität und gierige Korruption nisten; nicht außerhalb ihrer Grenze, wo ihr Staat – und zwar in »modernen« Dimensionen – Verbrechen beging, wie alle Staaten sie noch immer begingen, die aber hier mit einem besonderen Tugendstolz begangen wurden. Dennoch haben die Amerikaner ihr revolutionäres Versprechen zu einem guten Teil erfüllt, zu einem besseren als die Franzosen von 1791 oder die russischen Kommunisten. Die Entstehung der Weltmacht Amerika selber gehört dazu. Der allgemeine Wohlstand in Amerika gehört dazu; und nun der Wohlstand in Europa, der, sei es durch Nachahmung, sei es kraft einer parallelen Entwicklung, erst dann möglich wurde, als man dort im Politischen und Sozialen den früher von den Amerikanern eingeschlagenen Weg ging. Der heute von den Amerikanern am stärksten getragene Fortschritt der abendländischen, planetar gewordenen Wissenschaft gehört dazu. Der im 18. Jahrhundert zuerst verkündete, nun auch dem Blödesten offenbar gewordene »Abschied von der bisherigen Geschichte« gehört dazu; die Veränderung des Lebens, die so intensiv und explosiv wurde, daß alle Vergangenheit, aus der wir gleichwohl kommen, uns fremd und blaß erscheint. Der gesicherte Weltfriede gehört nicht dazu, denn ihn haben wir nicht. Solche unleugbar spezifisch amerikanischen Unternehmungen wie der »Kriegs-Ächtungspakt« von 1928, der »Kriegsverbrecherprozeß« von 1946 haben geringe Wirkungskraft. Dem Problem ist ja juristisch nicht beizukommen. Daß aber die Frage von Krieg oder Frieden zu einer Schicksals-, Menschheitsfrage geworden ist, wie sie es bisher nie war, daß der Mensch jetzt endlich und wirklich vor den Alternativen steht, die im Zeitalter der amerikanischen Revolution der preußische Revolutionär Immanuel Kant vorausehend bestimmte, dies gehört dazu, und zu dieser Entwicklung hat das Land, in dem die »Bombe« zuerst gebaut wurde, beschleunigend beigetragen. Beschleunigung, sie überhaupt ist das Gesetz, unter dem

Amerika stand und welches Amerika – Europa wohl auch, aber Europa-in-Amerika noch stärker – der Weltgeschichte aufzwang. Die philosophisch-politische Revolution des 18. Jahrhunderts wurde zur materiellen des zwanzigsten. Europa wurde dem Planeten doppelt zum Schicksal: in seiner europäischen, dann in seiner amerikanischen Gestalt. Amerika wurde nicht so sehr zum Bringer endgültig-braver Lösungen, wie es geglaubt hatte. Aber es wurde nicht von ungefähr zum stärksten Mitverursacher, zum Zentrum, zum Atlas-gleichen Träger einer geschichtlichen Krise, für die man zwischen dem Paläolithikum und dem 20. Jahrhundert vergebens nach Vergleichen sucht.

Geschichte

Europa, dessen Zivilisation sich seit dem 16. Jahrhundert schneller und immer schneller veränderte und so die Zeit erfüllte, wie keine andere, dessen Energien zum erstenmal Weltgeschichte geschehen ließen, ist der geschichtliche Kontinent auch im anderen Sinne des deutschen Wortes »Geschichte«: Hier hat man die Geschichtswissenschaft begründet und das Geschichtsbewußtsein schärfer entwickelt als irgendwo sonst. Unvermeidlicherweise. Wer so viel tat und erlebte, brauchte auch das Bewußtsein dessen, was er tat und erlebte, mußte nach dem eigenen Platz in einer zeitlichen Reihenfolge suchen. Umgekehrt hat das Bewußtsein des Prozesses den Prozeß selber intensiviert, beschleunigt, mitunter geradezu verursacht. Das letztere gilt besonders für die großen »Revolutionen« des 19. und 20. Jahrhunderts, die bereits historisch konzipiert waren, bevor sie überhaupt stattgefunden hatten, so daß jene, welche sie ausführten, dann auch ihre Historiker werden konnten; die Bolschewisten sind das schlagendste Beispiel dafür. Auch nicht-revolutionäre Potentaten und Anführer sind in Europa ihre eigenen Historiker mit mehr oder weniger Erfolg gewesen: Richelieu, Ludwig XIV., Friedrich der Große, Napoleon, Churchill, de Gaulle. Das Schreiben von Memoiren, von den Franzosen begonnen, wurde im 19. und 20. Jahrhundert zu einer fast selbstverständlichen Tätigkeit der Politiker im Ruhestande.

Historiker sind offizielle Figuren gewesen, nicht nur die Vorwelt beschreibend, sondern die Mitwelt antreibend oder warnend: Schriftsteller wie Macaulay, Froude, Carlyle, Acton in England, Tocqueville, Michelet, Taine, Jaurès, Aulard in Frankreich, Ranke, Droysen, Treitschke in Deutschland, Bancroft, Adams, Beard in Amerika. Universalgeschichtliche Darstellungen und spekulative Systeme, von Voltaire bis H. G. Wells, von Herder und Hegel bis Spengler und Toynbee haben zuzeiten die Phantasie der Menschen ergriffen, wie eine Religion oder deren Ersatz. Von der Ausmünzbarkeit der Geschichte auf jeder Bildungsstufe zeugt ein unendlicher Schwall von Biographien, Romanen, Filmen. Lange Zeit haben die Europäer das Gefühl gehabt, mit in einer Geschichte zu sein, die vor Gott gespielt wird oder Gott in sich selber hat, oder Gott durch einen ihr immanenten gesamtmenschlichen Sinn ersetzt. Dies Gefühl ist unsicher geworden, aber es ist noch da und sucht nach neuem Inhalt, neuen Formen. Fände es sie nicht, so würde es in Verzweiflung enden.

Diese Gefühlslage war anderen Zivilisationen unbekannt; so auch der Mutter Europas, der klassischen Antike. Sie hat den Begriff der Geschichte – Historia, Forschung, Untersuchung — geprägt und großartige Geschichtsdarsteller hervorgebracht; neugierige und harte Beobachter des menschlichen Treibens in Hellas, heiter wie Herodot, düster wie Thukydides; in Rom bitter moralisierende, psychologisierende Verdammer ihrer eigenen Zeit und Lobpreiser des guten Alten. Einer, Polybios, hat einen sehr großen Zusammenhang, die Entstehung der römischen Weltmacht, von der er eine entscheidende Phase selbst erlebte, in einer gesamten Sicht zu verstehen unternommen — der höchste Flug, den ein antiker Historiker je wagte; ein anderer, Livius, die Geschichte des Vaterlandes *ab urbe condita* erzählt. Herrliche Leistungen alles das, an denen man den Geist noch heute bilden kann, oder sollte. Was fehlt, vom Standpunkt der europäischen Moderne aus geurteilt? Es fehlt der Sinn für die erfüllte Zeit, für das Neue, welches sie zeitigt und durch das sie erfüllt wird; für das Abgehobensein des Menschlichen von der Natur, die nichts Neues bringt, solange der Mensch sie in Ruhe läßt. Die antiken Geschichtsschreiber, da, wo sie überhaupt spekulativ wurden, dachten zyklisch, nicht linear. Sie nahmen ihre Gleichnisse aus der Natur: Jahreszeiten, Lebenslauf, Umlauf der Sterne. Darum waren sie eigentlich hoffnungslos und der Hoffnung nicht bedürftig. Hoffnungslosigkeit ist die Stimmung, die sich dem Leser des Thukydides am stärksten mitteilt, trotz des Reichtums an Gestalten und Ereignissen. Sie sind so, wie sie immer waren und immer sein werden; die Erzählung vom großen Krieg der Hellenen soll auf nicht genau dasselbe, aber ähnliches in der Zukunft vorbereiten, denn so sind die Menschen und so ist der Lauf der Welt. Von den Römern hat ein moderner Schriftsteller gemeint, sie hätten den Begriff der Wandlung und ihrer Bemeisterung durch neue Einrichtungen so wenig besessen, daß ihr Reich, ihre Zivilisation an diesem fundamentalen Bewußtseinsmangel zugrunde gegangen sei. Träfe dies zu, so würde es zeigen, wie stark das Bewußtsein von Geschichte, welches man hat oder nicht hat, den Ablauf der wirklichen Geschichte beeinflussen kann. Übrigens trifft es sicher für den sogenannten »Untergang« der Republik zu. Die römischen Republikaner glaubten allen Ernstes, das Weltreich, welches Rom geworden war, auf Grund der Verfassung eines engen Stadtstaates regieren zu können. Daran sind sie gescheitert. Und noch jahrhundertelang mußten ihre Erben, die Cäsaren, ihr Werk restaurativ verkleiden und ein Bündel altrömischer Ämter zu verwalten scheinen, anstatt das Neue und Notwendige mit neuen Namen zu benennen.

Oben wurde angedeutet, wie die amerikanische Verfassung gelegentlich eine von ferne vergleichbare hindernde Wirkung ausübte, wie gewisse amerikanische »Republikaner« noch heute glauben, es hätte sich seit dem Präsidenten McKinley nichts geändert, oder alle Veränderung seither sei illegitim und wieder rückgängig zu machen. Es wurde aber auch daran erinnert, daß der historische Sinn der Amerikaner im Grunde doch stärker war als der Kult des Unveränderlichen. Parteiprogramme unserer Zeit wie *New Deal*, *New Frontier*, *Great Society* sagen es schon durch ihre Namen aus: Es soll eine »große Gesellschaft« gebaut werden, die es bisher noch nicht gab, obgleich sie den uralten amerikanischen Versprechen gemäß sein wird. — Die Engländer haben vom 17. Jahrhundert bis zum heutigen Tag die ungeheuersten Veränderungen ohne katastrophale Abbrüche ihrer Geschichte, ohne Revolution — 1688 war keine — auf das eleganteste gemeistert, eben weil sie eine historisch erzogene, geschichtsbewußte Nation waren. Die in einer Reihe von Schüben langsam und planmäßig vollzogene Demokratisierung ihres inneren Lebens ist ein so eindrucksvolles Beispiel dafür, wie die erzieherisch vorbereitete, in den würdigsten Formen vonstatten gehende Auflösung ihres Imperiums.

Es ist oft gezeigt worden, wie die Europäer von den antiken Klassikern wohl das historische Handwerk oder ein Teil davon lernten, wie aber ihr spezifisches Geschichtsbewußtsein einen ersten Ursprung in den heiligen Büchern ihrer Religion hatten. Es war die diesseitige Heilserwartung der Juden, ihr Glaube, unter dem besonderen Auftrag und Schutz Gottes zu stehen, was ihren Sinn für Erfüllung in der Zeit, für Einheit und Sinn ihrer Geschichte prägte. Später, in der Botschaft der Apokalyptiker, dann Jesu, wurde die Hoffnung auf Erfüllung nach der Zeit, oder in einer Endzeit darauf. Bei Herbert Grundmann lasen wir, wie dieser Begriff der Endzeit noch das mittelalterliche Geschichtsbewußtsein durchdrang. Die Ereignisse in der Zeit, das bloße *saeculum* verloren dadurch an Gewicht; sicher im Geiste eines radikalen Christen wie Gregor VII. Tatsächlich hat man im Mittelalter nicht so sehr »Geschichte« geschrieben, wie Chroniken, Annalen, »Geschichten«; sei es eben darum, sei es, weil die Möglichkeit zur Erwerbung umfassender Kenntnisse praktisch fehlte. Aber es erhielt sich der Sinn für die Einheit der Zeit, nun zentriert und unterteilt durch die Erscheinung des Herrn: die Zeitstrecke der Vorbereitung zuerst, und dann die zweite, die in der Wiederkunft enden würde. In diesem Sinn, im Sinn eines Ernstmachens mit der christlichen Zeitrechnung, hat noch im späten 17. Jahrhundert Bossuet Weltgeschichte geschrieben, ein Unternehmen, das ihm ohne seinen religiösen Glauben durchaus unmöglich gewesen wäre. Selbst Hegels »Vorlesungen zur Philosophie der Geschichte«, ungleich kenntnisreicher nun, ungleich reifer, kunstvoller, raffinierter, haben Bossuets Grundgedanken von der christlich bestimmten Einheit der Weltgeschichte in sich hineinzunehmen vermocht; in schwindelnder Verbindung von Metaphysik und revolutionärer Verweltlichung, aber in ihrer Herkunft noch immer erkennbar.

Die erfüllte Zeit wurde zu einer von »Fortschritt« erfüllten unter den Händen derer, denen die Religion, wenigstens in ihrer römischen, überhaupt in ihrer doktrinären, intoleranten und streitbaren Form, der sinngebende Mittelpunkt nicht mehr war. Der »Streit zwischen dem Alten und dem Modernen«, von dem in einem anderen Bande unserer Weltgeschichte die Rede war, kündete den Durchbruch eines nun säkularisierten Geschichtsgefühls an; man verglich sich mit der Zivilisation, die seither als die vollkommene gegolten hatte, und fand, daß man ihr nun überlegen sei, daß man es weiter gebracht habe und noch viel weiter bringen werde. Damit war der Kult des Fortschrittes geboren; im 18. Jahrhundert der einer intellektuellen Elite; im 19. von den breiten Massen der Menschen bewußt oder halb bewußt assimiliert. Ein neues Interesse für die Vergangenheit der eigenen Zivilisation, wie jener anderer Geschichtskreise ging schon im frühen 18. Jahrhundert damit einher; man wollte sich vergleichen, um sich zu erkennen. Große Ereignisse und Entwicklungen, deren Zeuge man selber war, wurden als geschichtlich zu verstehende, nicht mehr bloß chronistisch zu berichtende empfunden: der Aufstieg des königlichen Frankreich zur führenden europäischen Macht, das Erscheinen Rußlands in der europäischen Politik, die Durchdringung der amerikanischen Welt durch die Europäer, die Entstehung der Parlamentsherrschaft in England, das Sieg-gekrönte Drama Friedrichs des

Großen. Die Geschichtsschreibung Voltaires war schon Universalgeschichte der Intensität wie der Extensität nach: Kultur, Wirtschaft mit dem Politischen zusammensehend; sehr gegenwartsstolz; aber auch voller Neugier für fremde Zeiten, fremde Zonen und die anderen Geschichtsgesetze, die dann und dort gewirkt hatten. Glaube an den Fortschritt zum Besseren, zu »Aufklärung«, Freiheit, Humanität lag dem Essay zugrunde, in welchem Kant eine »Geschichte der Menschheit in weltbürgerlicher Absicht« vorschlug, nicht verwirklichte; hundertfünfzig Jahre später hat H. G. Wells sich in seiner »Weltgeschichte« auf die Idee Kants ausdrücklich berufen. Wir finden den gleichen Gedanken in Schillers akademischer Antrittsrede, unangekränkelt durch den Pessimismus, mit dem Kant sein eigenes Schema korrigierte. »Unser menschliches Jahrhundert herbeizuführen, haben sich – ohne es zu wissen oder zu erzielen – alle vorhergehenden Zeitalter angestrengt.« In seiner wirklichen Geschichtsschreibung hat Schiller über der Freude am individuellen Leben seinen richtenden Idealismus mitunter vergessen; die Partei des Guten, den Fortschritt zur Freiheit Fördernden und die des Schlechten, ihn fanatisch und tückisch Behindernden gibt es in seinen beiden Hauptwerken dennoch. Vielleicht wäre er dabei nicht geblieben, wäre er alt geworden und hätte er dem Historikeramt die Treue bewahrt.

Die zur Revolution explosiv verdichtete »Aufklärung« wurde geschichtsfeindlich. Alle Vergangenheit war dumm und schlecht im Vergleich mit der erlösten Gegenwart, die allein wert war, gewußt zu werden. So, gegen das historische Europa, dachte der Amerikaner Jefferson, so, gegen das historische Frankreich, der Franzose Sieyès; dem entsprach die Rationalisierung des französischen Staatswesens durch die Jakobiner, nur die Wirkung im Auge, ohne jede Rücksicht auf historische Provinzen und Machtkreise. Es war vom Gedanken her dieselbe Verachtung des Verstaubten, Toten, ohne Nutzen zu Erforschenden, in der sich hundert Jahre später ein Revolutionär der Technik, Henry Ford, gefiel; was hatten Habsburg und Bourbon für den Bau besserer, billigerer Automobile zu lehren?

Aber die Wege des Geistes sind verschlungen. Die große Revolution selbst und das sich ihr anschließende Abenteuer Napoleons wurden zum gewaltigsten, anziehendsten Gegenstand historischer Forschung und Darstellung; so viele Bücher sind über keine andere Epoche geschrieben worden. Wer für die Revolution war, wollte wissen, wie sie sich vorbereitet hatte; wer dagegen war, auch – mit besonderem Akzent. War die »Aufklärung« gegenwartsstolz und hochmütig gegenüber fremden Zeiten gewesen, so hatte sie in ihrer Wißbegier doch eine edle historische Stoffmasse zusammengebracht; eine tiefe und breite Geistesbewegung, von Hunderten von Schriftstellern vorwärtsgetragen, ist ja nie so einfach, wie sie auf den Seiten eines Textbuches erscheint. Die Reaktion, die sie hervorrief, kam auf ihren Höhepunkt erst seit den 1790er Jahren unter dem Eindruck der Ereignisse in Frankreich; in ihrem Ursprung ist sie älter. Schon die frühen englischen Romantiker, schon der junge Goethe hatten für die Schönheit, Würde und Eigengesetzlichkeit des einmal Gewesenen und Getanen ein Verstehen entwickelt, das entschieden nicht mehr »aufklärerisch« war. Hier ist eine der Wurzeln des sogenannten »Historismus«, der im 19. Jahrhundert zur Reife kam, zumal in Deutschland.

Seine »Philosophie«, insofern er sich als solche ausgab, war ungenügend im Logischen wie im Moralischen. Er lehrte die Unerschöpflichkeit des Historischen, Individuellen, für die sich argumentieren läßt, und seine Unvergleichlichkeit, für die sich im Ernst nicht argumentieren läßt, denn das Unvergleichliche wäre auch unverständlich und der Mühe, es zu verstehen, nicht wert. Einzigartig sollte jeder Charakter, jede Institution, jede historische Bestrebung und Entscheidung aus den ihnen eigenen Bedingungen heraus gewürdigt werden, nicht nach dem Platz, den sie in der Geschichte des »Fortschritts« einnahmen. Jede Epoche, meinte Leopold von Ranke, sei »gleich zu Gott«, es sei nicht eine besser als die andere. Der Gedanke, an sich simpel genug, tat seinen Dienst für die Kritik dessen, was die Aufklärung in ihren Extremen gesündigt hatte. Ein verständnisvoll-genüßliches Sich-Einwiegen in fremde Lebensgesetze und Ausdrucksformen war die Kunst dieser Historiker, zumal wenn sie jetzt zur politischen Geschichte die Rechtsgeschichte, dann die »Geistesgeschichte« fügten; dazu kam die Schärfung des Instruments der archivalischen Forschung, die, seit dem 17.Jahrhundert betrieben, erst jetzt zu ihrem vollen Recht kam.

Der Schatten des Historismus war seine Erfolgsanbeterei. Hatte die Aufklärung gar zu energisch unterschieden zwischen den Schlechten und den Guten, und diese oft unterliegen sehen, so unterlag jetzt mit Sicherheit der, der zu unterliegen verdiente, eben weil er unterlag. Bei Ranke, einem der Gründer des deutschen Historismus, war das noch ein wenig moralisch getönt, ebenso bei den Amerikanern; erfahrungsgemäß siegte immer die bessere Sache, mit ihr war der Gott der Schlachten. Bei Rankes Erben, die seine europäische Universalität preisgaben, Bewunderer Machiavellis samt und sonders, wurde das »Bessere« zur bloßen *virtù*; der Stärkere war besser. Historiker dieser Schule haben sich mit vielerlei befaßt; ihr bevorzugter Gegenstand aber war der Staat, der absolutistische Machtstaat, der schon gewordene oder werdende Nationalstaat, für dessen Vollendung in Deutschland, und zwar unter preußischer Führung, sie sich einsetzten, und der auch Machtstaat sein sollte. Nicht daß sie Kultur, Freiheit, bürgerlich freie Aktivität verachtet hätten. Aber im Rahmen des nationalen Machtstaates sollte das alles sein und blühen können, nur weil er blühte. Die Nationen wurden historisierend voneinander getrennt, so wie sie sich politisch voneinander trennten. In unglaublicher Verkennung von Europas gemeinsamer Geschichte sollten sie von Anbeginn für sich selbst gewesen sein, spröde, einsame »Volksgeister«, die ihre eigene Verwirklichung suchten, nur ihnen eigene Institutionen schufen, voneinander aus dem Grunde verschieden. Der Begriff des Fortschritts, den man als Leitmotiv der Geschichte hatte fallenlassen wollen, kam zur Hintertür wieder herein. Denn es war doch Fortschreiten, ein hocherfreuliches, vom Gott der Geschichte gewolltes, vom Kurfürstentum Brandenburg zum neuen deutschen Kaiserreich; vom Fürstentum Moskau zum Großreich der Zaren, das der Kern eines Reiches aller Slawen zu werden versprach; von den dreizehn amerikanischen Kolonien zur kontinentalen, reichen, glücklichen Republik. Und Fortschreiten sollte weiter sein; kein leichtes, friedliches, wie von selber weitergespieltes zwar, sondern ein hartes, im Kampf der Mächte und durch ihn.

Das ist vereinfacht. Die Verherrlicher der Revolution gaben den klassischen Fortschrittsbegriff nie auf. Die angelsächsischen Liberalen auch nicht; obgleich sie ihn in den besonderen historischen Bedingungen des protestantischen England und Amerika – mitunter sogar Preußens – verwirklicht fanden. Gegenüber dem kontinentalen Kult der Macht gab es nach wie vor eine universalistisch-aufklärerische Geschichtsschreibung, welche Staat und Macht und Krieg verachtete. Die ungeheuer erfolgreiche Weltgeschichte von H. G. Wells ist ein Beispiel dafür; ein anderes die Weltgeschichte des indischen Staatsmannes Jawāharlāl Nehru – in Briefen an seine Tochter –, eines der europäischsten Bücher, die je geschrieben wurden. Was im 17. Jahrhundert zuerst sich angemeldet hatte, wurde vollendet. Historische Forschung und Kritik bemächtigten sich jedes geschichtsmöglichen Gegenstandes, auch und gerade der Entstehung des Christentums; was Ernest Renan, einem der Meister der Religionsgeschichte, den Ausdruck selbstgefälligen Schuldgefühls entlockte: *De quoi vivra-t-on après nous?*

Sowohl die liberal-nationale wie die universalistisch-aufklärerische Geschichtsschreibung waren mit dem Ersten Weltkrieg am Ende oder hätten es sein müssen. Was hier geschah, widersprach in seiner blutigen Absurdität dem Kult schöpferischen Machtkampfes und dem Fortschrittsglauben in gleicher Weise. Tatsächlich machten beide in der zwielichtigen Epoche »zwischen den Kriegen« weiter. Die Nationen, welche das Spiel verloren hatten, hielten den Ausgang für geschichtlich illegitim und undauerhaft; die Gewinnenden fanden ihre Auffassung erfreulich bestätigt. Die Humanisten sprachen von einem »Rückfall in die Barbarei«, der nichts bewies, wie sie denn auch den »Faschismus«, welcher nachfolgte, als bloßes Rückzugsgefecht dunkler Reaktionsmächte interpretierten. Ein solcher unkorrigierter Glaube war nach dem Zweiten Weltkrieg nicht mehr durchführbar. Nationalistischer und progressistischer Historiker-Wille verzichteten zur selben Zeit; ein Zeichen dafür, daß sie immer mehr verschwistert gewesen waren, als ihren Trägern bewußt gewesen war.

Ihr Erbe anzutreten stand 1919 wie 1945 eine neue, in gewissem Sinn zur Antike zurücklenkende, zyklische Geschichtsphilosophie bereit. Wir meinen die Werke von Oswald Spengler und Arnold Toynbee. Der Deutsche, weniger fein, weniger gewissenhaft und gutwillig, aber durchschlagskräftiger als der Engländer, warf die Fortschrittsidee wie die nationale zum alten Eisen, obgleich keineswegs die Idee der Macht. Die »Menschheit« gab es nicht und folglich nicht ihre Geschichte. Nationen gab es, aber als Teil eines Ganzen, welches eine »Kultur« oder »Kulturseele« war. Sie entstand; sie durchlief ihre Phasen nach erkennbaren Gesetzen, die für alle Kulturen galten; sie starb schließlich, und es blieben dann nur ihre zerfallenden Gehäuse übrig, in denen geschichtslose »Fellachen« hausten. Die letzte Phase im Leben einer Kultur war die »Zivilisation«; die Zeit stählerner Technik, die Zeit der Industrie, der Riesenstädte, der Massen, der hinter schönrednerischen Lügen der Demokratie verborgenen Bourgeois- und Kapitalistenherrschaft zuerst, der großen Kriege, der harten Kriegsherren und Cäsaren dann. Hatten sie sich oder einander verbraucht, so würde nichts mehr kommen.

An der Stelle der historischen Kausalität trat hier der unbewußte Ausdruck, die Erscheinung des Inneren, Wesentlichen. In der Zeit der »Zivilisation« baute man Wolkenkratzer, Stahlwerke, Schnellstraßen, erfand man neue Zerstörungsmittel, führte man Weltkriege nicht zu einem rationalen Zweck, sondern weil es so sein mußte; so wie eine Pflanze ihre Formen entwickelt oder ein Tier seinen Körper aufbaut, um darzustellen, was es ist. Alles war Symptom, und alle Symptome gehörten zusammen; zu Wolkenkratzern und Weltkriegen gehörte, daß es keine Religion mehr gab und kaum noch Kunst, so wie ehe-

Cercle am Hof Kaiser Wilhelms I.
Gemälde von Adolph Menzel, 1879. Privatbesitz

ACTUALITÉS 52

Equilibre Européen.

»Das europäische Gleichgewicht«
Lithographie von Honoré Daumier in der Zeitschrift Charivari vom 3. April 1867

dem Bürgerhäuser, Burgen und Dome, fromme Malerei und fromme Musik zusammengehört hatten. Geschichtlich Verurteiltes aufrechtzuerhalten, Versunkenes zu beklagen, dem, was kommen mußte, sich in den Weg zu werfen, war Romantik und völlig vergeblich. Der »Untergang des Abendlandes«, der europäisch-amerikanischen Kultur würde »prachtvoll« vor sich gehen wie der Fall Roms, oder häßlich verkrüppelt; allemal war er unvermeidlich.

Toynbee verwarf Spenglers Biologismus und Fatalismus, behielt aber die von seinem Vorgänger statuierte, von ihm selber noch vermehrte Vielzahl von Kulturen bei, die unabhängig voneinander und in ähnlichen Rhythmen entstanden, blühten und vergingen. Sie mußten sich nicht selber zerstören, aber sie hatten es bisher noch immer getan durch vermeidbare eigene Schuld; Überspannung ihrer Kräfte, schrankenlose Hingabe an ein einziges Prinzip, Flucht vor dem Aufgegebenen, Abdankung der Freiheit; durch Selbstverrat. Nun war die Frage, ob »der Westen« den gleichen Weg nehmen würde.

Beide Geschichtsphilosophen haben auf die allgemeine Stimmung eingewirkt, Spengler einige Jahre lang ungeheuer stark. Er besaß die Gabe der Anschauung und schönen Beschreibung vergangener Gestalten und auch die Ahnung, welche im erst Begonnenen das zur Reife Gekommene vorwegnehmen läßt. Solche technischen Landschaften, solche gedrängt-entpersönlichten Massen, solche cäsarischen Diktaturen, wie er sie sah, gab es zu Beginn des Jahrhunderts noch gar nicht, wohl aber in dessen zweitem Drittel. Wer den Leuten ihre Erlebnisse voraussagt und erklärt, wird leicht die rechte Erklärung gefunden zu haben scheinen.

Mittlerweile ist jedoch die Zeit der zyklischen Geschichtsphilosophie schon wieder vorbei. Sie war kürzer als die Zeit des Fortschrittsglaubens. Dieser konnte so lange dauern, wie die große Emanzipation dauerte. Partiell dauert er wohl heute noch; denn wenn es Fortschritt im Ganzen nicht gibt, so gab es ihn doch in definierten Teilgebieten, und da gibt es ihn heute noch und schnelleren, intensiveren als je zuvor. Das System der getrennten, einander unverständlichen, aber alle von einem Gelehrten verstandenen »Kulturseelen« scheiterte, was die Vergangenheit betrifft, an der Künstlichkeit der Vergleiche und behaupteten »Gleichzeitigkeiten«; in der Gegenwart wird es durch andrängende Erfahrung widerlegt. Kaum hatte Spengler alle Kulturen, mit Ausnahme der europäischen, für längst verwelkt und abgestorben erklärt, so erschienen die totgesagten Völker Asiens mit neuer Energie auf der Bildfläche; nicht allzu schöpferisch im Geistigen zwar, aber entschieden gewillt und fähig, wiederum »Geschichte« zu machen. Kaum hatte er den Begriff »Menschheit« verworfen und verhöhnt, so wurde die Wirklichkeit des Begriffes zum erstenmal völlig offenbar: im Erfaßtwerden aller Völker vom gleichen Zivilisationsdrang, in der Begegnung aller Mächte in einem einzigen Machtkampf, in der Registrierung aller weltwirtschaftlichen Vorgänge durch eine einzige wachende und beratende Organisation, in der Bedrohung aller Länder durch dieselben Gefahren. Die Krise, in der wir leben und leben werden, soviel ist nun bekanntgeworden, ist nicht die Krise nur eines Kulturkreises. Es ist weltgeschichtliche Krise, Menschheitskrise. Da in den Büchern der Zykliker von einer solchen Krise nichts steht und nichts stehen konnte, so hatten auch sie die Wahrheit nicht, was immer man im einzelnen auf ihren Seiten Nachdenkenswertes finden mag.

Die Historie ist bescheiden geworden. Sie sucht den großen Sinn nicht mehr, geschweige, daß sie ihn gefunden zu haben glaubte. Sie forscht emsig, wie je zuvor, sie erzählt auch gelegentlich noch, jeden Tag bringt sie etwas Tüchtiges auf den Markt. Noch immer will sie verstehen, wie wir wurden, was wir sind; »Zeitgeschichte«, die Geschichte der letzten Jahrzehnte, wurde zu einem ihrer wichtigsten Zweige. Aber sie bewegt die bloß Zuschauenden, passiv Aufnehmenden nicht mehr wie in den Zeiten der großen Emanzipation, in der Zeit der europäischen Nationalstaaten. Daß alles historisch ist, die Religionen und ihre Entstehung nicht ausgenommen, daran haben wir uns längst gewöhnt; so daß die Frage Renans: »Wovon wird man nach uns leben?« wenig Aktualität mehr hat. Das meiste ist hier getan. Wer das Glück des Glaubens hat und behalten will, den werden Neuentdeckungen über zeitgenössische Einflüsse, welche auf Jesus gewirkt haben mögen, nicht mehr in Verwirrung bringen. Die katholische Kirche selbst hat während des zweiten römischen Konzils eine Geschichtsbewußtheit und zeitliche Wandlungswilligkeit bewiesen wie nie zuvor; es ist dort das merkwürdige Wort gefallen und erhört worden, man dürfe den gegenüber Galilei begangenen Irrtum nicht wiederholen. Das verspätete, schlechte und schmutzige Geschichtsdrama, welches Adolf Hitler aufführte, hat den Europäern die Lust an historischen Heldentaten genommen. Man glaubt nicht mehr an sie. Unter den »befreiten« Völkern Asien – Afrikas glaubt man daran. Aber da es dasselbe alte Lied ist, das in Europa ehedem so kräftig gesungen wurde, das Lied von Gloire und Grandeur, welche die Hungernden nicht satt machen, von Feinden, die vernichtet werden müssen, da die Massen angesichts ihrer Diktatoren die gleichen Dummheiten schreien, wie in Italien und Deutschland in den dreißiger Jahren, so kann es uns kaum erfreulich beeindrucken und erheben. Früher, zu Zeiten, die ein wenig besser dafür paßten, haben wir es gemacht; nun machen sie es uns nach. Viel Neues wird nicht dabei herauskommen; die wahren Aufgaben der Zeit liegen hier nicht.

Zeitkritik und Individualität

Eine besondere Ausdrucksform des europäischen Geschichtsbewußtseins war die »Zeitkritik«, das artikulierte Überworfensein der einzelnen Persönlichkeit mit ihrer Gesellschaft, ihrer eigenen Zeit. Sie wäre nicht möglich gewesen ohne die Emanzipation des Individuums, das, weder religiös noch ständisch noch politisch-vaterländisch gebunden, sein Sach auf sich selber stellen mußte. Einer legte sich selbstgeschaffene Bindungen auf, aber ohne eine Gesellschaft, die seine Kunst trug und verstand, gegen die Gesellschaft. Ein anderer lebte in Protest, der Sensationserfolge bringen mochte oder zu wirken erst begann, nachdem der Protestierende tot war, oder gar nicht wirkte. Resignation, Trauer, Spott, Ekel, warnendes, feierliches Prophetentum, Pathos der Sektenbildung, Pathos der Alleinheit – es gab keine Farbe, mit der Zeitkritik sich nicht getönt, kein Kunstmittel, Roman, Drama, philosophisches System, Manifest, Lyrik, Satire, das sie nicht gewählt hätte. Sie ist ein negatives Lebenselement der europäischen Moderne. Nur eine überaus energienreiche, gewaltigen Druck ausübende Gesellschaft konnte sie hervorbringen. Sogar wäre denkbar, daß sie selber auf eine nicht beweisbare Art diese Energien vermehrt hat. — Zeitkritik war am einsamsten dort, wo die Demokratie früh vollendet, am dichtesten gewoben, am erfolgreichsten und selbstzufriedensten war, in Amerika. Dort war sie sehr einsam; es wäre denn, daß auch sie im Grunde konformistisch dachte und billig-behagliche, noch von den Verspotteten selber gern gelesene Satiren produzierte.

Zeitkritik ist nicht bloße Kritik öffentlicher Zustände. Diese mußte es geben, solange es die große Emanzipation gab, von ihrem Anfang an. Die Schriftsteller, die den Absolutismus Ludwigs XIV. bekämpften, fühlten sich nicht einsam, selbst wenn sie gefährdet lebten. Sie fühlten sich von ihrer Zeit getragen, bejahten sie und die Zukunft; im Streit lagen sie mit einem Herrschaftssystem, das hinter der Zeit zurück war. In diesem Sinn wäre Voltaire kein Zeitkritiker. Aber Rousseau ist es; der den Fremdling in seiner eigenen Zeit spielte und mit einem Schlage den Wert, nicht dieser oder jener anachronistisch gewordenen Einrichtung, sondern der ganzen europäischen Zivilisation in Frage stellte. Historisch wurde auch hier gedacht, denn Geschichte hatte Europa zu dem gemacht, was es war, und ein scharfes, leidendes Gefühl für das Jetzt, für diese einmalige, verdorbene Bedingung des Lebens lag Rousseaus Protest zugrunde. Seither ist er nicht wieder verstummt. Daß derselbe Rousseau zum ersten modernen, die innersten Erlebnisse der eigenen Seele ohne Scham exhibierenden Autobiographen wurde, erhärtet die Beziehung zwischen Zeitkritik und emanzipierter Individualität. Ein Gleiches tat Nietzsches »Ecce Homo« im folgenden Jahrhundert noch einmal. Die romantische Geistesbewegung war zeitkritisch, wenn und insoweit sie sich dem stärksten Antrieb ihrer Zeit, dem rationalistischen entgegenwarf und unwiederbringlich vergangene Ordnungen verherrlichte. Auch dies ging oft, nicht immer, mit einem überentwickelten Interesse an der eigenen Individualität, einem sich Hinwegsetzen über die Sitten und Regeln der Gesellschaft zusammen. Mit strengem Moralismus ebensowohl; Fichte, ein edler und zorniger Zeitkritiker, definierte sein Zeitalter als das der vollendeten Sündhaftigkeit, von welcher er nur die eigene Nation, mindestens ihrer Möglichkeit und Mission nach, ausgenommen meinte.

Das 19. Jahrhundert ist recht eigentlich das Jahrhundert der Zeitkritik. Natürlich wurde sie auch von Vertretern breiter, machtvoller Tendenzen und Gruppen geübt; von Konservativen sowohl wie von Demokraten und Sozialisten. Eine Verdammung obwaltender Zustände enthält das »Kommunistische Manifest« von Karl Marx wie die *Quanta Cura* Enzyklika Pius' IX. Aber beide hatten Macht, der Papst und seine gekrönten Bundesgenossen gegenwärtige, der Sozialist zukünftige. Hier dagegen ist von einem freiwilligen Sich-Ausschalten, einem Gegen-den-Strom-Schwimmen die Rede; nicht von den Amtsträgern und Gründern also, denen die geheiligte Tradition, das Interesse der Reichen, die Hoffnung der Armen eine breite Wirkungsbasis gab. Sie repräsentierten eine Hauptbestrebung der Zeit gegen die andere; jene stellten das Zeitalter insgesamt und damit auch die lange Vorgeschichte, die zu ihm hingeführt hatte, in Frage.

Ebenso: die Vergötzung der Geschichte in einem Jahrhundert, das sich als das historische par excellence, als die Krone der Zeiten fühlte. Kierkegaards philosophischer Feldzug gegen Hegel ist das eindrucksvollste Beispiel dafür: Die einzelne Seele hat ihren Wert nicht durch ihren Platz im Staat, in der Geschichte, der Augenblick den seinen nicht kraft des zeitlichen Nacheinander. Sie sind absolut. »Geschichtlichkeit« wird auch hier gesehen, aber im Sinn der völligen Einmaligkeit, nicht der Verbindung und allgemeinen Verpflichtung, welche der Historismus dem Individuum auferlegte. Gegen ihn hat später Nietzsche sich in seiner Betrachtung über den »Nutzen und Nachteil der Historie für das Leben« gewandt: »Wer aber erst gelernt hat, vor der ›Macht der Geschichte‹ den Rücken zu krümmen und den Kopf zu beugen, der nickt zuletzt chinesenhaft-mechanisch sein ›Ja‹ zu jeder Macht, sei diese nun eine Regierung oder eine öffentliche Meinung oder eine Zahlen-Majorität, und bewegt seine Glieder genau in dem Takte, in dem irgendeine Macht den Faden zieht. Enthält jeder Erfolg in sich eine vernünftige Notwendigkeit, ist jedes Ereignis der Sieg des Logischen oder der ›Idee‹ – dann nur hurtig nieder auf die Knie und nun die ganze Stufenleiter der ›Erfolge‹ abgekniet!«

Waren Demokratie und »Fortschritt« die Zielscheibe konservativen Hasses und Spottes, so konnten sie auch von Kritikern verworfen werden, die keinem großen Interesse angehörten und den Triumph des Verneinten für unvermeidlich hielten. So von Carlyle, von Flaubert. Carlyle, der englische Historiker-Philosoph, hielt dem Zeitalter, das er zusehends von einer anonymen, geschäftigen, glaubenslosen Masse beherrscht glaubte, den Helden und die Verehrung des Helden entgegen: Cromwell, König Friedrich von Preußen. Wohl ohne zu glauben, daß solche wie er den Lauf ändern könnten: »Da der Hauptzweck des Menschen nun, in diesen verbesserten Zeiten, das Verdienen und Verbrauchen von Geld ist, so hat sich sein Interesse für das Universum seit neuestem erstaunlich vereinfacht... Wenn aber das Universum an seiner göttlichen Brust keine Gemeinschaft von Sterblichen halten will, die kein höheres Ziel kennen, ... wenn das unergründliche Universum beschlossen haben sollte, Biber, die sich für Menschen ausgeben, zu verwerfen, und, vielleicht recht bald, ihre Märkte und sie selbst in greulichen Sumpf-Sintfluten zu vernichten, falls sie sich nicht anders besinnen? Dann wäre es doch wohl besser, sich anders zu besinnen; Demokratien und allgemeine Wahlrechte, so viel kann ich sehen, würden zu einem ganz hübschen Teil revidiert werden müssen.« – Den Franzosen hat der Advokat, der seinen Roman »Madame Bovary« gegen die Anklage der Unsittlichkeit zu verteidigen hatte, als einen »ernsten, von den schweren, den traurigen Dingen angezogenen Charakter« bezeichnet. Leiden an der Zeit und an der Gesellschaft, Trauer, Verachtung der hoffnungslosen Dummheit, die überall herrscht und immer herrschen wird, Hochmut waren Versuchungen in der Seele Flauberts, denen er nachgab, indem er sich in das Reich der Kunst zurückzog. Mitunter zur Gestaltung schöner, phantastischer, exotischer, legendärer Gegenstände; häufiger zu an sich deprimierenden, eigentlich trostlosen modernen, aber so, daß der Trost, der einzige, den es gab, in der mit letztem Künstler-Ehrgeiz vollzogenen Beschreibung und Bewältigung lag. Flauberts später Roman »Bouvard et Pécuchet« stellt eine in ihrer Monotonie grauenerregende Verhöhnung der Zivilisation, ihres Forschens und Experimentierens, Bauens und Einreißens dar.

Die ahnende Hysterie der großen Kritiker nahm in dem, verglichen mit Späterem, noch Geringfügigem schon das Späte vorweg. Es war dies der Eindruck, den der Deutsch-Französische Krieg von 1870 auf Flaubert machte: die Entartung der Wissenschaft im Dienste eines entartenden Krieges, die Millionen-Massaker des 20. Jahrhunderts waren für ihn schon mit der Perfektion gegeben, mit der General Moltkes Kriegsmaschine gegen Paris drang. »Das ist also der natürliche Mensch! Jetzt denkt euch Theorien aus! Rühmt den Fortschritt, die Aufklärung, den guten Geist der Massen, die Humanität der Franzosen. Hier würde man in Stücke gerissen werden, wenn man noch den Frieden predigte... Vielleicht beginnen die Kriege zwischen den Rassen aufs neue. In hundert Jahren wird man Millionen von Menschen einander in einem Augenblick töten sehen. Der ganze Osten gegen das ganze Europa, die Alte Welt gegen die Neue. Warum nicht? Die großen Kollektiv-Arbeiten wie der Suez-Kanal sind vielleicht schon Andeutungen, Vorbereitungen monströser Schlächtereien, die wir uns noch nicht einmal vorstellen können!« — Ganz ähnlich hat Jacob Burckhardt, der konservative Schweizer Kunstgelehrte und Historiker, den Krieg von 1870 erfahren. Naturwissenschaft, Industrie, Demokratie, Kult der Macht, Herrschaft des Machtstaates sah Burckhardt in einem; wenn er mit den Demokraten seiner Zeit im Streite lag, so nicht darum, weil sie an ihren Sieg glaubten — das tat er auch —, sondern weil sie sich über die Bedeutung ihres Sieges täuschten. Die entwurzelten, ihrer alten Lebens- und Glaubensbedingungen beraubten Massen würden sich nicht friedlich wie die Tauben, klug wie die Schlangen selber regieren. Sie würden wieder beherrscht werden, wäre es auch mit Zustimmung der Beherrschten, von der die Plebiszite in Burckhardts Jahrzehnten einen Vorgeschmack gaben. Im 20. Jahrhundert, schrieb er, werde die Macht wieder ihr Antlitz erheben, und es werde ein furchtbares Antlitz sein. — Das Bezeichnende ist, daß solche Prophezeiungen Burckhardts ohne jede Hoffnung getan wurden, sie könnten das Gefürchtete verhindern oder mäßigen. Die am tiefsten geängstigten schrieb er nur in persönlichen Briefen nieder. Der Zeitkritiker des 19. Jahrhunderts wählte die Haltung der Kassandra, und Kassandra-gleich war oft sein Los: Einsamkeit, Armut, Flucht in die Droge, Verschwinden in den Wildnissen Afrikas, Wahnsinn, Selbstmord. Es war ihr Los besonders dann, wenn Kunst sie nicht schützte; und selbst die schützte sie mitunter nicht genug.

Wo schöpferischer Genius mit Vitalität zusammentrafen, da konnte der Zeitkritiker, wie sehr er auch Rebell war, zu einer Art offizieller Figur, zum geistigen Oberhaupt aller Rebellen und Halbrebellen werden. Das gilt für Ibsen, der in seinen Dramen die Macht der gesellschaftlichen Tabus, der öffentlich-korrupten Interessen, der Konventionen, der »Stützen der Gesellschaft« agieren ließ; es gilt in ungleich stärkerem Maße für Leo Tolstoij. Der epische Gigant, der den Materialismus, die Heuchelei, die Öde, die Sklaverei der adelig-bürgerlichen Gesellschaft geißelte, gegen politische Justiz, den Egoismus der Reichen, die Verfolgung der aufbegehrenden Armen, den großen Krieg, der kommen würde, seine Anklagen erhob, triumphierte; triumphierte so sehr, daß der Zarismus auf dem Höhepunkt der Reaktion unter Alexander III. und Nikolaus II. seine Schriften nicht zu unterdrücken, den Autor nicht anzutasten wagte und sein Sterben, nach der letzten Flucht von Familie, Schloß und Besitz zu einem Ereignis wurde, das Europa tiefer beeindruckte als jede Haupt- und Staatsaktion.

Es gab glücklichere zeitkritische Künstler, die nicht eindeutig Warnendes aussagten, die das große Welttheater mit wissender, kühler Heiterkeit an sich vorüberziehen ließen, indem sie ihr kleines daraus schnitten. So einer war Stendhal, so einer Heinrich Heine. Auch ihnen eignete ein überaus empfindliches Geschichts- und Gegenwarts- und Zukunftsbewußtsein. Stendhals größter Roman trägt mit Fug den Untertitel »Chronik des 19. Jahrhunderts«; Heines Essays und Reportagen, wie seine politische Lyrik, sind gefüllt mit Gedankensplittern über diese Zeit, wahrscheinliche und drohende Zukunft. Aber beide sind zu glücklich mit ihren Talenten, um ihrer Welt qualvoll entfremdet zu sein. Dafür leben sie zu gerne; ihre Sympathien sind unverbindlich. Sie sind Demokraten; Aristokraten auch. Sie sehen die industrielle Demokratie kommen, in der ihresgleichen nicht mehr gelten wird, und zucken die Achseln. Sie sehen auch die kommunistische Diktatur kommen, Heine sogar einmal im Bündnis mit der katholischen Kirche, und sind von solchen Ansichten weder erbaut noch tief erschüttert. Sie hassen die Reaktion, die Rückzugsgefechte der Dunkelmänner, geben sich aber keine Mühe, ihre Schwäche für kultivierten Adel zu verbergen. Sie sind Volksfreunde und auch nicht, weil sie sich über das »Volk«, wie es wirklich ist, keine Illusionen machen. Sie sind Romantiker; wissen sich als die letzten der Romantiker; verspotten die, die nicht glauben wollen, daß die Romantik am Ende ist; und jene, deren neuer Lebenscharakter die Romantik zerstören muß, die materialistische Bourgeoisie, in gleicher Weise. Sie sind wirklich durch ihre Kunst geschützt. Nicht bloß gegen Verzweiflung, zu der sie ohnehin nicht neigen; auch gegen ein gar zu grimmiges Ernstnehmen der Dinge. Die Frage, die Heine den Einwänden gegen eine seiner Schriften entgegenhielt: »Aber ist's nicht schön ausgedrückt?«, könnte als Motto über solcher im letzten nur künstlerisch, nicht geistig verantwortlichen Gedanken-Kunst stehen. Unerschöpflich interessant bleibt sie; über das, was Europa damals war und zukünftig werden würde und warum, ist von ihr soviel zu lernen, wie von den bittern, den tieftraurigen Propheten.

Ihre höchste Höhe erreichte die europäische Zeitkritik wie die europäische Seelen-Kritik, die Psychologie, in Friedrich Nietzsche. Was danach kam, mußte durch Nietzsche hindurchgegangen sein, und sehr stark von ihm geprägt.

Er hielt sich für einen radikal-verantwortlichen Denker, dem das Schicksal Europas auf den Schultern lastete und der es trug, weil einer es tragen mußte. Integer war er, wenn je ein Mensch es war; aber seine Meinungen sind voller innerer Widersprüche, sind doppeldeutig; von der Sprache ließ auch er, der größte Meister deutscher Prosa, sich hinreißen. Nicht zufällig liebte er Heine und Stendhal; in der glühenden Bewunderung Napoleons trafen sich alle drei. Daß Nietzsche mit 44 Jahren zusammenbrach und in Geisteskrankheit endete, mag man für stimmig oder symbolisch halten; er verbrannte sich selber wie Empedokles, der in den Vulkan des Ätna sprang.

Nietzsche prophezeite ein Jahrhundert der Weltkriege, der furchtbarsten Konvulsionen; in ihnen würden alle ausgestampft werden, die nicht lebenswert waren, die Schwachen, Frommen, seelisch Verkrüppelten samt ihren Sklavenidealen, Christentum, Mitleid, Sozialismus, und die Starken übrigbleiben. Leben, schöne Erfüllung des Augenblicks sei Macht und Wille zur Macht. – Die Prophezeiung war doppeldeutig. Er fürchtete, was er enthusiastisch zu bejahen behauptete, und schon das blasse Vorspiel kommender Katastrophen, der Krieg von 1870, erschütterte ihn ungefähr wie Burckhardt und Flaubert. Daß seine Heimat, Deutschland, sich neuerdings dem Kult der Macht verschrieben hatte, zum Machtstaat geworden war, ekelte ihn an; ein Herunterkommen zur Macht, kein Aufstieg, ein Verrat an den besseren deutschen Traditionen. Noch tiefer widerte ihn die »Herzenskrätze« des Nationalismus: Er war Verdummung, Lüge, war übrigens, trotz der »Politiker des kurzen Blickes und der raschen Hand«, die sich seiner bedienten, eine gänzlich ephemere Sache. Das, worauf Europa in Wahrheit hinauswollte, was Napoleon schon vorweggenommen hatte, war Einheit; nicht der »Nationalitätswahnsinn«, der seine Zivilisation anachronistisch zersplitterte. — Nietzsche hat selber gelegentlich nicht eben geschmackvolle antisemitische Bemerkungen niedergeschrieben. Aber die Äußerungen, die seinen tiefen Haß des Antisemitismus, seinen bis zum Physischen gehenden Ekel vor den Antisemiten bezeugen, sind hundertfach an der Zahl; in einem der Briefe, die er in den ersten Tagen nach seinem Zusammenbruch ausgehen ließ, wußte er zu berichten, er habe eben die Erschießung aller Antisemiten befohlen. — Die Starken, Einfachen, Gewissenlosen wollte er lieben, der selber das zarteste und schärfste Gewissen besaß. Die »Décadence« des späten 19. Jahrhunderts wollte er richten; meinte aber, im »Ecce Homo«, der Schrift, die am Rand des Wahnsinns, aber keineswegs schon in ihm steht, er sei selber ein Décadent, wenn nicht ein Hanswurst. Der große Kunstkritiker, Musikkritiker vor allem, der er war, kannte, durchschaute, liebte, was er als »krank« verurteilte, das Raffinierte, Geschichtsbeladene, Reiche, Überreiche; nie konnte er schöner schreiben als da, wo er über die späten Romantiker, Berlioz, Delacroix, auch Wagner, schrieb. — Dergleichen meinten wir, wenn wir sagten, seine Urteile seien nicht so eindeutig gewesen, wie er dort, wo er Prophet war, glaubte und bei dem ihn bezeichnenden Extremismus wohl glauben mußte.

Er verachtete die Massen, das »auf dem Bauch Liegen vor den Massen«, sozialistischer oder nationalistischer Tendenz, das jetzt Mode wurde, und sehnte sich nach neuer Herrschaft, neuen Herren. Aber diese Herren — er wollte es nicht sehen und ahnte es doch — würden ja Massen-Herren sein und nur zuviel von dem haben, was sie beherrschten — ein Widerspruch, der krasser und gefährlicher wurde bei den deutschen und nicht-deutschen Epigonen Nietzsches im 20. Jahrhundert und bei den Massen-Herren, die nun erschienen, selbst.

Was eine von ihrer Geschichte emanzipierte, glaubenslose Gesellschaft ist oder konsequenterweise werden muß, hat kein anderer gesehen, wie Nietzsche es sah und in seinen Betrachtungen über den »europäischen Nihilismus« formulierte. Auch hier blieb dunkel, ob er bejahte, verneinte oder nur erlebte — wir vermeiden das verbrauchte Wort »erlitt«, obgleich es hier wohl das rechte wäre. Sein zentrales Erlebnis liegt hier. »Ich kenne mein Los. Es wird sich einmal an meinen Namen die Erinnerung an etwas Ungeheures knüpfen, an eine Krisis, wie es keine auf Erden gab...« — Die positiven aristokratischen Lehren, die er bot und die, auch in ihrer Stilisierung, von zeitbedingtem Schwulst nicht ganz frei waren, geben wir heute billig. Leider waren gerade sie es, die auf die Nachwelt am stärksten wirkten und zu allerlei Kreis- und Sektenbildungen dünkelhafter Mittelmäßigkeit anregten.

Die Zeitkritik des kranken, sich in Einsamkeit schrill übersteigernden und verzehrenden Genies war das Nonplusultra. Sie war eminent europäischer Art, und Nietzsche wußte es, der sich gern einen »guten Europäer« nannte. Geschichtsbewußt war sie auch, sosehr er den deutschen Historismus seiner Zeit verachtete. Es gibt einen Artikel Nietzsches, in dem er die Jahrhunderte der europäischen Moderne passieren läßt und jedes so knapp wie meisterlich charakterisiert. Er kannte seine Ahnen.

Zeitkritik gab es auch im 20. Jahrhundert noch, von hochpriesterlichen Dichtwerken bis zu bitterem, Witze sprühendem Feuilleton. An Ereignissen und Stimmungen, welche zu ihr anregten – die Stickluft der Jahre vor 1914, der Krieg, die große Wirtschaftskrise –, hat es nicht gefehlt. Im Gegenteil, man könnte sagen, daß die Wirklichkeit es der Kritik nun zu leicht zu machen anfing, daß es nicht mehr das Genie Nietzsches brauchte, um der eigenen Zeit entfremdet zu sein. Faßt man den Begriff der Zeitkritik weiter, so gehören ja auch die meisten Romane höheren Ehrgeizes dazu, die im 20. wie im 19. Jahrhundert erschienen. Ebenso dann die Auflösung der Kunstform, aus der Erkenntnis heraus, daß der Zeit mit den traditionellen Mitteln der Erzählung nicht mehr beizukommen sei; die Auflösung des epischen Helden, des Individuums, in ein Bündel aus dem Unterbewußtsein quellender Assoziationen, wie James Joyce sie in seinen Romanen forcierte; das Erlebnis der Wirklichkeit als Hölle, Gottes als Satan, wie ein allzuviel besprochener böhmischer Autor sie in seinen Erzählungen quälend abwandelte.

Der nervöse Reisende wird sich vor dem herannahenden Seesturm mehr fürchten, als wenn er mitten darin ist. Es ist die ahnende Phantasie, welche ängstigt; zu spüren, was die meisten noch nicht spüren. Das mag ein anderer, verwandter Grund dafür sein, daß Zeitkritik im vorgerückten 20. Jahrhundert nicht mehr die Rolle spielt wie im 19. Um die Gefahren unserer Zeit zu spüren, bedarf es keiner Phantasie mehr; »Entfremdung« ist ein gängiges Wort geworden, das die Soziologen auf das Erleben nicht einzelner Künstler, sondern ganzer Gruppen anwenden. Früher, meinte unlängst ein österreichischer Schriftsteller, hatten die Menschen mehr Phantasie als die Dinge und sahen voraus. Heute haben die Dinge mehr Phantasie als die Menschen; sie sind schon da und mit Händen zu greifen, aber man muß gewaltige Denkanstrengungen machen, um auch nur zu erfassen, was sie bedeuten. Was ein anderer Schriftsteller mit dem Titel seines Buches »Die Zukunft hat schon begonnen« hübsch ausgedrückt hat. Die Zukunft, welche die Zeitkritiker des 19. Jahrhunderts angstvoll voraussahen, ist zur undurchdringlich dichten Masse der Gegenwart geworden. Damit ist die Utopie verloren. Damit sind auch die großen »Ideologien« verloren, welche ehedem sich um den Sieg stritten, Liberalismus, Sozialismus und so fort. Sie reichen noch zu Sonntagsreden. Für die Aufgaben, welche die Wirklichkeit stellt, ist wenig aus ihnen zu gewinnen.

Die Industrie-Gesellschaft

Vom Staat, von Revolution und Demokratie, von Geschichtsbewußtsein und Zeitkritik hat Europa nicht leben können; obgleich zwischen dem, wovon es seit dem 19. Jahrhundert mehr und mehr gelebt hat, seiner Industrie einerseits, andererseits Staat, Revolution, Demokratie, Geschichtsbewußtsein, sehr enge Beziehungen bestehen. Die Energie des

Staates, des merkantilistischen, des nationalistischen, des Krieg führenden, hat die Entwicklung der Industrie gefördert. Eine völlig »unpolitische« Wirtschaft kennt die europäische Moderne in der Theorie der Freihändler, aber in keiner Praxis. Der Fortschritt der Wissenschaft, dann der Industrie, hat den allgemeinen Fortschrittsbegriff geprägt. Die Industrie ist zuerst klassenbildend, dann klassenauflösend gewesen. Revolution und Demokratie waren politische Ziele erst des industriellen, kommerziellen Bürgertums, dann der Arbeiterschaft.

Selten aber waren jene, welche die Dinge machten oder zu ihrem Machen antrieben, zugleich die, welche, enthusiastisch oder kritisch, über sie nachdachten. Rousseau, Tocqueville, Marx, Nietzsche hätten keine Stecknadeln produzieren können, Oswald Spengler, Max Weber kein Automobil; ein Umstand, über den einer der größten amerikanischen Industriegründer, Henry Ford, sich etwas billig lustig machte: Er wollte ein Dutzend dieser siebengescheiten Professoren hinausnehmen zu einer seiner Fabriken und sie ihnen überlassen, da sollten sie einmal zeigen, was sie könnten. Nun, sie konnten etwas anderes, worin Ford der Stärkste nicht war. Hier herrschte die längste Zeit Arbeitsteilung. Selbst da, wo beide Interessen in einer Person koinzidierten, blieben sie getrennt der Sache nach; etwa in Walther Rathenau, dem deutschen Industriellen, der als Geschäftsmann so lebte und handelte wie andere Geschäftsleute und nebenher seine gedankenreichen, »zeitkritischen« Bücher schrieb. Geistige Bestrebungen blieben, mit den Augen der Arbeitswelt gesehen, parasitär. – Es wurde schon erwähnt, daß zum Beispiel die amerikanischen Pragmatisten, die Überwindung dieses Dualismus forderten; nicht ganz ohne Erfolg oder nicht ohne Intuition des Kommenden. Denn wir sehen heute die Rolle des einsamen Propheten verringert, jene des am öffentlichen Leben aktiv teilnehmenden Adepten der Gesellschafts- wie der Naturwissenschaften gesteigert. In Rußland ist längst die Tendenz deutlich, den Wissenschaftler auch mit politischen Ämtern zu betrauen. In Westeuropa – Amerika sucht oder erhält er sie selten. Aber unzählige öffentliche Behörden werden von unzähligen gelehrten Gremien beraten. Das Bewußtsein, daß nun der Moment gekommen ist, in dem alle Kenntnisse aller Praxis verfügbar sein müssen, besteht hier wie dort.

Lange Zeit hat man die Begriffe »Kapitalismus« und »Industrie« ungefähr gleich gesehen. Dieser schuf jene und wurde groß daran; beide existierten nur zusammen. In den Werken von Marx wie noch von Max Weber dominierte die Frage: Was ist Kapitalismus, wie funktioniert er, wie ist er entstanden, gerade dann und dort und anderswo nicht? Wirtschaftliche Leistung, Wirtschaftsordnung, Geist der Wirtschaftsordnung wurden auf das engste zusammen gesehen. Anders versteht man es in unseren Tagen. »Kapitalismus« ist nur noch das Vehikel, welches die Sache eine Zeitlang vorwärts trug und in einem Teil der Erde auch noch heute trägt, so stark verändert jedoch, daß ein neuer Name auch für das Vehikel nützlich wäre; Kapitalismus ist nicht mehr die Sache selber. Die industrielle Gesellschaft ist die Sache selber. Diese, haben wir gelernt, kann auch aus anderen Motiven heraus, mit anderen Mitteln der Steuerung, im Rahmen einer anderen Eigentumsordnung entwickelt werden; nicht jedoch: mit Hilfe einer anderen Wissenschaft, einer anderen industriellen Hierarchie. Diese sind die Substanz der Sache, die Eigentumsordnungen, die sie treibenden und von ihnen getriebenen Interessen, die Form. Je reifer die industriellen

Gesellschaften werden, desto mehr tritt die Bedeutung der formalen Unterschiede zurück, desto mehr zählen die Resultate, welche denn, im »kommunistischen« Rußland, im »kapitalistischen« Europa – Amerika nach ein paar Jahrzehnten erstaunlich ähnlich sein werden. (Wenn sie es nicht schon sind.)

Im Anfang war es anders, mußte es anders sein, solange man die Sache nicht kannte. Die zuerst aus Werkstätten Fabriken machten, die zuerst Kapital bildeten, um ihre Produktion zu erweitern, wußten nicht, wohin sie gingen, wohin das ginge; sie hatten ihren Erwerbstrieb, ihre Freude am persönlichen, schöpferischen Experiment und Abenteuer. Der Staat konnte sie behindern oder ihnen helfen in dem Maß, in dem sie selber Einfluß auf den Staat gewannen. Zu erfinden, was sie erfanden, zu wagen, was sie wagten, lag nicht in seiner Natur. Er konnte, in Europa, die Eisenbahnen erst übernehmen, nachdem sie sich, von privater Hand gebaut und geführt, längst bewährt hatten. Er konnte, in Rußland, »Fünfjahrespläne« zur forcierten Industrialisierung der Gesellschaft erst dann aufstellen, als man das Bild in jahrhundertelanger Arbeit planlos entstandener industrieller Gesellschaften bereits vor sich hatte. Dann und dort konnte er es. Das Prinzip des gesamt-industriellen Aufbauplanes, zuerst eingeführt von dem »kommunistischen« Despoten Joseph Stalin, ist nicht nur von Gemeinwesen übernommen worden, die sich erst am Beginn einer industriellen Entwicklung befanden, China, Indien, Ägypten; es hat auch auf ältere, reifere Industriegesellschaften, Italien, Frankreich, zurückgewirkt und selbst dort, wo man es in der Theorie verwirft, spotten die Wirkung wirtschaftlicher Gesetzgebung, die wirtschaftliche Macht des Staates als des bei weitem größten Auftraggebers, der Einfluß überwachender, beratender, vor-rechnender Gremien jeder kapitalistisch-freihändlerischen Tradition. – Den Gegensatz zwischen kapitalistischer und kommunistischer Industriegesellschaft gibt es noch, aber er ist längst nicht so tief und so rein, wie er, zur Zeit der Unreife der Wirklichkeit, der Idee nach hätte sein sollen; auch liegt er nicht da, oder nur da, wesentlich da, wo er hätte liegen sollen.

Weil er nicht mehr, oder nur noch im veralteten Denken kommunistischer Dogmatiker, herrschend ist, so hat wohl die Frage, wie, wann, warum der »Kapitalismus« entstanden sei, seine frühere Bedeutung nicht mehr. Max Weber, der dieser Frage die ganze Kraft seines forschenden Genius widmete, urteilte selber: Die besondere Ethik, welche ursprünglich das Werden des Kapitalismus beflügelte, spiele in seiner Zeit, im frühen 20. Jahrhundert, in Amerika und England eine noch eben erkennbare, aber verschwimmende Rolle. Die Sache, einmal zur Welt gebracht, hatte ihre eigene Dynamik und bedurfte ihres Ursprungs nicht mehr. Heute sehen wir, auch in »kapitalistischen« Ländern, die gewaltigsten und kostspieligsten wissenschaftlich-technischen Unternehmungen ohne die Kernprinzipien betrieben, auf die ihre Machbarkeit historisch zurückgeht: In der amerikanischen »Kosmonautik« wird nach Rentabilität sowenig gefragt wie in der russischen (und wird soviel geplant wie in der russischen). Der unmittelbare, bewußte Zweck ist hier ein politischer: Prestige des Staates, der Nation, des konkurrierenden Gesellschaftssystems; vielleicht vermehrte militärische Macht, obgleich die Frage berechtigt ist, ob man vom Mond aus die Erde wirksamer wird bedrohen können, als man es schon von der Erde aus kann. Im Grunde ist es die Freude am großen Abenteuer selber; ein Trieb, der sein Ziel und seine endliche Wirkung sowenig kennt, wie die Entdecker des 15.Jahrhunderts, wie die frühen Industriegründer das Ende ihres Abenteuers kannten.

Den Einfluß der calvinistischen Ethik, des Geistes »innerweltlicher Askese« auf das frühe angelsächsische Unternehmertum haben Weber und R.H.Tawney unwiderleglich gezeigt. Man hat dagegen eingewendet, daß eine religiöse Gesinnung wohl mitbedingend wirken mag, zur Basis für eine gewaltige soziale Umwälzung aber an sich nicht ausreichen kann, wenn andere Bedingungen fehlen. Auch: daß es Sammler ungeheurer Reichtümer nicht nur zu Zwecken der Lebenslust, der Ostentation, der politischen Macht, sondern im harten Dienst des Unternehmens lange vor Calvin gab, Großunternehmer, denen die Technologie, nicht aber der Geist des Kapitalismus fehlte; zum Beispiel die Fugger in Augsburg. Was alles vorbereitend wirken, was bedingend zusammenfließen mußte, um im England des 18.Jahrhunderts den Beginn einer kapitalistischen Industrie herbeizuführen, Emanzipation von der Kirche, aber nicht von der Religion, Bewegung der Wissenschaft, Auflockerung der Gesellschaft, verbunden mit der Blockierung der begehrtesten öffentlichen Ehren für gewisse Klassen und Typen, schon vollendete Erarbeitung der Formen des Bank- und Kreditwesens, welcher der frühe Kapitalist sich bedienen konnte, neue Länder in Übersee, schließlich billige Arbeitskräfte, das sind historische Fragen, deren Beantwortung zu einer Charakteristik der gegenwärtigen Situation nicht notwendig gehört. Auch dort nicht gehört, wo Gemeinwesen erst heute im Ernst in das Industriezeitalter eintreten. Die Bedingungen sind völlig verschieden bei denen, die spät nachahmen, was andere vor Jahrhunderten begannen. Die ungeheuren Beispiele vor sich, mit Ausbildern und Kapitalgeschenken oder Anleihen zu väterlichen Bedingungen versehen, können sie ganze Epochen überspringen.

Nicht zur Charakteristik der Gegenwart gehörig ist die ganze lange Geschichte des »Kapitalismus«; oder wäre es nicht, hätte nicht in der Frühzeit, ihre Beobachtungen aus der Frühzeit nehmend und in die Zukunft projizierend, eine Theorie, eben die marxistische, sich ausgebildet, die dem Machtanspruch zweier Weltmächte nach noch heute gültig sein soll. Daß am Anfang, daß lange Zeit schlimme »Ausbeutung« der Industriearbeiter war und, rein ökonomisch gesehen, sein mußte, weil anders als durch »Mehrwert« Kapital nicht gebildet, Expansion nicht erreicht werden konnte, kein Wirtschaftshistoriker leugnet es. Im Rußland der ersten Fünfjahrespläne gab es sie auch; mit dem psychologischen Unterschied, daß man hier nicht von privaten Unternehmern »ausgebeutet«, sondern für den Aufbau des Gemeinwesens »an die Arbeitsfront geworfen« oder, zur gerechten Strafe, in Sklavenlagern geschunden wurde. Die brutalen Klassenkämpfe im England und Frankreich der 1830er und 40er Jahre, im Amerika und Deutschland des späten 19.Jahrhunderts, die ungeheuren ökonomisch-politischen Machtzusammenballungen des Kapitals, sein In-den-Dienst-Nehmen und Korrumpieren des Staates und der Gerichte, der Wettkampf um fremde Märkte in einer Zeit, als der heimische schon der beste, die Kaufkraft der Massen schon zu heben gewesen wäre, die periodischen Krisen anarchisch-freier Marktwirtschaft, gipfelnd in der großen Krise unserer dreißiger Jahre, deren Ursachen schon überwiegend politisch, nicht mehr markt-mechanischer Art waren – all das ist so wahr, wie es heute nur noch eine Legende aus überwundener Vergangenheit ist. Wo die Gewerkschaften der Arbeitnehmer frei, mächtig, ihren Partnern in wirtschaftlichem Machtspiel ebenbürtig sind; wo die politischen Parteien Volksparteien sein, die Interessen riesiger Wählergruppen, nicht aber geringer Minderheit wahrnehmen müssen; wo daher der Staat als Überwacher und Schiedsrichter intervenieren muß, sobald Gruppen, die zahlenmäßig ins politische Gewicht fallen, in ihrer wirtschaftlichen Existenz bedroht oder beeinträchtigt sind; wo der von den Besitzenden verzehrte Kapitalgewinn verschwindend gering geworden ist, verglichen mit der Masse der Arbeitseinkommen und den Investitionen, welche dem Wachstum der Produktivität dienen; wo die Produktivität ein Maß erreicht hat, das den elementaren Bedürfnissen aller nicht nur entspricht, sondern es bei weitem übersteigt; wo die allgemeine Wohlhabenheit so groß geworden ist, daß die am meisten bezeichnende, uralte Erscheinung der Armut, die Bedienung der wenigen durch die vielen, vollständig aufgehört hat und der Millionär sich seine Schuhe selber reinigen muß – da ist die Frage, wem die Produktionsmittel juristisch gehören, oder welcher Menschentyp als »Manager« über sie verfügt, immer noch von Bedeutung, aber nicht mehr von primärer; die Gesellschaft ist zu reich und zu dicht geworden, als daß »Verstaatlichungen« sie noch entscheidend verändern könnten. Eine Unzahl von Einrichtungen, von der progressiven Einkommensteuer bis zur Altersrente für jedermann, haben den im 19. Jahrhundert erträumten »Sozialismus« verwirklicht, ohne daß die meisten »Kapitalisten« (und die meisten »Sozialisten«) es auch nur gemerkt hätten.

Der Streit zwischen Kommunisten und Amerikanern, Moskau und Washington, wird häufig als einer zwischen zwei »wirtschaftlichen Ideologien« verstanden: Volkseigentum versus Privateigentum, Herrschaft der Arbeiterklasse versus Herrschaft der Kapitalisten, Planwirtschaft versus *Free Enterprise* und so fort. So wollen die Russen die Sache verstanden haben. Das Bedauerliche ist, daß die andere Seite sie häufig auch so versteht, also ihren Gegnern auf den Leim geht und *Free Enterprise* verteidigt, als sei sie etwas Heiliges. Hierdurch sind die Vereinigten Staaten ein wenig in die Rolle gekommen, welche Metternichs Heilige Allianz im 19. Jahrhundert spielte: Überall auf Erden für ein Prinzip zu sein, dem nach Ansicht vieler, auch nicht-kommunistischer Beobachter, die Zukunft nicht gehört – *Free Enterprise* – und überall auf Erden gegen ein Prinzip zu sein, dem nach Ansicht vieler Beobachter die Zukunft gehört – Planwirtschaft. Es ist zu beklagen, daß eine so törichte, dem Gegner so willkommene Vereinfachung der Dinge zugelassen wurde. Ausdrücke wie »Volkseigentum« oder »Herrschaft der Arbeiterklasse« sind barer Unsinn. Begriffe wie Planwirtschaft, Kapitalismus, *Free Enterprise* decken so viel Unterschiedenes, daß sie ohne reichliche Spezifikationen längst unbrauchbar geworden sind. War die amerikanische Wirtschaft im Jahre 1865 kapitalistisch, so ist sie es im Jahre 1965 nicht mehr, weil das Heute von dem Damals sich unterscheidet wie Tag von Nacht.

Anstatt eines Hantierens mit leeren Begriffen gäbe es wohl konkrete Fragen, durch welche die Unterschiede, wie auch die Ähnlichkeiten, zwischen der amerikanischen und der russischen Gesellschaft, zu erfassen wären. Wie wird das Sozialprodukt wirklich verteilt? (Hier würde herauskommen, daß zwar die amerikanischen Spitzeneinkommen noch immer höher sind als die russischen, daß aber der amerikanische Fabrikarbeiter und Angestellte nicht nur absolut, was uninteressant wäre, sondern relativ besser gestellt ist als der russische.) Welche Macht haben die amerikanischen Gewerkschaften, verglichen mit den russischen? (Viel mehr.) Wo überhaupt ist Macht zentriert? (In Rußland fallen politische und ökonomische Macht beinahe ganz zusammen. In Amerika sind sie verschiedenen Ursprungs und konkurrieren, jedoch gibt es enge Verbindungen zwischen beiden.) Was sind Ziel und Wunschtraum der Gesellschaft? (In Amerika allgemeine Prosperität, Abschaffung der Armut und des Leidens, wissenschaftliche Beherrschung der Natur. In Rußland auch; wobei, lächerlicherweise, das Nahziel ist, die angeblich von inneren Widersprüchen zerrissene, dekadente, agonisierende amerikanische Wirtschaft einzuholen – ein Ziel, das immer wieder in greifbarer Nähe sein soll und immer wieder an den fernen Horizont rückt.) Wie verhält es sich mit der von beiden Gesellschaften behaupteten Gleichheit der Aufstiegsmöglichkeiten? (Der Unterschied dürfte nicht sehr groß sein. In beiden Ländern rekrutieren die Mittelklassen sich überwiegend aus sich selbst; in beiden hat der begabte, ehrgeizige junge Mensch aus dem Arbeiterstand Möglichkeiten aufzusteigen, von denen aber nur relativ wenige Gebrauch machen.) Wer wird von der Gesellschaft am meisten geschätzt? (In Amerika der erfolgreiche Geschäftsmann; der brillante Politiker; der führende Sportler; der Star der Unterhaltungsindustrien; neuerdings der bedeutende Wissenschaftler. In Rußland ist es nicht viel anders.) Was ist die wirtschaftliche Funktion der freien Konkurrenz? (In Rußland theoretisch keine; in Amerika theoretisch eine allbeherrschende, praktisch eine immer noch sehr beträchtliche; aber jedermann weiß, welche Faktoren, angefangen bei jenem Zehntel des Sozialproduktes, welches die nationale Verteidigung verschlingt, ihre Wirkung eingeschränkt haben und aller schönen Reden zum Trotz weiter einschränken werden.) Welchen Einfluß nimmt der Staat auf das Wachstum der Wirtschaft? (In Rußland der Absicht nach einen allentscheidenden; diese Absicht wird durch die Masse natürlicher und menschlicher Widerstände durchkreuzt. In Amerika ist die Theorie ungeklärt; dem Evangelium von *Free Enterprise* stehen Gesetze gegenüber wie der *Full Employment Act* von 1946, der dem Bund die Verantwortung dafür zuweist, daß alle Bürger Arbeit finden. Tatsächlich besitzt die Bundesregierung ein ungemein vielfältiges, wissenschaftliches und praktisches Instrumentarium, um die Entwicklung der Wirtschaft zu überwachen, zu fördern oder gegebenenfalls zu verlangsamen, und es ist völlig ausgeschlossen, daß Zustände wie die von 1932 je wieder zugelassen werden könnten.) Welche Ökonomie ist die erfolgreichere? (Die amerikanische noch immer bei weitem, gewisser Gebiete, in denen die russische überlegen ist, ungeachtet.) In welcher Ökonomie sind Verschleiß und Verschwendung schädlicher? (Darauf gibt es keine eindeutige Antwort. Die amerikanische kann verschwenderischer sein und ist es, weil sie ungleich produktiver ist. Insofern sie durch den Markt, also den Verbrauch, gesteuert wird, müßte sie die rationalere sein, wenn man annimmt, daß der Verbraucher weiß, was er will, und daß er das Rechte will. Dem steht gegenüber, daß die ungeheure Produktivität zur künstlichen Schaffung neuer, mitunter alberner Bedürfnisse zwingt und die Reklame zu einer der kostspieligsten, volkswirtschaftlich gesehen jedoch unproduktiven Industrie geworden ist. – Die Verschwendung in Rußland beruht auf Fehlsteuerung durch die staatlichen Planungsbehörden, unergiebigen Experimenten, verheimlichtem, nicht durch geschäftlichen Zusammenbruch bestraftem Versagen der Leitenden und so fort. Wo dem Verbraucher vorgeschrieben wird, was er kaufen darf, da ist das System gut in dem Maß, in dem die planende Behörde es ist und in dem sie die Menschlichkeit der Ausführenden beherrscht.) Welche Ökonomie ist stärker von volkswirtschaftlich unproduktiven Rüstungsausgaben abhängig? (Zweifellos die amerikanische, und das ist der stärkste Einwand gegen sie. Eine allgemeine Abrüstung würde die russische Wirtschaft bei weitem nicht in dem Maße mit Chaos und Zusammenbruch bedrohen wie die amerikanische; eine Überlegenheit, welche durch die totale Befehlsgewalt des Staates, die mit ihr verbundenen Unfreiheiten und materiellen Beengtheiten erkauft wird. Übrigens könnten auch in Amerika Staat und Gesellschaft das wirtschaftliche Problem der Abrüstung lösen und würden es gegebenenfalls lösen müssen, wozu es schon heute an vorbereitenden wissenschaftlichen Forschungen nicht fehlt.) – Fragen dieser Art ließen sich viele stellen. Vom Kampf der »Ideologien« würden sie alle fortführen und statt dessen zur Erfassung und Unterscheidung der Wirklichkeit beitragen.

Man hätte den Kommunisten die Formulierung des großen Streites in den ihnen eigenen wirtschaftlichen Begriffen nie abnehmen dürfen; als ob diese rein praktische Sphäre der Gegenstand einer Art von Theologie, von heiligen und endgültigen Doktrinen sein könnte und sollte. Es mag sein, daß die amerikanische Ökonomie, trotz ihrer tiefen Veränderungen in den letzten drei Jahrzehnten, noch immer zu anarchisch ist. Der Schreiber dieser Zeilen glaubt, daß sie es ist, daß die hektische, fast hysterische Reklame, die unlängst zugunsten der Angebote der *Bomb-Shelter*-Industrie getrieben wurde, oder die bekannten Enthüllungen über die »Kosten des Todes« dafür sprechen. Die weitere Eindämmung dieser im Vergleich mit früher schon stark eingedämmten Anarchie ist eine praktische Frage. Jedes Land wird sie anders lösen, jedes Land mag immerhin auch von anderen lernen. Da Frankreich so sehr viel von Amerika gelernt hat, so ist kein Grund, warum in der neuen Kunst des Planens Amerika nicht auch ein wenig von Frankreich übernehmen sollte. Mit Theologie, mit den letzten Verpflichtungen und Wertungen des Menschen hat das nichts zu tun.

Der Streit der Ideen soll nicht geleugnet werden. Aber er geht nicht um Praktiken der Wirtschaft; sucht man ihn dort, so gibt man dem Gegner schon halb recht. Er beruht vielmehr darauf, daß das offizielle Denken der Russen monistisch ist, daß sie das all und eine historische Ziel der Menschheit zu kennen glauben, woraus der grimmige Ernst ihres Lebens und Arbeitens, der Aufbau ihrer gesellschaftlichen Hierarchie, die besondere Art ihres Imperialismus sich ableiten; während das amerikanische Denken pluralistisch und empirisch ist. Der Unterschied zwischen Amerikas politischen Parteien, diesen wunderlichen Interessen-Agglomeraten und wandelbaren Ideen-Gemischen, und der russischen Ein-Partei, die in Wahrheit ein staatstragender Orden ist, drückt den Gegensatz deutlicher aus als der Unterschied zwischen amerikanischer Demokratie und russischem Despotismus (den die meisten Russen nicht empfinden).

Beide Systeme, ihrer Wirklichkeit nach in den vierziger Jahren noch weltenweit voneinander entfernt, haben konvergiert und werden weiter konvergieren. Die russische Ökonomie hat eine Reife erreicht, deren Früchte, in der Gestalt allgemeinen, wenigstens mäßigen Wohlstandes, den Menschen nicht mehr vorenthalten werden können, selbst wenn der staatstragende Orden es wünschte. Um die Einführung der Prinzipien der Konkurrenz, der Rationalität und Rentabilität bemüht man sich, mit noch unsicherem Erfolg in verschiedenen »kommunistischen« Staaten. Auf der anderen Seite ist, von Präsident Roosevelts

New Deal bis zu Präsident Johnsons *Great Society*, die Zielsetzung der amerikanischen staatlichen Wirtschaftspolitik eine immer ehrgeizigere, immer sozial bewußtere geworden. Es ist die Union, welche für den Schutz der Natur, der Wälder und Gewässer, welche für die Förderung von Erziehung und Wissenschaft, die Auslese von Begabten, die Sicherheit der Arbeitsplätze, die Pflege der kranken und die Versorgung der alten Bürger, die Gesundung und Verschönerung der Städte, kurz, welche für das Glück des Landes und seiner Bewohner sich in einem Maße verantwortlich macht, demgegenüber die Programme und Sonntagsreden der Liberalen alten Stils nicht einmal mehr als ernste Rückzugsgefechte erscheinen. Zwischen dem russischen und dem amerikanischen Pol tragen die Demokratien Europas ihre Nuancen bei; Nuancen des Planens und Kontrollierens, Nuancen der Sozialgesetzgebung, Verbindungen von Staatsbesitz, öffentlichem Besitz, privatem Besitz. – Die Zeit wird kommen, da der Gegensatz zwischen »Kapitalismus« und »Kommunismus«, der ein paar Jahrzehnte lang angeblich die Menschheit beherrschte und bedrohte, als das verstanden werden wird, was er im Grunde immer war: als dogmatisches Mißverständnis eigentlich lächerlichen Charakters. Wir werden dann um eine Sorge ärmer sein, und es werden genug andere übrigbleiben; ewig-menschliche, die keine Technologie beseitigen kann, und neue, welche eben diese schafft, indem sie uns von alten befreit.

Kann man das Wesen seines eigenen Zeitalters bestimmen?

Der Drang, das eigene Zeitalter in seinem Verhältnis zu anderen Zeiten, zur Zeit überhaupt, zu definieren, ist auch heute nicht verstummt. Man spricht vom »Ende der Neuzeit«, von einer »nachchristlichen«, sogar einer »nachzivilisatorischen« Zeit. Anregende Gedanken zentrieren sich um solche Schlagworte; aber nicht mehr als das.

Wenn man der »Neuzeit« gewisse Wertungen, humanistische Bildung, Kult der autonomen Persönlichkeit, als konstituierend unterlegt und andere Bestrebungen wegläßt, so mag man für das »Ende der Neuzeit« sinnvoll argumentieren. Es ist ja aber klar, daß die vier- bis fünfhundert Jahre der Neuzeit nicht von einer einzigen noblen Wertskala beherrscht wurden. Nicht minder fordert der Ausdruck »nachchristliche Ära« zur Kritik heraus. Die christlichen Kirchen sind noch da und so stark da, daß selbst gewisse kommunistische Staaten mit ihnen paktieren müssen. Auch ist die christliche Tradition, zum Beispiel die Idee der menschlichen Gleichheit, zum Beispiel die Idee der Verantwortung für jene, die sich selber nicht helfen können, von nichtchristlichen Gesellschaften aufgenommen worden.

Anregend aber zum Widerspruch ist der Ausdruck »nachzivilisatorisches Zeitalter«. Unsere Zivilisation ist die dichteste, die es je gab, und sie setzt frühere Phasen der Zivilisation fort. Zivilisation ist sowenig am Ende, wie das Neolithikum mit der Erfindung der Bronze oder mit dem Bau der ersten Städte zu Ende ging. Was in neolithischen Zeiten erarbeitet worden war, Ackerbau, Viehzucht, dörfliche Siedlungen, blieb und ist heute nicht verloren.

Die These vom »Ende der Zivilisation« wird mit der vom Ende des Krieges verbunden. Krieg sei das Lebenselement der Zivilisation, der Hauptinhalt der Geschichte gewesen; Krieg könne jetzt nicht mehr sein. Wozu zu sagen ist: Krieg oder kriegsähnliche Handlungen gab es schon vor Beginn der Zivilisation, vor Erfindung der Schrift, vor dem Bau der ersten Städte. Allerdings ist der Krieg zivilisationsfördernd gewesen; aber das, was der Krieg förderte, mag so weit getrieben worden sein, daß es nun seinen alten Förderer und Wegbegleiter nicht mehr brauchen kann, ohne deswegen selber sein Dasein zu verlieren. Übrigens ist noch nicht ausgemacht, daß Krieg nicht mehr sein wird oder sein kann. Machtstreben gibt es wie eh und je; für die Vorbereitung des Krieges wird mehr Arbeit, mehr Ingenium gebraucht als je; im Licht aller Erfahrung ist ein zukünftiger großer Krieg wahrscheinlich. Daß wir, die wir nicht im blinden Wirbel des Machtkampfes stecken, ihn nicht wollen oder seine drohende Wirklichkeit nicht zu fassen vermögen, ist eine andere Sache. Ob die vernünftige Furcht vor ihm für immer stärker sein wird als das unvernünftige Lüsten nach ihm, muß sich noch zeigen. Wann? In einigen Jahrzehnten. Sieht das 20. Jahrhundert keinen großen Krieg mehr, dann dürfte das 21. auch keinen mehr sehen, denn immer würde man einen riesigen Apparat, der zu nichts nütze ist, nicht aufrechterhalten.

Daß es sich erst noch zeigen muß, macht eine Definition der Gegenwart unmöglich. Von der Gegenwart her läßt sich die Vergangenheit bestimmen und ordnen. Das hat Hegel getan; das tut jede »Weltgeschichte«. Die Gegenwart ließe sich, *per impossibile*, nur von der Zukunft her bestimmen.

Zum Beispiel kennen wir die Bedeutung des im Jahre 1957 begonnenen »kosmonautischen« Abenteuers noch nicht. Wir wissen nicht, wohin es führen wird. Vielleicht sehr weit und zu einer radikalen Veränderung der menschlichen Situation; vielleicht zu Grenzen, deren Erreichung die menschliche Situation nicht radikal ändern, oder deren Fruktifizierung nicht viel einbringen wird. Wir sagen nicht, daß das letztere wahrscheinlicher ist als das erste. Bisher hat, was als technisches Spiel und Abenteuer begann, noch meistens zu gewaltigen Veränderungen der Masse des Lebens geführt; so die großen »Entdeckungen«, so der Bau des ersten Flugzeugs, der erste Flug über den Atlantik. Die Trennung des Menschen von dem Stern, an den er gebunden war, würde in der Tat eine Epoche bedeuten, einschneidender als je eine war. (Nicht notwendigerweise: die bloße Erreichung des Mondes.) Wieder ist unbekannt, wie eine solche Trennung sich auf den Geist des Menschen auswirken würde. Vielleicht im Sinne eines völligen Erlöschens von Religion und religiösem Bedürfnis – die Kommunisten glauben es –, so daß denn Krieg und Religion dann ungefähr gleichzeitig verschwunden wären; vielleicht ganz anders. Einstweilen benützen die Regenten Rußlands die Flüge ihrer Kosmonauten nicht anders, als vor viertausend Jahren die Assyrer-Könige ihre Raub- und Mordzüge benutzten: Sie suchen damit die dümmeren unter den Völkern zu beeindrucken und ihre Macht zu propagieren. – Es ist viel Altes im Neuen.

Wie die Gegenwart nur von der Zukunft her zu bestimmen wäre, so wäre das Ganze der Menschengeschichte nur von ihrem Ende her zu bestimmen; wieder *per impossibile*, denn dann wäre kein Bestimmender mehr da. Darum ist der häufig gebotene Trost, welcher

Parkende Wagen bei einer Veranstaltung im Berliner Olympiastadion

Unbemannter amerikanischer Raumflugkörper aus dem Jahr 1964
für den Versuch zur Überwindung der Reibungshitze beim Wiedereintritt in die Lufthülle

darin liegen soll, daß die Geschichte des Menschen verschwindend kurz ist, verglichen mit der Geschichte des Planeten, oder die Geschichte der Zivilisation verschwindend kurz, verglichen mit prähistorischen Zeiträumen, kein stichhaltiger. Die Geschichte der Zivilisation, von den Anfängen bis heute, ist weder lang noch kurz, da wir nicht wissen, wie lang sie insgesamt dauern wird, noch auch irgendein Vergleich uns zu Gebote steht. (Es war gerade, um die Hilfe des Vergleichs zu erhalten, daß die oben erwähnten Geschichtsphilosophen zu ihren unhaltbaren zyklischen Theorien ihre Zuflucht nahmen.) Allein durch ihren Inhalt ist Zivilisationsgeschichte zu messen. Und so gemessen ist sie ziemlich lang. Von der Erfindung des Rades zur Konstruktion der Weltraumschiffe, von der Steinkeule zur Wasserstoffbombe, von der Keilschrift zur Television, oder auch: vom ersten priesterlichen Singsang zur Neunten Symphonie – man muß gestehen, daß etwas geschehen ist in diesen sechstausend Jahren.

Es hat zu geschehen nie angefangen; die Anfänge verlieren sich im dunkeln; auch das, was ein Durchbruch war, beruhte auf Früherem; die griechische Wissenschaft auf der ägyptischen, der babylonischen, die europäische über Umwegen auf der griechischen. Aber es ist lange Zeit sehr langsam geschehen; lange Zeit, verglichen mit der viel kürzeren, in der die Beschleunigung einsetzte. Das ist oft beobachtet worden: Die Bedingungen des Lebens im Zeitalter Ludwigs XIV. sind jenen des ägyptischen Alten Reiches viel ähnlicher, als das Europa Ludwigs dem Europa Bismarcks ist: Aber das Europa Bismarcks ist dem Europa Ludwigs viel ähnlicher als dem Europa von heute, obgleich Bismarck noch keine siebzig Jahre tot ist. Noch ist der Pilot kein Greis, der als erster den Atlantik überflog, und wird vielleicht kein Greis sein, wenn eine der beiden wetteifernden Nationen ihr Hoheitszeichen auf dem Mond aufpflanzt und die andere ein klein wenig später. Dasselbe Gedrängterwerden der Ereignisse und Taten überall. Ein Jahrhundert von der ersten Dampflokomotive zur ersten transkontinentalen Eisenbahn; vom ersten Flugzeug bis zum ersten Transozeanflug nur ein Viertel davon. Ein halbes Jahrtausend zwischen Kolumbus und der Erforschung von Arktis und Antarktis; zwischen dieser und dem Ausbruch in den Weltraum nur ein halbes Jahrhundert. Jahrhunderte vom ersten Spielen mit Elektrizität bis zu ihrem Gebrauch für Kommunikation, Licht, Verkehr; Jahrzehnte vom ersten Erahnen der Nuklearkraft bis zur Atombombe. So das Fortschreiten des Wissens überhaupt; so das Wachsen der Erdbevölkerung: schneller und immer schneller. In einem anderen Bande wurde ein Wort aus dem 17. Jahrhundert zitiert: *Il est évident que tout cela n'a point de fin* – der Fortschritt des Wissens und Könnens nämlich. Aber Fontenelle meinte ein langsames, stetiges Fortschreiten. Die Beschleunigung, die eigentlich explosiven Charakter annehmen würde, sah man zu seiner Zeit nicht; und mußte daher nicht fragen, was wohl würde, wenn diese kein Ende nähme? Wie ein Tanz ende, der schneller und schneller wird; wie ein Traum, dessen quälende Intensität sich mehr und mehr steigert? – Von unserer Gegenwart aus erscheint die Anordnung der Vergangenheit, die der Amerikaner W. Rostow speziell für die Wirtschaftsgeschichte vorgeschlagen hat, als die verständigste: traditionsgebundene, überwiegend landwirtschaftliche, überwiegend bedürftige, stabile, in ihren Grundstrukturen ähnliche Gesellschaften bis ins 16. Jahrhundert; dann, langsam, das Einsetzen der europäischen Moderne als eines absolut Einmaligen und Neuen; die Beschleunigung ihres Ganges, das Mithineingerissenwerden aller anderen Kulturkreise bis zum heutigen Tag.

Gewisse Schriftsteller haben die Aussicht auf ein Ende dieser Bewegung eröffnet – eine Verneinung von Fontenelles Versprechen. Die Menschheit würde bei dem Errungenen stehenbleiben, sich mit ihm einrichten und dann, vielleicht Millionen Jahre lang, ihre Organisation beibehalten, so wie die Termiten es taten. Wahrscheinlich ist das nicht. Denn die Erhaltung dieses Apparates verlangt Kenntnisse und Charaktere, die sich mit der bloßen Erhaltung nie begnügen werden und stets auch zu etwas anderem zu gebrauchen sind. Zerfallen könnte der Apparat denkbarerweise, etwa nach einer neuen übersteigerten Orgie menschlicher Selbstzerstörung; so wie der unvergleichlich bescheidenere Zivilisationsapparat des Römischen Reiches, seine Straßen, seine Wasserleitungen, zerfiel. Unmöglich ist Stagnation und zeitlose Erhaltung.

Mit Mühe vorstellbar wäre ein Planen des Planens, ein Gesamtplanen, das Fortschritt nicht bloß fördert, sondern mitunter bremst oder verhindert. Dergleichen kommt im einzelnen ja vor. Wir wissen von den Praktiken gewisser monopolartiger Industrien, die mit schon erreichten Verbesserungen hinter dem Berg halten, weil sie ihnen für den Moment geschäftlichen Schaden zufügen würden. Wir haben gelesen, die deutschen Physiker hätten unter der Diktatur Adolf Hitlers die Entwicklung der Nuklearenergie bewußt vernachlässigt, weil sie nicht wünschten, daß Hitler ihr Nutznießer würde. Einige große Nationen versuchen das Wachstum der Bevölkerung einzudämmen. Andere setzen sich wirtschaftliche Rahmenpläne, welche auf Wertungen beruhen: Mehr der verfügbaren zusätzlichen Produktivität für Glück und Gesundheit der Gesellschaft als ganzer, für die Schönheit des Landes, weniger für überflüssigen individuellen Verbrauch. (Hier hat man das warnende amerikanische Beispiel vor Augen.) Ähnlich hat ein russischer Regent einmal erklärt, er wolle nicht, daß jeder Russe sein Automobil besäße, das sei nicht wünschenswert, Leihwagen, zu jedem guten Zweck verfügbar, täten es auch. – Alle solche einschränkenden, sich gegen die volle Ausnützung von Möglichkeiten richtenden Beschlüsse beruhen auf Wertungen. Ist es gut, daß jeder Bürger sein Auto hat? Ist es gut, daß eine riesige Bevölkerung sich in wenigen Jahrzehnten noch einmal verdoppelt? Sehr selten werden Entscheidungen auf Grund solcher Fragen getroffen; immer sind sie ihrem Gegenstand und dem Kreis ihrer Wirkungen nach fragmentarisch.

Bei weitem überwiegend wird so blindlings gehandelt wie seit alters; der Weg für ein kurzes Stück geplant, aber nicht nach dem Wert des Zieles gefragt. Über das ungeheuer kostspielige wissenschaftlich-technische Programm, das die Amerikaner zum Mond führen soll, hat nie auch nur eine Debatte im Kongreß stattgefunden. Vage Vorstellungen von nationaler Größe, von Fortschritt, von militärischen Vorteilen genügten, um die Nation alle Kosten schlucken zu lassen. Was erreicht werden kann, muß erreicht werden, und irgendwie wird es auch gut sein.

Nun gilt in Wahrheit wohl auch für die Menschheit, oder hat bisher für sie gegolten, was Cromwell von einzelnen Menschen meinte: Der komme am weitesten, der nicht weiß, wohin er geht. Eben weil sie es nicht wußte, noch wissen konnte, hat die europäische Moderne alles das geleistet und angerichtet. Hätten Ferdinand und Isabella gewußt, wo die Reise des Kolumbus enden würde, bei den Vereinigten Staaten von Amerika, so würden sie seine Ausfahrt wohl hintertrieben haben. Und so immer. Der einzelne deutsche Industrielle machte um die Jahrhundertwende wohl seine Berechnungen; aber keiner fragte, ob es denn gut sei, daß eine industrielle Agglomeration wie die des Ruhrgebietes entstünde, und keiner konnte es fragen, denn er sah das Ende nicht.

Der Traum der Wissenschaft war seit dem späten Mittelalter (Roger Bacon), daß sie den Menschen von der Qual der Arbeit befreien, ihn zum freien Herrn über die Erde und sich selbst machen würde. Einen besonderen Sprung von der Notwendigkeit in die Freiheit versprach Marx durch seine Revolutionswissenschaft: Bisher hatte der Mensch seine Geschichte wohl gemacht, aber unbewußt und leidend; fortan werde er sie bewußt machen, mithin zum erstenmal frei sein. – Man könnte nicht sagen, daß diese Prophezeiung sich bewahrheitet hätte; auch dann nicht, wenn man verzichtet auf billigen Hohn über den Despotismus, der unter Josef Stalin in Rußland herrschte, und über den Polizeistaat, der heute noch dort herrscht. Die Täuschung ging tiefer. Wissenschaft konnte den Menschen nicht frei machen, solange die Dialektik des Machtkampfes herrscht und eine Macht die andere jagt; so wie heute Russen und Amerikaner einander zum Mond treiben; so wie ein wirtschaftliches Unternehmen das andere treibt. Über die Entwicklung der sogenannten Automation machen Soziologen, Ökonomen, Gewerkschafter, auch Industrielle sich die ernstesten Sorgen. Niemand hat sie gewollt, nie ist entschieden worden, daß sie sein müsse; niemand denkt daran, sie aufzuhalten.

Wissenschaft kann den Menschen nicht frei machen, solange sie nicht ihren Auftrag von ihm selber nimmt im Lichte der Frage, was ihm gut sei. Einstweilen reitet die Wissenschaft den Menschen, nicht umgekehrt. Das mag ein gewaltiges Abenteuer sein, zum Mond und zum Mars führen, vielleicht. Aber es ist so blind, sosehr von Notwendigkeit getrieben, wie es je war. Weswegen es auch einen vom Menschen sich selber blindlings bereiteten Untergang nicht ausschließt.

Solange der Mensch nicht fragt, was ihm gut ist, ehe er zum Handeln kommt, ist er nicht frei. Fragt er es im Rahmen eines einzelnen Gemeinwesens, einer einzigen Tätigkeit, so ist das ganz schön, aber völlig ungenügend; andere werden anders entscheiden und ihn zwingen, mitzumachen. Die Erfahrung des Schweizer Kantons, der bis in die zwanziger Jahre in dem schönsten Teil seines Gebietes den Gebrauch von Automobilen untersagte, dann aber nachgeben mußte, ist hier bezeichnend; es kann ein einzelner Kanton den Lauf der Dinge nicht aufhalten. Die Frage, was gut ist, müßte im Rahmen einer neuen und ganzen Katholizität gestellt werden, derart, von der die »Vereinten Nationen« eine erbärmliche Karikatur sind. Die Frage kann nur beantwortet, kann nur gestellt werden auf Grund von Wertungen, die alle annehmen, und das wären ipso facto Bindungen, also religiöse Wertungen. Würde von einer neuen und ganzen Katholizität beschlossen, daß man etwas, was man tun könnte, nicht tun wird, weil es nicht gut ist, so wäre das ein Akt der Freiheit, viel freier als der Wettkampf um Mond und Mars. Es wäre gleichzeitig ein Ende der großen Emanzipation, die niemals so gefragt hat. Ein Widerspruch wäre das nicht. Wann hätten Philosophen nicht gewußt, daß Freiheit ohne Bindung nicht bestehen kann? – Unsere Phantasie läuft auf den alten platonischen Satz hinaus, die menschlichen

Dinge könnten nicht gut werden, bevor nicht die Könige Philosophen sind oder die Philosophen Könige.

Eine Phantasie, einstweilen; obgleich nicht ohne den blassesten Schein beginnender Realität. Wir haben die tastenden Versuche der großen Kirchen und Religionsgemeinschaften, einander näher zu kommen. Wir haben die internationalen Begegnungen, offiziellen wie privaten, spontanen Charakters, bei denen nicht bloß die Politiker, auch die Gelehrten, die Theologen, die Denker im eigenen Auftrag zu Wort kommen und stärkeres Echo finden, als die alte »Zeitkritik« sie je fand. Wir haben die Institute, deren erdumfassende Forschungen das Tatsachenmaterial liefern, auf Grund dessen entschieden werden könnte. Erwartet man viel, so ist all das wenig; erwartet man wenig, so ist es etwas und könnte mehr werden; genügen tut es nicht.

Das, was allein genügen würde, wird unser Jahrhundert kaum erleben. Die Vereinten Nationen, wenn sie sich nicht in Nichts auflösen, werden weiter das Theater babylonischer Sprachverwirrung, aufgeblähter nationalistischer Mittelmäßigkeit und Streitsucht sein. Die größten Mächte, durch ihre Verantwortung zur Vorsicht erzogen, werden weiter Mühe haben, die Torheit der Kleinen und Kleinsten in Schach zu halten, doppelte Mühe, weil sie nicht darauf verzichten mögen, die gleiche Torheit für ihre eigenen Zwecke zu benutzen; sie werden, wenn es gut geht, unter sich das Minimum von Abmachungen treffen, das notwendig ist, um den Zusammenbruch ihrer Zivilisationen zu verhüten. Der Krieg wird sich entweder erneuern oder er wird verwelken; er wird nicht »abgeschafft« werden. Vielmehr, er ist juristisch ja schon mehrfach abgeschafft worden, aber niemand nimmt es ernst; und in den letzten Jahrzehnten wurde er durch grausame Kleinkriege ersetzt, über deren jederzeit mögliche »Steigerung« die Professoren der Strategie mit lustvoll-eingeweihter Sachlichkeit spekulierten. Staatliche Machthaber werden weiterhin schallend fordern, worauf sie kein Recht haben, was sie nicht brauchen und was niemandes Glück vermehren kann. Die Leistungen der Wissenschaft werden weiterhin zu einem größeren Stück an Machtkreise gebannt und zu deren Ruhm sein; nur zu einem kleineren wahrhaft menschheitlich. So auch das große Abenteuer der Kosmonautik. Ob man mehr die schwindelnde Kühnheit und Präzision der Berechnungen, die Tapferkeit der jungen Ritter bewundern will, die hier am Werke sind, mehr sich von dem prahlerischen, blasphemischen Unterton der Sache beunruhigt fühlt, ist Frage des Temperaments. Alles wird unentschieden und der Gefahr geöffnet bleiben, wie es immer schon war, wenngleich in engerer Dimension. Weniger Angst wäre auf Erden, hätte des Menschen moralisches Reifen mit den Taten seines Wagemutes Schritt gehalten.

LITERATUR
ZUR WELTGESCHICHTE

VORBEMERKUNG

Dieses Literaturverzeichnis hat den Zweck, dem Leser die Möglichkeit zu geben, sich mit besonderen Themen der Weltgeschichte in selbständigem Studium eingehender vertraut zu machen. Gelegentlich ist deshalb auch zu seiner besseren Orientierung der eine oder andere Titel mit erklärenden Zusätzen versehen worden. Es sollte betont werden, daß es nicht angestrebt war, eine fachwissenschaftliche Bibliographie, also etwa die für die einzelnen Beiträge der Propyläen-Weltgeschichte benutzte Literatur, zusammenzustellen. So sind auch nur hin und wieder Quellen oder spezielle Fachuntersuchungen berücksichtigt worden: Dieses Literaturverzeichnis hat seine Grenzen an der historischen Einzelforschung.

Die Gliederung folgt der Propyläen-Weltgeschichte nach Bänden und Beiträgen. In einzelnen Fällen wurde die Literatur verschiedener Beiträge zum selben Thema in einem Abschnitt zusammengefaßt. Es ist versucht worden, die Angaben im wesentlichen auf Literatur in den Sprachen zu beschränken, deren Kenntnis heute allgemein vorausgesetzt werden kann. Nachschlagewerke und Handbücher kehren gelegentlich in verschiedenen Abschnitten wieder, sofern sie dem maßgebenden Literaturbestand zu dem Thema zuzurechnen sind.

Die Literatur wurde zum größten Teil von den Verfassern der einzelnen Beiträge in der Propyläen-Weltgeschichte selbst zusammengestellt, in wenigen Fällen hat dies in engem Kontakt mit den Verfassern der Verlag übernommen. Er möchte an dieser Stelle den Herren Jürgen Horlemann, Berlin, Dr. Günter Kahle, Köln, Dr. Klaus Meyer, Berlin, Dr. Horst Reimann, Heidelberg, und Ferdinand Schwenkner, Berlin, für ihre sorgfältige Mitarbeit danken. Dem Wunsch einiger Autoren entsprechend wurden die Abschnitte gelegentlich weiter untergliedert. Die Redaktion lag in den Händen von Dr. Georg Meerwein.

Der Verlag

ÜBERSICHT

545 VORGESCHICHTE · FRÜHE HOCHKULTUREN

Conditio humana *(545)* Die Herkunft der Menschheit *(545)* Der primitive Mensch *(547)* Der urgeschichtliche Horizont der historischen Zeit *(547)* Ägypten *(549)*

552 HOCHKULTUREN DES MITTLEREN UND ÖSTLICHEN ASIENS

Der Nahe Osten im Altertum *(552)* Das alte Iran *(553)* Israel *(555)* Indien bis zur Mitte des 6. Jahrhunderts *(556)* China im Altertum *(558)* Der Ursprung der Hochkulturen *(560)* Die höheren Religionen *(561)*

564 GRIECHENLAND · DIE HELLENISTISCHE WELT

Ursprung und Hintergrund der griechischen Geschichte *(564)* Hellas *(565)* Die hellenistische Welt *(569)* Das hellenische Erbe *(570)*

575 ROM · DIE RÖMISCHE WELT

Rom und Italien *(575)* Roms Aufstieg zur Weltherrschaft *(577)* Das Zeitalter der Revolution *(578)* Das römische Kaiserreich *(579)* Das Christentum *(580)* Verfall des Römischen Reiches im Westen. Die Völkerwanderung *(582)* Das Römische Reich im Osten. Byzanz *(584)*

588 ISLAM · DIE ENTSTEHUNG EUROPAS

Der Islam *(588)* Altrußland bis zum Ende des 16. Jahrhunderts *(590)* Frühe christliche Reiche *(592)* Das Hochmittelalter *(594)* Religiöse und geistige Bewegungen im Hochmittelalter *(596)* Europa im 14. Jahrhundert *(598)*

601 WELTKULTUREN · RENAISSANCE IN EUROPA

Das präkolumbische Amerika *(601)* Indien im Mittelalter und in der frühen Neuzeit *(602)* China im frühen Mittelalter *(604)* China von der Sung-Dynastie bis zur Ch'ing-Dynastie *(606)* Mongolenreiche *(608)* Europa im 15. Jahrhundert *(609)* Die Kultur der Renaissance *(612)* Überseeische Entdeckungen und Eroberungen *(615)*

619 VON DER REFORMATION ZUR REVOLUTION

Der politische und religiöse Aufbruch Europas im 16. Jahrhundert *(619)* Das Zeitalter des Dreißigjährigen Krieges *(621)* Die englische Revolution *(624)* Das Zeitalter Ludwigs XIV. *(626)* Der europäische Geist im späten 17. Jahrhundert *(628)* Die europäische Staatenwelt im 18. Jahrhundert *(630)* Die europäische Aufklärung *(633)* Die amerikanische Unabhängigkeit *(634)* Die europäische Musik von den Anfängen bis zu Beethoven *(636)*

638 DAS NEUNZEHNTE JAHRHUNDERT

Der Einfluß der amerikanischen Revolution auf Europa *(638)* Das Zeitalter der Französischen Revolution und Napoleons *(639)* Die romantische Geistesbewegung *(641)* Wirtschaft und Gesellschaft im Übergang zum Zeitalter der Industrie *(642)* Der Roman im 19. Jahrhundert *(644)* Politische Entwicklung Europas und Amerikas 1815 bis 1871 *(645)* Rußland im 19. Jahrhundert *(648)* Japan 1850–1890 *(650)* Afrika bis zum Kommen der Europäer *(651)* Die Entwicklung des Völkerrechts *(652)* Das europäische Gleichgewicht und der neue Imperialismus *(653)*

655 DAS ZWANZIGSTE JAHRHUNDERT

Das Zeitalter des Imperialismus *(655)* Erster Weltkrieg und Friede von Versailles *(656)* Die russische Revolution *(658)* Japan zwischen den Kriegen *(660)* Isoliertes Amerika *(661)* Europa und der Völkerbund *(662)* Weltwirtschaft und Weltwirtschaftskrise *(663)* Zusammenbruch des Versailler Systems und zweiter Weltkrieg *(664)* Neue Wissenschaft *(667)* Physik und Chemie · Astronomie · Der Weg der Medizin seit dem 19. Jahrhundert · Biologie und Anthropologie · Soziologie

674 DIE WELT VON HEUTE

Chinesische Revolution *(674)* Neue Staaten in Asien und Afrika *(676)* Rußland und Osteuropa *(677)* Die Atlantische Welt *(678)* Lateinamerika heute *(679)* Weltdiplomatie: Fronten und Pakte *(681)* Die zweite industrielle Revolution *(682)* Internationale Gewerkschaftsbewegung *(684)* Gesellschaft und Kultur *(685)* Religiöses Denken in der heutigen Welt *(686)*

VORGESCHICHTE · FRÜHE HOCHKULTUREN

Conditio humana

ALSBERG, P.: Das Menschheitsrätsel. Dresden, 1922
BINSWANGER, L.: Grundformen und Erkenntnis menschlichen Daseins. 2. Aufl. Zürich, 1953
BRANDENSTEIN, B. VON: Der Mensch und seine Stellung im All. Einsiedeln/Köln, 1947
CASSIRER, E.: An essay on man. An introduction to a philosophy of human culture. Hartford, Conn., 1944. Deutsch: Was ist der Mensch? Versuch einer Philosophie der menschlichen Kultur. Stuttgart, 1960
CONRAD-MARTIUS, H.: Schriften zur Philosophie. Bd. 1, Tl. 2: Die Seinsstufen der Natur und der Mensch. München, 1963
FEUERBACH, L.: Philosophische Kritiken und Grundsätze. (Sämtliche Werke, Bd. 2.) Neuausg. Stuttgart, 1959
GEBSATTEL, V. E. FREIHERR VON: Prolegomena zu einer medizinischen Anthropologie. Ausgewählte Aufsätze. Berlin, 1954
GEHLEN, A.: Der Mensch. Seine Natur und seine Stellung in der Welt. 7. Aufl. Frankfurt/M., 1955
GROETHUYSEN, B.: Philosophische Anthropologie. In: Handbuch der Philosophie, hrsg. von A. Baeumler und M. Schröter. München, 1931
HEGEL, G. W. FR.: Encyclopädie der philosophischen Wissenschaften im Grundrisse. Hrsg. G. J. P. I. Bolland. Leiden, 1906
LANDMANN, M.: Philosophische Anthropologie. Menschliche Selbstdeutung in Geschichte und Gegenwart. (Sammlung Göschen) Berlin, 1955

LANDSBERG, P. L.: Einleitung in die Philosophische Anthropologie. 2. Aufl. Frankfurt/Main, 1949
LIPPS, H.: Die Wirklichkeit des Menschen. Frankfurt/Main, 1954
PLESSNER, H.: Die Stufen des Organischen und der Mensch. Einleitung in die Philosophische Anthropologie. Berlin, 1928. 2. Aufl. 1965
PLESSNER, H.: Zwischen Philosophie und Gesellschaft. Ausgewählte Abhandlungen und Vorträge. Bern, 1953
PLESSNER, H.: Lachen und Weinen. Eine Untersuchung nach den Grenzen menschlichen Verhaltens. 3. Aufl. (Sammlung Dalp) München, 1961
PORTMANN, A.: Biologische Fragmente zu einer Lehre vom Menschen. 2. Aufl. Basel, 1951. Taschenbuchausg., unter dem Titel: Zoologie und das neue Bild des Menschen. (Rowohlts Deutsche Enzyklopädie) Hamburg, 1956
ROTHACKER, E.: Probleme der Kulturanthropologie. 2. Aufl. Bonn, 1948
ROTHACKER, E.: Die Schichten der Persönlichkeit. 5. Aufl. Bonn, 1952
SCHELER, M.: Die Stellung des Menschen im Kosmos. 6. Aufl. München, 1962
VENABLE, V.: Human nature: The Marxian view. New York, 1946
WEIZSÄCKER, V. VON: Der kranke Mensch. Eine Einführung in die medizinische Anthropologie. Stuttgart, 1951

Die Herkunft der Menschheit

BRINKMANN, R.: Abriß der Geologie. Begründet durch E. Kayser. Bd. 1: Allgemeine Geologie. Bd. 2: Historische Geologie. 8./9. Aufl. Stuttgart, 1959–1961
CLARK, W. E. LE GROS: The antecedents of man. An introduction to the evolution of the primates. Edinburgh, 1959
COLBERT, E. H.: Evolution of the vertebrates. A history of the backboned animals through time. London, 1955

DART, R. A.: The osteodontokeratic culture of Australopithecus prometheus. (Transvaal Museum memoirs, 10) Pretoria, 1957
DART, R. E.: Adventures with the missing link. London, 1959
DARWIN, CH. R.: On the origin of species by means of natural selection. London, 1859. Deutsch: Die Entstehung der Arten durch natürliche Zuchtwahl. (Reclams Universal-Bibliothek) Stuttgart, 1963

DARWIN, CH. R.: The descent of man and selection in relation to sex. London, 1901. Deutsch: Die Abstammung des Menschen. Übers. H. Schmidt. (Kröners Taschenausgaben) Leipzig, 1932
DOBZHANSKY, TH.: Evolution, genetics and man. New York, 1955. Deutsch: Die Entwicklung zum Menschen. Evolution, Abstammung und Vererbung. Ein Abriß. Hrsg. F. Schwanitz. Hamburg, 1958 (Übersicht über den Ablauf der menschlichen Stammesgeschichte, mit besonderer Berücksichtigung der kausalen Probleme)
FLORKIN, M., Hrsg.: Aspects of the origin of life. (International series of monographs on pure and applied biology, 6) Oxford, 1960 (Ausgewählte Beiträge zu den Fragen des Ursprungs des Lebens auf der Erde, aus dem in Moskau 1959 unter diesem Thema abgehaltenen Symposium)
FRANKE, H.W.: Die Sprache der Vergangenheit. Die Verfahren der vorgeschichtlichen Zeitbestimmung. Stuttgart, 1962
GENETICS and twentieth century Darwinism. (Cold Spring Harbor Symposia, XXIV) New York, 1959
GIESELER, W.: Abstammungs- und Rassenkunde des Menschen. Bd. 1. Öhringen, 1936 (Ausführliche Darstellung der bis dahin bekannten Funde – und deren Fundgeschichten – aus der Zeit der fossilen Menschheit)
GRAHMANN, R.: Urgeschichte der Menschheit. Einführung in die Abstammungs- und Kulturgeschichte des Menschen. 2. Aufl. Stuttgart, 1956
HAECKEL, E.: Natürliche Schöpfungsgeschichte. Gemeinverständliche wissenschaftliche Vorträge über die Entwicklungslehre. 12. Aufl. Berlin, 1920
HAECKEL, E.: Systematische Phylogenie der Wirbeltiere (Vertebrata). Bd. 3. Berlin, 1895
HARDIN, G.: Nature and man's fate. New York, 1959. Deutsch: Naturgesetz und Menschenschicksal. Übers. G. Kurth. Stuttgart, 1962
HEBERER, G.: Neue Ergebnisse der menschlichen Abstammungslehre. Ein Forschungsbericht. Göttingen, 1951
HEBERER, G.: Die Fossilgeschichte der Hominoidea. In: Primatologia I. Basel/New York, 1956 (Zusammenstellung des gesamten Dokumentenmaterials für die Abstammungsgeschichte der Menschenaffen und Menschen)
HEBERER, G.: Das Tier-Mensch-Übergangsfeld. Studium Generale 11, 1958
HEBERER, G.: Charles Darwin. Sein Leben und sein Werk. (Kosmos-Bibliothek) Stuttgart, 1959
HEBERER, G.: Die Abstammung des Menschen. In: Handbuch der Biologie IX. Konstanz, 1961 (Auch separat erschienen)
HEBERER, G., Hrsg.: Die Evolution der Organismen. Ergebnisse und Probleme der Abstammungslehre. 2 Bde. 2. Aufl. Stuttgart, 1959 (Das umfassendste Werk über den gegenwärtigen Stand der Forschung, mit besonderer Berücksichtigung der Abstammungsgeschichte des Menschen)
HEBERER, G., und F. SCHWANITZ, Hrsg.: Hundert Jahre Evolutionsforschung. Das wissenschaftliche Vermächtnis Charles Darwins. Stuttgart, 1960
HOWELLS, W.: Mankind in the making. The story of evolution. New York, 1959. Deutsch: Die Ahnen der Menschheit. Der Werdegang des Menschen nach dem heutigen Kenntnisstand gemeinverständlich dargestellt. Übers. G. Kurth. Zürich, 1963
HÜRZELER, J.: Oreopithecus bambolii Gervais. A preliminary report. (Verhandlungen der Naturforschenden Gesellschaft zu Basel 69, 1) Basel, 1958
HUXLEY, TH. H.: Evidence as to man's place in nature. London, 1863. Deutsch: Zeugnisse für die Stellung des Menschen in der Natur. Hrsg. G. Heberer. Stuttgart, 1963
KOENIGSWALD, G.H.R. VON: Geschichte des Menschen. (Verständliche Wissenschaft) Berlin, 1960
KOENIGSWALD, G.H.R. VON, Hrsg.: Hundert Jahre Neanderthaler. Gedenkbuch der Internationalen Neanderthal-Feier 1956. (Beihefte der Bonner Jahrbücher, 7) Köln, 1958
KRAFT, G.: Der Urmensch als Schöpfer. 2. Aufl. Tübingen, 1948
KURTH, G., Hrsg.: Evolution und Hominisation. Festschrift G. Heberer. Stuttgart, 1961.
LEAKEY, L.S.B.: Olduvai Gorge. A report on the evolution of the hand-axe-culture in beds I–IV; with chapters on the geology and fauna. Cambridge, 1951
LEAKEY, L.S.B.: Olduvai Gorge, 1951–1961. Bd. 1. Cambridge, 1965
MASON, R.: Prehistory of the Transvaal. A report of human activity. Johannesburg, 1962
NARR, K.J.: Kultur, Umwelt und Leiblichkeit des Eiszeitmenschen. Studien zu ihrem gegenseitigen Verhältnis. Stuttgart, 1963
OAKLEY, K.P.: Man – the tool-maker. London, 1950
OPARIN, A.I.: Das Leben, seine Natur, Herkunft und Entwicklung. Stuttgart, 1963
ORIGIN and evolution of man. (Cold Spring Harbor Symposia, XV) New York, 1950
RENSCH, B.: Neuere Probleme der Abstammungslehre. Die transspezifische Evolution. 2. Aufl. Stuttgart, 1954
RENSCH, B.: Homo sapiens. Vom Tier zum Halbgott. (Kleine Vandenhoeck-Reihe) Göttingen, 1961
ROMER, A.S.: The vertebrate story. (Neubearbeitung, ursprünglich: Man and the vertebrates.) Chicago, Ill., 1959
SCHÄFER, H.: Der Mensch in Raum und Zeit, mit besonderer Berücksichtigung des Oreopithecus-Problems. (Veröffentlichungen des Naturhistorischen Museums Basel, 1960, 1) Basel, 1960
THENIUS, E.: Versteinerte Urkunden. Die Paläontologie als Wissenschaft vom Leben und der Vorzeit. (Verständliche Wissenschaft) Berlin, 1963
VALLOIS, H.V., und H.L. MOVIUS: Catalogue des hommes fossiles. (Comptes rendus de la XIXe session du Congrès Géologique International, V) Algier, 1952 (Katalog aller Funde fossiler Menschen, nach Ländern geordnet, mit Angabe der wichtigsten Literatur)

WICHLER, G.: Charles Darwin. Der Forscher und der Mensch. München, 1963
WOLDSTEDT, P.: Das Eiszeitalter. Grundlinien einer Geologie des Quartärs. Bd. 1: Die allgemeinen Erscheinungen des Eiszeitalters. Bd. 2: Europa, Vorderasien und Nordafrika im Eiszeitalter. 2./3. Aufl. Stuttgart, 1958 bis 1961

Der primitive Mensch

BANDI, H.G.: Die Schweiz zur Rentierzeit. Frauenfeld, 1947
BANDI, H.G., und J. MARINGER: Kunst der Eiszeit. Basel, 1952
BEHM-BLANCKE, G.: Altsteinzeitliche Rastplätze im Travertingebiet von Taubach, Weimar, Ehringsdorf. Alt-Thüringen IV, 1959/60
BORDES, F.: Typologie du paléolithique ancien et moyen. (Publications de l'Institut de Préhistorie de l'Université de Bordeaux, I) Bordeaux, 1961
BREUIL, H.: Die ältere und mittlere Altsteinzeit. Alt- und Mittelpaläolithikum. In: Historia Mundi, Bd. 1. Bern, 1952
CLARK, J.D.: The prehistory of Southern Africa. (Pelican) Harmondsworth, 1959
CLARK, J.G.D.: The mesolithic settlement of northern Europe. Cambridge, 1936
FELGENHAUER, F.: Willendorf in der Wachau. Monographie der Paläolith-Fundstellen I bis VIII. (Mitteilungen der Prähistorischen Kommission der Österreichischen Akademie der Wissenschaften, VIII und IX; 3 Tle.) Wien, 1956-1959
FREUND, G.: Die Blattspitzen des Paläolithikums in Europa. Quartär 1, 1952
GARROD, D.A.E., und D.M.A. BATE: The stone age of Mount Carmel: Excavations at the Wady el-Mughara. Bd. 1. Oxford, 1937
GRAHMANN, R.: Urgeschichte der Menschheit. Einführung in die Abstammungs- und Kulturgeschichte des Menschen. 2. Aufl. Stuttgart, 1956 (Populärwissenschaftliche Übersicht)
HANČAR, F.: Aus dem Arbeitsbereich der sowjetischen Ur- und Frühgeschichts-Forschung. Ein Beitrag zu ihrer Wesens- und Werterkennung. Saeculum XI, 1960
JACOB-FRIESEN, K.H.: Eiszeitliche Elefantenjäger in der Lüneburger Heide. (Jahrbücher des Römisch-Germanischen Zentralmuseums, 3) Mainz, 1956
KLIMA, B.: Übersicht über die jüngsten paläolithischen Forschungen in Mähren. Quartär 9, 1957
KOENIGSWALD, G.H.R. VON, Hrsg.: Hundert Jahre Neanderthaler. Gedenkbuch der Internationalen Neanderthal-Feier 1956. (Beihefte der Bonner Jahrbücher, 7) Köln, 1958
KRAFT, G.: Der Urmensch als Schöpfer. 2. Aufl. Tübingen, 1948 (Populärwissenschaftliche Darstellung)
LINDNER, K.: Die Jagd der Vorzeit. Geschichte des deutschen Waidwerks. Bd. 1. Berlin, 1937
MENGHIN, O.: Weltgeschichte der Steinzeit. 2. Aufl. Wien, 1941
MOVIUS, H.L.: Zur Archäologie des unteren Paläolithikums in Südasien und im Fernen Osten. (Mitteilungen der Anthropologischen Gesellschaft Wien, 80) Wien, 1950
NARR, K.J.: Kultur, Umwelt und Leiblichkeit des Eiszeitmenschen. Studien zu ihrem gegenseitigen Verhältnis. Stuttgart, 1963
OBERMAIER, H.: Der Mensch der Vorzeit. Berlin, 1912
PETERS, E.: Die altsteinzeitliche Kulturstätte Petersfels. Augsburg, 1930
RIEK, G.: Die Eiszeitjägerstation am Vogelherd. Bd. 1: Die Kulturen. Tübingen, 1934
RUST, A.: Die Höhlenfunde von Jabrud (Syrien). Neumünster, 1950
RUST, A.: Vor 20000 Jahren. Eiszeitliche Rentierjäger. 2. Aufl. Neumünster, 1962 (Populärwissenschaftliche Zusammenfassung der Ausgrabungen eiszeitlicher Renjägerlager in Nordwestdeutschland)
SCHWABEDISSEN, H.: Die mittlere Steinzeit im westlichen Norddeutschland. Neumünster, 1944
SCHWABEDISSEN, H.: Die Federmesser-Gruppen des nordwesteuropäischen Flachlandes: Zur Ausbreitung des Spät-Magdalénien. Neumünster, 1954
SCHWANTES, G.: Deutschlands Urgeschichte. 7. Aufl. Stuttgart, 1952 (Populärwissenschaftliche Darstellung)
TODE, A.: Die Untersuchung der paläolithischen Freilandstation von Salzgitter-Lebenstedt. (Eiszeitalter und Gegenwart 3) Öhringen, 1953
VÉRTES, L.: Das Moustérien in Ungarn. (Eiszeitalter und Gegenwart 10) Öhringen, 1959
ZOTZ, L.F.: Altsteinzeitkunde Mitteleuropas. Stuttgart, 1951

Der urgeschichtliche Horizont der historischen Zeit

Allgemeines

CLARK, J.G.D.: World prehistory. An outline. Cambridge, 1961
NARR, K.J.: Urgeschichte der Kultur. (Kröners Taschenausgaben) Stuttgart, 1961
PITTIONI, R.: Die urgeschichtlichen Grundlagen der europäischen Kultur. Wien, 1949
PITTIONI, R.: Der Beitrag der Radiokarbon-Methode zur absoluten Datierung urzeitlicher Quellen. Forschungen und Fortschritte 31, 1957 und 33, 1959

Landeskundliche Darstellungen

BRØNDSTED, J.: Nordische Vorzeit. 2 Bde. Neumünster, 1960–1962
CLARK, J.G.D.: Prehistoric England. London, 1962
DE LAET, S.J.: The Low Countries. (Ancient peoples and places) London, 1958
MARINATOS, S.: Kreta und das mykenische Hellas. München, 1959
NEUSTUPNÝ, E. und J.: Czechoslovakia before the Slavs. London, 1961
PITTIONI, R.: Urgeschichte des österreichischen Raumes. Wien, 1954
PITTIONI, R.: Art. »Italien, urgeschichtliche Kulturen«. In: A. Pauly, G. Wissowa und W. Kroll, Hrsg.: Realenzyklopädie der klassischen Altertumswissenschaft. Suppl.-Bd. 9. Stuttgart, 1962 (Auch separat erschienen)
SCHACHERMEYR, F.: Art. »Prähistorische Kulturen Griechenlands«. In: A. Pauly, G. Wissowa und W. Kroll, Hrsg.: Realenzyklopädie der klassischen Altertumswissenschaft. (Bd. 22.) Stuttgart, 1954

Neolithikum (Keramikum)

ALLCHIN, F.R.: Neolithic cattle-keepers of South India. Cambridge, 1963
BRAIDWOOD, R.J., und B. HOWE: Prehistoric investigations in Iraqi Kurdistan. (Studies in Ancient Oriental Civilization 31) Chicago, Ill., 1960
COLE, S.: The neolithic revolution. 2. Aufl. London, 1961 (Zur Ausstellung des British Museum of Natural History)
L'EUROPE à la fin de l'âge de la pierre. Actes du symposium consacré aux problèmes du néolithique européen. Prag, 1961
FIRBAS, F.: Spät- und nacheiszeitliche Waldgeschichte Mitteleuropas nördlich der Alpen. Bd. 1: Allgemeine Waldgeschichte. Jena, 1949
FISCHER, U.: Die Gräber der Steinzeit im Saalegebiet. (Vorgeschichtliche Forschungen 15) Berlin, 1956
KAHLKE, D.: Die Bestattungssitten des Donauländischen Kulturkreises der jüngeren Steinzeit. Tl. I: Linienbandkeramik. Berlin, 1954
KENYON, K.M.: Digging up Jericho. London, 1957
LHOTE, H.: Die Felsbilder der Sahara. Bearb. H. Kühn. 3. Aufl. Würzburg, 1958
McCOWN, D.: The comparative stratigraphy of early Iran. (Studies in Ancient Oriental Civilization 25) Chicago, Ill., 1949
MIEG DE BOOFZHEIM, P., und G. BAILLOUD: Les civilisations néolithiques de la France dans leur contexte européen. Paris, 1955
MILOJČIĆ, V., J. BOESSNECK und M. HOPF: Die deutschen Ausgrabungen auf der Argissa-Magula in Thessalien. Das präeramische Neolithikum sowie die Tier- und Pflanzenreste. (Beiträge zur ur- und frühgeschichtlichen Archäologie des Mittelmeer-Kulturraumes II) Bonn, 1962
MODDERMAN, P.J.R.: Die bandkeramische Siedlung von Sittard. Palaeohistoria VI/VII, 1958/59
NAGEL, W.: Zum neuen Bild des vordynastischen Keramikums in Vorderasien. Berliner Jahrbuch für Vor- und Frühgeschichte I, 1961 und II, 1962
DAS PFAHLBAUPROBLEM. Von W.U. Guyan u. a. Hrsg. zum Jubiläum des 100jährigen Bestehens der Schweizer Pfahlbauforschung. (Monographien zur Ur- und Frühgeschichte der Schweiz, 11) Basel, 1955
PIGGOTT, ST.: The neolithic culture of the British Isles. A study of the stone-using communities of Britain in the second millennium B.C. Cambridge, 1954
PITTIONI, R.: Beiträge zur Geschichte des Keramikums im Nahen Osten und in Ägypten. Prähistorische Forschungen, Bd. I. Wien, 1950
ZEUNER, F.E.: The history of the domesticated animals. London, 1963

Bronzezeit (Früh-Metallikum)

ATKINSON, R.C.J.: Stonehenge. London, 1956
JUNGHANS, S., E. SANGMEISTER und M. SCHRÖDER: Metallanalysen kupferzeitlicher und frühbronzezeitlicher Bodenfunde aus Europa. (Studien zu den Anfängen der Metallurgie 1) Berlin, 1960
MÜLLER-KARPE, H.: Beiträge zur Chronologie der Urnenfelderzeit nördlich und südlich der Alpen. (Römisch-Germanische Forschungen 22) Berlin, 1959
NEUNINGER, H., und R. PITTIONI: Woher stammen die blauen Glasperlen der Urnenfelderkultur? Archaeologia Austriaca 26, 1959
PITTIONI, R.: Urzeitlicher Bergbau auf Kupfererz und Spurenanalyse. (Archaeologia Austriaca, Beih. 1) Wien, 1957
PITTIONI, R.: Zweck und Ziel der spektralanalytischen Untersuchungen für die Urgeschichte des Kupferbergwesens. Archaeologia Austriaca 26, 1959
TAFFANEL, J. und O.: Le premier âge du fer languedocien. 3 Bde. Bordighera/Montpellier, 1955–1960
ZSCHOCKE, K., und E. PREUSCHEN: Das urzeitliche Bergbaugebiet Mühlbach-Bischofshofen, Land Salzburg. (Materialien zur Urgeschichte Österreichs 6) Wien, 1932

Hallstattzeit (Mittel-Metallikum)

CIVILTÀ DEL FERRO. Studi pubblicati nella ricorrenza centenaria della scoperta di Villanova. (Documenti e studi a cura della Deputazione d'istoria patria per le provincie di Romagna, 6) Bologna, 1960
JOFFROY, R.: Le trésor de Vix. Histoire et portée d'une grande découverte. Paris, 1962
KASTELIC, J.: Situlenkunst. Meisterschöpfungen prähistorischer Bronzearbeit. Mit Beitr. von K. Kromer und G.A. Mansuelli. Wien, 1964
KROMER, K.: Das Gräberfeld von Hallstatt. Florenz, 1959
MIKOV, V.: Le trésor d'or de Valči Tran. Sofia, 1958
RICE, T.T.: Die Skythen. Ein Steppenvolk an der Zeitenwende. Hrsg. G. Daniel. (Alte Kulturen und Völker) Köln, 1957
RIETH, A., und K. BITTEL: Die Heuneburg an der oberen Donau. Stuttgart, 1951

SITULENKUNST zwischen Po und Donau. Verzierte Bronzearbeiten aus dem ersten Jahrtausend v. Chr. Katalog zur Ausstellung. Wien, 1962

Latènezeit (Spät-Metallikum)

BENOIT, F.: Entremont, capitale celto-ligure des Salyens de Provence. Aix-en-Provence, 1957
BOHNSACK, D.: Die Burgunder in Ostdeutschland und Polen während des 1.Jahrhunderts v. Chr. Leipzig, 1938
BOSCH-GIMPERA, P.: Todavia al problema dela ceramica Iberica. (Cuadernos del Instituto de Historia, seria antropologica, 2) Mexiko, 1958
DIXON, P.: The Iberians in Spain and their relations with the Aegaean world. London, 1940
EGGER, R.: Die Stadt auf dem Magdalensberg, ein Großhandelsplatz. Die ältesten Aufzeichnungen des Metallwarenhandels auf dem Boden Österreichs. (Denkschriften der Österreichischen Akademie der Wissenschaften, phil.-hist. Kl., 79) Wien, 1961
FILIP, J.: Die Kelten in Mitteleuropa. Prag, 1956
FILIP, J.: Die keltische Zivilisation und ihr Erbe. Prag, 1961
HACHMANN, R., G. KOSSAK und W. KUHN: Völker zwischen Germanen und Kelten. Neumünster, 1962
HALD, M.: Jernalderens dragt. Kopenhagen, 1962
HAWKES, C. F. C.: The ABC of the British iron age. Antiquity 33, 1959
JACOBSTHAL, P.: Early Celtic art. Oxford, 1944
MOBERG, C.-A.: Zonengliederung der vorchristlichen Eisenzeit in Nordeuropa. Lund, 1941
OXENSTIERNA, E. GRAF: Die Urheimat der Goten. Leipzig, 1948
PESCHEK, CHR.: Die frühwandalische Kultur in Mittelschlesien. Leipzig, 1939
PETERSEN, E.: Die frühgermanische Kultur in Ostdeutschland und Polen. (Vorgeschichtliche Forschungen II, 2) Leipzig, 1929
PINK, K.: Einführung in die keltische Numismatik. 2. Aufl. (Archaeologia Austriaca, Beih. 4) Wien, 1960
PITTIONI, R.: Zum Herkunftsgebiet der Kelten. (Sitzungsberichte der Österreichischen Akademie der Wissenschaften, phil.-hist. Kl., 233/3) Wien, 1959
REINECKE, P.: Bodendenkmale spätkeltischer Eisengewinnung an der untersten Altmühl. Berichte der Römisch-Germanischen Kommission 24/25, 1934/35
SCHMID, W.: Norisches Eisen. (Beiträge zur Geschichte des österreichischen Eisenwesens, I. Abt., H. 2) Wien/Berlin, 1932
WEYERSHAUSEN, P.: Vorgeschichtliche Eisenhütten Deutschlands. (Mannus-Bücherei) Leipzig, 1939
WIESNER, J.: Die Thraker. Studien zu einem versunkenen Volk des Balkanraumes. (Urban-Bücher) Stuttgart, 1963

Ägypten

ALDRED, C.: The development of ancient Egyptian art. From 3200 to 1315 B.C. 3 Bde. London, 1949-1951. Neuausg.: The development of Egyptian art. London, 1952
ALDRED, C.: The Egyptians. (Ancient Peoples and Places) New York, 1961. Deutsch: Ägypten. Hrsg. G. Daniel. Übers. H. Vey. (Alte Kulturen und Völker) Köln, 1962
BAUER, H.: Der Ursprung des Alphabets. (Der Alte Orient 36) Leipzig, 1937
BECKERATH, J. VON: Der ägyptische Ursprung unseres Kalenders. Saeculum 4, 1953
BILABEL, F.: Geschichte Vorderasiens und Ägyptens vom 16.-11. Jahrhundert v. Chr. Heidelberg, 1927
BISSING, FR. W. FREIHERR VON: Altägyptische Lebensweisheit. (Die Bibliothek der Alten Welt) Zürich, 1955
BONNET, H.: Reallexikon der ägyptischen Religionsgeschichte. Berlin, 1952
BREASTED, J. H.: Ancient records of Egypt. Historical documents from the earliest times to the Persian conquest. Hrsg. und Übers. J. H. Breasted. 5 Bde. (Ancient Records, ser. 2) Chicago, Ill., 1906-1907
BREASTED, J. H.: A history of Egypt from the earliest times to the Persian conquest. Neuaufl. London, 1925. Deutsch: Geschichte Ägyptens. Übers. H. Ranke. Neuaufl. Zürich, 1960
COTTRELL, L.: Life under the Pharaohs. London, 1955. Deutsch: Das Volk der Pharaonen. Übers. M. Mohr-Wille. Konstanz, 1956
DRIOTON, E., und J. VANDIER: Les peuples de l'Orient méditerranéen. Bd. 2: L'Égypte. 3. Aufl. (Clio 1) Paris, 1952 (Mit reichen Literaturangaben)
DYKMANS, C.: Histoire économique et sociale de l'ancienne Égypte. 3 Bde. Lüttich, 1936
EDWARDS, I. E. S.: The pyramids of Egypt. Neuaufl. (Pelican) Harmondsworth, 1961
ERMAN, A.: Ägypten und ägyptisches Leben im Altertum. Neubearb. H. Ranke. Tübingen, 1923
ERMAN, A.: Die Literatur der Ägypter; Gedichte, Erzählungen und Lehrbücher aus dem 3. und 2. Jahrtausend v. Chr. Leipzig, 1923
ERMAN, A.: Die Religion der Ägypter; ihr Werden und Vergehen in vier Jahrtausenden. Berlin, 1934
FAULKNER, R. O.: Egyptian military organization. Journal of Egyptian Archeology 39, 1953
FECHHEIMER, H.: Die Plastik der Ägypter. (Die Kunst des Ostens, hrsg. von W. Cohn, Bd. 1) Berlin, 1921
FECHHEIMER, H.: Kleinplastik der Ägypter. (Die Kunst des Ostens, hrsg. von W. Cohn, Bd. 3) Berlin, 1921
FISCHER, H.: Die Geburt der Hochkultur in Ägypten und Mesopotamien. Der primäre Entwurf des menschlichen Dramas. Stuttgart, 1960

LITERATURVERZEICHNIS

FRANKFORT, H.: Ancient Egyptian religion. An interpretation. (Lectures on the History of Religions, n. ser. 2) New York, 1948

FRANKFORT, H., H. A. FRANKFORT, J. A. WILSON und T. JACOBSEN: The intellectual adventure of ancient man. An essay on speculative thought in the ancient Near East. Chicago, Ill., 1946. Taschenbuchausg.: Before philosophy. The myths, beliefs, and speculations of ancient Egypt and Mesopotamia. (Pelican) Harmondsworth, 1949. Deutsch: Frühlicht des Geistes. Wandlungen des Weltbildes im alten Orient. Übers. P. Dülberg. (Urban-Bücher) Stuttgart, 1954

FRIEDELL, E.: Kulturgeschichte Ägyptens und des alten Orients. Leben und Legende der vorchristlichen Seele. 4. Aufl. München, 1953 (Anregend, aber nicht unbedingt zuverlässig)

GARDINER, SIR A. H.: Egypt of the Pharaohs. An Introduction. Oxford, 1961. Deutsch: Geschichte des Alten Ägypten. (Kröners Taschenausgaben) Stuttgart, 1965

GRESSMANN, H., Hrsg.: Altorientalische Texte und Bilder zum Alten Testament. 2 Bde. 2. Aufl. Berlin, 1926–1927

HELCK, W.: Materialien zur Wirtschaftsgeschichte des Neuen Reiches. (Abhandlungen der Akademie der Wissenschaften und der Literatur, Mainz, geistes- und sozialwiss. Kl. 1960, 10/11) Mainz, 1961 (Zu Fragen von Eigentum und Besitz)

HELCK, W.: Die Beziehungen Ägyptens zu Vorderasien im 3. und 2. Jahrtausend vor Chr. (Ägyptologische Abhandlungen 5) Wiesbaden, 1962

HELCK, W., und E. OTTO: Kleines Wörterbuch der Ägyptologie. Wiesbaden, 1956

JUNKER, H.: Die Ägypter. In: Die Völker des antiken Orients. (Geschichte der führenden Völker) Freiburg i. Br., 1933

KEES, H.: Totenglauben und Jenseitsvorstellungen der alten Ägypter. 2. Aufl. Berlin, 1956

KEES, H.: Ägypten. (Handbuch der Altertumswissenschaft III, 1, 3, Kulturgeschichte des Alten Orients 1) München, 1933

KEES, H.: Der Götterglaube im alten Ägypten. 2. Aufl. Berlin, 1956

KEES, H.: Das alte Ägypten. Eine kleine Landeskunde. 2. Aufl. Berlin, 1958

KEES, H., Hrsg.: Ägyptologie. Abschn. 1: Ägyptische Schrift und Sprache. Von H. Kees, S. Schott, H. Brunner, E. Otto und S. Morenz. Abschn. 2: Literatur. Von H. Brunner, H. Grapow, H. Kees, S. Morenz, E. Otto, S. Schott und J. Spiegel. 2 Bde. (Handbuch der Orientalistik I, 1) Leiden, 1952–1959

KIENITZ, FR. K.: Die politische Geschichte Ägyptens vom 7. bis zum 4. Jahrhundert vor der Zeitwende. Berlin, 1953

KÖSTER, A.: Schiffahrt und Handelsverkehr des östlichen Mittelmeeres im 3. und 2. Jahrtausend vor Chr. (Der Alte Orient, Beih. 1) Leipzig, 1924

LANGE, K.: König Echnaton und die Amarnazeit. Die Geschichte eines Gottkünders. München, 1951

LANGE, K.: Sesostris. Ein König in Mythos, Geschichte und Kunst. München, 1954

LANGE, K., und M. HIRMER: Aegypten. Architektur, Plastik, Malerei in drei Jahrtausenden. 3. Aufl. München, 1961

LEFEBVRE, G.: Romans et contes égyptiens de l'époque pharaonique. Paris, 1949

LUCAS, A.: Ancient Egyptian materials and industries. 3. Aufl. London, 1948

MONTET, P.: Géographie de l'Égypte ancienne. Bd. 1: To-mehou. La Basse Égypte. Bd. 2: To-chemâ. La Haute Égypte. 2 Bde. Paris, 1957–1961

MONTET, P.: La vie quotidienne en Égypte aux temps des Ramsès. (XIIIe-XIIe siècles avant J.-C.). (La vie quotidienne) Paris, 1958. Deutsch: So lebten die Ägypter vor 3000 Jahren. Übers. W. Hein. 2. Aufl. Stuttgart, 1961

MONTET, P.: Das alte Ägypten. Übers. I. Auer. (Kindlers Kulturgeschichte) Zürich, 1964

MORENZ, S.: Ägyptische Religion. (Die Religionen der Menschheit, hrsg. von Chr. M. Schröder, Bd. 8) Stuttgart, 1960

OTTO, E.: Die Endsituation der ägyptischen Kultur. Die Welt als Geschichte 11, 1951

OTTO, E.: Ägypten. Der Weg des Pharaonenreiches. 3. Aufl. (Urban-Bücher) Stuttgart, 1958

PARKER, R. A.: Calendars of ancient Egypt. Chicago, Ill., 1951

PIEPER, M.: Die ägyptische Literatur. (Handbuch der Literaturwissenschaft) Potsdam, 1927

POSENER, G.: Dictionnaire de la civilisation égyptienne. Zus. mit S. Sauneron und J. Yoyotte. Paris, 1959. Deutsch: Knaurs Lexikon der ägyptischen Kultur. Übers. J. und I. von Beckerath. Neuausfl. München, 1963

PRITCHARD, J. B., Hrsg.: Ancient Near Eastern texts relating to the Old Testament. 2. Aufl. Princeton, N. J., 1955

PRITCHARD, J. B.: The ancient Near East in pictures relating to the Old Testament. Princeton, N. J., 1954

ROEDER, G.: Volksglaube im Pharaonenreich. (Sammlung Völkerglaube) Stuttgart, 1952

ROEDER, G.: Die ägyptische Religion in Texten und Bildern. Bd. 1: Die ägyptische Götterwelt. Bd. 2: Mythen und Legenden um ägyptische Gottheiten und Pharaonen. Bd. 3: Kulte, Orakel und Naturverehrung im alten Ägypten. Bd. 4: Der Ausklang der ägyptischen Religion mit Reformation, Zauberei und Jenseitsglauben. 4 Bde. (Die Bibliothek der Alten Welt) Zürich, 1959–1961

SCHÄFER, H.: Von ägyptischer Kunst. Eine Grundlage. Hrsg. E. Brunner-Traut. 4. Aufl. Wiesbaden, 1963

SCHÄFER, H., und W. ANDRAE: Die Kunst des alten Orients. 3. Aufl. (Propyläen-Kunstgeschichte) Berlin, 1942

SCHARFF, A., und A. MOORTGAT: Ägypten und Vorderasien im Altertum. Neuausfl. (Weltgeschichte in Einzeldarstellungen) München, 1959

SCHOTT, S.: Mythen und Mythenbildung im alten Ägypten. (Untersuchungen zur Geschichte und Altertumskunde Ägyptens, 15) Leipzig, 1945

SCHOTT, S.: Hieroglyphen. Untersuchungen zum Ursprung der Schrift. (Abhandlungen der Akademie der Wissenschaften und der Literatur, Mainz, geistes- und sozialwiss. Kl., 1950, 24) Wiesbaden, 1951

SCHOTT, S.: Das schöne Fest vom Wüstentale. Festbräuche einer Totenstadt. (Abhandlungen der Akademie der Wissenschaften und der Literatur, Mainz, geistes- und sozialwiss. Kl., 1952, 11) Wiesbaden, 1953

SCHOTT, S.: Altägyptische Liebeslieder. Mit Märchen und Liebesgeschichten. 2. Aufl. (Die Bibliothek der Alten Welt) Zürich, o. J.

SMITH, W. S.: The art and architecture of ancient Egypt. (Pelican History of Art) Harmondsworth, 1958

SPIEGEL, J.: Soziale und weltanschauliche Reformbewegungen im alten Ägypten. Heidelberg, 1950

SPIEGEL, J.: Das Werden der altägyptischen Hochkultur. Ägyptische Geistesgeschichte im 3. Jahrtausend vor Chr. Heidelberg, 1953

SPIEGELBERG, W.: Arbeiter und Arbeiterbewegung im Pharaonenreich unter den Ramessiden. Straßburg, 1895

STEINDORFF, G.: Die Blütezeit des Pharaonenreichs. 2. Aufl. Bielefeld, 1926

STEINDORFF, G., und K. SEELE: When Egypt ruled the East. 2. Aufl. Chicago, Ill., 1957

VANDIER, J.: La religion égyptienne. 2. Aufl. Paris, 1949

VOGEL, K.: Vorgriechische Mathematik. Bd. 1: Vorgeschichte und Ägypten. (Mathematische Studienhefte 1) Hannover, 1958

WILSON, J. A.: The burden of Egypt. An interpretation of ancient Egyptian culture. 3. Aufl. (Oriental Institute Essay) Chicago, Ill., 1957

WINLOCK, H. E.: The rise and fall of the Middle Kingdom at Thebes. New York, 1947

WOLF, W.: Die Bewaffnung des altägyptischen Heeres. Leipzig, 1926

WOLF, W.: Die Kunst Ägyptens. Gestalt und Geschichte. Stuttgart, 1957

WOLF, W.: Die Welt der Ägypter. 5. Aufl. (Große Kulturen der Frühzeit) Stuttgart, 1962

WOLF, W.: Kulturgeschichte des Alten Ägypten. (Kröners Taschenausgaben) Stuttgart, 1962

HOCHKULTUREN

DES MITTLEREN UND ÖSTLICHEN ASIENS

Der Nahe Osten im Altertum

AKURGAL, E.: Die Kunst der Hethiter. München, 1961
ANDRAE, W.: Das wiedererstandene Assur. Leipzig, 1938 (Zusammenfassender Bericht über die Ausgrabungen)
BEEK, M.A.: Bildatlas der Assyrisch-Babylonischen Kultur. Bearb.W.Röllig. Gütersloh, 1961
BITTEL, K.: Grundzüge der Vor- und Frühgeschichte Kleinasiens. 2.Aufl. Tübingen, 1950
BOSSERT, H.: Altsyrien. Kunst und Handwerk in Cypern, Syrien, Palästina, Transjordanien und Arabien von den Anfängen bis zum völligen Aufgehen in der griechisch-römischen Kultur. Tübingen, 1951
BOTTÉRO, J.: La religion babylonienne. Paris, 1952
THE CAMBRIDGE ANCIENT HISTORY. Hrsg. J.B. Bury, S.A. Cook und F.E. Adcock. Revid. Aufl. Bd. 1: Egypt and Babylonia to 1580 B.C. Bd. 2: The Egyptian and Hittite empire to c. 1000 B.C. Cambridge, 1961 ff. (Erscheint in Lfgn.; erstmals 1923/24 erschienen)
CAMERON, G.: History of early Iran. Chicago, 1936 (Geschichte Elams sowie der Meder und Perser vor Kyros)
EDZARD, D.O.: Die »Zweite Zwischenzeit« Babyloniens. Wiesbaden, 1957 (Geschichte der Zeit vom Ende des Neusumerischen Reiches bis hin zu Hammurabi)
FALKENSTEIN, A.: La cité-temple sumérienne. (Cahiers d'Histoire mondiale I, 4) Paris, 1954 (Zur Soziologie der sumerischen Stadt)
FALKENSTEIN, A.: Das Sumerische. (Handbuch der Orientalistik I, 2, 1.2) Leiden, 1959
FALKENSTEIN, A., und W. VON SODEN: Sumerische und akkadische Hymnen und Gebete. (Die Bibliothek der Alten Welt) Zürich, 1953 (Übersetzungen und Einführung in die Literatur)
FRIEDRICH, J.: Hethitisches Wörterbuch (mit Ergänzungsheften). Heidelberg, 1952 ff.
FRIEDRICH, J.: Hethitisches Elementarbuch. Tl. 1: Kurzgefaßte Grammatik. 2. Aufl. Heidelberg, 1960
GADD, C.J.: Ideas of divine rule in the ancient East. The god. The king. The people. London, 1948

GARELLI, P.: Les Assyriens en Cappadoce. Paris, 1963 (Zu den altassyrischen Handelskolonien in Anatolien)
GELB, I.J., B. LANDSBERGER und L. OPPENHEIM: The Assyrian dictionary of the Oriental Institute of the University of Chicago. (Bisher 8 Bde.) Chicago, Ill., 1956ff.
DAS GILGAMESCH-EPOS. Neu übers. von A. Schott. Durchges. und erg. von W. Freiherr von Soden. (Reclams Universal-Bibliothek) Stuttgart, 1958
GOETZE, A.: Kleinasien. 2. Aufl. (Handbuch der Altertumswissenschaft III, 1) München, 1957
GORDON, C.: Ugaritic literature, a comprehensive translation of the poetic and prose texts. Rom, 1949
GURNEY, O.: The Hittites. 3.Aufl. (Penguin) Harmondsworth, 1962
HAASE, R.: Die keilschriftlichen Rechtssammlungen in deutscher Übersetzung. Wiesbaden, 1963
HAUSSIG, H.-W.: Wörterbuch der Mythologie. Bd.1. Stuttgart, 1962ff. (darin D.O.Edzard, Mesopotamien; E. v. Schuler, Kleinasien; M.H. Pope und W.Röllig, Syrien)
HINZ, W.: Das Reich Elam. (Urban-Bücher) Stuttgart, 1964
KÖNIG, F.: Christus und die Religionen der Erde. Bd. 2. Wien, 1951 (darin N.Schneider, Die Religion der Sumerer; F.M.Th. de Liagre Böhl, Die Religion der Babylonier und Assyrer)
KOLDEWEY, R.: Das wiedererstehende Babylon. 4.Aufl. Leipzig, 1925 (Zusammenfassender Bericht über die Ausgrabung)
KRAMER, S.N.: From the tablets of Sumer. Indian Hills, 1956. Neuaufl., unter dem Titel: History begins at Sumer. London, 1958. Deutsch: Geschichte beginnt mit Sumer. Berichte von den Ursprüngen der Kultur. Übers. P. Baudisch. München, 1959
KRAMER, S.N.: The Sumerians, their history, culture and character. Chicago, Ill., 1963
LIVERANI, M.: Storia di Ugarit. Rom, 1962
MEISSNER, B.: Babylonien und Assyrien. 2 Bde. Heidelberg, 1920–1925 (Kulturgeschichte)
MEISSNER, B.: Könige Babyloniens und Assy-

riens. Charakterbilder aus der altorientalischen Geschichte. Leipzig, 1926
MOORTGAT, A.: Vorderasiatische Rollsiegel. Berlin, 1940
MOORTGAT, A.: Die Entstehung der sumerischen Hochkultur. (Der Alte Orient 43) Leipzig, 1945
OLMSTEAD, A.T.: History of Assyria. Chicago, Ill., 1923. Neudr. 1960
OPPENHEIM, M. FREIHERR VON: Der Tell Halaf. Eine neue Kultur im ältesten Mesopotamien. Leipzig, 1931
PARROT, A.: Mari. Bildmaterial: Archäologische Grabungsexpedition von Mari. (Terra magica-Bildband) München, 1953
PARROT, A.: Mari. Documentation photographique. Neuchâtel, 1953. Deutsch: Mari. München, 1953 (Bericht über Ausgrabungen)
PARROT, A.: Sumer. Die mesopotamische Kunst von den Anfängen bis zum XII. vorchristlichen Jahrhundert. 2. Aufl. (Universum der Kunst) München, 1962
PARROT, A.: Assur. Die mesopotamische Kunst vom XIII. vorchristlichen Jahrhundert bis zum Tode Alexanders des Großen. (Universum der Kunst) München, 1961
PRITCHARD, J.B., Hrsg.: Ancient Near Eastern texts relating to the Old Testament. 2. Aufl. Princeton, N.J., 1955 (Übersetzungen und Einführungen)
REALLEXIKON DER ASSYRIOLOGIE. Hrsg. E. Ebeling, B. Meissner u. a. Bisher Bde. I–III, 3. Berlin, 1932–1964
RIEMENSCHNEIDER, M.: Die Welt der Hethiter. 5. Aufl. (Große Kulturen der Frühzeit) Stuttgart, 1961
SCHARFF, A., und A. MOORTGAT: Ägypten und Vorderasien im Altertum. Neuaufl. (Weltgeschichte in Einzeldarstellungen) München, 1959
SCHMÖKEL, H.: Geschichte des alten Vorderasien. (Handbuch der Orientalistik I, 2, 3) Leiden, 1957
SCHMÖKEL, H.: Hammurabi von Babylon. Die Errichtung eines Reiches. (Janus-Bücher) München, 1958
SCHMÖKEL, H.: Ur, Assur und Babylon. Drei Jahrtausende im Zweistromland. 6. Aufl. (Große Kulturen der Frühzeit) Stuttgart, 1962
SCHMÖKEL, H.: Das Land Sumer. 3. Aufl. (Urban-Bücher) Stuttgart, 1962
SCHMÖKEL, H., H. OTTEN, V. MAAG und TH. BERAN, Hrsg.: Kulturgeschichte des Alten Orient: Mesopotamien, Hethiterreich, Syrien-Palästina, Urartu. (Kröners Taschenausgaben) Stuttgart, 1961
SODEN, W. FREIHERR VON: Grundriß der akkadischen Grammatik. Rom, 1952
SODEN, W. FREIHERR VON: Herrscher im alten Orient. (Verständliche Wissenschaft) Berlin, 1954
SODEN, W. FREIHERR VON: Akkadisches Handwörterbuch. Wiesbaden, 1959 ff.
SODEN, W. FREIHERR VON: Zweisprachigkeit in der geistigen Kultur Babyloniens. (Sitzungsberichte der Österreichischen Akademie der Wissenschaften) Wien, 1960
STROMMENGER, E., und M. HIRMER: Fünf Jahrtausende Mesopotamien. Die Kunst von den Anfängen um 5000 v. Chr. bis zu Alexander dem Großen. München, 1962
VOGEL, K.: Vorgriechische Mathematik. Bd. 2: Die Mathematik der Babylonier. (Mathematische Studienhefte 2) Hannover, 1959
WEIN, E.J., und R. OPIFICIUS: 7000 Jahre Byblos. Nürnberg, 1963
WOOLLEY, SIR C.L.: A forgotten kingdom. Being a record of the results obtained from the excavations of ... Atchana and Al Mina. (Pelican) Harmondsworth, 1953. Deutsch: Ein vergessenes Königreich. Die Ausgrabung der zwei Hügel Atschana und al-Mina im türkischen Hatay. Wiesbaden, 1954
WOOLLEY, SIR C.L.: Excavations at Ur. London, 1954. Deutsch: Ur in Chaldäa. 12 Jahre Ausgrabungen in Abrahams Heimat. 2. Aufl. Wiesbaden, 1957

Das alte Iran

ALTHEIM, F.: Niedergang der alten Welt. Eine Untersuchung der Ursachen. 2 Bde. Frankfurt/Main, 1942
ALTHEIM, F.: Die Krise der alten Welt im 3. Jahrhundert n. d. Zw. und ihre Ursachen. Mit Beitr. von E. Trautmann-Nehring. Bd. 1 und 3. Berlin, 1943
ALTHEIM, F.: Weltgeschichte Asiens im griechischen Zeitalter. 2 Bde. Halle/Saale, 1947 bis 1948
ALTHEIM, F.: Asien und Rom. Neue Urkunden aus sasanidischer Frühzeit. Zus. mit R. Stiehl. Tübingen, 1952
ALTHEIM, F.: Alexander und Asien. Geschichte eines geistigen Erbes. Tübingen, 1953
ALTHEIM, F.: Ein asiatischer Staat. Feudalismus unter den Sasaniden und ihren Nachbarn. Zus. mit R. Stiehl u. a. Bd. 1. Wiesbaden, 1954
ALTHEIM, F.: Gesicht vom Abend und Morgen.
Von der Antike zum Mittelalter. (Fischer Bücherei) Frankfurt/Main, 1955
ALTHEIM, F.: Arsakiden und Sasaniden. In: Historia Mundi, Bd. 4. Bern, 1956
ALTHEIM, F.: Die Nomaden und die griechischen Staatenbildungen in Ostiran und Indien. In: Historia Mundi, Bd. 5. Bern, 1956
ALTHEIM, F.: Finanzgeschichte der Spätantike. Zus. mit R. Stiehl u. a. Frankfurt/Main, 1957
ALTHEIM, F.: Der unbesiegte Gott. Heidentum und Christentum. (Rowohlts Deutsche Enzyklopädie) Hamburg, 1957
ALTHEIM, F.: Utopie und Wirtschaft. Eine geschichtliche Betrachtung. Frankfurt/Main, 1957
ALTHEIM, F.: Geschichte der Hunnen. 5 Bde. Berlin, 1959–1962
ALTHEIM, F.: Zarathustra und Alexander. Eine ost-westliche Begegnung. (Fischer Bücherei) Frankfurt/Main, 1960

ALTHEIM, F.: Entwicklungshilfe im Altertum. Die großen Reiche und ihre Nachbarn. (Rowohlts Deutsche Enzyklopädie) Hamburg, 1962

ALTHEIM, F., und R. STIEHL: Supplementum Aramaicum. Aramäisches aus Iran. Anhang: Das Jahr Zarathustras. Baden-Baden, 1957

ALTHEIM, F., und R. STIEHL: Philologia sacra. (Aparchai 2) Tübingen, 1958

ALTHEIM, F., und R. STIEHL: Die aramäische Sprache unter den Achämeniden. Frankfurt/Main, 1959f.

ALTHEIM, F., und R. STIEHL: Die Araber in der Alten Welt. Bd. 1. Berlin, 1964

ANDRAE, W.: Hatra. Nach Aufnahmen von Mitgliedern der Assur-Expedition der Deutschen Orient-Gesellschaft. 2 Bde. (Wissenschaftliche Veröffentlichungen der Deutschen Orient-Gesellschaft 9, 21) Leipzig, 1908–1912

BROWNE, E.G.: A literary history of Persia. Bde. 1–4. Nachdr. Cambridge, 1951 bis 1953 (Von den Anfängen bis 1924)

CHRISTENSEN, A.: L'empire des Sassanides. Le peuple, l'état, la cour. (Det Kongelige Danske Vidensk. Selskab Skrifter, hist. og fil. Afd., VII, 1, 1) Kopenhagen, 1907

CHRISTENSEN, A.: Die Iranier. Kulturgeschichte des Alten Orients. (Handbuch der Altertumswissenschaft III, 1, 3) München, 1933

CHRISTENSEN, A.: L'Iran sous les Sassanides. 2. Aufl. Kopenhagen, 1944

CURZON, G.N.: Persia and the Persian question. 2 Bde. London, 1892

DEBEVOISE, N.C.: A political history of Parthia. Chicago, Ill., 1938

DIEZ, E.: Persien. Islamische Baukunst in Churasan. Hagen i.W., 1923

DIEZ, E.: Iranische Kunst. Wien, 1944

ERDMANN, K.: Die Kunst Irans zur Zeit der Sasaniden. Berlin, 1943

ERDMANN, K.: Die universalgeschichtliche Stellung der sasanidischen Kunst. Saeculum I, 1950

FRYE, R.: Iran. London, 1954

FRYE, R.: The heritage of Persia. London, 1962. Deutsch: Persien [bis zum Einbruch des Islam]. Übers. P. Baudisch. (Kindlers Kulturgeschichte) Zürich, 1962

GARDIN, J.-C.: Céramiques de Bactres. (Mémoires de la Délégation Archéologique Française en Afghanistan XV) Paris, 1957

GHIRSHMAN, R.: L'Iran, des origines à l'Islam. (Bibliothèque Historique) Paris, 1951. Englisch: Iran. From the earliest time to the Islamic conquest. (Pelican) Harmondsworth, 1954

GHIRSHMAN, R.: Iran. Parther und Sasaniden. (Universum der Kunst) München, 1962

GHIRSHMAN, R.: Iran. Protoiranier, Meder, Achämeniden. (Universum der Kunst) München, 1964

GUTSCHMID, A. VON: Geschichte Irans und seiner Nachbarländer von Alexander dem Großen bis zum Untergang der Arsaciden. Tübingen, 1888

HENNING, W.B.: The Murder of the Magi. Journal of the Royal Asiatic Society, 1944

HENNING, W.B.: The Manichaean Fasts. Journal of the Royal Asiatic Society, 1945

HENNING, W.B.: Zoroaster, politician or witchdoctor? (Ratanbai Katrak Lectures 1949) Oxford, 1951

HENNING, W.B.: Mitteliranisch. In: Handbuch der Orientalistik, Abt. 1: Der nahe und der mittlere Osten, Bd. 4: Iranistik. Leiden/Köln, 1958

HERZFELD, E.: Am Tor von Asien. Felsdenkmale aus Irans Heldenzeit. Berlin, 1920

HERZFELD, E.: Iran in the Ancient East. London/New York, 1941

HERZFELD, E.: Zoroaster and his world. 2 Bde. Princeton, N.J., 1947

INGHOLT, H.: Parthian sculptures from Hatra. Orient and Hellas in art and religion. (Memoirs of the Connecticut Academy of Arts and Sciences 12) New Haven, Conn., 1954

JÄNICHEN, H.: Bildzeichen der königlichen Hoheit bei den iranischen Völkern. (Antiquitas I, 3) Bonn, 1956

JUNGE, P.J.: Dareios I. König der Perser. Leipzig, 1944

JUSTI, F.: Iranisches Namenbuch. Marburg, 1895

KAHRSTEDT, U.: Artabanos III. und seine Erben. (Dissertationes Bernenses I, 2) Bern, 1950

KLIMA, O.: Mazdak. Geschichte einer sozialen Bewegung im sassanidischen Persien. (Československa akademie věd, sek. jaz. a lit., monogr. orientaln. ustavu) Prag, 1957

LAMBTON, A.K.S.: Landlord and peasant in Persia. A study of land tenure and land revenue administration. London/New York, 1953

LEUZE, O.: Die Satrapieneinteilung in Syrien und im Zweistromlande von 520–320. (Schriften der Königsberger Gelehrten Gesellschaft, geisteswissenschaftl. Kl. 11, 4) Halle/Saale, 1935

L'ORANGE, H.P.: Studies on the iconography of cosmic kingship. (Inst. for Sammenlignende Kulturforskning, A, Forelesn., 23) Oslo, 1953

MALCOLM, J.: The history of Persia from the most early period to the present time. 2 Bde. London, 1815

NYBERG, H.S.: Die Religionen des alten Iran. Übers. H.H. Schaeder. (Mitteilungen der Vorderasiatisch-Ägyptischen Gesellschaft XLIII) Leipzig, 1938

OLMSTEAD, A.T.: History of the Persian empire. Achaemenid period. Chicago, Ill., 1948

OSTEN, H.H. VON DER: Die Welt der Perser. 3. Aufl. (Große Kulturen der Frühzeit) Stuttgart, 1959

OSTEN, H.H. VON DER, und R. NAUMANN, Hrsg.: Takht-i-Suleiman I. Vorläufiger Bericht über die Ausgrabungen 1959. (Teheraner Forschungen 1) Berlin, 1962

POPE, A.U., und P. ACKERMANN, Hrsg.: A survey of Persian art. From prehistoric times to the present. 6 Bde. London/New York, 1938–1939

RINGBOM, L.-J.: Graltempel und Paradies. (Kungl. Vitterhets Hist. och Antikv. Akad. Handlingar 73) Stockholm, 1951

RYPKA, J.: Iranische Literaturgeschichte. Übers. R. Sálek. Hrsg. H.F. Junker. (Iranische Texte und Hilfsbücher 4) Leipzig, 1959

SCHMIDT, E.F.: Flights over ancient cities of Iran. (Oriental Institute of the University of Chicago, spec. publication) Chicago, Ill., 1940
SCHMIDT, E.F.: Persepolis. Structures, reliefs, inscriptions. 2 Bde. (Oriental Institute of the University of Chicago, publications, 68/69) Chicago, Ill., 1953–1957
SMIRNOW, J.I., Hrsg.: Vostotschnoje serebro. [Orientalische Silberarbeiten. Atlas alter Silber- und Goldgefäße orientalischer Herkunft...; russisch] St. Petersburg, 1909
SPRENGLING, M.: Third century Iran. Sapor and Kartir. Chicago, Ill., 1953
STEIN, Aurel: Innermost Asia. Bde. 1–3. Oxford, 1928
TARN, W.W.: The Greeks in Bactria and India. 2. Aufl. Cambridge, 1951
VANDEN BERGHE, L.: De stand van de archaeologische onderzoekingen in Iran. In: Jaarbericht, Ex Oriente Lux, XIII. Leiden, 1953/54
VANDEN BERGHE, L.: Archéologie de l'Iran ancien. (Documenta et Monumenta Orientis Antiqui 6) Leiden, 1959
WETZEL, FR., E. SCHMIDT und A. MALLWITZ: Das Babylon der Spätzeit. (Ausgrabungen der Deutschen Orient-Gesellschaft in Babylon, Bd. 8. Wissenschaftliche Veröffentlichungen der Deutschen Orient-Gesellschaft 62) Berlin, 1957
WIDENGREN, G.: Hochgottglaube im alten Iran. Eine religionsphänomenologische Untersuchung. (Recueil des travaux publié par l'Université d'Uppsala, VI) Uppsala, 1938
WIET, G.: L'Exposition Persane de 1931. (Publications du Musée Arabe du Caire) Kairo, 1933
WIKANDER, S.: Feuerpriester in Kleinasien und Iran. (Skrifter utgivna av Kungl. humanistiska Vetenskapssamfundet i Lund, 40) Lund, 1946

Israel

AISTLEITNER, J.: Die mythologischen und kultischen Texte aus Ras Schamra. (Bibliotheca Orientalis Hungarica) Budapest, 1959
ALBRIGHT, W.F.: The archeology of Palestine. 4. Aufl. (Pelican) Harmondsworth, 1960. Deutsch: Archäologie in Palästina. Einsiedeln, 1962
ALBRIGHT, W.F.: Recent discoveries in Bible Land. Pittsburgh, Penns., 1956. Deutsch: Die Bibel im Licht der Altertumsforschung. Ein Bericht über die Arbeit eines Jahrhunderts. 2. Aufl. Stuttgart, 1959
ALT, A.: Kleine Schriften zur Geschichte des Volkes Israel. 3 Bde. München, 1953–1959
BEGRICH, J.: Die Chronologie der Könige von Israel und Juda. Tübingen, 1929
BEGRICH, J.: Gesammelte Studien zum Alten Testament. (Theologische Bücherei 21) München, 1964
BRIGHT, J.: A history of Israel. Philadelphia, 1959
DALMAN, G.: Arbeit und Sitte in Palästina. 7 Bde. Gütersloh, 1928–1942
EISSFELDT, O.: Einleitung in das Alte Testament. Unter Einschluß der Apokryphen und Pseudoepigraphen sowie der apokryphen- und pseudoepigraphenartigen Qumran-Schriften. Entstehungsgeschichte des Alten Testaments. 3. Aufl. (Neue theologische Grundrisse) Tübingen, 1964
EISSFELDT, O.: Kleine Schriften. 2 Bde. Tübingen, 1962–1963
FINEGAN, J.: Handbook of Biblical chronology. Principles of time reckoning in the ancient world. Princeton, N.J., 1964
GALLING, K.: Textbuch zur Geschichte Israels. Tübingen, 1950
GRESSMANN, H., Hrsg.: Altorientalische Texte und Bilder zum Alten Testament. 2. Aufl. 2 Bde. Berlin, 1926–1927
GUTHE, H.: Geschichte des Volkes Israel. 3. Aufl. Tübingen, 1914
GUTHE, H.: Palästina. 2. Aufl. (Monographien zur Erdkunde) Leipzig, 1927
JEPSEN, A.: Untersuchungen zum Bundesbuch. Stuttgart, 1927
JIRKU, A.: Geschichte des Volkes Israel. Leipzig, 1931
JIRKU, A.: Die Welt der Bibel. Fünf Jahrtausende in Palästina-Syrien. 4. Aufl. (Große Kulturen der Frühzeit) Stuttgart, 1962
KENYON, K.: Archaeology in the Holy Land. London, 1960. Neuaufl. 1965
KITTEL, R.: Geschichte des Volkes Israel. 3 Bde. Stuttgart, 1923–1929
KRAUS, H.-J.: Gottesdienst in Israel. 2. Aufl. München, 1962
MÖHLENBRINK, K.: Der Tempel Salomos. Stuttgart, 1932
NOTH, M.: Das System der zwölf Stämme Israels. Stuttgart, 1930
NOTH, M.: Das Buch Josua. 2. Aufl. (Handbuch zum Alten Testament I, 7) Tübingen, 1953
NOTH, M.: Geschichte Israels. 5. Aufl. Göttingen, 1963
NOTH, M.: Die Welt des Alten Testaments. Einführung in die Grenzgebiete der alttestamentlichen Wissenschaft. 4. Aufl. (Sammlung Töpelmann) Berlin, 1962
NOTH, M.: Gesammelte Studien zum Alten Testament. 2. Aufl. (Theologische Bücherei 6) München, 1690
NOTH, M.: Überlieferungsgeschichtliche Studien. Die sammelnden und bearbeitenden Geschichtswerke im Alten Testament. 2. Aufl. Tübingen, 1957
NOTH, M.: Überlieferungsgeschichte des Pentateuch. 3. Aufl. Stuttgart, 1963
PARROT, A.: Cahiers d'archéologie biblique. Bd. 1: Déluge et arche de Noé. 3. Aufl. Bd. 2: La tour de Babel. 2. Aufl. Bd. 3: Ninive et l'Ancien Testament. 2. Aufl. Bd. 5: Le temple de Jérusalem. Bd. 6: Golgotha et Saint-Sépul-

cre. Bd. 7: Samarie, capitale du royaume d'Israel. Bd. 8: Babylone et l'Ancien Testament. Neuchâtel, 1954–1956. Deutsch: Bibel und Archäologie. Bde. 1–3. Übers. E. Jenni und M.-R. Jung. Zürich, 1055–1957
PRITCHARD, J. B., Hrsg.: Ancient Near Eastern texts relating to the Old Testament. 2. Aufl. Princeton, N. J., 1955
PRITCHARD, J. B.: The ancient Near East in pictures relating to the Old Testament. Princeton, N. J., 1955
RAD, G. VON: Gesammelte Studien zum Alten Testament. 2. Aufl. (Theologische Bücherei 8) München, 1961
RAD, G. VON: Theologie des Alten Testaments. (Einführung in die evangelische Theologie, Bd. 1.) Bd. 1: Die Theologie der geschichtlichen Überlieferungen Israels. 4. Aufl. Bd. 2: Die Theologie der prophetischen Überlieferungen Israels. 3. Aufl. München, 1962
ROST, L.: Die Überlieferung von der Thronnachfolge Davids. Stuttgart, 1926
SCHAEDER, H. H.: Esra der Schreiber. Tübingen, 1930
SCHARFF, A., und A. MOORTGAT: Ägypten und Vorderasien im Altertum. Neuaufl. (Weltgeschichte in Einzeldarstellungen) München, 1959
SCHUBERT, K.: Die Gemeinde vom Toten Meer. Ihre Entstehung und ihre Lehren. München, 1958
SMEND, R.: Jahwekrieg und Stämmebund. Göttingen, 1963
SODEN, W. FREIHERR VON: Herrscher im alten Orient. (Verständliche Wissenschaft) Berlin, 1954
VAUX, R. DE: Die hebräischen Patriarchen und die modernen Entdeckungen. Düsseldorf, 1959
VAUX, R. DE: Les Institutions de l'Ancien Testament. 2 Bde. Paris, 1958–1960. Deutsch: Das Alte Testament und seine Lebensordnungen. Bd. 1: Fortleben des Nomadentums, Gestalt des Familienlebens, Einrichtungen und Gesetze des Volkes. Bd. 2: Heer und Kriegswesen. Die religiösen Lebensordnungen. Freiburg i. Br., 1960–1962

Indien bis zur Mitte des 6. Jahrhunderts

Allgemeines

BASHAM, A. L.: The wonder that was India. London, 1954 (Hauptzüge der altindischen Kultur)
RENOU, L., und J. FILLIOZAT: L'Inde classique. Manuel des études indiennes. 2 Bde. Paris, 1947/Hanoi, 1953 (Wohl die beste vorhandene Synthese)

Geschichte Altindiens

GROUSSET, R.: L'Asie orientale des origines au XVe siècle. Paris, 1941
KOSAMBI, D. DH.: An introduction to the study of Indian history. Bombay, 1956 (Originelle, teilweise bahnbrechende Neuwertung der indischen Geschichte auf marxistischer – aber nicht orthodox-kommunistischer – Grundlage)
MAJUMDAR, R. C., A. D. PUSALKER und A. K. MAJUMDAR, Hrsg.: The history and culture of the Indian people. Bd. 1: The Vedic age (up to 600 B. C.). London, 1951. Bd. 2: The age of imperial unity (600 B. C. to 320 A. D.). Bombay, 1953. Bd. 3: The classical age (320 to 750 A. D.). Bombay, 1954. Neuauflage 1962 (Auf zehn Bände berechnetes Sammelwerk)
RAYCHAUDHURI, H.: Political history of ancient India. 6. Aufl. Calcutta, 1953
SMITH, V. A.: Early history of India. Oxford, 1924 (Seinerzeit epochemachend, jetzt fast gänzlich überholt)
WALDSCHMIDT, E., L. ALSDORF und B. SPULER: Geschichte Asiens. (Weltgeschichte in Einzeldarstellungen) München, 1950 (Darin von E. Waldschmidt: Geschichte des indischen Altertums – knappe, aber inhaltsreiche Übersicht)

Vor- und Frühgeschichte

GORDON, D. H.: The pre-historic background of Indian culture. Bombay, 1958
MODE, H.: Das frühe Indien. (Große Kulturen der Frühzeit, N. F.) Stuttgart, 1959
PIGGOTT, ST.: Prehistoric India to 1000 B. C. 2. Aufl. (Pelican) Harmondsworth, 1953
SUBBARAO, B.: The personality of India. Baroda, 1958 (Gedankenreiche, manchmal allzu gewagte Interpretation der vorgeschichtlichen Materialien)
WHEELER, SIR R. E. M.: The Indus civilization. (Cambridge History of India, suppl. vol.) Cambridge, 1953
WHEELER, SIR R. E. M.: Early India and Pakistan, to Ashoka. (Ancient peoples and places) London, 1959. Deutsch: Alt-Indien und Pakistan bis zur Zeit des Königs Ashoka. (Alte Kulturen und Völker) Köln, 1962 (Knappe Übersicht über die archäologischen Funde)

Maurya-Zeit

KERN, F.: Aśoka. Kaiser und Missionar. Bern, 1956
MOOKERJI, R. K.: Candragupta Maurya and his times. 3. Aufl. Delhi, 1960
SASTRI, K. A. N.: Comprehensive history of India. Bd. 2: The Mauryas and Satavahanas. Calcutta, 1957
THAPAR, R.: Asoka and the decline of the Mauryas. London/New York, 1961
LA VALLÉE POUSSIN, L. DE: L'Inde aux temps des Mauryas et des barbares, Grecs, Scythes, Parthes et Yue-tchi. Paris, 1930 (Rein analytisch, reich an Material, noch immer nützlich)

Griechen, Saka und Kushana

Ghirshman, R.: Bégram. Recherches archéologiques et historiques sur les Kouchans. (Mémoires de l'Institut Français d'Archéologie Orientale du Caire LXXIX) Kairo, 1946 (Fußt vor allem auf den französischen Forschungen und Funden; neuer chronologischer Ansatz)

Lohuizen-de Leeuw, J. E. van: The »Scythian« period. Leiden, 1949 (Sorgfältige und eingehende Diskussion des unzureichenden Materials; räumt mit einem Wust unnötiger Ären auf)

Narain, A. K.: The Indo-Greeks. Oxford, 1957 (Heftige Kritik an Tarn mit meist scharf abweichenden Ergebnissen)

Tarn, W. W.: The Greeks in Bactria and India. 2. Aufl. Cambridge, 1951 (Epochemachendes Werk eines Spezialisten der hellenistischen Geschichte)

La Vallée Poussin, L. de: Dynasties et histoires de l'Inde depuis Kanishka jusqu'aux invasions musulmanes. Paris, 1935

Wheeler, Sir R. E. M.: Rome beyond the imperial frontiers. London, 1959

Gupta-Zeit

Altekar, A. S.: The coinage of the Gupta empire. (Corpus of Indian Coins IV) Benares, 1957

Basak, R.: The history of North-Eastern India c. 320–760 A. D. London, 1934 (Etwas veraltet)

Chattopadhyaya, S.: Early history of North India 200 B. C. – A. D. 650. Calcutta, 1958 (Stellt die Gupta-Zeit besonders zutreffend dar)

Majumdar, R. C., und A. S. Altekar: The Vakataka-Gupta age. 2. Aufl. Benares, 1954 (Größtenteils dem 3. Bd. der »History and culture of the Indian people« einverleibt)

Deccan und der Süden

Sastri, K. A. N.: A history of South India. Madras, 1955

Yazdani, G.: History of the Deccan. Bd. 1: Early period. London, 1960

Religion und Philosophie

Conze, E.: Buddhism. Its essence and development. Oxford, 1951. Deutsch: Der Buddhismus. Wesen und Entwicklung. 3. Aufl. (Urban-Bücher) Stuttgart, 1962

Das Gupta, S. N.: A history of Indian philosophy. 5 Bde. Cambridge, 1922–1955

Foucher, A.: La vie du Bouddha d'après les textes et les monuments de l'Inde. Paris, 1949

Frauwallner, E.: Geschichte der indischen Philosophie. Bd. 1: Philosophie des Veda und des Epos. Der Buddha und der Jina. Das Samkhya- und das klassische Yoga-System. Bd. 2: Die naturphilosophischen Schulen und das Vaisesika-System der Jaina. Der Materialismus. (Wort und Antwort 6, 1–2) Salzburg, 1953–1956

Glasenapp, H. von: Die Philosophie der Inder. Eine Einführung in ihre Geschichte und ihre Lehren. 2. Aufl. (Kröners Taschenausgaben) Stuttgart, 1958

Glasenapp, H. von: Die Religionen Indiens. Neuaufl. (Kröners Taschenausgaben) Stuttgart, 1956

Keith, A. B.: The religion and philosophy of the Vedas and Upaniṣads. 2 Bde. Cambridge, Mass., 1925 (Veraltete, aber noch nützliche Sammlung des Materials)

Lamotte, E.: Histoire du Bouddhisme indien. Bd. 1. Löwen, 1958

Oldenberg, H.: Buddha. Sein Leben, seine Lehre, seine Gemeinde. Hrsg. H. von Glasenapp. 13. Aufl. Stuttgart, 1953. Taschenbuchausg.: (Goldmanns Gelbe Taschenbücher) Stuttgart, 1961

Staatslehren

Ghoshal, U. N.: A history of Indian political ideas. Bombay, 1959

Meyer, J. J.: Das altindische Buch vom Welt- und Staatsleben: das Arthasāstra des Kautilya. Leipzig, 1926

Literatur

Keith, A. B.: A history of Sanskrit literature. Oxford, 1928

Winternitz, M.: Geschichte der indischen Literatur. 3 Bde. Leipzig, 1909–1922

Kunst

Coomaraswamy, A. K.: History of Indian and Indonesian art. London, 1927. Deutsch: Geschichte der indischen und indonesischen Kunst. Übers. H. Goetz. 2. Aufl. Stuttgart, 1965

Grousset, R.: L'Inde. Paris, 1949

Ingholt, H., und I. Lyons: Gandharan art in Pakistan. New York, 1957

Kramrisch, S.: The art of India through the ages. London/New York, 1954. Deutsch: Indische Kunst. Traditionen in Skulptur, Malerei und Architektur. 2. Aufl. Köln, 1956

Rau, H.: Die Kunst Indiens bis zum Islam. Stuttgart, 1958

Rowland, B.: The art and architecture of India. Buddhist, Hindu, Jain. 2. Aufl., Nachdr. (Pelican History of Art) Harmondsworth, 1959

Stern, Ph., und M. Benisti: Évolution du style indien d'Amaravati. Paris, 1962

Zimmer, H.: Myths and symbols in Indian art and civilization. New York, 1946. Deutsch: Mythen und Symbole in indischer Kunst und Kultur. (Ges. Werke, Bd. 1.) Zürich, 1951

Zimmer, H.: The art of Indian Asia. Hrsg. J. Campbell. New York, 1955

Wissenschaft

Chandra Ray, A. P.: History of chemistry in ancient and medieval India. Calcutta, 1956

Datta, B., und A. N. Singh: History of Hindu mathematics. 2 Bde. Lahore, 1935–1938

Filliozat, J.: La doctrine classique de la médecine indienne. Paris, 1949

China im Altertum

Bibliographie

HUCKER, CH. O.: China. A critical bibliography. Tucson, Ariz., 1962 (Thematisch angeordnete Bibliographie von 2285 Büchern und Zeitschriftenartikeln in den modernen Sprachen)

Grundlagen

CHI CH'AO-TING: Key economic areas in Chinese history. London, 1936 (Die ökonomisch-geographischen Grundlagen der Entwicklung unter besonderer Berücksichtigung der Bewässerung)
CRESSEY, G. B.: China's geographic foundations. A survey of the land and its people. New York, 1934 (Mehrmals neu aufgelegt, noch immer wertvoll und nur teilweise überholt durch das folgende Werk)
CRESSEY, G. B.: Land of the 500 million. Geography of China. New York, 1955
EBERHARD, W.: Conquerors and rulers. Social forces in medieval China. Leiden, 1952
HERRMANN, A.: Historical and commercial atlas of China. Cambridge, Mass., 1935. 2. Aufl. Taipei, Formosa, 1964
MASPERO, H., und J. ESCARRA: Les institutions de la Chine. Paris, 1952 (Kurzgefaßte Übersicht der Entwicklung der Verwaltungsorgane)

Geschichtsschreibung

BEASLEY, W. G., und E. G. PULLEYBLANK, Hrsg.: Historians of China and Japan. London/New York, 1961
GARDNER, CH. S.: Chinese historiography. 2. Aufl. Cambridge, Mass., 1961 (Kurzgefaßte Einführung)

Geschichtliche Übersichten

FRANKE, O.: Geschichte des chinesischen Reiches. 5 Bde. Berlin, 1930–1952 Bde. 2–3, 2. Aufl. 1961
REISCHAUER, E. O., und J. K. FAIRBANK: East Asia. The great tradition. Boston, 1960 Mass., (Beste moderne Übersicht der chinesischen Geschichte)

Altertum (Archäologie)

CHANG KWANG-CHIH: The archeology of ancient China. New Haven, Conn., 1963
CHENG TE-K'UN: Archaeology in China. Bd. 1: Prehistoric China. Bd. 2: Shang China. Bd. 3: Chou China. Cambridge, 1959–1963 (Übersicht, die auch die neuesten Funde mitberücksichtigt)
CREEL, H. G.: The birth of China. Revid. Aufl. New York, 1954
MASPERO, H.: La Chine antique. Neuaufl. Paris, 1955 (1927 zuerst erschienen, noch immer maßgeblich, wenn auch teilweise überholt)
MASPERO, H.: La société chinoise à la fin des Chang et au début des Tcheou. Bulletin de l'École Française d'Extrême Orient XLVI, 1954

SICKMAN, L., und A. SOPER: The art and architecture of China. 2. Aufl. (Pelican History of Art) Harmondsworth, 1960
SSU-MA CH'IEN: (Shih-chi.) Les mémoires historiques de Se-ma Ts'ien. Übers. Ed. Chavannes. 5 Bde. Paris, 1895–1905 (Mustergültige, annotierte Übersetzung von 47 der 130 Kap. des Shih-chi)
SSU-MA CH'IEN: (Shih-chi.) Records of the Grand Historian of China. Übers. B. Watson. Bd. 1: Early years of the Han dynasty, 209–141 B. C. Bd. 2.: The age of emperor Wu, 140–ca. 100 B. C. (Records of Civilization: Sources and Studies 65) New York, 1961 (Übersetzung vieler von Chavannes nicht bearbeiteter Kapitel des Shih-chi)
WATSON, B.: Ssu-ma Ch'ien. Grand Historian of China. New York, 1958
WATSON, W.: China before the Han dynasty. London, 1961 (Kürzer gefaßt als Cheng, aber historisch besser)

Ch'in- und Han-Zeit

AUROUSSEAU, L.: La première conquête chinoise des pays annamites. Bulletin de l'École Française d'Extrême Orient XXIII, 1923
BIELENSTEIN, H.: The restoration of the Han dynasty. Bulletin of the Museum of Far Eastern Antiquities (Östasiatiska Samlingarna, Stockholm) XXVI, 1954 und XXXI, 1959
BODDE, D.: China's first unifier. Leiden, 1938
CHAVANNES, ED.: Trois généraux chinois de la dynastie des Han Orientaux. T'oung-Pao VII, 1906
DISKUSSION über Salz und Eisen – E. M. GALE: Discourses on salt and iron. A debate on state control of commerce and industry in ancient China. Leiden, 1931 (Übers. der Kap. 1–19; Übers. der Kap. 20–28: Journal of the North China Branch of the Royal Asiatic Society LXV, 1934; der Bericht über eine 81 v. Chr. abgehaltene Konferenz, aufgezeichnet um 43 v. Chr.)
DUBS, H. H.: The history of the Former Han dynasty. 3 Bde. Baltimore, 1938–1955 (Vollständige, gründlich kommentierte Übersetzung des annalistischen Teiles der Han-shu von Pan Ku)
EBERHARD, W.: Beiträge zur kosmologischen Spekulation Chinas in der Han-Zeit. Baessler-Archiv, Beiträge zur Völkerkunde, XVI, 1933 (Auch separat erschienen)
EBERHARD, W., und R. HENSELING: Beiträge zur Astronomie der Han-Zeit. 2 Hefte. Berlin, 1933 (auch in: Sitzungsberichte der Preußischen Akademie der Wissenschaften, phil.-hist. Kl. V, 1933). Englisch: Contributions to the astronomy of the Han period. Harvard Journal of Asiatic Studies I, 1936
GROOT, J. J. M. DE: Die Westlande Chinas zur vorchristlichen Zeit. 2 Bde. Berlin, 1918 bis 1925 (Annotierte, nach Themen zusammengestellte Übersetzung aus frühen chinesischen Geschichtswerken)

HULSEWÉ, A.F.P.: Remnants of Han law. Bd. 1: Introductory studies and an annotated translation of chapters 22 and 25 of the History of the Former Han dynasty. (Sinica Leidensia 9) Leiden, 1955 (Mit besonderer Berücksichtigung des Gerichtsverfahrens und der spezifisch chinesischen Rechtsbegriffe)
MASPERO, H.: L'expédition de Ma Yuan. Bulletin de l'École Française d'Extrême Orient XVIII, 1918 (Die Wiedereroberung Nord-Indochinas in der ersten Hälfte des 1.Jahrhunderts n. Chr.)
RUDOLPH, R.C., und WEN YU: Han tomb art of West China. Berkeley, Calif., 1951 (Tonziegel mit Szenen aus dem täglichen Leben)
SWANN, N.L.: Food and money in ancient China. Princeton, N.J., 1950 (Kommentierte Übersetzung des 24.Kapitels des Han-shu, Geschichte der Han, von Pan Ku, eines zeitgenössischen Versuchs zu einer Wirtschaftsgeschichte)
WANG YÜ-CH'ÜAN: An outline of the central government of the Former Han dynasty. Harvard Journal of Asiatic Studies XII, 1949
WILBUR, C.M.: Slavery in China during the Former Han dynasty. (Field Museum of Natural History, anthropological ser. 34) Chicago, Ill., 1943 (Beschreibung der Gesellschaftsordnung mit besonderer Berücksichtigung der Sklaverei)
YANG LIEN-SHENG: Great families of Eastern Han. In: Chinese social history. Washington, D.C., 1956 (Aufschlußreicher Artikel über die ökonomischen und politischen Machtverhältnisse im ersten und zweiten Jahrhundert n. Chr.)

Religion und Philosophie (Übersichten)

CHAN, WING-TSIT: A source book in Chinese philosophy. Princeton, N.J., 1963
DE BARY, W.TH., u.a., Hrsg.: Sources of Chinese tradition. (Records of Civilization: Sources and Studies 55) New York, 1960
FORKE, A.: Geschichte der alten chinesischen Philosophie. Hamburg, 1927
FUNG YU-LAN: A history of Chinese philosophy. Übers. D.Bodde. 2 Bde. 2.Aufl. Princeton, N.J., 1952–1953
GRANET, M.: La pensée chinoise. Paris, 1934. Deutsch: Das chinesische Denken. Inhalt, Form, Charakter. Übers. M.Porkert. (Piper Paperbacks) München, 1963
KARLGREN, B.: Legends and cults in ancient China. Bulletin of the Museum of Far Eastern Antiquities (Östasiatiska Samlingarna, Stockholm) XVIII, 1946
MASPERO, H.: Mélanges posthumes sur les religions et l'histoire de la Chine. Bd. 1: Les religions chinoises. (Publications du Musée Guimet, Bibliothèque de diffusion, 57) Paris, 1950
NEEDHAM, J.: Science and civilization in China. Bd. 2: History of scientific thought. Cambridge, 1956
WALEY, A.: Three ways of thought in ancient China. London, 1939. Deutsch: Lebensweisheit im alten China. Übers. E.F.Meister-Weidner. Hamburg, 1947 (Hauptzüge des Taoismus, Konfuzianismus und Legalismus)

Religion und Philosophie (Übersetzungen der kanonischen Texte)

CHOU-LI – E. BIOT: Le Tcheou-li, ou Rites des Tcheou. 3 Bde. Paris, 1851 (Idealisierte Beschreibung der Organisation des Herrscherhofes in der ausgehenden Feudalzeit)
CH'UN-CH'IU und TSO CHUAN – J.LEGGE: The Ch'un Ts'ew with the Tso Chuen. (The Chinese Classics V, 1/2) Hongkong, 1872. – S.COUVREUR: Tch'ouen-ts'iou et Tso tchouen. Neuausg. 3 Bde. Paris, 1951 – »Frühlinge und Herbste«, die Chronik des Staates Lu, und die darauf zurechtgeschnittene »Überlieferung des Herrn Tso«)
I-CHING – J.LEGGE: The Yî King, The book of changes. (The Sacred Books of the East XVI, The Texts of Confucianism 2) Oxford, 1882. – R.WILHELM: I Ging. Das Buch der Wandlungen. (Diederichs Taschenausgaben) Jena, 1924. 2.Aufl. Düsseldorf, 1960
I-LI – J.STEELE: The I-Li or Book of etiquette and ceremonial. 2 Bde. London, 1917
LI-CHI – J.LEGGE: The Lî-Kî, the record of rites. (The Sacred Books of the East XXVII/XXVIII, The Texts of Confucianism 3/4) Oxford, 1885. – S.COUVREUR: Li-Ki. Memoires sur la bienséance et les cérémonies. Ho-kien-fou, 1913. Neuaufl. Paris, 1950. – R.WILHELM: Li Gi. Das Buch der Sitte des älteren und jüngeren Dai. Aufzeichnungen über Kultur und Religion des alten China. (Diederichs Taschenausgaben) Jena, 1930. Neuaufl. Düsseldorf, 1958
LUN-YÜ – J. LEGGE: Confucian Analects. 2.Aufl. (The Chinese Classics I) Oxford, 1893. Nachdr. Hongkong, 1960. – R.WILHELM: Kungfutse, Gespräche (Lun Yü). (Diederichs Taschenausgaben) Jena, 1916. Neuaufl. Düsseldorf, 1955. – A.WALEY: The Analects of Confucius. London, 1938. Neuaufl. 1956
MENG-TZU (MENCIUS) – J.LEGGE: The works of Mencius. 2.Aufl. (The Chinese Classics II) Oxford, 1895. Nachdr. Hongkong, 1960. – S. COUVREUR: Les quatres livres. 2.Aufl. Ho-kien-fou, 1910. Neuaufl. Paris, 1950. – R.WILHELM: Mong Dsi. (Die Religion und Philosophie Chinas) Jena, 1921
SHIH-CHING – J.LEGGE: The Shih King. 2.Aufl. (The Chinese Classics IV, 1/2) Oxford, 1893. Nachdr. Hongkong, 1960. – J. LEGGE: The Shih King. (The Sacred Books of the East I). The religious portions of the Shih King. (The Sacred Books of the East III, The Texts of Confucianism 1) Oxford, 1879. – S. COUVREUR: Cheu King, recueil des poésies. 3.Aufl. Sien-hsien, 1927. – B. KARLGREN: The Book of Odes. Bulletin of the Museum of Far Eastern Antiquities (Östasiatiska Samlingarna, Stockholm) XIV–XVIII, 1942 bis 1947. – A.WALEY: The Book of Songs. London, 1937. Neue Ausg. New York, 1960
SHU-CHING – J.LEGGE: The Shu King. 2.Aufl. (The Chinese Classics III, 1/2) Oxford, 1899. – J.LEGGE: The Shu King. (The Sacred Books of the East III, The Texts of Confucianism 1) Oxford, 1879. – S.COUVREUR: Le Chou king. 2.Aufl. Hien-hien, 1927. Neuaufl.

Paris, 1950. – B. KARLGREN: The Book of Documents. Bulletin of the Museum of Far Eastern Antiquities (Östasiatiska Samlingarna, Stockholm) XXII, 1950 (Übersetzung; Kommentar ebd. XX/XXI, 1948/49)

Religion und Philosophie
(Übersetzungen der Philosophen)

CHUANG-TZU – H. A. GILES: Chuang-tzu. Mystic, moralist and social reformer. London, 1889. Neue Ausg. London, 1926. – J. LEGGE: The Texts of Taoism. (The Sacred Books of the East XXXIX/XL) Oxford, 1891. – R. WILHELM: Dschuang Dsi. Das wahre Buch vom südlichen Blütenland, Nan hua dschen ging. (Diederichs Taschenausgaben) Jena, 1912. Neuaufl. Düsseldorf, 1951. – M. BUBER: Reden und Gleichnisse des Tschuang-tse. Leipzig, 1920. Neue Ausg. Zürich, 1951. – Chuang Tzu: Basic writings. Übers. B. Watson. (Translations from Oriental Classics) New York, 1964
HAN FEI-TZU – W. K. Liao: The complete works of Han Fei Tzu. 2 Bde. London, 1939–1959
HSÜN-TZU – H. H. DUBS: The works of Hsüntze. London, 1928. – Ausw.: Hsun Tzu. Selected sections. Übers. B. Watson. (Translations from Oriental Classics) New York, 1963
LAO-TZU (und das TAO-TE CHING) – R. WILHELM: Laotse. Taoteking. Das Buch des Alten vom Sinn und Leben. (Diederichs Taschenausgaben) Jena, 1921. Neuaufl. Düsseldorf, 1957. – A. WALEY: The Way and its Power. London. 1934. – J. J. L. DUYVENDAK: Tao-te ching. The Book of the Way and its Virtue. London, 1954. – D. C. LAU: Lao Tzu, Tao-Te Ching. (Penguin) Harmondsworth, 1964
MO TI – J. LEGGE: The opinions of Mo Ti. 2. Aufl. (The Chinese Classics I) Oxford, 1893. Nachdr. Hongkong, 1960. – Ausw.: Mo Tzu. Selected sections. Übers. B. Watson. (Translations from Oriental Classics) New York, 1963. – A. FORKE: Mê Ti. Des Sozialethikers und seiner Schüler philosophische Werke. (Mitteilungen des Seminars für Orientalische Sprachen) Berlin, 1922. – YI-PAO MEI: The ethical and political works of Mo-tse. London, 1929
PAN KU (das PAI HU T'UNG) – TJAN TJOE-SOM: Po-hu-t'ung. The comprehensive discussions in the White Tiger hall. 2 Bde. Leiden, 1949 bis 1952 (Zusammenfassung der Endergebnisse des konfuzianischen Konzils von 79 n. Chr.)
SHANG YANG – J. J. L. DUYVENDAK: The Book of Lord Shang. A classic of the Chinese school of Law. London, 1928 (Das Shang-chün-shu)
TUNG CHUNG-SHU – O. FRANKE: Studien zur Geschichte des konfuzianischen Dogmas und der chinesischen Staatsreligion. Das Problem des Tsch'un-ts'iu fan-lu. Hamburg, 1920. – WOO KANG: Les trois théories politiques du Tch'ouen Ts'ieou. Paris, 1932 (Ausgezeichnete Einführung in die frühkonfuzianische Geisteswelt, besser und klarer als das vorangehende Werk)
WANG CH'UNG – A. FORKE: Lun-heng. Philosophical essays of Wang Ch'ung. 2 Bde. London, Berlin, 1907–1911
YANG HSIUNG – A. FORKE: Der Philosoph Yang Hsiung. Sinica VII, 1932

Literatur

HAWKES, D.: Ch'u-tz'u. The Songs of the South. London, 1959
HIGHTOWER, J. R.: Topics in Chinese literature. Revid. Aufl. Cambridge, Mass., 1953 (Enthält ausführliche Bibliographie von Übersetzungen)
WATSON, B.: Early Chinese literature. New York, 1962
WEN HSÜAN – E. VON ZACH: Die chinesische Anthologie. Übersetzungen aus dem Wen hsüan. 2 Bde. (Harvard-Yenching Institute Studies 18) Cambridge, Mass., 1958 (Deutsche Übersetzung, Einleitung englisch)

Der Ursprung der Hochkulturen

ADAMS, R. M.: The origin of cities. Scientific American Sept. 1960
ALBRIGHT, W. F.: From the stone age to Christianity. Baltimore, 1949. Deutsch: Von der Steinzeit zum Christentum. Monotheismus und geschichtliches Werden. (Sammlung Dalp) München, 1949
ALBRIGHT, W. F.: The archeology of Palestine. 4. Aufl. (Penguin) Harmondsworth, 1960. Deutsch: Archäologie in Palästina. Einsiedeln, 1962
BERTSCH, K. und FR.: Geschichte unserer Kulturpflanzen. Stuttgart, 1947
BRAIDWOOD, R. J.: The agricultural revolution. Scientific American Sept. 1960
BUTZER, K.: Studien zum vor- und frühgeschichtlichen Landschaftswandel der Sahara. Bd. 2: Das ökologische Problem der neolithischen Felsbilder. Bd. 3: Die Naturlandschaft Ägyptens. (Abhandlungen der Akademie der Wissenschaften u. d. Literatur, Mainz, math.-nat-.wiss. Kl., 1958, 1 u. 1959, 2) Wiesbaden, 1958–1959
CHILDE, V. G.: The urban revolution. Town Planning Review (Liverpool) 21, 1950
CHILDE, V. G.: The dawn of European civilization. London, 1950. Deutsch: Vorgeschichte der europäischen Kultur. (Rowohlts Deutsche Enzyklopädie) Hamburg, 1959
CHILDE, V. G.: New light on the most ancient East. London, 1958
CLARK, J. G. D.: Prehistoric Europe. The economic basis. London, 1952
CLARK, J. G. D.: World prehistory. An outline. Cambridge, 1961. Deutsch: Frühgeschichte der Menschheit. Stuttgart, 1964
COLE, S. M.: The neolithic revolution. 2. Aufl. London, 1961 (Zur Ausstellung des British Museum of Natural History)

Coon, C. S.: Cave exploration in Iran. Philadelphia, 1951
Franke, H.W.: Die Sprache der Vergangenheit. Die Verfahren zur vorgeschichtlichen Zeitbestimmung. Stuttgart, 1962
Frankfort, H.: The birth of civilization in the Near East. Bloomington, Ind., 1951
Frenzel, B.: Die Vegetations- und Landschaftszonen Nord-Eurasiens während der letzten Eiszeit und der postglazialen Wärmezeit. (Abhandlungen der Akademie der Wissenschaften und der Literatur, Mainz, math.-nat.wiss. Kl. 1959, 13 und 1960, 6) Wiesbaden, 1959–1960
Hančar, F.: Das Pferd in prähistorischer und früher historischer Zeit. (Wiener Beiträge zur Kunst- und Kulturgeschichte Asiens 11) Wien/München, 1955
Heichelheim, F. F.: An ancient economic history. Leiden, 1958
Helbaek, H.: Domestication of food plants in the old world. Science 130, 1959
Herre, W.: Abstammung und Domestikation der Haustiere. In: Handbuch der Tierzüchtung, Bd. 1. Hamburg, 1958
Hopf, M.: Botanik und Vorgeschichte. In: Jahrbuch des Römisch-Germanischen Zentralmuseums, Mainz, 4, 1957
Kenyon, K.: Beginning in archaeology. London, 1952
Kenyon, K.: Jericho and its setting in Near Eastern history. Antiquity XXX, 120, 1956
Kenyon, K.: Digging up Jericho. London, 1957
Kenyon, K.: Archaeology in the Holy Land. London, 1960
Kraeling, C. H., und R. M. Adams, Hrsg.: City invincible. A symposium on urbanization and cultural development in the ancient Near East. Chicago, Ill., 1960
Kraft, G.: Der Urmensch als Schöpfer. 2. Aufl. Tübingen, 1948
Kühn, H.: Vorgeschichte der Menschheit. Bd. 1: Altsteinzeit und Mittelsteinzeit. Bd. 2: Neusteinzeit und frühe Bronzezeit. 2 Bde. (DuMont Dokumente) Köln, 1962–1963
La Baume, W.: Frühgeschichte der europäischen Kulturpflanzen. Gießen, 1961
Lieberoth, J.: Ein Beitrag zum Klima und zur Chronologie des Jungpleistozäns. Forschungen und Fortschritte 36, 1962
Menghin, O.: Weltgeschichte der Steinzeit. 2. Aufl. Wien, 1941
Mode, H., Hrsg.: Archäologische Übersichtskarte des Alten Orients. Weimar, 1959 (Karte und Verzeichnis der wichtigeren Fundorte)
Moortgat, A.: Die Entstehung der sumerischen Hochkultur. (Der Alte Orient 43) Leipzig, 1945

Nachtigall, H.: Das sakrale Königtum und die Entstehung früher Hochkultur. Zeitschrift für Ethnologie 83, 1958
Narr, K. J.: Urgeschichte der Kultur. (Kröners Taschenausgaben) Stuttgart, 1961
Perrot, J.: Le mésolithique de Palestine. Antiquity and Survival 2, 1957
Piggott, St.: The neolithic culture of the British Isles. A study of the stone-using agricultural communities of Britain in the second millennium B. C. Cambridge, 1954
Piggott, St., Hrsg.: The dawn of civilization. The first world survey of human cultures in early times. Beitr. von J. G. D. Clark u. a. London, 1961. Deutsch: Die Welt, aus der wir kommen. Die Vorgeschichte der Menschheit. München, 1961
Pittioni, R.: Die urgeschichtlichen Grundlagen der europäischen Kultur. Wien, 1949
Pittioni, R.: Der Beitrag der Radiokarbon-Methode zur absoluten Datierung urzeitlicher Quellen. Forschungen und Fortschritte 31, 1957 und 33, 1959
Reed, C. A.: Animal domestication in the prehistoric Near East. Science 130, 1959
Sahlins, M. D.: The origin of society. Scientific American Sept. 1960
Sauer, C. O.: Agricultural origins and dispersals. New York, 1952
Schiemann, E.: Die Entstehung der Kulturpflanzen. In: Handbuch der Vererbungswissenschaft, hrsg. von E. Baur und M. Hartmann, Bd. 3. Leipzig, 1932
Schiemann, E.: Entstehung der Kulturpflanzen. Ergebnisse der Biologie 19, 1943
Smolla, G.: Neolithische Kulturerscheinungen. Studien zur Frage ihrer Herausbildung. Bonn, 1960 (Versuch einer Bestimmung des derzeitigen Forschungsstandes)
Trimborn, H.: Zur Entstehung der Herren- und Hochkultur. Saeculum 9, 1958
Wheeler, Sir R. E. M.: The first towns? Antiquity XXX, 119, 1956
Wissmann, H. von: Ursprungsherde und Ausbreitungswege von Pflanzen- und Tierzucht und ihre Abhängigkeit von der Klimageschichte. Erdkunde, Archiv für wissenschaftliche Geographie, 11, 1957
Woolley, Sir C. L.: The first towns? Antiquity XXX, 120, 1956
Zeuner, F. E.: The goats in early Jericho. Palestine Exploration Quarterly 1955
Zeuner, F. E.: Dating the past. An introduction to geochronology. 4. Aufl. London, 1958
Zeuner, F. E.: The history of the domesticated animals. London, 1963

Die höheren Religionen

Abegg, E.: Der Messiasglaube in Indien und Iran. Berlin, 1928
Altheim, F.: Alexander und Asien. Geschichte eines geistigen Erbes. Tübingen, 1953
Altheim, F.: Zarathustra und Alexander. Eine ost-westliche Begegnung. (Fischer Bücherei) Frankfurt/Main, 1960

Attwatter, D.: The Christian churches of the East. 2 Bde. Milwaukee, Wis., 1947–1948
Baeck, L.: Das Wesen des Judentums. 6. Aufl. Köln, 1960
Baillie, J.: What is a Christian civilisation? New York, 1945
Bavink, B.: Weltschöpfung in Mythos und Reli-

gion, Philosophie und Naturwissenschaft. Hrsg. A.Wenzl. 2.Aufl. (Glauben und Wissen) München, 1951

BERTHOLET, A.: Grundformen der Erscheinungswelt der Gottesverehrung. Tübingen, 1953

BERTHOLET, A.: Wörterbuch der Religionen. Zus. mit H. Freiherr von Campenhausen. 2.Aufl. Hrsg. K.Goldammer. (Kröners Taschenausgaben) Stuttgart, 1962

BULTMANN, R.: Das Urchristentum im Rahmen der antiken Religionen. 3.Aufl. (Erasmus-Bibliothek) Zürich, 1963. Taschenbuchausg.: (Rowohlts Deutsche Enzyklopädie) Hamburg, 1962

CONZE, E.: Buddhism. Its essence and development. Oxford, 1951. Deutsch: Der Buddhismus.Wesen und Entwicklung. 3.Aufl. (Urban-Bücher) Stuttgart, 1962

DAS GUPTA, S.N.: A history of Indian philosophy. 5 Bde. Cambridge, 1922–1955

DÖLGER, FR.-J.: Antike und Christentum. 5 Bde. Münster, 1926–1936

DUCHESNE-GUILLEMIN, J.: Zoroastre. Études critiques. Avec une traduction commentée des Gatha. Paris, 1948

GLASENAPP, H. VON: Die fünf großen Religionen. Tl. 1: Brahmanismus, Buddhismus und chinesischer Universismus. Tl.2: Islam und Christentum. Neuaufl. 2 Bde. Stuttgart, 1954 bis 1957. Auch als Sonderausg.: Die fünf Weltreligionen. Brahmanismus, Buddhismus, Chinesischer Universismus, Christentum, Islam. (DMS – Das moderne Sachbuch) Düsseldorf, 1963

GLASENAPP, H. VON: Die Religionen der Menschheit. Ihre Gegensätze und ihre Übereinstimmungen. 2.Aufl. (Schriftenreihe der österreichischen UNESCO-Kommission) Wien,1956

GLASENAPP, H. VON: Die Religionen Indiens. Neuaufl. (Kröners Taschenausgaben) Stuttgart, 1956

GLASENAPP, H. VON: Die nichtchristlichen Religionen. (Fischer Bücherei) Frankfurt/Main, 1957

GLASENAPP, H. VON: Glaube und Ritus der Hochreligionen in vergleichender Übersicht. (Fischer Bücherei) Frankfurt/Main, 1960

GOGARTEN, FR.: Der Mensch zwischen Gott und Welt. Stuttgart, 1956

GOGARTEN, FR.: Was ist Christentum? 3.Aufl. (Kleine Vandenhoeck-Reihe) Göttingen, 1963

GOLDAMMER, K.: Die Formenwelt des Religiösen. Grundriß der systematischen Religionswissenschaft. (Kröners Taschenausgaben) Stuttgart, 1960

GOLDAMMER, K.: Der Mythos von Ost und West. Eine kultur- und religionsgeschichtliche Betrachtung. (Glauben und Wissen) München, 1962

GOLDSCHMIDT, H.L.: Die Botschaft des Judentums. Grundbegriffe, Geschichte, Gegenwartsarbeit und Auseinandersetzung. Frankfurt/ Main, 1960

GOTTSCHALK, H.: Weltbewegende Macht Islam. Weilheim/Obb., 1962

GRUNEBAUM, G.E. VON: Der Islam im Mittelalter. (Die Bibliothek des Morgenlandes) Zürich, 1963

HARNACK, AD. VON: Das Wesen des Christentums. Geleitwort von R. Bultmann. 15.Aufl. Stuttgart, 1950

HEILER, FR.: Das Gebet. Eine religionsgeschichtliche und religionspsychologische Untersuchung. 5.Aufl. München, 1923

HEILER, FR.: Die Religionen der Menschheit in Vergangenheit und Gegenwart. Zus. mit K.Goldammer, F.Hesse, C.Lanczkowski u.a. (Reclams Universal-Bibliothek) Stuttgart, 1959

HEILER, FR.: Erscheinungsformen undWesen der Religion. (Die Religionen der Menschheit, 1) Stuttgart, 1961

HERZFELD, E.: Zoroaster and his world. 2 Bde. Princeton, N.J., 1947

HINZ, W.: Zarathustra. Stuttgart, 1961 (Enthält auch Übersetzungen)

KEITH, A.B.: The religion and philosophy of the Vedas and Upaniṣads. Cambridge, Mass., 1925

KELLERHALS, E.: Der Islam. Seine Geschichte, seine Lehre, sein Werk. 2.Aufl. Stuttgart, 1956

KELLERHALS, E.: ... und Mohammed ist sein Prophet. Die Glaubenswelt des Moslems. Stuttgart, 1961

LEEUW, G. VAN DER: Der Mensch und die Religion. Anthropologischer Versuch. (Philosophia universalis) Basel, 1941

LEEUW, G. VAN DER: Phänomenologie der Religion. 2.Aufl. (Neue theologische Grundrisse) Tübingen, 1956

LOMMEL, H.: Die Religion Zarathustras, nach dem Avesta dargestellt. Tübingen, 1930

MENSCHING, G.: Die Religion. Erscheinungsformen, Strukturtypen und Lebensgesetze. Stuttgart, 1956

MURTI, T.R.V.: The central philosophy of Buddhism. The Madhyamika system. London, 1955

NOTH, M.: Geschichte Israels. 5.Aufl. Göttingen, 1963

NYBERG, H.S.: Irans forntida religioner. Stockholm, 1937. Deutsch: Die Religionen des alten Iran. Übers. H.H. Schaeder. (Mitteilungen der Vorderasiatisch-Ägyptischen Gesellschaft 43) Leipzig, 1938

OTTO, R.: Die Gnadenreligionen Indiens und das Christentum. Vergleich und Unterscheidung. Gotha, 1930

OTTO, W.F.: Die Götter Griechenlands. Das Bild des Göttlichen im Spiegel des griechischen Geistes. 5.Aufl. Frankfurt/Main, 1961

OTTO, W.F.: Theophania. Der Geist der altgriechischen Religion. (Rowohlts Deutsche Enzyklopädie) Hamburg, 1956

RADHAKRISHNAN, S.: Indian philosophy. 2 Bde. 2.Aufl. London, 1931. Deutsch: Indische Philosophie. Übers. E.Jockel. Bd.1: Von den Veden bis zum Buddhismus. Bd.2: Die Systeme des Brahmanismus. Darmstadt, 1955 bis 1956

DIE RELIGION in Geschichte und Gegenwart. Handwörterbuch für Theologie und Religionswissenschaft. 3.Aufl. Hrsg. K.Galling. 6 Bde. Tübingen, 1957–1962

DIE GROSSEN NICHTCHRISTLICHEN RELIGIONEN unserer Zeit in Einzeldarstellungen. Mit Beitr. von

W. Fuchs. H. von Glasenapp, W. Gundert u. a. (Kröners Taschenausgaben) Stuttgart, 1954
DIE RELIGIONEN INDIENS. Bd. 1: J. Gonda: Veda und alter Hinduismus. Bd. 2: J. Gonda: Der jüngere Hinduismus. Bd. 3: A. Bareau, W. Schubring und Chr. von Fürer-Hainendorf: Buddhismus – Jinismus – Primitivvölker. 3 Bde. (Die Religionen der Menschheit, 11 bis 13) Stuttgart, 1960–1964
ROSENKRANZ, G.: Der Weg des Buddha. Werden und Wesen des Buddhismus als Weltreligion. Stuttgart, 1960
SCHMITZ, C.-A.: Religions-Ethnologie. (Akademische Reihe) Frankfurt/Main, 1964
SCHOMERUS, H.W.: Indische und christliche Enderwartung und Erlösungshoffnung. Gütersloh, 1941
SEIFERTH, W.: Synagoge und Kirche im Mittelalter. München, 1964

SIMMEL, O., und R. STÄHLIN, Hrsg.: Christliche Religion. (Fischer Bücherei) Frankfurt/Main, 1957
TOYNBEE, A.J.: Christianity among the religions of the world. New York, 1957. Deutsch: Das Christentum und die Religionen der Welt. Übers. F. Meister-Weidner. Gütersloh, 1959
TOYNBEE, A.J.: Hellenism. The history of a civilization. (The Home University Library of Modern Knowledge) London, 1959
VRIES, W. DE: Der christliche Osten in Geschichte und Gegenwart. Würzburg, 1951
WACH, J.: Vergleichende Religionsforschung. (Urban-Bücher) Stuttgart, 1962
WIDENGREN, G.: Hochgottglaube im alten Iran. Eine religionsphänomenologische Untersuchung. (Recueil des travaux publié par l'Université d'Uppsala, 6) Uppsala, 1938

GRIECHENLAND

DIE HELLENISTISCHE WELT

Ursprung und Hintergrund der griechischen Geschichte

BITTEL, K.: Grundzüge der Vor- und Frühgeschichte Kleinasiens. 2. Aufl. Tübingen, 1950

BLEGEN, C.W., und M.N. RAWSON: A guide to the palace of Nestor. Cincinnati, Ohio, 1962

BLEGEN, C.W., J.L. CASKEY, M.N. RAWSON und J. SPERLING, Hrsg.: Troy. Excavations conducted by the University of Cincinnati 1932–1938. 4 Bde. Princeton, N.J., 1950–1958

BOSSERT, H.TH.: Altkreta. Kunst und Handwerk in Griechenland, Kreta und an der Ägäis von den Anfängen bis zur Eisenzeit. 3. Aufl. Berlin, 1937 (Nützliche Zusammenstellung des Bildmaterials)

BOSSERT, H.TH.: Altanatolien. Kunst und Handwerk in Kleinasien von den Anfängen bis zum völligen Aufgehen in der griechischen Kultur. Berlin, 1942

DIKAIOS, P.: A guide to the Cyprus Museum. 3. Aufl. Nikosia, 1961

DÖRPFELD, W.: Troja und Ilion. Athen, 1902

EVANS, SIR A.: The palace of Minos. 4 Bde. und Registerbd. London, 1921–1936 (Monumentalwerk des verdienten Ausgräbers von Knossos, die minoische Kultur in ihrer Gesamtheit behandelnd)

FIMMEN, D.: Die kretisch-mykenische Kultur. 2. Aufl. Hrsg. G. Karo. Leipzig, 1924 (Umfaßt das bis 1914 erschlossene Material)

FRÖDIN, O., und A.W. PERSSON: Asine. Stockholm, 1938

GALLET DE SANTERRE, H.: Délos primitive et archaïque. (Bibliothèque des Écoles Françaises d'Athènes et de Rome 192) Paris, 1959

GARSTANG, J.: Mersin. Oxford, 1953 (Bedeutsam für die Beziehungen Kleinasiens zur ägäischen Steinzeit)

GLOTZ, G.: La civilisation égéenne. Neuausg. Bearb. C. Picard und P. Demargne. Paris, 1953

GOLDMAN, H.: Excavations at Eutresis in Boeotia. Cambridge, Mass., 1931 (Vortreffliche Grabungspublikation)

GOLDMAN, H., Hrsg.: Tarsos, excavations at Gözlü Kule. Bd. 2 (in 2 Tln.): From the neolithic through the bronze age. Princeton, N.J., 1956

KARO, G.: Die Schachtgräber von Mykenai. München, 1930

KARO, G.: Greifen am Thron. Erinnerungen an Knossos. Baden-Baden, 1959

MARINATOS, S., und M. HIRMER: Kreta und das mykenische Hellas. München, 1959

MATZ, FR.: Die frühkretischen Siegel. Berlin, 1928 (Grundlegendes Werk über die Glyptik des östlichen Mittelmeeres)

MATZ, FR.: Art. »Ägäis«. In: Handbuch der Archäologie im Rahmen des Handbuchs der Altertumswissenschaft, II. München, 1950 (Vortreffliche wissenschaftliche Zusammenfassung des gesamten Stoffes)

MATZ, FR.: Kreta, Mykene, Troja. Die minoische und die homerische Welt. 5. Aufl. (Große Kulturen der Frühzeit) Stuttgart, 1962

MATZ, FR.: Kreta und frühes Griechenland. Prolegomena zur griechischen Kunstgeschichte. 2. Aufl. (Kunst der Welt) Baden-Baden, 1964

MELLAART, J.: Excavations at Hacilar. Anatolian Studies 8–11, 1958–1961 (Von größter Bedeutung für die Beziehungen Kleinasiens zur Ägäis)

MELLAART, J.: Excavations at Catal Hüyük. Anatolian Studies 12–14, 1962–1964

MILOJCIC, V.: Samos I. Die prähistorische Siedlung unter dem Heraion. Grabung 1953 und 1955. Bonn, 1961

MILOJCIC, V.: Hauptergebnisse der deutschen Ausgrabungen in Thessalien 1953–1958. Bonn, 1960

MÜLLER, K.: Tiryns III. Die Architektur der Burg und des Palastes. Augsburg, 1930

MYLONAS, G.: Ancient Mycenae, the capital city of Agamemnon. Princeton, N.J., 1957

NILSSON, M.P.: The Minoan-Mycenaean religion and its survival in Greek religion. Lund, 1950

NILSSON, M.P.: Geschichte der griechischen Religion. Bd. 1: Die Religion Griechenlands bis auf die griechische Weltherrschaft. Bd. 2: Die hellenistische und römische Zeit. 2 Bde. 2. Aufl. (Handbuch der Altertumswissenschaft, V, 2) München, 1955–1961

PENDLEBURY, J.D.S.: The archaeology of Crete. London, 1939

PERNIER, L., und L. BANTI: Il palazzo minoico di

Festòs. Scavi estudi della Missione archeologica italiana a Creta dal 1900 al 1950. 2 Bde. Rom, 1935–1951
PERNIER, L., und L. BANTI: Guida degli scavi italiani in Creta. Rom, 1947
PERSSON, A. W.: New tombs at Dendra near Midea. Lund, 1942 (Wichtig für die Beziehungen der mykenischen Welt zu Ägypten)
PICARD, CH.: Les religions préhelléniques. Paris, 1948
PLATON, N.: Führer durch das archäologische Museum von Heraklion. Heraklion, Kreta, 1958
REUSCH, H.: Die zeichnerische Rekonstruktion des Frauenfrieses im böotischen Theben. (Abhandlungen der Deutschen Akademie der Wissenschaften zu Berlin, Kl. f. Sprachen, Literatur und Kunst, 1955, 1) Berlin, 1956
RODENWALDT, G.: Tirnys II. Die Fresken des Palastes. Athen, 1912
RODENWALDT, G.: Der Fries des Megarons von Mykenae. Halle/Saale, 1921
SCHACHERMEYR, FR.: Hethiter und Achäer. (Mitteilungen der Altorientalischen Gesellschaft 9, 1–2) Leipzig, 1935
SCHACHERMEYR, FR.: Poseidon und die Entstehung des griechischen Götterglaubens. Salzburg, 1950
SCHACHERMEYR, FR.: Die vorderasiatische Kulturschrift. Saeculum 5, 1953
SCHACHERMEYR, FR.: Die ältesten Kulturen Griechenlands. Stuttgart, 1955
SCHACHERMEYR, FR.: Griechische Geschichte. Mit besonderer Berücksichtigung der geistesgeschichtlichen und der kulturmorphologischen Zusammenhänge. Stuttgart, 1960
SCHACHERMEYR, FR.: Die minoische Kultur des alten Kreta. Stuttgart, 1964
SCHACHERMEYR, FR.: Das ägäische Neolithikum. Lund, 1964

SCHAEFFER, C. F. A.: Enkomi-Alasia. Nouvelles missions en Chypre, 1946–1950. (Publication de la Mission Archéologique Française et de la Mission du Gouvernement de Chypre à Enkomi, Bd. 1) Paris, 1952 (Die französischen Ausgrabungen auf Zypern)
SCHLIEMANN, H.: Ithaka, der Peloponnes und Troja. Leipzig, 1869. Neudr. Darmstadt, 1963 (Mit Schliemanns Autobiographie)
SCHLIEMANN, H.: Mykenae, Bericht über meine Forschungen und Entdeckungen in Mykenae und Tiryns. Leipzig, 1877. Neudr. Darmstadt, 1964
SCHLIEMANN, H.: Ilios, Stadt und Land der Trojaner. Leipzig, 1881
SCHLIEMANN, H.: Troja. Ergebnis meiner neuesten Ausgrabungen auf den Baustellen von Troja, in den Heldengräbern, Bunarbaschi und anderen Orten der Troas im Jahre 1882. Leipzig, 1883
SCHLIEMANN, H.: Selbstbiographie. Bis zu seinem Tode vervollständigt. Hrsg. von S. Schliemann. 9. Aufl. Neubearb. von E. Meyer. Wiesbaden, 1961
SCHLIEMANN, H., F. ADLER und W. DÖRPFELD: Tiryns. Der prähistorische Palast der Könige von Tiryns. Leipzig, 1886
VENTRIS, M., und J. CHADWICK: Documents in Mycenaean Greek. Three hundred selected tablets from Knossos, Pylos, and Mycenae. Cambridge, 1956
WACE, A. J. B.: Mycenae, an archeological history and guide. Princeton, N. J., 1949
ZERVOS, CHR.: L'art de la Crète néolithique et minoenne. Paris, 1956 (Tafelwerk mit reichem, z. T. bisher unveröffentlichtem Material in Großaufnahmen)
ZERVOS, CHR.: L'art des Cyclades. Paris, 1957 (Monumentales Tafelwerk zur Kunst der Kykladen)

Hellas

Geschichtliche Gesamtdarstellungen

BELOCH, K. J.: Griechische Geschichte. 4 Bde. 2. Aufl. Straßburg/Berlin, 1912–1927
BENGTSON, H.: Griechische Geschichte von den Anfängen bis in die römische Kaiserzeit. 2. Aufl. (Handbuch der Altertumswissenschaft, III, 4) München, 1960
BERVE, H.: Griechische Geschichte. 2 Bde. 3. Aufl. Freiburg i. Br., 1953
BUSOLT, G.: Griechische Geschichte bis zur Schlacht bei Chaironeia. 3 Bde. 2. Aufl. Gotha, 1893–1904
THE CAMBRIDGE ANCIENT HISTORY. Hrsg. J. B. Bury, S. A. Cook und F. E. Adcock. Bd. 3: The Assyrian Empire. Bd. 4: The Persian Empire and the West. Bd. 5: Athens, 478–401 B.C. Bd. 6: Macedon, 401–301 B.C. 3. bis 4. Aufl. Cambridge, 1953–1954
CURTIUS, E.: Griechische Geschichte. 3 Bde. 6. Aufl. Berlin, 1887–1888
FREYER, H.: Weltgeschichte Europas. 2. Aufl. Stuttgart, 1954

GLOTZ, G.: Histoire grecque. In: Histoire générale I, Histoire ancienne II. 4 Bde. Bd. 1 u. 2, 4. Aufl. Bd. 3 u. 4, 2. Aufl. Paris, 1941–1948
GROTE, G.: History of Greece. 12 Bde. London, 1846–1856
KAHRSTEDT, U.: Geschichte des griechisch-römischen Altertums. 2. Aufl. (Weltgeschichte in Einzeldarstellungen) München, 1952
MEYER, ED.: Geschichte des Altertums. 5 Bde. Neuaufl. Stuttgart, 1953–1958
ROSTOVTZEFF, M.: A history of the ancient world. Übers. aus dem Russischen von J. D. Duff. 2. Aufl. 2 Bde. Oxford, 1945. Deutsch: Geschichte der alten Welt. Übers. H. H. Schaeder. 2 Bde. Neuaufl. (Sammlung Dieterich) Bremen, 1961
SANCTIS, G. DE: Storia dei Greci dalle origini alla fine del secolo V. 2 Bde. Florenz, 1939
SCHACHERMEYR, FR.: Griechische Geschichte. Mit besonderer Berücksichtigung der geistesgeschichtlichen und kulturmorphologischen Zusammenhänge. Stuttgart, 1960

TAEGER, FR.: Das Altertum. Geschichte und Gestalt der Mittelmeerwelt. 2 Bde. 6. Aufl. Stuttgart, 1958
WILCKEN, U.: Griechische Geschichte im Rahmen der Altertumsgeschichte. 9. Aufl. München, 1962

Topographie

BURSIAN, C.: Geographie von Griechenland. 2 Bde. Leipzig, 1862–1872
JUDEICH, W.: Topographie von Athen. 2 Bde. 2. Aufl. (Handbuch der Altertumswissenschaft, III, 2) München, 1931
KIRSTEN, E.: Süditalienkunde. Ein Führer zu klassischen Stätten Unteritaliens und Siziliens. 2 Bde. (Bücherei Winter) Heidelberg, 1964
KIRSTEN, E., und W. KRAIKER: Griechenlandkunde. Ein Führer zu klassischen Stätten. 4. Aufl. (Bücherei Winter) Heidelberg, 1962
LEHMANN, H.: Argolis I. Landeskunde der Ebene von Argos und ihrer Randgebiete. Athen, 1937
MAULL, O.: Das griechische Mittelmeergebiet. Breslau, 1922
MYRES, J.: Geographical history in Greek lands. London, 1952
NEUMANN, C., und J. PARTSCH: Physikalische Geographie von Griechenland. Breslau, 1885
PAUSANIAS: Beschreibung Griechenlands. Übers. und Bearb. E. Meyer. (Die Bibliothek der Alten Welt) Zürich, 1954
PHILIPPSON, A.: Das Mittelmeergebiet, seine geographische und kulturelle Eigenart. 4. Aufl. Berlin, 1922
PHILIPPSON, A.: Land und See der Griechen. Bonn, 1947
PHILIPPSON, A., und E. KIRSTEN: Die griechischen Landschaften. 4 Bde. Frankfurt/Main, 1950–1954

Kunstgeschichte

ARIAS, P. E., und M. HIRMER: Tausend Jahre griechische Vasenkunst. München, 1960
BECATTI, G.: Problemi Fidiaci. Mailand, 1951
BUSCHOR, E.: Griechische Vasen. München, 1940
BUSCHOR, E.: Die Plastik der Griechen. Neuausg. München, 1958
BUSCHOR, E.: Vom Sinn der griechischen Standbilder. (Veröffentlichung des Archäologischen Instituts des Deutschen Reiches) Berlin, 1942
BUSCHOR, E.: Phidias der Mensch. München, 1948
BUSCHOR, E., und R. HAMANN: Die Skulpturen des Zeustempels zu Olympia. 2 Bde. Marburg/Lahn, 1924
CURTIUS, L.: Die antike Kunst. Die klassische Kunst Griechenlands. (Handbuch der Kunstwissenschaft) Potsdam, 1938. Nachdr. Hildesheim, 1959
DIEPOLDER, H.: Die attischen Grabreliefs des 5. und 4. Jahrhunderts v. Chr. Berlin, 1931
DURM, J.: Die Baukunst der Griechen. 3. Aufl. Darmstadt, 1931
HAMANN, R.: Geschichte der Kunst. Bd. 1: Von der Vorgeschichte bis zur Spätantike. Neuaufl. München, 1958. Taschenbuchausg.: 3 Bde. (Knaur Taschenbücher) München, 1963
HEGE, W., und G. RODENWALDT: Die Akropolis. Berlin, 1930

KÄHLER, H.: Der griechische Tempel. Wesen und Gestalt. Berlin, 1964
KOLDEWEY, R., und O. PUCHSTEIN: Die griechischen Tempel in Unteritalien und Sizilien. 2 Bde. Berlin, 1899
LANGLOTZ, E.: Phidiasprobleme. Frankfurt/Main, 1947
LANGLOTZ, E., und M. HIRMER: Die Kunst der Westgriechen in Sizilien und Unteritalien. München, 1963
LANGLOTZ, E., und W.-H. SCHUCHHARDT: Archaische Plastik auf der Akropolis. Frankfurt/Main, 1940
LIPPOLD, G.: Die griechische Plastik. In: Handbuch der Archäologie im Rahmen des Handbuches der Altertumswissenschaft, III. München, 1950
LULLIES, R.: Griechische Plastik von den Anfängen bis zum Ausgang des Hellenismus. 2. Aufl. München, 1960
MATZ, FR.: Geschichte der griechischen Kunst. Bd. 1: Die geometrische und früharchaische Form. Frankfurt/Main, 1949
PFUHL, E.: Malerei und Zeichnung der Griechen. 3 Bde. München, 1923
PICARD, CH.: Manuel d'archéologie grecque. La sculpture. 4 Bde. Paris, 1935–1954
POULSEN, V. H.: Der strenge Stil. Studien zur Geschichte der griechischen Plastik 480–450. Acta Archaeologica 8, 1937
POULSEN, V. H.: Griechische Kunst. (Die Blauen Bücher) Königstein/T., 1963
RICHTER, G. M. A.: The sculpture and sculptors of the Greeks. 3. Aufl. New Haven, Conn., 1950
RICHTER, G. M. A.: A handbook of Greek art. London, 1959
RODENWALDT, G.: Die Kunst der Antike. Hellas und Rom. 4. Aufl. (Propyläen-Kunstgeschichte) Berlin, 1944
RUMPF, A.: Malerei und Zeichnung der Griechen. In: Handbuch der Archäologie im Rahmen des Handbuchs der Altertumswissenschaft, II. München, 1951
SALIS, A. VON: Die Kunst der Griechen. 4. Aufl. (Erasmus-Bibliothek) Zürich, 1953
SCHUCHHARDT, W.-H.: Die Kunst der Griechen. (Geschichte der Kunst, Bd. 1: Altertum.) Berlin, 1940
SCHWEITZER, B.: Pheidias, der Parthenonmeister. Jahrbuch des Deutschen Archäologischen Instituts 55, 1940
SPRINGER, A.: Die Kunst des Altertums. 12. Aufl. Bearb. P. Wolters. Leipzig, 1923
ZSCHIETSCHMANN, W.: Kunstgeschichte der Griechen und Römer. 2. Aufl. (Kleine Kunstgeschichte der Welt) Stuttgart, 1957

Geistes- und Kulturgeschichte

BAUMGARTNER, F., F. POLAND und R. WAGNER: Die hellenische Kultur. 3. Aufl. Leipzig, 1913
BLASS, FR.: Die attische Beredsamkeit. 2. Aufl. 3 Bde. Leipzig, 1887–1898. 3. Aufl. Hildesheim, 1963
BURCKHARDT, J.: Griechische Kulturgeschichte. Hrsg. von J. Oeri. 4 Bde. Berlin/Stuttgart, 1898–1902. Neuaufl. Basel, 1956–1957

DODDS, E. R.: The Greeks and the irrational. Berkeley, Calif., 1951
FORBES, R. J.: Studies in ancient technology. 6 Bde. Leiden, 1955–1958
FRÄNKEL, H.: Dichtung und Philosophie des frühen griechischen Altertums. Eine Geschichte der griechischen Epik, Lyrik und Prosa bis zur Mitte des fünften Jahrhunderts. 2. Aufl. München, 1962
FRITZ, K. VON: Antike und moderne Tragödie. Neun Abhandlungen. Berlin, 1962
GOMPERT, F. S.: Griechische Denker. 3 Bde. Leipzig, 1896
HARDER, R.: Kleine Schriften. München, 1960
HEIBERG, J. L.: Mathematik und Naturwissenschaft im Altertum. 2 Bde. (Handbuch der Altertumswissenschaft, V, 1) München, 1925
JAEGER, W.: Aristoteles. Berlin, 1923
JAEGER, W.: Paideia. Die Formung des griechischen Menschen. 3 Bde. 3./4. Aufl. Berlin, 1959
JAEGER, W.: Die Theologie der frühen griechischen Denker. 2. Aufl. Stuttgart, 1964
JAEGER, W.: Scripta minora. 2 Bde. Rom, 1960
KERÉNYI, K.: Die Mythologie der Griechen. Die Götter- und Menschheitsgeschichten. 3. Aufl. Zürich, 1964
KERÉNYI, K.: Die Religion der Griechen und Römer. München, 1963
KERN, O.: Die Religion der Griechen. 3 Bde. Berlin, 1926–1928
KRANZ, W.: Griechentum. Eine Geschichte der griechischen Kultur und Literatur. Konstanz, 1952
LESKY, A.: Geschichte der griechischen Literatur. 2. Aufl. München, 1963
MARROU, H.-J.: Histoire de l'éducation dans l'antiquité. Paris, 1950. Deutsch: Geschichte der Erziehung im klassischen Altertum. Freiburg i. Br., 1957
NESTLE, W.: Vom Mythos zum Logos. Die Selbstentfaltung des griechischen Denkens von Homer bis auf die Sophistik und Sokrates. 2. Aufl. Stuttgart, 1942
NESTLE, W.: Griechische Geistesgeschichte von Homer bis Lukian. In ihrer Entfaltung vom mythischen zum rationalen Denken dargestellt. 2. Aufl. (Kröners Taschenausgaben) Stuttgart, 1956
NILSSON, M. P.: Geschichte der griechischen Religion. Bd. 1: Die Religion Griechenlands bis auf die griechische Weltherrschaft. Bd. 2: Die hellenistische und römische Zeit. 2 Bde. 2. Aufl. (Handbuch der Altertumswissenschaft, V, 2) München, 1955–1961
NILSSON, M. P.: Griechischer Glaube. (Sammlung Dalp) München, 1950
NILSSON, M. P.: Cults, myths, oracles and politics in ancient Greece. Lund, 1951
OTTO, W. F.: Die Götter Griechenlands. Das Bild des Göttlichen im Spiegel des griechischen Geistes. 5. Aufl. Frankfurt/Main, 1961
OTTO, W. F.: Theophania. Der Geist der altgriechischen Religion. (Rowohlts Deutsche Enzyklopädie) Hamburg, 1956
ROHDE, E.: Psyche. Seelenkult und Unsterblichkeitsglaube der Griechen. 9./10. Aufl. Hrsg. O. Weinreich. Tübingen, 1925
SCHADEWALDT, W.: Von Homers Welt und Werk. Aufsätze und Auslegungen zur homerischen Frage. 3. Aufl. Stuttgart, 1959
SCHMID, W., und O. STÄHLIN: Geschichte der griechischen Literatur. Die klassische Periode der griechischen Literatur. Bde. 1–5. (Handbuch der Altertumswissenschaft, VII, 1, 1–5) München, 1929 ff. (Der letzte Band, Bd. 6, noch nicht erschienen)
SCHMID, W., und O. STÄHLIN: Geschichte der griechischen Literatur. Die nachklassische Periode der griechischen Literatur. 2 Bde. 6. Aufl. (von W. von Christs griechischer Literaturgeschichte.) (Handbuch der Altertumswissenschaft, VII, 2, 1–2) München 1920 bis 1924
SNELL, B.: Die Entdeckung des Geistes. Studien zur Entstehung des europäischen Denkens bei den Griechen. 3. Aufl. Hamburg, 1955
UEBERWEG, FR.: Die Philosophie des Altertums. Hrsg. K. Praechter. 14. Aufl. (Friedrich Ueberwegs Grundriß der Geschichte der Philosophie, Bd. 1.) Basel, 1957
WILAMOWITZ-MOELLENDORFF, U. VON: Die griechische Literatur des Altertums. 3. Aufl. (Die Kultur der Gegenwart, I,8) Leipzig, 1924
WILAMOWITZ-MOELLENDORFF, U. VON: Der Glaube der Hellenen. 2 Bde. 3. Aufl. Basel, 1959
WILAMOWITZ-MOELLENDORFF, U. VON: Platon. Sein Leben und seine Werke. 2 Bde. 5. Aufl. Bearb. B. Snell. Berlin, 1959
ZELLER, E.: Die Philosophie der Griechen in ihrer geschichtlichen Entwicklung. 6 Tle. in 3 Bdn. 4.–7. Aufl. Tübingen, 1903–1923 (Neuausg. 1963)

Recht und Verfassung, Wirtschaft und Kriegswesen

ANDREADES, A.: Geschichte der griechischen Staatswirtschaft. München, 1931
BELOCH, K. J.: Die Bevölkerung der griechisch-römischen Welt. Leipzig, 1886
BENGTSON, H.: Die Staatsverträge des Altertums. Bd. 2: Die Verträge der griechisch-römischen Welt von 700 bis 338 v. Chr. Berlin, 1962
BUSOLT, G.: Griechische Staatskunde. 2 Bde. Bd. 2: Bearb. H. Swoboda. 3. Aufl. (Handbuch der Altertumswissenschaft, IV, 1, 1–2) München, 1920–1926
DELBRÜCK, H.: Geschichte der Kriegskunst im Rahmen der politischen Geschichte. Bd. 1: Das Altertum. 3. Aufl. Nachdr. Berlin, 1965
EHRENBERG, V.: Der Staat der Griechen. Tl. 1: Der hellenische Staat. Tl. 2: Der hellenistische Staat. 2. Aufl. des Werkes: Der griechische und der hellenistische Staat. 2 Bde. Leipzig, 1957 bis 1958, und Darmstadt, 1960. Neuausg.: (Die Bibliothek der Alten Welt, R. Forschung und Deutung) Zürich, 1965
GLOTZ, G.: La cité grecque. Paris, 1928. Neuausg. 1959
GRAHAM, A. J.: Colony and mother city in ancient Greece. Manchester, 1964
HASEBROEK, J.: Staat und Handel im alten Griechenland. Tübingen, 1928
HASEBROEK, J.: Griechische Wirtschafts- und Gesellschaftsgeschichte bis zur Perserzeit. Tübingen, 1931

HEICHELHEIM, F.: Wirtschaftsgeschichte des Altertums. 2 Bde. Leiden, 1938
HERMANN, K. F.: Lehrbuch der griechischen Antiquitäten, neu hrsg. von H. Blümner. Bd. 1: Lehrbuch der griechischen Staatsaltertümer, 3. Abt., neu bearb. von H. Swoboda. 6. Aufl. Tübingen, 1913
HIGNETT, C.: A history of the Athenian constitution to the end of the fifth century B. C. Oxford, 1952
KAHRSTEDT, U.: Griechisches Staatsrecht. Bd. 1: Sparta und seine Symmachie. Göttingen, 1922
KAHRSTEDT, U.: Studien zum öffentlichen Recht Athens. Bd. 1: Staatsgebiet und Staatsangehörige in Athen. (Göttinger Forschungen 4). Bd. 2: Untersuchungen zur Magistratur in Athen. (Geisteswissenschaftliche Forschungen 10) Stuttgart, 1934-1936
KEIL, R.: Griechische Staatsaltertümer. In: A. Gercke und Ed. Norden, Hrsg.: Einleitung in die Altertumswissenschaft, Bd. 3. 2. Aufl. Leipzig, 1914
KÖSTER, A.: Das antike Seewesen. (Kunst und Kultur) Berlin, 1923
KÖSTER, A.: Studien zur Geschichte des antiken Seewesens. (Klio, Beih. 32) Leipzig, 1934
KROMAYER, J., und G. VEITH: Antike Schlachtfelder. 4 Bde. (Bausteine zur antiken Kriegsgeschichte) Berlin, 1903-1931
KROMAYER, J., und G. VEITH: Heerwesen und Kriegführung der Griechen und Römer. (Handbuch der Altertumswissenschaft, IV,3,2) München, 1928
KROMAYER, J., und G. VEITH, Hrsg.: Schlachtenatlas zur antiken Kriegsgeschichte. Leipzig, 1922-1929
LEDL, A.: Studien zur älteren athenischen Verfassungsgeschichte. Heidelberg, 1914
LIPSIUS, J. H.: Das attische Recht und Rechtsverfahren. 3 Bde. Leipzig, 1905-1938
MARTIN, V.: La vie internationale dans la Grèce des cités. Paris, 1940
MEYER, ED.: Die wirtschaftliche Entwicklung des Altertums. In: Kleine Schriften, Bd. 1. 2. Aufl. Halle/Saale, 1924
PÖHLMANN, R. VON: Geschichte der sozialen Frage und des Sozialismus in der antiken Welt. 3. Aufl. Bearb. F. Oertel. 2 Bde. München, 1925 (Ursprünglich unter dem Titel »Geschichte des antiken Kommunismus und Sozialismus« 1892-1901 erschienen)
POHLENZ, M.: Staatsgedanke und Staatslehre der Griechen. Leipzig, 1923
PRINGSHEIM, F.: The Greek law of sale. Weimar, 1950
TRIEPEL, H.: Die Hegemonie. 2. Aufl. Stuttgart, 1943
WILAMOWITZ-MOELLENDORFF, U. VON: Aristoteles und Athen. 2 Bde. Berlin, 1893
WILAMOWITZ-MOELLENDORFF, U. VON: Staat und Gesellschaft der Griechen. In: U. von Wilamowitz-Moellendorff, J. Kromayer und A. Heisenberg: Staat und Gesellschaft der Griechen und Römer bis zum Ausgang des Mittelalters. 2. Aufl. (Die Kultur der Gegenwart, II, 4) Berlin, 1923

WOLF, E.: Griechisches Rechtsdenken. 3 Bde. (in 4 Tl.-Bdn.) Frankfurt/Main, 1950-1956
ZIMMERN, A.: The Greek commonwealth. 5. Aufl. Oxford, 1931

Die archaische Zeit

BERVE, H.: Sparta. Historische Vierteljahresschrift 25, 1929
BERVE, H.: Sparta. Nachdr. (Meyers kleine Handbücher) Leipzig, 1945
BILABEL, FR.: Die ionische Kolonisation. (Philologus, Suppl.-Bd. XIV/1) Leipzig, 1920
BOLKESTEIN, H.: Zur Entstehung der ionischen Phylen. Klio 13, 1913
CALLMER, CHR.: Studien zur Geschichte Arkadiens. Lund, 1943
CARPENTER, R.: The Greeks in Spain. London/New York, 1925
DIRINGER, D.: The alphabet. New York, 1948
DUNBABIN, T. J.: The western Greeks. Oxford, 1948
HEUSS, A.: Die archaische Zeit Griechenlands als geschichtliche Epoche. Antike und Abendland 2, 1946
JAEGER, W.: Solons Eunomie. In: Scripta minora, Bd. 1. Rom, 1960 (Aufsatz, 1926 zuerst erschienen)
JAEGER, W.: Tyrtaios über die wahre Areté. In: Scripta minora, Bd. 2. Rom, 1960 (Aufsatz, 1932 zuerst erschienen)
KIECHLE, F.: Lakonien u. Sparta. München, 1963
KIRCHHOFF, A.: Studien zur Geschichte des griechischen Alphabets. 4. Aufl. (Abhandlungen der königlichen Akademie der Wissenschaften zu Berlin, 1863) Gütersloh, 1887
NILSSON, M. P.: Homer and Mycenae. Lund, 1933
NILSSON, M. P.: The age of the early Greek tyrants. (University of Belfast, Dill Memorial Lecture) Belfast, 1936
O'NEILL, J. G.: Ancient Corinth. Bd. 1: From the earliest times to non B. C. Baltimore, 1930
PLASS, H. G.: Die Tyrannis in ihren beiden Perioden bei den alten Griechen. 2. Aufl. 2 Bde. Leipzig, 1859
SAKELLARIOU, M. B.: La migration grecque en Ionie. Athen, 1958
SCHADEWALDT, W.: Iliasstudien. (Abhandlungen der Sächsischen Akademie der Wissenschaften, phil.-hist. Kl. 43,6) Leipzig, 1938
URE, P. N.: The origin of tyranny. Camridge, 1922
WOODHOUSE, W. J.: Solon the liberator. London, 1938

Die klassische Zeit

ACCAME, S.: La lega ateniese del secolo IV a. C. Rom, 1941
BELOCH, K. J.: Die attische Politik seit Perikles. Leipzig, 1884
BERVE, H.: Miltiades. Studien zur Geschichte des Mannes und seiner Zeit. (Hermes, Einzelschr. 2) Berlin, 1937
CAMBRIDGE, A. W. P.: Demosthenes and the last days of Greek freedom 384-322 B.C. (Heroes of the Nations) London/New York, 1914
CLOCHÉ, P.: La restauration démocratique à Athènes en 403 av. J.-C. Paris, 1915

CLOCHÉ, P.: La politique étrangère d'Athènes de 404 à 338 av. J.-C. Paris, 1934
CLOCHÉ, P.: Démosthènes et la fin de la démocratie athénienne. Paris, 1937
CLOCHÉ, P.: Le siècle de Périclès. Paris, 1949
EHRENBERG, V.: The people of Aristophanes. A sociology of Old Attic Comedy. 2. Aufl. Oxford, 1951
EHRENBERG, V.: Sophocles and Pericles. Oxford, 1954. Deutsch: Sophokles und Perikles. München, 1956
FERRABINO, A.: L'impero ateniese. Turin, 1927
FREEMAN, E. A.: History of Sicily. 4 Bde. Oxford, 1891–1894. Deutsch: Geschichte Siziliens. Übers. B. Lupus. 3 Bde. Leipzig, 1895–1901
GEYER, FR.: Makedonien bis zur Thronbesteigung Philipps II. München, 1930
GRUNDY, G. B.: The great Persian war and its preliminaries. London, 1901
HAMPL, T.: Die griechischen Staatsverträge des 4. Jahrhunderts. Leipzig, 1938
JAEGER, W.: Demosthenes. Der Staatsmann und sein Werden. 2. Aufl. Berlin, 1963
MATHIEU, G.: Les idées politiques d'Isocrate. Paris, 1925
MOMIGLIANO, A.: Filippo il Macedone. Saggio nella storia greca del IV secolo a. C. Florenz, 1934
NESSELHAUF, H.: Untersuchungen zur Geschichte der delisch-attischen Symmachie. (Klio, Beih. 30) Leipzig, 1933
NOLTE, F.: Die historisch-politischen Voraussetzungen des Königsfriedens von 386 v. Chr. Bamberg, 1923
POKORNY, E.: Studien zur griechischen Geschichte im sechsten und fünften Jahrzehnt des vierten Jahrhunderts v. Chr. Dissertation Greifswald, 1913
REINHARDT, K.: Sophokles. 2. Aufl. Frankfurt/Main, 1947

SANCTIS, G. DE: Pericle. Mailand, 1944
SCHADEWALDT, W.: Sophokles und Athen. Frankfurt/Main, 1935
SCHÄFER, A. D.: Demosthenes und seine Zeit. 3 Bde. 2. Aufl. Leipzig, 1885–1887
SCHMIDT, AD.: Das Perikleische Zeitalter. 2 Bde. Jena, 1877–1879
STERN, E. VON: Geschichte der spartanischen und thebanischen Hegemonie vom Königsfrieden bis zur Schlacht bei Mantineia. Dissertation Dorpat, 1884
TREVES, P.: Demostene e la libertà greca. Bari, 1933
WENDLAND, P.: Beiträge zu athenischer Politik und Publizistik des 4. Jahrhunderts. (Nachrichten der königlichen Gesellschaft der Wissenschaften zu Göttingen, phil.-hist. Kl. 5, 1910) Göttingen, 1910
WILCKEN, U.: Beiträge zur Geschichte des Korinthischen Bundes. (Sitzungsberichte der königlich bayerischen Akademie der Wissenschaften, philol.-philos. und hist. Kl. 1917, 10) München, 1917
WILCKEN, U.: Alexander der Große und der korinthische Bund. (Sitzungsberichte der preußischen Akademie der Wissenschaften, Jg. 1922, phil.-hist. Kl.) Berlin, 1922
WILCKEN, U.: Philipp II. von Makedonien und die panhellenische Idee. (Sitzungsberichte der preußischen Akademie der Wissenschaften, Jg. 1929, phil.-hist. Kl.) Berlin, 1929
WILCKEN, U.: Über Entstehung und Zweck des Königsfriedens. (Abhandlungen der Preußischen Akademie der Wissenschaften, phil.-hist. Kl. 1941, 15) Berlin, 1942
WILLRICH, H.: Perikles. Göttingen, 1936
WÜST, F. R.: Philipp II. von Makedonien und Griechenland in den Jahren von 346 bis 338 v. Chr. München, 1938

Die hellenistische Welt

ALTHEIM, F.: Weltgeschichte Asiens im griechischen Zeitalter. 2 Bde. Halle/Saale, 1947 bis 1948
BARTH, P.: Die Stoa. 4. Aufl. Hrsg. A. Goedeckemeyer. Stuttgart, 1946
BENGTSON, H.: Die Strategie in der hellenistischen Zeit. 3 Bde. (Münchener Beiträge zur Papyrusforschung und antiken Rechtsgeschichte 26,32,36) München, 1937–1952
BERVE, H.: Das Alexanderreich auf prosopographischer Grundlage. 2 Bde. München, 1926
BIEBER, M.: The sculpture of the Hellenistic age. New York, 1955
BIKERMAN, E.: Institutions des Séleucides. (Haut-Commissariat de la Republique Française en Syrie et au Liban, Service des Antiquités, Bibliothèque Archéologique et Historique 26) Paris, 1938
BOUCHÉ-LECLERCQ, A.: Histoire des Lagides. 4 Bde. Paris, 1903–1907
BOUCHÉ-LECLERCQ, A.: Histoire de Séleucides. 2 Bde. Paris, 1913

THE CAMBRIDGE ANCIENT HISTORY. Hrsg. J. B. Bury, S. A. Cook, F. E. Adcock und M. P. Charlesworth. Bd. 6: Macedon, 401–301 B. C. Bd. 7: The Hellenistic monarchies and the rise of Rome. Bd. 8: Rome and the mediterranean, 218 to 133 B. C. Bd. 9: The Roman republic, 133–44 B. C. 2.–3. Aufl. Cambridge, 1951–1954
DAUX, G.: Delphes au IIe et au Ier siècle. (Bibliothèque des Écoles Françaises d'Athènes et de Rome 140) Paris, 1936
DEWITT, N.W.: Epicurus and his philosophy. Minneapolis, Minn., 1954
DUDLEY, D. R.: A history of Cynicism from Diogenes to the sixth century A. D. London, 1937
EHRENBERG, V.: Der Staat der Griechen. 2. Aufl. des Werkes: Der griechische und der hellenistische Staat. Tl. 2: Der hellenistische Staat. Leipzig, 1958 und Darmstadt, 1960
FLACELIÈRE, R.: Les Aetoliens à Delphes. Paris, 1937
FORBES, R. J.: Studies in ancient technology. 6 Bde. Leiden, 1955–1958

GLOTZ, G., P. ROUSSEL und R. COHEN: Histoire grecque. Bd. 4: Alexandre et l'hellénisation du monde antique. 1. Tl.: Alexandre et le desmembrement de son empire. 2. Aufl. Paris, 1945
HABICHT, CHR.: Gottmenschentum und griechische Städte. (Zetemata 14) München, 1956
HANSEN, E. V.: The Attalids of Pergamon. (Cornell Studies in Classical Philology 29) Ithaca, N. Y., 1947
HOLLEAUX, M.: Rome, la Grèce et les monarchies hellénistiques au IIIe siècle av. J.-C. (Bibliothèque des Écoles Françaises d'Athènes et de Rome 124) Paris, 1921
JONES, A. H. M.: The Greek city from Alexander to Justinian. Oxford, 1940
KAERST, J.: Geschichte des Hellenismus. 2 Bde., 2. Aufl. Leipzig. 1917-1926
KALLIMACHOS – Callimachus. Hrsg. R. Pfeiffer. 2 Bde. Oxford, 1949-1953
LARSEN, J. A. O.: Representative government in Greek and Roman history. Berkeley, Calif., 1955
LAUNEY, M.: Recherches sur les armées hellénistiques. 2 Bde. Dissertation Paris, 1949-1950
LÉVÊQUE. P.: Pyrrhos. Dissertation Paris, 1957
MARTIN, V.: Papyrus Bodmer. Bd. 4: Ménandre, Le Dyscolos. (Bibliotheca Bodmeriana) Genf, 1958
MATZ, FR.: Archäologische Untersuchungen zum Dionysoskult in hellenistischer und römischer Zeit. Wiesbaden, 1964
MITTEIS, L., und U. WILCKEN: Grundzüge und Chrestomathie der Papyruskunde. Leipzig, 1912
NEUGEBAUER, O.: The exact sciences in antiquity. 2. Aufl. Providence, R. I., 1957
NIESE, B.: Geschichte der griechischen und makedonischen Staaten. 3 Bde. Gotha, 1893 bis 1903
NILSSON, M. P.: Geschichte der griechischen Religion. Bd. 2: Die hellenistische und römische Zeit. 2. Aufl. (Handbuch der Altertumswissenschaft V, 2) München, 1961
NOCK, A. D.: Conversion. The old and the new in religion from Alexander the Great to Augustine of Hippo. London/New York, 1933
OTTO, W.: Beiträge zur Seleukidengeschichte des 3.Jh. v. Chr. (Abhandlungen der Bayerischen Akademie der Wissenschaften, phil.-hist. Kl. 34, 1) München, 1928
OTTO, W.: Zur Geschichte der Zeit des 6. Ptolemäers. Ein Beitrag zur Politik und zum Staatsrecht des Hellenismus. (Abhandlungen der Bayerischen Akademie der Wissenschaften, phil.-hist. Abt. N.F. 11) München, 1934

OTTO, W., und H. BENGTSON: Zur Geschichte des Niederganges des Ptolemäerreiches. Ein Beitrag zur Regierungszeit des 8. und des 9. Ptolemäers. (Abhandlungen der Bayerischen Akademie der Wissenschaften, phil.-hist. Abt. N. F. 17) München, 1938
PRÉAUX, C.: L'économie royale des Lagides. (Fondation Égyptologique Reine Élisabeth) Brüssel, 1939
ROSTOVTZEFF, M.: A large estate in Ptolemaic Egypt. (University of Wisconsin Studies in the Social Sciences and History 6) Madison, Wis., 1922
ROSTOVTZEFF, M.: The social and economic history of the Hellenistic world. 3 Bde. Oxford, 1953. Deutsch: Gesellschafts- und Wirtschaftsgeschichte der hellenistischen Welt. 3 Bde. Darmstadt, 1955-1956
SAMUEL, A. E.: Ptolemaic chronology. (Münchener Beiträge zur Papyrusforschung und antiken Rechtsgeschichte 43) München, 1962
SCHACHERMEYR, FR.: Alexander der Große. Ingenium und Macht. Graz, 1949
SCHEDE, M.: Die Ruinen von Priene. Kurze Beschreibung. 2. Aufl. Bearb. G. Kleiner und W. Kleiss. Berlin, 1964
SEIDL, E.: Ptolemäische Rechtsgeschichte. 2. Aufl. (Ägyptologische Forschungen 22) Glückstadt, 1962
TAEGER, FR.: Charisma. Studien zur Geschichte des antiken Herrscherkultes. 2 Bde. Stuttgart, 1957-1960
TARN, W. W.: Antigonus Gonatas. Oxford, 1913
TARN, W. W.: Alexander the Great. 2 Bde. Cambridge, 1948. Neuaufl. 1951
TARN, W. W.: The Greeks in Bactria and India. 2. Aufl. Cambridge, 1951
TARN, W. W.: Hellenistic civilization. 3. Aufl. Hrsg. G.T. Griffith. London, 1952. Neudr. 1959
TAUBENSCHLAG, R.: The law of Greco-Roman Egypt in the light of the papyri. 2 Bde. Warschau, 1955
TCHERIKOVER, V.: Hellenistic colonization of the Jews. Philadelphia, 1959
WALBANK, F. W.: Philip V of Macedon. Cambridge, 1940
WELLES, C. B.: Royal correspondence in the Hellenistic period. New Haven, 1934
WILAMOWITZ-MOELLENDORFF, U. VON: Hellenistische Dichtung in der Zeit von Kallimachos. 2 Bde. Berlin, 1924
WILCKEN, U., Hrsg.: Urkunden der Ptolemäerzeit. Ältere Funde. 2 Bde. Berlin, 1927-1957 (Urkunden des Serapeions zu Memphis sowie einiger Gruppen in der Thebaïs)

Das hellenische Erbe

Die Quellen

AESOP – Corpus fabularum Aesopicarum. Hrsg. A. Hausrath. Bd. 1, Tl. 1. Neuaufl. Bd. 1, Tl. 2. 2. Aufl. Bearb. B. Hunger. (Bibliotheca Teubneriana) Stuttgart, 1957-1959. – Fabeln von Äsop und Äsopische Fabeln bei Phädrus.

Übers. W. Binder und J. Siebelis. Bearb. M. Vosseler. (Goldmanns Liebhaberausgaben) München, 1959
AISCHYLOS – Tragödien und Fragmente. Griechisch-Deutsch. Übers. O. Werner. (Tusculum-Bücherei) München, 1959. – Tragödien

und Fragmente. Übers. J. G. Droysen. Einl. W. Nestle. Neuaufl. (Kröners Taschenausgaben) Stuttgart, 1962. – Tragödien und Fragmente. J. G. Droysen. Bearb. F. Stoessl. (Die Bibliothek der AltenWelt) Zürich, 1952. – Tragödien und Fragmente. Übers. L. Wolde. Neuaufl. (Sammlung Dieterich) Bremen, 1960
ALKAIOS – Lieder. Griechisch-Deutsch. Hrsg. M. Treu. 2. Aufl. (Tusculum-Bücherei) München, 1963
APOLLONIOS RHODIOS – Argonautica. Hrsg. H. Fränkel. (Bibliotheca Oxoniensis) Oxford, 1961. – Argonautika. Übers. Th. von Scheffer. (Sammlung Dieterich) Leipzig, 1940 (Nachdichtung)
ARCHILOCHOS – Sämtliche Fragmente. Griechisch-Deutsch. Hrsg. M. Treu. Neuaufl. (Tusculum-Bücherei) München, 1959
ARISTOPHANES – Sämtliche Komödien. Übers. L. Seeger. Einleitung zur Geschichte und zum Nachleben der griechischen Komödie nebst Übertragungen von Fragmenten der alten und mittleren Komödie von O. Weinreich. 2 Bde. (Die Bibliothek der AltenWelt) Zürich, 1952–1953
ARISTOTELES – Opera. Hrsg. I. Bekker. Neuaufl. Bearb. O. Gigon. Bde. 1, 2, 4, 5. Berlin, 1960 bis 1961 (Bd. 3, Die Fragmente, in Vorbereitung; Bd. 1 u. 2 enthalten die Werke, Bd. 4 bringt die Scholien, Bd. 5 den Aristoteles-Index von H. Bonitz). – Werke. Bd. 1: Einführungsschriften. Bd. 2: Vom Himmel. Von der Seele. Von der Dichtkunst. Bd. 3: Die Nikomachische Ethik. Bd. 4: Politik und Staat der Athener. Übers. O. Gigon. 4 Bde. (Die Bibliothek der Alten Welt) Zürich, 1950 bis 1961. – Hauptwerke. Ausw. und Übers. E. Nestle. Neuaufl. (Kröners Taschenausgaben) Stuttgart, 1963
ARISTOTELES, Nikomachische Ethik – Ethica Nicomachea. Hrsg. I. Bekker. 4. Aufl. Berlin, 1881. – Die Nikomachische Ethik. Übers. F. Dirlmeier. (Fischer Bücherei) Frankfurt/Main, 1957
ARISTOTELES, Poetik – De arte poetica liber. Hrsg. J. Vahlen. 3. Aufl. Leipzig, 1885. Nachdr. Hildesheim, 1964. – Poetics. Hrsg. I. Bywater. Oxford, 1909. – Poetik. Übers. Th. Gomperz. Berlin, 1897. – Poetik. Übers. O. Gigon. (Reclams Universal-Bibliothek) Stuttgart, 1961
ARISTOTELES, Politik – De re publica. Hrsg. I. Bekker. Neuaufl. Berlin, 1887. – Politics. Übers. E. Barker. Oxford, 1946. – Politik. Übers. E. Rolfes. 3. Aufl. (Philosophische Bibliothek) Hamburg, 1958
DEMOSTHENES – Orationes. Hrsg. S. H. Butcher und W. Rennie. 4 Bde. (Bibliotheca Oxoniensis) Oxford, 1903–1931. – Hrsg. M. Croiset. 4 Bde. Paris, 1924–1947 (Mit französischer Übersetzung). – Sämtliche Reden. Übers. H. A. Papst. 19 Bde. Stuttgart, 1836–1842
DIOGENES LAËRTIOS – Vitae philosophorum. Hrsg. H. S. Long. 2 Bde. (Oxford classical texts) Oxford, 1964. – Lives and opinions of famous philosophers. Hrsg. R. D. Hicks. 2 Bde. 2. Aufl. Oxford, 1958–1959 (Mit englischer Übersetzung). – Leben, Meinungen und Aussprüche berühmter Philosophen. Übers. O.

Apelt. 2 Bde. 2. Aufl. (Philosophische Bibliothek) Hamburg, 1956
EPIKTET – Hrsg. und Übers. W. A. Oldfather. (The Loeb Classical Library) London, 1926 (Mit englischer Übersetzung). – Epiktet, Teles und Musonius. Wege zu glückseligem Leben. Übers. W. Capelle. (Stoa und Stoiker, Bd. 3.) (Die Bibliothek der Alten Welt) Zürich, 1948
EPIKUR – The extant remains. Hrsg. C. Bailey. Oxford, 1926 (Mit englischer Übersetzung). – Von der Überwindung der Furcht. Katechismus. Lehrbriefe. Spruchsammlung. Fragmente. Übers. O. Gigon. Neuaufl. (Die Bibliothek der Alten Welt) Zürich, 1965
EURIPIDES – Sämtliche Tragödien. Übers. J. J. Donner, Bearb. R. Kannicht. 2 Bde. (Kröners Taschenausgaben) Stuttgart, 1958. – Die Tragödien und Fragmente. Bd. 1. Bearb. F. Stoessl. Übers. H. von Arnim und F. Stoessl. (Die Bibliothek der Alten Welt) Zürich, 1958. – Die Troerinnen. Elektra. Iphigenie im Taurerland. Drei Tragödien. Übers. E. Buschor. München, 1957. – Helena. Ion. Die Phönikerinnen. Alkestis. Vier Tragödien. Übers. E. Buschor. München, 1963
EURIPIDES, Herakles – U. VON WILAMOWITZ-MOELLENDORFF: Euripides Herakles. 2 Bde. 2. Aufl. Berlin, 1895. Nachdr. in 3 Bdn. Darmstadt, 1959 (Das klassische Beispiel wissenschaftlicher Edition, von dem Altmeister der klassischen Philologie)
HERAKLIT – Worte tönen durch Jahrtausende. Griechisch-Deutsch. Hrsg. und Übers. H. Quiring. Berlin, 1959
HERODOT – Historien. Griechisch-Deutsch. Hrsg. J. Feix. 2 Bde. Neuaufl. (Tusculum-Bücherei) München, 1963. – Das Geschichtswerk des Herodotos von Halikarnassos. Übers. Th. Braun. 3. Aufl. Frankfurt/Main, 1958
HESIOD – Carmina. Hrsg. A. Rzach. 3. Aufl. Nachdr. (Bibliotheca Teubneriana) Stuttgart, 1958. – Werke und Tage. Hrsg. U. von Wilamowitz-Moellendorff. Berlin, 1928. – Theogonie. (Carmina, Bd. 1.) Hrsg. F. Jacoby. Berlin, 1930. – Sämtliche Werke. Theogonie. Werke und Tage. Schild des Herakles. Übers. Th. von Scheffer. Neuaufl. (Sammlung Dieterich) Wiesbaden, 1947 (Nachdichtung)
HOMER – Ilias und Odyssee. Griechisch-Deutsch. Griechischer Text hrsg. von Ed. Schwartz. Übers. J. H. Voss. Bearb. M. Bertheau. Neu hrsg. von B. Snell. 2 Bde. (Tempel-Klassiker) Neuaufl. Darmstadt, 1960. – Werke. Übers. J. H. Voss. Hrsg. P. von der Mühll. 2 Bde. (Birkhäuser-Klassiker) Basel, 1953. – Ilias und Odyssee. Übers. R. A. Schröder. (R. A. Schröder, Gesammelte Werke, Bd. 4.) Frankfurt/Main, 1964
HOMER, Ilias – Griechisch-Deutsch. Übers. H. Rupé. 2. Aufl. (Tusculum-Bücherei) München, 1961. – Übers. Fr. L. Graf zu Stolberg. (Knaur Bücher der Welt) München, 1960
HOMER, Odyssee – Griechisch-Deutsch. Übers. A. Weiher. 2. Aufl. (Tusculum-Bücherei) München, 1961. – Übers. J. H. Voss. Text der ersten Ausgabe. (Reclams Universal-Bibliothek) Stuttgart, 1959

HYPEREIDES – Orationes. Hrsg. Fr. Blaß. Neubearb. O. Jensen. (Bibliotheca Teubneriana) Leipzig, 1917. Neudr. Stuttgart, 1963. – Discours. Hrsg. G. Colin. (Collection des Universités de France) Paris, 1946 (Mit französischer Übersetzung). – Reden. Übers. W. S. Teuffel. 2. Aufl. Stuttgart, 1882
ISOKRATES – Works. Hrsg. und Übers. G. B. Norlin und L. R. Van Hook. 3 Bde. (The Loeb Classical Library) London, 1954–1956 (Mit englischer Übersetzung). – Die Reden. Übers. G. E. Benseler. 2 Bde. Leipzig, 1854–1855. – Die Reden. Übers. A. H. Christian. 8 Bde. 3. Aufl. Stuttgart, 1869
KALLIMACHOS – Hrsg. R. Pfeiffer. 2 Bde. Oxford, 1949–1953 (Wissenschaftlich musterhafte Ausgabe der Reste des Werks des größten hellenistischen Dichters). – Hrsg. E. Cahen. 4. Aufl. Paris, 1953 (Mit französischer Übersetzung). – Die Dichtungen des Kallimachos. Griechisch-Deutsch. Übers. E. Howald und E. Staiger. (Die Bibliothek der Alten Welt) Zürich, 1955
LYSIAS – Hrsg. C. Hude. 2. Aufl. (Bibliotheca Oxoniensis) Oxford, 1952. – Hrsg. C. Scheibe. Neubearb. Th. Thalheim. 2. Aufl. (Bibliotheca Teubneriana) Leipzig, 1913. – Griechisch-Englisch. Hrsg. und Übers. W. R. M. Lamb. (The Loeb Classical Library) London, 1930. – Hrsg. L. Gernet. Neubearb. M. Bizos. 2 Bde. Paris, 1955 (Mit französischer Übers.). – Übers. A. Westermann und W. Binder. Neuaufl. (4.–7. Aufl. der Tle.) Leipzig, 1904 bis 1909 (u. ö.). – Übers. F. Baur. 4. Aufl. Stuttgart, 1884
MENANDER – Die Komödien und Fragmente. Übers. G. Goldschmidt. (Die Bibliothek der Alten Welt) Zürich, 1949
MENANDER, Dyskolos – Der Menschenfeind (Dyskolos). Griechisch-Deutsch. Hrsg. und Übers. W. Kraus. (Lebendige Antike) Zürich, 1960. – Dyskolos. Griechisch-Deutsch. Hrsg. M. Treu. (Tusculum-Bücherei) München, 1960. – Der Menschenfeind (Dyskolos). Übers. B. Wyss. (Insel-Bücherei) Wiesbaden, 1961
PHILO VON ALEXANDRIA – Opera. Hrsg. L. Cohn und P. Wendland. 7 Bde. Berlin, 1869–1930. Nachdr. 1962. – Die Werke in deutscher Übersetzung. Hrsg. L. Cohn, I. Heinemann, M. Adler und W. Theiler. Bde. 1–6. Berlin, 1909–1938. Nachdr. 1962. Bd. 7. Hrsg. W. Theiler. Berlin, 1964
PINDAR – Carmina. Hrsg. B. Snell. Tl. 1: Epinikia. Tl. 2: Fragmenta. 3. Aufl. (Bibliotheca Teubneriana) Stuttgart, 1959–1963. – Die Dichtungen und Fragmente. Übers. L. Wolde. Wiesbaden, 1958
PLATON – Sämtliche Werke. Übers. Fr. Schleiermacher, F. Susemihl, L. Georgii u. a. Hrsg. E. Loewenthal. 3 Bde. 4. Aufl. Heidelberg, 1957. – Works. Übers. B. Jowett. 3 Bde. 4. Aufl. Oxford/New York, 1953. – Hauptwerke. Ausw. W. Nestle. 6. Aufl. (Kröners Taschenausgaben) Stuttgart, 1958
PLATON, Dialoge – Frühdialoge. Laches, Charmides, Lysis, Der größere Hippias, Der kleinere Hippias, Protagoras, Euthydemos, Ion, Menexenos. Übers. R. Rufener. (Die Bibliothek der Alten Welt) Zürich, 1960. – Die Werke des Aufstiegs. Euthyphron, Apologie, Kriton, Gorgias, Menon. Übers. R. Rufener. Neuaufl. (Die Bibliothek der Alten Welt) Zürich, 1965. – Meisterdialoge. Phaidon, Symposion, Phaidros. Übers. R. Rufener. (Die Bibliothek der Alten Welt) Zürich, 1958. – Gastmahl, Phaidros, Phaidon. Übers. R. Kassner. 3. Aufl. (Diederichs Taschenausgaben) Düsseldorf, 1959
PLATON, Ion – Griechisch-Deutsch. Hrsg. H. Flashar. (Tusculum-Bücherei) München, 1963
PLATON, Phaidon – Griechisch-Deutsch. Hrsg. F. Dirlmeier. 2. Aufl. (Tusculum-Bücherei) München, 1959
PLATON, Phaidros – Griechisch-Deutsch. Hrsg. W. Buchwald. (Tusculum-Bücherei) München, 1964
PLATON, Protagoras – Hrsg. J. Adam. Neuaufl. Cambridge, 1940. – Übers. O. Apelt. 3. Aufl. Bearb. A. Mauersberger und A. Capelle. (Philosophische Bibliothek) Hamburg, 1956
PLATON, Staat – De re publica. Hrsg. J. Adam. 2 Bde. 3./4. Aufl. Cambridge, 1921–1926. – Der Staat. Übers. O. Apelt. Bearb. K. Bormann. (Philosophische Bibliothek) Hamburg, 1961. – Der Staat (Politeia). Übers. K. Vretska. (Reclams Universal-Bibliothek) Stuttgart, 1958. – Der Staat. Übers. A. Horneffer. (Kröners Taschenausgaben) Stuttgart, 1958. – Der Staat. Übers. R. Rufener. (Die Bibliothek der Alten Welt) Zürich, 1950
PLATON, Briefe – Die echten Briefe Platons. Griechisch-Deutsch. Übers. E. Howald. (Die Bibliothek der Alten Welt) Zürich, 1951. – Die Briefe. Übers. H. Weinstock. (Kröners Taschenausgaben) Stuttgart, 1954. – Der siebente Brief. Übers. E. Howald. (Reclams Universal-Bibliothek) Stuttgart, 1963
POLYBIOS – Historiae. Hrsg. Th. Büttner-Wobst. 5 Bde. Nachdr. (Bibliotheca Teubneriana) Stuttgart, 1962–1963. – Geschichte. Gesamtausg. Übers. H. Drexler. 2 Bde. (Die Bibliothek der Alten Welt) Zürich, 1961–1963
PROKLOS – Elementa theologica. Elements of theology. Hrsg. E. R. Dodds. 2. Aufl. Oxford, 1963. – Kommentar zum »Staat«. Hrsg. W. Kroll. 2 Bde. Leipzig, 1890–1901. – Kommentar zum »Timaios«. Hrsg. E. Diehl. 3 Bde. Leipzig, 1903–1906. – Ausw. in: Die Nachsokratiker. Hrsg. und Übers. W. Nestle. 6. Aufl. (Diederichs Taschenausgaben) Jena, 1929 – (Französische und deutsche Übersetzungen weiterer Stücke dieses bedeutendsten unter den späten Neuplatonikern sind in Vorbereitung)
SAPPHO – Lieder. Griechisch-deutsch. Hrsg. M. Treu. 3. Aufl. (Tusculum-Bücherei) München, 1963
SOPHOKLES – Tragödien. Übers. R. Woerner. Leipzig, 1942. – Tragödien. Übers. E. Staiger. Zürich, 1946. – Die Tragödien. Übers. H. Weinstock. 4. Aufl. (Kröners Taschenausgaben) Stuttgart, 1962. – Antigone. König Oidipus. Oidipus auf Kolonos. Drei Tragödien. Übers. E. Buschor. München, 1954. Aias. Die Mädchen von Trachis. Elektra. Philoktetes. Vier Tragödien. Übers. E. Buschor. München, 1959. – König Ödipus. Übers. W. Schadewaldt. Neuaufl. Frankfurt/Main, 1964

SOPHOKLES, Antigone – Griechisch-Deutsch. Übers. K. Reinhardt. 3. Aufl. (Kleine Vandenhoeck-Reihe) Göttingen, 1961
THEOPHRAST – Charakterbilder. Griechisch-Deutsch. Hrsg. W. Plankl. 4. Aufl. (Tusculum-Bücherei) München, 1947. – Charakteres. Hrsg. P. Steinmetz. 2 Bde. (Das Wort der Antike) München, 1960–1962 (Mit Übers. im Bd. 2). – Charakterbilder. Übers. H. Rüdiger. Neuaufl. (Sammlung Dieterich) Bremen, 1949. – Metaphysics. Griechisch-Englisch. Hrsg. und Übers. W. D. Ross und F. H. Fobes. Oxford, 1929
THUKYDIDES – Der große Krieg. Übers. H. Weinstock. 5. Aufl. (Kröners Taschenausgaben) Stuttgart, 1959. – Geschichte des Peloponnesischen Krieges. Übers. Th Braun. 2. Aufl. Frankfurt/Main, 1961. – Geschichte des Peloponnesischen Krieges. Übers. G. P. Landmann. (Die Bibliothek der Alten Welt) Zürich, 1960
XENOPHON – Der Zug der Zehntausend. Cyri Anabasis. Griechisch-Deutsch. Hrsg. W. Müri. 2. Aufl. (Tusculum-Bücherei) München, 1959. — Des Kyros Anabasis. Der Zug der Zehntausend. Übers. H. Vretska. (Reclams Universal-Bibliothek) Stuttgart, 1958
XENOPHON – Erinnerungen an Sokrates. Griechisch-Deutsch. Hrsg. G. Jaerisch. (Tusculum-Bücherei) München, 1962. – Die sokratischen Schriften. Memorabilien. Symposion. Oikonomikos. Apologie. Übers. und Hrsg. E. Bux. (Kröners Taschenausgaben) Stuttgart, 1956
ANTHOLOGIA GRAECA. Griechisch-Deutsch. Hrsg. H. Beckby. 4 Bde. (Tusculum-Bücherei) München, 1957–1958
HISTORIKER – Die Fragmente der griechischen Historiker. Hrsg. F. Jacoby. Bde. 1–14. Berlin, 1923 – Leiden, 1958 (Manche sehr wichtige, aber nur fragmentarisch erhaltene Autoren sind bisher kaum oder überhaupt nicht in modernen Übersetzungen zugänglich; dieses Werk mit seinem Kommentar stellt eine einzigartige Fundgrube für die gesamte griechische Geschichte und Kulturgeschichte dar)
STOIKER – Stoa und Stoiker. (Bd. 1:) Die Gründer, Panaitios, Poseidonios. Übers. M. Pohlenz. (Die Bibliothek der Alten Welt) Zürich, 1950
VORSOKRATIKER – Die Fragmente der Vorsokratiker. Griechisch-Deutsch. Hrsg. und Übers. H. Diels und W. Kranz. 3 Bde. 9. Aufl. Hamburg, 1959–1960. – Die Fragmente und Quellenberichte. Übers. W. Capelle. 6. Aufl. (Kröners Taschenausgaben) Stuttgart, 1964. – Die Vorsokratiker. Deutsch in Ausw, von W. Nestle. 4. Aufl. (Diederichs Taschenausgaben) Düsseldorf, 1956
ARIAS, P. E., und M. HIRMER: Tausend Jahre griechische Vasenkunst. München, 1960 (Die Vasenbilder sind als unmittelbar von Betrachter sprechende Dokumente unschätzbar; zum Hinweis wird dieser Bilderband mit den unten genannten Studien von Schefold und Sechan angeführt)
BINNEBÖSSEL, R.: Studien zu den attischen Urkundenreliefs. Leipzig, 1932 (Als unmittelbar wirkende Dokumente sind, neben den Vasenbildern, die Inschriften wichtig, die jedoch meist nur dem Fachmann zugänglich sind; zum Hinweis wird dieses Werk sowie unten die Studie von Süsserott und die Bibliographie von Pfohl angeführt)
PFOHL, G.: Bibliographie der griechischen Versinschriften. Hildesheim, 1964
SCHEFOLD, K.: Frühgriechische Sagenbilder. Der griechische Mythos in der bildenden Kunst. München, 1964
SECHAN, L.: Études sur la tragédie grecque dans ses rapports avec la céramique. Paris, 1926
SÜSSEROTT, K.: Griechische Plastik des vierten Jahrhunderts v. Chr. Untersuchungen zur Zeitbestimmung. Frankfurt/Main, 1938 (Vgl. die Anmerkung zum oben angeführten Werk von Binnebössel)

*Philosophie und Religion,
Geschichtsschreibung und Dichtung*

ANDERSON, W.: Man's quest for political knowledge. The study and teaching of politics in ancient times. Minneapolis, 1964
BLASS, FR.: Die attische Beredsamkeit. 3 Bde. 2. Aufl. Leipzig, 1887–1898. 3. Aufl. Hildesheim, 1963
EHRENBERG, V.: Polis und Imperium. Beiträge zur alten Geschichte. Hrsg. K. Fr. Stroheker und J. A. Graham. Zürich, 1965 (Kleinere, zum Teil bisher unveröffentlichte Schriften)
FRÄNKEL, H.: Dichtung und Philosophie des frühen Griechentums. (American Philological Association, Philological Monographs 13) Baltimore, 1951. Neuausg.: Dichtung und Philosophie des frühen Griechentums. Eine Geschichte der griechischen Epik, Lyrik und Prosa bis zur Mitte des 5. Jahrhunderts. 2. Aufl. München, 1962
JAEGER, W.: Paideia. Die Formung des griechischen Menschen. 4 Bde. 3./4. Aufl. Berlin, 1954 bis 1959
JAEGER, W.: The theology of the early Greek philosophers. Neuaufl. Oxford, 1948. Deutsch: Die Theologie der frühen griechischen Denker. 2. Aufl. Stuttgart, 1964 (Vorlesungen, 1936 in deutscher Sprache in Schottland gehalten)
JAEGER, W.: Early Christianity and Greek paideia. (Carl Newell Jackson Lectures 1960) Cambridge, Mass., 1961. Deutsch: Das frühe Christentum und die griechische Bildung. Übers. W. Eltester. Berlin, 1963
KIRK, G. S., und J. E. RAVEN: The presocratic philosophers. A critical history with a selection of texts. Cambridge, 1957
LATTE, K.: Römische Religionsgeschichte. (Handbuch der Altertumswissenschaft, V,4) München, 1960 (Wichtig wegen der ständigen Bezugnahme auf die Verhältnisse in der griechischen Religion)
LESKY, A.: Geschichte der griechischen Literatur. 2. Aufl. München, 1963
LESKY, A.: Die tragische Dichtung der Hellenen. 2. Aufl. (Studienhefte zur Altertumswissenschaft) Göttingen, 1964
NILSSON, M. P.: Geschichte der griechischen Religion. 2 Bde. 2. Aufl. (Handbuch der Altertumswissenschaft, V,2) München, 1955–1961

NORDEN, ED.: Die antike Kunstprosa vom 6. Jahrhundert v. Chr. bis in die Zeit der Renaissance. 2 Bde. 5. Aufl. Stuttgart, 1958
POHLENZ, M.: Die griechische Tragödie. 2 Bde. 2. Aufl. Göttingen, 1954
POHLENZ, M.: Die Stoa. Geschichte einer geistigen Bewegung. 2 Bde. 3. Aufl. Göttingen, 1964
ROBIN, L.: La pensée hellénique des origines à Épicure. Paris, 1942
SCHWARTZ, ED.: Die Ethik der Griechen. Hrsg. W. Richter. Stuttgart, 1951
VOLKMANN, R.: Die Rhetorik der Griechen und Römer. 3. Aufl. Bearb. C. Hammer. (Handbuch der klassischen Altertumswissenschaft, II,3) München, 1901
WEBSTER, T. B. L.: Hellenistic poetry and art. London, 1964
WILAMOWITZ-MOELLENDORFF, U. VON: Hellenistische Dichtung in der Zeit des Kallimachos. Berlin, 1924
WILAMOWITZ-MOELLENDORFF, U. VON: Der Glaube der Hellenen. 2 Bde. 3. Aufl. Basel, 1959
ZELLER, ED.: Die Philosophie der Griechen in ihrer geschichtlichen Entwicklung. 6 Bde. 4.–7. Aufl. Leipzig, 1909–1923 (Noch heute grundlegend, wiewohl vor drei Generationen geschrieben – unvergleichlich in der Besonnenheit des Urteils wie in der Fülle des zusammengetragenen Textmaterials)

Die Philosophen, Historiker und Dichter

ALLAN, D. J.: The philosophy of Aristotle. London/New York, 1952. Deutsch: Die Philosophie des Aristoteles. Übers. und Hrsg. P. Wilpert. Hamburg, 1955
BONHÖFFER, AD.: Epiktet und das Neue Testament. (Religionsgeschichtliche Versuche und Vorarbeiten, 10) Gießen, 1911. Nachdr. 1964
BOWRA, SIR C. M.: Pindar. Oxford, 1964 (Enthält auch Übersetzungen)
CORNFORD, F. M.: Plato and Parmenides. London/New York, 1939
FRANK, E.: Plato und die sogenannten Pythagoreer. Ein Kapitel aus der Geschichte des griechischen Geistes. 2. Aufl. Tübingen, 1962
JAEGER, W.: Aristoteles. Grundlegung einer Geschichte seiner Entwicklung. Berlin, 1923
JAEGER, W.: Demosthenes. Der Staatsmann und sein Werden. 2. Aufl. Berlin, 1963
KERSCHENSTEINER, J.: Platon und der Orient. Stuttgart, 1945
MARG, W., Hrsg.: Herodot. Eine Auswahl aus der neueren Forschung. München, 1962
POHLENZ, M.: Aus Platos Werdezeit. Berlin, 1913
POHLENZ, M.: Herodot. Der erste Geschichtsschreiber des Abendlandes. 2. Aufl. Stuttgart, 1961
REINHARDT, K.: Poseidonios. München, 1921
REINHARDT, K.: Sophokles. 3. Aufl. Frankfurt/Main, 1947
REINHARDT, K.: Aischylos als Regisseur und Theologe. Bern, 1949
RIETH, O.: Die Kunst Menanders in den »Adelphen« des Terenz. Hrsg. K. Gaiser. Hildesheim, 1964

SCHADEWALDT, W.: Von Homers Welt und Werk. Aufsätze und Auslegungen zur homerischen Frage. 3. Aufl. Stuttgart, 1959
SOLMSEN, F.: Hesiod and Aeschylus. Ithaca, N.Y., 1949
SOLMSEN, F.: Aristotle's system of the physical world. Ithaca, N.Y., 1960
VON DER MÜHLL, P.: Kritisches Hypomnema zur Ilias. (Schweizer Beiträge zur Altertumswissenschaft, 4) Basel, 1952
WILAMOWITZ-MOELLENDORFF, U. VON: Aristoteles und Athen. Berlin, 1893
WILAMOWITZ-MOELLENDORFF, U. VON: Platon. Sein Leben und seine Werke. 3. Aufl. Berlin, 1929
WILAMOWITZ-MOELLENDORFF, U. VON: Sappho und Simonides. Untersuchungen über griechische Lyriker. Berlin, 1913

Die Literaturgattungen und Begriffe (Einzelstudien)

BADEN, H. J.: Das Tragische. Die Erkenntnisse der griechischen Tragödie. 2. Aufl. Berlin, 1948
BURKERT, W.: Weisheit und Wissenschaft. Studien zu Pythagoras, Philolaos und Platon. Nürnberg, 1962
DIHLE, A.: Studien zur griechischen Biographie. (Abhandlungen der Akademie der Wissenschaften in Göttingen, phil.-hist. Kl., F. 3, 37) Göttingen, 1956
FRÄNKEL, H.: Wege und Formen frühgriechischen Denkens. Literarische und philosophiegeschichtliche Studien. Hrsg. F. Tietze. 2. Aufl. München, 1960
FRITZ, K. VON: Antike und moderne Tragödie. Neun Abhandlungen. Berlin, 1962
FUCHS, H.: Der geistige Widerstand gegen Rom in der antiken Welt. Berlin, 1938
JACOBY, F.: Abhandlungen zur griechischen Geschichtsschreibung. Zu seinem 80. Geburtstage. Hrsg. H. Bloch. Leiden, 1956
JAEGER, W.: Scripta minora. 2 Bde. Rom, 1960 (Sammlung kleinerer Schriften des hervorragenden Forschers, der entscheidend auf das gegenwärtige Verständnis der Antike eingewirkt hat)
KRÄMER, H. J.: Arete bei Platon und Aristoteles. Zum Wesen und zur Geschichte der platonischen Ontologie. (Abhandlungen der Heidelberger Akademie der Wissenschaften, phil.-hist. Kl. 1959, 6) Heidelberg, 1959
LATTE, K.: Heiliges Recht. Untersuchungen zur Geschichte der sakralen Rechtsformen in Griechenland. Tübingen, 1920
REINHARDT, K.: Vermächtnis der Antike. Gesammelte Essays zur Philosophie und Geschichtsschreibung. Hrsg. C. Becker. Göttingen, 1959
SCHADEWALDT, W.: Hellas und Hesperien. Gesammelte Schriften zur Antike und zur neueren Literatur. Hrsg. E. Zinn zus. mit K. Bartels. Zürich, 1960
SCHWARTZ, ED.: Griechische Geschichtsschreiber. Leipzig, 1957
SNELL, B.: Die Entdeckung des Geistes. Studien zur Entstehung des europäischen Denkens bei den Griechen. 3. Aufl. Hamburg, 1955

ROM

DIE RÖMISCHE WELT

Rom und Italien

Quellen

Diodoros (Diodorus Siculus) – Bibliotheca historica. Hrsg. F. Vogel und C. T. Fischer. 5 Bde. 3. Aufl. (Bibliotheca Teubneriana) Leipzig, 1888–1906. Nachdr. Stuttgart, 1964ff. (bisher 2 Bde.). – Geschichtsbibliothek. Übers. A. Wahrmund. 6 Bde. (Langenscheidtsche Bibliothek sämtlicher griechischen und römischen Klassiker) Stuttgart, 1869–1870 (Öfters nachgedr.)

Dionysios von Halikarnass – Antiquitates Romanae. Hrsg. C. Jacoby. 4 Bde. (Bibliotheca Teubneriana) Leipzig, 1885–1905. – Römische Archäologie. Übers. Schaller und Christian. 12 Bde. (Übersetzungs-Bibliothek der griechischen und römischen Prosaiker und Dichter) Stuttgart, 1827–1850 (u. ö.)

Livius – Ab urbe condita libri. Hrsg. W. Weißenborn und M. Müller. 4 Tle. (Bibliotheca Teubneriana) Leipzig, 1923–1930. Tle. 3 u. 4, Nachdr. Stuttgart, 1959. – History of Rome. Übers. B. O. Foster u. a. 5 Bde. Neuaufl. (The Loeb Classical Library) Cambridge, Mass., 1951–1959. – Römische Geschichte. Übers. K. Heusinger. Neuaufl. Bearb. O. Güthling. 4 Tle. (Reclams Universal-Bibliothek) Leipzig, 1926–1929. – Ausw.: Römische Frühgeschichte. (Bd. 1:) Roms Königszeit und der Kampf um die Vorherrschaft in Mittelitalien. Bd. 2: Die Einigung Mittelitaliens durch Rom. Übers. J. Feix. (Goldmanns Gelbe Taschenbücher) München, 1960–1962

Vorgeschichte Italiens

Chevallier, R.: L'Italie du nord au seuil d'histoire: Villanoviens et Étrusques. Latomus 21, 1962 (Diskutiert die neuere Literatur)

Duhn, Fr. von: Italische Gräberkunde. 2 Bde. Bd. 2 hrsg. von F. Messerschmidt. Heidelberg, 1924–1939 (Das erste grundlegende Werk über die italische Frühzeit, dank seines Materialreichtums noch immer wertvoll, wenn auch Duhns scharfe Trennung von bestatteten und verbrennenden Italikern – entsprechend der Scheidung zwischen den umbro-sabellischen Stämmen und den Latinern – heute aufgegeben ist)

Kaschnitz von Weinberg, G. Freiherr: (Jüngere Steinzeit und Bronzezeit in Europa und einigen angrenzenden Gebieten bis um 1000 v. Chr.) Italien mit Sardinien, Sizilien und Malta. In: Handbuch der Archäologie im Rahmen des Handbuchs der Altertumswissenschaft. Bd. II: Die Denkmäler. München, 1950

Krahe, H.: Die Indogermanisierung Griechenlands und Italiens. Heidelberg, 1949 (Verfolgt die Große Wanderung vor allem an Hand der Eigennamen)

Messerschmidt, F.: Bronzezeit und frühe Eisenzeit in Italien. Pfahlbau, Terramare, Villanova. Berlin, 1935 (Gute knappe Übersicht über die Probleme und den damaligen Stand der Forschung)

Pallottino, M.: Sulla cronologia dell'età del bronzo finale e dell'età del ferro in Italia. Studi Etruschi 28, 1960

Täubler, E.: Terremare und Rom. (Sitzungsberichte der Heidelberger Akademie der Wissenschaften, phil.-hist. Kl., 1931/32,2) Heidelberg, 1932 (Trägt die – heute im allgemeinen abgelehnte – These von der Terremare-Siedlung als Vorstufe des römischen Lagers vor)

Wiesner, J.: Vor- und Frühzeit der Mittelmeerländer. Bd. 1: Das östliche Mittelmeer. Bd. 2: Das westliche Mittelmeer. 2 Bde. (Sammlung Göschen) Berlin, 1943

Die Etrusker

Altheim, F.: Der Ursprung der Etrusker. Baden-Baden, 1951

Banti, L.: Il mondo degli Etruschi. Rom, 1960. Deutsch: Die Welt der Etrusker. 2. Aufl. (Große Kulturen der Frühzeit, N. F.) Stuttgart, 1962

Camporeale, G. A.: Sull'organizzazione statuale degli Etruschi. Parola del Passato 13, 1959

Devoto, G.: Gli Etruschi nel quadro dei popoli italici antichi. Historia 6, 1957

Herbig, R.: Götter und Dämonen der Etrusker. Heidelberg, 1948

Heurgon, J.: L'état étrusque. Historia 6, 1957

MÜLLER, K. O.: Die Etrusker. 2 Bde. Breslau, 1828. 2. Aufl. Neu bearb. von W. Deecke. 2 Bde. Stuttgart, 1877–1878 (Die älteste, heute weithin überholte Darstellung)

PALLOTTINO, M.: Etruscologia. 5. Aufl. Mailand, 1960. Deutsch: Die Etrusker. (Fischer Bücherei) Frankfurt/Main, 1965

SAEFLUND, G.: Über den Ursprung der Etrusker. Historia 6, 1957

SCHACHERMEYR, FR.: Etruskische Frühgeschichte. Berlin, 1929 (Betrachtet die Etrusker innerhalb ihrer historischen Umwelt und vermittelt so wertvolle Aufschlüsse über deren Ursprung)

Die Frühzeit Roms

AFZELIUS, A.: Die römische Eroberung Italiens 340–264 v. Chr. Acta Jutlandica (Århus) 16, 1942

ALFÖLDI, A.: Der frührömische Reiteradel und seine Abzeichen. Baden-Baden, 1952

BELOCH, K. J.: Der italische Bund unter Roms Hegemonie. Leipzig, 1880

BELOCH, K. J.: Römische Geschichte bis zum Beginn der Punischen Kriege. Berlin, 1926 (Schuf die Grundlagen zu einer kritischen Betrachtung der Behandlung der älteren Geschichte Roms in der römischen Historiographie)

BICKERMANN, E.: Chronologie. In: A. Gercke und Ed. Norden: Einleitung in die Altertumswissenschaft, Bd. 3. 4. Aufl. Leipzig, 1933

DULCKEIT, G., und FR. SCHWARZ: Römische Rechtsgeschichte. 3. Aufl. (Kurzlehrbücher für das juristische Studium) München, 1963 (Kurze, gut lesbare Zusammenfassung)

FRANK, T.: Roman imperialism. New York, 1914

GELZER, M.: Die Nobilität der römischen Republik. Leipzig, 1912

GERKEN, A. VON: Zur Frühgeschichte Roms. Rheinisches Museum 100, 1957

GJERSTAD, E.: Early Rome. Bd. 1: Stratigraphical researches in the Forum Romanum and along the Via Sacra. Bd. 2: The tombs. Bd. 3: Fortifications, domestic architecture, sanctuaries. (Skrifter utgivna av Svenska Institutet i Rom, 4,17) Lund, 1953–1960 (Grundlegendes, auf sechs Bände berechnetes Werk zur Topographie des ältesten Rom)

GÖHLER, J.: Rom und Italien. Die römische Bundesgenossenpolitik von den Anfängen bis zum Bundesgenossenkrieg. Breslau, 1939 (Nicht befriedigende Darstellung, vgl. dazu W. Otto in der Historischen Zeitschrift 164, 1941)

HEUSS, A.: Zur Entwicklung des Imperiums des römischen Oberbeamten. Zeitschrift der Savigny-Stiftung für Rechtsgeschichte, Romanistische Abt., 64, 1944 (Grundlegender Aufsatz über das Entstehen neuer staatlicher Formen und Begriffe im Gefolge des Ständekampfes)

HEUSS, A.: Römische Geschichte. Braunschweig, 1960 (Mit einer kritischen Übersicht über die neuere Forschung im Anhang)

HOFFMANN, W.: Rom und die griechische Welt im 4. Jahrhundert v. Chr. Philologus, Suppl.-Bd. 27, 1934

HOFFMANN, W.: Die römische Plebs. Neue Jahrbücher für Antike und deutsche Bildung (113), 1938 (Gute zusammenfassende Darstellung der Entstehung und der Politik der Plebs)

KIRCHHOFF, AD.: Studien zur Geschichte des griechischen Alphabets. 4. Aufl. Gütersloh, 1887

KORNEMANN, E.: Niebuhr und der Aufbau der altrömischen Geschichte. Historische Zeitschrift 145, 1932 (Zum Problem der römischen Geschichtsschreibung und ihrer modernen Kritiker)

LATTE, K.: Römische Religionsgeschichte. (Handbuch der Altertumswissenschaft, V,4) München, 1960

LÉVÊQUE, P.: Pyrrhus. Bibliothèque des Écoles Françaises d'Athènes et de Rome 185, 1957

MEYER, ED.: Der Ursprung des Tribunats und die Gemeinde der vier Tribus. In: Gesammelte Schriften, Bd. 1. Halle/Saale, 1924 (Aufsatz von 1895)

MEYER, ED.: Das römische Manipularheer, seine Entwicklung und seine Vorstufen. In: Gesammelte Schriften, Bd. 2. Halle/Saale, 1924

MOMMSEN, TH.: Römische Geschichte. Bd. 1: Bis zur Schlacht bei Pydna. 14. Aufl. Berlin, 1933 (Noch immer, obwohl für die ältere Geschichte teilweise überholt, eine der lesenswertesten Darstellungen des alten Rom)

MOMMSEN, TH.: Die römische Chronologie bis auf Caesar. 2. Aufl. Berlin, 1859

MOMMSEN, TH.: Römische Forschungen. 2 Bde. Berlin, 1864–1879. Bd. 1, 2. Aufl., 1865 (Für die Frühzeit Roms wichtige Aufsätze insbesondere: »Die verschiedenen Patriziergeschlechter« in Bd. 1 und »Fabius und Diodor« in Bd. 2)

MOMMSEN, TH.: Das Römische Staatsrecht. 3 Bde. Bd. 1 u. 2, 3. Aufl. (Handbuch römischer Altertümer 1–3) Berlin, 1878–1888. Nachdr. Graz, 1952–1953 (Bd. 1 behandelt die einzelnen Begriffe des Staatsrechts, Bd. 2 die einzelnen Magistraturen, Bd. 3 handelt von Volk und Senat, den Ständen, dem latinischen und dem italischen Bund, den Munizipien und dem Princeps – das Material ist systematisch geordnet und in ein großartiges Bild vom römischen Staat eingegliedert; der historischen Entwicklung ist jeweils Rechnung getragen, doch tritt diese zurück angesichts der Grundtendenz des Werkes, das römische Staatsrecht von den Anfängen bis zur Kaiserzeit als Einheit zu behandeln. Trotz der Kritik an mancherlei Verzerrungen, die durch diese Tendenz verursacht sind, bleibt Mommsens Werk das Fundament aller Forschung zum römischen Staat)

MÜLLER-KARPE, H.: Vom Anfang Roms. (Mitteilungen des Deutschen Archäologischen Instituts, Römische Abteilung, Erg. H. 5) Heidelberg, 1959 (Sucht mit Hilfe der Funde in Rom und Latium die älteste Entwicklung der Stadt zu erhellen)

MÜNZER, FR.: Römische Adelsparteien und Adelsfamilien. Stuttgart, 1920

NIESE, B.: Grundriß der römischen Geschichte nebst Quellenkunde. 5. Aufl. Neubearb. E. Hohl. (Handbuch der Altertumswissenschaft, III,5) München, 1923

PALLOTTINO, M.: Le origini di Roma. Archeologica classica 12, 1960 (Übersicht über die Forschung)
PIGANIOL, A.: Histoire de Rome. 5. Aufl. (Collection Clio) Paris, 1962 (Mit vorzüglicher Bibliographie)
REHM, A.: Der griechisch-italische Kreis: Die Inschriften. In: Handbuch der Archäologie im Rahmen des Handbuchs der Altertumswissenschaft. Bd. I: Die Quellen. München, 1939 (Die Fragen der Entstehung des etruskischen und lateinischen Alphabets)
ROSENBERG, A.: Einleitung und Quellenkunde zur römischen Geschichte. Berlin, 1921 (Literaturgeschichte der römischen Historiographie, mit gründlicher Durchleuchtung der Probleme der annalistischen Geschichtsschreibung Roms)
ROSENBERG, A.: Der Staat der alten Italiker. Berlin, 1913

RUDOLPH, H.: Stadt und Staat im römischen Italien. Untersuchungen über die Entwicklung des Munizipalwesens in republikanischer Zeit. Leipzig, 1935 (Gründliche kritische Interpretation der spätrepublikanischen Quellen, die zur Klärung der Fragen auch hinsichtlich der älteren Stadtverfassungen der Italiker beigetragen hat)
SIBER, H.: Römisches Verfassungsrecht in rechtsgeschichtlicher Entwicklung. Lahr, 1952 (Versuch einer die historische Entwicklung genau nachzeichnenden Verfassungsgeschichte)
VOGT, J.: Die römische Republik. (Römische Geschichte, 1. Hälfte.) 4. Aufl. (Geschichte führender Völker) Freiburg i. Br., 1959. Taschenbuchausg.: [Bd. 1:] Der Aufstieg Roms. [Bd. 2:] Weltreich und Krise. (Herder-Bücherei) Freiburg i. Br., 1962

Roms Aufstieg zur Weltherrschaft

Quellen

LIVIUS – Ab urbe condita libri. Hrsg. W. Weißenborn und M. Müller. 4 Tle. (Bibliotheca Teubneriana) Leipzig, 1923–1930. Tle. 3 u. 4, Nachdr. Stuttgart, 1959. – History of Rome. Übers. B. O. Foster u. a. Neuaufl. (The Loeb Classical Library) Cambridge, Mass., 1951 bis 1959. – Römische Geschichte. Übers. K. Heusinger. Neuaufl. Bearb. O. Güthling. 4 Tle. (Reclams Universal-Bibliothek) Leipzig, 1926–1929. – Ausw.: Römische Frühgeschichte. (Bd. 1:) Roms Königszeit und der Kampf um die Vorherrschaft in Mittelitalien. (Bd. 2:) Die Einigung Mittelitaliens durch Rom. (Bd. 3:) Hannibal ante portas. Geschichte eines Feldzuges. 2. Aufl. Übers. J. Feix. (Goldmanns Gelbe Taschenbücher) München, 1960–1962 (Behandelt in den Büchern 21–45 die Jahre von 218 bis 167)
POLYBIOS – Historiae. Hrsg. Th. Büttner-Wobst. 5 Bde. Nachdr. (Bibliotheca Teubneriana) Stuttgart, 1962–1963. – Geschichte. Gesamtausg. Übers. H. Drexler. 2 Bde. (Die Bibliothek der Alten Welt) Zürich, 1961–1963 (Überblick über die Zeit von 264–220, 1. u. 2. Buch, und Schilderung der Zeit von 220–145; ab Buch 6 nur fragmentarisch erhalten)

Geschichtliche Übersichten

THE CAMBRIDGE ANCIENT HISTORY, Bde. 7–11. Hrsg. S. A. Cook, F. E. Adcock und M. P. Charlesworth. Bd. 7: Rome and the Mediterranean 218–133 B. C. Bd. 8: The Hellenistic monarchies and the rise of Rome. 2. Aufl. Cambridge, 1954
HEUSS, A.: Römische Geschichte. Braunschweig, 1960
MEYER, E.: Römischer Staat und Staatsgedanke. 2. Aufl. Zürich, 1961
VOGT, J.: Die römische Republik. (Römische Geschichte, 1. Hälfte.) 4. Aufl. (Geschichte führender Völker) Freiburg i. Br., 1959

Geschichtliche Studien

AFZELIUS, A.: Die römische Kriegsmacht während der Auseinandersetzung mit den hellenistischen Großmächten. Acta Jutlandica (Århus) 16, 1942
AYMARD, A.: Les premiers rapports de Rome et de la confédération achaienne (198–189 av. J.–C.). Bordeaux, 1938
BERVE, H.: König Hieron II. von Syrakus. (Abhandlungen der Bayerischen Akademie der Wissenschaften, phil.-hist. Kl., N.F. 47) München, 1959 (Über die Ursprünge des Ersten Punischen Krieges sowie das Verhältnis von Syrakus zu Rom)
BLEICKEN, J.: Das Volkstribunat der klassischen Republik. (Zetemata 13) München, 1955
FRANK, T.: An economic survey of ancient Rome I. Baltimore, 1933 (Zusammenstellung und Interpretation sämtlicher schriftlichen Zeugnisse für die wirtschaftliche und soziale Entwicklung des republikanischen Rom)
GELZER, M.: Kleine Schriften. Bd. 2. Wiesbaden, 1963 (Darin u. a.: Die Anfänge des römischen Weltreichs – zuerst 1940 erschienen – und Nasicas Widerspruch gegen die Zerstörung Karthagos – zuerst 1931)
GROAG, E.: Hannibal als Politiker. Wien, 1929
GSELL, S.: Histoire ancienne de l'Afrique du Nord. Bde. 2–4. Paris, 1921–1924 (Zur Geschichte Karthagos und Numidiens, durch die Fülle des verarbeiteten Materials noch heute unentbehrlich)
HEUSS, A.: Der erste Punische Krieg und das Problem des römischen Imperialismus. Historische Zeitschrift 169, 1949
HOFFMANN, W.: Hannibal. (Kleine Vandenhoeck-Reihe) Göttingen, 1962
HOFFMANN, W.: Die römische Politik des 2. Jahrhunderts und das Ende Karthagos. Historia 9, 1960
HOLLEAUX, M.: Rome, la Grèce et les monarchies hellénistiques au IIIe siècle. Paris, 1921

(Revidierte die bislang geltende Auffassung über die Beziehungen Roms zu den Staaten des Ostens im 3.Jh.)
HOLLEAUX, M.: Études d'épigraphie et d'histoire grecque. Bde. 4 und 5. Paris, 1952–1957
KIENAST, D.: Cato der Zensor. Heidelberg, 1954
KLINGNER, FR.: Cato Censorius und die Krisis des römischen Volkes. Die Antike 10, 1934. Jetzt auch in: Fr. Klingner: Römische Geisteswelt. 4.Aufl. München, 1961
KROMAYER, J.: Roms Kampf um die Weltherrschaft. (Aus Natur und Geisteswelt) Leipzig, 1912 (Skizze des Aufstiegs Roms um 200, wobei die Erörterung der militärischen Probleme einen gewichtigen Platz einnimmt)
LEO, FR.: Römische Literatur. Bd. 1. Berlin, 1913 (Immer noch grundlegend)
MAGIE, D.: Roman rule in Asia Minor to the end of the third century after Christ. 2 Bde. Princeton, N.J., 1950
MELTZER, O., und U. KAHRSTEDT: Geschichte der Karthager. Bde. 2 und 3. Berlin, 1896 bis 1913
MEYER, ED.: Untersuchungen zur Geschichte des 2. Punischen Krieges. In: Kleine Schriften, Bd. 2. Halle/Saale, 1924 (Darin die Abhandlungen über die Ursprünge des 2. Punischen Krieges sowie zur Genesis der Überlieferung über Scipio Africanus)
MEYER, ED.: Hannibal und Scipio. In: Meister der Politik, Bd. 1. 2. Aufl. Stuttgart, 1923
MÜNZER, FR.: Römische Adelsparteien und Adelsfamilien. Stuttgart, 1920 (Eine der grundlegenden Untersuchungen über Roms Adel in republikanischer Zeit)
MÜNZER, FR.: Die politische Vernichtung des Griechentums. Leipzig, 1925
SCHMITT, H.H.: Rom und Rhodos. Geschichte ihrer politischen Beziehungen seit der ersten Berührung bis zum Aufgehen des Inselstaates im römischen Weltreich. (Münchener Beiträge zur Papyrusforschung und antiken Rechtsgeschichte 40) München, 1957
SCHULTEN, A.: Geschichte von Numantia. München, 1933 (Unter Verwertung der Ergebnisse der von ihm veranstalteten Ausgrabungen)
SCULLARD, H.H.: Roman politics 220–150 B.C. Oxford, 1951 (Geht von Münzers Forschungen aus, deren Ergebnisse er für diesen Zeitraum weiterzuführen sucht)
SYDENHAM, ED.A.: The coinage of the Roman republic. London, 1952
THIEL, J.H.: A history of Roman sea power before the Second Punic War. Amsterdam, 1954
VOGT, J., Hrsg.: Rom und Karthago. Leipzig, 1943 (Darin u.a. Beiträge von M. Gelzer über die Vorgeschichte der Punischen Kriege und von A. Heuß über den römischen und karthagischen Staat)
WALBANK, F.W.: Philipp V of Macedon. Cambridge, 1950
WARMINGTON, B.H.: Carthage. London, 1960. Deutsch: Karthago. Aufstieg und Niedergang einer antiken Weltstadt. Wiesbaden, 1963

Das Zeitalter der Revolution

ADCOCK, F. E.: Caesar as man of letters. Cambridge, 1956. Deutsch: Caesar als Schriftsteller. Übers. U. Gaetzschmann. 2.Aufl. (Kleine Vandenhoeck-Reihe) Göttingen, 1959
ALFÖLDI, A.: Studien über Caesars Monarchie. Lund, 1953
BOISSIER, G.: Cicéro et ses amis. Paris, 1865
BRANDES, G.: Cajus Julius Caesar. 2 Bde. Stockholm, 1918–1919. Deutsch: Cajus Julius Caesar. Übers. E. Magnus. 3.Aufl. 2 Bde. Berlin, 1925
BÜCHER, K.: Der Aufstand der unfreien Arbeiter 143–129 v.Chr. Frankfurt/Main, 1874
THE CAMBRIDGE ANCIENT HISTORY. Bde. 7–11. Hrsg. S. A. Cook, F. E. Adcock und H. P. Charlesworth. Bd. 9: The Roman republic, 133–44 B.C. 2.Aufl. Cambridge, 1951
CARCOPINO, J.: Sylla, ou La monarchie manquée. 2.Aufl. Paris, 1957
DRUMANN, W.: Geschichte Roms in seinem Übergang von der republikanischen zur monarchischen Verfassung oder Pompeius, Cicero, Caesar und ihre Zeitgenossen. 6 Bde. Berlin, 1834–1844. 2. Aufl., neu bearb. von P. Groebe. Berlin, 1899–1929
FERRERO, G.: Grandezza e decadenza di Roma. 5 Bde. Mailand, 1901–1907. Deutsch: Größe und Niedergang Roms. 6 Bde. Stuttgart, 1908 bis 1910
GELZER, M.: Pompeius. München, 1949
GELZER, M.: Caesar, der Politiker und Staatsmann. 6. Aufl. Wiesbaden, 1960
GELZER, M.: Kleine Schriften. 3 Bde. Wiesbaden, 1962–1964
GUNDOLF, FR.: Caesar. Geschichte seines Ruhms. Bonn, 1924
GUNDOLF, FR.: Caesar im 19.Jahrhundert. Bonn, 1929
HEUSS, A.: Der Untergang der römischen Republik und das Problem der Revolution. Historische Zeitschrift 182, 1956
HOFFMANN, W.: Catilina und die römische Revolution. Gymnasium 66, 1959
KAHRSTEDT, U.: Grundlagen und Voraussetzungen der römischen Revolution. Neue Wege zur Antike 4, 1926
KROLL, W.: Die Kultur der ciceronianischen Zeit. 2 Tl.-Bde. (Erbe der Alten 2,22/23) Leipzig, 1933. Nachdr. Darmstadt, 1963
MEYER, ED.: Caesars Monarchie und das Prinzipat des Pompeius. 3.Aufl. Stuttgart, 1923
MÜNZER, FR.: Römische Adelsparteien und Adelsfamilien. 2.Aufl. Stuttgart, 1963
NAPOLEON III.: Histoire de Jules César. 2 Bde. Paris, 1865–1866. Deutsch: Geschichte Julius Caesars. 2 Bde. Wien, 1866
OOTEGHAM, J. VAN: Pompée le Grand. Bâtisseur d'empire. Brüssel, 1954

PLASBERG, O.: Cicero in seinen Werken und Briefen. Leipzig, 1926
RICE-HOLMES, T.: The Roman republic and the founder of the Roman empire. Oxford, 1923
RICE-HOLMES, T.: The architect of the Roman empire. 2 Bde. Oxford, 1928–1931
SEEL, O.: Cicero. Wort, Staat, Welt. 2. Aufl. Stuttgart, 1961
STEIN, A.: Der römische Ritterstand. (Münchener Beiträge zur Papyrusforschung und antiken Rechtsgeschichte 10) München, 1927
SYME, SIR R.: The Roman revolution. Oxford, 1939. Deutsch: Die römische Revolution. Stuttgart, 1957. Taschenbuchausg.: Die römische Revolution. Machtkämpfe im antiken Rom. (Goldmanns Gelbe Taschenbücher) München, 1962
TAYLOR, L. R.: Party politics in the age of Caesar. (Sather Classical Lectures, 22) Berkeley, Calif., 1949
VOGT, J.: Struktur der antiken Sklavenkriege. (Abhandlungen der Akademie der Wissenschaften und der Literatur, Mainz, geistes- und sozialwiss. Kl. 1957, 1) Wiesbaden 1957
VOLKMANN, H.: Kleopatra. Politik und Propaganda. München, 1953
VOLKMANN, H.: Sullas Marsch auf Rom. Der Verfall der römischen Republik. (Janus-Bücher) München, 1958
WALTER, G.: César. Paris, 1947. Deutsch: Caesar. Übers. P. Ehrminger. Stuttgart, 1955
WEBER, M.: Die römische Agrargeschichte in ihrer Bedeutung für das Staats- und Privatrecht. Stuttgart, 1891
ZANCAN, L.: Ager publicus. Padua, 1935
ZIELINSKI, T.: Cicero im Wandel der Jahrhunderte. 4. Aufl. Leipzig, 1929

Das römische Kaiserreich

ABBOTT, F. F., und A. C. JOHNSON: Municipal administration in the Roman empire. Princeton, N. J., 1926 (Sehr nützlich durch einen Anhang mit den wichtigsten Quellen)
ALBERTINI, E.: L'Empire romain. 3. Aufl. (Peuples et civilisations, Bd. 4) Paris, 1938 (Kurze und übersichtliche historische Darstellung)
ALFÖLDI, A.: Die Ausgestaltung des monarchischen Zeremoniells am römischen Kaiserhof. Insignien und Tracht der römischen Kaiser. Mitteilungen des Deutschen Archäologischen Instituts, Röm. Abt., 49, 1934 und 50, 1935
AYMARD, A., und J. AUBOYER: Rome et son empire. Paris, 1954 (Übersicht der Kulturgeschichte der römischen Welt)
BÉRANGER, J.: Recherches sur l'aspect idéologique du principat. Basel, 1953
BERCHEM, D. VAN: Les distributions de blé et d'argent à la plèbe romaine sous l'empire. Genf, 1939
THE CAMBRIDGE ANCIENT HISTORY. Hrsg. S. A. Cook, F. E. Adcock, M. P. Charlesworth und (Bd. 12) N. H. Baynes. Bd. 10: The Augustean empire, 44 B. C. – A. D. 70. Bd. 11: Imperial peace, A. D. 70–192. Bd. 12: Imperial crisis and recovery, A. D. 193–324. 1.–2. Aufl. Cambridge, 1939–1954
CARCOPINO, J.: La vie quotidienne à Rome à l'apogée de l'empire. Paris, 1958. Deutsch: So lebten die Römer während der Kaiserzeit. Übers. W. Niemeyer. 2. Aufl., Stuttgart, 1959
COUISSIN, P.: Les armes romaines. Paris, 1926 (Einziges Werk zum Thema)
DELBRÜCK, H.: Geschichte der Kriegskunst im Rahmen der politischen Geschichte. Bd. 1: Das Altertum. 3. Aufl. Nachdr. Berlin, 1965
DOMASZEWSKI, A. VON: Die Rangordnung des römischen Heeres. Bonner Jahrbücher 117, 1908 (Unentbehrlich, enthält auch eine Sammlung der wichtigsten Militär-Inschriften)
DURRY, M.: Les cohortes prétoriennes. Paris, 1938 (Erschöpfende Untersuchung dieses wichtigsten Truppenteils)
FONTES IURIS ANTIQUI ANTEIUSTINIANI. Bd. I: Leges. Hrsg. Riccobono. Bd. 2: Auctores. Hrsg. Baviera, Ferrini und Furlani. Bd. 3: Negotia. Hrsg. Arangio-Ruiz. 2. Aufl. Florenz, 1940 bis 1943
FRANK, T., u. a., Hrsg.: An economic survey of ancient Rome. Bd. 2: A. C. JOHNSON: Roman Egypt. Bd. 3: R. C. COLLINGWOOD: Roman Britain. J. C. VAN NOSTRAND: Roman Spain. V. M. SCRAMUZZA: Roman Sicily. A. GRENIER: La Gaule romaine. Bd. 4: R. HAYWARD: Roman Africa. F. M. HEICHELHEIM: Roman Syria. J. A. O. LARSEN: Roman Greece. T. R. S. BROUGHTON: Roman Asia. Bd. 5: T. FRANK: Rome and Italy of the empire. Baltimore, 1936–1940 (Eine Fundgrube für die Wirtschaftsgeschichte; der letzte Band enthält das Gesamtregister)
FRIEDLÄNDER, L.: Darstellungen aus der Sittengeschichte Roms in der Zeit von August bis zum Ausgang der Antonine. 4 Bde. 10. Aufl. Neubearb. von G. Wissowa. Leipzig, 1921 bis 1922 (Noch immer unentbehrlich)
GRIMAL, P.: La civilisation romaine. Paris, 1960
GUIRAUD, P.: Les assemblées provinciales dans l'Empire romain. Paris, 1887 (Immer noch das Standardwerk)
HAMMOND, M.: The Antonine monarchy. Rom, 1959 (Ausgezeichneter Abriß der staatlichen Organisation)
HIRSCHFELD, O.: Die kaiserlichen Verwaltungsbeamten bis auf Diokletian. 2. Aufl. Berlin, 1905. Nachdr. 1963
HOSIUS, C.: Geschichte der römischen Literatur. Bd. 2: Die römische Literatur in der Zeit der Monarchie bis auf Hadrian. 4. Aufl. (Handbuch der Altertumswissenschaft, VIII, 2) München, 1935
HOSIUS, C., und G. KRÜGER: Geschichte der römischen Literatur. Bd. 3: Die Zeit von Hadrian (117) bis auf Constantin (324). 3. Aufl. (Handbuch der Altertumswissenschaft, VIII, 3) München, 1922 (Nicht mehr auf dem neuesten Stand)

KLINGNER, FR.: Römische Geisteswelt. 4. Aufl. München, 1961
KUNKEL, W.: Herkunft und soziale Stellung der römischen Juristen. Weimar, 1952
LATTE, K.: Römische Religionsgeschichte. (Handbuch der Altertumswissenschaft, V, 4) München, 1960
MAGIE, D.: Roman rule in Asia Minor to the end of the third century after Christ. 2 Bde. Princeton, N. J., 1950
MARQUARDT, J.: Römische Staatsverwaltung. 3 Bde. 2. Aufl. (Handbuch der römischen Altertümer 4–6) Leipzig, 1881–1885 (Immer noch unentbehrlich)
MARROU, H.-I.: Histoire de l'éducation dans l'antiquité. 2. Aufl. Paris, 1950. Deutsch: Geschichte der Erziehung im klassischen Altertum. Übers. Ch. Beumann. Hrsg. R. Harder. Freiburg i. Br., 1957
MASCHKIN, N. A.: Zwischen Republik und Kaiserreich. Leipzig, 1954 (Marxistisch)
MOMMSEN, TH.: Römisches Staatsrecht. 3. Aufl. 3 Bde. Leipzig, 1887–1888. Neudr. Graz, 1952–1953
MOMMSEN, TH.: Römisches Strafrecht. Leipzig, 1899 (Ausgezeichnet, nicht ersetzt)
PARKER, H. M. D.: The Roman legions. Neuaufl. Oxford, 1958
PFLAUM, H.-G.: Les procurateurs équestres sous le Haut-Empire romain. Paris, 1950
PIGANIOL, A.: Histoire de Rome. 5. Aufl. (Collection Clio) Paris, 1962 (Mit Bibliographie)
PREMERSTEIN, A. VON: Vom Werden und Wesen des Prinzipats. Hrsg. H. Volkmann. (Abhandlungen der Bayerischen Akademie der Wissenschaften, phil.-hist. Kl., N. F. 15) München, 1938 (Epochemachende Untersuchung)

ROMANELLI, P.: Storia delle province romane dell'Africa. Rom, 1959
ROSTOVTZEFF, M. I.: The social and economic history of the Roman empire. 2. Aufl. Oxford, 1957. Deutsch: Gesellschaft und Wirtschaft im Römischen Kaiserreich. Übers. L. Wickert. 2 Bde. Leipzig, 1931
SCHILLER, H.: Geschichte der römischen Kaiserzeit. 2 Bde. Gotha, 1883–1887 (Immer noch nützlich)
SCHULZ, F.: History of Roman legal science. Oxford, 1946
SHERWIN-WHITE, A. N.: The Roman citizenship. Oxford, 1939
STARR, CH. G.: The Roman imperial navy. 2. Aufl. Cambridge, 1962
STEIN, A.: Der römische Ritterstand. München, 1927 (Unentbehrlich)
SYME, SIR R.: Tacitus. Oxford, 1958
TAYLOR, L. R.: The divinity of the Roman emperor. Middletown, Conn., 1931
TOUTAIN, J.: Les cultes païens dans l'Empire romain. 2 Bde. Paris, 1907–1920 (Noch nicht ersetzt)
WALTZING, J. P.: Étude historique sur les corporations professionelles chez les Romains. 2 Bde. Löwen, 1895–1900 (Klassisches, noch nicht ersetztes Werk)
WESTERMANN, W. L.: The slave systems of Greek and Roman antiquity. Philadelphia, 1955
WISSOWA, G.: Religion und Kultus der Römer. 2. Aufl. (Handbuch der klassischen Altertumswissenschaft, V, 4) München, 1912 (Ausgezeichnet und durch den Materialreichtum noch immer brauchbar, obwohl jetzt durch das oben angeführte Werk von Latte ersetzt)

Das Christentum

ACHELIS, H.: Das Christentum in den ersten drei Jahrhunderten. 2. Aufl. Leipzig, 1925
ALBRIGHT, W. F.: From the stone age to Christianity. 2. Aufl. New York, 1957 (Einbeziehung des Christentums in den Gesamtverlauf der orientalischen Geschichte, basiert auf streng archäologischer und historischer Forschung)
ALTANER, B.: Patrologie. 5. Aufl. Freiburg i. Br., 1958
BARDTKE, H.: Die Handschriftenfunde am Toten Meer. Berlin, 1958
BARDTKE, H.: Qumran-Probleme. Berlin, 1963
BARNIKOL, E.: Die Entwicklung der Kirche im zweiten Jahrhundert und die Zeit Marcions. 2. Aufl. Halle/Saale, 1933
BAUER, W.: Rechtgläubigkeit und Ketzerei im ältesten Christentum. Tübingen, 1934
BEUTLER, R.: Philosophie und Apologie bei Minucius Felix. Königsberg, 1935 (Grundlegend für die Stellung des Frühchristentums zur antiken Geisteswelt)
BIDEZ, J.-C., und F. CUMONT: Les mages hellénisées. Zoroastre, Ostarie et Hystaspe, d'après la tradition grecque. 2 Bde. Paris, 1938

BIGG, CH.: The Christian Platonists of Alexandria. 2. Aufl. Oxford, 1913
BLACKMAN, C.: Marcion and his influence. London, 1948 (Das grundlegende Werk über den gesamten Markionitismus, wichtig auch zur Entstehung des neutestamentlichen Kanons)
BONNER, CH.: Melito of Sardes. London, 1940
BONSIRVEN, P.: Exégèse rabbinique et exégèse paulinienne. Paris, 1939
BOUSSET, W.: Hauptprobleme der Gnosis. (Forschungen zur Religion und Literatur des Alten und Neuen Testaments 10) Göttingen, 1907 (Noch immer das bahnbrechende Werk zum Verständnis der Gnosis)
BOUSSET, W., und H. GRESSMANN: Die Religion des Judentums im neutestamentlichen Zeitalter. 3. Aufl. Berlin, 1925
BURKITT, F. C.: Church and gnosis. A study of Christian thought and speculation in the second century. (The Morse Lecture for 1931) Cambridge, 1932
CALDERONE, S.: Costantino e il cattolicesimo I. Florenz, 1962
CHERNISS, H. F.: The Platonism of Gregory of Nyssa. Berkeley, Calif., 1930

DEISSMANN, A.: Licht vom Osten. 3. Aufl. Tübingen, 1909
DEISSMANN, A.: Paulus. Tübingen, 1911
DELLING, G.: Der Gottesdienst im Neuen Testament. Göttingen, 1952
DÖLGER, FR.-J.: Antike und Christentum. 5 Bde. Münster, 1929–1936
ELLIOTT-BINNS, L. E.: Galilean Christianity. Chicago, Ill., 1956
FAESSLER, FR.: Der Hagios-Begriff bei Origenes. Freiburg (i. Ü.), 1958
FAYE, E. DE: Clément d'Alexandrie. 2. Aufl. Paris, 1906
FESTUGIÈRE, R. P.: La révélation d'Hermès Trismégiste. Bde. 1–4. Paris, 1949–1954
GEFFCKEN, J.: Zwei griechische Apologeten. Leipzig, 1907 (Aristeides und Athenagoras)
GEFFCKEN, J.: Der Ausgang des griechisch-römischen Heidentums. 2. Aufl. (Religionswissenschaftliche Bibliothek 6) Heidelberg, 1929. Nachdr. Darmstadt, 1962
GOGUEL, M.: La naissance du Christianisme. Paris, 1946
GOODENOUGH, E. R.: By light, light. New Haven, Conn., 1935 (Bildung einer hellenistisch-jüdischen Mysterienfrömmigkeit in Alexandria)
GOODENOUGH, E. R.: The politics of Philo Iudaeus. New Haven, Conn., 1938 (Das grundlegende Werk über Philon)
GRESSMANN, H.: Die orientalischen Religionen im hellenistisch-römischen Zeitalter. Tübingen, 1930
GRESSMANN, H.: Der Messias. Tübingen, 1929
HAAS, H.: Das Scherflein der Witwe. Leipzig, 1922 (Grundlegend für die Beziehungen des Frühchristentums zu den asiatischen Religionen)
HADAS, M.: Hellenistic culture, fusion and diffusion. New York, 1959 (Beste Darstellung des hellenistischen Judentums)
HARNACK, A. VON: Lehrbuch der Dogmengeschichte. 3 Bde. 5. Aufl. Tübingen, 1931–1932. Nachdr. Darmstadt, 1964
HARNACK, A. VON: Geschichte der altchristlichen Literatur bis Eusebius. 2 Bde. 2. Aufl. Neudr. Leipzig, 1958
HARNACK, A. VON: Die Mission und Ausbreitung des Christentums in den ersten drei Jahrhunderten. 4. Aufl. 2 Bde. Leipzig, 1924
HARNACK, A. VON: Der kirchengeschichtliche Ertrag der exegetischen Arbeiten des Origenes. 2 Bde. (Texte und Untersuchungen zur Geschichte der altchristlichen Literatur 42) Leipzig, 1918/19
HARNACK, A. VON: Marcion. Das Evangelium vom fremden Gott. Eine Monographie zur Geschichte der Grundlegung der katholischen Kirche. 2. Aufl. Leipzig, 1924. Nachdr. Darmstadt, 1960
HEADLAM, A. C.: The life and teachings of Jesus the Christ. 3. Aufl. London, 1936. Deutsch: Jesus der Christus. Sein Leben und seine Lehre. Übers. J. Leipoldt. Leipzig, 1926
HEGERMANN, H.: Die Vorstellungen vom Schöpfungsmittler im hellenistischen Judentum und Urchristentum. Berlin, 1961
HEMPEL, J.: Weitere Mitteilungen über Text und Auslegung der am Nord-West-Ende des Toten Meeres gefundenen hebräischen Handschriften. (Nachrichten der Akademie der Wissenschaften in Göttingen, phil.-hist. Kl. 1961, 10) Göttingen, 1961
HEUSSI, K.: Kompendium der Kirchengeschichte. 12. Aufl. Tübingen, 1960
HEUSSI, K.: Der Ursprung des Mönchtums. Tübingen, 1936
HEUSSI, K.: War Petrus in Rom? Leipzig, 1936
HEUSSI, K.: Die römische Petrustradition in kritischer Sicht. Tübingen, 1955
JACKSON, F., und K. LAKE: The beginnings of Christianity. 5 Bde. New York, 1920–1933
KNOPF, R.: Das nachapostolische Zeitalter. Tübingen, 1906
KOCH, H.: Pronoia und Paideusis. Berlin, 1932 (Fundamentales Werk über die Grundlagen der alexandrinischen Theologie)
KRAELING, CH.: Anthropos and son of man. New York, 1927
KRUEGER, G.: Die Rechtsstellung der vorkonstantinischen Kirchen. Tübingen, 1935
LEIPOLDT, J.: Die Religionen in der Umwelt des Urchristentums. Leipzig, 1926
LEIPOLDT, J.: Das Gotteserlebnis Jesu im Lichte der vergleichenden Religionsgeschichte. Leipzig, 1927
LEIPOLDT, J.: Der Gottesdienst der ältesten Kirche. Leipzig, 1937
LEIPOLDT, J.: Jesu Verhältnis zu Griechen und Juden. Leipzig, 1941
LEISEGANG, H.: Der heilige Geist. Leipzig, 1919
LEISEGANG, H.: Die Gnosis. 4. Aufl. (Kröners Taschenausgaben) Stuttgart, 1955
LIETZMANN, H.: Geschichte der alten Kirche. 4 Bde. 3.–4. Aufl. Berlin, 1961
LOISY, A.: Les mystères païens et le mystère Chrétien. 2. Aufl. Paris, 1936
LOISY, A.: La naissance du Christianisme. Paris, 1933
LUCIUS, E., und A. ANRICH: Die Anfänge des Heiligenkultes in der christlichen Kirche. Tübingen, 1904
MERKI, H.: Von der platonischen Angleichung an Gott zur Gottesähnlichkeit bei Gregor von Nyssa. Freiburg (i. Ü.), 1952
MEYER, ED.: Ursprung und Anfänge des Christentums. 3 Bde. Stuttgart, 1921–1923
MONCEAUX, P.: Histoire littéraire de l'Afrique chrétienne. 7 Bde. Brüssel, 1901–1923
NILSSON, M. P.: Geschichte der griechischen Religion. Bd. 2: Die hellenistische und römische Zeit. 2. Aufl. (Handbuch der Altertumswissenschaft, V, 2, 2) München, 1961
NORDEN, ED.: Agnostos Theos. Untersuchungen zur Formengeschichte religiöser Rede. 4. Aufl. Stuttgart, 1956
NORDEN, ED.: Die Geburt des Kindes. Geschichte einer religiösen Idee. Nachdr. Stuttgart, 1958
PARET, O.: Die Bibel, ihre Überlieferung in Druck und Schrift. 2. Aufl. Stuttgart, 1950. 3. Aufl., unter dem Titel: Die Überlieferung der Bibel. Stuttgart, 1963
PFISTER, FR.: Alexander der Große in der Überlieferung und den Offenbarungen der Griechen, Juden, Mohammedaner und Christen. Berlin, 1956

POHLENZ, M.: Klemens von Alexandrien und sein hellenistisches Christentum. Göttingen, 1943
PREISKER, H.: Das Ethos des Urchristentums. 2. Aufl. Gütersloh, 1949
PREISKER, H.: Neutestamentliche Zeitgeschichte. Gießen, 1934
QUACQUARELLI, A.: La concezione della storia nei Padri prima di San Agostino I. Rom, 1955 (Grundlegend für das Verhältnis des Frühchristentums zur Geschichte)
QUASTEN, J.: Patrology I. Utrecht, 1950 (Materialreich, aber unkritisch)
REDEPENNING, E. R.: Origenes. Eine Darstellung seines Lebens und seiner Lehre. 2 Bde. Bonn, 1841–1846 (Ungeheure Materialfülle, von der die meisten späteren Darstellungen zehren)
REITZENSTEIN, R.: Die Hellenistischen Mysterienreligionen nach ihren Grundgedanken und Wirkungen. 3. Aufl. Nachdr. Stuttgart, 1956
SCHMIDT, C.: Gespräche Jesu mit seinen Jüngern. Berlin, 1919 (Zur apokryphen Literatur)
SCHNEIDER, C.: Neutestamentliche Zeitgeschichte. Leipzig, 1934
SCHNEIDER, C.: Geistesgeschichte des antiken Christentums. 2 Bde. München, 1954
SCHOEPS, H.-J.: Aus frühchristlicher Zeit. Tübingen, 1950
SCHÜRER, E.: Geschichte des jüdischen Volkes im Zeitalter Jesu Christi. 3 Bde. Leipzig, 1898–1901
SEEBERG, R.: Lehrbuch der Dogmengeschichte, Bd. 1. 4. Aufl. Darmstadt, 1953
SOHM, R.: Kirchenrecht, Tl. 1. Leipzig, 1892
STREETER, H.: The primitive church. London, 1929
STAERK, W.: Soter. Die biblische Erlösererwartung als religionsgeschichtliches Problem. Tl. 1: Der biblische Christus. (Beiträge zur Förderung der christlichen Theologie 2, 31) Gütersloh, 1933. Tl. 2: Die Erlösererwartung in den östlichen Religionen. Untersuchungen zu den Ausdrucksformen der biblischen Christologie. Stuttgart, 1938
THEILER, W.: Die Vorbereitung des Neuplatonismus. Berlin, 1930
THEILER, W.: Porphyrios und Augustin. Halle/Saale, 1933
THEILER, W.: Die chaldäischen Orakel und die Hymnen des Synesios. Königsberg, 1942
THEILER, W.: Plotin und die antike Philosophie. Museum Helveticum I, 1944
THEILER, W.: Gott und Seele im kaiserzeitlichen Denken. In: Recherches sur la tradition platonicienne. (Entretiens sur l'antiquité classique, 3) Genf, 1955
WEISS, J.: Das Urchristentum. Göttingen, 1913
WENDLAND, P.: Die hellenistisch-römische Kultur in ihren Beziehungen zu Judentum und Christentum. 2. Aufl. Tübingen, 1912
WENDLAND, P.: Die urchristlichen Literaturformen. Tübingen, 1912
WINDISCH, H.: Johannes und die Synoptiker. Leipzig, 1926
ZAHN, TH.: Geschichte des neutestamentlichen Kanons. 2 Bde. Erlangen, 1888–1892

Verfall des Römischen Reiches im Westen · Die Völkerwanderung

ALFÖLDI, A.: Die Kontorniaten. Ein verkanntes Propagandamittel der stadtrömischen heidnischen Aristokratie in ihrem Kampfe gegen das christliche Kaisertum. Budapest, 1942
ALFÖLDI, A.: A conflict of ideas in the late Roman empire. The clash beween the senate and Valentinian I. Oxford, 1952
ALTHEIM, F.: Attila und die Hunnen. Baden-Baden, 1951
BAYNES, N. H.: The decline of Roman power in western Europe. Some explanations. Journal of Roman Studies 33, 1943
BIDEZ, J.: La vie de l'empereur Julien. (Collection G. Budé) Paris, 1930. Deutsch: Julian der Abtrünnige. Übers. H. Rinn. 5. Aufl. München, 1947. Taschenbuchausg.: Kaiser Julian. Der Untergang der heidnischen Welt. (Rowohlts Deutsche Enzyklopädie) Hamburg, 1958 (Grundlegendes Werk, das auf den in Übersetzung wiedergegebenen Briefen und Abhandlungen des Kaisers fußt)
BRISSON, J.-P.: Autonomisme et Christianisme dans l'Afrique romaine de Septime Sévère à l'invasion vandale. Paris, 1958 (Macht, etwas unbeabsichtigt, die Tatsache deutlich, daß der Donatismus eine vor allem religiöse Bewegung ist; vgl. unten die Werke von Frend und Monceaux)
COURCELLES, P.: Histoire littéraire des grandes invasions germaniques. Paris, 1948 (Viele der angezogenen Texte sind bislang noch wenig bekannt; lebendige Schilderung der Reaktion im Westen auf das Erscheinen der »Barbaren«)
COURTOIS, CHR.: Les Vandales et l'Afrique. Paris, 1955 (Bis auf die römischen Aspekte Nordafrikas, die zu gering gewertet sind, wohlfundierte Darstellung)
DANNENBAUER, H.: Die Entstehung Europas. Von der Spätantike zum Mittelalter. Bd. 1: Der Niedergang der alten Welt im Westen. Stuttgart, 1959
DELÉAGE, A.: La capitation du Bas-Empire. Mâcon, 1945
DEMOUGEOT, E.: De l'unité à la division de l'Empire romain (395–410). Paris, 1951 (Darstellung des vorwiegend politischen Hintergrunds dieses Ereignisses von welthistorischer Tragweite)
DÖRRIES, H.: Das Selbstzeugnis Kaiser Konstantins. (Abhandlungen der Akademie der Wissenschaften in Göttingen, phil.-hist. Kl., 3. F., 34) Göttingen, 1954 (Wohldokumentierte Darstellung, die den Glaubensübertritt ins Jahr 312 setzt, jedoch die politischen Gesichtspunkte kaum beachtet)
DÖRRIES, H.: Konstantin der Große. (Urban-Bücher) Stuttgart, 1958
ENSSLIN, W.: Art. »Valerius Diocletianus«.

In: A. Pauly, G.Wissowa und W. Kroll, Hrsg.: Realenzyklopädie der klassischen Altertumswissenschaft, Rh. 2, Bd. 7. Stuttgart, 1948
ENSSLIN, W.: Die Religionspolitik des Kaisers Theodosius d. Gr. (Sitzungsberichte der Bayerischen Akademie der Wissenschaften, phil.-hist. Kl., 1953,2) München, 1953
ENSSLIN, W.: Theoderich der Große. 2. Aufl. München, 1959
FREND,W.H.C.:TheDonatist church.Oxford,1952
GAMILLSCHEG, E.: Germanische Siedlung in Belgien und Nordfrankreich. Tl. 1: Die fränkische Einwanderung und junggermanische Zuwanderung. (Abhandlungen der Preußischen Akademie der Wissenschaften, phil.-hist. Kl., 1937,12) Berlin, 1938
HEFELE, K. J. VON: Konziliengeschichte. Bde. 1–7. Freiburg i. Br., 1855–1869. Bde. 1–6, 2.Aufl. 1873–1890. Fortges. von J. Hergenröther. Bde. 8–9. Freiburg i. Br., 1887–1890. 2.Aufl. Bde. 1–6. Bde. 5 und 6 bearb. von A. Knöpfler. Freiburg i. Br., 1873–1890. Französisch: Histoire des conciles. Übers., Bearb. und Forts. H. Leclercq u.a. 16 Bde. Paris, 1907–1921 (Klassisches, noch immer nützliches Werk)
HOLL, K.: Enthusiasmus und Bußgewalt beim griechischen Mönchtum in der alten Kirche. Tübingen, 1898 (Ungeachtet der Entdeckung neuer Texte noch immer wertvolle Studie, zusammen mit dem unten angeführten Werk von Ladeuze, zu den Ursprüngen des Mönchtums)
KORNEMANN, E.: Das Problem des Untergangs der antiken Welt. Vergangenheit und Gegenwart 12, 1922
LABRIOLLE, P. DE: La réaction païenne. Étude sur la polémique antichrétienne du Ier au VIe siècle. Paris, 1934 (Einführende, höchst lehrreiche Darstellung des Ringens zwischen den geistig führenden Schichten und der heidnischen Aristokratie im 4.Jahrhundert)
LADEUZE, P.: Étude sur le cénobitisme pakhômien pendant le IVe siècle et la première partie du Ve. Löwen, 1898 (Vgl. oben die Bemerkung zur Studie von Karl Holl)
LIETZMANN, H.: Geschichte der Alten Kirche. 4 Bde. 3.Aufl. Bd. 1, 4.Aufl. Berlin, 1961
LOYEN, A.: Les débuts dy royaume wisigoth de Toulouse. Revue des Études Latines 12, 1934
MARROU, H.-I.: S. Augustin et la fin de la culture antique. Paris, 1938
MAZZARINO, S.: Aspetti sociali del quarto secolo. Rom, 1941 (Besonders wichtig durch die Behandlung der Währungs- und Finanzkrise und der sich damit ergebenden Probleme der neuen Gesellschaft)
MOMMSEN, TH.: Aetius. In: Gesammelte Schriften, Bd. 4. Berlin, 1910
MONCEAUX, P.: Histoire littéraire de l'Afrique chrétienne. Bde. 4–6. Paris, 1912–1922 (Noch immer wichtig für das Studium des Donatismus, aber jetzt zu ergänzen durch die oben angeführtenWerke von Brisson und Frend)
PETERSON, E.: Der Monotheismus als politisches Problem. Leipzig, 1955 (Hat erstmals aufgezeigt, daß der Arianismus die Herausbildung einer politischen Theologie in erstem christlichen Reiche ermöglichte)

PIGANIOL, A.: L'empire chrétien, 325–395. In: G. Glotz, Hrsg.: Histoire générale I, Histoire ancienne III, Histoire romaine, Bd. 4. Paris, 1947 (Bequemste und – mit Ausnahme der religiösen Probleme – bestfundierte Übersicht)
ROSTOVTZEFF, M. I.: The social and economic history of the Roman empire. Bd. 2. 2. Aufl. Oxford, 1957. Deutsch: Gesellschaft und Wirtschaft im römischen Kaiserreich. Übers. L.Wickert. Bd. 2. Leipzig, 1931 (Behandelt die Zeit bis zum Ende des 3.Jahrhunderts, ergänzend dazu der folgende Aufsatz)
ROSTOVTZEFF, M. I.: The decay of the ancient world and its economic explanations. The Economic History Review 2, 1950
SCHMIDT, L.: Geschichte der deutschen Stämme bis zum Ausgang der Völkerwanderung. II: Die Westgermanen. Tle. 1 u. 2. 2.Aufl. München, 1938–1940 (Mehr nicht erschienen)
SCHWARTZ, ED.: Gesammelte Schriften, Bd. 3: Zur Geschichte des Athanasius. Berlin, 1959 (Zusammenfassung der grundlegenden Aufsätze über den Arianismus aus den Jahren 1904–1911)
SEECK, O.: Geschichte des Untergangs der antiken Welt. 6 Bde. Stuttgart, 1920–1922 (Einzelne Bde. teilweise in mehreren Aufl., mit Anhängen; dank des zusammengetragenen Materials immer noch sehr nützlich, wenn auch von pessimistischer Grundhaltung und im Urteil längst überholt)
SESTON, W.: Dioclétien et la tétrarchie. Tl. 1: Guerres et réformes. Paris, 1946 (Für die spätere Zeit zu ergänzen durch folgendenArt.)
SESTON,W.: Art. »Diocletianus«. In: Reallexikon für Antike und Christentum, Bd.3. Stuttgart, 1957
STEIN, E.: Geschichte des spätrömischen Reiches. I. Vom römischen zum byzantinischen Staate (284–476). Wien, 1928. Histoire du Bas-Empire. II. De la disparition de l'Empire d'Occident à la mort de Justinien (476–565). Paris, 1949. Französische Neuausg.: Histoire du Bas-Empire. Bearb. J. R. Palanque. Neuaufl. 2 Bde. Paris, 1960 (Grundlegendes Werk, wichtig durch die Darstellung der Ereignisse und Institutionen ebenso wie durch die Behandlung der Kulturgeschichte und der religiösen und politischen Ideen)
STRAUB, J.: Vom Herrscherideal der Spätantike. (Forschungen zur Kirchen- und Geistesgeschichte 18) Stuttgart, 1939
STRAUB, J.: Heidnische Geschichtsapologetik in der christlichen Spätantike. Bonn, 1963 (Gibt den gegenwärtigen Stand der Diskussion um Entstehungszeit und Wesen der »Historia Augusta« wieder)
STROHEKER, K. F.: Der senatorische Adel im spätantiken Gallien. Tübingen, 1948 (Zeigt das Fortbestehen der gallorömischen Aristokratie in der Zeit der großen Invasionen des 5.Jahrhunderts)
THOMPSON, E. A.: A history of Attila and the Huns. Oxford, 1948
THOMPSON, E. A.: A Roman reformer and inventor. Oxford, 1951 (Bringt die neueste kommentierte Ausgabe der anonymen Schrift »De rebus bellicis«)

TORRES, M.: Las invasiones y los reinos germánicos de España (años 409–711). In: R. Menéndez Pidal, Hrsg.: Historia de España. Bd. 3: España visigoda (414–711 de J.C.). Madrid, 1940
VOGT, J.: Constantin der Große und sein Jahrhundert. 2. Aufl. München, 1960
VOGT, J., und W. SESTON: Die Constantinische Frage. In: Relazioni del X. Congresso internazionale di scienze storiche (10. Internationaler Historikerkongreß), Bd. 2: Storia dell'antichità. Florenz, 1956 (Vogt handelt über die Frage der »Bekehrung«, Seston über die politischen Tatsachen)

WALSER, G., und T. PEKÁRY: Die Krise des Römischen Reiches. Bericht über die Forschungen zur Geschichte des 3. Jahrhunderts (193–284 n. Chr.) von 1939 bis 1959. Berlin, 1962 (Der jüngste und umfassendste Beitrag zum Thema)
WEBER, M.: Die sozialen Gründe des Untergangs der antiken Kultur. In: Gesammelte Aufsätze zur Sozial- und Wirtschaftsgeschichte. Tübingen, 1924
WENGER, L.: Neue Diskussionen zum Problem Reichsrecht und Volksrecht. Revue Internationale des Droits de l'Antiquité 3, 1949

Das Römische Reich im Osten · Byzanz

ALTHEIM, F.: Finanzgeschichte der Spätantike. Zus. mit R. Stiehl u. a. Frankfurt/Main, 1957
ALTHEIM, F.: Geschichte der Hunnen. Zus. mit R. Stiehl u. a. 5 Bde. Berlin, 1959–1962
ALTHEIM, F., und R. STIEHL: Die Araber in der Alten Welt. Bd. 1: Bis zum Beginn der Kaiserzeit. Mit Beitr. von A. Calderini, J. Burian, P. Lambrechts u. a. Bd. 2: Bis zur Reichstrennung. Mit Beitr. von R. Köbert, E. Lozovan, R. Macuch u. a. Berlin, 1964–1965 (Auf fünf Bände berechnetes Werk)
BABINGER, F.: Mehmed der Eroberer und seine Zeit. Weltenstürmer einer Zeitenwende. 2. Aufl. München, 1959
BALL, H.: Byzantinisches Christentum. Drei Heiligenleben. 2. Aufl. Einsiedeln und Köln, 1958 (Joannes Klimax, Dionysius Areopagita und Simeon Stylites)
BAYNES, N. H., und H. ST. L. B. MOSS: Byzantium. An introduction to East Roman civilisation. Oxford, 1948. Deutsch: Byzanz. Geschichte und Kultur des Oströmischen Reiches. Übers. A. Hohlweg. München, 1964
BECK, H.-G.: Kirche und theologische Literatur im byzantinischen Reich. (Byzantinisches Handbuch im Rahmen des Handbuches der Altertumswissenschaft, II, 1) München, 1959 (Erschließt das Gesamtgebiet der byzantinischen Theologie und Kirche)
BREHIER, L.: Le monde byzantin. Bd. 1: Vie et mort de Byzance. Bd. 2: Les institutions de l'Empire byzantin. Bd. 3: La civilisation byzantine. 3 Bde. Paris, 1948–1950 (Derzeit umfassendstes Handbuch der Byzantinistik; bedeutsam besonders die Verwaltungsgeschichte im 2. Bd.)
BURY, J. B.: A history of the later Roman empire from Arcadius to Irene (395–800). 2 Bde. London, 1889
BURY, J. B.: A history of the Eastern Roman empire from the fall of Irene to the accession of Basil I (802–867). London, 1912
BURY, J. B.: A history of the later Roman empire from the death of Theodosius I to the death of Justinian (395–565). 2 Bde. London, 1923
CHALANDON, F.: Essai sur le règne d'Alexis I Comnène (1081–1118). Paris, 1900
CHALANDON, F.: Les Comnènes II: Jean Comnène (1118–1143) et Manuel Comnène (1143 bis 1180). Paris, 1912 (Die beiden Werke Chalandons geben eine vorzügliche Darstellung der Epoche)
CHAPMAN, G.: Michel Paléologue. Restaurateur de l'empire byzantin. Paris, 1936
CHRISTOPHILOPOULOU, A.: Ekloge, anagoreusis kai stepsis tou byzantinou krateros. Athen, 1956 (Wahl, Ernennung und Krönung des byzantinischen Kaisers)
DIEHL, CH.: L'Afrique byzantine. Paris, 1896 (Gipfelpunkt französischer Essayistik, zugleich auch archäologisch wichtig)
DIEHL, CH.: Justinien et la civilisation byzantine au VIeme siècle. Paris, 1901
DIEHL, CH.: Figures byzantines. 2 Bde. 8.–10. Aufl. Paris, 1925–1927. Deutsch (Ausw.): Kaiserinnen von Byzanz. Stuttgart, 1959
DIEHL, CH.: Manuel d'art byzantin. 2 Bde. 2. Aufl. Paris, 1925–1926
DISKUSSIONSBEITRÄGE zum 11. internationalen Byzantinistenkongreß, München 1958. Hrsg. F. Dölger und H.-G. Beck. München, 1961 (Die Akten der Byzantinistenkongresse – der letzte fand 1961 in Ochrid statt – vermitteln einen guten Überblick über den jeweiligen Forschungsstand und die schwebenden Fragen)
DÖLGER, F.: Die Familie der Könige im Mittelalter. Historisches Jahrbuch 60, 1940 (Grundlegend für Protokollwesen und Diplomatiegeschichte; für weitere Arbeiten Franz Dölgers vgl. die folgenden Titel und die Bibliographie von O. Volk, Byzantinische Zeitschrift 44, 1951)
DÖLGER, F.: Ist der Nomos Georgikos ein Gesetz des Kaisers Justinian II.? In: Festschrift für Leopold Wenger, Bd. 2. (Münchener Beiträge zur Papyrusforschung und antiken Rechtsgeschichte 35) München, 1945 (Wichtige Einzelstudie)
DÖLGER, F.: Aus den Schatzkammern des heiligen Berges. München, 1948
DÖLGER, F.: Art. »Brüderlichkeit der Fürsten«. In: Reallexikon für Antike und Christentum, Bd. 2. Stuttgart, 1953
DÖLGER, F.: Byzanz und die europäische Staatenwelt. Ausgewählte Vorträge und Aufsätze. 2. Aufl. Darmstadt, 1964
DVORNIK, E.: Les Slaves, Byzance et Rome au

IXᵉ siècle. Paris, 1926 (Slawenmission im Zeitalter des Photios)
DVORNIK, F.: The Photian schism. History and legend. Cambridge, 1948. Französisch: Le schisme de Photius. Histoire et légende. (Unam sanctam, 19) Paris, 1950
DVORNIK, F.: The idea of apostolicity in Byzantium and the legend of the apostle Andrew. (Dumbarton Oaks Studies 4) Cambridge, Mass., 1958
EICKHOFF, E.: Seekrieg und Seepolitik zwischen Islam und Abendland bis zum Aufstiege Pisas und Genuas (650–1040). Saarbrücken, 1954 (Dissertation Saarbrücken)
ENSSLIN, W.: Gottkaiser und Kaiser von Gottes Gnaden. (Sitzungsberichte der Bayerischen Akademie der Wissenschaften, phil.-hist. Kl., 1943, 6) München, 1943
ENSSLIN, W.: Theoderich der Große. 2. Aufl. München, 1959 (Exakte Darstellung der byzantinisch-gotischen Beziehungen)
EPARCHENBUCH – J. NICOLE, Hrsg.: Leontos tou Sophou to eparchikon biblion. Le livre du préfet; ou, L'édit de l'empereur Léon le Sage sur les corporations de Constantinople. Texte grec du Genevensis 23. Avec une trad. latine. Krit. Ausg. Hrsg. und Übers. J. Nicole. Genf, 1893. Der griechische Text wiederabgedr. in: J. und P. Zepos: Jus graecoromanum, Bd. 2. Athen, 1931. – Französisch: J. NICOLE, Hrsg.: Le livre du préfet; ou, L'édit de l'empereur Léon le Sage sur les corporations de Constantinople. Hrsg. und Übers. J. Nicole. Genf, 1894. – Englisch: E. H. FRESHFIELD, Hrsg.: Roman law in the later Roman empire. Byzantine guilds, professional and commercial. Ordinances of Leo VI, c. 895, from The book of the eparch. Hrsg. und Übers. E. H. Freshfield. Cambridge, 1938. – Russisch: M. J. SJUZJUMOW, Hrsg.: Kniga eparcha. Hrsg. und Übers. M. J. Sjuzjumow. Swerdlowsk, 1949. Neuausg. Moskau, 1962
GESCHICHTE der Textüberlieferung der antiken und mittelalterlichen Literatur. Bd. 1: Antikes und mittelalterliches Buch- und Schriftwesen. Überlieferungsgeschichte der antiken Literatur. Von H. Hunger, O. Stegmüller, H. Erbse, M. Imhof, K. Büchner, H.-G. Beck und H. Rüdiger. Zürich, 1961
GIBBON, E.: The history of the decline and fall of the Roman empire. 6 Bde. London, 1776 bis 1788. Neuausg. Hrsg. J. B. Bury. 7 Bde. London, 1934. Deutsch: Geschichte des allmählgen Sinkens und endlichen Unterganges des römischen Weltreiches. Übers. J. Sporschil. 12 Bde. 4. Aufl. Leipzig, 1862–1863 (Erste und trotz Konzessionen an Vorstellungen des 18. Jahrhunderts meisterhafte Zusammenschau der byzantinischen Geschichte im Rahmen der Geschichte des Vorderen Orients)
GOLDSCHMIDT, A., und K. WEITZMANN: Die byzantinischen Elfenbeinskulpturen des X. bis XIII. Jahrhunderts. 2 Bde. Berlin, 1930–1934
GOUBERT. P.: Byzance avant l'Islam. Bd. 1: Byzance et l'Orient sous les successeurs de Justinien. L'empereur Maurice. Bd. 2: Byzance et l'Occident sous les successeurs de Justinien. Byzance et les Francs. 2 Bde. Paris, 1951–1956

GRABAR, A.: L'empereur dans l'art byzantin. Recherches sur l'art officiel de l'Empire de l'Orient. (Publications de la Faculté des lettres de l'Université de Strasbourg 75) Paris, 1936 (Grundlegende Untersuchung zum Herrscherbild)
GRABAR, A.: La peinture byzantine. Genf, 1953
GRABAR, A.: Byzanz. Die byzantinische Kunst des Mittelalters. (Vom 8. bis zum 15. Jahrhundert.) Übers. R. Voretzsch-von Schaeven. (Die Kunst der Welt. Kulturen des Abendlandes) Baden-Baden, 1964
GRÉGOIRE, H.: Digenis Akritas. The Byzantine epic in history and poetry. New York, 1942
GREGOROVIUS, F.: Geschichte der Stadt Athen im Mittelalter. 2. Aufl. 2 Bde. Stuttgart, 1889
GROSSE, R.: Römische Militärgeschichte von Gallienus bis zum Beginn der byzantinischen Themenverfassung. Berlin, 1920 (Erneuerungsbedürftig, doch einstweilen unentbehrlich)
GROUSSET, R.: L'épopée des croisades. Paris, 1939. Deutsch: Das Heldenlied der Kreuzzüge. Stuttgart, 1951
GRUPA, E.: Kaiser Justinian. Leipzig, 1923
GUILLAND, R.: Études byzantines. (Publications de la Faculté des lettres et sciences humaines de Paris, 7) Paris, 1951
HARTMANN, L. M.: Geschichte Italiens im Mittelalter. Bde. 1–4. Leipzig, 1897–1915 (Unvollendet; wirtschaftsgeschichtlich orientiert)
HAUSSIG, H.-W.: Kulturgeschichte von Byzanz. (Kröners Taschenausgaben) Stuttgart, 1959
HERGENRÖTHER, J.: Photius, Patriarch von Constantinopel. Sein Leben, seine Schriften und das griechische Schisma nach handschriftlichen und gedruckten Quellen. 3 Bde. Regensburg, 1867–1869 (Immer noch grundlegendes Gesamtbild)
HEYD, W. VON: Geschichte des Levantehandels im Mittelalter. 2 Bde. Stuttgart, 1879. Französisch: Histoire du commerce du Levant au moyen âge. Übers. F. Raynaud. 2 Bde. Leipzig, 1885–1886. Nachdr. Amsterdam, 1959
HOLMES, W. G.: The age of Justinian and Theodora. 2 Bde. London, 1905–1907 (Bietet interessante kulturgeschichtliche Einzelheiten)
HOPF, C.: Griechenland im Mittelalter und in der Neuzeit. 2 Bde. Leipzig, 1867–1868 (Vor allem für die fränkische Zeit eine Fundgrube an Material, dank Auswertung heute verlorener Texte teilweise von Quellencharakter)
HUSSEY, J. M.: Church and learning in the Byzantine empire 867–1185. Oxford, 1937
HUSSEY, J. M.: The Byzantine world. (Hutchinson's University Library) London, 1957. Deutsch: Die byzantinische Welt. Übers. R. Voretzsch. (Urban-Bücher) Stuttgart, 1958
IVÁNKA, E. VON: Hellenisches und Christliches im frühbyzantinischen Geistesleben. Wien, 1948
JORGA, N.: Byzance après Byzance: continuation de l'»Histoire de la vie byzantine«. Bukarest, 1935 (Schließt das 1934 erschienene Werk über die Kultur des byzantinischen Reiches an)
JUGIE, M.: Theologia dogmatica Christianorum orientalium. 5 Bde. Paris, 1926–1935
KALLISTOS (CALLISTUS SECUNDUS): Methodus et regula cum Deo accuratissima. – A. M. AMMANN, Hrsg.: Die Gottesschau im palamiti-

schen Hesychasmus (Callistus II. Patriarcha Constantinopolitanus Methodus et regula cum Deo accuratissima). Ein Handbuch spätbyzantinischer Mystik. Hrsg. und Übers. A. M. Amman. 2. Aufl. (Das östliche Christentum, N. F. 3/4) Würzburg, 1948. – Ausw.: DAS HERZENSGEBET. Mystik und Yoga der Ostkirche. Die Centurie der Mönche Kallistus u. Ignatius. Übers. R. Birchler. (Dokumente religiöser Erfahrung) München, 1955

KARAYANNOPULOS, J.: Das Finanzwesen des frühbyzantinischen Staates. (Südosteuropäische Arbeiten 52) München, 1958

KARAYANNOPULOS, J.: Die Entstehung der byzantinischen Themenordnung. Byzantinisches Archiv 10, 1959

KASHDAN, A.: Byzanz. Aufstieg und Untergang des oströmischen Reiches. Übers. A. Becker u. R. Kalinowski. (Lebendiges Altertum, Bd. 16) [Ost-]Berlin, 1964 (Aus sowjetischer, doch nachstalinistischer Sicht)

KORNEMANN, E.: Weltgeschichte des Mittelmeer-Raumes von Philipp II. von Makedonien bis Muhammed. Hrsg. H. Bengtson. Neuaufl. 2 Bde. München, 1948–1949

KRUMBACHER, K.: Geschichte der byzantinischen Literatur. Von Justinian bis zum Ende des Oströmischen Reiches. Zus. mit A. Ehrhard und H. Gelzer. 2. Aufl. (Handbuch der Altertumswissenschaft, IX, 1) München, 1897 (Immer noch die klassische Gesamtübersicht, erst teilweise durch neuere Werke ersetzt)

KUKULES, PH.: Byzantinon bios kai politismos. 6 Bde. Athen, 1948–1955 (Leben und Kultur der Byzantiner)

LASAREW, W. N.: Istorija vizantijskoj tschivopisi. 2 Bde. Moskau, 1947–1948 (Geschichte der byzantinischen Malerei)

LEWTSCHENKO, M.W.: Istorija Vizantij. Moskau, 1940. Französisch: Byzance des origines à 1453. Paris, 1949 (Geschichte von Byzanz; knappe Zusammenfassung aus sowjetischer Sicht, von extrem stalinistischer Prägung)

LINDSAY, J.: Byzantium into Europe. The story of Byzantium as the first Europe (326–1204 A.D.) and its further contribution till 1453 A.D. London, 1952

MATHEW, G.: Byzantine aesthetics. London, 1963

MATZULEWITSCH, L.: Die byzantinische Antike. Berlin, 1929

MAYER, H.-E.: Bibliographie zur Geschichte der Kreuzzüge. Hannover, 1960

MAZZARINO, S.: La fine del mondo antico. Mailand, 1959. Deutsch: Das Ende der antiken Welt. Übers. Fr. Jaffé. (Sammlung Piper) München, 1961

MEYENDORFF, J.: Introduction à l'étude de Grégoire Palamas. (Collection Patristica Sorbonensia, 3) Paris, 1958

MEYENDORFF, J.: St. Grégoire Palamas et la mystique orthodoxe. (Collection Maîtres spirituels, 20) Paris, 1959

MICHEL, A.: Die Kaisermacht in der Ostkirche (843–1204). Darmstadt, 1959

MORAVCSIK, G.: Byzantinoturcica. 2 Bde. Berlin, 1958 (Enthält in Bd. 1 die derzeit beste Quellenkunde zur byzantinischen Geschichte)

NEUMANN, C.: Die Weltstellung des byzantinischen Reiches vor den Kreuzzügen. Leipzig, 1894

NORDEN, W.: Das Papsttum und Byzanz. Berlin, 1903 (Grundlegend zur Kirchenspaltung)

OBOLENSKY, D.: The Bogomils. A study in Balkan neo-Manichaeism. Cambridge, 1948

OHNSORGE, W.: Abendland und Byzanz. Gesammelte Aufsätze zur Geschichte der byzantinisch-abendländischen Beziehungen und des Kaisertums. Darmstadt, 1958

OSTROGORSKY, G.: Geschichte des Byzantinischen Staates. 3. Aufl. (Byzantinisches Handbuch im Rahmen des Handbuchs der Altertumswissenschaft, I, 2) München, 1963

PEIRCE, H., und R. TYLER: L'art byzantin. 2 Bde. Paris, 1932–1934

PERNICE, A.: L'imperatore Eraclio. Florenz, 1905

PHILIPPSON, A.: Das byzantinische Reich als geographische Erscheinung. Leiden, 1939

PIGULEWSKAJA, N.W.: Vizantija na putjach v Indiju. Moskau, 1951 (Byzanz auf dem Wege nach Indien; Forschungsbeitrag der führenden Orientalistin, der sich – ebenso wie die beiden folgenden Werke – durch minutiöse Genauigkeit auszeichnet)

PIGULEWSKAJA, N.W.: Les villes de l'état iranien aux époques parthe et sassanide. Paris, 1963

PIGULEWSKAJA, N.W.: Araby u graniz Vizantii i Irana v IV–VI vv. Moskau, 1964 (Die Araber an den Grenzen von Byzanz und Iran im 4. bis 6. Jahrhundert)

RICE, D.T.: Byzantine art. 2. Aufl. London, 1954

RICE, D.T., und M. HIRMER: The art of Byzantium. London, 1959. Deutsch: Kunst aus Byzanz. Übers. G. Gall. München, 1959

RIEDINGER, U.: Petros der Walker von Antiocheia als Verfasser der pseudo-dionysischen Schriften. Salzburger Jahrbuch für Philosophie 5/6, 1961/62 [= Festschrift für Albert Auer OSB.]

RIEGL, A.: Die spätrömische Kunst-Industrie nach den Funden in Österreich-Ungarn dargestellt. 2 Bde. Wien, 1901–1923. Bd. 1, 2. Aufl., unter dem Titel: Spätrömische Kunstindustrie. Wien, 1927. Nachdr. Darmstadt, 1964 (Bahnbrechendes und noch immer grundlegendes Werk zur ästhetischen Bewertung der Kunst der Zeit von Konstantin bis zu Karl dem Großen)

RUBIN, B.: Probleme der Sowjetbyzantinistik. In: Diskussionsbeiträge zum 11. internationalen Byzantinistenkongreß, München 1958. Hrsg. F. Dölger und H.-G. Beck. München, 1961

RUBIN, B.: Das Zeitalter Justinians. Bd. 1. Berlin, 1960

RUNCIMAN, ST.: Byzantine civilisation. London, 1933. Französisch: La civilisation byzantine. Paris, 1934 (Nützlicher Überblick)

RUNCIMAN, ST.: A history of the crusades. 3 Bde. Cambridge, 1952–1954. Deutsch: Geschichte der Kreuzzüge. Übers. P. de Mendelssohn. 3 Bde. München, 1957–1960

SAS-ZALOZIECKY, W.: Die byzantinische Baukunst in den Balkanländern und ihre Differenzierung unter abendländischen und islamischen Einwirkungen. Studien zur Kunstgeschichte der Balkanländer. (Südosteuropäische Arbeiten 46) München, 1955

SAS-ZALOZIECKY, W.: Die altchristliche Kunst. Die byzantinische Kunst. In: Illustrierte Welt-Kunstgeschichte. Hrsg. E. Th. Rimli und K. Fischer. Bd. 2. Zürich, 1959. Taschenbuchausg.: 2 Bde. (Ullstein-Kunstgeschichte) Frankfurt/Main, 1963
SCHLUMBERGER, G.: Un empereur byzantin au Xe siècle. Nicophore Phocas. Paris, 1890. Neudr. 1923
SCHLUMBERGER, G.: L'épopée byzantine à la fin du Xe siècle. 3 Bde. Paris, 1896-1905. Neudr. 1925
SCHLUMBERGER, G.: Récits de Byzance et des croisades. 2 Bde. Paris, 1916-1922
SCHNEIDER, C.: Geistesgeschichte des antiken Christentums. 2 Bde. München, 1954
SCHWEINFURTH, PH.: Geschichte der russischen Malerei im Mittelalter. den Haag, 1930
SCHWEINFURTH, PH.: Die byzantinische Form. Ihr Wesen und ihre Wirkung. Berlin, 1943
SEIDL, E.: Römische Rechtsgeschichte und römisches Zivilprozeßrecht. (Academia juris, Lehrbücher der Rechtswissenschaft) Köln, 1962
ŠEVČENKO, I.: La vie intellectuelle et politique à Byzance sous les premiers Paléologues. Études sur la polémique entre Théodore Métochite et Nicéphore Chomnenos. Brüssel, 1962
STACTON, D.: The world on the Last Day. The sack of Constantinople by the Turks on May 29th, 1453, its causes and consequences. London, 1965
STADTMÜLLER, G.: Geschichte Südosteuropas. München, 1950
STEIN, E.: Studien zur Geschichte des byzantinischen Reiches vornehmlich unter den Kaisern Justinus II. und Tiberius Constantinus. Stuttgart, 1919 (Eine der wichtigsten Arbeiten zur Verwaltungsgeschichte)
STEIN, E.: Geschichte des spätrömischen Reiches. I. Vom römischen zum byzantinischen Staate (284-476). Wien, 1928. Histoire du Bas-Empire. II. De la disparition de l'Empire d'Occident à la mort de Justinien (476-565). Paris, 1949. Französische Neuausg.: Histoire du Bas-Empire. Bearb. J. R. Palanque. Neuaufl. 2 Bde. Paris, 1960
STRZYGOWSKI, J.: Die Baukunst der Armenier und Europa. 2 Bde. (Arbeiten aus dem Kunsthistorischen Institut der Universität Wien, 9-10) Wien, 1918 (Eines der vielen bahnbrechenden Werke dieses Altmeisters – noch immer anregend, wenn auch die »Strzygowski-Fragen« inzwischen meist abweichende Antworten fanden)
SWIFT, E. H.: Roman sources of Christian art. New York, 1951
THIESS, F.: Das Reich der Dämonen. Der Roman eines Jahrtausends. Neuaufl., vom Autor durchges. (Gesammelte Werke in Einzelausgaben.) Wien, 1958
THIESS, F.: Die griechischen Kaiser. Die Geburt Europas. Wien, 1960
TREITINGER, O.: Die oströmische Kaiser- und Reichsidee nach ihrer Gestaltung im höfischen Zeremoniell. Jena, 1938. Neudr. Darmstadt, 1956 (Grundlegendes Werk, vor allem wird das Zeremonienbuch des Kaisers Konstantinos VII. Porphyrogennetos ausgewertet)

VASILIEV, A. A.: Byzance et les Arabes. 3 Bde. (Corpus Bruxellense Historiae Byzantinae, 1-3) Brüssel, 1935-1950
VASILIEV, A. A.: History of the Byzantine empire. 2 Bde. Neuaufl. Madison, Wis., 1952-1958 (Beste Gesamtgeschichte mittleren Umfangs)
VASILIEV, A. A.: Justin the First. Cambridge, Mass., 1950 (Alterswerk des großen Byzantinisten auf ungewöhnlich breiter Quellengrundlage)
VINNER, A.: Materialy i technika monumentalnodekorativnoj tschivopisi. Moskau, 1953 (Rohstoffe und Verfahren der dekorativen Monumentalmalerei)
VINNER, A.: Materialy i technika mosaitschnoj tschivopisi. Moskau, 1953 (Rohstoffe und Verfahren in der Mosaikmalerei)
VOLBACH, W. F., G. SALLES und G. DUTHUIT: L'art byzantin. Paris, 1931
WAAS, AD.: Geschichte der Kreuzzüge. 2 Bde. Freiburg i. Br., 1956
WEITZMANN, K.: Die byzantinische Buchmalerei des IX. und X. Jahrhunderts. Berlin, 1935
WENGER, L.: Die Quellen des römischen Rechts. (Österreichische Akademie der Wissenschaften, Denkschriften der Gesamtakademie, 2) Wien, 1953
WULFF, O.: Altchristliche und byzantinische Kunst. Tl. 1: Die altchristliche Kunst von ihren Anfängen bis zur Mitte des ersten Jahrtausends. Tl. 2: Die byzantinische Kunst von der ersten Blüte bis zu ihrem Ausgang. 2 Bde. (Handbuch der Kunstwissenschaft) Berlin, 1914. Bibliographisch-kritischer Nachtrag. (Handbuch der Kunstwissenschaft) Potsdam, 1939
ZACHARIAE VON LINGENTHAL, K. E.: Geschichte des griechisch-römischen Rechts. 3. Aufl. Berlin, 1892

Quellensammlungen

BYZANTINISCHE GESCHICHTSSCHREIBER. Hrsg. E. von Ivánka. Bde. 1-10. Graz, 1954-1961 (Übersetzungen wichtiger Quellen)
CORPUS SCRIPTORUM HISTORIAE BYZANTINAE. Hrsg. von der Akademie der Wissenschaften in Berlin. 50 Bde. Bonn, 1828-1897 (Das »Bonner Corpus«, umfassendste, jedoch erneuerungsbedürftige Quellensammlung)
DÖLGER, F.: Regesten der Kaiserurkunden des Oströmischen Reiches von 565-1453. Tl. 1: 565-1025. Tl. 2: 1025-1204. Tl. 3: 1204 bis 1282. Tl. 4: 1282-1341. Tl. 5, zus. mit P. Wirth: 1341-1453. 5 Bde. (Corpus der griechischen Urkunden des Mittelalters und der neueren Zeit, Rh. A, Abt. 1) München/Berlin, 1924-1964 (Grundlegendes Hilfsmittel der byzantinischen Quellenkunde und Chronologie)
GRUMEL, V., Hrsg.: Les régestes des actes du patriarcat de Constantinople. Bd. 1: Les actes des patriarches. Lfg. 1-3. Istanbul, 1932-1947 (Diese Urkunden gehören zu den wichtigsten Zeugnissen des Lebens in byzantinischer Zeit)
MIGNE, J. P., Hrsg.: Patrologiae cursus completus, series Graeco-latina. 166 Bde. Paris, 1857 bis 1866 (Die umfangreichste Sammlung der theologischen Quellen, jetzt erneuerungsbedürftig)

ns of the muslimischen Offenbarung)

ISLAM

DIE ENTSTEHUNG EUROPAS

Der Islam

Muhammad

ANDRAE, T.: Mohammed. Sein Leben und sein Glaube. Göttingen, 1932 (Wohl noch immer die beste kurze Darstellung)
ANDRAE, T.: Die Person Mohammeds in Lehre und Glauben seiner Gemeinde. (Archives d'Études Orientales, 16) Stockholm, 1918
BUHL, F.: Mohammeds Liv. Kopenhagen, 1903. Deutsch: Das Leben Muhammeds. Übers. H.H. Schaeder. 3.Aufl. Heidelberg, 1961 (Zusammen mit den unten genannten Werken W.M. Watts ergibt das Buch ein anschauliches Bild von Mohammeds Wirken und vom arabischen Milieu)
GUILLAUME, A.: The life of Muhammed. Übersetzung von (Ibn) Isḥāq's sīrat Rasūl Allāh. London, 1955 (Die erste aus dem 8.Jahrhundert stammende Biographie des Propheten; außerordentlich aufschlußreich für das geschichtliche und religiöse Bewußtsein der Zeit)
PARET, R.: Mohammed und der Koran. Geschichte und Verkündigung des arabischen Propheten. (Urban-Bücher) Stuttgart, 1957
WATT, W.M.: Muhammad at Mecca. Oxford, 1953
WATT, W.M.: Muhammad at Medina. Oxford, 1956 (Auf die wirtschaftliche und soziale Entwicklung abgestellt)

Geschichtliche Übersichten

BROCKELMANN, C.: Geschichte der arabischen Literatur. 2.Aufl. 2 Bde. Leiden, 1943–1948 (Unentbehrliches Standardwerk)
BROCKELMANN, C.: Geschichte der islamischen Völker und Staaten. 2.Aufl. München, 1943 (Materialreiche Darstellung unter Ausschluß Indiens und Indonesiens)
DE BOER, T.J.: Geschichte der Philosophie im Islam. Stuttgart, 1901. Englisch: The history of philosophy in Islam. London, 1903 (Wohlausgewogene Darstellung, freilich etwas veraltet)
GARDET, L., und M.-M. ANAWATI: Introduction à la théologie musulmane. Essai de théologie comparée. (Études de philosophie médiévale, 37) Paris, 1948 (Das beste Buch zum Thema)

GOLDZIHER, I.: Vorlesungen über den Islam. 2.Aufl. Bearb. F. Babinger. Heidelberg, 1925 (Noch immer unübertroffene Gesamtdarstellung der religiösen Entwicklung)
GRUNEBAUM, G.E. VON: Islam. Essays in the nature and growth of a cultural tradition. 2.Aufl. London, 1961
GRUNEBAUM, G.E. VON: Der Islam im Mittelalter. 3.Aufl. (Bibliothek des Morgenlandes) Zürich, 1963
JEFFERY, A.: Reader on Islam. 's-Gravenhage, 1962 (Das nachgelassene Werk des bedeutenden Erforschers der muslimischen Religion mit wichtigen Texten zur offiziellen sowie zur volkstümlichen Frömmigkeit)
JOCKEL, R.: Islamische Geisteswelt von Mohammed bis zur Gegenwart. Darmstadt, 1954 (Anthologie charakteristischer Texte)
LÉVI-PROVENÇAL, É.: Histoire de l'Espagne musulmane. 3 Bde. Paris und Leiden, 1950 bis 1953 (Maßgebliches Werk, leider durch den Tod des Verfassers beim Jahr 1031 steckengeblieben)
LEWIS, B.: The Arabs in history. Revid. Aufl. London, 1958 (Kurzgefaßte, kluge Darstellung, bis 1517 reichend)
NÖLDEKE, TH.: Geschichte des Qorâns. 2.Aufl. Bearb. F. Schwally und G. Bergsträßer. 3 Bde. Leipzig, 1909–1938. Nachdr. Hildesheim, 1961 (Unentbehrlich für das rechte Verständnis der muslimischen Offenbarung)
PAREJA, F.M.: Islamologia. Rom, 1951 (Enzyklopädisches Werk mit reichen Literaturangaben)
PARET, R.: Der Koran. Übersetzung. Lfg. 1 und 2. Stuttgart, 1963 (Verspricht nach Abschluß 1966 die beste deutsche Koranübersetzung zu werden)
ROSENTHAL, F.: A history of Muslim historiography. Leiden, 1952 (Einzige umfassende Darstellung mit Übersetzungen charakteristischer Texte)
SAUVAGET, J., und C. CAHEN: Introduction à l'histoire musulmane. 2.Aufl. Paris, 1961. Englisch: Jean Sauvaget's Introduction to the history of the Muslim East. A bibliographical guide. Based on the 2nd ed. as recast by

C. Cahen. Berkeley, Calif., 1965 (Unentbehrliche bibliographische Einführung; die neue amerikanische Ausgabe verbessert zahlreiche Mängel und bringt zusätzliches Material)
SCHACHT, J.: Esquisse d'une histoire du droit musulman. Paris, 1952 (Bis jetzt einzige Zusammenfassung)
SETTON, K. M., Hrsg.: A history of the crusades. Bd. 1: The first hundred years. Hrsg. M.W. Baldwin. Bd. 2: The later crusades, 1189 to 1311. Hrsg. R. L. Wolff und H.W. Hazard. Philadelphia, 1955–1962
SPULER, B.: Iran in früh-islamischer Zeit. Politik, Kultur, Verwaltung und öffentliches Leben zwischen der arabischen und seldschukischen Eroberung 633 — 1055. Wiesbaden, 1952
SPULER, B.: Geschichte der islamischen Länder. Tl. 1: Die Kalifenzeit. Entstehung und Zerfall des islamischen Weltreichs. Tl.: 2 Die Mongolenzeit. (Handbuch der Orientalistik, 1, 6) Leiden, 1952–1953
TYAN, E.: Histoire de l'organisation judiciaire en pays d'Islam. 2 Bde. Paris, 1938–1943
TYAN, É.: Institutions du droit public musulman. Bd. 1: Le Califat. Bd. 2: Sultanat et Califat. Paris, 1954–1957
VASILIEV, A. A.: Byzance et les Arabes. 3 Bde. (Corpus Bruxellense Historiae Byzantinae, 1–3) Brüssel, 1935–1950
WATT, W. M.: Islamic philosophy and theology. (Islamic Surveys 1) Edinburgh, 1962 (Unentbehrliches bibliographisches Hilfsmittel, zugleich kompetente Übersicht)
WELLHAUSEN, J.: Das arabische Reich und sein Sturz. 2. Aufl. Berlin, 1960

Einzelstudien

ANAWATI, G. C., und L. GARDET: Mystique musulmane. Aspects et tendances – expériences et techniques. Paris, 1961 (Mehr systematisch als historisch, mit großem theologischem Scharfblick geschrieben)
ANTIKE UND ORIENT IM MITTELALTER. Vorträge der Kölner Mediaevistentagung 1956–1959. Hrsg. P. Wilpert zus. mit W. P. Eckert. (Miscellanea Mediaevalia, Veröffentlichungen des Thomas-Instituts an der Universität Köln, 1) Berlin, 1962
ARBERRY, A. J.: An introduction to the history of Sūfism. London/New York, 1943 (Klare Zusammenfassung der geschichtlichen Entwicklung zumal der frühen Sūfik)
BARTHOLD, W.: Turkestan down to the Mongol invasion. 2. Aufl. (Gibb Memorial Series, N. S. 5) London, 1959 (Hervorragende Untersuchung eines schwer zugänglichen, aber außerordentlich wichtigen islamischen Kulturbezirks)
CAHEN, C.: Zur Geschichte der städtischen Gesellschaft im islamischen Orient des Mittelalters. Saeculum 9, 1958 (Höchst anregende Einführung)
CAHEN, C.: Mouvements populaires et autonomisme urbain dans l'Asie musulmane du moyen âge. Leiden, 1959
DANIEL, N.: Islam and the west. The making of an image. Edinburgh, 1960 (Das Bild des Islam im lateinischen Westen des Mittelalters)
GARDET, L.: La cité musulmane. Vie sociale et politique. (Études Musulmanes, 1) Paris, 1954 (Etwas nach der Theorie hin orientierte Analyse)
GIBB, H. A. R.: Mohammedanism. An historical survey. Revid. Neuaufl. New York, 1961 (Höchst anregende Zusammenfassung)
GOLDZIHER, I.: Muhammedanische Studien. 2 Bde. Halle/Saale, 1889–1890. Nachdr. Hildesheim, 1961 (Meisterliche Forschungsbeiträge)
GRUNEBAUM, G. E. VON: Kritik und Dichtkunst. Studien zur arabischen Literaturgeschichte. Wiesbaden, 1955
HODGSON, M. G. S.: The order of Assassins. The struggle of the early Nizārī Ismāʿīlis against the Islamic world. 's-Gravenhage, 1955 (Geschichte und Mentalität extremschiitischer Sektierer)
IBN KHALDUN: The Muqaddimah. An introduction to history. Übers. F. Rosenthal. 3 Bde. New York, 1958 (Eine Art Geschichtsphilosophie, verbunden mit einer Summa der Wissenschaften – außerhalb der Philosophie die bedeutendste geistesgeschichtliche Leistung des Islams)
IDRIS, H. R.: La Berbérie orientale sous les Zīrīdes, X^e–XIIe siècles. 2 Bde. Paris, 1962 (Eingehende Darstellung einer wichtigen Phase der nordafrikanischen Geschichte)
KRÄMER, J.: Das Problem der islamischen Kulturgeschichte. Tübingen, 1959 (Bedeutsamer Versuch, die islamische Kultur in ihrem Verhältnis zum Griechentum zu begreifen)
LÉVI-PROVENÇAL, É.: L'Espagne musulmane au Xe siècle. Paris, 1932 (Meisterliche Darstellung, wertvoll als westliches Gegenstück zu Mez' untengenanntem Werk)
LEVY, R.: The sociology of Islam. 2 Bde. London, 1931–1933 (Bd. 1 erschien 1931 zuerst unter dem Titel: An introduction to the sociology of Islam). Neuausg., unter dem Titel: The social structure of Islam. Cambridge, 1957. Neuaufl. 1962
LEWIS, B.: Origins of Ismāʿīlism. Cambridge, 1940 (Bahnbrechende Studie; dazu heute zu vergleichen: W. Madelung: Fatimiden und Bahrainqarmaten. Islam XXIV, 1959)
MASSIGNON, L.: La passion d'al-Hosayn-ibn-Mansour al-Hallaj, martyr mystique de l'Islam, exécuté à Bagdad le 26 mars 922. 2 Bde. Paris, 1922 (Dieses Meisterwerk machte die islamische Mystik erst eigentlich zugänglich)
MAWERDI (ALI IBN MUHAMMAD, AL-MAWARDI): Les statuts gouvernementaux ou Règles de droit administratif et public. Übers. E. Fagnan. Algier, 1915 (Bestbekannte Darstellung von einem kalifentreuen Juristen des 11. Jahrhunderts)
MEZ, A.: Die Renaissance des Islāms. Heidelberg, 1922 (Im wesentlichen eine Kulturgeschichte des 10. Jahrhunderts; enorme Materialsammlung, leider unausgefeilt geblieben)
NIZAMULMULK (NIZAM AL-MULK): Siyāsatnāma. Gedanken und Geschichten. Übers. K. E. Schabinger, Freiherr von Schowingen. Freiburg i. Br., 1960

RITTER, H.: Das Meer der Seele. Mensch, Welt und Gott in den Geschichten des Farīduddīn 'Attār. Leiden, 1955 (Analyse der Hauptmotive der islamischen und besonders der persischen Mystik
SCHACHT, J.: The origins of Muhammadan jurisprudence. Oxford, 1950 (Grundlegende Studie)
SCHROEDER, E.: Muhammad's people. A tale by anthology. A mosaic translation. Portland, 1955 (Darstellung der islamischen Religions- und Kulturentwicklung bis ins späte 10. Jahrhundert, in Worten arabischer Autoren, mit außerordentlicher Einfühlungsgabe übersetzt)
SOURDEL, D.: Le vizirat abbāside de 749 à 936 (132 à 324 de l'Hégire). 2 Bde. Damaskus, 1959–1960 (Darstellung des wichtigsten islamischen Verwaltungsamts)
TAESCHNER, F.: Futuwwa, eine gemeinschaftsbildende Idee im mittelalterlichen Orient und ihre verschiedenen Erscheinungsformen. Schweizerisches Archiv für Volkskunde 52, 1956 (Überblick über ein sozial-religiöses Phänomen, zu dem Taeschner 1965 Dokumente zur Geschichte der Futuwwa-Bünde im islamischen Mittelalter vorlegen wird)
WALZER, R.: Greek into Arabic. Oxford, 1962 (Eindringende Untersuchung zur islamischen Philosophie in ihrem Verhältnis zum griechischen Denken)

Nachschlagewerke

THE AMERICAN HISTORICAL ASSOCIATION's Guide to historical literature. Hrsg. G. Fr. Howe, G. C. Boyce u. a. New York, 1961 (Enthält in sect. M eine annotierte Bibliographie)
HISTORICAL ATLAS of the Muslim peoples. Hrsg. R. Roolvink. Amsterdam, 1957
THE ENCYCLOPAEDIA OF ISLAM. Neuaufl. Hrsg. J. H. Kramers, H. A. R. Gibb, E. Lévi-Provençal und J. Schacht. Bd. 1–Bd. 2, Lfg. 1–36. Leiden und London, 1960–1964 (Von führenden Fachleuten bearbeitet)
SHORTER ENCYCLOPAEDIA OF ISLAM. Hrsg. H. A. R. Gibb und J. H. Kramers. Leiden, 1953 (Beschränkt sich weithin auf Religion und Recht)
ENZYKLOPAEDIE DES ISLAM. Geographisches, ethnographisches und biographisches Wörterbuch der muhammedanischen Völker. Hrsg. M. Th. Houtsma u. a. 4 Bde. Leiden und Leipzig, 1913–1934
WÜSTENFELD-MAHLER'sche Vergleichungs-Tabellen zur muslimischen und iranischen Zeitrechnung mit Tafeln zur Umrechnung orientchristlicher Ären. 3. Aufl. Neu bearb. von B. Spuler. Wiesbaden, 1961

Altrußland bis zum Ende des 16. Jahrhunderts

ALPATOV, M., und N. BRUNOV: Geschichte der altrussischen Kunst. Augsburg, 1932
AMMANN, A. M.: Die ostslawische Kirche im jurisdiktionellen Verband der byzantinischen Großkirche (988–1459). Würzburg, 1955
BÄCHTOLD, R.: Südwestrußland im Spätmittelalter. Basel, 1951
BLACK, C. E., Hrsg.: Rewriting Russian history. Soviet interpretations of Russia's past. Published for the research program of the U.S.S.R. 2. Aufl. New York, 1962
D'JAKONOW, M. A.: Skizzen zur Gesellschafts- und Staatsordnung des alten Rußland. Breslau, 1931
DVORNIK, F.: The Slavs. Their early history and civilization. Boston, Mass., 1956
DVORNIK, F.: Byzantine political ideas in Kievan Russia. Dumbarton Oaks Papers 9/10, 1956
FEDOTOV, G.: The Russian religious mind. Kievan Christianity. Cambridge, Mass., 1946
FENNELL, J. L. I.: Ivan the Great of Moscow. London, 1961
FLEISCHHACKER, H.: Die staats- und völkerrechtlichen Grundlagen der Moskauer Außenpolitik (14. bis 17. Jahrhundert). (Jahrbücher für die Geschichte Osteuropas, Beih. 1) Breslau, 1938. Nachdr. Würzburg, 1959
FLORINSKY, M. T.: Russia. A history and an interpretation. Bd. 1 New York, 1953
FORSTREUTER, K.: Preußen und Rußland von den Anfängen des Deutschen Ordens bis zu Peter dem Großen. Göttingen, 1955
GESCHICHTE DER UDSSR. Bd. 1: Von den ältesten Zeiten bis zum Jahre 1861, 1. Halbbd. Hrsg. M. W. Netschkina u. a. [Ost-]Berlin, 1960 (Offiziöse sowjetische Darstellung)
HALECKI, O.: Der Begriff der osteuropäischen Geschichte. Zeitschrift für osteuropäische Geschichte 9, 1935
RUSSISCHE HEILIGENLEGENDEN. Hrsg. E. Benz. Übers. G. Apel, E. Benz, W. Fritze u. a. Zürich, 1953
HERBERSTEIN, S. FREIHERR VON: Rerum Moscoviticarum commentarii. Wien, 1549. 2. Ausg. Basel, 1556. Deutsch: Moscovia die Haupstat in Reissen durch S. Freyhern zu Herberstain... zusamen getragen. Wien, 1557 (Herbersteins eigene Übers.). Neue Ausg.: Moscovia. (Rerum Moscoviticarum commentarii). Von Sigmund Freiherrn zu Herberstain-Neyperg und Guettenhag. Übers. W. von den Steinen. (Der Weltkreis) Erlangen, 1926 (Übers. nach den beiden lateinischen Ausgaben, in Anlehnung an Herbersteins eigene Übers.)
HOETZSCH, O.: Staatenbildung und Verfassungsentwicklung in der Geschichte des germanisch-slavischen Ostens. Zeitschrift für osteuropäische Geschichte 1, 1911
HOETZSCH, O.: Adel und Lehnswesen in Rußland und Polen und ihr Verhältnis zur deutschen Entwicklung. Historische Zeitschrift 108, 1912
HOETZSCH, O.: Osteuropa und der deutsche Osten. Königsberg, 1934 (Enthält auch die beiden voranstehenden Aufsätze)

IGORLIED – Die Mär von der Heerfahrt Igors. Der ältesten russischen Heldendichtung nachgedichtet von A. Luther. München, 1923. – La geste du prince Igor', épopée russe du douzième siècle. Russisch-Französisch. Hrsg. und Übers. H. Grégoire, R. Jakobson und M. Szeftel, zus. mit J.A.Joffe. New York, 1948 (Enthält auch englische, neurussische und polnische Übersetzungen). – Das Igor-Lied. Eine Heldendichtung. Russisch-Deutsch. Der altrussische Text mit der Übertragung von R. M. Rilke und der neurussischen Prosafassung von D. S. Lichatschow. Hrsg. W. Haupt. (Insel-Bücherei) Leipzig, 1960
JABLONOWSKI, H.: Westrußland zwischen Wilna und Moskau. Die politische Stellung und die politische Tendenz der russischen Bevölkerung des Großfürstentums Litauen im 15.Jh. Leiden, 1955
KLJUTSCHEWSKIJ, W.O.: Kurs russkoj istorij. 4 Bde. Moskau, 1904–1911 (Vorlesungen zur russischen Geschichte). Englisch: A history of Russia. Übers. C. J. Hogarth. 5 Bde. London/ New York, 1911–1931. Deutsch: Geschichte Rußlands. Hrsg. Fr. Braun und R. von Walter. Übers. R. von Walter. 4 Bde. Stuttgart, 1925 bis 1926
KLOSTERMANN, R.: Probleme der Ostkirche. Untersuchung zum Wesen und zur Geschichte der griechisch-orthodoxen Kirche. (Göteborgs Kungl. Vetenskaps- och Vittershets-Samhälles Handlingar, Flöljd 6, Ser. A, Bd. 5) Göteborg, 1955
KRUPNYCKYJ, B.: Geschichte der Ukraine. Von den Anfängen bis zum Jahre 1920. 2.Aufl. Leipzig, 1943
KULISCHER, J. M.: Russische Wirtschaftsgeschichte, Bd. 1. (Handbuch der Wirtschaftsgeschichte) Jena, 1925 (Mehr nicht erschienen)
KURBSKIJ, A. M., FÜRST: Der Briefwechsel Iwans des Schrecklichen mit dem Fürsten Kurbskij. Hrsg. K. Stählin. Leipzig, 1921. – The correspondence between prince A. M. Kurbsky and Tsar Ivan of Russia 1564–1579. Hrsg. J. L. I. Fennell. Cambridge, 1955 (Die Autokratie und das fürstliche Mitspracherecht begründende Streitschriften, zugleich erste autobiographische Aufzeichnungen in Rußland)
KURBSKIJ, A. M., FÜRST: Kurbsky's »History of Ivan IV«. Hrsg. J. L. I. Fennell. Cambridge, 1965 (»Geschichte des Großfürsten von Moskau«, erster russischer Versuch einer historischen Monographie; russischer Text und englische Übers.)
LAEHR, G.: Die Anfänge des russischen Reiches. Berlin, 1930
LYASHCHENKO, P.I.: History of the national economy of Russia to the 1917 revolution. New York, 1949 (Übersetzung des sowjetischen Originaltitels)
MEDLIN, W.K.: Moscow and East Rome. Genf, 1952
MIRSKIJ, D.S.: A history of Russian literature. New York, 1949. Deutsch: Geschichte der russischen Literatur. Übers. G. Mayer. München, 1964

NESTORCHRONIK – Die altrussische Nestorchronik. Übers. R. Trautmann. (Slavischbaltische Quellen und Forschungen 6) Leipzig, 1931. Ausw.: (Slavische Studienbücherei 1) Leipzig, 1948. – The Russian primary chronicle. Übers. S. H. Cross und O. P. Sherbowitz-Wetzor. (Mediaeval Academy of America, 60) Cambridge, Mass., 1953 (Die älteste russische Chronik, von allen späteren Chroniken benutzt bzw. wiederholt)
NEUBAUER, H.: Car und Selbstherrscher. Beiträge zur Geschichte der Autokratie in Rußland. (Veröffentlichungen des Osteuropa-Institutes München 22) Wiesbaden, 1964
OBOLENSKY, D.: Russia's Byzantine heritage. Oxford Slavonic Papers 1, 1950
PASZKIEWICZ, H.: The making of the Russian nation. London, 1963
PHILIPP,W.: Ansätze zum historischen und politischen Denken im Kiever Rußland. Breslau, 1940
PLATZHOFF, W.: Das erste Auftreten Rußlands und der russischen Gefahr in der Europäischen Politik. Historische Zeitschrift 115, 1916
RUFFMANN, K. H.: Das Rußlandbild im England Shakespeares. Göttingen, 1952
SCHAEDER, H.: Moskau das Dritte Rom. 2.Aufl. Darmstadt, 1957
SCHULTZ, L.: Russische Rechtsgeschichte. Lahr, 1951
SCHULZ, W.: Die Immunität im nordöstlichen Rußland des 14. und 15. Jahrhunderts. Untersuchungen zu Grundbesitz und Herrschaftsverhältnissen. Forschungen zur osteuropäischen Geschichte 6, 1962
SMOLITSCH, I.: Zur Geschichte der russischen Ostpolitik des 15. und 16.Jahrhunderts. Jahrbücher für Geschichte Osteuropas 6, 1941
SMOLITSCH,I.: Russisches Mönchtum. Entstehung, Entwicklung und Wesen 988–1917. (Das östliche Christentum, N.F. 10/11) Würzburg, 1953
SPULER, B.: Die Goldene Horde. Die Mongolen in Rußland, 1223–1502. 2. Aufl. Wiesbaden, 1964
STADEN, H. VON – FR. EPSTEIN, Hrsg.: Heinrich von Staden. Aufzeichnungen über den Moskauer Staat. Nach der Handschrift des Preußischen Staatsarchivs in Hannover. (Abhandlungen aus dem Gebiete der Auslandskunde 34, A,5) Hamburg, 1930 (1578 abgefaßter, sehr anschaulicher Bericht eines deutschen Ritters über seine Dienstjahre in Moskau)
STÄHLIN, K.: Rußland und Europa. Historische Zeitschrift 132, 1925
STÖKL, G.: Russische Geschichte. Stuttgart, 1962
STÖKL, G.: Die Entstehung des Kosakentums. München, 1953
SUMNER, B. H.: Russia and Europe. Oxford Slavonic Papers 1, 1951
SZEFTEL, M.: Aspects of feudalism in Russian history. Feudalism in history. Hrsg. R. Coulborn. Princeton, N.J., 1956
THOMSEN, V.: Der Ursprung des russischen Staates. Gotha, 1897
UEBERSBERGER, H.: Österreich und Rußland seit dem Ende des 15. Jahrhunderts. Bd. 1 (Veröffentlichungen der Kommission für neuere Geschichte Österreichs, 2) Wien, 1906

WILLAN, T. S.: The early history of the Russia Company, 1553–1603. Manchester, 1956
WIPPER, R.: Iwan Grosny. Moskau, 1947 (Stalinistische Darstellung)
ZANKOW, ST.: Das orthodoxe Christentum des Ostens. Berlin, 1928
ZIEGLER, A.: Die Union des Konzils von Florenz in der russischen Kirche. Würzburg, 1938

Frühe christliche Reiche

BEUMANN, H.: Widukind von Korvei. Untersuchungen zur Geschichtsschreibung und Ideengeschichte des 10. Jahrhunderts. Weimar, 1950
BOOR, H. DE, und R. NEWALD: Geschichte der deutschen Literatur von den Anfängen bis zur Gegenwart. Bd. 1: H. de Boor: Die deutsche Literatur von Karl dem Großen bis zum Beginn der höfischen Dichtung. 770 bis 1170. 5. Aufl. (Handbücher für das germanistische Studium) München, 1962
CANOSSA ALS WENDE. Ausgewählte Aufsätze zur neueren Forschung. Hrsg. H. Kämpf. (Wege der Forschung) Darmstadt, 1963
CASPAR, E.: Geschichte des Papsttums. Von den Anfängen bis zur Höhe der Weltherrschaft. Bde. 1–2. Tübingen, 1930–1933 (Bd. 1 reicht bis zum Jahr 461, Bd. 2 bis 750, mehr nicht erschienen; der folgende Aufsatz setzt das Werk im Umriß fort)
CASPAR, E.: Das Papsttum unter fränkischer Herrschaft. Zeitschrift für Kirchengeschichte 54, 1935. Nachdr. Darmstadt, 1956
DANNENBAUER, H.: Grundlagen der mittelalterlichen Welt. Skizzen und Studien. Stuttgart, 1958 (Wichtig für die Verfassungsgeschichte)
DANNENBAUER, H.: Die Entstehung Europas. Von der Spätantike zum Mittelalter. Bd. 2: Die Anfänge der abendländischen Welt. Stuttgart, 1962
DOPSCH, A.: Wirtschaftliche und soziale Grundlagen der europäischen Kulturentwicklung aus der Zeit von Caesar bis auf Karl den Großen. 2 Bde. 2. Aufl. Wien, 1923–1924
DOPSCH, A.: Die Wirtschaftsentwicklung der Karolingerzeit, vornehmlich in Deutschland. 2 Bde. 2. Aufl. Weimar, 1921–1922. Nachdr. Darmstadt, 1962
EICHMANN, E.: Die Kaiserkrönung im Abendland. Ein Beitrag zur Geistesgeschichte des Mittelalters, mit besonderer Berücksichtigung des kirchlichen Rechts, der Liturgie und der Kirchenpolitik. 2 Bde. Würzburg, 1942
ENNEN, E.: Frühgeschichte der europäischen Stadt. Neuaufl. (Veröffentlichung des Instituts für geschichtliche Landeskunde der Rheinlande) Bonn, 1964
DIE ENTSTEHUNG DES DEUTSCHEN REICHES (Deutschland um 900). Ausgewählte Aufsätze aus den Jahren 1928–1954. Hrsg. H. Kämpf (Wege der Forschung) Darmstadt, 1963
ERDMANN, C.: Der ungesalbte König. Deutsches Archiv 2, 1938 (Wichtig für Heinrich I.)
ERDMANN, C.: Forschungen zur politischen Ideenwelt des Frühmittelalters. Hrsg. Fr. Baethgen. Berlin, 1951
ERDMANN, C.: Die Entstehung des Kreuzzugsgedankens. Nachdr. Stuttgart, 1955
FEINE, H. E.: Kirchliche Rechtsgeschichte I: Die katholische Kirche. 4. Aufl. Köln, 1964
FICHTENAU, H.: Das karolingische Imperium. Soziale und geistige Problematik eines Großreiches. Zürich, 1949
FLECKENSTEIN, J.: Die Hofkapelle der deutschen Könige. Tl. 1: Grundlegung. Die karolingische Hofkapelle. (Schriften der Monumenta Germaniae Historica, 16/1) Stuttgart, 1959
FOURNIER, P., und G. LE BRAS: Histoire des collections canoniques en Occident depuis les fausses décrétales jusqu'au décret de Gratien. 2 Bde. Paris, 1931–1932
FUHRMANN, H.: Die Fälschungen im Mittelalter. Historische Zeitschrift 197, 1963
GESCHICHTSDENKEN UND GESCHICHTSBILD im Mittelalter. Hrsg. W. Lammers. (Wege der Forschung) Darmstadt, 1961
GROUSSET, R.: Histoire des croisades et du royaume franc de Jérusalem. 3 Bde. 2. Aufl. Paris, 1948
HALLER, J.: Das Papsttum. Idee und Wirklichkeit. Neu hrsg. von H. Dannenbauer. 5 Bde. Neuaufl. Eßlingen, 1962
HALLER, J.: Nikolaus I. und Pseudo-Isidor. Stuttgart, 1936
HALLINGER, K.: Gorze – Kluny. Studien zu den monastischen Lebensformen und Gegensätzen im Hochmittelalter. (Studia Anselmiana 22–25) Rom, 1951
HAMPE, K.: Deutsche Kaisergeschichte in der Zeit der Salier und Staufer. 11. Aufl. Bearb. Fr. Baethgen. Heidelberg, 1963
HEER, FR.: Die Tragödie des Heiligen Reiches. Stuttgart, 1952
HEIDENMISSION UND KREUZZUGSGEDANKE in der deutschen Ostpolitik des Mittelalters. Hrsg. H. Beumann. (Wege der Forschung) Darmstadt, 1963
HEIMBUCHER, M.: Die Orden und Kongregationen der katholischen Kirche. 2 Bde. 3. Aufl. Paderborn, 1932–1934
HEIMPEL, H.: Deutsches Mittelalter. Leipzig, 1941 (Wichtig die Darstellung Heinrichs I. und der Italienpolitik)
HEIMPEL, H.: Der Mensch in seiner Gegenwart. Acht historische Essais. 2. Aufl. Göttingen, 1957 (Zu den Fragen nationaler Tradition)
HELLMANN, S.: Ausgewählte Abhandlungen zur Historiographie und Geistesgeschichte des Mittelalters. Hrsg. H. Beumann. Darmstadt, 1961
HERRSCHAFT UND STAAT IM MITTELALTER. Vorw. von H. Kämpf. (Wege der Forschung) Darmstadt, 1956
HODGKIN, R. H.: A history of the Anglo-Saxons. 3 Bde. 3. Aufl. Oxford, 1952

HOLTZMANN, R.: Geschichte der sächsischen Kaiserzeit (900–1024). 4. Aufl. München, 1961
HOLTZMANN, W.: König Heinrich I. und die heilige Lanze. Kritische Untersuchungen zur Außenpolitik in den Anfängen des Deutschen Reiches. Bonn, 1947
KANTOROWICZ, E. H.: Laudes regiae. A study in liturgical acclamations and mediaeval ruler worship. 2. Aufl. Berkeley, Calif., 1958
KANTOROWICZ, E. H.: The king's two bodies. A study in mediaeval political theology. Princeton, N. J., 1957 (Bedeutsam für die Kenntnis ottonischer Herrschaftsformen)
KERN, FR.: Die Anfänge der französischen Ausdehnungspolitik bis zum Jahr 1308. Tübingen, 1910
KIENAST, W.: Deutschland und Frankreich in der Kaiserzeit (900–1270). (Das Reich und Europa) Leipzig, 1943
KIENAST, W.: Untertaneneid und Treuvorbehalt in Frankreich und England. Studien zur vergleichenden Verfassungsgeschichte des Mittelalters. Weimar, 1952
KIRN, P.: Aus der Frühzeit des Nationalgefühls. Studien zur deutschen und französischen Geschichte sowie zu den Nationalitätenkämpfen auf den Britischen Inseln. (Das Reich und Europa) Leipzig, 1943
LADNER, G. B.: The idea of reform. Its impact on Christian thought and action in the age of the fathers. Cambridge, Mass., 1959
LINTZEL, M.: Ausgewählte Schriften. 2 Bde. Berlin, 1961 (Darin der Aufsatz »Kaiserpolitik Ottos des Großen« und andere Beiträge zum 8. bis 10. Jahrhundert)
MANITIUS, M.: Geschichte der lateinischen Literatur des Mittelalters. 3 Bde. (Handbuch der Altertumswissenschaft, IX, 2) München, 1911 bis 1931. Bd. 1, Nachdr. 1959
MEHNERT, G.: Ansgar. Apostel des Nordens. Kiel, 1964
METZ, W.: Das karolingische Reichsgut. Eine verfassungs- und verwaltungsgeschichtliche Untersuchung. Berlin, 1960
MIKOLETZKY, H. L.: Kaiser Heinrich II. und die Kirche. (Veröffentlichungen des Instituts für österreichische Geschichtsforschung, hrsg. von L. Santifaller, 8) Wien, 1946
MIRBT, C.: Die Publizistik im Zeitalter Gregors VII. Leipzig, 1894 (Nachdr. Darmstadt in Vorbereitung)
MITTEIS, H.: Die deutsche Königswahl, ihre Rechtsgrundlagen bis zur Goldenen Bulle. 2. Aufl. Wien, 1944 (Nachdr. Darmstadt in Vorbereitung)
MITTEIS, H.: Der Staat des hohen Mittelalters. Grundlinien einer vergleichenden Verfassungsgeschichte des Lehnszeitalters. 6. Aufl. Weimar, 1959
NITSCHKE, A.: Beobachtungen zur normannischen Erziehung im 11. Jahrhundert. Archiv für Kulturgeschichte 43, 1961 (Zur Herrschaftsform der Normannen)
NITSCHKE, A.: Die Einstimmigkeit der Wahlen im Reiche Ottos des Großen. Mitteilungen des Instituts für österreichische Geschichtsforschung 70, 1962
NITSCHKE, A.: Heilige in dieser Welt. Persönliche Autorität und politische Wirksamkeit. (Urban-Bücher) Stuttgart, 1962 (Behandelt u. a. Bonifatius, Heinrich II., Gregor VII.)
RUNCIMAN, ST.: A history of the crusades. 3 Bde. Cambridge, 1952–1954. Deutsch: Geschichte der Kreuzzüge. Übers. P. de Mendelssohn. 3 Bde. München, 1957–1960
SCHARNAGL, A.: Der Begriff der Investitur in den Quellen und der Literatur des Investiturstreites. Stuttgart, 1908
SCHIEFFER, TH.: Winfrid-Bonifatius und die christliche Grundlegung Europas. Freiburg i. Br., 1954
SCHMID, P.: Der Begriff der kanonischen Wahl in den Anfängen des Investiturstreits. Stuttgart, 1926
SCHNEIDER, FR., Hrsg.: Universalstaat oder Nationalstaat. Macht und Ende des ersten deutschen Reiches. Die Streitschriften von Heinrich von Sybel und Julius Ficker zur deutschen Kaiserpolitik des Mittelalters. Innsbruck, 1941
SCHRAMM, P. E.: Kaiser, Rom und Renovatio. Studien und Texte zur Geschichte des römischen Erneuerungsgedankens vom Ende des Karolingischen Reiches bis zum Investiturstreit. 2 Bde. Leipzig, 1929. Nachdr. Darmstadt, 1962
SCHRAMM, P. E.: Geschichte des englischen Königtums im Lichte der Krönung. Weimar, 1937
SCHRAMM, P. E.: Der König von Frankreich. Das Wesen der Monarchie vom 9. zum 16. Jahrhundert. 2 Bde. 2. Aufl. Weimar, 1960. Nachdr. Darmstadt, 1960
SPRANDEL, R.: Der merovingische Adel und die Gebiete östlich des Rheins. (Forschungen zur oberrheinischen Landesgeschichte, 5) Freiburg i. Br., 1957
SPRANDEL, R.: Ivo von Chartres und seine Stellung in der Kirchengeschichte. (Pariser Historische Studien 1) Stuttgart, 1962
STEINEN, W. VON DEN: Chlodwigs Übergang zum Christentum. Eine quellenkritische Studie. (Mitteilungen des österreichischen Instituts für Geschichtsforschung, Erg. Bd. 12) Wien, 1932. Nachdr. Darmstadt, 1963
STEINEN, W. VON DEN: Notker der Dichter und seine geistige Welt. 2 Bde. Bern, 1948
STEINEN, W. VON DEN: Der Kosmos des Mittelalters. Von Karl dem Großen zu Bernhard von Clairvaux. München, 1959
STUDI GREGORIANI per la storia di Gregorio VII e della riforma gregoriana. Hrsg. G. B. Borino. Bde. 1–7. Rom, 1947–1961
TELLENBACH, G.: Libertas. Kirche und Weltordnung im Zeitalter des Investiturstreites. Stuttgart, 1936
TELLENBACH, G.: Die Entstehung des Deutschen Reiches. Von der Entwicklung des fränkischen und deutschen Staates im 9. und 10. Jahrhundert. 3. Aufl. München, 1947
TELLENBACH, G., Hrsg.: Studien und Vorarbeiten zur Geschichte des großfränkischen und frühdeutschen Adels. (Forschungen zur oberrheinischen Landesgeschichte, 4) Freiburg i. Br., 1957
TELLENBACH, G., Hrsg.: Neue Forschungen über Cluny und die Cluniazenser. Von G.

Tellenbach, J. Wollasch, H.-E. Mager und H. Diener. Freiburg i. Br., 1959
ULLMAN, W.: The growth of papal government in the middle ages. London/New York, 1955. Deutsch: Die Machtstellung des Papsttums im Mittelalter. Idee und Geschichte. Übers. G. Möser-Mersky. Graz, 1960
WALLACH, L.: Alcuin and Charlemagne. Studies in Carolingian history and literature. (Cornell Studies in Classical Philology, 32) New York, 1959
WENSKUS, R.: Stammesbildung und Verfassung. Das Werden der frühmittelalterlichen gentes. Köln, 1961

Das Hochmittelalter

ABEL, W.: Geschichte der deutschen Landwirtschaft vom frühen Mittelalter bis zum 19. Jahrhundert. (Deutsche Agrargeschichte, Bd. 2.) Stuttgart, 1962
BACH, E.: La cité de Gênes au XIIe siècle. Kopenhagen, 1955
BLOCH, M.: La société féodale. 2 Bde. Paris, 1939–1940
BOULET, M.: Le commerce médiéval européen. In: Histoire du commerce, hrsg. von J. Lacour-Gayet, Bd. 2. Paris, 1950
BOUSSARD, J.: Le gouvernement d'Henri II Plantagenet. Paris, 1956
BOUTRUCHE, R.: Seigneurie et féodalité. Bd. I: Le premier âge, les liens d'homme à homme. Paris, 1959
BRATIANO, G.: Recherches sur le commerce gênois dans la Mer Noire au XIIIe siècle. Paris, 1929
BUISSON, L.: Ludwig IX., der Heilige, und das Recht. Freiburg i. Br., 1954
THE CAMBRIDGE ECONOMIC HISTORY of Europe from the Decline of the Roman Empire. Hrsg. J. H. Clapham, E. Power, M. Postan, E. E. Rich und E. Miller. 3 Bde. Cambridge, 1942–1963
CARTELLIERI, A.: Philipp II. August, König von Frankreich. 4 Bde. in 5 Bdn. Leipzig, 1899 bis 1922
CASPAR, E.: Roger II. und die Gründung der normannisch-sicilischen Monarchie. Innsbruck, 1904
CHALANDON, F.: Histoire de la domination normande en Italie et en Sicile. 2 Bde. Paris, 1907
CONSTABLE, G.: Monastic tithes from their origins to the 12th century. (Cambridge Studies of Medieval Life and Thought 10) Cambridge, Mass., 1964
DEFOURNEAUX, M.: Les Français en Espagne aux XIe et XIIe siècles. Paris, 1949
DOLLINGER, P.: Le chiffre de population de Paris au XIVe siècle: 210000 ou 80000 habitants? Revue Historique 216, 1956
DUBY, G.: L'économie rurale et la vie des campagnes dans l'Occident médiéval. 2 Bde. Paris, 1962
EDWARDS, SIR G.: The Commons in medieval English parliaments. (University of London, Creighton Lecture in History) London, 1958
ENNEN, E.: Frühgeschichte der europäischen Stadt. Neuaufl. (Veröffentlichung des Instituts für geschichtliche Landeskunde der Rheinlande) Bonn, 1964
FAWTIER, R.: L'Europe occidentale de 1270 à 1328. Histoire du moyen âge, hrsg. von G. Glotz, Bd. 6, 1. Paris, 1940
FAWTIER, R.: Les Capétiens et la France. Paris 1942
FOLZ, R.: L'idée d'empire en Occident du Ve au XIVe siècle. Paris, 1953
FOREVILLE, R.: L'Église et la royauté en Angleterre sous Henri II Plantagenet. Paris, 1943
GALBRAITH, V. H.: The making of Domesday Book. Oxford, 1961
GANSHOF, F.-L.: Le moyen âge. Histoire des relations internationales, hrsg. von P. Renouvin, Bd. 1. 2. Aufl. Paris, 1958
GANSHOF, F.-L.: Qu'est-ce que ʋɪ féodalité? 3. Aufl. Brüssel, 1957. Deutsch: Was ist das Lehnswesen? Übers. R. u. D. Groh. Darmstadt, 1961
GEBHARDT, B.: Handbuch der deutschen Geschichte. Hrsg. H. Grundmann. 8. Aufl. Bd. 1: Frühzeit und Mittelalter. Zus. mit Fr. Baethgen, K. Bosl, M. L. Bulst-Thiele, K. Jordan u. a. Stuttgart, 1954. 6. Nachdr. 1962
GÉNICOT, L.: Les lignes de faîte du moyen âge. 4. Aufl. Tournai, 1962. Deutsch: Das Mittelalter. Geschichte und Vermächtnis. Übers. S. Buchmayer. Graz, 1957 (Die deutsche Fassung, nach der 2. französischen Aufl., mit Bibliographie)
HALPHEN, L.: L'essor de l'Europe (XIe-XIIIe siècle). 3. Aufl. (Peuples et civilisations, Bd. 6) Paris, 1948
HAMPE, K.: Deutsche Kaisergeschichte in der Zeit der Salier und Staufer. Bearb. Fr. Baethgen. 11. Aufl. Heidelberg, 1963
HAMPE, K.: Das Hochmittelalter. Geschichte des Abendlandes von 900 bis 1250. 5. Aufl. Köln, 1963
HANDBUCH DER DEUTSCHEN GESCHICHTE. Neu hrsg. von L. Just. Bd. 1: Deutsche Geschichte bis zum Ausgang des Mittelalters. Mit Beitr. von K. J. Narr, F. Steinbach, K. Jordan u. a. Konstanz, 1957
HARDEGEN, F.: Imperialpolitik König Heinrichs II. von England. (Heidelberger Abhandlungen zur mittleren und neueren Geschichte 12) Heidelberg, 1905
HAUCK, A.: Kirchengeschichte Deutschlands. Bd. 4. 4. Aufl. Leipzig, 1913. Bd. 5, 1. Leipzig, 1911. 8. Aufl. [Ost-]Berlin, 1954
HIGOUNET, C.: Les chemins de Saint-Jacques et les sauvetés de Gascogne. Annales du Midi 1951
HIGOUNET, C.: Les »terre nuove« florentines du XIVe siècle. In: Studi in onore di Amintore Fanfani, Bd. 3. Mailand, 1962
HISTOIRE DE L'ÉGLISE. Hrsg. A. Fliche, V. Martin und E. Jarry. Bd. 9. Von A. Fliche, R. Fore-

ville und J. Rousset. Bd. 10. Von A. Fliche, C. Thouzellier und Y. Azaïs. Paris, 1944–1950
JORDAN, E.: L'Allemagne et l'Italie aux XIIe et XIIIe siècles. Histoire du moyen âge, hrsg. von G. Glotz, Bd. 6, 1. Paris, 1939
JORDAN, E.: Les origines de la domination angevine en Italie. Paris, 1909
KANTOROWICZ,E.H.: Kaiser Friedrich der Zweite. 2 Bde. Neudr. Düsseldorf, 1963
KEMPF, FR.: Papsttum und Kaisertum bei Innocenz III. Die geistigen und rechtlichen Grundlagen seiner Thronstreitpolitik. (Miscellanea Historiae Pontificiae, 19) Rom, 1954
KIENAST, W.: Deutschland und Frankreich in der Kaiserzeit (900–1270). (Das Reich und Europa) Leipzig, 1943
KNOWLES, DOM M.: Archbishop Thomas Becket. A character study. Proceedings of the British Academy 25, 1949. Jetzt auch in: Dom M. Knowles: The historian and character, and other essays. Cambridge, 1963
KÖTZSCHKE, R.: Allgemeine Wirtschaftsgeschichte des Mittelalters. (Handbuch der Wirtschaftsgeschichte) Jena, 1924
KÖTZSCHKE, R., und W. EBERT: Geschichte der ostdeutschen Kolonisation. Leipzig, 1937
KRETSCHMAYR, H.: Geschichte von Venedig. Bde. 1–3. Gotha, 1905–1934
LA MONTE, J. L.: Feudal monarchy in the Latin Kingdom of Jerusalem. Cambridge, Mass., 1932
LANGLOIS, C. V.: Saint Louis, Philippe le Bel, les derniers Capétiens directs. Histoire de France, hrsg. von E. Lavisse, Bd. III, 2. Paris, 1901
LATOUCHE, R.: Les origines de l'économie occidentale. Paris, 1956
LEONARD, E. G.: Les Angevins de Naples. Paris, 1954
LONGNON, J.: L'Empire latin de Constantinople et la principauté de Morée. Paris, 1949
LOPEZ, R.: Naissance de l'Europe. Paris, 1962
LOT, F.: L'état des paroisses et des feux de 1328. Bibliothéque de l'École des Chartes, 1929
LOT, F., und R. FAWTIER, Hrsg.: Histoire des institutions françaises au moyen âge. 3 Bde. Paris, 1957–1962 (Bd. 1 behandelt in Beiträgen von 14 Fachleuten die Institutionen der Territorialfürstentümer, Bd. 2 in Beiträgen der beiden Herausgeber die königlichen Institutionen, Bd. 3, von J. Gaudemet, J. F. Lemarignier und G. Mollat, die Institutionen der Kirche)
LÜTGE, FR.: Geschichte der deutschen Agrarverfassung vom frühen Mittelalter bis zum 19.Jahrhundert. (Deutsche Agrargeschichte, Bd. 3.) Stuttgart, 1963
LYON, B.: A constitutional and legal history of medieval England. New York, 1960
MITTEIS, H.: Lehnrecht und Staatsgewalt. Weimar, 1933
MITTEIS, H.: Die deutsche Königswahl, ihre Rechtsgrundlagen bis zur Goldenen Bulle. 2. Aufl. Wien, 1944 (Neudr. Darmstadt in Vorbereitung)
MOLS, R.: Introduction à la démographie historique des villes d'Europe du XIVe au XVIIIe siècle. 3 Bde. Löwen, 1954–1956

PERROY, ED.: Des origines à la fin du XVe siècle. In: ED. PERROY, R. DOUCET und A. LATREILLE: Histoire de France pour tous les Français, Bd. 1. Paris, 1950
PERROY, ED.: Le moyen âge. L'expansion de l'Orient et la naissance de la civilisation occidentale. Zus. mit J. Auboyer, C. Cahen, G. Duby und M. Mollat. (Histoire générale des civilisations III) Paris, 1955
PETIT-DUTAILLIS, CH., und P. GUINARD: L'essor des états d'Occident. Histoire du moyen âge, hrsg. von G. Glotz, Bd. 4, 2. 2. Aufl. Paris, 1944 (Behandelt Frankreich und England zwischen 1152 und 1272, die Staaten der Iberischen Halbinsel zwischen 1031 und 1252)
PIRENNE, H.: Les villes du moyen âge. Brüssel, 1927
PIRENNE, H.: Histoire économique et sociale du moyen âge. 2. Aufl. Bearb. H. van Werveke. Paris, 1963. Deutsch: Sozial- und Wirtschaftsgeschichte Europas im Mittelalter. Übers. M. Beck. Zürich, 1946 (Die deutsche Fassung nach der Erstauflage von 1933)
PLANITZ, H.: Die deutsche Stadt im Mittelalter. Von der Römerzeit bis zu den Zunftkämpfen. Graz, 1954
PLUCKNETT, T. F. T.: Legislation of Edward I. Oxford, 1949
POOLE, A. L.: From Domesday Book to Magna Carta. (The Oxford History of England, III) Oxford, 1951
POWICKE, SIR M.: The thirteenth century. The Oxford History of England, Bd. IV. Oxford, 1953
RICHARD, J.: Le royaume latin de Jérusalem. Paris, 1953
RICHARDSON, H. G., und G. O. SAYLES: Parliaments and Great Councils in medieval England. London, 1961 (Zuerst im gleichen Jahre im Law Quarterly Review erschienen)
RÖRIG, FR.: Die europäische Stadt und die Kultur des Bürgertums im Mittelalter. 4. Aufl. (Kleine Vandenhoeck-Reihe) Göttingen, 1964
RUNCIMAN, ST.: A history of the crusades. 3 Bde. Cambridge, 1951–1954. Deutsch: Geschichte der Kreuzzüge. Übers. P. de Mendelssohn. 3 Bde. München, 1957–1960
RUNCIMAN, ST.: The Sicilian Vespers. Cambridge, 1958. Deutsch: Die sizilianische Vesper. Eine Geschichte der Mittelmeerwelt im Ausgang des dreizehnten Jahrhunderts. München, 1959
SAYLES, G. O.: The medieval foundations of England. London, 1948
SCHMALE, F.-J.: Studien zum Schisma des Jahres 1130. Köln, 1961
SCHRAMM, P. E.: Der König von Frankreich. Das Wesen der Monarchie vom 9. zum 16. Jahrhundert. 2 Bde. 2.Aufl. Weimar, 1960. Nachdr. Darmstadt, 1960
SCHRAMM, P. E.: Kaiser Friedrichs II. Herrschaftszeichen. (Abhandlungen der Akademie der Wissenschaften in Göttingen, phil.-hist. Kl., 3. F., 36) Göttingen, 1955 (Mit Beiträgen von J. Deér und O. Källström)
SETTON, K. M., Hrsg.: A history of the crusades. Bd. 1: The first hundred years. Hrsg. M. W. Baldwin. Bd. 2: The later crusades, 1189 to 1311. Hrsg. R. L. Wolff und H.W. Hazard. Philadelphia, 1955–1962

STENTON, D. M.: English society in the early middle ages. 1066–1307. 2. Aufl. (The Pelican History of England III) Harmondsworth, 1952
STENTON, SIR F.: The first century of English feudalism, 1066–1166. 2. Aufl. Oxford, 1961
STUDIEN zu den Anfängen des europäischen Städtewesens. Hrsg. T. Mayer. Lindau/Konstanz, 1958 (16 Kapitel von 15 Fachleuten)
TILLMANN, H.: Papst Innocenz III. Bonn, 1954
ULLMANN, W.: Medieval papalism. London, 1949
ULLMANN, W.: The growth of papal government in the middle ages. London, 1955. Deutsch: Die Machtstellung des Papsttums im Mittelalter. Idee und Geschichte. Übers. G. Möser-Mersky. Graz, 1960
WAAS, AD.: Geschichte der Kreuzzüge. 2 Bde. Freiburg i. Br., 1956
WALEY, D. P.: The papal state in the thirteenth century. London, 1961
WOLFF, PH., und FR. MAURO: L'âge de l'artisanat (Ve-XVIIIe siècle). In: Histoire générale du travail, hrsg. von L. H. Parias, Bd. 2. Paris, 1960

Religiöse und geistige Bewegungen im Hochmittelalter

BENZ, E.: Ecclesia spiritualis. Kirchenidee und Geschichtstheologie der franziskanischen Reformation. Stuttgart, 1934. Nachdr. Darmstadt, 1964
BERNHART, J.: Die philosophische Mystik des Mittelalters von ihren antiken Ursprüngen bis zur Renaissance. München, 1922 (Knappe, umfassende Einführung)
BEUMANN, H.: Widukind von Korvei. Untersuchungen zur Geschichtsschreibung und Ideengeschichte des 10. Jahrhunderts. Weimar, 1950 (Exemplarische Darstellung der ottonischen Gedankenwelt überhaupt)
BEZZOLA, R. R.: Les origines et la formation de la littérature courtoise en Occident (500 bis 1200). Bde. 1–5. 1./2. Aufl. Paris, 1958–1963 (Breitangelegte Übersicht)
BOOR, H. DE, und R. NEWALD: Geschichte der deutschen Literatur von den Anfängen bis zur Gegenwart. Bd. 1: Die deutsche Literatur von Karl dem Großen bis zum Beginn der höfischen Dichtung. 770–1170. 5. Aufl. Bd. 2: Die höfische Literatur. Vorbereitung, Blüte, Ausklang. 1170 bis 1250. 6. Aufl. Bd. 3: Die deutsche Literatur im späten Mittelalter; Zerfall und Neubeginn; Tl. 1: 1250–1350. München, 1962–1964.
BORST, A.: Das Rittertum im Hochmittelalter. Idee und Wirklichkeit. Saeculum 10, 1959 (Vorläufige, programmatische Übersicht)
CHENU, M.-D.: Introduction à l'étude de saint Thomas d'Aquin. 2. Aufl. (Université de Montréal, Publications de l'Institut d'études médiévales, 11) Paris, 1954. Deutsch: Das Werk des hl. Thomas von Aquin. Vom Verf. durchges. Ausg. Übers. O. M. Pesch. (Die deutsch-lateinische Thomas-Ausgabe, Erg.-Bd. 2.) Heidelberg, 1960 (Beste Einführung in Umwelt, Lehrbetrieb, Methoden und Gedankenwelt der Hochscholastik überhaupt)
COHN, N.: The pursuit of the millennium. London, 1957. Deutsch: Das Ringen um das Tausendjährige Reich. Revolutionärer Messianismus im Mittelalter und sein Fortleben in den modernen totalitären Bewegungen. Übers. E. Torsch. Bern, 1961 (Unnötig aktualisierende, aber nützliche Zusammenstellung apokalyptischer Massenbewegungen)
CURTIUS, E. R.: Europäische Literatur und lateinisches Mittelalter. 5. Aufl. Bern, 1965 (Meisterhafte Einzelstudien)

DEMPF, A.: Sacrum Imperium. Geschichts- und Staatsphilosophie des Mittelalters und der politischen Renaissance. München, 1929. Nachdr. Darmstadt, 1954 (Teilweise noch unentbehrliche Analyse des Selbstverständnisses mittelalterlicher Gemeinschaften)
ENGLEBERT, O.: La vie de saint François d'Assise. 2. Aufl. Paris, 1957. Deutsch: Das Leben des heiligen Franziskus. Übers. A. Haas und A. Hogg. Speyer, 1952 (Empfehlenswerter Ersatz für eine noch ausstehende Gesamtdarstellung)
ERDMANN, C.: Die Entstehung des Kreuzzugsgedankens. Stuttgart, 1935. Nachdr. Stuttgart, 1955 (Grundlegende Studie auch zur Gottesfriedensbewegung und Gregorianischen Reform)
FEINE, H. E.: Kirchliche Rechtsgeschichte. Bd. 1: Die katholische Kirche. 4. Aufl. Köln, 1964 (Gute Übersicht)
FLECKENSTEIN, J.: Die Bildungsreform Karls des Großen als Verwirklichung der Norma rectitudinis. Freiburg i. Br., 1953 (Trotz zugespitzter Thesen bester Ansatz zu einer Gesamtdarstellung und -deutung karolingischen Denkens)
GHELLINCK, J. DE: Le mouvement théologique du XIIe siècle. Sa préparation lointaine avant et autour de Pierre Lombard, ses rapports avec les initiatives des canonistes. 2. Aufl. Brügge, 1948 (Souveräne Gesamtdarstellung)
GILSON, ÉT.: L'esprit de la philosophie médiévale. 2. Aufl. Paris, 1944. Deutsch: Der Geist der mittelalterlichen Philosophie. Wien, 1950 (Tiefdringende systematische Problemgeschichte mit dem Schwerpunkt im 12. und 13. Jahrhundert)
GRABMANN, M.: Die Geschichte der scholastischen Methode. 2 Bde. Freiburg i. Br., 1909 bis 1911. Nachdr. Darmstadt, 1956
GRUNDMANN, H.: Religiöse Bewegungen im Mittelalter. Untersuchungen über die geschichtlichen Zusammenhänge zwischen der Ketzerei, den Bettelorden und der religiösen Frauenbewegung im 12. und 13. Jahrhundert und über die geschichtlichen Grundlagen der deutschen Mystik. 2. Aufl. (Historische Studien, 267). Im Anhang: Neue Beiträge zur Geschichte der religiösen Bewegung im Mittelalter. (Archiv für Kulturgeschichte, 37). Darmstadt, 1961

GRUNDMANN, H.: Vom Ursprung der Universität im Mittelalter. 2. Aufl. Darmstadt, 1960
GRUNDMANN, H.: Ketzergeschichte des Mittelalters. In: Die Kirche in ihrer Geschichte, Bd. 2. Göttingen, 1963 (Knappe Übersicht mit Literaturhinweisen)
HALLINGER, K.: Zur geistigen Welt der Anfänge Klunys. Deutsches Archiv für Erforschung des Mittelalters 10, 1953/54 (Eindringliche Neuwertung)
HASKINS, CH. H.: Studies in the history of mediaeval science. 2. Aufl. Cambridge, Mass., 1927. Nachdr. New York, 1960 (Bahnbrechende Aufsätze zur naturwissenschaftlichen Literatur und Übersetzungstätigkeit im 12. Jahrhundert)
HAUCK, A.: Kirchengeschichte Deutschlands. 5 Bde. 8. Aufl. [Ost-]Berlin, 1954 (Von unerschöpflicher Materialfülle)
HEIMBUCHER, M.: Die Orden und Kongregationen der katholischen Kirche. 2 Bde. 3. Aufl. Paderborn, 1932–1934 (Noch immer unübertroffenes Nachschlagewerk)
HOLZAPFEL, H.: Handbuch der Geschichte des Franziskanerordens. Freiburg i. Br., 1909
JANTZEN, H.: Kunst der Gotik. Klassische Kathedralen Frankreichs. Chartres – Reims – Amiens. (Rowohlts Deutsche Enzyklopädie) Hamburg, 1957
JANTZEN, H.: Ottonische Kunst. (Rowohlts Deutsche Enzyklopädie) Hamburg, 1959
JEANROY, A.: La poésie lyrique des troubadours. 2 Bde. Toulouse, 1934 (Beste Gesamtdarstellung)
KOSCHAKER, P.: Europa und das Römische Recht. 3. Aufl. München, 1958 (Beiträge zur Rechtsgeschichte im Mittelalter)
LAGARDE, G. DE: La naissance de l'esprit laïque au déclin du moyen âge. 5 Bde. 2./3. Aufl. Löwen-Paris, 1956–1963
LECLERCQ, J.: L'amour des lettres et le désir de Dieu. Initiation aux auteurs monastiques du moyen âge. Paris, 1957. Deutsch: Wissenschaft und Gottverlangen. Zur Mönchstheologie des Mittelalters. Düsseldorf, 1963 (Gewichtigste Darlegung des Zusammenhangs zwischen geistigen und religiösen Strömungen)
LEHMANN, P.: Die Vielgestalt des zwölften Jahrhunderts. Erforschung des Mittelalters, Ausgewählte Abhandlungen und Aufsätze, Bd. 3. Stuttgart, 1960 (Die geistigen Tendenzen in großzügigem Überblick)
LEKAI, L. J.: The White Monks. Okauchee, Wis., 1953. Deutsch: Geschichte und Wirken der Weißen Mönche. Der Orden der Cistercienser. Hrsg. A. Schneider. Köln, 1958
LEXIKON für Theologie und Kirche. Begr. von M. Buchberger. 2. Aufl. Hrsg. J. Höfer und K. Rahner. Bde. 1–9 (A-Tetzel). Freiburg i. Br., 1957–1964 (Ein Bd. sowie ein Erg.-Bd. der Neubearb. des Werks stehen noch aus, das an ausführlichsten der Spezialliteratur sowie Angaben über Quellen und Übersetzungen bringt)
LIEBESCHÜTZ, H.: Das allegorische Weltbild der heiligen Hildegard von Bingen. Leipzig, 1930. Nachdr. Darmstadt, 1965 (Grundlegende Interpretation des »Deutschen Symbolismus« insgesamt)
MANITIUS, M.: Geschichte der lateinischen Literatur des Mittelalters. 3 Bde. (Handbuch der Altertumswissenschaft, IX, 2) München, 1911 bis 1931. Bd. 1, Nachdr. 1959
PETIT, F.: La spiritualité des Prémontrés aux XIIe et XIIIe siècles. Paris, 1947
PLATZECK, E.-W.: Raimund Lull. Sein Leben, seine Werke, die Grundlagen seines Denkens (Prinzipienlehre). 2 Bde. Düsseldorf, 1962–1964
RATZINGER, J.: Die Geschichtstheologie des heiligen Bonaventura. München, 1959 (Bedeutsam für Kirchenbegriff und Geschichtsdenken des ganzen 13. Jahrhunderts)
SCHIEFFER, TH.: Winfrid-Bonifatius und die christliche Grundlegung Europas. Freiburg i. Br., 1954 (Zusammenfassende Darstellung, vor allem auch des Wirkens der irischen und angelsächsischen Mönche)
SCHMITZ, PH.: Histoire de l'ordre de saint Benoît. 7 Bde. 1./2. Aufl. Maredsous, 1948–1956. Deutsch: Geschichte des Benediktinerordens. 4 Bde. Einsiedeln, 1947–1960
SEIDLMAYER, M.: Weltbild und Kultur Deutschlands im Mittelalter. In: Handbuch der Deutschen Geschichte. Begr. von O. Brandt, fortgef. von A. O. Meyer. Neu hrsg. von L. Just. Bd. 1: Deutsche Geschichte bis zum Ausgang des Mittelalters. Konstanz, 1957 (Eigenwilliger, anregender Abriß)
SMALLEY, B.: The study of the Bible in the middle ages. 2. Aufl. Oxford, 1952 (Beste Untersuchung der Bibelphilologie und -auslegung)
SPÖRL, J.: Grundformen hochmittelalterlicher Geschichtsanschauung. Studien zum Weltbild der Geschichtsschreiber des 12. Jahrhunderts. München, 1935
STEINEN, W. VON DEN: Der Kosmos des Mittelalters. Von Karl dem Großen zu Bernhard von Clairvaux. Bern, 1959 (Anspruchsvolle, feinsinnige Deutung)
TAYLOR, H. O.: The mediaeval mind. A history of the development of thought and emotion in the middle ages. 2 Bde. 4. Aufl. Cambridge, Mass., 1962 (Umfassendstes Werk mit lohnenden Einzelinterpretationen)
TELLENBACH, G.: Libertas. Kirche und Weltordnung im Zeitalter des Investiturstreites. Stuttgart, 1936 (Hauptwerk zur Erkenntnis der Gregorianischen Reform)
UEBERWEG, FR.: Grundriß der Geschichte der Philosophie. Bd. 2: Die patristische und scholastische Philosophie. Hrsg. B. Geyer. 11. Aufl. Berlin, 1927. Nachdr. Bern, 1960
VACANDARD, E.: Vie de saint Bernard, abbé de Clairvaux. 2 Bde. 5. Aufl. Paris, 1927. Deutsch: Leben des heiligen Bernard von Clairvaux. Übers. M. Sierp. 2 Bde. Mainz, 1897–1898 (In Details überholt, im ganzen noch immer beste Darstellung)
VICAIRE, M.-H.: Histoire de saint Dominique. 2 Bde. Paris, 1957. Deutsch: Geschichte des heiligen Dominikus. Übers. J. Enenkel. 2 Bde. Freiburg i. Br., 1962–1963 (Vorbildliche Biographie)
WAAS, AD.: Geschichte der Kreuzzüge. 2 Bde. Freiburg i. Br., 1956
WENTZLAFF-EGGEBERT, FR.-W.: Deutsche Mystik zwischen Mittelalter und Neuzeit. Einheit und Wandlung ihrer Erscheinungsformen. 2. Aufl. Tübingen, 1947

Europa im 14. Jahrhundert

Papsttum

FALCO, G.: La Santa Romana Repubblica. Profilo storico del medio evo. 2. Aufl. Mailand, 1954. Deutsch: Geist des Mittelalters. Kirche, Kultur, Staat. Frankfurt/Main, 1958
FLICK, A. C.: The decline of the medieval church. 2 Bde. London, 1950
KRAACK, E.: Rom oder Avignon? Marburg, 1929
MOLLAT, G.: Les papes d'Avignon. 9. Aufl. Paris, 1950
RENOUARD, J.: Les relations des papes d'Avignon et des compagnies commerciales et bancaires de 1316 à 1378. (Bibliothèque des Écoles Françaises d'Athènes et de Rome, 151) Paris, 1941

Deutschland

GEBHARDT, B.: Handbuch der deutschen Geschichte. Hrsg. H. Grundmann. 8. Aufl. Bd. 1: Frühzeit und Mittelalter. Zus. mit Fr. Baethgen, K. Bosl, M. L. Bulst-Thiele u. a. Stuttgart, 1954. 6. Nachdr. 1962
HAMPE, K.: Karl IV. In: K. Hampe: Herrschergestalten des deutschen Mittelalters. 6. Aufl. Bearb. H. Kämpf. Heidelberg, 1955
HÖHLBAUM, K.: Der Kurverein von Rense im Jahre 1338. (Abhandlungen der Gesellschaft der Wissenschaften zu Göttingen, phil.-hist. Kl., N.F. 7, 1903) Berlin, 1904
JARRETT, B.: The emperor Charles IV. London, 1935
LINDNER, T.: Deutsche Geschichte unter den Habsburgern und Luxemburgern. 2 Bde. Stuttgart, 1890–1893
LÜTGE, FR.: Deutsche Sozial- und Wirtschaftsgeschichte. Berlin, 1952
RIEZLER, S., Hrsg.: Vatikanische Akten zur deutschen Geschichte in der Zeit Kaiser Ludwigs des Bayern. Innsbruck, 1891
SIEVERS, G.: Die politischen Beziehungen Kaiser Ludwigs des Bayern zu Frankreich 1314–1337. Berlin, 1896
STENGEL, E. E.: Avignon und Rhens. Forschungen zur Geschichte des Kampfes um das Recht am Reich in der ersten Hälfte des 14. Jahrhunderts. (Quellen und Studien zur Verfassungsgeschichte des Deutschen Reiches in Mittelalter und Neuzeit 6,1) Weimar, 1930
ZEUMER, K.: Die Goldene Bulle Kaiser Karls IV. Tl. 1: Entstehung und Bedeutung der Goldenen Bulle. Tl. 2: Text der Goldenen Bulle und Urkunden zu ihrer Geschichte und Erläuterung. (Quellen und Studien zur Verfassungsgeschichte des Deutschen Reiches in Mittelalter und Neuzeit 2) Weimar, 1908

Italien

CIPOLLA, C.: Storia delle signorie italiane. Mailand, 1881
LESTICQUOY, J.: Les villes de Flandre et l'Italie sous le gouvernement des patriciens (XIe–XVe siècles). Paris, 1952
LUCHAIRE, J.: Les sociétés italiennes du XIIIe au XVIe siècle. 2. Aufl. Paris, 1954

SEXTAN, E.: Stato e nazione nell'alto medio evo. Ricerche sulle origini nazionali in Francia, Italia, Germania. Neapel, 1952
SIMEONI, L.: Le signorie. Mailand, 1950
DAS TRECENTO. Italien im 14. Jahrhundert. Von H. C. Peyer, K. Huber, R. B. Bezzola u. a. (Erasmus-Bibliothek) Zürich, 1960

Frankreich

DELACHENAL, R.: Histoire de Charles V. 5 Bde. Paris, 1908–1931
EVANS, J.: Life in medieval France. Neuaufl. London, 1957. Deutsch: Das Leben im mittelalterlichen Frankreich. Übers. S. Heintz. Köln, 1960
FAWTIER, R., und A. COVILLE: L'Europe occidentale de 1270 à 1380. In: Histoire du moyen âge, hrsg. von G. Glotz, Bd. 6,1–2. 2 Bde. Paris, 1940–1941
HOLTZMANN, R.: Französische Verfassungsgeschichte von der Mitte des 9. Jahrhunderts bis zur Revolution. München, 1910 (Neudr. Darmstadt in Vorbereitung)
LANGLOIS, CH. V.: La vie en France au moyen âge de la fin du 12e au milieu du 14e siècles d'après les moralistes du temps. 3 Bde. Paris, 1925–1927
LUCE, S.: La France pendant la guerre de cent ans. Paris, 1890
NEWHALL, R. A., Hrsg.: The chronicle of Jean de Venette. New York, 1953 (Mit guter Bibliographie zum Hundertjährigen Krieg)
PERROY, E.: La guerre de cent ans. Paris, 1945

England

HOLMES, G. A.: The later middle ages. Edinburgh, 1962
MCKISACK, M.: The fourteenth century. 1307 to 1399. (The Oxford History of England, V) Oxford, 1959
MYERS, A. R.: England in the late middle ages. 6. Aufl. (The Pelican History of England) Harmondsworth, 1965
RAMSAY, J. H.: The genesis of Lancaster. 2 Bde. Oxford, 1923
STEEL, A.: Richard II. Cambridge, 1941
TOUT, T. F.: The place of the reign of Edward II. in English history. 2. Aufl. Manchester, 1936
TRAUTZ, FR.: Die Könige von England und das Reich 1272–1377. Heidelberg, 1961

Schottland und Irland

BROWN, P. H.: A short history of Scotland. 2. Aufl. Edinburgh, 1951
CURTIS, E.: History of medieval Ireland. Dublin, 1923
GRANT, I. F.: Social and economic development of Scotland before 1603. Edinburgh, 1930

Spanien und Portugal

ALTAMIRA Y CREVEA, R.: A history of Spain. London, 1950

ATKINSON, W. C.: A history of Spain and Portugal. (Penguin) Harmondsworth, 1960. Deutsch: Geschichte Spaniens und Portugals. Übers. P. Baudisch. München, 1962

DIERCKS, G.: Portugiesische Geschichte. 2. Aufl. (Sammlung Göschen) Berlin, 1927

LITSCHAUER, G.: Spanische Kulturgeschichte. 2 Bde. Wien, 1939

LIVERMORE, H. C.: A history of Portugal. Cambridge, 1947

Skandinavien und der Ostseeraum

ERSLEV, K.: Dronning Margarethe og Kalmarunionens grundläggelse. Kopenhagen, 1882

GERHARDT, M.: Norwegische Geschichte. 2. Aufl. Neubearb. W. Hubatsch. Bonn, 1963

GERHARDT, M., und W. HUBATSCH: Deutschland und Skandinavien im Wandel der Jahrhunderte. Bonn, 1950

JOHANSEN, P.: Novgorod und die Hanse. In: Städtewesen und Bürgertum, Gedächtnisschrift für Fr. Rörig, hrsg. von A. von Brandt und W. Koppe. Lübeck, 1953

LAURING, P.: A history of the kingdom of Denmark. Übers. D. Hohnen. Kopenhagen, 1960. Deutsch: Geschichte Dänemarks. Übers. O. Klose. Neumünster, 1964

MASCHKE, E.: Der deutsche Ordensstaat. Hamburg, 1935

MUSSET, L.: Les peuples scandinaves au moyen âge. Paris, 1951

PAGEL, K.: Die Hanse. 3. Aufl. Braunschweig, 1963

RUNDSTEDT, H. G. VON: Die Hanse und der Deutsche Orden in Preußen bis zur Schlacht bei Tannenberg (1410). Weimar, 1937

SCHÄFER, D.: Die Hansestädte und König Waldemar von Dänemark. Hansische Geschichte bis 1376. Jena, 1879

STYFFE, C. G.: Skandinavien under unionstiden. 3. Aufl. Stockholm, 1911

WITTRAM, R.: Baltische Geschichte. Die Ostseelande Livland, Estland, Kurland 1180–1918. Grundzüge und Durchblicke. (Völker und Staaten. Der Göttinger Arbeitskreis, 83) München, 1954

Böhmen, Ungarn, Polen

ATIYA, A. S.: The crusade in the later middle ages. London, 1938

BACHMANN, AD.: Geschichte Böhmens bis 1526. 2 Bde. (Allgemeine Staatengeschichte 31, 1–2) Gotha, 1899–1905

BRETHOLZ, B.: Geschichte Böhmens und Mährens. Bd. 1: Das Vorwalten des Deutschtums bis 1419. Bd. 2: Hussitentum und Adelsherrschaft bis 1620. Reichenberg i. B., 1922–1923

THE CAMBRIDGE HISTORY OF POLAND. Bd. 1: From the origins to Sobiesky (to 1696). Cambridge, 1950

HALECKI, O.: Borderlands of western civilization. New York, 1957. Deutsch: Grenzraum des Abendlandes. Eine Geschichte Ostmitteleuropas. Übers. E. K. Pohl. Salzburg, 1957

HALECKI, O.: A history of Poland. Revid. Aufl. London, 1961. Deutsch: Geschichte Polens. Frankfurt/Main, 1963

KOSARY, P.: A history of Hungary. New York, 1941

LUTZOW, F.: Bohemia. London, 1939

Schisma und Konzilsbewegung

CREIGHTON, M.: History of the papacy from the Great Schism to the Sack of Rome. 3. Aufl. London, 1897

DELARUELLE, E. E. H., E. R. LABANDE und P. OURLIAC: L'église au temps du grand schisme et de la crise conciliaire. (1378–1449). (Histoire de l'église depuis ses origines jusqu'à nos jours, 14) Paris, 1962

TIERNEY, B.: Foundations of the conciliar theory. Cambridge, 1955

VALOIS, N.: La France et le grand schisme d'Occident. 4 Bde. Paris, 1896–1902

Antipäpstliche Strömungen

BATTAGLIA, F.: Marsilio da Padova e la filosofia politica del medio evo. Florenz, 1928

BAUDRY, L.: Guillaume d'Occam. Sa vie, ses oeuvres, ses idées sociales et politiques. Bd. 1. Paris, 1950

GEWIRTH, A.: Marsilius of Padua, the Defender of the Peace. 2 Bde. New York, 1951–1956 (Mit Übersetzung des »Defensor pacis«)

LAGARDE, G. DE: La naissance de l'esprit laïque au déclin du moyen âge. 5 Bde. 2./3. Aufl. Löwen-Paris, 1956–1963

McFARLANE, K. B.: John Wycliffe and the beginnings of English non-conformity. London, 1952

SCHNEIDER-WINDMÜLLER, W.: Staat und Kirche im Defensor pacis des Marsilius von Padua. Bonn, 1934

SCHOLZ, R.: Marsilius von Padua und die Genesis des modernen Staatsbewußtseins. Historische Zeitschrift 156, 1937

SCHOLZ, R.: Wilhelm von Ockham als politischer Denker und sein Breviloquium de principatu tyrannico. Leipzig, 1944

SEGALL, H.: Der »Defensor pacis« des Marsilius von Padua. Grundfragen der Interpretation. (Historische Forschungen, 2) Wiesbaden, 1959 (Mit reichhaltiger Bibliographie)

WORKMAN, H. B.: John Wyclif. 2 Bde. Oxford, 1926

Staat und Verfassung

CAM, H. M., A. MARONGIU und G. STÖKL: Recent work and present views on the origins and development of representative assemblies. In: X Congresso internazionale di scienze storiche, Relazioni, Bd. 1. Florenz, 1955

HINTZE, O.: Weltgeschichtliche Bedingungen der Repräsentativverfassung. Historische Zeitschrift 143, 1931

KERN, FR.: Recht und Verfassung im Mittelalter. Historische Zeitschrift 120, 1919. 2. Nachdruck (als selbst. Bd.) Darmstadt, 1958.

LOUSSE, E.: La société d'ancien régime. Löwen, 1943

MCILWAIN, C. H.: Medieval estates. In: The Cambridge Medieval History, Bd. 7: The decline of empire and papacy. Cambridge, 1932

Wirtschaftliche Schrumpfung

ABEL, W.: Die Wüstungen des ausgehenden Mittelalters. Jena, 1943

KOSMINSKY, E. A.: Peut-on considérer le XIVe et le XVe siècles comme l'époque de la décadence de l'économie européenne? In: Studi in onore di Armando Sapori, Bd. 1. Mailand, 1957

POSTAN, M. M., und R. S. LOPEZ: The trade of medieval Europe. In: The Cambridge Economic History of Europe, Bd. 2. Cambridge, 1952

Rittertum

FROISSART, J.: Chroniques de France, d'Angleterre, d'Écosse, d'Espagne, de Bretagne. – Hrsg. J. M. B. C. KERVYN DE LETTENHOVE. 25 Bde. Brüssel, 1863–1877. – Hrsg. S. LUCE und G. RAYNAUD. 11 Bde. Paris, 1869–1899. – Englische Übers.: TH. JOHNES. 2 Bde. London, 1802–1805. Neuausg. 1873

MAURER, F.: Das ritterliche Tugendsystem. Deutsche Vierteljahresschrift für Literaturwissenschaft und Geistesgeschichte 23, 1949

PAINTER, S.: Chivalric ideas and practices in medieval France. Baltimore, 1940

PRESTAGE, E., Hrsg.: Chivalry. London, 1928

SCHULTZ, A.: Das höfische Leben zur Zeit der Minnesinger. 2 Bde. 2. Aufl. Leipzig, 1889 (Noch immer grundlegendes, unübertroffenes Werk)

Bürgertum

HIBBERT, A. B.: The economic policies of towns. In: The Cambridge Economic History of Europe, Bd. 3. Cambridge, 1963

ORIGO, I.: A merchant of Prato. London, 1957

RÖRIG, FR.: Die europäische Stadt und die Kultur des Bürgertums im Mittelalter. 4. Aufl. (Kleine Vandenhoeck-Reihe) Göttingen, 1964

SNELL, F.: The fourteenth century. Edinburgh, 1923

THRUPP, S. L.: The merchant class of medieval London (1300–1500). Chicago, Ill., 1948

THRUPP, S. L.: The gilds. In: The Cambridge Economic History of Europe, Bd. 3. Cambridge, 1963

Bauernschaft und niederes Stadtvolk

BOUTRUCHE, R.: La crise d'une société: Seigneurs et paysans du Bordelais pendant la guerre de cent ans. Paris, 1947

FRANZ, G.: Die agrarischen Unruhen des ausgehenden Mittelalters. Marburg, 1930

OMAN, C. W. C.: The great revolt of 1381. Oxford, 1906

RÉVILLE, A.: Le soulèvement des travailleurs anglais en 1381. Paris, 1898

TURNER, T.: Economic discontent in medieval Western Europe. In: Journal of Economic History, Supplement VIII. New York, 1948

WAAS, AD.: Die Bauern im Kampf um die Gerechtigkeit. 1300 bis 1525. München, 1964

WELTKULTUREN

RENAISSANCE IN EUROPA

Das präkolumbische Amerika

Wichtigste Quellen

CIEZA DE LEÓN, P. DE: The second part of the chronicle of Peru, 1532–1550. Übers. Cl. R. Markham. (Hakluyt Society, 68) London, 1883
DIAZ DEL CASTILLO, B.: The true history of the conquest of New Spain. Hrsg. und Übers. A. P. Maudslay. 5 Bde. (Hakluyt Society, 2nd Ser., 23–25, 30, 40) London, 1908–1916

Gesamtdarstellungen

DISSELHOFF, H.-D.: Geschichte der altamerikanischen Kulturen. (Geschichte der Völker und Staaten) München, 1953
DISSELHOFF, H.-D., und S. LINNÉ: Alt-Amerika. Die Hochkulturen der Neuen Welt. 3. Aufl. (Kunst der Welt) Baden-Baden, 1964
FRIEDERICI, G.: Der Charakter der Entdeckung und Eroberung Amerikas durch die Europäer. 3 Bde. Stuttgart, 1925–1936
KRICKEBERG, W.: Amerika. In: Bernatzik, H. A., Hrsg.: Die Große Völkerkunde. Bd. 3: Australien · Amerika. Leipzig, 1939
LEHMANN, H.: Les civilisations précolombiennes. Paris, 1953
LOTHROP, S. K.: Das vorkolumbianische Amerika und seine Kunstschätze. (Die Kunstschätze der Welt) Genf, 1964
LOTHROP, S. K., W. F. FOSHAG und J. MAHLER: Altamerikanische Kunst. Aus der Sammlung R. W. Bliss. Olten, 1959
TRIMBORN, H.: Das alte Amerika. 2. Aufl. (Große Kulturen der Frühzeit, N. F.) Stuttgart, 1963
TRIMBORN, H.: Die indianischen Hochkulturen des alten Amerika. (Verständliche Wissenschaft) Heidelberg, 1963
TRIMBORN, H.: Ein Wendepunkt in der Weltgeschichte: die Hochkultur. In: Historia Mundi, Bd. 2. München, 1953. – Die Hochkulturen des alten Amerika. In: Historia Mundi, Bd. 8. München, 1959

Einzeldarstellungen

HABERLAND, W.: Gold in Alt-Amerika. (Wegweiser zur Völkerkunde) Hamburg, 1960
KRICKEBERG, W.: Märchen der Azteken und Inka-Peruaner, Maya und Muisca. (Die Märchen der Weltliteratur) Jena, 1928
KRICKEBERG, W.: Felsplastik und Felsbilder bei den Kulturvölkern Amerikas, mit besonderer Berücksichtigung Mexikos. Bd. 1. Berlin, 1949
LEHMAN, H.: Les céramiques pré-colombiennes. Paris, 1959
RIVET, P.: Les origines de l'homme américain. Paris, 1957
ROBERTSON, D.: Pre-Columbian architecture. London/New York, 1963
TRIMBORN, H.: Eldorado. Entdecker und Goldsucher in Amerika. (Janus-Bücher) München, 1961

Mexiko und Mittelamerika – Gesamtdarstellungen

DISSELHOFF, H.-D.: Das Alte und das Neue Reich der Maya. Saeculum 2, 1951
HABERLAND, W.: Zur Geschichte der ackerbauenden Kulturen in Mexiko und Mittelamerika. Saeculum 13, 1962
KRICKEBERG, W.: Altmexikanische Kulturen. Berlin, 1956
MORLEY, S. G.: The ancient Maya. 3. Aufl. Stanford, Calif., 1956
SOUSTELLE, J.: La vie quotidienne des Aztèques à la veille de la conquête espagnole. (La vie quotidienne) Paris, 1955. Deutsch: So lebten die Azteken am Vorabend der spanischen Eroberung. 2. Aufl. Stuttgart, 1957
SPINDEN, H. J.: Maya art and civilization. 2. Aufl. Toronto, 1958
THOMPSON, J. E. S.: The rise and fall of the Maya civilization. 2. Aufl. London, 1956
THOMPSON, J. E. S.: The civilization of the Mayas. 6. Aufl. Chicago, Ill., 1958
VAILLANT, G. C.: The Aztecs of Mexico. Origin, rise and fall of the Aztec nation. Revid. Aufl. Toronto, 1962. Deutsch: Die Azteken. Ursprung, Aufstieg und Untergang eines mexikanischen Volkes. Köln, 1957

*Mexiko und Mittelamerika –
Einzeldarstellungen*

KATZ, FR.: Die sozialökonomischen Verhältnisse bei den Azteken im 15. und 16. Jahrhundert. Ethnographisch-archäologische Forschungen 3, 1956
KRICKEBERG, W.: Das mittelamerikanische Ballspiel und seine religiöse Symbolik. Paideuma 3, 1948
KRICKEBERG, W.: Bauform und Weltbild im alten Mexiko. Paideuma 4, 1950
KRICKEBERG, W.: Moctezuma II. Saeculum 3, 1952

*Nördlicher und mittlerer Andenraum –
Gesamtdarstellungen*

BAUDIN, L.: L'empire socialiste des Incas. Paris, 1928. Deutsch: Der sozialistische Staat der Inka. (Rowohlts Deutsche Enzyklopädie) Hamburg, 1956
BAUDIN, L.: La vie quotidienne au temps des derniers Incas. (La vie quotidienne) Paris, 1955. Deutsch: So lebten die Inkas vor dem Untergang des Reiches. Stuttgart, 1957
BUSHNELL, G. H. S.: Peru. 2. Aufl. (Ancient Peoples and Places) London, 1957. Deutsch: Peru von den Frühkulturen zum Kaiserreich der Inka. (Alte Kulturen und Völker) Köln, 1957
KARSTEN, R.: Das altperuanische Inkareich und seine Kultur. Leipzig, 1949
KUTSCHER, G.: Chimu. Eine altindianische Hochkultur. Berlin, 1950
MASON, J. A.: The ancient civilizations of Peru. 3. Aufl. (Pelican) Harmondsworth, 1962

MÉTRAUX, A.: Les Incas. Paris, 1961
NACHTIGALL, H.: Alt-Kolumbien. Berlin, 1961
SCHMIDT, M.: Kunst und Kultur von Peru. Berlin, 1929

*Nördlicher und mittlerer Andenraum –
Einzeldarstellungen*

DISSELHOFF, H.-D.: Tahuantinsuya – Das Reich der Inka. Saeculum 2, 1951
HORKHEIMER, H.: Nahrung und Nahrungsgewinnung im vorspanischen Peru. Berlin, 1960
NACHTIGALL, H.: Indianerkunst der Nord-Anden. Berlin, 1961
TRIMBORN, H.: Der Kollektivismus der Inkas in Peru. Anthropos 18–20, 1923–1925
TRIMBORN, H.: Die Organisation der öffentlichen Gewalt im Inka-Reich. In: Festschrift für Wilhelm Schmidt. Wien, 1928
TRIMBORN, H.: Die Staaten der Chibcha-Hochkultur. Ibero-Amerikanisches Archiv, 1932
TRIMBORN, H.: Herrentum und Herrengestalten im vorkolumbischen Caucatal. Paideuma 4, 1950
TRIMBORN, H.: Die Religionen der Völkerschaften des südlichen Mittelamerika und des nördlichen und mittleren Andenraumes. In: Die Religionen der Menschheit, hrsg. von Chr. M. Schröder, Bd. 7: Die Religionen des alten Amerika. Stuttgart, 1961
UBBELOHDE-DOERING, H.: Auf den Königstraßen der Inka. Reisen und Forschungen in Peru. Berlin, 1941
UBBELOHDE-DOERING, H., Hrsg.: Kunst im Reiche der Inca. Tübingen, 1952

Indien im Mittelalter und in der frühen Neuzeit

ALSDORF, L.: Indien von der mohammedanischen Eroberung bis zur Gegenwart. In: E. Waldschmidt, L. Alsdorf, B. Spuler u. a.: Geschichte Asiens. (Weltgeschichte in Einzeldarstellungen) München, 1950
ALTEKAR, A. S.: The Rashtrakutas and their times. Poona, 1934
BAILEY, T. G.: A history of Urdu literature. Calcutta, 1932
BANERJI, S. K.: Humāyūn Bādshāh. London, 1938
BARRETT, D. E., und B. GRAY: Painting of India. (Treasures of Asia) Genf, 1963. Deutsch: Indische Malerei. Übers. E. Kraeger-Michel. (Die Kunstschätze Asiens) Genf, 1963
BARUA, K. L.: History of Assam. Shillong, 1933
BENI PRASAD: History of Jahangir. London, 1923
AL-BERUNI (AL-BIRUNI, ABU'R-RAIHAN MUHAMMAD): Alberuni's India. An account of the religion, philosophy, literature, geography, chronology, astronomy, customs and astrology. Hrsg. und Übers. E. Sachau. 2 Bde. 2. Aufl. London, 1910 (Etwa um 1030 entstandener, auf eigener Anschauung beruhender Bericht des chwārezmischen Gelehrten)

BHANDARKAR, SIR R. G.: Vaiṣnavism, Śaivism, and other minor religious systems. Straßburg, 1913. Nachdr. Poona, 1928
BROWN, P.: History of Indian architecture. (Bd. 1:) Buddhist and Hindu period. (Bd. 2:) The Islamic period. 2 Bde. 2. Aufl. Nachdr. Bombay, 1954–1956
THE CAMBRIDGE HISTORY OF INDIA. Bd. 3: The Pathan period. Von Sir W. Haig. Bd. 4: The Mughul period. Von Sir W. Haig und R. Burn. Cambridge, 1928–1937
COELHO, W.: The Hoysala Vamsa. Bombay, 1950
COMMISSARIAT, M. S.: History of Gujarat, including a survey of its chief architectural monuments and inscriptions. Bombay und London, 1938
COMPTON, H. E.: A particular account of the European military adventurers of Hindustan, from 1784 to 1803. London, 1893
COOMARASWAMY, A. K.: History of Indian and Indonesian art. London, 1927. Deutsch: Geschichte der indischen und indonesischen Kunst. Übers. H. Goetz. 2. Aufl. Stuttgart, 1965
DAS GUPTA, S. N.: A history of Indian philosophy. 5 Bde. Cambridge, 1932–1955

DE BARY, W. TH., und A. T. EMBREE, Hrsg.: Sources of Indian tradition. 2 Bde. New York, 1964
DERRETT, C. D. M.: The Hoysalas. Bombay, 1953
DEUSSEN, P.: Die nachvedische Philosophie der Inder. Allgemeine Geschichte der Philosophie mit besonderer Berücksichtigung der Religion, Bd. 1, 3. Abt. 3. Aufl. Leipzig, 1920
DUFF, J. C. G.: History of the Marathas. Neuausg. Hrsg. St. M. Edwardes. 2 Bde. London, 1921
EDWARDES, ST. M.: Babur. London, 1926
EIDLITZ, W.: Die indische Gottesliebe. Olten, 1955
ELIOT, SIR CH. N. E.: Hinduism and Buddhism. 3 Bde. London, 1921
ELLIOT, H. M., und J. DOWSON: The history of India as told by its own historians: The Muhammadan period. 8 Bde. London, 1867–1877 (In Einzelbdn. in Indien öfters nachgedr.)
FISCHER, K.: Schöpfungen indischer Kunst. Von den frühesten Bauten und Bildern bis zum mittelalterlichen Tempel. 2. Aufl. Köln, 1961
GANGULY, D. C.: History of the Paramara dynasty. (Dacca University Bulletin 17) Dacca, 1933
GARBE, R.: Kaiser Akbar von Indien. Ein Lebens- und Kulturbild aus dem 16. Jahrhundert. Tübingen, 1909 (Vortrag; gute knappe Übersicht)
GLASENAPP, H. VON: Der Jainismus. Eine indische Erlösungsreligion. Berlin, 1925
GLASENAPP, H. VON: Die Literaturen Indiens von ihren Anfängen bis zur Gegenwart. Zus. mit B. D. Jain, W. Geiger, Fr. Rosen und H. W. Schomerus. (Handbuch der Literaturwissenschaft) Potsdam, 1929
GLASENAPP, H. VON: Tantrismus und Śaktismus. Ostasiatische Zeitschrift, N. F. 12, 1936
GLASENAPP, H. VON: Die Religionen Indiens. Neuaufl. (Kröners Taschenausgaben) Stuttgart, 1956
GLASENAPP, H. VON: Die Literaturen Indiens. Von ihren Anfängen bis zur Gegenwart. Mit Beitr. von H. Bechert und H. W. Schomerus. (Kröners Taschenausgaben) Suttgart, 1961 (Neuere, aber knappere Behandlung des gleichen Themas wie im »Handbuch der Literaturwissenschaft«)
GOETZ, H.: Epochen der indischen Kultur. Leipzig, 1929
GOETZ, H.: Bilderatlas zur Kulturgeschichte Indiens in der Großmoghul-Zeit. Auf Grund der indischen Miniatur-Malerei und anderer Quellen dargestellt. Berlin, 1930
GOETZ, H.: Indien. Fünf Jahrtausende indischer Kunst. 4. Aufl. (Kunst der Welt) Baden-Baden, 1962
GOETZ, H.: Geschichte Indiens. (Urban-Bücher) Stuttgart, 1959
GOLOUBEW, V., A. RODIN, A. K. COOMARASWAMY und E. B. HAVELL: Sculptures çivaites de l'Inde. (Ars Asiatica, III) Paris und Brüssel, 1921
GROUSSET, R.: Les civilisations de l'Orient. Bd. 2: L'Inde. Paris, 1930
GROUSSET, R.: Les philosophies indiennes. Les systèmes. 2 Bde. Paris, 1931

HABIBULLAH, A. B. M.: The foundation of Muslim rule in India. 2. Aufl. Allahabad, 1961
HASAN, M.: Kashmir under the sultanate. Calcutta, 1959
HILLEBRANDT, A.: Altindische Politik. Eine Übersicht auf Grund der Quellen. Jena, 1923
HOHENBERGER, A.: Ramanuja, ein Philosoph indischer Gottesmystik. Bonn, 1960
IBN BATTUTA (ABU 'ABDALLAH MUHAMMAD): Die Reise des Arabers Ibn Batuta durch Indien und China (14. Jahrhundert). Von H. von Mžik. (Bibliothek denkwürdiger Reisen) Hamburg, 1911. – Ibn Battuta travels in Asia and Africa 1325–1354. Hrsg. H. A. R. Gibb. 3. Aufl. London, 1953
IRVINE, W.: The later Mughals. 2 Bde. Calcutta, 1921–1922. Neuausg. Hrsg. J. Sarkar. 2 Bde. Calcutta, o. J.
ISHWARI PRASAD: History of mediaeval India. From 647 A. D. to the Mughal conquest. Allahabad, 1925. Nachdr. 1950
ISHWARI PRASAD: The life and times of Humāyūn. Neuaufl. Calcutta, 1957
JOLLY, J.: Recht und Sitte. (Einschließlich der einheimischen Literatur). (Grundriß der indoarischen Philologie und Altertumskunde, II,8) Straßburg, 1896
JOUVEAU-DUBREUIL, G.: Archéologie du sud de l'Inde. 2 Bde. Paris, 1914
JOUVEAU-DUBREUIL, G.: Iconography of Southern India. Paris, 1936
KALHANA: Rājataranginī, a chronicle of the kings of Kaśmīr. Übers. M. A. Stein. 2 Bde. London, 1900
KANE, P. V.: History of Dharmashastra. 5 Bde. in 6 Bdn. Poona, 1930–1962
KEAY, F. E.: History of Hindi literature. 2. Aufl. Calcutta, 1933
KINCAID, C. A., und D. B. PARASNIS: History of the Maratha people. 3 Bde. London, 1918 bis 1925
KIRFEL, W.: Die Religion der Jaina's. Bilderatlas zur Religionsgeschichte, hrsg. von H. Haas, Lfg. 12. Leipzig, 1928
KIRFEL, W.: Der Hinduismus. Bilderatlas zur Religionsgeschichte, hrsg. von H. Haas, Lfg. 18–20. Leipzig, 1934
KRAMRISCH, S.: The art of India through the ages. London/New York, 1954. Deutsch: Indische Kunst. Traditionen in Skulptur, Malerei und Architektur. 2. Aufl. Köln, 1956 (Text sehr einseitig, aber gute Abbildungen)
LAL, K. S.: History of the Khaljis. Allahabad, 1950
LA VALLÉE POUSSIN, L. DE: Dynasties et histoire de l'Inde depuis Kanishka jusqu'aux invasions musulmanes. Paris, 1935
LÉVI, S.: Le théatre indien. Paris, 1890
MAJUMDAR, A. K.: Chaulukyas of Gujarat. Bombay, 1956
MAJUMDAR, R. C., Hrsg.: History of Bengal. Bd. 1. Dacca, 1943 (Die Zeit vor der mohammedanischen Eroberung)
MAJUMDAR, R. C., A. D. PUSALKER und A. K. MAJUMDAR, Hrsg.: The history and culture of the Indian people. Bd. 3: The classical age (320–750 A. D.). Bd. 4: The age of imperial Kanauj (750–1000 A. D.). Bd. 5: The struggle

for empire (1000–1300 A.D.). Bd. 6: The Delhi sultanate (1300–1526 A.D.). Bombay, 1953–1960. Bde. 3 und 4, Neuaufl. 1962 bis 1963 (Auf zehn Bände berechnetes Werk, betreut vom Bharatiya Vidya Bhavan, dem Institut zur Wiederbelebung der altindischen Kultur)

MOOKERJI, R.: Harsha. (Calcutta University Readership lectures) London, 1926

MORELAND, W. H.: India at the death of Akbar. London, 1920

MORELAND, W. H.: From Akbar to Aurangzeb. A study in Indian economic history. London, 1923

MORELAND, W. H.: The agrarian system of Muslim India. An historical essay. Cambridge, 1929

NAZIM, M.: The life and times of Sultan Mahmud of Ghazna. Cambridge, 1931

NILAKANTA SASTRI, K. A.: History of South India, from prehistoric times to the fall of Vijavanagar. 2. Aufl. Bombay und Oxford, 1958

NOER, F. A. VON: Kaiser Akbar. 2 Bde. Leiden, 1880–1885. Englisch: The emperor Akbar. Übers. und Bearb. A. Beveridge. Calcutta, 1890

OSBORNE, W. G.: Ranjit Singh, the Lion of the Punjab. Calcutta, 1953

POCHHAMMER, W. VON: Das heutige Indien als Ergebnis seiner Geschichte. In: Studien zur Entwicklung in Süd- und Ostasien, N.F., Tl. 2. (Schriften des Instituts für Asienkunde in Hamburg, 13) Frankfurt/Main, 1962

QURESHI, I. H.: The administration of the sultanate of Delhi. 2. Aufl. Lahore, 1944

RADHAKRISHNAN, S.: Indian philosophy. Bd. 2. 2. Aufl. London, 1931. Deutsch: Indische Philosophie. Bd. 2: Die Systeme des Brahmanismus. Übers. R. Jockel. Darmstadt, 1956

RAO, T. A. G.: The elements of Hindu iconography. 2 Bde. Madras, 1914–1916. Nachdr. 1928

RAY, H. C.: The dynastic history of Northern India, early mediaeval period. 2 Bde. Calcutta, 1931–1935 (Nur die Hindu-Dynastien von etwa 700 bis 1300 umfassend)

ROWLAND, B.: The art and architecture of India. Buddhist, Hindu, Jain. 2. Aufl. Nachdr. (Pelican History of Art) Harmondsworth, 1959

SAKSENA, B. P.: History of Shahjahan of Dilhi. Allahabad, 1932 (Dissertation London 1932)

SALETORE, B. A.: Social and political life in the Vijayanagara empire. 2 Bde. Madras, 1934

SARKAR, SIR J. N.: History of Aurangzib. 5 Bde. (Bde. 1–4 in Neuaufl.) London, 1920–1925. Kurzfassg.: A short history of Aurangzib, 1618–1707. London, 1930

SARKAR, SIR J. N., Hrsg.: The history of Bengal, Muslim period, 1200–1757. Dacca, 1948

SASTRI, K. A. N.: The Cōlas. 2 Bde. in 3 Bdn. (The Madras University Historical Series, 9/10) Madras, 1935–1937. Nachdr. 1955

SASTRI, K. A. N.: Sources of Indian history, with special reference to South India. London, 1965

SCHOMERUS, H. W.: Der Çaiva-Siddhānta, eine Mystik Indiens. Nach den talmudischen Quellen bearb. Leipzig, 1912

SCHUBRING, W.: Die Lehre der Jainas. Nach den alten Quellen dargestellt. (Grundriß der indo-arischen Philologie und Altertumskunde, III, 7) Berlin, 1935

SEN, D. C.: History of the Bengali language and literature. Calcutta, 1911

SEWELL, R.: A forgotten empire. Vijayanagar. Neuaufl. London, 1924. Neuausg. Delhi, 1962

SHERWANI, H. K.: The Bahmanis of Deccan. Hyderabad, 1953

SINHA, N. K.: Ranjit Singh. 2. Aufl. Calcutta, 1945

SMITH, V. A.: Akbar the Great Mogul. Revid. Aufl. Oxford, 1919. Nachdr. Delhi, 1960

SMITH, V. A.: History of fine art in India and Ceylon. 2. Aufl. Bearb. K. de B. Codrington. Oxford, 1930. Nachdr. Bombay, 1962

TOD, J.: Annals and antiquities of Rajasthan, or the central and western Rajput states of India. 2 Bde. London, 1829–1832. 2. Aufl. 3 Bde. London, 1920

TRIPATHI, R. S.: History of Kanauj. Benares, 1937

WILLIAMS, L. F. R.: An empire builder of the sixteenth century. A summary account of the political career of zahir-Ud-Din Muhammad surnamed Babur. London, 1918

WINTERNITZ, M.: Die Tantras und die Religion der Sāktas. Ostasiatische Zeitschrift 4, 1915/16

WINTERNITZ, M.: Geschichte der indischen Literatur. Bd. 2, Tl. 2 und Bd. 3. Leipzig, 1920 bis 1922

WOODROFFE, SIR J. G.: Shakti and Shakta. London, 1920

ZIMMER, H.: Philosophies of India. New York, 1951. Deutsch: Philosophie und Religion Indiens. Übers. und Hrsg. L. Heyer-Grote. Zürich, 1961

China im frühen Mittelalter

Geschichtliche Übersichten

EBERHARD, W.: Conquerors and rulers. Social forces in medieval China. Leiden, 1952 (Berücksichtigt besonders Nomaden-Eroberer und die »Fünf Dynastien«)

FRANKE, O.: Geschichte des chinesischen Reiches. 5 Bde. Berlin, 1930–1952. Bd. 2 u. 3, 2. Aufl. 1961 (Der 2. u. 3. Bd. behandeln das frühe Mittelalter)

Die »Drei Reiche« und die Chin-Dynastie

CARROLL, TH. D.: Account of the Tu-yü-hun in the history of the Chin dynasty. (Chinese Dynastic Histories Translations 4) Berkeley, Calif., 1953 (Bericht über einen Nomadenstaat an der Nordwestgrenze Chinas)

EBERHARD, W.: Das Toba-Reich Nordchinas. Eine soziologische Untersuchung. Leiden, 1949 (Über den T'o-pa-Staat = Nord-Wei)

MATHER, R. S.: Biography of Lü Kuang. (Chinese Dynastic Histories Translations 7) Berkeley, Calif., 1959 (Das Leben des Gründers der Späteren Liang-Dynastie)
SSU-MA KUANG – A. CHIH-T'UNG FANG: The Chronicle of the Three Kingdoms (220–265). Chapters 69–78 from the Tzŭ chih t'ung chien of Ssŭ-ma Kuang. Bd. 1. Cambridge, Mass., 1952 (Übersetzung, einschließlich der von Ssu-ma Kuang benutzten Quellen)

Die Zeit der »Nord- und Süd-Dynastien«

DIEN, A. E.: Biography of Yü-wen Hu. (Chinese Dynastic Histories Translations 9) Berkeley, Calif., 1962 (Biographie eines führenden Politikers des 6. Jahrhunderts)
GOODRICH, C. S.: Biography of Su Ch'o. (Chinese Dynastic Histories Translations 3) Berkeley, Calif., 1953 (Biographie des bedeutenden Staatsmanns und Gelehrten)
MILLER, R. A.: Accounts of western nations in the history of the Northern Chou dynasty. (Chinese Dynastic Histories Translations 6) Berkeley, Calif., 1959 (Bericht des 6. Jahrhunderts über Zentralasien und Persien)

Die T'ang-Dynastie

BALAZS, ST.: Beiträge zur Wirtschaftsgeschichte der T'ang-Zeit (618–906). Dissertation Berlin, 1932
BINGHAM, W.: The founding of the T'ang dynasty. The fall of Sui and the rise of T'ang. A preliminary survey. Baltimore, 1941
HSÜAN-TSANG – A. WALEY: The real Tripitaka and other pieces. London, 1952 (Das Leben des Verfassers des Hsi-yü chi, »Bericht über die Westgebiete«)
LEVY, H. S.: Biography of Huang Ch'ao. (Chinese Dynastic Histories Translations 5) Berkeley, Calif., 1955
LEVY, H. S.: Biography of An Lu-shan. (Chinese Dynastic Histories Translations 8) Berkeley, Calif., 1960
PULLEYBLANK, E. G.: The background of the rebellion of An Lu-shan. London, 1955
REISCHAUER, E. G.: Ennin's diary. The record of a pilgrimage to China in search of the law. New York, 1955. Deutsch: Die Reisen des Mönchs Ennin. Neun Jahre in China des 9. Jahrhunderts. Stuttgart, 1963 (Tagebuch des japanischen buddhistischen Mönches Ennin von seiner Reise durch Nordchina)
REISCHAUER, E. G.: Ennin's travels in T'ang China. New York, 1955 (Ennins Tagebuch neu geordnet und aus anderen Quellen ergänzt)
SCHAFER, E. H.: The golden peaches of Samarkand. A study of T'ang exotics. Berkeley, Calif., 1963
TWITCHETT, D. C.: Financial administration under the T'ang dynasty. Cambridge, 1963

Die Zeit der »Fünf Dynastien« und der »Zehn Staaten«

SCHAFER, E. H.: The empire of Min. Rutland, Vermont, 1954 (Einer der »Zehn Staaten«)
WANG GUNGWU: The structure of power in North China during the Five Dynasties. London, 1964

Kulturgeschichte

BALAZS, ÉT., u. a.: Aspects de la Chine. Langue, histoire, religions, philosophie, littérature, arts. (Causeries faites à la Radiodiffusion Française dans le cadre de l'Heure de culture française du 29 novembre 1954 au 25 juillet 1955.) 2 Bde. Paris, 1959
BALAZS, ÉT.: Chinese civilization and bureaucracy. Variations on a theme. Übers. H. M. Wright. Hrsg. A. F. Wright. New Haven, Conn., 1964 (Gesammelte Aufsätze)
CARTER, TH. F.: The invention of printing in China and its spread westward. Neuaufl. Bearb. L. C. Goodrich. New York, 1955
CHEN, SHIH-HSIANG: Biography of Ku K'ai-chih. (Chinese Dynastic Histories Translations 2) Berkeley, Calif., 1953 (Biographie des großen Malers und Schriftstellers)
FRANKEL, H. H.: Biographies of Meng Hao-jan. (Chinese Dynastic Histories Translations 1) 2. Aufl. Berkeley, Calif., 1961 (Die zwei offiziellen Biographien des Dichters)
GERNET, J.: Les aspects économiques du bouddhisme dans la société chinoise du Ve au Xe siècle. (Publications de l'École Française d'Extrême Orient 39) Saigon, 1956
LIU SHAO (das JEN-WU CHIH) – J. K. SHRYOCK: The study of human abilities. New Haven, Conn., 1937 (Übersetzung des Werks über angewandte Psychologie)
MASPERO, H.: Mélanges posthumes sur les religions et l'histoire de la Chine. 3 Bde. Paris, 1949–1950
TSIEN, TSUEN-HSUIN: Written on bamboo and silk. The beginnings of Chinese books and inscriptions. Chicago, Ill., 1962
YANG, LIEN-SHENG: Studies in Chinese institutional history. Cambridge, Mass., 1963 (Aufsätze, zuerst im Harvard Journal of Asiatic Studies erschienen)

Religion und Philosophie

CHAN, WING-TSIT: A source book in Chinese philosophy. Princeton, N.J., 1963 (Kommentierte Übersetzungen, gut eingeleitet)
CHINESE THOUGHT AND INSTITUTIONS. Hrsg. J. K. Fairbank. Chicago, Ill., 1957
FAN CHEN (das SHEN-MIEH LUN) – ST. BALAZS: Der Philosoph Fan Dschen und sein Traktat gegen den Buddhismus. Sinica 7, 1933
FORKE, A.: Geschichte der mittelalterlichen chinesischen Philosophie. (Hamburgische Universität, Abhandlungen aus dem Gebiet der Auslandskunde 41) Hamburg, 1934. 2. Aufl. 1964 (Enthält auch kommentierte Übersetzungen)
NIVISON, D. S., und A. F. WRIGHT, Hrsg.: Confucianism in action. Stanford, Calif., 1959
WRIGHT, A. F.: Buddhism in Chinese history. Stanford, Calif., 1959
WRIGHT, A. F., Hrsg.: Studies in Chinese thought. Chicago, Ill., 1953
WRIGHT, A. F., Hrsg.: The Confucian persuasion. Stanford, Calif., 1960
WRIGHT, A. F., und D. C. TWITCHETT, Hrsg.: Confucian personalities. Stanford, Calif., 1962

ZÜRCHER, E.: The Buddhist conquest of China. The spread and adaptation of Buddhism in early medieval China. 2 Bde. (Sinica Leidensis 11) Leiden, 1959

Literatur

BEASLEY, W. G., und E. G. PULLEYBLANK, Hrsg.: Historians of China and Japan. London/New York, 1961
GARDENER, CH. S.: Chinese traditional historiography. Cambridge, Mass., 1938
HAN YU-SHAN: Elements of Chinese historiography. Hollywood, 1955
NAGASAWA, K.: Geschichte der chinesischen Literatur. Mit Berücksichtigung ihres geistesgeschichtlichen Hintergrundes. Übers. E. Feifel. Peking, 1945 Neuausg. Darmstadt, 1959
HSI K'ANG – R. H. VAN GULIK: Hsi K'ang and his poetical essay on the lute. (Monumenta Nipponica Monographs) Tokio, 1941. – D. HOLZMAN: La vie et la pensée de Hi K'ang (223–262 ap. J.-C.). Leiden, 1957
LI PO (LI T'AI-PO) – S. OBATA: Li Po. New York, 1923. – E. VON ZACH: Li Po. Asia Major I, 1924 u. III-V, 1926–1928. – A. WALEY: The poetry and career of Li Po. London/New York, 1950
LI YÜ – A. HOFFMANN: Die Lieder des Li Yü, 937–978, Herrschers der Südlichen T'ang-Dynastie. Köln, 1950 (Enthält auch Übersetzung und ausführliche Erläuterung aller tz'u-Lieder Li Yüs)
PO CHÜ-I – A. WALEY: The life and times of Po Chü-i. London, 1949 (Mit vielen Übersetzungen)
T'AO CH'IEN – W. ACKER: T'ao the hermit. London/New York, 1952
TU FU – E. VON ZACH: Tu Fu's Gedichte. 2 Bde. (Harvard-Yenching Institute studies 8) Cambridge, Mass., 1952 (Vollständige deutsche Übersetzung). – W. HELWIG: Die großen Klagen des Tu Fu. Nachdichtungen. Bremen, 1956. – W. HUNG: Tu Fu. China's greatest poet. Cambridge, Mass., 1952 (Biographie sowie kommentierte Übersetzung von 374 Gedichten)
WEN HSÜAN – E. VON ZACH: Die chinesische Anthologie. Übersetzungen aus dem Wen hsüan. 2 Bde. (Harvard-Yenching Institute studies 18) Cambridge, Mass., 1958 (Deutsche Übersetzung, Einleitung englisch)
ANTHOLOGIE – P. DEMIÉVILLE, Hrsg.: Anthologie de la poésie chinoise classique. Paris, 1962

China von der Sung-Dynastie bis zur Ch'ing-Dynastie

Geschichtliche Übersichten

EBERHARD, W.: Chinas Geschichte. (Bibliotheca sinica 1) Bern, 1948
FRANKE, O.: Geschichte des chinesischen Reiches. 5 Bde. Berlin, 1930–1952. Bd. 2 u. 3, 2. Aufl. 1961
GROUSSET, R.: Histoire de l'Extrême-Orient. 2 Bde. Paris, 1929
LATOURETTE, K. S.: The Chinese. Their history and culture. 3. Aufl. New York, 1956
LATOURETTE, K. S.: A history of Christian missions in China. London, 1929
WILHELM, H.: Chinas Geschichte. Zehn einführende Beiträge. Peking, 1942
WILHELM, H.: Gesellschaft und Staat in China. Zur Geschichte eines Weltreiches. Peking, 1944. Neuausg., vom Verf. bearb.: (Rowohlts Deutsche Enzyklopädie) Hamburg, 1960

Die Sung-Zeit

CHU HSI (Das T'UNG SHU) – W. GRUBE und W. EICHHORN: Ein Beitrag zur Kenntnis der chinesischen Philosophie. T'ŭng Šū des Čeu Tsĭ mit Čū-Hī's Commentar nach dem Sing-Li Tsīng-Í. (Asia Major, China-Bibliothek 3) Leipzig, 1932
CHU HSI (das CHIN-SSU LU) – O. GRAF: Dschu Hsi, Djin-si Lu, die sungkonfuzianische Summa. 4 Bde. Tokio, 1953
FRANKE, O.: Der Bericht Wang Ngan-schis von 1058 über Reform des Beamtentums, ein Beitrag zur Beurteilung des Reformators. (Sitzungsberichte der Preußischen Akademie der Wissenschaften, phil.-hist. Kl. 1932, 13) Berlin, 1932
HAENISCH, E.: Drei Schriften Wang An shi's. Asia Major, N. F., 1944
KRACKE, E. A.: Civil service in early Sung China, 960–1067. Cambridge, Mass., 1953
LIU, J. T. C.: Reform in Sung China: Wang An-shih (1021–1086) and his new policies. Cambridge, Mass., 1959
WILLIAMSON, H. R.: Wang An Shih. 2 Bde. London, 1935–1937

Die Liao und die Chin

GERNET, J.: La vie quotidienne en Chine à la veille de l'invasion mongole (1250–1276). (La vie quotidienne) Paris, 1959
GROUSSET, R.: L'empire des steppes. Paris, 1948
WITTFOGEL, K. A.: History of Chinese society, Liao (907–1125). Philadelphia, 1949

Die Zeit der Mongolenherrschaft

FRANKE, H.: Geld und Wirtschaft in China unter der Mongolenherrschaft. Beiträge zur Wirtschaftsgeschichte der Yüan-Zeit. Leipzig, 1949
MARTIN, H. D.: The rise of Chingis Khan and his conquest of North China. Baltimore, 1950
POKOTILOV, D.: History of the Eastern Mongols during the Ming dynasty from 1368–1634. Tl. I. (Studia Serica Monographs, ser. A, 1) Chengtu, 1947 (Übersetzung des 1893 in St. Petersburg veröffentlichten russischen Werkes von R. Löwenthal)
PRAWDIN, M.: Tschingis-Chan und sein Erbe. Neuausg. Stuttgart, 1957

Die Ming-Zeit

BUSCH, H.: The Tung-lian Shu-yüan and its political and philosophical significance. Monumenta Serica 14, 1949/1955

CRAWFORD, R. B., H. M. LAMLEY und A. B. MANN: Fang Hsiao-ju in the light of early Ming society. Monumenta Serica 15, 1956

GRIMM, T.: Erziehung und Politik im konfuzianischen China der Ming-Zeit (1368–1644). Wiesbaden, 1960

HUCKER, CH. O.: The Tung-lin movement of the late Ming period. In: Chinese thought and institutions. Hrsg. J. K. Fairbank. Chicago, Ill., 1957

HUCKER, CH. O.: The traditional Chinese state in Ming times (1368–1644). Tucson, Ariz., 1961

WANG CH'ANG-CHE: La philosophie morale du Wang Yang-ming. (Variétés Sinologiques 63) Shanghai, 1936

Die Ch'ing-Zeit

HAUER, E.: Huang-Ts'ing-K'ai-kuo-fang-lüeh. Die Gründung des mandschurischen Kaiserreiches. Berlin, 1926 (Aus dem Chinesischen übersetzt)

HUMMEL, A. W.: Eminent Chinese of the Ch'ing period. 2 Bde. Washington, D. C., 1943

MERKEL, R. F.: China und das Abendland im 17. und 18. Jahrhundert. Sinica 7, 1932

MICHAEL, F.: The origin of Manchu rule in China. Baltimore, 1942

ROCKHILL, W. W.: The Dalai Lamas of Lhasa and their relations with the Manchu emperors of China 1644–1908. T'oung Pao 11, 1910

SIRÉN, O.: The walls and gates of Peking. London, 1924

SIRÉN, O.: Les palais impériaux de Pékin. 3 Bde. Paris/Brüssel, 1926–1927

VÄTH, A.: Johann Adam Schall von Bell S.J. Missionar in China, Kaiserlicher Astronom und Ratgeber am Hofe von Peking 1592–1666. Ein Lebens- und Zeitbild. Zus. mit L. van Hee. Köln, 1933

Kunst und Kultur

ACKER, W. R. B.: Some T'ang and pre-T'ang texts on Chinese painting. Leiden, 1954

BURLING, J. und A. H.: Chinese art. 3. Aufl. New York, 1955

CAHILL, J.: Chinese painting. Cleveland, Ohio, 1950

CARTER, TH. F.: The invention of printing in China and its spread westward. Neuaufl. Bearb. L. C. Goodrich. New York, 1955

FEDDERSEN, M.: Kunst und Kunstgewerbe Ostasiens in den europäischen Reiseberichten der Mongolenzeit. Ostasiatische Zeitschrift, N. F. 17, 1941

FITZGERALD, C. P.: China. A short cultural history. 2. Aufl. London, 1950

GRANET, M.: Festivals and songs of ancient China. (The Broadway Oriental Library) London, 1932

GROUSSET, R.: Les civilisations de l'Orient. Bd. 3: La Chine. Paris, 1930

HERRMANN, A.: Historical and commercial atlas of China. Cambridge, Mass., 1935. 2. Aufl. Taipei, Formosa, 1964

KIRBY, E. S.: Einführung in die Wirtschafts- und Sozialgeschichte Chinas. München, 1955

LI LI-WENG – W. EBERHARD: Li Li-weng, Die vollkommene Frau. Das chinesische Schönheitsideal. Ostasiatische Zeitschrift, N. F. 15/16, 1939/40

NEDDHAM, J.: Science and civilization in China. Bde. 1–5. Cambridge, Mass., 1954–1963 (Insgesamt 9 Bde. geplant)

SCHUBERT, J.: Die Entwicklung des chinesischen Blockdrucks. Buch und Schrift, N. F. 3, 1941

SICKMAN, L., und A. SOPER: The art and architecture of China. 2. Aufl. (Pelican History of Art) Harmondsworth, 1960

SIRÉN, O.: A history of early Chinese painting, from the Han dynasty to the end of the Yuan dynasty. 2 Bde. London, 1932

WILHELM, R.: Geschichte der chinesischen Kultur. München, 1928

WILLETTS, W.: Chinese art. 2 Bde. (Penguin) Harmondsworth, 1958

Literatur und Philosophie (Übersichten)

FORKE, A.: Die Gedankenwelt des chinesischen Kulturkreises. München, 1927

FORKE, A.: Geschichte der chinesischen Philosophie. 3 Bde. Hamburg, 1927–1938

FUNG YU-LAN: A history of Chinese philosophy. Übers. D. Bodde. 2. Aufl. 2 Bde. Princeton, N.J., 1952–1953

CHINESISCHE GEISTESWELT. Von Konfuzius bis Mao-Tsê-Tung. Ausgew. Texte. Hrsg. G. Debon und W. Speiser. (Geist des Morgenlandes) Baden-Baden, 1957

GRANET, M.: La pensée chinoise. Paris, 1934. Deutsch: Das chinesische Denken. Inhalt, Form, Charakter. Übers. M. Porkert. (Piper Paperbacks) München, 1963

HIGHTOWER, J. R.: Topics in Chinese literature. Revid. Aufl. Cambridge, Mass., 1953 (Enthält ausführliche Bibliographie)

NAGASAWA, K.: Geschichte der chinesischen Literatur. Mit Berücksichtigung ihres geistesgeschichtlichen Hintergrundes. Übers. E. Feifel. Peking, 1945. Neuausg. Darmstadt, 1959

TSCHARNER, ED. H. VON: Chinesische Gedichte in deutscher Sprache. Ostasiatische Zeitschrift, N. F. 8, 1932 (Vom Wesen der chinesischen Dichtung und den Schwierigkeiten der Übersetzung)

Literatur (Übersetzungen)

CHIN-KU CH'I-KUAN – F. KUHN: Kin Ku Ki Kwan. Wundersame Geschichten aus alter und neuer Zeit. (Manesse-Bibliothek der Weltliteratur) Zürich, 1952. – F. KUHN: Goldjunker Sung und andere Novellen aus dem Kin Ku Ki Kwan. (Manesse-Bibliothek der Weltliteratur) Zürich, 1959

CHIN P'ING MEI – F. KUHN: Kin Ping Meh, oder die abenteuerliche Geschichte von Hsi Men und seinen sechs Frauen. Leipzig, 1930. Neuaufl. Frankfurt/Main, 1961. – O. und A. KIBAT: Djin Ping Meh. Aus dem ungekürzten

chinesischen Urtext übersetzt. 2 Bde. Gotha, 1928–1932. Taschenbuchausg., gekürzt: Berlin, 1961. – C. EGERTON: The golden lotus (Chin P'ing Mei). A Chinese novel of the Ming dynasty. 4 Bde. London, 1939. – M. SCHUBERT: Chin-p'ing-mei. Episoden aus dem Leben Hsi Mens und seiner sechs Frauen. Zürich, 1950
ERH-TU MEH – F. KUHN: Örl-Tu-Meh. Leipzig, 1927. Taschenbuchausg.: Die Rache des jungen Meh oder Das Wunder der zweiten Pflaumenblüte. (Fischer-Bücherei) Frankfurt/Main, 1959
LI YÜ (Kaiser und Dichter) – A. HOFFMANN: Die Lieder des Li Yü, 937–978, Herrschers der Südlichen T'ang-Dynastie. Köln, 1950
LI YÜ (Novellist und Dramatiker) – F. KUHN: Der Turm der fegenden Wolken. 2. Aufl. Recklinghausen, 1958. – F. KUHN: Die dreizehnstöckige Pagode. Liebesgeschichten aus dem alten China. München, 1949 – (Aus dem Shih-erh lou)
SAN-KUO CHIH YEN-I – C. H. BREWITT-TAYLOR: San kuo, or Romance of the three kingdoms. 2 Bde. Shanghai, 1925. Neuausg. Tokio, 1959. – F. KUHN: Die Drei Reiche. Roman aus dem alten China. Berlin, 1940 – N. TOAN und L. RICAUD: Les trois royaumes. Saigon, 1960/61

TS'AO CHAN (das HUNG-LOU MENG) – F. KUHN: Der Traum der roten Kammer. Ein Roman aus der frühen Tsing-Zeit. Leipzig, 1932. Neuaufl. Frankfurt/Main, 1959. – C. C. WANG: The dream of the red chamber. New York, 1958
WANG SHIH-FU (das HSI-HSIANG CHI) – V. HUNDHAUSEN: Das Westzimmer. Chinesisches Singspiel aus der Ming-Zeit. Peking/Leipzig, 1926. Neuausg. Kassel, 1964. – H. H. HART: The west chamber. Stanford, Calif., 1936
WU CH'ENG-EN (das HSI-YU-CHI) – A. WALEY: Monkey. London, 1942. Deutsch: Monkeys Pilgerfahrt. Zürich, 1947. – L. AVENOL: Wou Tch'eng-ngen, Si-Yeou-ki, ou Le voyage en Occident. 2 Bde. Paris, 1957
ANTHOLOGIE – A. WALEY: A hundred and seventy Chinese poems. London, 1918. – A. WALEY: More translations from the Chinese. London, 1919. – A. WALEY: The temple and other poems. London, 1923. – Deutsch, Ausw.: A. WALEY, Hrsg.: Chinesische Lyrik. (Goldmanns Gelbe Taschenbücher) München, 1963
ANTHOLOGIE – A. FORKE: Dichtungen der T'ang- und Sung-Zeit. 2 Bde. Hamburg, 1929–1930
ANTHOLOGIE – W. BAUER und H. FRANKE: Die Goldene Truhe. Chinesische Novellen aus zwei Jahrtausenden. München, 1959

Mongolenreiche

BAWDEN, C. R.: The Mongol chronicle Altan Tobci. Wiesbaden, 1955 (Kritische Übersetzung eines der ältesten Geschichtswerke der Mongolen)
BUDGE, E. A. W.: The monks of Kûblai Khân, emperor of China. London, 1928 (Biographie und Reisebericht des mongolischen Gesandten Rabban Sâwmâ)
CARPINI, JOHANNES DE PLANO: Geschichte der Mongolen und Reiseberichte 1245–1247. Übers. Fr. Risch. (Veröffentlichungen des Forschungsinstituts für vergleichende Religionsgeschichte an der Universität Leipzig, II,11) Leipzig, 1930
DAWSON, CHR.: The Mongol mission. Narratives and letters of the Franciscan missionaris in Mongolia and China. London/New York, 1955
DOERRIE, H.: Drei Texte zur Geschichte der Ungarn und Mongolen: Die Missionsreisen des Fr. Julianus O. P. ins Uralgebiet (1234/5) und nach Rußland (1237) und der Bericht des Erzbischofs Peter über die Tataren. (Nachrichten der Akademie der Wissenschaften in Göttingen, phil.-hist. Kl., 1956, 6) Göttingen, 1956 (Die ersten Warnungen vom Mongoleneinfall in Europa)
FRANKE, H.: Geld und Wirtschaft in China unter der Mongolenherrschaft. Beiträge zur Wirtschaftsgeschichte der Yüan-Zeit. Leipzig, 1949
FRANKE, O.: Geschichte des chinesischen Reiches. Bd. 4: Der konfuzianische Staat II. Krisen und Fremdvölker. Berlin, 1948

FRANKE, W.: Yunglo's Mongolei-Feldzüge. Sinologische Arbeiten (Peking) 3, 1945
FRANKE, W.: Chinesische Feldzüge durch die Mongolei im frühen 15. Jahrhundert. Sinologica 3, 1953
FUCHS, W.: Mongolen in Mittel- und Südchina um 1388. Oriens Extremus 2, 1955
GROUSSET, R.: L'empire mongol, 1re phase. (Histoire du monde VIII, 3) Paris, 1941
HAENISCH, E.: Die letzten Feldzüge Cingis Khan's und sein Tod, nach der ostasiatischen Überlieferung. Asia Maior 9, 1933
HAENISCH, E.: Kulturbilder aus Chinas Mongolenzeit. Historische Zeitschrift 164, 1941
HAENISCH, E., Übers.: (Manghol un niuca tobca' an) Die Geheime Geschichte der Mongolen. Aus einer mongolischen Niederschrift des Jahres 1240 von der Insel Kode'e im Keluren-Fluß. 2. Aufl. Leipzig, 1948
HAENISCH, E.: Zu den Briefen der mongolischen Il-Khane Argun und Öljeitü an den König Philipp den Schönen von Frankreich (1289 und 1305). Oriens 2, 1949
HAMBIS, L.: The Mongols in the Ming era (1368 to 1644). East and West (Rom) 7, 1956
HAMBIS, L.: Marco Polo. La description du monde. Paris, 1955 (Der Reisebericht in einer neuen, kommentierten Ausgabe)
HAUER, E.: Huang-Ts'ing-K'ai-kuo-fang-lüeh. Die Gründung des mandschurischen Kaiserreiches. Berlin, 1926 (Übersetzung der Mandschu-Chronik über die Entstehung des Mandschureiches mit Angaben über den Zusammenbruch Ligdan Khans)

HEISSIG, W.: Die Familien- und Kirchengeschichtsschreibung der Mongolen I. 16. bis 18. Jahrhundert. Wiesbaden, 1959

IWAMURA, SHINOBU: Mongol invasion of Poland in the thirteenth century. (Memoirs of the Research Department of the Toyo Bunko, 10) Tokio, 1938

KRAUSE, F. E. A.: Cingis Han. Geschichte seines Lebens nach den chinesischen Reichsannalen. (Heidelberger Akten der Von-Portheim-Stiftung) Heidelberg, 1922 (Übersetzung aus der chinesischen Chronik Yüan-shih)

LATTIMORE, O.: Inner Asian frontiers of China. 2. Aufl. New York, 1951 (Beiträge zur wirtschaftlichen Spannung zwischen den Nomaden und China)

MARTIN, H. D.: The rise of Chingis Khan and his conquest of North China. Baltimore, 1950

MOSTAERT, A., und F. W. CLEAVES: Les lettres de 1289 et 1305 des ilkhans Argun et Öljeitü à Philippe le Bel. Cambridge, Mass., 1962

OLBRICHT, P.: Das Postwesen in China unter der Mongolenherrschaft im 13. und 14. Jahrhundert. Wiesbaden, 1954

OLSCHKI, L.: Marco Polo's Asia. An introduction to his »Description of the World« called »il milione«. Berkeley, Calif., 1960 (Ein auf zeitgenössische Quellen beruhendes Kulturbild Zentralasiens und Chinas im 13. Jahrhundert)

PARKER, E. H.: Mongolia after the Genghizides and before the Manchus. Journal of the North China Branch of the Royal Asiatic Society 44, 1913

PELLIOT, P.: Les Mongols et la papauté. Revue de l'Orient Chrétien 23, 1922/23

POKOTILOV, D.: History of the Eastern Mongols during the Ming dynasty from 1368-1634. Tl. I. (Studia Serica Monographs, ser. A, 1) Chengtu, 1947 (Das 1893 russisch in St. Petersburg veröffentlichte Werk in Übersetzung von R. Löwenthal)

RUBRUK (RUYSBROECK), WILHELM VON: Der Bericht des Franziskaners Wilhelm von Rubruk über seine Reise in das Innere Asiens in den Jahren 1253-1255. Erste vollständige Übersetzung aus dem Lateinischen. Hrsg. und Bearb. H. Herbst. Leipzig, 1925. – Wilhelm von Rubruk, Reise zu den Mongolen 1253 bis 55. Übers. Fr. Risch. (Veröffentlichungen des Forschungsinstituts für vergleichende Religionsgeschichte an der Universität Leipzig, II, 13) Leipzig, 1934

SCHMIDT, I. J.: Geschichte der Ostmongolen und ihres Fürstenhauses, verfaßt von Ssanang Ssetsen Chungtaidschi der Ordus. St. Petersburg, 1829 (Übersetzung der 1662 nach alten Überlieferungen abgefaßten Chronik, einer der ausführlichsten mongolischen Chroniken)

SCHULTE-UFFELAGE, H.: Das Keng-shen Wai-Shih. Eine Quelle zur späten Mongolenzeit. (Ostasiatische Forschungen, 2) Berlin, 1963 (Übersetzung einer zeitgenössischen Quelle über den Zusammenbruch der Mongolenherrschaft in China und den Mißbrauch des Sexualtantras durch Toghon-temür)

SCHURMANN, H. F.: Economic structure of the Yüan dynasty. Translation of chapters 93 and 94 of the Yüan-shih. Cambridge, Mass., 1956

SERRUYS, H.: Pei-lou fong-sou. Les coutumes des esclaves septentrionaux de Siao-Ta-heng. Monumenta Serica 10, 1945 (Übersetzung eines chinesischen Berichts vom Jahre 1594 über die mongolischen Lebensformen)

SERRUYS, H.: Remains of Mongol customs in China during the Early Ming period. Monumenta Serica 16, 1957

SERRUYS, H.: Were the Ming against the Mongol settling in North China? Oriens Extremus 6, 1959

SPULER, B.: Die Mongolen in Iran. Politik, Verwaltung und Kultur der Ilchanzeit (1220 bis 1350). 2. Aufl. Berlin, 1955

SPULER, B.: Die Goldene Horde. Die Mongolen in Rußland, 1223-1502. 2. Aufl. Wiesbaden, 1964

SPULER, B.: Les Mongols dans l'histoire. Paris, 1961 (Zusammenfassende Untersuchung der historischen Rolle der Mongolen)

STRAKOSCH-GRASSMANN, G.: Der Einfall der Mongolen in Mitteleuropa in den Jahren 1241 und 1242. Innsbruck, 1893

SZCESNIAK, B.: Hagiographical documents of the Mongol invasion of Poland in the thirteenth century. Bd. 1: The preaching friars. (Memoirs of the Research Department of the Toyo Bunko, 17) Tokio, 1958

VERNADSKY, G.: The Mongols and Russia. Princeton, N. J., 1953

WLADIMIRZOW (VLADIMIRCOV), B. J.: The life of Chingis-Khan. London, 1930. Französisch: Gengis-Khan. 2. Aufl. Paris, 1948 (Englische Übersetzung von D. S. Mirskij und französische Übersetzung von M. Carsow, nach dem 1922 in Berlin erschienenen russischen Original)

WLADIMIRZOW (VLADIMIRCOV), B. J.: Le régime social des Mongols. Le féodalisme Mongol. Paris, 1948 (Übersetzung dieses grundlegenden Werkes, 1934 als »Die Gesellschaftsordnung der Mongolen« in russischer Sprache erschienen, von M. Carsow)

Europa im 15. Jahrhundert

Geschichtliche Übersichten

BAETHGEN, FR.: Europa im Spätmittelalter. Grundzüge seiner politischen Entwicklung. Berlin, 1951

THE CAMBRIDGE ECONOMIC HISTORY of Europe. Hrsg. J. H. Clapham und E. Power. Bd. 2: Trade and industry in the middle ages. 2. Aufl. Cambridge, 1953

HAUSSHERR, H.: Wirtschaftsgeschichte der Neuzeit vom Ende des 14. bis zur Höhe des 19. Jahrhunderts. 3. Aufl. Köln, 1960
HOLTZMANN, W.: Das mittelalterliche Imperium und die werdenden Nationen. (Veröffentlichungen der Arbeitsgemeinschaft für Forschung des Landes Nordrhein-Westfalen, Geisteswissensch., 7) Köln, 1953
LÜTGE, FR.: Das 14./15. Jahrhundert in der Sozial- und Wirtschaftsgeschichte. Jahrbuch für Nationalökonomie und Statistik 162, 1950
RÖSSLER, H.: Europa im Zeitalter von Renaissance, Reformation und Gegenreformation 1450–1650. (Weltgeschichte in Einzeldarstellungen) München, 1956
SCHMEIDLER, B.: Das spätere Mittelalter von der Mitte des 13. Jahrhunderts bis zur Reformation. (Handbuch für den Geschichtslehrer IV, 1) Wien, 1937. Nachdr. Darmstadt, 1963
VERLINDEN, CH.: L'esclavage dans l'Europe médiévale. Bd. 1: Péninsule Ibérique – France. Brügge, 1955
WINDELBAND, W.: Die auswärtige Politik der Großmächte in der Neuzeit von 1494 bis zur Gegenwart. 5. Aufl. Essen, 1942

Papsttum

CALISSE, C.: I concordati del secolo XV. In: Chiesa e stato. Studi storici e giuridici per il decennale della conciliazione tra la S. Sede e l'Italia. Tl. I: Studi storici. (Pubblicazioni dell'Università Cattolica del S. Cuore) Mailand, 1939
CONCILIORUM OECUMENICORUM DECRETA. Hrsg. vom Centro di Documentazione, Istituto per le Scienze Religiose. Bologna, 1962 (Veröffentlichung der Beschlüsse der Konzilien)
FEINE, H. E.: Kirchliche Rechtsgeschichte. Bd. 1: Die katholische Kirche. 4. Aufl. Köln, 1964 (Mehr nicht erschienen)
MERCATI, A.: Raccolta di concordati su materie ecclesiastiche tra la Santa Sede e le autorità civile. Bd. 1: 1098–1914. Rom, 1919 (Bringt die Texte der Konkordate)
PASTOR, L. FREIHERR VON: Geschichte der Päpste seit dem Ausgang des Mittelalters. Bd. 1: Geschichte der Päpste im Zeitalter der Renaissance bis zur Wahl Pius' II. (1417 bis 1458). 12. Aufl. Bd. 2: Geschichte der Päpste im Zeitalter der Renaissance von der Thronbesteigung Pius' II. bis zum Tode Sixtus' IV. 13. Aufl. Bd. 3: Geschichte der Päpste im Zeitalter der Renaissance von der Wahl Innozenz' VIII. bis zum Tode Julius' II. (1484 bis 1513), Abschn. 1: Innozenz VIII. und Alexander VI. 11. Aufl. Freiburg i. Br., 1955
RANKE, L. VON: Die römischen Päpste, ihre Kirche und ihr Staat im 16. und 17. Jahrhundert. 3 Bde. Berlin, 1834–1836. 6. Aufl. 1874. 10. Aufl. 1900, mit neuem Titel: Die römischen Päpste in den letzten vier Jahrhunderten. Neuausg.: L. von Ranke: Hauptwerke in 12 Bänden. Hrsg. W. Andreas. Bd. 2: Geschichte der Päpste in den letzten vier Jahrhunderten. Kardinal Consalvi und seine Staatsverwaltung unter dem Pontifikat Pius' VII. Wiesbaden, 1957

SEPPELT, F. X.: Geschichte der Päpste von den Anfängen bis zur Mitte des zwanzigsten Jahrhunderts. Bd. 4: Das Papsttum im Spätmittelalter und in der Renaissance von Bonifaz VIII. bis zu Klemens VII. Neubearb. G. Schwaiger. 2. Aufl. München, 1957
VALOIS, N.: La crise religieuse du XVe siècle. Le pape et le concile (1418–50). 2 Bde. Paris, 1909

Frankreich und Burgund

BITTMANN, K.: Die Zusammenkunft von Péronne. Ein Beitrag zur Kritik an den Memoiren des Philippe de Commynes. Historische Zeitschrift 184, 1957
CALMETTE, J.: Le grand règne de Louis XI. Paris, 1938
CALMETTE, J.: Les grands ducs de Bourgogne. Revid. Aufl. Bearb. P. Gras und J. Richard. Paris, 1959. Deutsch: Die großen Herzöge von Burgund. München, 1963
CHEVANNES, I. R. DE: Les guerres en Bourgogne de 1470 à 1475. Paris, 1934
COMMYNES (COMINES), PH. DE: Mémoires. Hrsg. J. Calmette und G. Durville. 3 Bde. (Classiques de l'histoire de France au moyen âge) Paris, 1924–1926. Deutsch: Memoiren. Europa in der Krise zwischen Mittelalter und Neuzeit. Hrsg. Fr. Ernst. Übers. M. Krabusch-Schäfer. Stuttgart, 1952 (Die 1524 zuerst erschienenen Mémoires stehen am Anfang der modernen französischen Geschichtsschreibung)
DODU, G.: Les Valois. Histoire d'une maison royale (1328–1589). Paris, 1934
DUPONT-FERRIER, G.: La formation de l'état français et l'unité française. 2. Aufl. Paris, 1934
LAVISSE, E.: Histoire de France illustrée, Bd. 5, Tl. 1. Paris, 1911
LÉVIS-MIREPOIX, ANTOINE, DUC DE: La France de la renaissance. (Collection »Connaissance de l'histoire«) Paris, 1947
MICHELET, J.: Cours professé au Collège de France, second semestre 1839. Revue d'Histoire littéraire de la France 54, 1954
RODT, E. VON: Die Kriege Karls des Kühnen, Herzogs von Burgund, und seiner Erben. Mit besonderem Bezug auf die Teilnahme der Schweizer an denselben. 2 Bde. Schaffhausen, 1843
VAUGHAN, R.: Philip the Bold. The formation of the Burgundian state. London, 1962

England

HATSCHEK, J.: Englische Verfassungsgeschichte. München, 1913
HOLMES, G.: The later middle ages, 1272–1485. A history of England, Bd. 3. Edinburgh, 1962
JACOB, E. F.: The fifteenth century, 1399–1485. (The Oxford History of England, VI) Oxford, 1961
JOLLIFFE, J. E. A.: The constitutional history of medieval England. 3. Aufl. London, 1954
KENDALL, P. M.: Richard the Third. New York, 1956. Deutsch: Richard III. Übers. A. Seiffhart und H. Rinn. München, 1957
MACKIE, J. D.: The earlier Tudors, 1485–1558. (The Oxford History of England, VII) Oxford, 1952

TREVELYAN, G. M.: English social history. Neuaufl. London, 1961. Deutsch: Kultur- und Sozialgeschichte Englands. Ein Rückblick auf 6 Jahrhunderte von Chaucer bis Queen Victoria. Übers.W.Trömel (u.a.). Hamburg, 1948
TREVELYAN, G. M.: History of England. 3. Aufl. London, 1947. Deutsch: Geschichte Englands. 2 Bde. 4. Aufl. (Geschichte der Völker und Staaten) München, 1949. Illustr. Ausg.: Illustrated history of England. Neuaufl. London, 1962

Heiliges Römisches Reich

ANDREAS, W.: Deutschland vor der Reformation. Eine Zeitenwende. 6. Aufl. Stuttgart, 1959
BACHMANN, AD.: Deutsche Reichsgeschichte im Zeitalter Friedrichs III. und Max I. 2 Bde. Leipzig, 1884–1894
GEBHARDT, B.: Handbuch der deutschen Geschichte. Hrsg. H. Grundmann. 8. Aufl. Bd. 1: Frühzeit und Mittelalter. Zus. mit Fr. Baethgen, K. Bosl, M. L. Bulst-Thiele u. a. 6. Nachdr. Stuttgart, 1962
HARTUNG, FR.: Deutsche Verfassungsgeschichte vom 15. Jahrhundert bis zur Gegenwart. 8. Aufl. Stuttgart, 1964
HEIMPEL, H.: Das deutsche Spätmittelalter. Charakter einer Zeit. Historische Zeitschrift 158, 1938
HUGELMANN, G.: Stämme, Nation und Nationalstaat im deutschen Mittelalter. Stuttgart, 1955
MOLITOR, E.: Die Reichsreformbestrebungen des 15. Jahrhunderts bis zum Tode Kaiser Friedrichs III. (Untersuchungen zur Deutschen Staats- und Rechtsgeschichte 132) Breslau, 1921
RANKE, L. VON: Deutsche Geschichte im Zeitalter der Reformation. 6 Bde. Berlin, 1839 bis 1847. Hist.-krit. Gesamtausg. der Deutschen Akademie der Wissenschaften. Hrsg. P. Joachimsen. 6 Bde. München, 1925–1926 (Behandelt im 1.Bd. die Zeit vor der Reformation)
DEUTSCHE REICHSTAGSAKTEN. Ältere Reihe. Hrsg. durch die Historische Kommission bei der Bayerischen Akademie der Wissenschaften. Bde. 1–17. München und Gotha, 1867 – Göttingen, 1963. Bde. 1–16, Nachdr. Göttingen, 1956–1957 (Die auf 24 Bde. berechnete Reihe umfaßt die Zeit bis 1519)
WAAS, AD.: Der Mensch im deutschen Mittelalter. Köln, 1964
WINKER, W.: Kaiser Maximilian I. zwischen Wirklichkeit und Traum. München, 1950
ZIEHEN, E.: Mittelrhein und Reich im Zeitalter der Reichsreform 1356–1504. 2 Bde. Frankfurt/Main, 1934–1937

Spanien und Italien

BERTRAND, L.: Histoire d'Espagne. 9. Aufl. Paris, 1932
BURCKHARDT, J.: Die Kultur der Renaissance in Italien. Ein Versuch. Durchges. von W. Goetz. Neuausg. (Kröners Taschenausgaben) Stuttgart, 1958
DOUSSINAGUE, J. M.: La politica internacional de Fernando el Católico. Madrid, 1944
GOETZ, W.: Italien im Mittelalter. 2 Bde. Leipzig, 1942

GUICCIARDINI, F.: Das politische Erbe der Renaissance. Übers. K. J. Partsch. 2. Aufl. Bern, 1946 (Ausw. aus den »Ricordi politici e civili«)
HEARDER, H., und D. P. WALEY, Hrsg.: A short history of Italy. From classical times to the present day. Cambridge, 1963
LABANDE, E.-R.: L'Italie de la renaissance. Duecento – trecento – quattrocento. Évolution d'une société. Paris, 1954
LANDOGNA, F.: Storia d'Italia. Turin, 1957
LEICHT, P. S.: Staatsformen in der italienischen Renaissance. Quellen und Forschungen aus italienischen Archiven und Bibliotheken 30, 1940
MADARIAGA Y ROJO, S. DE: Spain. Neuaufl. London, 1942. Deutsch: Spanien. Wesen und Wandlung. Übers. A. Dombrowsky und M. Schaefer-Rümelin. 2. Aufl. Stuttgart, 1955
MERRIMAN, R. B.: The rise of the Spanish empire in the old world and the new. 4 Bde. New York, 1918–1934. Neuaufl. 1962
PRUCHER, A.: I »Mémoires« di Philippe de Commynes e l'Italia del Quattrocento. (Biblioteca de l'Archivio storico italiano 6) Florenz, 1957
SALVATORELLI, L.: L'Italia medievale. Turin, 1938
SOLDEVILA ZUBIBURU, F.: Historia d'España. 5 Bde. Barcelona, 1952–1956
VALERI, N.: L'Italia nell'età dei principati, dal 1343 al 1516. Storia d'Italia, Bd. 5. Mailand, 1949
VOLPE, G.: Il Medioevo. 3. Aufl. Florenz, 1958
WAHL, FR.: Kleine Geschichte Spaniens. Frankfurt/Main, 1957. Taschenbuchausg.: (SM-Bücher) Gütersloh, 1964

Der Norden

ANDERSSON, I.: Sveriges historia. Stockholm, 1943. Deutsch: Schwedische Geschichte. Von den Anfängen bis zur Gegenwart. Übers. A. von Brandt. (Geschichte der Völker und Staaten) München, 1950
ERSLEV, C.: Danmarks Historie under Dronning Margrethe og Erik af Pommern. Bd. 1: Dronning Margrethe og Kalmarunionens Grundläggelse. Bd. 2: Erik af Pommern, hans Kamp for Sönderjylland og Kalmarunionens Oplösning. 2 Bde. Kopenhagen, 1882–1901. Bd. 2, 2. Aufl. 1927
HERLITZ, N.: Grundzüge der schwedischen Verfassungsgeschichte. Rostock, 1939
JØRGENSEN, P. J.: Dansk Retshistorie. Kopenhagen, 1940
LAURING, P.: A history of the kingdom of Denmark. Übers. D. Hohnen. Kopenhagen, 1960. Deutsch: Geschichte Dänemarks. Übers. O. Klose. Neumünster, 1964
LÖNNROTH, E.: Sverige och Kalmarunionen 1397–1457. Dissertation Göteborg, 1934
NEHLSEN, R.: Geschichte von Dithmarschen. (Tübinger Studien für Schwäbische und Deutsche Rechtsgeschichte 2) Tübingen, 1908
STYFFE, C. G.: Skandinavien under unionstiden. 3. Aufl. Stockholm, 1911

Der Osten

AMMANN, A.: Abriß der ostslawischen Kirchengeschichte. Wien, 1950

THE CAMBRIDGE HISTORY OF POLAND. Hrsg.W. F. Reddaway, J. H. Penson, O. Halecki und R. Dybowski. Bd. 1: From the origins to Sobiesky (1696). Cambridge, 1950

FLEISCHHACKER, H.: Die staats- und völkerrechtlichen Grundlagen der moskauischen Außenpolitik (14. bis 17. Jahrhundert). Würzburg, 1959 (Neuausg. einer 1939 zuerst erschienenen Habilitationsschrift)

FLORINSKY, M. T.: Russia. A history and an interpretation. 2 Bde. New York, 1953

GREKOW, B. D.: Borba Russij sa sosdanje swoego gosudarstwa. Moskau, 1945. Deutsch: Der Kampf Rußlands um die Errichtung seines Staates. Leipzig, 1948

HALECKI, O.: The history of Poland. Neuaufl. London, 1955. Deutsch: Geschichte Polens. Übers. Ch. Dixon. Frankfurt/Main, 1963

HÓMAN, B., und G.SZEKFÜ, Hrsg.: Magyar törtenet, Bd. 2. Budapest, 1936 (Aus der achtbändigen »Geschichte Ungarns«)

JABLONOWSKI, H.: Westrußland zwischen Wilna und Moskau. Die politische Stellung und die politischen Tendenzen der russischen Bevölkerung des Großfürstentums Litauen im 15. Jahrhundert. (Studien zur Geschichte Osteuropas 2) Leiden, 1955

KLJUTSCHEWSKIJ, W. O.: Kurs russkoj istorij. 4 Bde. Moskau, 1904-1911 (Vorlesungen zur russischen Geschichte). Englisch: A history of Russia. 5 Bde. London/New York, 1911-1931. Deutsch: Geschichte Rußlands. Übers.Fr. Braun. 4 Bde. Stuttgart, 1924-1926 (Behandelt in Bd. 2 das 15. Jahrhundert)

LEDNICKI, W.: Russia, Poland and the west. New York, 1954

PALLOTA, G.: Storia di Scanderbeg, principe degli Albanesi. Rom, 1958

SCHAEDER, H.: Moskau, das Dritte Rom. Studien zur Geschichte der politischen Theorien in der slawischen Welt. 2. Aufl. Darmstadt, 1957

SOLOVIEV, A. V.: Holy Russia. den Haag, 1959 (Wiederabdruck einer Studie von 1927)

STÖKL, G.: Russische Geschichte von den Anfängen bis zur Gegenwart. (Kröners Taschenausgaben) Stuttgart, 1962

TIMON, A. VON: Ungarische Verfassungs- und Rechtsgeschichte. Übers. F. Schiller. 2. Aufl. Berlin, 1904

UHLIRZ, K. und M.: Handbuch der Geschichte Österreich-Ungarns. Bd. 1 (bis 1526). 2. Aufl. Graz, 1963

Die Türken

ATIYA, A. S.: The crusade in the later middle ages. London, 1938 (Mit reichen Literaturhinweisen)

BABINGER, F.: Mehmed, der Eroberer, und seine Zeit. Weltenstürmer einer Zeitenwende. Neuaufl. München, 1959

BROCKELMANN, C.: Geschichte der islamischen Völker und Staaten. 2. Aufl. München, 1943

JORGA, N.: Geschichte des Osmanischen Reiches. Bde. 1 und 2. Gotha, 1908-1909

Die Kultur der Renaissance

ALBERTINI, R. VON: Das florentinische Staatsbewußtsein im Übergang von der Republik zum Prinzipat. Bern, 1955

ANTAL, FR.: Florentine painting and its social background. London, 1948

BAEYENS, H.: Begrip en problem van de Renaissance. Bijdrage tot de geschiedenis van hun ontstaan en tot hun kunsthistorische omschrijving. (Mededelingen van de Universiteit te Leuven, Publicaties op het gebiet der geschiedenis en der philologie 3,48) Löwen, 1952

BARON, H.: The crisis of the early Italian renaissance. Civic humanism and republican liberty in an age of classicism and tyranny. 2 Bde. Princeton, N. J., 1955

BATAILLON, M.: Érasme et l'Espagne. Recherches sur l'histoire spirituelle du XVIe siècle. Paris, 1937. Spanisch: Erasmo y Espagna. Estudios sobre la historia espiritual del siglo 16. México und Buenos Aires, 1950

BAUCH, G.: Die Anfänge des Humanismus in Ingolstadt. (Historische Bibliothek 13) München, 1901

BAUCH, G.: Die Rezeption des Humanismus in Wien. Breslau, 1903

BAUER, H.: Kunst und Utopie. Studien über das Kunst- und Staatsdenken in der Renaissance. Berlin, 1965

BERENSON, B.: The Italian painters of the renaissance. (Neuausg.) London, 1952. Deutsch: Die italienischen Maler der Renaissance. Übers. R.West, Neubearb. H.Kiel. Zürich, 1952

BEZOLD, FR. VON: Konrad Celtis, der deutsche Erzhumanist. Historische Zeitschrift 49, 1883. Wiederabgedr. in: Fr. von Bezold: Aus Mittelalter und Renaissance. Kulturgeschichtliche Studien. München, 1918. Neudr. (als selbständiger Bd.) Darmstadt, 1959

BLANCHET, L.: Campanella. (Collection historique des grands philosophes) Paris, 1920

BOAS, M.: The scientific renaissance, 1450-1630. London, 1962, Deutsch: Die Renaissance der Naturwissenschaften. Das Zeitalter des Kopernikus, 1450-1630. (Geschichte und Kosmos) Tübingen, 1965

BORINSKI, K.: Die Antike in Poetik und Kunsttheorie. Vom Ausgang des klassischen Altertums bis auf Goethe und Wilhelm von Humboldt. Bd. 1: Mittelalter, Renaissance, Barock. (Das Erbe der Alten) Leipzig, 1914

BORINSKI, K.: Die Weltwiedergeburtsidee in den neueren Zeiten. Bd. 1: Der Streit um die Renaissance und die Entstehungsgeschichte der historischen Beziehungsbegriffe Renaissance und Mittelalter. (Sitzungsberichte der Bayerischen Akademie der Wissenschaften, philos.-philol. und hist. Kl., 1919, 1) München, 1919

Brandi, K.: Die Renaissance in Florenz und Rom. Acht Vorträge. 7. Aufl. Leipzig, 1927
Brandi, K.: Das Werden der Renaissance. Göttingen, 1908. Nachdr. 1910 (Eine Rede)
Brandi, K.: Cola di Rienzi und sein Verhältnis zu Renaissance und Humanismus. Vorträge der Bibliothek Warburg 5, 1925/26. Neudr. (als selbständiger Bd.) Darmstadt, 1964
Brandi, K.: Machiavelli. Humanismus und Politik. In: Festskrift til Halvdan Koht på sekstiarsdagen 7de juli 1933. Oslo, 1933
Burckhardt, J.: Die Kultur der Renaissance in Italien. Ein Versuch. In der Textfassung der Erstausgabe. Köln, 1956. – Die Kultur der Renaissance in Italien. Ein Versuch. Hrsg. W. Goetz. Neuausg. (Kröners Taschenausgaben) Stuttgart, 1958
Burdach, K.: Sinn und Ursprung der Worte Renaissance und Reformation. (Sitzungsberichte der Preußischen Akademie der Wissenschaften) Berlin, 1910
Burdach, K.: Reformation, Renaissance, Humanismus. Zwei Abhandlungen über die Grundlage moderner Bildung und Sprachkunst. 2. Aufl. Berlin, 1926. Nachdr. Darmstadt, 1963
Bush, D.: The renaissance and English humanism. Toronto, 1939
Cantimori, D.: Eretici italiani del Cinquecento. Florenz, 1939. Deutsch: Italienische Häretiker der Spätrenaissance. Übers. W. Kaegi. Basel, 1956
Cassirer, E.: Individuum und Kosmos in der Philosophie der Renaissance. (Studien der Bibliothek Warburg 10) Leipzig, 1927. Nachdr. Darmstadt, 1963
Chabod, F.: Machiavelli and the renaissance. Übers. D. Moore. 2. Aufl. London, 1960
Chambers, R. W.: Thomas More. Neuaufl. London, 1949. Deutsch: Thomas More, ein Staatsmann Heinrichs des Achten. Übers. W. Rüttenauer. München, 1946
Chastel, A.: Art et humanisme à Florence au temps de Laurent le Magnifique. Paris, 1959
Chastel, A., und R. Klein: Die Welt des Humanismus. Europa 1480 bis 1530. München, 1963
Curtius, E. R.: Europäische Literatur und lateinisches Mittelalter. 5. Aufl. Bern, 1965
Della Torre, A.: Storia dell'Accademia platonica di Firenze. Florenz, 1902
De Marinis, T.: La biblioteca napoletana dei re d'Aragona. 4 Bde. Mailand, 1947–1952
Dilthey, W.: Weltanschauung und Analyse des Menschen seit Renaissance und Reformation. 6. Aufl. (Gesammelte Schriften, Bd. 2.) Göttingen, 1960
Eppelsheimer, H. W.: Petrarca. Bonn, 1926
Febvre, L.: Le problème de l'incroyance au XVIe siècle. La religion de Rabelais. 2. Aufl. Paris, 1947
Ferguson, W. K.: The renaissance in historical thought. Five centuries of interpretation. (Berkshire Studies in European History) Boston, Mass., 1948. Neuaufl. New York, 1960
Frey, D.: Kunst und Weltbild der Renaissance. Studium generale 6, 1953
Gaeta, F.: Lorenzo Valla. Filologia e storia nell'Umanesimo italiano. Neapel, 1955

Garin, E.: Giovanni Pico della Mirandola. Vita e dottrina. (Pubblicazioni della R. Università degli studi di Firenze, Facoltà di lettere e filosofia, 3,5) Florenz, 1937
Garin, E.: I trattati morali di Coluccio Salutati. Florenz, 1944
Garin, E.: Der italienische Humanismus. Bern, 1947. Italienisch: L'Umanesimo italiano. Filosofia e vita civile nel Rinascimento. 2. Aufl. (Biblioteca di cultura moderna) Bari, 1958. Taschenbuchausg.: (Universale Laterza) Bari, 1964
Garin, E.: Medioevo e Rinascimento. Studi e ricerche. (Biblioteca di cultura moderna) Bari, 1954
Garin, E.: L'educazione in Europa 1400–1600. Problemi e programmi. (Biblioteca di cultura moderna) Bari, 1957. Deutsch: Geschichte und Dokumente der abendländischen Pädagogik. Quellenausw. für die deutsche Ausg.: E. Grassi und E. Keßler. Übers. E. Keßler. Übers. und Bearb. der lateinischen Quellentexte B. Waldenfels. Bd. 1: Mittelalter. (Rowohlts Deutsche Enzyklopädie) Hamburg, 1964 (Mehr noch nicht erschienen)
Garin, E.: La cultura filosofica del Rinascimento italiano. Ricerche e documenti. (La civiltà europea) Florenz, 1961
Garin, E., Hrsg.: Il pensiero pedagogico dell'Umanesimo. Florenz, 1958
Humanistische Geisteswelt. Von Karl dem Großen bis Philip Sidney. Hrsg. J. von Stackelberg. (Geist des Abendlandes) Baden-Baden, 1956
Gilmore, M. P.: The world of humanism. New York, 1952
Gilson, Ét.: Humanisme médiéval et renaissance. In: Les idées et les lettres. Paris, 1932
Gothein, E.: Schriften zur Kulturgeschichte der Renaissance, Reformation und Gegenreformation. Hrsg. E. Salin. Bd. 1: Die Renaissance in Süditalien. 2. Aufl. München, 1924
Hay, D.: The Italian renaissance in its historical background. Cambridge, 1962. Deutsch: Geschichte Italiens in der Renaissance. (Urban-Bücher) Stuttgart, 1962
Haydn, H.: The counter-renaissance. New York, 1950
Hefele, H.: Der Begriff der Renaissance. Historisches Jahrbuch 49, 1929
Hönigswald, R.: Denker der italienischen Renaissance. Gestalten und Probleme. Basel, 1938
Huizinga, J.: Herfsttijd der Middeleeuwen. Studie over levens- en gedachtenformen der vertiende en vijftiende eeuwen in Frankrijk en de Nederlanden. 9. Aufl. Haarlem, 1957. Deutsch: Herbst des Mittelalters. Studien über Lebens- und Geistesformen des 14. und 15. Jahrhunderts in Frankreich und in den Niederlanden. 8. Aufl. (Kröners Taschenausgaben) Stuttgart, 1961 (1919 zuerst erschienen)
Huizinga, J.: Erasmus. 4. Aufl. Haarlem, 1947. Deutsch: Erasmus. Übers. W. Kaegi. 4. Aufl. Basel, 1951. Taschenbuchausg.: Europäischer Humanismus: Erasmus. (Rowohlts Deutsche Enzyklopädie) Hamburg, 1958
Hyma, A.: The Christian renaissance. A history of the »Devotio Moderna«. New York, 1924

KELSO, R.: Doctrine for the lady of the renaissance. Urbana, Ill., 1956
KERNODLE, G. R.: From art to theatre. Form and convention in the renaissance. Chicago, Ill., 1944
KINDERMANN, H.: Das Theater der Renaissance. Theatergeschichte Europas, Bd. 2. Salzburg, 1959
KOYRÉ, A.: From the closed world to the infinite universe. New York, 1958
KRISTELLER, P. O.: Studies in renaissance thought and letters. Rom, 1956
LEFRANC, A.: La vie quotidienne au temps de la renaissance. Neuaufl. Paris, 1958
MARTIN, A. VON: Coluccio Salutati und das humanistische Lebensideal. Berlin, 1916
MARTIN, A. VON: Soziologie der Renaissance. Physiognomik und Rhythmik einer Kultur des Bürgertums. 2. Aufl. Frankfurt/Main, 1949
MASAI, F.: Pléthon et le platonisme de Mistra. Paris, 1956
MEINECKE, FR.: Die Idee der Staatsräson in der neueren Geschichte. München, 1924. Neuausg.: Fr. Meinecke: Werke. Hrsg. im Auftrag des Friedrich-Meinecke-Instituts der Freien Universität Berlin von H. Herzfeld, C. Hinrichs und W. Hofer. Bd. 1. Hrsg. W. Hofer. 3. Aufl. München, 1963
MEISSINGER, K. A.: Erasmus von Rotterdam. 2. Aufl. (Veröffentlichungen des Instituts für Reformationsforschung 1) Berlin, 1948
MESNARD, P.: L'essor de la philosophie politique au XVIe siècle. 2. Aufl. Paris, 1952
MESTWERDT, P.: Die Anfänge des Erasmus. Humanismus und »Devotio Moderna«. (Studien zur Kultur und Geschichte der Reformation 2) Leipzig, 1917
MONDOLFO, R.: Figure e idee della filosofia del Rinascimento. Florenz, 1963
MONNERJAHN, E.: Giovanni Pico della Mirandola. Ein Beitrag zur philosophischen Theologie des italienischen Humanismus. (Veröffentlichungen des Instituts für Europäische Geschichte, Mainz, 20) Wiesbaden, 1960
MÜHLESTEIN, H.: Die verhüllten Götter. Neue Genesis der italienischen Renaissance. München, 1957
MÜLLER, G.: Deutsche Dichtung von der Renaissance bis zum Ausgang des Barock. (Handbuch der Literaturwissenschaft) Potsdam, 1927. Nachdr., Neuaufl. Darmstadt, 1964
NAGLER, A. M.: Theatre festivals of the Medici 1539–1637. New Haven, Conn., 1964
NELSON, J. CH.: Renaissance theory of love. The context of Giordano Bruno's Eroici furori. New York, 1958
NEWALD, R.: Nachleben des antiken Geistes im Abendland bis zum Beginn des Humanismus. Eine Übersicht. Tübingen, 1960
NEWALD, R.: Probleme und Gestalten des deutschen Humanismus. Studien. Hrsg. H.-G. Roloff. (Kleinere Schriften zur Literatur- und Geistesgeschichte) Berlin, 1963
NOLHAC, P. DE: Petrarque et l'humanisme. 2. Aufl. 2 Bde. Paris, 1907
OLSCHKI, L.: Geschichte der neusprachlichen wissenschaftlichen Literatur. Bd. 1: Die Literatur der Technik und der angewandten Wissenschaften vom Mittelalter bis zur Renaissance. Bd. 2: Bildung und Wissenschaft im Zeitalter der Renaissance in Italien. Bd. 3: Galilei und seine Zeit. 3 Bde. Heidelberg–Halle/Saale, 1918–1927
PAATZ, W.: Die Kunst der Renaissance in Italien. 3. Aufl. (Urban-Bücher) Stuttgart, 1961
PANOFSKY, E.: »Idea«. Ein Beitrag zur Begriffsgeschichte der älteren Kunsttheorie. (Studien der Bibliothek Warburg 5) Leipzig, 1924. 2. Aufl. Berlin, 1960
PANOFSKY, E.: Renaissance and renascences in western art. 2 Bde. (Figura 10. Studien, hrsg. vom Kunstgeschichtlichen Institut, Universität Uppsala) Stockholm, 1960
PANOFSKY, E., und FR. SAXL: Dürers »Melencolia. 1«. Eine quellen- und typengeschichtliche Untersuchung. (Schriften der Bibliothek Warburg 2) Leipzig, 1923. Neuausg., englisch, unter dem Titel: R. KLIBANSKY, E. PANOFSKY und FR. SAXL: Saturn and melancholy. Studies in the history of natural philosophy, religion and art. New York, 1964
PFLAUM, H.: Die Idee der Liebe. Leone Ebreo. Zwei Abhandlungen zur Geschichte der Philosophie in der Renaissance. (Heidelberger Abhandlungen zur Philosophie und ihrer Geschichte 7) Tübingen, 1926
PÖLNITZ, G. FREIHERR VON: Jakob Fugger. Kaiser, Kirche und Kapital in der oberdeutschen Renaissance. 2 Bde. Tübingen, 1949 bis 1951
RENAUDET, A.: Préréforme et humanisme à Paris pendant les premières guerres d'Italie (1494 bis 1517). Paris, 1916
RITTER, G.: Die geschichtliche Bedeutung des deutschen Humanismus. Historische Zeitschrift 127, 1923. Neudr. (als selbständiger Bd.) Darmstadt, 1964
RITTER, G.: Machtstaat und Utopie. Vom Streit um die Dämonie der Macht seit Machiavelli und Morus. München, 1940. 6. Aufl., unter dem Titel: Die Dämonie der Macht. Betrachtungen über Geschichte und Wesen des Machtproblems im politischen Denken der Neuzeit. München, 1948
RÖSSLER, H.: Europa im Zeitalter von Renaissance, Reformation und Gegenreformation 1450–1650. (Weltgeschichte in Einzeldarstellungen) München, 1956
ROSSI, V.: Il Quattrocento. 2. Aufl. Mailand, 1933
ROUCHETTE, J.: La renaissance que nous a léguée Vasari. Paris, 1959
RÜEGG, W.: Cicero und der Humanismus. Formale Untersuchung über Petrarca und Erasmus. Zürich, 1946
SABBADINI, R.: Le scoperte dei codici latini e greci nei secoli XIV e XV. 2 Bde. Florenz, 1905–1914
SARTON, G.: The appreciation of ancient and medieval science during the renaissance. Philadelphia, 1955
SCHIRMER, W. F.: Antike, Renaissance und Puritanismus. Studien zur englischen Literaturgeschichte des 16. und 17. Jahrhunderts. 2. Aufl. München, 1933

SCHIRMER, W. F.: Der englische Frühhumanismus. Ein Beitrag zur englischen Literaturgeschichte des 15. Jahrhunderts. 2. Aufl. Tübingen, 1963
SCHLECHTA, K.: Erasmus von Rotterdam. (Geistiges Europa) Hamburg, 1940
SEZNEC, J.: The survival of the pagan gods. The mythological tradition and its place in renaissance humanism and art. (Bollingen series, 38) 3. Aufl. New York, 1961
SIMONE, F.: Il Rinascimento francese. Turin, 1961
SPITZ, L. W.: Conrad Celtis: the German archhumanist. Cambridge, Mass., 1957
SRBIK, H. RITTER VON: Geist und Geschichte vom deutschen Humanismus bis zur Gegenwart. Bd. 1. München, 1950
STADELMANN, R.: Zum Problem der Renaissance. Neue Jahrbücher für Wissenschaft und Jugendbildung 10, 1934
STRAUSS, G.: Historian in an age of crisis. The life and works of Johannes Aventinus, 1477 to 1534. Cambridge, Mass., 1963
TENENTI, A.: Il senso della morte e l'amore della vita del Rinascimento. Turin, 1957
THORNDIKE, L.: A history of magic and experimental science. 8 Bde. New York, 1923–1958
TOFFANIN, G.: Che cosa fu l'Umanesimo. Florenz, 1929
TOFFANIN, G.: Storia dell'Umanesimo. 2. Aufl. 3 Bde. Bologna, 1952. Deutsch: Geschichte des Humanismus. Übers. L. Sartorius. Amsterdam, 1941. Englisch: History of humanism. New York, 1954
TROELTSCH, E.: Renaissance und Reformation. Historische Zeitschrift 110, 1913. Wiederabgedr. in: E. Troeltsch: Gesammelte Schriften. Bd. 4: Aufsätze zur Geistesgeschichte und Religionssoziologie. Tübingen, 1925
ULLMAN, B. L.: The origin and development of humanistic script. Rom, 1960
VOIGT, G.: Die Wiederbelebung des klassischen Altertums oder das erste Jahrhundert des Humanismus. 3. Aufl. 2 Bde. Berlin, 1893
WALSER, E.: Poggius Florentinus. Leben und Werke. Leipzig, 1914
WALSER, E.: Gesammelte Studien zur Geistesgeschichte der Renaissance. Basel, 1932
WARBURG, A. M.: Die Erneuerung der heidnischen Antike. Gesammelte Schriften, Bd. 1–2. Leipzig, 1932
WEIL, E.: Die Philosophie des Pietro Pomponazzi. Archiv für Geschichte der Philosophie 41, 1932
WEINBERG, B.: A history of literary criticism in the Italian renaissance. 2 Bde. Chicago, Ill., 1961
WEISS, R.: Humanism in England during the fifteenth century. 2. Aufl. Oxford, 1957
WIND, E.: Pagan mysteries in the renaissance. London, 1958
WITTKOWER, R.: Architectural principles in the age of humanism. London, 1949
WÖLFFLIN, H.: Die klassische Kunst. Eine Einführung in die italienische Renaissance. München, 1899. 7. Aufl. 1924
WOODWARD, W. H.: Studies in education during the age of the renaissance. Cambridge, 1924

Überseeische Entdeckungen und Eroberungen

Geschichtliche Übersichten

BALLESTEROS BERETTA, A., und J. CORTESAO: Génesis del Descubrimiento. Los Portugueses. Historia de América, Bd. 3. Barcelona, 1947
BREBNER, J. B.: The explorers of North America, 1492–1806. London, 1933. Neuaufl. London, 1955. Deutsch: Die Erforscher von Nordamerika. Übers. van Bebber. (Entdecker und Eroberer der Welt) Leipzig, 1936
FRIEDERICI, G.: Der Charakter der Entdeckung und Eroberung Amerikas durch die Europäer. Einleitung zur Geschichte der Besiedlung Amerikas durch die Völker der Alten Welt. 3 Bde. (Allgemeine Staatengeschichte 2: Geschichte der außereuropäischen Staaten 2, 1–3) Stuttgart und Gotha, 1925–1936
HARING, C. H.: The Spanish empire in America. New York, 1947. Spanisch: El imperio hispánico en América. Übers. H. Pérez Silva. Buenos Aires, 1958
HENNIG, R.: Terrae incognitae. Eine Zusammenstellung und kritische Bewertung der wichtigsten vorcolumbanischen Entdeckungsreisen an Hand der darüber vorliegenden Originalberichte. 2. Aufl. 4 Bde. Leiden, 1944–1956
HUMBOLDT, A. VON: Examen critique de l'histoire de la géographie du nouveau continent et des progrès de l'astronomie nautique aux quinzième et seizième siècles. 5 Bde. Paris, 1836–1839. Deutsch: Kritische Untersuchungen über die historische Entwicklung der geographischen Kenntnisse von der Neuen Welt und die Fortschritte der nautischen Astronomie im 15. und 16. Jahrhundert. Übers. J. L. Ideler. 3 Bde. Berlin, 1836–1851. Neuaufl. Berlin, 1852
KONETZKE, R.: Das spanische Weltreich. Grundlagen und Entstehung. München, 1943
KONETZKE, R.: Der weltgeschichtliche Moment der Entdeckung Amerikas. Historische Zeitschrift 182, 1956
KRETSCHMER, K.: Die Entdeckung Amerikas in ihrer Bedeutung für die Geschichte des Weltbildes. 2 Bde. Berlin, 1892
NOWELL, CH. E.: The great discoveries and the first colonial empires. Ithaca, N.Y., 1954
PARRY, J. H.: The age of reconnaissance. London, 1963. Deutsch: Zeitalter der Entdeckungen. Übers. H. von Sauter. (Kindlers Kulturgeschichte) Zürich, 1963
REIN, A.: Der Kampf Westeuropas um Nordamerika im 15. und 16. Jahrhundert. Stuttgart, 1925
REIN, A.: Über die Bedeutung der überseeischen Ausdehnung für das europäische Staatensystem. Historische Zeitschrift 137, 1928. Neudr. (als selbständiger Bd.) Darmstadt, 1953

Rein, A.: Die europäische Ausbreitung über die Erde. Potsdam, 1931
Rein, A.: Europa und Übersee. Gesammelte Aufsätze. Göttingen, 1961
Sieber, Ed.: Kolonialgeschichte der Neuzeit. Die Epochen der europäischen Ausbreitung über die Erde. (Sammlung Dalp) Bern, 1949
Zechlin, E.: Maritime Weltgeschichte. Altertum und Mittelalter. Hamburg, 1947

Wissenschaftliche und technische Voraussetzungen

Antike Astronomie. Griechisch-Deutsch und Lateinisch-Deutsch. Übers. und Hrsg. H. Balss. (Tusculum-Bücherei) München, 1949
Bagrow, L.: Die Geschichte der Kartographie. Berlin, 1951 (Der folgende Titel ist eine Neuaufl. dieses Werkes)
Bagrow, L., und R. A. Skelton: Meister der Kartographie. Mit Texten von H. Winter. Neuaufl. Berlin, 1963
Beazley, Sir Ch. R.: The dawn of modern geography. A history of exploration and geographical science from the conversion of the Roman empire to A. D. 1420. 3 Bde. London, 1897–1906
Byrne, E. H.: Genoese shipping in the 12th and 13th centuries. Cambridge, Mass., 1930
Crombie, A. C.: Augustine to Galileo. Medieval and early modern science. 2. Aufl. London, 1960. Deutsch: Von Augustinus bis Galilei. Die Emanzipation der Naturwissenschaft. Köln, 1964
Dampier, Sir W. C.: A history of science and its relation with philosophy and religion. 4. Aufl. Cambridge, 1948. Deutsch: Geschichte der Naturwissenschaft in ihrer Beziehung zu Philosophie und Weltanschauung. (Sammlung Die Universität) Wien und Stuttgart, 1952
Fasano-Guarini, E.: Au XVIe siècle: comment naviguent les galères. Annales; économies, sociétés, civilisations 16, 1961
Gille, B.: Les développements technologiques en Europe de 1100 à 1400. Cahiers d'Histoire mondiale 3, 1956
Hagedorn, B.: Die Entwicklung der wichtigsten Schiffstypen bis ins 19. Jahrhundert. Berlin, 1914
Köster, A.: Das antike Seewesen. (Kunst und Kultur) Berlin, 1923
Kretschmer, K.: Geschichte der Geographie. 2. Aufl. (Sammlung Göschen) Berlin, 1923
Lane, Fr. C.: Venetian ships and shipbuilders of the renaissance. Baltimore, 1934
Lane, Fr. C.: The economic meaning of the invention of the compass. The American Historical Review 68, 1963
Mauro, Fr.: Types de navires et constructions navales dans l'Atlantique portugais aux XVIe et XVIIe siècles. Revue d'Histoire moderne et contemporaine 6, 1959
Le Navire et l'économie maritime du XVe au XVIIIe siècles. Travaux du Colloque d'Histoire maritime, tenu le 17 mai 1956. Hrsg. M. Mollat und O. de Prat. Paris, 1957
Needham, J.: The Chinese contribution to the development of the mariner's compass. In: Congresso Internacional de História dos Descobrimentos, Actas, Bd. 2. Lissabon, 1961
Renault, G. (Pseud. Remy): Les caravelles du Christ. (Collection »D'un monde à l'autre«) Paris, 1956. Deutsch: Die Karavellen Christi. Der Aufstieg Portugals zur Weltmacht im Zeitalter der großen Entdeckungen. Übers. H. Bode. Wiesbaden, 1958
Rey Pastor, J., und E. García Camarero: La cartografía mallorquina. Madrid, 1960
Sarton, G.: Introduction to the history of science. 3 Bde. in 5 Bdn. (Carnegie Institution of Washington, publication 376, 1–3) Washington, D. C., 1927–1948. Bde. 1–2, Neuaufl. 1953
Skelton, R. A.: Explorers' maps. Chapters in the cartographic record of geographical discovery. London, 1958
Taylor, E. G. R.: Mathematics and the navigator in the 13th century. London, 1960
Thomson, J. O.: History of ancient geography. Cambridge, 1948
White, L.: Technology and invention in the middle ages. Speculum 15, 1940

Ökonomische und religiös-soziale Triebkräfte

Bensaude, J.: A cruzada do Infante D. Henrique. Lissabon, 1942
Domínguez Ortiz, A.: La esclavitud en Castilla durante la edad moderna. In: Estudios de historia social de España, Bd. 2. Madrid, 1952
Fanfani, A.: La préparation intellectuelle et professionnelle à l'activité économique en Italie du XIVe au XVIe siècle. Le Moyen âge 57, 1951
Godinho, V. de Magalhaes: O »Mediterrâneo« saariano e as caravanas do ouro – séculos XI–XV. São Paulo, 1956
Heers, J.: Gênes au XVe siècle. Activité économique et problèmes sociaux. Paris, 1961
Höffner, J.: Christentum und Menschenwürde. Das Anliegen der spanischen Kolonialethik im goldenen Zeitalter. Trier, 1947
Konetzke, R.: Islam und christliches Spanien im Mittelalter. Historische Zeitschrift 184, 1957
Konetzke, R.: Forschungsprobleme zur Geschichte der Religion und ihrer Bedeutung in den Kolonisationen Amerikas. Saeculum 10, 1959
Latourette, K. S.: History of the expansion of Christianity. Bd. 2: The thousand years of uncertainty, A. D. 500–A. D. 1500. Bd. 3: Three centuries of advance, A. D. 1500 to A. D. 1800. New York, 1938–1939. Deutsch (gekürzt): Geschichte der Ausbreitung des Christentums. Übers. und Hrsg. R. M. Honig. (Theologie der Oekumene) Göttingen, 1956
López, R. S.: The trade of medieval Europe: the south. In: The Cambridge Economic History of Europe, Bd. 2. Cambridge, 1952
López, R. S.: Les influences orientales et l'éveil économique de l'Occident. Cahiers d'Histoire mondiale 1, 1954
López, R. S., und I. W. Raymond: Medieval trade in the Mediterranean world. New York, 1954

Malowist, M.: Un essai d'histoire comparée. Les mouvements d'expansion en Europe au XVe et XVIe siècles. Annales; économies, sociétés, civilisations 17, 1962

Mollat, M.: Le commerce maritime normand à la fin du moyen âge. Étude d'histoire économique et sociale. Paris, 1952

Mollat, M.: La place de la conquête normande des Canaries dans l'histoire coloniale française. Anuario de Estudios Atlánticos 4, 1958

Pfaff-Giersberg, R.: Geschichte der Sklaverei. Meisenheim am Glan, 1955

Sánchez Albornoz, C.: España. Un enigma histórico. 2 Bde. Buenos Aires, 1956

Schaube, A.: Handelsgeschichte der romanischen Völker des Mittelmeergebietes bis zum Ende der Kreuzzüge. (Handbuch der mittelalterlichen und neueren Geschichte 3,14) München, 1906

Specker, J.: Die Missionsmethoden in Spanisch-Amerika im 16. Jahrhundert. Mit besonderer Berücksichtigung der Konzilien und Synoden. (Neue Zeitschrift für Missionswissenschaft, Suppl. 4) Schöneck, 1953

Studies presented at the Conference on the history of religion in the New World during colonial times. Washington, D.C., 1957

Verlinden, Ch.: Esclavage et ethnographie sur les bords de la mer Noire. In: Miscellanea historica in honorem Leonis Van der Essen, Bd. 1. Brüssel/Paris, 1947

Verlinden, Ch.: La colonie vénitienne de Tana, centre de la traite des esclaves au XIVe et au début du XVe siècle. In: Studi in onore di Gino Luzzatto (Hrsg. C. Barbagallo), Bd. 2. Mailand, 1950

Verlinden, Ch.: Précédents médiévaux de la colonie en Amérique. Période coloniale. Mexico, 1954

Verlinden, Ch.: L'esclavage dans l'Europe médiévale. Bd. 1: Péninsule Ibérique – France. Brügge, 1955

Verlinden, Ch.: Navigateurs, marchands et colons italiens au service de la découverte et de la colonisation portugaise sous Henri le Navigateur. Le Moyen âge 64, 1958

Verlinden, Ch.: Formes féodales et domaniales de la colonisation portugaise dans la zone atlantique aux XIVe et XVe siècles et spécialement sous Henri le Navigateur. Coimbra, 1961

Verlinden, Ch.: La Crète, débouché et plaque tournante de la traite des esclaves aux XIVe et XVe siècles. In: Studi in onore di Amintore Fanfani, Bd. 3: Medioevo. Mailand, 1962

Frühe asiatisch-afrikanische Reisen

Cadamosto (Ca' da Mosto), Alvise da – Ch. Schefer, Hrsg. und Übers.: Relation des voyages à la côte occidentale d'Afrique. D'Alvise da Ca' Da Mosto (Alouys de Cademoste). 1455–1457. Paris, 1895. – G. R. Crone, Hrsg. und Übers.: The voyages of Cadamosto and other documents on Western Africa in the second half of the fifteenth century. London, 1937. – Academia Portuguese da História, Hrsg.: Viagens de Luis de Cadamosto e de Pedro de Sintra. Italienisch-Portugiesisch. Übers. J. F. Machado. (Publicações comemorativas de V centenário do descobrimento da Guiné) Lissabon, 1948

Hart, H. H.: Venetian adventurer. Being an account of the life and times and of the book of Messer Marco Polo. Stanford, Calif., 1947. Deutsch: Venezianischer Abenteurer. Zeit, Leben und Bericht des Marco Polo. Übers. H. Kotthaus. (Sammlung Dieterich) Bremen, 1959

Mauny, R.: Les navigations médiévales sur les côtes sahariennes antérieures à la découverte portugaise. Lissabon, 1960

Moule, A.C.: Christians in China before the year 1550. London, 1930

Polo, Marco – Sir A. H. Yule, Hrsg.: The book of Sir Marco Polo. Bearb. H. Cordier. 3. Aufl. 2 Bde. London, 1921. – R. Allulli, Hrsg.: Marco Polo: Il Milione. 3. Aufl. Mailand, 1954. – Die Reisen des Venezianers Marco Polo im 13. Jahrhundert. Übers. und Hrsg. H. Lemke. Hamburg, 1908. – Marco Polo: The description of the world. Lateinisch-Englisch. Hrsg. und Übers. A. C. Moule. Beitr. von P. Pelliot u. a. London, 1936

Roux, J.-P.: Les explorateurs au moyen âge. Paris, 1961

Die portugiesischen Entdeckungen

Beazley, C. R.: Prince Henry the Navigator. London, 1895

Blake, J. W.: European beginnings in West Africa, 1454–1578. London, 1937

Boxer, C. R.: Fact and fancy in the history of Macao. den Haag, 1948

Boxer, C. R.: Fidalgos in the Far East (1550 to 1770). den Haag, 1948

Boxer, C. R.: The Portuguese in the east (1500 to 1800). In: H. V. Livermore and W. J. Entwistle, Hrsg.: Portugal and Brazil; an introduction. (Gedächtnisschrift für E. Prestage und A. F. Bell.) Oxford, 1953

Cortesao, J.: Os descobrimentos portugueses. 2 Bde. Lissabon, 1958–1961

Diffie, B. W.: Prelude to empire: Portugal overseas before Henry the Navigator. Michigan, 1960

Godinho, V. de Magalhaes: A economia dos descobrimentos Henriquinos. Lissabon, 1962

Hart, H. H.: Sea road to the Indies. An account of the voyages and exploits of the Portuguese navigators. Together with the life and times of Dom Vasco da Gama. New York, 1952. Deutsch: Vasco da Gama und der Seeweg nach Indien. Übers. H. Kotthaus. (Sammlung Dieterich) Bremen, 1965

Hümmerich, F.: Vasco da Gama und die Entdeckung des Seewegs nach Ostindien. München, 1898

Mauro, Fr.: Le Portugal et l'Atlantique au XVIIe siècle (1570–1670). (École pratique des hautes études, sect. 6: Ports, routes, trafics, 10) Paris, 1960

Morison, S. E.: Portuguese voyages to America in the 15th century. Cambridge, Mass., 1940

PERES, D.: História dos descobrimentos portugueses. Porto, 1943
PLISCHKE, H.: Vasco da Gama. Der Weg nach Ostindien. Nach zeitgenössischen Quellen. (Alte Reisen und Abenteuer) Leipzig, 1924
PRESTAGE, E.: The Portuguese pioneers. London, 1933. Deutsch: Die portugiesischen Entdecker. Bern, 1936. Taschenbuchausg.: (Goldmanns Gelbe Taschenbücher) München, 1963
RICARD, R.: Études sur l'histoire des Portugais au Maroc. Paris, 1955
SANCEAU, E.: Henry the Navigator. The story of a great prince and his time. New York, 1947
STRANDES, J. F.: Die Portugiesenzeit von Deutsch- und Englisch-Ostafrika. Berlin, 1899
WELCH, S. R.: Europe's discovery of South Africa. Neuaufl. Kapstadt, 1949
WELCH, S. R.: Portuguese and Dutch in South Africa 1641–1806. Kapstadt, 1951
WITTE, CH.-M. DE: Les bulles pontificales et l'expansion portugaise au XVe siècle. Revue d'Histoire ecclésiastique 48, 1953, 49, 1954, 51, 1956, 53, 1958

Die spanischen Entdeckungen

BALLESTEROS BERETTA, A.: La marina cántabra y Juan de la Cosa. Santander, 1954
BALLESTEROS BERETTA, A.: Cristóbal Colón y el Descubrimiento de América. 2 Bde. Historia de América, Bde. 4–5. Barcelona, 1945
BATAILLON, M.: L'idée de la découverte de l'Amérique chez les Espagnols. Bulletin Hispanique 1953–1954
GÓMARA, F. L. DE: Cortes. The life of the conqueror by his secretary. Hrsg. und Übers. L. B. Simpson. Berkeley, Calif., 1964
HENNIG, R.: Columbus und seine Tat. Eine kritische Studie über die Fahrt von 1492. Bremen, 1940
KOLUMBUS, CHRISTOPH – Christoph Columbus. Bordbuch, Briefe, Berichte, Dokumente. Ausw.

Hrsg. E. G. Jacob. (Sammlung Dieterich) Bremen, 1957. – Oeuvres de Christophe Colomb. Hrsg. und Übers. A. Cioranescu. Paris, 1961. – H. PLISCHKE: Christoph Kolumbus. Die Entdeckung Amerikas. Nach zeitgenössischen Quellen bearbeitet. 3. Aufl. (Alte Reisen und Abenteuer) Leipzig, 1930
KONETZKE, R.: Entdecker und Eroberer Amerikas. Von Christoph Kolumbus bis Hernán Cortés. (Fischer Bücherei) Frankfurt/Main, 1963
LAUBENBERGER, F.: Ringmann oder Waldseemüller? Eine kritische Untersuchung über den Urheber des Namens Amerika. Erdkunde 13, 1959
MORISON, S. E.: Admiral of the ocean sea. A life of Christopher Columbus. 2 Bde. Boston, 1942. Gekürzte Ausg.: Christopher Columbus, mariner. Boston, 1955. Deutsch: Admiral des Weltmeeres. Das Leben des Christoph Kolumbus. Übers. Ch. von Cossel und H. Koch. Bremen, 1948
PÉREZ EMBID, F.: Los descubrimientos en el Atlántico y la rivalidad castellano-portuguesa hasta el Tratado de Tordesillas. Sevilla, 1948
RUMEU DE ARMAS, A.: España en el Africa Atlántica. 2 Bde. Madrid, 1956–1957
VERLINDEN, CH.: Christoph Kolumbus. Vision und Ausdauer. Übers. R. Sturmberg. (Persönlichkeit und Geschichte) Göttingen, 1962

Die englischen Entdeckungen

MCCANN, F. T.: English discovery of America to 1585. New York, 1952
TRUE, D. O.: John Cabot's maps and voyages. In: Congresso Internacional de História dos Descobrimentos, Actas, Bd. 2. Lissabon, 1961
WILLIAMSON, J. A.: The voyages of the Cabots and the English discovery of North America under Henry VII and Henry VIII. London, 1929

VON DER REFORMATION ZUR REVOLUTION

Der politische und religiöse Aufbruch Europas im 16. Jahrhundert

Alberigo, G.: I vescovi italiani al concilio di Trento. Florenz, 1959 (Personen- und geistesgeschichtliche Bestandsaufnahme)

Bornkamm, H.: Martin Bucers Bedeutung für die europäische Reformationsgeschichte. (Schriften des Vereins für Reformationsgeschichte 58, 2, 169) Gütersloh, 1952

Bornkamm, H.: Luthers Lehre von den zwei Reichen im Zusammenhang seiner Theologie. Gütersloh, 1958 (Knappe Studie, aber thematisch wie methodisch besonders ergiebig)

Bornkamm, H.: Das Jahrhundert der Reformation. Gestalten und Kräfte. Göttingen, 1961

Brandi, K.: Kaiser Karl V. Werden und Schicksal einer Persönlichkeit und eines Weltreiches. [Bd. 1.] 6. Aufl. München, 1961. Bd. 2. München, 1941 (Der zweite Bd. enthält Quellen und Erörterungen)

Brandi, K.: Deutsche Reformation und Gegenreformation. 2 Bde. Leipzig, 1927–1930. 3. Aufl. 1941–1942. Neuaufl., in einem Bd., unter dem Titel: Deutsche Geschichte im Zeitalter der Reformation und Gegenreformation. München, 1960

Braudel, F.: La Méditerranée et le monde méditerranéen à l'époque de Philippe II. Paris, 1949 (Ebenso neuartiger wie anregender Versuch aus der Perspektive der histoire structurelle)

Brodrick, J.: Saint Peter Canisius, S. J., 1521 to 1597. London, 1935. Neuaufl. 1965. Deutsch: Peter Canisius. Übers. K. Telch. 2 Bde. Wien, 1950

The New Cambridge Modern History. Hrsg. G. N. Clark u. a. Bd. 1: The renaissance. Von G. R. Potter. Bd. 2: The Reformation. Von G. R. Elton. Cambridge, 1957–1958

Cantimori, D.: Eretici italiani del Cinquecento. Ricerche storiche. Florenz, 1939. Deutsch: Italienische Häretiker der Spätrenaissance. Basel, 1949

Chabod, F.: Machiavelli and the renaissance. Übers. D. Moore. 2. Aufl. London, 1960 (Zusammenfassung von 4 Aufsätzen; wegweisende Verbindung von Einzelanalyse und übergreifender Darstellung; kritische Zuordnung von politischer Theorie und staatlich-sozialer Ausgangslage)

Constant, G.: La Réforme en Angleterre. 2 Bde. Paris, 1930–1939. Englisch: The Reformation in England. Übers. H. E. Scantlebury und E. J. Watkin. 2 Bde. London, 1934–1941

Duhr, B.: Geschichte der Jesuiten in den Ländern deutscher Zunge. 4 Bde. Freiburg i. Br., 1907–1928

Eder, K.: Die Kirche im Zeitalter des konfessionellen Absolutismus (1555–1648). Freiburg i. Br., 1949 (Gedrängte Übersicht, problemgeschichtlich weiterführend)

Elton, G. R.: England under the Tudors. London, 1955

Elton, G. R.: The Tudor revolution in government. Administrative changes in the reign of Henry VIII. 2. Aufl. Cambridge, 1959 (Betont die Rolle Thomas Cromwells und den vorwärtsdrängenden Charakter der Entwicklung)

Ernstberger, A.: Ludwig Camerarius und Lukas Friedrich Behaim. Ein politischer Briefwechsel über den Verfall des Reiches 1636 bis 1648. (Schriftenreihe zur Bayerischen Landesgeschichte, 60) München, 1961

Farner, O.: Huldrych Zwingli. Bde. 1–4. Bd. 4 aus dem Nachl. hrsg. von P. Pfister. Zürich, 1943–1960

Favre-Dorsaz, A.: Calvin et Loyola. Deux réformes. (Bibliothèque historique) Paris, 1951

Febvre, L.: Le problème de l'incroyance au XVIe siècle. La religion de Rabelais. 2. Aufl. Paris, 1947 (Wichtiger Beitrag zur religiösen Phänomenologie dieser Zeit)

Fueter, Ed.: Geschichte des europäischen Staatensystems von 1492–1559. (Handbuch der mittelalterlichen und neueren Geschichte, II, 3) München, 1919

Gothein, E.: Ignatius von Loyola und die Gegenreformation. Halle/Saale, 1895

Hartung, Fr.: Karl V. und die deutschen Reichsstände von 1546 bis 1555. (Historische Studien 1) Halle/Saale, 1910

Hassinger, E.: Das Werden des neuzeitlichen Europa 1300–1600. 2. Aufl. (Geschichte der Neuzeit) Braunschweig, 1964 (Unentbehrliches Handbuch, reich an sachlichen und methodischen Anregungen; ergiebige Bibliographie)

HAUSER, H.: La prépondérance espagnole (1559–1660). 3. Aufl. (Peuples et civilisations, Bd. 9) Paris, 1948
HAUSER, H., und A. RENAUDET: Les débuts de l'âge moderne. 4. Aufl. (Peuples et civilisations, Bd. 8) Paris, 1956
HINRICHS, C.: Luther und Müntzer. Ihre Auseinandersetzung über Obrigkeit und Widerstandsrecht. (Arbeiten zur Kirchengeschichte, 29) Berlin, 1952
HOLL, K.: Gesammelte Aufsätze zur Kirchengeschichte. Bd. 1: Luther. 7. Aufl. Tübingen, 1948 (Grundlegend für die neuere Interpretation Luthers in der evangelischen Theologie)
HUONDER, A.: Ignatius von Loyola. Beiträge zu seinem Charakterbild. Köln, 1932
IMBART DE LA TOUR, P.: Calvin. L'institution chrétienne. Paris, 1935. Deutsch: Calvin. Der Mensch, die Kirche, die Zeit. München, 1936
ISERLOH, E.: Gnade und Eucharistie in der philosophischen Theologie des Wilhelm von Ockham. Ihre Bedeutung für die Ursachen der Reformation. (Veröffentlichungen des Instituts für europäische Geschichte, Mainz, 8) Wiesbaden, 1956
JEDIN, H.: Katholische Reformation oder Gegenreformation? Ein Versuch zur Klärung der Begriffe nebst einer Jubiläumsbetrachtung über das Trienter Konzil. Luzern, 1946
JEDIN, H.: Geschichte des Konzils von Trient. Bde. 1–2. Bd. 1, 2. Aufl. Freiburg i. Br., 1951 bis 1957 (Das auf vier Bände berechnete Werk verspricht in seiner Verbindung von kirchlicher, geistesgeschichtlicher und politischer Fragestellung die klassische Darstellung zu werden; Bd. 2 endet mit der ersten Tagungsperiode 1547; zum Abschluß des Konzils vgl. vorläufig die beiden folgenden Titel)
JEDIN, H.: Krisis und Wendepunkt des Trienter Konzils (1562/63). Die neuentdeckten Geheimberichte des Bischofs Gualterio von Viterbo an den heiligen Karl Borromäus. Würzburg, 1941
JEDIN, H.: Krisis und Abschluß des Trienter Konzils 1562/63. Ein Rückblick nach vier Jahrhunderten. (Herder-Bücherei) Freiburg i. Br., 1964
JOACHIMSEN, P.: Das Zeitalter der Reformation. In: Propyläen-Weltgeschichte, Bd. 5: Das Zeitalter der religiösen Umwälzung; Reformation und Gegenreformation; 1500–1600. Berlin, 1930 (Gekürzte Fassung). Neuausg.: Die Reformation als Epoche der deutschen Geschichte. Vollst. Fassg. Aus dem Nachlaß hrsg. von O. Schottenloher. München, 1951 (Differenzierte, kluge Darstellung)
LECLER, J.: Histoire de la tolérance au siècle de la Réforme. 2 Bde. (Collection »Théologie«) Paris, 1955
LEITSCH, W.: Moskau und die Politik des Kaiserhofes im 17. Jahrhundert. Bd. 1: 1604–1654. (Wiener Archiv für die Geschichte des Slaventums und Osteuropas 4) Graz, 1960
LORTZ, J.: Die Reformation in Deutschland. 4. Aufl. 2 Bde. Freiburg i. Br., 1962 (Maßgebende Darstellung von katholischer Seite, in unpolemischer, ökumenischer Sicht)

LUTZ, H.: Conrad Peutinger. Beiträge zu einer politischen Biographie. Augsburg, 1958
LUTZ, H.: Ragione di Stato und christliche Staatsethik im 16. Jahrhundert. Münster, 1961
LUTZ, H.: Christianitas afflicta. Europa, das Reich und die päpstliche Politik im Niedergang der Hegemonie Kaiser Karls V. (1552 bis 1556). Göttingen, 1964
MACKIE, J. D.: The earlier Tudors 1485–1558. (The Oxford History of England, VII) Oxford, 1952
MARAÑÓN Y POSADILLO, G.: Antonio Pérez. El hombre, el drama, la época. 2 Bde. 2. Aufl. Madrid, 1948. Deutsch: Antonio Pérez. Der Staatssekretär Philipps II. Übers. D. Deinhard. Wiesbaden, 1959
MARCKS, E.: Gaspard von Coligny, sein Leben und das Frankreich seiner Zeit. Bd. 1. Stuttgart, 1892 (Mehr nicht erschienen)
MATTINGLY, G.: The defeat of the Spanish Armada. Neuaufl. London, 1960. Deutsch: Die Armada. 7 Tage machen Weltgeschichte. 2. Aufl. München, 1960
MATTINGLY, G.: Renaissance diplomacy. London, 1955 (Weitgespannte Einführung, wichtig auch für die politischen Strukturfragen)
MERRIMAN, R. B.: The rise of the Spanish empire in the old world and in the new. 4 Bde. New York, 1918–1934. Neuaufl. 1962 (Klassisches Werk, von Ferdinand dem Katholischen bis zu Philipp II. führend)
MESNARD, P.: L'essor de la philosophie politique au XVIe siècle. 2. Aufl. Paris, 1952
MOUSNIER, R.: Les XVIe et XVIIe siècles. Le progrès de la civilisation européenne et le déclin de l'Orient (1492–1715). (Histoire générale des civilisations, IV) Paris, 1954
MÜNSTER, S.: Briefe des Sebastian Münster. 1526–1550. Lateinisch-Deutsch. Hrsg. und Übers. K. H. Burmeister. Frankfurt/Main, 1964
NÄF, W.: Die Epochen der neueren Geschichte. Staat und Staatengemeinschaft vom Ausgang des Mittelalters bis zur Gegenwart. 2. Aufl. 2 Bde. Bd. 2 hrsg. von E. Walder. Frankfurt/Main, 1959–1960 (Ausgewogene Synthese der inner- und zwischenstaatlichen Entwicklungen)
NEALE, J. E.: Elizabeth I and her parliaments 1559–1581. London, 1953
NEALE, J. E.: Elizabeth I and her parliaments 1584–1601. London, 1957
NÜRNBERGER, R.: Die Politisierung des französischen Protestantismus. Calvin und die Anfänge des protestantischen Radikalismus. Tübingen, 1948
PASTOR, L. FREIHERR VON: Geschichte der Päpste seit dem Ausgang des Mittelalters. Mit Benutzung des Päpstlichen Geheim-Archives und vieler anderer Archive bearb. Bde. 1–11 in 13 Tl.-Bdn. 9.–13. (unveränd.) Aufl. Freiburg i. Br., 1955–1959 (Monumentales Werk, bedeutsam mehr durch die Erschließung der Quellen als durch interpretierende Darstellung)
PFANDL, L.: Philipp II. Gemälde eines Lebens und einer Zeit. Neuaufl. München, 1951 (Mehr farbige Schilderung als kritische Analyse)

Platzhoff, W.: Geschichte des europäischen Staatensystems von 1559–1660. (Handbuch der mittelalterlichen und neueren Geschichte, II, 4) München, 1928 (Schließt an das oben aufgeführte Werk von Fueter an)

Rahner, H.: Ignatius von Loyola als Mensch und Theologe. Freiburg i. Br., 1964

Rahner, H., Hrsg.: Ignatius von Loyola. Briefwechsel mit Frauen. Freiburg i. Br., 1956

Ranke, L. von: Die römischen Päpste, ihre Kirche und ihr Staat im 16. und 17. Jahrhundert. 3 Bde. Berlin, 1834–1836. 6. Aufl. 1874. 10. Aufl. 1900, mit neuem Titel: Die römischen Päpste in den letzten vier Jahrhunderten. Neuausg.: L. von Ranke: Hauptwerke in 12 Bänden. Hrsg. W. Andreas. Bd. 2: Geschichte der Päpste in den letzten vier Jahrhunderten. Kardinal Consalvi und seine Staatsverwaltung unter dem Pontifikat Pius' VII. Wiesbaden, 1957 (Meisterwerk gedanklicher und sprachlicher Formung; noch heute ein sprechendes Zeugnis der Geschichtstheologie der späten Goethezeit)

Ranke, L. von: Deutsche Geschichte im Zeitalter der Reformation. 6 Bde. Berlin, 1839 bis 1847. Neuausg.: Historisch-kritische Ausg. Hrsg. P. Joachimsen. 6 Bde. München, 1925 bis 1926 (Sachlich wie methodisch überaus wichtige, bis heute stark nachwirkende Gesamtdarstellung)

Rassow, P.: Die Kaiser-Idee Karls V., dargestellt an der Politik der Jahre 1528 bis 1540. (Historische Studien 217) Berlin, 1932 (Anregende, scharfsinnige geistesgeschichtliche Interpretation eines ausgewählten Zeitabschnitts)

Ritter, G.: Die kirchliche und staaliche Neugestaltung Europas im Jahrhundert der Reformation und der Glaubenskämpfe. In: Die Neue Propyläen-Weltgeschichte, Bd. 3: Das Zeitalter der Entdeckungen, der Renaissance und der Glaubenskämpfe. Berlin, 1941. Neuausg., als selbst. Bd.: Die Neugestaltung Europas im 16. Jahrhundert. Die kirchlichen und staatlichen Wandlungen im Zeitalter der Reformation und der Glaubenskämpfe. Berlin, 1950 (Weitgreifende, kraftvolle Darstellung; die Neuausg. mit guter Bibliographie)

Ritter, G.: Die Weltwirkung der Reformation. 2. Aufl. München, 1959 (Untersuchungen zur Geschichte und Kirchengeschichte des 16. Jahrhunderts)

Ritter, M.: Deutsche Geschichte im Zeitalter der Gegenreformation und des Dreißigjährigen Krieges (1555–1648). Bd. 1. (Bibliothek Deutscher Geschichte 12) Stuttgart, 1889. Nachdr. Darmstadt, 1962 (Behandelt die Zeit bis 1586; trotz teilweise veralteter Fragestellung noch immer unentbehrlich)

Romier, L.: Les origines politiques des guerres de religion. 2 Bde. Paris, 1913–1914 (Grundlegend für die französische Politik unter Heinrich II. und die Anfänge der Konfessionskämpfe)

Sasso, G.: Niccolò Machiavelli. Storia del suo pensiero politico. (Istituto Italiano per gli studi storici in Napoli 10) Neapel, 1958. Deutsch: Niccolò Machiavelli. Geschichte seines politischen Denkens. Stuttgart, 1965

Smirin, M. M.: Die Volksreformation des Thomas Müntzer und der Große Bauernkrieg. Übers. H. Nichtweiss. 2. Aufl. [Ost-]Berlin, 1956 (Übers. aus dem Russischen; Darstellung aus sowjetischer Sicht)

Tyler, R.: The emperor Charles the Fifth. London, 1956. Deutsch: Kaiser Karl V. 2. Aufl. Stuttgart, 1960 (Wichtig für die außerdeutschen Perspektiven, doch zu knapp und ungleichmäßig für eine wirkliche Neuinterpretation)

Van Durme, M.: Antoon Perrenot, Bisschop van Atrecht, Kardinaal van Granvelle, Minister van Karel V en van Filips II. (1517–86). Brüssel, 1953

Walther, A.: Die burgundischen Zentralbehörden unter Maximilian I. und Karl V. Leipzig, 1909

Das Weltkonzil von Trient. Sein Werden und Wirken. Hrsg. G. Schreiber. 2 Bde. Freiburg i. Br., 1951

Wendel, F.: Calvin. Sources et évolution de sa pensée religieuse. Paris, 1950

Zeller, G.: Les temps modernes. De Christophe Colomb à Cromwell. Histoire des relations internationales, hrsg. von P. Renouvin, Bd. 2. Paris, 1953 (Gute Übersicht)

Das Zeitalter des Dreißigjährigen Krieges

Ahnlund, N. G.: Gustav Adolf den store. 2. Aufl. Stockholm, 1932. Deutsch: Gustav Adolf. Übers. J. Paulsen und P. W. Pezold. Berlin, 1938

Ahnlund, N. G.: Königin Christine und Reichskanzler Axel Oxenstierna. Historisches Jahrbuch 74, 1955

Albrecht, D.: Die auswärtige Politik Maximilians von Bayern 1618–1635. (Schriftenreihe der Historischen Kommission bei der Bayerischen Akademie der Wissenschaften, 6) Göttingen, 1962

Albrecht, D.: Richelieu, Gustav Adolf und das Reich. (Janus-Bücher) München, 1959

Andreas, W.: Richelieu. (Persönlichkeit und Geschichte) Göttingen, 1958

Bailly, A.: Richelieu. Neuaufl. (Les grandes études historiques) Paris, 1948. Deutsch: Der Kardinal als Diktator. Das Leben Richelieus. Übers. H. Rothe. Leipzig, 1937

Bailly, A.: Mazarin. Paris, 1935. Deutsch: Mazarin. Übers. T. Diez-Rösing. Innsbruck, 1948

Boehme, K. R.: Die schwedische Besetzung des Weichseldeltas 1626–1636. (Jahrbuch der Albertus-Universität, Königsberg i. P., Beih. 22) Würzburg, 1963

BOG, I.: Die bäuerliche Wirtschaft im Zeitalter des Dreißigjährigen Krieges. Die Bewegungsvorgänge in der Kriegswirtschaft nach den Quellen des Klosterverwaltpfarramtes Heilsbronn. (Schriften des Instituts für Fränkische Landesforschung an der Universität Erlangen, Hist. Rh. 4) Coburg, 1952
BRANDI, K.: Deutsche Reformation und Gegenreformation. 2 Bde. Leipzig, 1927–1930. 3. Aufl. 1941–1942. Neuaufl., in einem Bd., unter dem Titel: Deutsche Geschichte im Zeitalter der Reformation und Gegenreformation. München, 1960
BRETHOLZ, B.: Geschichte Böhmens und Mährens. Bd. 3: Dreißigjähriger Krieg und Wiederaufbau, bis 1792. Reichenberg i. B., 1924
BRIEFE UND AKTEN zur Geschichte des Dreißigjährigen Krieges. N. F.: Die Politik Maximilians I. von Bayern und seiner Verbündeten. 1618–1651. Bearb. W. Goetz und D. Albrecht. Hrsg. von der Historischen Kommission bei der Bayerischen Akademie der Wissenschaften. (Wittelsbachische Korrespondenz, Rh. D) Tl. II, Bde. 1–5. Leipzig, 1907 – München, 1964 (Umfaßt den Zeitraum 1618–1630)
BURCKHARDT, C. J.: Richelieu. Der Aufstieg zur Macht. 14. Aufl. München, 1961
CHUDOBA, B.: Spain and the empire. 1519–1643. Chicago, Ill., 1952
CORETH, A.: Österreichs Geschichtsschreibung in der Barockzeit. 1620–1740. (Veröffentlichungen der Kommission für neuere Geschichte Österreichs, 37) Wien, 1950
DICKMANN, FR.: Der Westfälische Frieden. 2. Aufl. Münster, 1965
DOTTERWEICH, H.: Der junge Maximilian. Jugend und Erziehung des bayerischen Herzogs und späteren Kurfürsten Maximilian I. (1573–1593). München, 1962 (Die Lehrjahre des späteren Führers der katholischen Liga)
DROYSEN, G.: Gustav Adolf. 2 Bde. Leipzig, 1869–1870
DROYSEN, G.: Herzog Bernhard von Weimar. 2 Bde. Leipzig, 1885
EGLOFFSTEIN, H. FREIHERR VON: Bayerns Friedenspolitik 1645–1647. Ein Beitrag zur Geschichte der westfälischen Friedensverhandlungen. Leipzig, 1898
ERNSTBERGER, A.: Wallenstein als Volkswirt im Herzogtum Friedland. (Prager Studien aus dem Gebiete der Geschichtswissenschaft 19) Reichenberg i. B., 1929 (Zeigt die Bedeutung Wallensteins als eines fähigen Organisatoren)
ERNSTBERGER, A.: Wallensteins Heeressabotage und die Breitenfelder Schlacht (1631). Historische Zeitschrift 142, 1930
ERNSTBERGER, A.: Hans de Witte. Finanzmann Wallensteins. (Vierteljahrschrift für Sozial- und Wirtschaftsgeschichte, Beih. 38) Wiesbaden, 1954
ERNSTBERGER, A.: Für und wider Wallenstein. Stimmen und Stimmungen in Franken und in der Oberpfalz zum Tode des Generalissimus. Historisches Jahrbuch 74, 1955 (Franz Schnabel gewidmet)
FITTE, S.: Das staatsrechtliche Verhältnis des Herzogtums Lothringen zum Deutschen Reich seit dem Jahre 1542. (Beiträge zur Landes- und Volkskunde von Elsaß-Lothringen, 14) Straßburg, 1891
FRANZ, G.: Der Dreißigjährige Krieg und das deutsche Volk. Untersuchungen zur Bevölkerungs- und Agrargeschichte. 3. Aufl. (Quellen und Forschungen zur Agrargeschichte, 7) Stuttgart, 1961
FRIEDENSBURG, W.: Regesten zur deutschen Geschichte aus der Zeit Innozenz' X. (1644–1655). Quellen und Forschungen aus italienischen Archiven und Bibliotheken 4, 1902
FRIEDRICH, C. J.: The age of the Baroque 1610–1660. (The rise of modern Europe, Bd. 5.) New York, 1952. Deutsch: Das Zeitalter des Barock. Kultur und Staaten Europas im 17. Jahrhundert. Übers. F. Schöne, Stuttgart, 1954
GAEDEKE, A.: Wallensteins Verhandlungen mit den Schweden und Sachsen 1631–1634. Mit Akten und Urkunden aus dem Königlich Sächsischen Hauptstaatsarchiv zu Dresden. Frankfurt/Main, 1885
GALLATI, F.: Die Eidgenossenschaft und der Kaiserhof zur Zeit Ferdinands II. und Ferdinands III. 1619–1657. Zürich, 1932
GAUSS, J.: Bürgermeister Wettstein und die Trennung der Eidgenossenschaft vom Deutschen Reich. Zum 300. Jahrestag des Westfälischen Friedens am 24. Okt. 1648. Basel, 1948
GEYL, P.: The Netherlands in the seventeenth century. 2 Bde. Neuaufl. London, 1961–1964
GILARDONE, S.: Tilly, der Heilige im Harnisch. München, 1932
GINDELY, A.: Geschichte des Dreißigjährigen Kriegs. Bde. 1–4. Prag, 1869–1880 (Unvollendet geblieben)
GINDELY, A.: Waldstein während seines ersten Generalats im Lichte der gleichzeitigen Quellen, 1625–1630. 2 Bde. Leipzig, 1886
GREGOROVIUS, F.: Urban VIII. im Widerspruch zu Spanien und dem Kaiser. Stuttgart, 1879
GRIMMELSHAUSEN, H. J. CHR. VON: Der Abentheurliche Simplicissimus Teutsch. 5 Bde. »Mömpelgart«, 1669. Neue Ausg.: Simplicissimus Teutsch. Abdruck der editio princeps (1669) mit der ... Originalsprache des Verfassers. Hrsg. J. H. Scholte. 4 Aufl. (Neudrucke deutscher Literaturwerke des 16. und 17. Jahrhunderts, 302–309) Tübingen, 1954. Bearb.: Der abenteuerliche Simplicissimus. Nach den ersten Drucken von 1669. Hrsg. A. Kelletat. Neuaufl. München, 1963
GUSTAV II. ADOLF, KÖNIG VON SCHWEDEN: Schriftstücke Gustav Adolfs, zumeist an evangelische Fürsten Deutschlands. Hrsg. G. Droysen. Stockholm, 1877
HALLWICH, H.: Wallensteins Ende. Ungedruckte Briefe und Akten. 2 Bde. Leipzig, 1879
HALLWICH, H.: Briefe und Akten zur Geschichte Wallensteins 1631–34. 4 Bde. Wien, 1912
HARTUNG, FR.: Deutsche Verfassungsgeschichte vom 15. Jahrhundert bis zur Gegenwart. 8. Aufl. Stuttgart, 1964
HAUSER, H.: La prépondérance espagnole (1559–1660). 3. Aufl. (Peuples et civilisations Bd. 9) Paris, 1948
HUIZINGA, J.: Holländische Kultur im siebzehnten Jahrhundert. Eine Skizze. Fassung

letzter Hand mit Fragmenten von 1932. Übers. W. Kaegi. Basel, 1961 (Das Werk des großen Kulturhistorikers erschien 1933 zuerst in deutscher Sprache)
HURTER, FR. E. VON: Geschichte Kaiser Ferdinands II. und seiner Eltern. 11 Bde. Schaffhausen, 1850–1864
INSTRUMENTA PACIS WESTPHALICAE. Die Westfälischen Friedensverträge 1648. Vollst. lateinischer Text mit Übers. der wichtigeren Teile und Regesten. Bearb. K. Müller. (Quellen zur neueren Geschichte 12/13) Bern, 1949
IRMER, G.: Hans Georg von Arnim. Lebensbild eines protestantischen Feldherrn aus der Zeit des Dreißigjährigen Krieges. Leipzig, 1894
JESSEN, H., Hrsg.: Der Dreißigjährige Krieg in Augenzeugenberichten. Düsseldorf, 1963
KAEBER, E.: Die Idee des europäischen Gleichgewichts in der publizistischen Literatur vom 16. bis zur Mitte des 18. Jahrhunderts. Berlin, 1907
LEMAN, A.: Urbain VIII et la rivalité de la France et de la maison d'Austriche de 1631 à 1635. (Mémoirs et traveaux des Facultés Catholiques de Lille 16) Lille, 1920
LOEWE, V.: Die Organisation und Verwaltung der Wallensteinschen Heere. Leipzig, 1894
MARAÑÓN Y POSADILLO, G.: El Conde-Duque de Olivárez. 3. Aufl. Madrid, 1953. Deutsch: Olivares. Der Niedergang Spaniens als Weltmacht. Übers. L. Pfandl. München, 1939
MECENSEFFY, M.: Habsburg im 17. Jahrhundert. Die Beziehungen der Höfe von Wien und Madrid während des Dreißigjährigen Krieges. Archiv für österreichische Geschichte 121, 1955
MOMMSEN, K.: Eidgenossen, Kaiser und Reich. Studien zur Stellung der Eidgenossenschaft innerhalb des Heiligen Römischen Reiches. (Baseler Studien zur Geschichtswissenschaft 72) Basel, 1958
MOMMSEN, W.: Richelieu, Elsaß und Lothringen. Ein Beitrag zur elsaß-lothringischen Frage. Berlin, 1922
MOMMSEN, W.: Richelieu als Staatsmann. Historische Zeitschrift 127, 1923
NOAILLES, A. M. R. A. DE: Bernard de Saxe-Weimar (1604 à 1639) et la réunion de l'Alsace à la France. (Épisodes de la guerre de Trente ans, 2) Paris, 1908
PASTOR, L. FREIHERR VON: Geschichte der Päpste seit dem Ausgang des Mittelalters. Bd. 12: Geschichte der Päpste im Zeitalter der katholischen Restauration und des Dreißigjährigen Krieges. Leo XI. und Paul V. (1605–1621). Bd. 13: Geschichte der Päpste im Zeitalter der katholischen Restauration und des Dreißigjährigen Krieges. Gregor XV. und Urban VIII. (1621–1644). Bd. 14: Geschichte der Päpste im Zeitalter der fürstlichen Absolutismus von der Wahl Innozenz' X. bis zum Tode Innozenz' XII. (1644–1700). Freiburg i. Br., 1927 bis 1930. (Aus streng katholischer Sicht, bewußt als Gegenstück zu Rankes Werk angelegt)
PAUL, J.: Gustav Adolf. 3 Bde. Leipzig, 1927 bis 1932 (Umfassende, auf Quellen- und Archivmaterial beruhende Darstellung)
PAX OPTIMA RERUM. Beiträge zur Geschichte des Westfälischen Friedens 1648. Hrsg. E. Hövel. Münster, 1948 (Darin Übers. der beiden Vertragstexte von H. Richtering)
PEKAŘ, J.: Wallenstein 1630–1634. Tragödie einer Verschwörung. (Vom Autor überwachte Übers. nach der tschechischen Originalausg.) 2 Bde. Berlin, 1937
PFISTER, K.: Maximilian von Bayern und sein Jahrhundert. München, 1948
PLATZHOFF, W.: Geschichte des europäischen Staatensystems 1559–1660. (Handbuch der mittelalterlichen und neueren Geschichte II,4) München, 1928
POELLINGER, A.: Johann Tserklaes Graf von Tilly. Regensburg, 1932
PRÉCLIN, E., und V.-L. TAPIÉ: Le XVIIe siècle. Monarchies centralisées (1610–1715). 2. Aufl. (Collection Clio) Paris, 1949
PUFENDORF, S. FREIHERR VON (pseud. SEVERINUS DE MONZAMBANO): De statu imperii Germanici ad Laelium Fratrem, Dominum Trezolani. Genf, 1667. Neue Ausg.: Hrsg. F. Salomon. (Quellen und Studien zur Verfassungsgeschichte des Deutschen Reiches in Mittelalter und Neuzeit) Weimar, 1910. Deutsch: Über die Verfassung des Deutschen Reiches. Übers. und Hrsg. H. Breßlau. (Historischpolitische Bibliothek 7) Berlin, 1870. Neudr. in: Klassiker der Politik, Bd. 3. Berlin, 1922 (Eine schonungslose Kritik der Verfassung und der politischen Zustände des Reichs)
RANKE, L. VON: Die römischen Päpste, ihre Kirche und ihr Staat im 16. und 17. Jahrhundert. 3 Bde. Berlin, 1834–1836. 6. Aufl. 1874. 10. Aufl. 1900, mit neuem Titel: Die römischen Päpste in den letzten vier Jahrhunderten. Neuausg.: L. von Ranke: Hauptwerke in 12 Bänden. Hrsg. W. Andreas. Bd. 2: Geschichte der Päpste in den letzten vier Jahrhunderten. Kardinal Consalvi und seine Staatsverwaltung unter dem Pontifikat Pius' VII. Wiesbaden, 1957
RANKE, L. VON: Geschichte Wallensteins. Leipzig, 1869. 4. Aufl. 1880. Neuausg. Köln, 1954 (Im Detail vielfach überholte, aber noch immer lesenswerte und nicht ersetzte Gesamtdarstellung)
REPGEN, K.: Der päpstliche Protest gegen den Westfälischen Frieden und die Friedenspolitik Urbans VIII. Historisches Jahrbuch 75, 1956
REPGEN, K.: Die römische Kurie und der Westfälische Friede. Idee und Wirklichkeit des Papsttums im 16. und 17. Jahrhundert. Bd. 1: Papst, Kaiser und Reich 1521–1644. Tl. 1: Darstellung. (Bibliothek des Deutschen Historischen Instituts in Rom 24) Tübingen, 1962 (Tl. 2, die Quellen enthaltend, im Druck)
RICHELIEU, A. J. DU PLESSIS, HERZOG VON: Testament politique. Ed. critique. Hrsg. L. André. 7. Aufl. Paris, 1947. Deutsch: Richelieu. Politisches Testament und kleinere Schriften. Übers. Fr. Schmidt. Hrsg. W. Mommsen. (Klassiker der Politik, Bd. 14) Berlin, 1926
RITTER, M.: Deutsche Geschichte im Zeitalter der Gegenreformation und des Dreißigjährigen Krieges (1555–1648). Bd. 3: Geschichte des Dreißigjährigen Krieges. (Bibliothek Deutscher Geschichte 14) Stuttgart, 1908. Nachdr. Darmstadt, 1961 (Breit angelegte, bis heute nicht ersetzte Gesamtdarstellung)

ROBERTS, M.: Gustavus Adolphus. A history of Sweden 1611–1632. 2 Bde. London, 1953 bis 1958
RYSTAD, G.: Kriegsnachrichten und Propaganda während des Dreißigjährigen Krieges. Die Schlacht bei Nördlingen in den gleichzeitigen gedruckten Kriegsberichten. (Skrifter utgivna av Vetenskaps-Societeten i Lund, 54) Lund, 1960
SCHILLER, FR. VON: Geschichte des dreyßigjährigen Kriegs. In: Historischer Damenkalender, Leipzig, 1791–1793. Neue Ausg.: Fr. von Schiller: Sämtliche Werke. Hrsg. G. Fricke und H. G. Göpfert. Zus. mit H. Stubenrauch. Bd. 4: Historische Schriften. 2. Aufl. München, 1960
SCHULTZE-JAHDE, K.: Der Dreißigjährige Krieg und die deutsche Dichtung. Historische Zeitschrift 143, 1931
SEPPELT, F. X.: Geschichte der Päpste von den Anfängen bis zur Mitte des zwanzigsten Jahrhunderts. Bd. 5: Das Papsttum im Kampf mit Staatsabsolutismus und Aufklärung. Von Paul III. bis zur Französischen Revolution. Neubearb. von G. Schwaiger. 2. Aufl. München, 1959
SRBIK, H. RITTER VON: Wallensteins Ende. Ursachen, Verlauf und Folgen der Katastrophe. 2. Aufl. Salzburg, 1952 (1920 zuerst erschienene, auf den Quellen beruhende Darstellung, zugleich eine Einführung in die Probleme der Wallenstein-Forschung)
STEINBERGER, L.: Die Jesuiten und die Friedensfrage in der Zeit vom Prager Frieden bis zum Nürnberger Friedensexekutionshauptrezeß 1635–1650. (Studien und Darstellungen aus dem Gebiet der Geschichte 5, 2/3) Freiburg i. Br., 1906
STURMBERGER, H.: Aufstand in Böhmen. Der Beginn des Dreißigjährigen Krieges. (Janus-Bücher) München, 1959
TAPIÉ, V.-L.: La France de Louis XIII et de Richelieu. Paris, 1952
WALLENSTEIN, A. E. W. VON: Albrecht von Wallensteins ungedruckte eigenhändige vertrauliche Briefe und amtliche Schreiben aus den Jahren 1627–1634. Hrsg. Fr. Chr. Förster. 3 Tle. Berlin, 1828–1829
WANDRUSZKA, A.: Zum Begriff des »Vaterlands« zur Zeit des Dreißigjährigen Krieges. In: Gesamtdeutsche Vergangenheit. Festgabe für Heinrich Ritter von Srbik zum 60. Geburtstag. München, 1938
WANDRUSZKA, A.: Reichspatriotismus und Reichspolitik zur Zeit des Prager Friedens von 1635. Graz, 1955
WEDGWOOD, C. V.: The Thirty Years' War. (Bedford historical series 10) London, 1956. Neuaufl. New York, 1961. Taschenbuchausg.: (Pelican) Harmondsworth, 1957
ZELLER, G.: Les temps modernes. De Christophe Colomb à Cromwell. Histoire des relations internationales, hrsg. von P. Renouvin, Bd. 2. Paris, 1953

Die englische Revolution

Geschichtliche Gesamtdarstellungen

ASHLEY, M.: England in the seventeenth century (1603–1714). (The Pelican History of England 6) Harmondsworth, 1956
DAVIES, G.: The restoration of Charles II 1658 to 1660. San Marino, 1955 (Schließt zeitlich an die Darstellung von Firth an)
DAVIES, G.: The early Stuarts 1603–1660. 2. Aufl. Oxford, 1959 (Neuere Gesamtdarstellung des Zeitraums)
FIRTH, SIR CH. H.: The last years of the Protectorate 1656–1658. 2 Bde. London, 1909 (Setzt unmittelbar die in den folgenden Werken vorliegende Darstellung Gardiners fort)
GARDINER, S. R.: The history of England from the accession of James I to the outbreak of the Civil War 1603–1642. Neuaufl. 10 Bde. London, 1883–1884
GARDINER, S. R.: The history of the Great Civil War 1642–49. Neuaufl. 4 Bde. London, 1893
GARDINER, S. R.: The history of the Commonwealth and Protectorate. 1649–1656. Neuaufl. 4 Bde. London, 1903 (Diese Werke des großen Historikers, noch immer unentbehrlich, bilden die reichhaltigste und ausführlichste Darstellung der Epoche)
HILL, J. E. C.: The century of revolution 1603 to 1714. Neuaufl. Edinburgh, 1963 (Anregende Übersicht)
MATHEW, D.: The Jacobean age. London, 1938
MATHEW, D.: The age of Charles I. London, 1951
RANKE, L. VON: Englische Geschichte, vornehmlich im XVII. Jahrhundert. 3./4. Aufl. 9 Bde. (Sämtliche Werke, Bd. 14–22.) Berlin, 1877 bis 1879. Neuausg. Einl. von M. Freund. 2 Bde. Stuttgart, 1955 (Noch immer lesenswerte Gesamtdarstellung, obwohl nicht das bedeutendste Werk Rankes, dem wohl das rechte Verständnis für die Grundlagen des politischen Lebens in England abging)
STADELMANN, R.: Geschichte der englischen Revolution. Vorlesungen, gehalten im Winter-Semester 1945/46. (Limes-Bücher) Wiesbaden, 1954
STERN, A.: Geschichte der Revolution in England. 2. Aufl. (Allgemeine Geschichte in Einzeldarstellungen, hrsg. von W. Oncken) Berlin, 1898 (Noch immer nützliche Übersicht)
WEDGWOOD, C. V.: The King's Peace 1637–1641. (The Great Rebellion) London, 1955 (Mit diesem und dem folgenden Band gibt die Autorin eine gute Einführung in die Geschichte des Bürgerkrieges)
WEDGWOOD, C. V.: The King's War 1641–1647. (The Great Rebellion) London, 1958

Einzelstudien

ABBOTT, W. C., Hrsg.: The writings and speeches of Oliver Cromwell. 4 Bde. Cambridge, Mass., 1937–1947
AIKEN, W. A., und B. D. HENNING, Hrsg.: Conflict in Stuart England. Essays in honour of Wallace Notestein. London, 1960
ASHLEY, M. P.: Financial and commercial policy under the Cromwellian protectorate. 2. Aufl. London, 1962
ASHTON, R.: The crown and the money market 1603–1640. Oxford, 1960
AYLMER, G. E.: The king's servants. The civil service of Charles I, 1625–1642. London, 1961
BARNES, T. G.: Somerset 1625–40: A county's government during the »Personal Rule«. London, 1961
BAUER, H.: Oliver Cromwell. Ein Kampf um Freiheit und Diktatur. München, 1932. 2. Aufl. 1934
BERNSTEIN, ED.: Die kommunistischen und demokratisch-sozialistischen Bewegungen in England während des 17. Jahrhunderts. In: Geschichte des Sozialismus in Einzeldarstellungen, Bd. 1. Stuttgart, 1895. 2. Aufl., 1908, unter dem Titel: Sozialismus und Demokratie in der großen englischen Revolution des 17. Jahrhunderts. 4. Aufl. 1922. Neuausg., unter dem Titel: Sozialismus und Demokratie in der großen englischen Revolution. Einl. W. Blumenberg. (Sozialistische Klassiker in Neudrucken) Hannover, 1964
BIRKENHEAD, FR. W. F.-S., EARL OF: Strafford. London, 1938. Deutsch: Strafford, Lordkanzler Karls I., Statthalter in Irland. Übers. R. Gerull-Kardas. München, 1946
BRUNTON, D., und D. H. PENNINGTON: The members of the Long Parliament. London, 1954
BURNE, A. H., und P. YOUNG: The Great Civil War. London, 1959 (Behandelt nur die Kampfhandlungen)
CHAMBON, J.: Der Puritanismus. Seine Wege von der Reformation bis zum Ende der Stuarts. Zürich, 1944
DONALDSON, G.: The making of the Scottish Prayer Book. Edinburgh, 1954
EVERITT, A.: Suffolk and the Great Rebellion. Suffolk Records Society, 1961
FIRTH, SIR CH. H.: Oliver Cromwell and the rule of the Puritans in England. London, 1900. Neuaufl. 1953 (Die klassische Lebensbeschreibung Cromwells)
FIRTH, SIR CH. H.: Cromwell's army. A history of the English soldier during the civil wars, the Commonwealth, and the Protectorate. 3. Aufl. London, 1921
FISHER, F. J., Hrsg.: Essays in the economic and social history of Tudor and Stuart England. Presented to R. H. Tawney. Cambridge, 1961
FRANK, J.: The Levellers. Cambridge, Mass., 1955 (Darstellung der ersten politischen Partei der neueren europäischen Geschichte)
FREUND, M.: Oliver Cromwell. (Colemans Kleine Biographien) Lübeck, 1933
GARDINER, S. R.: Oliver Cromwell. London, 1901. Deutsch: Oliver Cromwell. Übers. E. Kirchner. München, 1903

GIBB, M. A.: Buckingham, 1592–1628. A biography. London, 1935
HALLER, W.: The rise of Puritanism. New York, 1938
HALLER, W.: Liberty and reformation in the Puritan Revolution. New York, 1955
HATSCHEK, J.: Englische Verfassungsgeschichte bis zum Regierungsantritt der Königin Victoria. (Handbuch der mittelalterlichen und neueren Geschichte, III) München, 1913 (Ausführliche, noch immer brauchbare Darstellung der Entwicklung)
HEXTER, J. H.: The reign of King Pym. Cambridge, Mass., 1941
HEXTER, J. H.: Re-appraisals in history. London, 1961 (Enthält auch einen wertvollen Beitrag zur Diskussion um den »Aufstieg der Gentry«)
HILL, J. E. C.: Economic problems of the church. From Whitgift to the Long Parliament. Oxford, 1956
HILL, J. E. C.: Puritanism and revolution. London, 1958 (Aufsatzsammlung)
HILL, J. E. C.: Intellectual origins of the English revolution. Oxford, 1965 (Die Auseinandersetzungen der Zeit bis zum Ausbruch des Bürgerkriegs)
JORDAN, W. K.: Men of substance. Chicago, Ill., 1942 (Politische Theorie des Bürgerkriegs)
JUDSON, M.: The crisis of the constitution. New Brunswick, N. J., 1949 (Behandelt die Verfassungstheorien)
KEARNEY, H. F.: Strafford in Ireland 1633 to 1641. Manchester, 1959
KEELER, M. F.: The Long Parliament 1640 to 1641. A biographical study. Philadelphia, 1954
LENZ, G.: Demokratie und Diktatur in der englischen Revolution 1640–1660. (Historische Zeitschrift, Beih. 28) München, 1933
MATHEW, D.: Scotland under Charles I. London, 1955
MEYER, A. O.: Clemens VIII. und Jakob I. von England. Quellen und Forschungen aus italienischen Archiven und Bibliotheken 7, 1904 (Auch separat erschienen, Rom, 1904)
MEYER, A. O.: Oliver Cromwell. In: Meister der Politik, Bd. 2. 2. Aufl. Stuttgart, 1923 (Noch immer brauchbare knappe Zusammenfassung)
MEYER, A. O.: König Jakob I. Ein Charakterbild. Shakespeare-Jahrbuch 66, 1930 (Festvortrag)
NOTESTEIN, W.: The English people on the eve of colonization 1603–1630. London, 1954 (Behandelt die Gesellschaft und das öffentliche Leben)
ONCKEN, H.: Cromwell und die Staatskunst. Neu hrsg. und erweitert um eine Biographie Cromwells und einen Essay über Freiheit von Lehre und Forschung im totalitären Staat von M. Freund. Köln, 1965 (Neuausg. der 1935 zuerst erschienenen Studie)
PEARL, V.: London and the outbreak of the Puritan Revolution 1625–1643. Oxford, 1961
PENNINGTON, D. H., und I. A. ROOTS: The committee at Stafford 1643–1645. Manchester, 1957 (Zeigt am Beispiel die regionalen Verschiedenheiten und die regionalen Verwaltungsmaßnahmen)

Ross Williamson, H.: George Villiers, first Duke of Buckingham. Study for a biography. London, 1940
Saurat, D.: La pensée de Milton. 2 Bde. Paris, 1920–1921. Englisch: Milton, man and thinker. London/New York, 1925. Neuaufl. London, 1944
Schöffler, H.: Die Anfänge des Puritanismus. Versuch einer Deutung der englischen Reformation. (Kölner Anglistische Afbeiten, 44) Leipzig, 1932
Schücking, L. L.: Die Familie im Puritanismus. Studien über Familie und Literatur in England im 16., 17. und 18. Jahrhundert. Leipzig, 1929
Stone, L.: The crisis of the aristocracy 1558 to 1641. Oxford, 1965
Supple, B. E.: Commercial crisis and change in England 1600–1642. Cambridge, 1959
Tawney, R. H.: Business and politics under James I. Cambridge, 1958
Trevor-Roper, H. R.: Archbishop Laud. 2. Aufl. London, 1962
Trevor-Roper, H. R.: The gentry 1540–1640. Cambridge, 1953
Wedgwood, C. V.: The trial of Charles I. London, 1964
Wilde, H. O.: Miltons geistesgeschichtliche Bedeutung. (Germanistische Bibliothek, Abt. 1, Rh. 2, 1) (Dissertation) Heidelberg, 1933
Willson, D. H.: King James VI and I. London, 1956
Wingfield-Stratford, E. C.: Charles King of England 1600–1637. London, 1949
Wingfield-Stratford, E. C.: King Charles and King Pym 1637–1643. London, 1949
Wingfield-Stratford, E. C.: King Charles the Martyr 1643–1649. London, 1950
Wolfe, D. M.: Milton in the Puritan Revolution. New York, 1941
Wormald, B. G. H.: Clarendon. Politics, history and religion, 1640–1660. Cambridge, 1951
Yule, G.: The Independents in the English Civil War. Cambridge, 1958
Zagorin, P.: A history of political thought in the English revolution. London, 1954

Quellen und Bibliographien

Abbott, W. C.: A bibliography of Oliver Cromwell. Cambridge, Mass., 1929
Davies, G.: A bibliography of British history: Stuart period. Oxford, 1928
Gardiner, S. R., Hrsg.: The constitutional documents of the Puritan Revolution 1625 to 1660. 3. Aufl. Oxford, 1907 (Mehrfach nachgedr.)
Haller, W., Hrsg.: Tracts on liberty in the Puritan Revolution. 3 Bde. New York, 1934
Haller, W., und G. Davies, Hrsg.: The Leveller tracts, 1647–1653. Neuaufl. New York, 1955
Winstanley, G.: The works of Gerrard Winstanley. Hrsg. G. H. Sabine. Ithaca, N. Y., 1941 (Die Schriften des Theoretikers der Diggers)
Wolfe, D. M., Hrsg.: Leveller manifestoes of the Puritan Revolution. New York, 1944

Das Zeitalter Ludwigs XIV.

Adalbert von Bayern, Prinz: Das Ende der Habsburger in Spanien. 2 Bde. München, 1929
André, L.: Michel Le Tellier et Louvois. Paris, 1942
André, L.: Louis XIV et l'Europe. Paris, 1950
Angyal, A.: Die slawische Barockwelt. Leipzig, 1961
Bignon, J.: Traité de l'excellence des rois et du royaume de France traitant de la préférence et des prérogatives. Paris, 1610
Blet, P.: Le clergé de France et la monarchie. Étude sur les assemblées générales du clergé, 1615–1666. Rom, 1959
Blunt, A.: Art and architecture in France 1500 to 1700. Neuaufl. (Pelican History of Art) Harmondsworth, 1957
Bottineau, Y.: L'art de cour dans l'Espagne de Philippe V. (Publications de l'École des Hautes études hispaniques 29) Paris, 1963
Braubach, M.: Versailles und Wien von Ludwig XIV. bis Kaunitz. Die Vorstadien der diplomatischen Revolution im 18. Jahrhundert. (Bonner historische Forschungen 2) Bonn, 1952
Braubach, M.: Prinz Eugen von Savoyen. Eine Biographie. 5 Bde. München, 1963–1965
Bretholz, B.: Geschichte Böhmens und Mährens. Bd. 3: Dreißigjähriger Krieg und Wiederaufbau, bis 1792. Reichenberg i. B., 1924
Brunner, O.: Adeliges Landleben und europäischer Geist. Leben und Werk Wolf Helmhards von Hohberg (1612–1688). Salzburg, 1949
Bühler, J.: Deutsche Geschichte. Bd. 4: Das Barockzeitalter. Berlin, 1950
The New Cambridge Modern History. Bd. 5: The ascendancy of France. 1648–1688. Hrsg. F. L. Carsten. Cambridge, 1961
Chastel, A.: L'art italien. 2 Bde. (Collection Arts, styles, techniques) Paris, 1956. Deutsch: Die Kunst Italiens. 2 Bde. München, 1961
Chaunu, H. und P.: Séville et l'Atlantique (1504–1650). 8 Bde. Paris, 1955–1959
Clark, Sir G. N.: The seventeenth century. 2. Aufl. Oxford, 1961
Desdevises du Desert, G. N.: L'Espagne de l'ancien régime. 3 Bde. Paris, 1897–1904
XVIIe siècle (Paris) 42/43, 1959: »Serviteurs du roi. Quelques aspects de la fonction publique dans la société française de XVIIe siècle.«; 46/47, 1960: »Problèmes de politique étrangère sous Louis XIV.« (Die beiden Bände der Zeitschrift sind ausschließlich den jeweiligen Themen gewidmet)
Erdmannsdörffer, B.: Deutsche Geschichte vom Westfälischen Frieden bis zum Regierungsantritt Friedrichs des Großen 1648 bis 1740. 2 Bde. Berlin, 1892–1893. Neudr.

Meersburg, 1932. Nachdr. Darmstadt, 1962 (Umfassende Gesamtdarstellung, noch immer unentbehrlich)
ESMONIN, E.: La taille en Normandie au temps de Colbert. Paris, 1905
FERTÉ, J.: La vie religieuse dans les campagnes parisiennes au XVIIᵉ siècle. Paris, 1964
FLEISCHHACKER, H.: Die staats- und völkerrechtlichen Grundlagen der moskauischen Außenpolitik (14. bis 17. Jahrhundert). Breslau, 1938. Nachdr. Darmstadt, 1959
FRÉVILLE, H.: L'Intendance de Bretagne. 3 Bde. Rennes, 1953
FRIEDRICH, C. J.: The age of the Baroque. 1610 to 1660. (The rise of modern Europe, Bd. 5.) New York, 1952. Deutsch: Das Zeitalter des Barock. Kultur und Staaten Europas im 17. Jahrhundert. Übers. F. Schöne. Stuttgart, 1954
GAXOTTE, P.: La France de Louis XIV. (Collection »Les grandes époques de l'histoire«) Paris, 1946. Deutsch: Ludwig XIV. Frankreichs Aufstieg in Europa. München, 1951
GÖHRING, M.: Weg und Sieg der modernen Staatsidee in Frankreich. Vom Mittelalter zu 1789. 2. Aufl. Tübingen, 1947
GÖHRING, M.: Kaiserwahl und Rheinbund von 1658. In: Geschichtliche Kräfte und Entscheidungen. Festschrift zum 65. Geburtstage von Otto Becker. Hrsg. M. Göhring und A. Scharff. Wiesbaden, 1954
GOUBERT, P.: Beauvais et le Beauvaisis de 1600 à 1730. Contribution à l'histoire sociale de la France au XVIIᵉ siècle. 2 Bde. Paris, 1960
GREKOW, B. D.: Krestjane na Rusi s drewnejsich wremen do 17 weka. 2 Bde. 2. Aufl. Moskau, 1952–1954. Deutsch: Die Bauern in der Rus von den ältesten Zeiten bis zum 17. Jahrhundert. Übers. H. Truhart, K. von Bergstraesser und H. Giertz. Bearb. P. Hoffmann. 2 Bde. [Ost-] Berlin, 1958–1959
GRÜNBERG, K.: Die Bauernbefreiung und die Auflösung des gutsherrlich-bäuerlichen Verhältnisses in Böhmen, Mähren und Schlesien. 2 Bde. Leipzig, 1893–1894
GÜNTHER, O. E.: Der Vertrag von Perejaslav im Widerstreit der Meinungen. Jahrbücher für Geschichte Osteuropas, N. F. 2, 1954
HAINTZ, O.: König Karl XII. von Schweden. 3 Bde. Berlin, 1958
HAMILTON, E. J.: American treasure and the price revolution in Spain 1501–1650. Cambridge, Mass., 1934
HANTSCH, H.: Die Geschichte Österreichs. Bd. 2. 3. Aufl. Graz, 1962 (Beginnt mit dem Jahr 1648)
HARING, C. H.: Trade and navigation between Spain and the Indies in the time of the Hapsburgs. Cambridge, Mass., 1918
HARTUNG, FR.: Neuzeit von der Mitte des 17. Jahrhunderts bis zur Französischen Revolution 1789. (Handbuch für den Geschichtslehrer, V, 1) Leipzig, 1932 (Klare, objektive Darstellung, noch immer unentbehrliche Übersicht)
HARTUNG, FR.: »L'état c'est moi«. Historische Zeitschrift 169, 1949

HASSINGER, E.: Brandenburg-Preußen, Rußland und Schweden 1700–1713. (Veröffentlichungen des Osteuropa-Instituts München 2) München, 1953
HASSINGER, H.: Johann Joachim Becher, 1635 bis 1682. Ein Beitrag zur Geschichte des Merkantilismus. (Veröffentlichungen der Kommission für neuere Geschichte Österreichs, 38) Wien, 1951
HAUSENSTEIN, W.: Vom Genie des Barock. Neuausg. München, 1962
HAUSSHERR, H.: Wirtschaftsgeschichte der Neuzeit vom Ende des 14. bis zur Höhe des 19. Jahrhunderts. 3. Aufl. Köln, 1960
HAUTECŒUR, L.: Histoire de l'architecture classique en France. Bd. 2: Le siècle de Louis XIV. 2 Tl.-Bde. Paris, 1948
HAUTECŒUR, L.: L'art baroque. Paris, 1956
HAZARD, P.: La crise de la conscience européenne (1680–1715). 3 Bde. Paris, 1935. Deutsch: Die Krise des europäischen Geistes 1680–1715. Übers. H. Wegener. 3. Aufl. (Europa-Bibliothek) Hamburg, 1948
HECHT, G.-H.: Colbert's politische und volkswirtschaftliche Grundanschauungen. (Volkswirtschaftliche Abhandlungen der badischen Hochschulen, 2) Freiburg i. Br., 1898
HUBATSCH, W.: Das Zeitalter des Absolutismus 1600–1789. (Geschichte der Neuzeit) Braunschweig, 1962
IMMICH, M.: Geschichte des europäischen Staatensystems von 1660–1789. (Handbuch der mittelalterlichen und neueren Geschichte, II, 5) München, 1905
JOACHIM, E.: Die Entwicklung des Rheinbundes vom Jahre 1658. Acht Jahre reichsständische Politik 1651–1658. Leipzig, 1886
KROFTA, K.: Dějiny selského stavu. 2. Aufl. Bearb. E. Janušek. Prag, 1949 (Geschichte des Bauernstandes in Böhmen und Mähren)
DIE KUNSTFORMEN DES BAROCKZEITALTERS. 14 Vorträge. Hrsg. R. Stamm. (Sammlung Dalp) München, 1956
LAPRADE, A.: D'Orbay. Paris, 1960
LIVET, G.: L'Intendance d'Alsace sous Louis XIV. Straßburg, 1956
LOYSEAU, CH.: Les Œuvres de M. Charles Loyseau, parisien. Nouvelle édition. Bd. 1: Les Cinq livres du droict des offices. Bd. 2: Traité des Seigneuries. Livre des Ordres et simples dignitez. Paris, 1660 (Posthume Ausgabe der Werke des 1627 verstorbenen Anwalts und Beamten über Recht und Rechtswesen der Zeit)
LÜTGE, FR.: Die bayerische Grundherrschaft. Untersuchungen über die Agrarverfassung Altbayerns im 16.–18. Jahrhundert. Stuttgart, 1949
MARTIMOR, A.-G.: Le gallicanisme de Bossuet. Paris, 1953
MAZARIN. Hrsg. G. Mongrédien. (Collection »Génies et réalités«) Paris, 1959 (Sammlung von Aufsätzen über Kardinal Mazarin)
MEINECKE, FR.: Die Idee der Staatsräson in der neueren Geschichte. München, 1924. im Ausg.: Fr. Meinecke: Werke. Hrsg. im Auftrag des Friedrich-Meinecke-Instituts der Freien Universität Berlin von H. Herzfeld,

C. Hinrichs und W. Hofer. Bd. 1: Die Idee der Staatsräson in der neueren Geschichte. Hrsg. W. Hofer. 3. Aufl. München, 1963 (Klassische Studie, unerläßlich zum Verständnis des Absolutismus)
Merle, L.: La métairie et l'évolution agraire de la Gâtine poitevine de la fin du moyen âge à la révolution. Paris, 1958
Meuvret, J.: Les crises de subsistances et la démographie de la France d'ancien régime. Paris, 1947
Muñoz, A.: Roma barocca. Mailand/Rom, 1919
Näf, W.: Die Epochen der neueren Geschichte. Staat und Staatengemeinschaft vom Ausgang des Mittelalters bis zur Gegenwart. Bd. 1. 2. Aufl. Frankfurt/Main, 1959 (Führt bis 1789)
Otscherki Istorij SSSR. Period feodalisma XVII w. (Hrsg. A. A. Nowoselskij.) Moskau, 1955 (»Skizzen zur Geschichte der UdSSR. Die Periode des Feudalismus, 17.Jh.«; ein Band der bisher auf neun Bände angewachsenen sowjetischen Gesamtdarstellung der russischen Geschichte)
Pagès, G.: La monarchie d'ancien régime. Paris, 1926
Pekař, J.: Kniha o Kosti. 2 Bde. 2. Aufl. Prag, 1936 (»Das Buch von Kost«, tschechisch; Geschichte einer Herrschaft in Böhmen)
Pérouas, L.: Le diocèse la Rochelle de 1648 à 1724. Sociologie et Pastorale. Paris, 1964
Placht, O.: Lidnatost a společenská skladba českého státu v 16–18 stoleti. Prag, 1957 (»Bevölkerung und Sozialstruktur im böhmischen Staat im 16. bis 18.Jahrhundert«, tschechisch)
Přibram, A. F.: Die Berichte des kaiserlichen Gesandten Franz von Lisola aus den Jahren 1655–1660. Wien, 1887
Přibram, A. F.: Franz Paul Freiherr von Lisola (1613–74) und die Politik seiner Zeit. Leipzig, 1894
Rauch, G. von: Moskau und die europäischen Mächte des 17.Jahrhunderts. Historische Zeitschrift 178, 1954
Raumer, K. von: Die Zerstörung der Pfalz von 1689. München, 1930
Redlich, O.: Weltmacht des Barock. Österreich in der Zeit Kaiser Leopolds I. 4.Aufl. Wien, 1961
Reinhard, M., und A. Armengaud: Histoire générale de la population mondiale. Paris, 1961
Roupnel, G.: Histoire de la campagne française. Paris, 1932
Roupnel, G.: La ville et la campagne au XVIIe siècle. Étude sur les populations du pays dijonnais. 2. Aufl. Paris, 1955
Rousset, J.: La littérature de l'âge baroque en France: Circé et le paon. Paris, 1954
Saint-Jacob, P. de: Les paysans de la Bourgogne du nord au dernier siècle de l'ancien régime. (Publications de l'Université de Dijon 21) Paris, 1960
Schulte, A.: Markgraf Ludwig Wilhelm von Baden und der Reichskrieg gegen Frankreich 1693–1697. 2 Bde. Karlsruhe, 1892
Schumann, H.: Der Hetmannstaat 1648–1764. Jahrbuch für Geschichte Osteuropas 2, 1937
Sedlmayr, H.: Johann Bernhard Fischer von Erlach. Wien, 1956
Sée, H.: Französische Wirtschaftsgeschichte, Bd. 1. (Handbuch der Wirtschaftsgeschichte) Jena, 1930. Französisch: Histoire économique de la France, Bd. 1. Paris, 1948
Strich, M.: Das Kurhaus Bayern im Zeitalter Ludwigs XIV. und der europäischen Mächte. 2 Bde. (Schriftenreihe zur bayerischen Landesgeschichte 13/14) München, 1933
Tapié, V.-L.: Baroque et classicisme. Paris, 1957
Tapié, V.-L.: Le Baroque. 2. Aufl. (Collection »Que sais-je?«) Paris, 1963
Venard, M.: Bourgeois et paysans au XVIIe siècle. (Les hommes et la terre, Bd. 3.) (École pratique des Hautes études, sect. 6) Paris, 1957
Vernadsky, G. V.: Bohdan, Hetman of Ukraine. New Haven, Conn., 1941
Vilar, P.: La Catalogne. 3 Bde. Paris, 1963
Voltes Bou, P.: Barcelona durante el gobierno del Archiduque Carlos de Austria. 2 Bde. Barcelona, 1963
Wagner, Fr.: Frankreichs klassische Rheinpolitik. Der Rheinbund von 1658. Stuttgart, 1941
Wagner, R.: Europa im Zeitalter des Absolutismus. 1648–1789. 2. Aufl. (Weltgeschichte in Einzeldarstellungen) München, 1959
Wentzcke, P.: Feldherr des Kaisers. Leben und Taten Herzog Karls V. von Lothringen. Leipzig, 1943
Wittram, R.: Baltische Geschichte. Die Ostseelande Livland, Estland, Kurland 1180–1918. Grundzüge und Durchblicke. München, 1954
Wittram, R.: Peter der Große. Der Eintritt Rußlands in die Neuzeit. (Verständliche Wissenschaft) Berlin, 1954
Zeller, G.: Louis XIV. Histoire des relations internationales, hrsg. von P. Renouvin, Bd. 2, Tl. 2. Paris, 1957
Zöllner, E.: Geschichte Österreichs. Von den Anfängen bis zur Gegenwart. 2. Aufl. München, 1964

Der europäische Geist im späten 17. Jahrhundert

Auerbach, E.: Über Pascals politische Theorie. In: Vier Untersuchungen zur Geschichte der französischen Bildung. Bern, 1951
Barbano, M.: Fénelon. La gioia di ogni ora. Turin, 1950
Beyreuther, E.: Zinzendorf und Pierre Bayle. (Herrnhuter Hefte) Hamburg, 1955
Beyreuther, E.: August Hermann Francke. 1663–1727. Zeuge des lebendigen Gottes. 2.Aufl. Berlin, 1960
Bierbaum, M.: Niels Stensen. Von der Anatomie zur Theologie, 1638–1686. Münster, 1959
Bornkamm, H.: Mystik, Spiritualismus und die Anfänge des Pietismus im Luthertum. Gießen, 1926

Brunner, F.: Études sur la signification historique de la philosophie de Leibniz. Paris, 1950
Brunschwicg, L.: Spinoza et ses contemporains. Paris, 1894. 4. Aufl. 1951
Brunschwicg, L.: Pascal. Paris, 1932. 2. Aufl. 1953
Brunschwicg, L.: Descartes. Paris, 1937
Brunschwicg, L.: Descartes et Pascal. Neuchâtel, 1941
Bury, J. B.: The idea of progress. An inquiry into its origin and growth. 2. Aufl. New York, 1932
Caponigri, A. R.: Time and idea. The theory of history in Giovanni Battista Vico. London, 1953
Cassirer, E.: Leibniz' System in seinen wissenschaftlichen Grundlagen. Marburg, 1902
Cassirer, E.: Descartes. Lehre, Persönlichkeit, Wirkung. Stockholm, 1939
Cognot, L.: Crépuscule des mystiques. Bossuet – Fénelon. Tournai, 1958
Cranston, M.: John Locke. A biography. London, 1957
Deinhardt, W.: Der Jansenismus in deutschen Landen. München, 1929
Delplanque, A.: La pensée de Fénelon. Paris, 1930
Dennewitz, B.: Machiavelli, Bodin, Hobbes. Drei Essays zum modernen Staatsbegriff. Hamburg, 1948 (Kurze, anregende Studie)
Dilthey, W.: Studien zur Geschichte des deutschen Geistes. Leibniz und sein Zeitalter. (Gesammelte Schriften, Bd. 3.) Leipzig, 1927. 3. Aufl., hrsg. von G. Ritter. Göttingen, 1962
Dunin-Borkowski, St. von: Spinoza. 4 Bde. Bd. 1, 2. Aufl. Münster, 1933–1936
Fleckenstein, J. O.: Gottfried Wilhelm Leibniz. Barock und Universalismus. (Plinius-Bücher) München, 1958
Freudenthal, J.: Spinoza. Sein Leben und seine Lehre. 2. Aufl., hrsg. von C. Gebhardt. 2 Tl.-Bde. Heidelberg, 1927
Friedrich, C. J.: The age of the Baroque. 1610 to 1660. (The rise of modern Europe, Bd. 5.) New York, 1952. Deutsch: Das Zeitalter des Barock. Kultur und Staaten Europas im 17. Jahrhundert. Übers. F. Schöne. Stuttgart, 1954
Friedrich, H.: Descartes und der französische Geist. (Wissen und Zeitgeist) Leipzig, 1937
Gallondédec-Genuys, F.: Le prince selon Fénelon. (Bibliothèque de la science politique, Ser. 2: Les idées politiques) Paris, 1963
Gilson, Ét.: Études sur le rôle de la pensée médiévale dans la formation du système cartésien. Neuaufl. (Études de la philosophie médiévale 13) Paris, 1951
Gooch, G. P.: English democratic ideas in the seventeenth century. 2. Aufl. Cambridge, 1927
Gough, J. W.: John Locke's political philosophy. Eight studies. Oxford, 1950
Gray, E. J.: William Penn. New York, 1941. Deutsch: William Penn. Übers. T. Herzog. Bad Pyrmont, 1946
Grierson, H. J. C.: Cross currents in English literature of the 17th century. The world, the flesh and the spirit, their actions and reactions. London, 1929. Taschenbuchausg., unter dem Titel: Cross-currents in 17th century English literature. (Harper Torchbooks) New York, 1958
Grünberg, P.: Philipp Jakob Spener. 3 Bde. Göttingen, 1893–1906
Guitton, J.: Pascal et Leibniz. Paris, 1951
Haase, E.: Einführung in die Literatur des Refuge. Der Beitrag der französischen Protestanten zur Entwicklung analytischer Denkformen am Ende des 17. Jahrhunderts. Berlin, 1959
Hankamer, P.: Deutsche Gegenreformation und deutsches Barock. Die deutsche Literatur im Zeitraum des 17. Jahrhunderts. 3. Aufl. (Epochen der deutschen Literatur, Bd. II, 2) Stuttgart, 1964
Hazard, P.: La crise de la conscience européenne (1680–1715). 3 Bde. Paris, 1935. Deutsch: Die Krise des europäischen Geistes 1680–1715. Übers. H. Wegener. 3. Aufl. (Europa-Bibliothek) Hamburg, 1948
Hertz, G. B.: English public opinion after the restoration. London, 1902
Hessing, S., Hrsg.: Benedictus de Spinoza. 300 Jahre Ewigkeit. Spinoza-Festschrift 1632 bis 1932. 2. Aufl. den Haag, 1962
Hobbes, Th.: The elements of law, natural and politic. [Krit. Ausg.] Hrsg. F. Tönnies. London, 1889. Neuausg. Cambridge, 1928. Deutsch: Naturrecht und allgemeines Staatsrecht in den Anfangsgründen. Einl. F. Tönnies. (Klassiker der Politik, Bd. 13) Berlin, 1926
Hobbes, Th.: Leviathan, or the matter, forme and power of a commonwealth, ecclesiasticall and civil. London, 1651. Neue Ausg.: Hrsg. M. Oakeshott. Oxford, 1946. Deutsch: Leviathan oder von Materie, Form und Gewalt des kirchlichen und bürgerlichen Staates. Hrsg. J. P. Mayer. 2 Bde. Zürich, 1936
Hobbes, Th.: Vom Menschen. Vom Bürger. Übers. und Hrsg. G. Gawlick. (Philosophische Bibliothek) Hamburg, 1959 (Übers. von »De homine«, 1658, und »De cive«, 1642)
Huber, E. R.: Reich, Volk und Staat in der Reichsrechtswissenschaft des 17. und 18. Jahrhunderts. Zeitschrift für die gesamte Staatswissenschaft 102, 1942
Jalabert, J.: Le dieu de Leibniz. Paris, 1960
James, D. G.: The life of reason: Hobbes, Locke, Bolingbroke. Oxford, 1949
Jaspers, K.: Descartes und die Philosophie. 3. Aufl. Berlin, 1956
Kiefl, F. X.: Leibniz und die religiöse Wiedervereinigung Deutschlands. Seine Verhandlungen mit Bossuet und europäischen Fürstenhöfen über die Versöhnung der christlichen Konfessionen. 2. Aufl. Regensburg, 1925
Klemmt, A.: John Locke. Theoretische Philosophie. (Monographien zur philosophischen Forschung 10) Meisenheim/Glan, 1952
Knox, R. A.: Enthusiasm. A chapter in the history of religion, with a special reference to the 17th and 18th centuries. New York, 1950. Deutsch: Christliches Schwärmertum. Ein Beitrag zur Religionsgeschichte. Übers. P. Hawelaar und A. Schorn. Köln, 1957
Koyré, A.: Descartes und die Scholastik. Bonn, 1923

Kraus, J., und J. Calvet, Hrsg.: Fénelon. Persönlichkeit und Werk. Festschrift zur 300. Wiederkehr seines Geburtstages. Baden-Baden, 1953

Leibniz, G. W.: Grundwahrheiten der Philosophie. Monadologie. Französisch-Deutsch. Unter Benutzung älterer Übersetzungen und Kommentare neu übertragen. Übers. und Hrsg. J. Chr. Horn. Frankfurt/Main, 1962

Leibniz zu seinem 300. Geburtstage, 1646–1946. Hrsg. E. Hochstetter. Berlin, 1946–1952 (Erschien in Lfgn.; enthält u. a. »Leibniz als Metaphysiker« von Nicolai Hartmann, »Leibniz als Historiker« von Werner Conze, »Leibniz und Peter d. Gr.« von Ernst Benz)

Lévy-Bruhl, L.: Les tendances générales de Bayle et de Fontanelle. Revue d'histoire de la philosophie 1, 1927

Macdonald, H., und M. Hargreaves: Thomas Hobbes. A biography. London, 1952

McLachlan, H. J.: Socinianism in seventeenth-century England. London, 1951

Meissner, P.: Die rationalistische Grundlage der englischen Kultur des 17. Jahrhunderts. Anglia 55, 1931

Morris, G. Ch.: Political thought in England, Tyndale to Hooker. London, 1953

Nussbaum, F. L.: Triumph of science and reason. 1660–1685. (The rise of modern Europe, Bd. 6.) New York, 1953

O'Connor, D. J.: John Locke. A critical introduction. (Penguin) Harmondsworth, 1952

Peters, R.: Aufbau der Weltgeschichte bei Giambattista Vico. (Forschungen zur Geschichte u. Gesellschaftslehre 1) Stuttgart, 1929

Polin, R.: La politique morale de John Locke. Paris, 1960

Pollock, F.: Spinoza. His life and philosophy. 4. Aufl. London, 1936

Rich, A.: Pascals Bild vom Menschen. Eine Studie über die Dialektik von Natur und Gnade in den »Pensées«. (Studien zur Dogmengeschichte und systematischen Theologie 3) Zürich, 1954

Rüfner, V.: Die Geschichtsphilosophie Giambattista Vicos. 2. Aufl. (Bonner Universitäts-Schriften 6) Bonn, 1946

Schmitt, C.: Der Leviathan in der Staatslehre des Thomas Hobbes. Sinn und Fehlschlag eines politischen Symbols. Hamburg, 1938

Schmittlein, R.: L'aspect politique du différend Bossuet – Fénelon. Paris, 1955

Schöffler, H.: Protestantismus und Literatur. Neue Wege zur englischen Literatur des 18. Jahrhunderts. Leipzig, 1922. 2. Aufl. Göttingen, 1958

Schulz, W.: Der Gott der neuzeitlichen Metaphysik. Pfullingen, 1957

Spaemann, R.: Reflexion und Spontaneität. Studien über Fénelon. Stuttgart, 1963

Sugg, E. B.: Pierre Bayle, ein Kritiker der Philosophie seiner Zeit. (Forschungen zur Geschichte der Philosophie und der Pädagogik, Bd. 4, H. 3) Leipzig, 1930

Tönnies, F.: Thomas Hobbes. Leben und Lehre. 3. Aufl. Stuttgart, 1925

Vaughan, C. E.: Studies in the history of political philosophy. Bd. 1: From Hobbes to Hume. Neuaufl., hrsg. von A. G. Little. New York, 1960

Vico, G. B.: De nostri temporis studiorum ratione. – Vom Wesen und Weg der geistigen Bildung. Lateinisch-Deutsch. Übers. W. F. Otto. Nachw. C. Fr. Freiherr von Weizsäcker. Erläuternder Anh. von Fr. Schalk. Bad Godesberg, 1947

Vico, G. B.: Principi di una scienza nuove d' intorno alla comune natura delle nazioni. Krit. Ausg. Hrsg. F. Nicolini. 3 Bde. (Scrittori d' Italia) Bari, 1911–1916. Deutsch: Die neue Wissenschaft über die gemeinschaftliche Natur der Völker. Nach der Ausgabe von 1744 übers. und eingel. von E. Auerbach. München, 1925

Willey, B.: The 17th century background. Studies in the thought of the age in relation to poetry and religion. London, 1934. Neuausg. New York, 1958. Taschenbuchausg.: The seventeenth-century background. (Penguin) Harmondsworth, 1962

Wolff, H. M.: Spinozas Ethik. Eine kritische Einführung. (Dalp-Taschenbücher) München, 1958

Die europäische Staatenwelt im 18. Jahrhundert

Acton, H.: The Bourbons of Naples (1734 to 1825). London, 1957

Amburger, E.: Rußland und Schweden 1762 bis 1772. Katharina II., die schwedische Verfassung und die Ruhe des Nordens. Berlin, 1934

Anderson, M. S.: Europe in the eighteenth century, 1713–1783. London, 1961

Andreas, W.: Carl August von Weimar. Ein Leben mit Goethe, 1757–1783. Stuttgart, 1953

Arneth, A. Ritter von: Geschichte Maria Theresias. 10 Bde. Wien, 1863–1879

Ashton, T. S.: An economic history of England: The eighteenth century. London, 1955

Bechtel, H.: Wirtschaftsgeschichte Deutschlands. Bd. 2: Vom Beginn des 16. Jahrhunderts bis zum Ende des 18. Jahrhunderts. München, 1952

Brandt, O.: Das Problem der »Ruhe des Nordens« im 18. Jahrhundert. Historische Zeitschrift 140, 1929

Braubach, M.: Der Aufstieg Brandenburg-Preußens, 1640–1815. (Geschichte der führenden Völker) Freiburg i. Br., 1935

Braubach, M.: Versailles und Wien von Ludwig XIV. bis Kaunitz. Die Vorstadien der diplomatischen Revolution im 18. Jahrhundert. (Bonner historische Forschungen 2) Bonn 1952

Braubach, M.: Vom Westfälischen Frieden bis zur Französischen Revolution. In: B. Geb-

hardt: Handbuch der deutschen Geschichte. Hrsg. H. Grundmann. 8. Aufl. Bd. 2: Von der Reformation bis zum Ende des Absolutismus. 16.–18. Jahrhundert. Stuttgart, 1955. 4. Nachdr. 1961
Braubach, M.: Maria Theresias jüngster Sohn Max Franz, letzter Kurfürst von Köln und Fürstbischof von Münster. Wien, 1961
Braubach, M.: Prinz Eugen von Savoyen. Eine Biographie. 5 Bde. München, 1963–1965
Bruford, W. H.: Germany in the eighteenth century. The social background of the literary revival. Cambridge, 1939
Bussmann, W.: Friedrich der Große im Wandel des europäischen Urteils. In: Deutschland und Europa. Festschrift Hans Rothfels. Düsseldorf, 1951
The New Cambridge Modern History. Bd. 7: The old regime, 1713–1763. Hrsg. J. O. Lindsay. Cambridge, 1957
Carré, H.: Le règne de Louis XV. Histoire de France depuis les origines jusqu' à la révolution, hrsg. von E. Lavisse, Bd. 8, 2. Paris, 1911
Carré, H., Ph. Sagnac und E. Lavisse: Le règne de Louis XVI. Histoire de France depuis les origines jusqu' à la révolution, hrsg. von E. Lavisse, Bd. 9, 1. Paris, 1911
Desdevises du Desert, G. N.: La richesse et la civilisation espagnoles au XVIIIe siècle. Paris, 1928
Dorn, W. L.: Competition for empire. 1740 to 1763. (The rise of modern Europe, Bd. 9.) New York, 1940
Droz, J.: Histoire diplomatique de 1648 à 1919. (Études politiques, économiques, sociales 4) Paris, 1952
Erdmannsdörffer, B.: Deutsche Geschichte vom Westfälischen Frieden bis zum Regierungsantritt Friedrichs des Großen 1648–1740. 2 Bde. Berlin, 1892–1893. Neudr. Meersburg, 1932. Nachdr. Darmstadt, 1962
Gershoy, L.: From despotism to revolution. 1763–1789. (The rise of modern Europe, Bd. 10.) New York, 1944
Gooch, G. P.: Frederick the Great. The ruler, the writer, the man. London, 1947. Deutsch: Friedrich der Große. Herrscher, Schriftsteller, Mensch. Göttingen, 1951. Taschenbuchausg.: (Fischer Bücherei) Frankfurt/Main, 1964
Gooch, G. P.: Louis XV. The monarchy in decline. London, 1956
Göhring, M.: Weg und Sieg der modernen Staatsidee in Frankreich. Vom Mittelalter bis 1789. 2. Aufl. Tübingen, 1947
Grunwald, C. de: La Russie de Pierre le Grand. Paris, 1953. Englisch: Peter the Great. Übers. V. Garvin. New York, 1956
Handbuch der Deutschen Geschichte. Begr. von O. Brandt, fortgef. von A. O. Meyer. Neu hrsg. von L. Just. Bd. 2: Deutsche Geschichte vom Zeitalter der Reformation bis zum Tode Friedrichs des Großen. Konstanz, 1956
Hantsch, H.: Die Entwicklung Österreich-Ungarns zur Großmacht. (Geschichte der führenden Völker) Freiburg i. Br., 1935
Hartung, Fr.: Carl August von Weimar als Landesherr. Historische Zeitschrift 124, 1921
Hartung, Fr.: Neuzeit von der Mitte des 17. Jahrhunderts bis zur Französischen Revolution 1789. (Handbuch für den Geschichtslehrer, V, 1) Leipzig, 1932
Hartung, Fr.: Deutsche Verfassungsgeschichte vom 15. Jahrhundert bis zur Gegenwart. 8. Aufl. Stuttgart, 1964
Hartung, Fr.: Der aufgeklärte Absolutismus. Historische Zeitschrift 180, 1955
Haussherr, H.: Wirtschaftsgeschichte der Neuzeit vom Ende des 14. bis zur Höhe des 19. Jahrhunderts. 3. Aufl. Köln, 1960
Heckscher, E. F.: Merkantilismen. Ett led i den ekonomiska politikens historia. 2 Bde. Stockholm, 1931. Deutsch: Der Merkantilismus. Übers. G. Mackenroth. 2 Bde. Jena, 1932
Hinrichs, C.: Friedrich Wilhelm I., König in Preußen. Eine Biographie. Bd. 1: Jugend und Aufstieg. Hamburg, 1943 (Mehr nicht erschienen)
Hinrichs, C.: Das Reich und die Territorialstaaten im Zeitalter des Absolutismus. In: Deutsche Geschichte im Überblick. Ein Handbuch. Hrsg. P. Rassow. 2. Aufl. Stuttgart, 1962
Hinrichs, C.: Preußen als historisches Problem. Gesammelte Abhandlungen. Hrsg. G. Oestreich. (Veröffentlichungen der historischen Kommission zu Berlin beim Friedrich-Meinecke-Institut der Freien Universität Berlin, 10) Berlin, 1964
Hintze, O.: Die Hohenzollern und ihr Werk. Berlin, 1915
Historia Mundi. Ein Handbuch der Weltgeschichte. Begr. von Fr. Kern. Hrsg. Fr. Valjavec. Bd. 7: Übergang zur Moderne. Bd. 9: Aufklärung und Revolution. Bern, 1957–1960
Hovde, B. J.: The Scandinavian countries, 1720–1865. Ithaca, N. Y., 1948
Hubatsch, W.: Das Problem der Staatsräson bei Friedrich dem Großen. Göttingen, 1956 (Erweiterte Fassung eines Vortrags)
Hubatsch, W.: Das Zeitalter des Absolutismus 1600–1789. (Geschichte der Neuzeit) Braunschweig, 1962
Immich, M.: Geschichte des europäischen Staatensystems, 1660–1789. (Handbuch der mittelalterlichen und neueren Geschichte, II,5) Berlin, 1905
Carl August Großherzog von Sachsen – Weimar – Eisenach: Politischer Briefwechsel des Herzogs und Großherzogs Carl August von Weimar. Hrsg. W. Andreas. Bearb. H. Tümmler. Bde. 1–2. (Quellen zur deutschen Geschichte des 19. und 20. Jahrhunderts 37/38) Stuttgart, 1954–1958
Kluxen, K.: Das Problem der politischen Opposition. Entwicklung und Wesen der englischen Zweiparteienpolitik im 18. Jahrhundert. (Orbis academicus) Freiburg i. Br., 1956
Knapp, G. F.: Die Bauernbefreiung und der Ursprung der Landarbeiter in den älteren Teilen Preußens. 2 Bde. Leipzig, 1887
Konetzke, R.: Die Politik des Grafen Aranda. Ein Beitrag zur Geschichte des spanisch-englischen Weltgegensatzes im 18. Jahrhundert. Berlin, 1929
Koser, R.: Geschichte Friedrichs des Großen. 4 Bde. 7. Aufl. Stuttgart, 1925

LABROUSSE, C. E.: La crise de l'économie française à la fin de l'ancien régime et au début de la révolution. Paris, 1943
MAASS, F.: Der Josephinismus. Quellen zu seiner Geschichte in Österreich 1760–1850. Bde. 1 bis 5. (Fontes rerum Austriacarum, Österreichische Geschichtsquellen, II, 71–75) Wien, 1951–1961
MCNEILL, W. H.: Europe's steppe frontier, 1500–1800. Chicago, Ill., 1964
MICHAEL, W.: Englische Geschichte im 18. Jahrhundert. Bd. 5: Englands Aufstieg zur Weltmacht. Basel, 1955
MITROFANOW, P. VON: Joseph II. Seine politische und kulturelle Tätigkeit. 2 Bde. Wien, 1910
MOUSNIER, R., und E. LABROUSSE: Le XVIIIe siècle. Révolution intellectuelle, technique et politique, 1715–1815. Histoire générale des civilisations, hrsg. von M. Crouzet, Bd. 5. Paris, 1955
MÜLLER, K. A. VON: Der ältere Pitt. 2.Aufl. (Meister der Politik, Bd. 2) Stuttgart, 1923. Neudr., als selbständiger Bd.: (Schriften der Corona 17) München, 1937
MURET, P., und PH. SAGNAC: La prépondérance anglaise (1715–1763). 3. Aufl. (Peuples et civilisations, Bd. 11) Paris, 1949
NÄF, W.: Der Durchbruch des Verfassungsgedankens im 18. Jahrhundert. Schweizer Beiträge zur Allgemeinen Geschichte 11, 1953
NOVOTNY, A.: Staatskanzler Kaunitz als geistige Persönlichkeit. Ein österreichisches Kulturbild aus der Zeit der Aufklärung und des Josephinismus. (Buchreihe »Österreichische Heimat«) Wien, 1947
PALMER, R. R.: The age of democratic revolution. A political history of Europe and America, 1760–1800. Princeton, N. J., 1959
PRÉCLIN, E., und V.-L. TAPIÉ: Le XVIIIe siècle. Tl. 1: La France et le monde de 1715 à 1789. Tl. 2: Les forces internationales. (Collection Clio) Paris, 1952
RAUMER, K. VON: Ewiger Friede. Friedensrufe und Friedenspläne seit der Renaissance. (Orbis academicus) Freiburg i. Br., 1953
REDLICH, O.: Das Werden einer Großmacht. Österreich von 1700–1740. Baden b.Wien, 1938
REINHOLD, P.: Maria Theresia. Neuaufl. Wiesbaden, 1958
RITTER, G.: Friedrich der Große. Ein historisches Profil. Leipzig, 1936. 3.Aufl. Heidelberg, 1954
ROBERTS, P.: The quest for security. 1715–1740. (The rise of modern Europe, Bd. 8.) New York, 1947
RUVILLE, A. VON: William Pitt, Graf von Chatham. 3 Bde. Stuttgart, 1905. Englisch: William Pitt, Earl of Chatham. Übers. H. J. Chaytor. 2 Bde. London, 1907
SALVATORELLI, L.: Il pensiero politico italiano dal 1700 al 1870. 5.Aufl. Turin, 1949

SÁNCHEZ AGESTA, L.: El pensiamento político del despotismo ilustrado. Madrid, 1953
SÉE, H.: Les idées politiques en France au XVIIIe siècle. Paris, 1923
SETHE, P.: Morgenröte der Gegenwart. Von Friedrich dem Großen bis Washington. Bilder und Texte. Stuttgart, 1963
SKALWEIT, ST.: Frankreich und Friedrich der Große. Der Aufstieg Preußens in der öffentlichen Meinung des »ancien régime«. (Bonner historische Forschungen 1) Bonn, 1952
STÖKL, G.: Russische Geschichte von den Anfängen bis zur Gegenwart. (Kröners Taschenausgaben) Stuttgart, 1962
TUNSTALL, W. C. B.: William Pitt, Earl of Chatham. London, 1938
VALJAVEC, FR.: Der Josephinismus. Zur geistigen Entwicklung Österreichs im 18. und 19. Jahrhundert. 2.Aufl. München, 1945
VALJAVEC, FR.: Geschichte der abendländischen Aufklärung. Wien, 1961
VALSECCHI, F.: L'Italia nel Settecento. Dal 1714 al 1788. Mailand, 1959
VALSECCHI, F.: L'assolutissimo illuminato in Austria e in Lombardia. 2 Bde. Bologna, 1931–1934
VAUCHER, P.: Robert Walpole et la politique de Fleury (1731–1742). Paris, 1924
WAGNER, FR.: Europa im Zeitalter des Absolutismus. 1648–1789. 2.Aufl. (Weltgeschichte in Einzeldarstellungen) München, 1959
WANDRUSZKA, A.: Österreich und Italien im 18. Jahrhundert. Wien, 1963
WANDRUSZKA, A.: Leopold II., Erzherzog von Österreich, Großherzog von Toskana, König von Ungarn und Böhmen, Römischer Kaiser. 1747–1792. 2 Bde. Wien, 1963–1964
WEIGEL, H.: Der Dreikurfürstenbund zwischen Brandenburg-Preußen, Hannover und Sachsen 1785. Leipzig, 1929
WILLIAMS, B.: The Whig supremacy. 1714–1760. (The Oxford History of England, XI) Oxford, 1962
WILSON, A. M.: French foreign policy during the administration of Cardinal Fleury. A study in diplomacy and commercial development 1726–1773. London, 1936
WINTER, ED.: Der Josephinismus. Die Geschichte des österreichischen Reformkatholizismus 1740–1848. (Beiträge zur Geschichte des religiösen und wissenschaftlichen Denkens, Bd. 1.) 2.Aufl. Berlin, 1962
WITTRAM, R.: Peter I., Czar und Kaiser. Zur Geschichte Peters des Großen in seiner Zeit. 2 Bde. Göttingen, 1964
ZELLER, G.: De Louis XIV à 1789. Histoire des relations internationales, hrsg. von P. Renouvin, Bd. 3, Tl. 2. Paris, 1955
ZELLER, G.: Le principe d'équilibre dans la politique internationale avant 1789. Revue historique 215, 1956

Die europäische Aufklärung

Quellen und Texte, Bibliographien

Die Aufklärung. Dargestellt in ausgewählten Texten. Hrsg. G. Funke. Stuttgart, 1963 (Hebt in der Einleitung Leibnizens besondere Bedeutung heraus; wertvoll auch durch die knappen Charakteristiken aller in dieser Anthologie vertretenen Autoren)

Die Französische Aufklärung im Spiegel der deutschen Literatur des 18. Jahrhunderts. Hrsg. W. Krauss. Berlin, 1963 (Die wichtige Anthologie sucht die verschiedenen Reaktionen in Deutschland sichtbar zu machen)

Deutsche Dichtung im 18. Jahrhundert. Hrsg. A. Elschenbroich. München, 1960

Deutsche Literatur. Sammlung literarischer Kunst- und Kulturdenkmäler in Entwicklungsreihen. Hrsg. H. Kindermann. Reihe XIV: Aufklärung. Hrsg. Fr. Brüggemann. 15 Bde. Leipzig, 1930–1941. Bd. 1, 2. Aufl., 1938 (Wichtige Sammlung von Texten aus Literatur und Philosophie, mit ausführlichen Einleitungen; Nachdr. in Vorbereitung)

Rochedieu, Ch. A.: Bibliography of French translations of English works, 1700–1800. Einl. von D. F. Bon. Chicago, Ill., 1948

Das Zeitalter des Pietismus. Hrsg. M. Schmidt und W. Jannasch. Klassiker des Protestantismus, hrsg. von Chr. M. Schröder, Bd. 6. (Sammlung Dieterich) Bremen, 1965

Das Zeitalter der Aufklärung. Hrsg. W. Philipp. Klassiker des Protestantismus, hrsg. von Chr. M. Schröder, Bd. 7. (Sammlung Dieterich) Bremen, 1963 (Einführung und Quellen; macht die geschichtliche Abfolge der drei großen Strömungen der Physikotheologie, der Neologie und des Rationalismus sichtbar)

Gesamtdarstellungen

Barrière, P.: La vie intellectuelle en France du XVIe siècle à l'époque contemporaine. Paris, 1961

Boor, H. de, und R. Newald: Geschichte der deutschen Literatur von den Anfängen bis zur Gegenwart. Bd. 5: R. Newald: Die deutsche Literatur vom Späthumanismus zur Empfindsamkeit. 1570–1750. Bd. 6: Von Klopstock bis zu Goethes Tod. 1750–1832. Tl. 1: R. Newald: Ende der Aufklärung und Vorbereitung der Klassik. 4. Aufl. (Handbücher für das germanistische Studium) München, 1963 bis 1964

Cassirer, E.: Die Philosophie der Aufklärung. (Grundriß der philosophischen Wissenschaften) Tübingen, 1932

Crocker, L. G.: An age of crisis. Man and world in eighteenth-century French thought. Baltimore, 1959

Havens, G. R.: The age of ideas in eighteenth-century France. New York, 1955

Hazard, P.: La crise de la conscience européenne (1680–1715). 3 Bde. Paris, 1935. Deutsch: Die Krise des europäischen Geistes 1680–1715. Übers. H. Wegener. 3. Aufl. (Europa-Bibliothek) Hamburg, 1948

Hazard, P.: La pensée européenne au XVIIIe siècle. De Montesquieu à Lessing. 3 Bde. Paris, 1946. Deutsch: Die Herrschaft der Vernunft. Das europäische Denken im 18. Jahrhundert. Von Montesquieu bis Lessing. Übers. H. Wegener und K. Linnebach. (Europa-Bibliothek) Hamburg, 1949

Manuel, F. E.: The eighteenth century confronts the gods. Cambridge, Mass., 1963

Martini, F.: Von der Aufklärung zum Sturm und Drang. In: Annalen der deutschen Literatur. Geschichte der deutschen Literatur von den Anfängen bis zur Gegenwart. Hrsg. H. O. Burger. 2. Aufl. Stuttgart, 1964

Pauphilet, A., L. Pichard und R. Barroux: Dictionnaire des lettres françaises: Le dix-huitième siècle. 2 Bde. Paris, 1960

Valjavec, Fr.: Geschichte der abendländischen Aufklärung. Wien, 1961

Wehrli, M.: Das Zeitalter der Aufklärung. In: Deutsche Literaturgeschichte in Grundzügen. Die Epochen deutscher Dichtung in Darstellungen von L. Beriger, A. Bettex, B. Boesch u. a. Hrsg. B. Boesch. 2. Aufl. München, 1961

Einzelstudien

Barber, W. H.: Leibniz in France. From Arnauld to Voltaire. A study in French reaction to Leibnizianism 1670–1760. Oxford, 1955

Böhm, B.: Sokrates im 18. Jahrhundert. Studien zum Werdegang des modernen Persönlichkeitsbewußtseins. Leipzig, 1927

Burgelin, P.: La philosophie de l'existence de Jean-Jacques Rousseau. Paris, 1952

Cassirer, E.: Das Problem Jean-Jacques Rousseau. Archiv für Geschichte der Philosophie 41, 1932

Crocker, L. G.: Nature and culture. Ethical thought in the French Enlightenment. Baltimore, 1963

Diderot Studies. Hrsg. O. Fellows. Bde. 1–2. Syracuse, N. Y., 1949–1952. Bde. 3–5. Genf, 1961–1964

Dieckmann, H.: Cinq leçons sur Diderot. Genf, 1959

Dieckmann, H.: Themes and structures of the Enlightenment. In: H. Dieckmann, H. Levin und H. Motekat: Essays in comparative literature. (Washington University studies) St. Louis, Miss., 1961

Dieckmann, H.: Religiöse und metaphysische Elemente im Denken der Aufklärung. In: Wort und Text. Festschrift für Fritz Schalk. Hrsg. H. Meier und H. Sckommodau. Frankfurt/Main, 1963

Dilthey, W.: Gesammelte Schriften. Bd. 3: Studien zur Geschichte des deutschen Geistes. Leibniz und sein Zeitalter. Friedrich der Große und die deutsche Aufklärung. Das achtzehnte Jahrhundert und die geschichtliche Welt. Hrsg. P. Ritter. 3. Aufl. Göttingen, 1962

Dobrée, B.: English literature in the early eighteenth century, 1700–1740. (The Oxford History of English Literature, VII) Oxford, 1960

FABRE, J.: Lumières et Romantisme. Énergie et nostalgie de Rousseau à Mickiewicz. Paris, 1963
KAISER, G.: Pietismus und Patriotismus im literarischen Deutschland. Ein Beitrag zum Problem der Säkularisation. Wiesbaden, 1961
KORFF, H. A.: Voltaire im literarischen Deutschland des 18. Jahrhunderts. 2 Bde. Heidelberg, 1917–1918
EIGHTEENTH CENTURY ENGLISH LITERATURE. Modern essays in criticism. Hrsg. J. L. Clifford. New York, 1959
MANUEL, F. E.: Isaac Newton historian. Cambridge, Mass., 1963
MEINECKE, FR.: Die Entstehung des Historismus. München, 1936. 2. Aufl. 1946. Neuausg.: Fr. Meinecke: Werke. Hrsg. im Auftrag des Friedrich-Meinecke-Instituts der Freien Universität Berlin von H. Herzfeld, C. Hinrichs und W. Hofer. Bd. 3: Die Entstehung des Historismus. Hrsg. C. Hinrichs. München, 1959
MOORE, C. A.: Backgrounds of English literature, 1700–60. Minneapolis, 1953
PALMER, R. R.: Catholics and unbelievers in eighteenth-century France. New York, 1961
POMEAU, R.: La religion de Voltaire. Paris, 1956
PROUST, J.: Diderot et l'Encyclopédie. Paris, 1962
RANG, M.: Rousseaus Lehre vom Menschen. Göttingen, 1959
SARAILH, J.: L'Espagne éclairée de la seconde moitié du XVIIIe siècle. Paris, 1954
SCHÖFFLER, H.: Protestantismus und Literatur. Neue Wege zur englischen Literatur des 18. Jahrhunderts. 2. Aufl. Göttingen, 1958
SCHÖFFLER, H.: Deutscher Geist im 18. Jahrhundert. Essays zur Geistes- und Religionsgeschichte. Hrsg. G. von Selle. Göttingen, 1956
SENGLE, FR.: Wieland. Stuttgart, 1949
SHACKLETON, R.: Montesquieu. A critical biography. Oxford, 1961
STAMM, R.: Der aufgeklärte Puritanismus Daniel Defoes. Bern, 1936
STAMM, R.: Englische Literatur. (Wissenschaftliche Forschungsberichte, Geisteswissenschaftliche Rh., Bd. 11) Bern, 1957 (Enthält einen ausführlichen Bericht über Dichtung und Prosa des 18. Jahrhunderts)
STAROBINSKI, J.: Jean-Jacques Rousseau. La transparence et l'obstacle. Paris, 1952
STAROBINSKI, J.: L'invention de la liberté (1700–1789). (Arts, idées, histoire) Paris, 1965
STUDIES ON VOLTAIRE and the Eighteenth Century – TRAVAUX SUR VOLTAIRE et le XVIIIe siècle. Hrsg. unter Leitung von Th. Besterman. Bde. 1–32. Genf, 1955–1965 (Bde. 1–2 erschienen unter dem französischen Titel. Enthält in Bd. 24–27 die Transactions of the First International Congress on the Enlightenment, 4 Bde.)
UNGER, R.: Hamann und die Aufklärung. 2 Bde. 2. Aufl. Halle/Saale, 1925
VENTURI, F., Hrsg.: Illuministi italiani. Bd. 3: Riformatori lombardi, piemontesi e toscani. Bd. 5: Riformatori napoletani. (La letteratura italiana, storia e testi, Bd. 46) Mailand, 1958 bis 1962 (Mehr bisher nicht erschienen; diese große Sammlung wird auch die Texte der wichtigsten italienischen Autoren des 18. Jahrhunderts veröffentlichen)
VOSSLER, O.: Rousseaus Freiheitslehre. Göttingen, 1963
WADE, I. C.: Voltaire and Candide. A study in the fusion of history, art and philosophy. Princeton, N. J., 1959
WIESE UND KAISERSWALDAU, B. VON: Lessing. Dichtung, Aesthetik, Philosophie. Leipzig, 1931
WILLEY, B.: The 18th century background. Studies on the idea of nature in the thought of the period. 5. Aufl. New York, 1953
WOLFF, H. M.: Die Weltanschauung der deutschen Aufklärung in geschichtlicher Entwicklung. München, 1949
YVERBERG, H.: Historical pessimism in the French Enlightenment. (Harvard Historical Monographs 36) Cambridge, Mass., 1958

Die amerikanische Unabhängigkeit

ABERNETHY, T. B.: Western lands and the American Revolution. Charlottesville, Va., 1937 (Bodenspekulation und Verwaltungspolitik in der Revolutionszeit)
ADAMS, J.: Diary and Autobiography of John Adams. Hrsg. L. H. Butterfield. 4 Bde. Cambridge, Mass., 1961
ADAMS, R. G.: The political ideas of the American Revolution. Britannic-American contributions to the problem of imperial organization, 1765 to 1775. Durham, N.C., 1922
ALVORD, C.: The Mississippi valley in British politics. 2 Bde. Cleveland, Ohio, 1916 (Englische Politik gegenüber dem amerikanischen Westen)
ANDREWS, C. M.: The colonial background of the American Revolution. New Haven, Conn., 1924
BAUMGARTEN, ED.: Die geistigen Grundlagen des amerikanischen Gemeinwesens. Tl. 1: Benjamin Franklin. Der Lehrmeister der amerikanischen Revolution. Frankfurt/Main, 1936
BEARD, CH.: An economic interpretation of the Constitution of the United States. New York, 1913 (Beards Thesen beeinflußten in der Folgezeit fast das gesamte Schrifttum zur Entstehung der Verfassung, bis sie durch Robert Brown und Forrest McDonald widerlegt wurden)
BECKER, C.: The Declaration of Independence. A study in the history of political ideas. New York, 1922. 2. Aufl. 1942 (Zum geistesgeschichtlichen Hintergrund)
BEMIS, S. F.: The diplomacy of the American Revolution. New York, 1935
BOORSTIN, D. J.: The Americans: the colonial experience. New York, 1958 (Unterstreicht die Bedeutung der Umwelteinflüsse für das Entstehen der Kultur Nordamerikas)

BRANT, I.: James Madison. The Virginia revolutionist, 1751–1780. New York, 1941
BRANT, I.: James Madison. The nationalist, 1780–1787. Indianapolis, 1948
BRANT, I.: James Madison. Father of the Constitution, 1787–1800. Indianapolis, 1950
BRIDENBAUGH, C.: Cities in revolt. Urban life in America 1743–1776. New York, 1955
BRIDENBAUGH, C.: Mitre and sceptre. Transatlantic faiths, ideas, personalities, and politics 1689–1775. New York, 1962 (Die Versuche von bischöflicher Seite zur Durchsetzung der Ernennung eines amerikanischen Bischofs und ihre Auswirkungen auf die amerikanischen Siedler)
BROWN, R. E.: Charles Beard and the Constitution. Princeton, N.J., 1950 (Widerlegt Zeile um Zeile die Thesen Beards)
COMMAGER, H. S., Hrsg.: Documents of American history. 6. Aufl. (Crofts American History series) New York, 1958
DAVIDSON, PH.: Propaganda and the American Revolution, 1763–1783. Chapel Hill, N.C., 1941
DICKERSON, O. M.: The Navigation Acts and the American Revolution. Philadelphia, 1951 (Sucht nachzuweisen, daß die Navigation Acts nicht ursächlich zur Revolution beitrugen, unterstreicht aber die Rolle der Zollbevollmächtigten, Customs Commissioners, nach 1767)
FARRAND, M., Hrsg.: The records of the Federal Convention of 1787. 3 Bde. New Haven, Conn., 1911. Neuaufl. 4 Bde. New Haven, Conn., 1937
FERGUSON, E. J.: The power of the purse. A history of American public finance, 1776–1790. Chapel Hill, N. C., 1961
FORBES, E.: Paul Revere and the world he lived in. Boston, Mass., 1942
FRANKLIN, B.: The papers of Benjamin Franklin. Hrsg. L. W. Labaree und J. W. Bell. Bde. 1–8. New Haven, Conn., 1959–1965 (Im Erscheinen begriffene definitive Ausgabe der Schriften, umfaßt auch die Briefe an Franklin). Deutsch, Ausw.: Kleinere Schriften. Übers. und Hrsg. Fr. Kapp. 3. Aufl. Berlin, 1882
FREEMAN, D. S.: George Washington. 7 Bde. New York, 1949–1957
GIPSON, L. H.: The British Empire before the American Revolution. 10 Bde. New York, 1936–1961 (Überblick über die Probleme des Weltreichs von der Jahrhundertmitte bis zur Krise der Revolution)
HARASZTI, Z.: John Adams and the prophets of progress. Cambridge, Mass., 1952
JAMESON, J. F.: The American Revolution considered as a social movement. Princeton, N.J., 1926
JEFFERSON, TH.: The papers of Thomas Jefferson. Hrsg. J. Boyd u. a. Bde. 1–16. Princeton, N.J., 1950–1964 (Die erste vollständige Sammlung aller Schriften Jeffersons, unter Einbeziehung der Briefe an ihn; die bisher erschienenen Bände führen bis zum Juli 1790)
JENSEN, M.: The Articles of Confederation. Madison, Wis., 1940
JENSEN, M.: The New Nation. A history of the United States during the Confederation, 1781–1789. New York, 1950

JENSEN, M., Hrsg.: English historical documents. American colonial documents to 1776. New York und Oxford, 1955
KNOLLENBERG, B.: The origin of the American Revolution 1759–1766. New York, 1960
KNOLLENBERG, B.: George Washington. The Virginia period, 1732–1775. Durham, N. C., 1964
KRAUS, M.: The Atlantic civilization. Eighteenth-century origins. Ithaca, N.Y., 1949 (Die kulturellen Beziehungen der Zeit zwischen Europa und Amerika)
MCDONALD, F.: We the People. The economic origins of the Constitution. Chicago, Ill., 1958 (Untersucht die Wirksamkeit wirtschaftlicher Faktoren in der Verfassunggebenden Versammlung und kommt zur Ablehnung der Thesen Beards)
MCILWAIN, C. H.: The American Revolution. New York, 1923 (Versucht den Nachweis, daß die Interpretation der englischen Verfassung durch die amerikanischen Kolonien sich durchaus auf historische Präzedenzfälle gründen konnte)
MALONE, D.: Jefferson and his time. Bd. 1: Jefferson the Virginian. Bd. 2: Jefferson and the Rights of Man. Bd. 3: Jefferson and the ordeal of liberty. Bde. 1–3. Boston, Mass., 1948–1962 (Auf vier Bände geplantes Werk)
MILLER, J. C.: Sam Adams, pioneer in propaganda. Boston, Mass., 1936
MILLER, J. C.: The origins of the American Revolution. Boston, Mass., 1943
MILLER, J. C.: Alexander Hamilton. Portrait in paradox. New York, 1959
MORGAN, E. S.: Prologue to revolution. Sources and documents on the Stamp Act crisis. Chapel Hill, N.C., 1959
MORGAN, E. S. und H. M.: The Stamp Act crisis. Prologue to revolution. Chapel Hill, N.C., 1953
MORISON, S. E., Hrsg.: Sources and documents illustrating the American Revolution and the formation of the Federal Constitution, 1764–1788. Oxford, 1929. Taschenbuchausg.: (Galaxy) Oxford, 1965
PAINE, T.: The complete writings of Thomas Paine. Hrsg. Ph. S. Foner. 2 Bde. New York, 1945
PARRINGTON, V. L.: Main currents in American thought. An interpretation of American literature from the beginnings to 1920. Bd. 1: The colonial mind, 1620–1800. New York, 1927. Neuaufl. [zus. mit Bdn. 2–3]: 3 Bde. in 1 Bd. New York, 1930
PERRY, R. B.: Puritanism and democracy. New York, 1944. Deutsch: Amerikanische Ideale, Puritanismus und Demokratie. Übers. E. Stark. 2 Bde. Nürnberg, 1947
REIN, A.: Die drei großen Amerikaner Hamilton, Jefferson, Washington. Auszüge aus ihren Werken. Ausw. und Einl. von A. Rein. Übers. H. Rein. (Klassiker der Politik) Berlin, 1923
ROBBINS, C.: The eighteenth-century commonwealthman. Cambridge, Mass., 1959 (Studie zum republikanischen Denken im damaligen England)

Rossiter, C.: Seedtime of the republic. The origin of the American tradition of political liberty. New York, 1953
Savelle, M.: Seeds of liberty. The genesis of the American mind. New York, 1948 (Die Kultur Nordamerikas um die Mitte des 18. Jahrhunderts)
Schlesinger, A. M.: The colonial merchants and the American Revolution. New York, 1917
Schuyler, R. L.: Parliament and the British Empire. Some constitutional controversies concerning imperial legislative jurisdiction. New York, 1929 (Gegen McIlwains Darstellung und Interpretation der Verfassungsfragen)
Smith, P.: John Adams. 2 Bde. New York, 1962
Spiegel, K.: Kulturgeschichtliche Grundfragen der amerikanischen Revolution. München, 1931
Tyler, M. C.: The literary history of the American Revolution, 1763–1783. 2 Bde. New York, 1897. Nachdr. Hrsg. R. G. Adams. 2 Bde. (Facsimile Library) New York, 1941 (Ausführliche Behandlung des Gegenstands)
Van Doren, C. C.: The great rehearsal. The story of the making and ratifying of the Constitution of the United States. New York, 1948. Deutsch: Das große Exempel. Der Weg zur Einigung eines Kontinents. Übers. J. N. Lorenz. Frankfurt/Main, 1949
Van Tyne, C. H.: The loyalists in the American Revolution. New York, 1902
Vossler, O.: Die amerikanischen Revolutionsideale in ihrem Verhältnis zu den europäischen. Untersuchungen an Thomas Jefferson. (Historische Zeitschrift, Beih. 17) München, 1929
Wagner, Fr.: USA. Geburt und Aufstieg der neuen Welt, Geschichte in Zeitdokumenten 1607 bis 1865. München, 1947
Wallace, W. M.: Appeal to arms. A military history of the American Revolution. New York, 1951
Williamson, C.: American suffrage from property to democracy 1760–1860. Princeton, N.J., 1960 (Weist nach, daß die erwachsene männliche Bevölkerung in der Mehrzahl das Stimmrecht vor der Revolution besaß, mit der dann das Stimmrecht noch weiter ausgedehnt wurde)

Die europäische Musik von den Anfängen bis zu Beethoven

Ästhetik und Soziologie der Musik 1600—1800

Abert, H.: Wort und Ton im 18. Jahrhundert. Archiv für Musikwissenschaft 5, 1923
Bücken, E.: Der galante Stil. Zeitschrift für Musikwissenschaft 6, 1924
Cannon, B. C.: Johann Mattheson, spectator in music. New Haven, Conn., 1947
Clercx, S.: Le Baroque et la musique. Essai d'esthétique musicale. Brüssel, 1948
Darenberg, K.: Studien zur englischen Musikästhetik des 18. Jahrhunderts. Hamburg, 1960
Eggebrecht, H. H.: Das Ausdrucksprinzip im musikalischen Sturm und Drang. Deutsche Vierteljahresschrift für Literaturwissenschaft und Geistesgeschichte 29, 1955
Georgiades, T. G.: Musik und Sprache. Das Werden der abendländischen Musik dargestellt an der Vertonung der Messe. (Verständliche Wissenschaft) Berlin, 1954
Goldschmidt, H.: Die Musikästhetik des 18. Jahrhunderts und ihre Beziehungen zu seinem Kunstschaffen. Zürich und Leipzig, 1915
Moos, P.: Die Philosophie der Musik von Kant bis Eduard von Hartmann. Stuttgart, 1922
Moser, H. J.: Musikästhetik. (Sammlung Göschen) Berlin, 1953
Müller-Blattau, J.: Das Verhältnis von Wort und Ton in der Geschichte der Musik. Grundzüge und Probleme. (Gesetz und Urbild) Stuttgart, 1952
Oliver, A. R.: The Encyclopedists as critics of music. New York, 1947
Pfrogner, H.: Musik. Geschichte ihrer Deutung. (Orbis academicus) Freiburg i. Br., 1954
Rebling, E.: Die soziologischen Grundlagen der Stilwandlung der Musik in Deutschland um die Mitte des 18. Jahrhunderts. Saalfeld, 1935
Schäfke, R.: Quantz als Ästhetiker. Eine Einführung in die Musikästhetik des galanten Stils. Archiv für Musikwissenschaft 6, 1924
Schäfke, R.: Geschichte der Musikästhetik in Umrissen. Berlin, 1934
Schmitz, A.: Die Bildlichkeit der wortgebundenen Musik Johann Sebastian Bachs. Mainz, 1950
Serauky, W.: Die musikalische Nachahmungsästhetik im Zeitraum von 1700–1850. Münster, 1929
Ziebler, K.: Zur Ästhetik der Lehre von den musikalischen Redefiguren im 18. Jahrhundert. Zeitschrift für Musikwissenschaft 15, 1932/33

Musik und Musiker im Werden 800–1800

Abert, A. A.: Christoph Willibald Gluck. München, 1959
Abert, H.: Die Musikanschauung des Mittelalters und ihre Grundlagen. Halle/Saale, 1905. Neudr. Tutzing, 1965
Adler, G.: Der Stil in der Musik. 2. Aufl. Leipzig, 1929
Adler, G., Hrsg.: Handbuch der Musikgeschichte. 2. Aufl. Berlin, 1930
Besseler, H.: Die Musik des Mittelalters und der Renaissance. (Handbuch der Musikwissenschaft) Potsdam, 1934
Bücken, E.: Die Musik des Rokoko und der Klassik. (Handbuch der Musikwissenschaft) Potsdam, 1927

EINSTEIN, A.: Mozart. His character, his work. London, 1946. Deutsch: Mozart. Sein Charakter, sein Werk. Autorisierte, vom Verf. geänd. und erg. deutschsprachige Ausg. Stockholm, 1947. 4. Aufl. Kassel, 1962
FORKEL, J. N.: Über Johann Sebastian Bachs Leben, Kunst und Kunstwerke. Leipzig, 1802. Neudr. Hrsg. J. Müller-Blattau. 3. Aufl. Kassel, 1942. Faks.-Nachdr. Hrsg. M. Fr. Schneider. Basel, 1950
GROVE's DICTIONARY of Music and Musicians. Begr. von G. Grove. 5. Aufl. Hrsg. E. Blom. London, 1954
GURLITT, W.: Johann Sebastian Bach. Der Meister und sein Werk. 4. Aufl. Kassel, 1958

HAAS, R.: Die Musik des Barock. (Handbuch der Musikwissenschaft) Potsdam, 1929
MOSER, H. J.: Heinrich Schütz. Leben und Werk. 2. Aufl. Kassel, 1953
MÜLLER-BLATTAU, J.: Georg Friedrich Händel. Der Wille zur Vollendung. Mainz, 1959
DIE MUSIK in Geschichte und Gegenwart. Allgemeine Enzyklopädie der Musik. Hrsg. Fr. Blume. Kassel, 1949 ff. (Nachschlagewerk)
NOWAK, L.: Joseph Haydn. Leben, Bedeutung und Werk. 2. Aufl. Wien, 1959
WÖRNER, K. H.: Geschichte der Musik. Ein Studien- und Nachschlagebuch. 3. Aufl. Neufassg. Göttingen, 1961

DAS NEUNZEHNTE JAHRHUNDERT

Der Einfluß der amerikanischen Revolution auf Europa

ADAMS, H. M.: Russian-American relations 1775 to 1871. Cleveland, Ohio, 1960
BERLINISCHE MONATSCHRIFT. 16 Bde., 1783 bis 1796 (Das wichtigste Organ der Berliner Aufklärung, von Fr. Jedicke und Joh. E. Biester begründet und bis zu diesem Zeitpunkt gemeinsam geführt; typisch für die Quellen, in denen sich die Auswirkungen der amerikanischen Revolution auf Europa niederschlagen; andere derartige Quellen sind die unten genannten Schriften Mosers, Schmohls und Sprengels)
BREBNER, J. B.: North Atlantic triangle: The interplay of Canada, the United States and Great Britain. New Haven, Conn., 1945
CLARK, D. M.: British opinion and the American Revolution. New Haven, Conn., 1930
DOUGLASS, E. P.: German intellectuals and the American Revolution. William and Mary Quarterly, 3rd ser., 17, 1960
ECHEVERRIA, D.: Mirage in the west: A history of the French image of American society to 1815. Princeton, N.J., 1957
FAY, B.: L'esprit révolutionnaire en France et aux États-Unis à la fin du XVIIIe siècle. Paris, 1925. Englisch: The revolutionary spirit in France and America. A study of the moral and intellectual relation between France and the United States at the end of the eighteenth century. Übers. R. Guthrie. New York, 1927
GALLINGER, H. P.: Die Haltung der deutschen Publizistik zu dem amerikanischen Unabhängigkeitskriege 1775–1783. Leipzig, 1900
GODECHOT, J., und R. R. PALMER: Le problème de l'Atlantique du XVIIIe au XXe siècle. In: Congresso internazionale di scienze storiche, Relazioni, Bd. 5. Florenz, 1955
GORMAN, T. K.: America and Belgium. A study of the influence of the United States upon the Belgian revolution of 1789–1790. London, 1925
HATFIELD, J. T., und E. HOCHBAUM: The influence of the American Revolution upon German literature. Americana Germanica 3, 1900 (Mit zahlreichen, in deutscher Sprache zitierten Auszügen aus der deutschen Literatur; nützliche Übersicht)
JELLINEK, G.: Die Erklärung der Menschen- und Bürgerrechte. Leipzig, 1895. 4. Aufl. Hrsg. W. Jellinek. München, 1927. Englisch: The Declaration of the Rights of Man and of Citizens. A contribution to modern constitutional history. Übers. M. Farrand u. a. New York, 1901 (Löste eine heftige Diskussion aus)
KING, H. S.: Echoes of the American Revolution in German literature. (University of California Publications in Modern Philology XIV, 2) Berkeley, Calif., 1929
KOHT, H.: The American spirit in Europe. A survey of Transatlantic influences. Philadelphia, 1949 (Darstellung aus der Feder des großen norwegischen Gelehrten)
KRAUS, M.: The Atlantic civilization. Eighteenth-century origins. Ithaca, N. Y., 1949
LASERSON, M. M.: The American impact on Russia 1784–1917. New York, 1950
MOSER, JOH. JAC.: Nord-Amerika nach den Friedensschlüssen vom Jahre 1783. 3 Tl.-Bde. Leipzig, 1784–1785 (Dieses Werk wirkte, zusammen mit dem unten genannten Buch Sprengels, besonders stark auf die deutschen Vorstellungen von den Vereinigten Staaten ein)
PALMER, R. R.: The age of the democratic revolution. A political history of Europe and America 1760–1800. Bd. 1: The challenge. Bd. 2: The struggle. 2 Bde. Princeton, N.J., 1959–1964 (Behandelt im neunten Kapitel des ersten Bandes die Auswirkungen der amerikanischen Revolution in Europa)
RÉMOND, R.: La France regarde les États-Unis 1815–1852. Bulletin de la Société d'Histoire moderne, 12e sér., bull. spécial, 1961
SCHMOHL, JOH. C.: Über Nordamerika und die Demokratie. »Kopenhagen« (= Königsberg i. P.), 1782
SILBERSCHMIDT, M.: Wirtschaftshistorische Aspekte der neueren Geschichte: die atlantische Gemeinschaft. Historische Zeitschrift 171, 1951
SPRENGEL, M. C.: Geschichte der Revolution von Nord-Amerika. Speyer, 1785
VALJAVEC, FR.: Die Entstehung der politischen Strömungen in Deutschland 1770–1815.

München, 1951 (Enthält vielfach Hinweise auf amerikanische Einflüsse)

Vossler, O.: Die amerikanischen Revolutionsideale in ihrem Verhältnis zu den europäischen. Untersucht an Thomas Jefferson. (Historische Zeitschrift, Beih. 17) München, 1929 (Hauptsächlich über den Einfluß Europas auf Amerika)

Vossler, O.: Studien zur Erklärung der Menschenrechte. Historische Zeitschrift 142, 1930 (Die Einwirkung der amerikanischen Erklärung der Menschenrechte auf die französische; ein Überblick über die von Jellinek und anderen aufgeworfenen Probleme)

Weber, P. C.: America in imaginative German literature of the first half of the nineteenth century. (Columbia University Germanic Studies) New York, 1926

Das Zeitalter der Französischen Revolution und Napoleons

Andreas, W.: Das Zeitalter Napoleons und die Erhebung der Völker. Heidelberg, 1955

Aulard, F. V. A.: Histoire politique de la révolution française. Paris, 1901 (Öfters nachgedr.). Deutsch: Politische Geschichte der französischen Revolution. Entstehung und Entwicklung der Demokratie und der Republik 1789 bis 1804. Übers. Fr. Oppeln-Bronikowski. 2 Bde. 2. Aufl. Berlin, 1926

Barnes, D. G.: George III and William Pitt, 1783–1806. Stanford, Calif., 1939

Barthou, L.: Mirabeau. 2. Aufl. Paris, 1919. Deutsch: Mirabeau. München, 1938

Bitterauf, Th.: Geschichte des Rheinbundes. Bd. 1: Gründung des Rheinbundes und Untergang des alten Reiches. München, 1905 (Mehr nicht erschienen)

Brown, P. A.: The French Revolution in English history. London, 1918. Neuausg. New York, 1924

The Cambridge History of British Foreign Policy, 1783–1919. Bd. 1: 1783–1815. Hrsg. A. A. Ward und G. P. Gooch. Cambridge, 1922. Neuaufl. 1939

Caulaincourt, A. A. L., Marquis de: Mémoires du Général de Caulaincourt. Hrsg. J. Hanoteau. 3 Bde. Paris, 1933–1934. Deutsch (Ausw.): Unter vier Augen mit Napoleon. Denkwürdigkeiten des Generals Armand de Caulaincourt, Herzog von Vicenza. Ausw. und Bearb. Fr. Matthaesius. Bielefeld und Leipzig, 1937. Neuaufl. Stuttgart, 1956

Delbrück, H.: Das Leben des Feldmarschalls Grafen Neithardt von Gneisenau. 2 Bde. Berlin, 1882. 4. Aufl. 1920

Doeberl, L.: Maximilian von Montgelas und das Prinzip der Staatssouveränität. München, 1925

Droysen, J. G.: Vorlesungen über das Zeitalter der Freiheitskriege. 2 Tle. Kiel, 1846. 2. Aufl. 2 Bde. Gotha, 1886

Droysen, J. G.: Das Leben des Feldmarschalls Grafen Yorck von Wartenburg. 3 Bde. Berlin, 1851–1852. 11. Aufl. 1913. Neudr. 1936

Droz, J.: L'Allemagne et la révolution française. Paris, 1949

Erdmannsdörffer, B.: Mirabeau. (Monographien zur Weltgeschichte) Bielefeld, 1900. 4. Aufl. Stuttgart, 1953

Fournier, A.: Napoleon I. 3 Bde. Prag und Leipzig, 1886–1889. 4. Aufl. Wien, 1922

Fugier, A.: La révolution française et l'empire napoléonien. Histoire des relations internationales, hrsg. von P. Renouvin, Bd. 4. Paris, 1954

Göhring, M.: Geschichte der Großen Revolution. Bd. 1: Sturz des Ancien Régime und Sieg der Revolution. Bd. 2: Vom Liberalismus zur Diktatur. Tübingen, 1950–1951

Gooch, G. P.: Germany and the French Revolution. London, 1920

Griewank, K.: Der Wiener Kongreß und die Neuordnung Europas, 1814–1815. Leipzig, 1942. Neuaufl., unter dem Titel: Der Wiener Kongreß und die europäische Restauration, 1814–1815. 2., völlig neubearb. Aufl. Leipzig, 1954

Groethuysen, B.: Die Entstehung der bürgerlichen Welt- und Lebensanschauung in Frankreich. 2 Bde. Halle/Saale, 1927–1930

Harlow, V. T.: The founding of the second British Empire, 1763–1793. Oxford, 1952

Haussherr, H.: Erfüllung und Befreiung. Der Kampf um die Durchführung des Tilsiter Friedens 1807/08. Hamburg, 1935

Haussherr, H.: Hardenberg. Eine politische Biographie. Hrsg. K. E. Born. Bd. 1. (Kölner Historische Abhandlungen 8) Köln, 1963

Haym, R.: Wilhelm von Humboldt. Berlin, 1856. Neudr. 1964

Hintze, H.: Staatseinheit und Föderalismus im alten Frankreich und in der Revolution. Stuttgart, 1928

Hintze, O.: Geist und Epochen der preußischen Geschichte. (Gesammelte Abhandlungen, Bd. 3.) Leipzig, 1943

Höhn, R.: Revolution, Heer, Kriegsbild. Berlin, 1944

Höhn, R.: Scharnhorsts Vermächtnis. Bonn, 1952

Hölzle, E.: Das napoleonische Staatensystem in Deutschland. Historische Zeitschrift 148, 1933

Huber, E. R.: Deutsche Verfassungsgeschichte seit 1789. Bd. 1: Reform und Restauration 1789 bis 1830. Stuttgart, 1957

Kaehler, S. A.: Wilhelm von Humboldt und der Staat. Ein Beitrag zur Geschichte deutscher Lebensgestaltung um 1800. 2. Aufl. Göttingen, 1963

Kulischer, J.: Allgemeine Wirtschaftsgeschichte des Mittelalters und der Neuzeit. Bd. 2: Die Neuzeit. 2. Aufl. München, 1958

LEFEBVRE, G.: La révolution française. Neuaufl. (Peuples et civilisations, Bd. 13) Paris, 1957
LEFEBVRE, G.: Napoléon. 5. Aufl. (Peuples et civilisations, Bd. 14) Paris, 1959. Deutsch: Napoleon und seine Zeit. Baden-Baden, 1955
LEHMANN, M.: Scharnhorst. 2 Bde. Berlin, 1886 bis 1887
MANN, G.: Friedrich von Gentz. Geschichte eines europäischen Staatsmannes. Zürich, 1947. Englisch: Secretary of Europe. The life of F. Gentz. New Haven, Conn., 1947
MATHIEZ, A.: La révolution française. 3 Bde. Paris, 1922–1927. Neuaufl. Bearb. G. Lefebvre. Paris, 1949. Deutsch: Die Französische Revolution. Übers. A. Meyer. 3 Bde. Hamburg, 1950
MEINECKE, FR.: Das Leben des Generalfeldmarschalls Hermann von Boyen. 2 Bde. Stuttgart, 1896–1899
MEINECKE, FR.: Das Zeitalter der deutschen Erhebung (1795–1815). (Monographien zur Weltgeschichte) Bielefeld, 1906. 7. Aufl. (Kleine Vandenhoeck-Reihe) Göttingen, 1963
MEINECKE, FR.: Weltbürgertum und Nationalstaat. München, 1908. 7. Aufl. 1928. Neuausg.: Werke. Hrsg. im Auftrag des Friedrich-Meinecke-Instituts der Freien Universität Berlin von H. Herzfeld, C. Hinrichs und W. Hofer. Bd. 5: Weltbürgertum und Nationalstaat. Hrsg. H. Herzfeld. München, 1962
MOUSNIER, R., und E. LABROUSSE: Le XVIIIe siècle. Révolution intellectuelle, technique et politique 1715–1815. (Histoire générale des civilisations V) Paris, 1953
MURRAY, R. H.: Edmund Burke. Oxford, 1931
NICOLSON, SIR H. G.: The Congress of Vienna. London, 1946. Deutsch: Der Wiener Kongreß oder Über die Einigkeit unter Verbündeten. 1812–1822. Übers. H. Kahn. Zürich, 1946
PALMER, R. R.: The age of the democratic revolution. A political history of Europe and America 1760–1800. Bd. 1: The challenge. Princeton, N.J., 1959
PALMER, R. R.: Twelve who ruled. The Year of the Terror in the French Revolution. Princeton, N.J., 1959
RANKE, L. VON: Hardenberg und die Geschichte des preußischen Staats von 1793 bis 1813. (Sämtliche Werke, Bd. 46–48.) 3 Bde. Leipzig, 1880–1881 (Einleitung zu den von Ranke herausgegebenen »Denkwürdigkeiten« Hardenbergs)
RITTER, G.: Stein. Eine politische Biographie. 3. Aufl. Stuttgart, 1958
RITTER, G.: Staatskunst und Kriegshandwerk. Das Problem des »Militarismus« in Deutschland. Bd. 1: Die altpreußische Tradition (1740–1890). 3. Aufl. München, 1965
RÖSSLER, H.: Österreichs Kampf um Deutschlands Befreiung. Die deutsche Politik der nationalen Führer Österreichs 1805–1815. 2 Bde. 2. Aufl. Hamburg, 1945
ROHDEN, P. R.: Die klassische Diplomatie. Von Kaunitz bis Metternich. Leipzig, 1939
ROSE, J. H.: William Pitt and the Great War. London, 1923
ROTHFELS, H.: Carl von Clausewitz: Politik und Kriegführung. München, 1920
RUDÉ, G.: The crowd in the French Revolution. London, 1959. Deutsch: Die Massen in der Französischen Revolution. München, 1961
SCHNABEL, F.: Deutsche Geschichte im neunzehnten Jahrhundert. 4 Bde. 2.–5. Aufl. Freiburg i. Br., 1949–1959. Taschenbuchausg.: 8 Bde. (Herder-Bücherei) Freiburg i. Br., 1964–1965
SÉE, H.: Französische Wirtschaftsgeschichte. 2 Bde. Jena, 1930–1936
SOBOUL, A.: Les Sansculottes dans l'an II. Paris, 1960
SOREL, A.: L'Europe et la révolution française. 9 Bde. Paris, 1885–1911
SRBIK, H. RITTER VON: Metternich. Der Staatsmann und der Mensch. 2 Bde. München, 1925. Neuaufl.: 3 Bde. Bde. 1–2, 3. Aufl. München, 1954–1960 (Der dritte Band enthält die Quellen und trägt in Ausw. die Literatur von 1925 bis 1952 nach)
SRBIK, H. RITTER VON: Das österreichische Kaisertum und das Ende des Heiligen Römischen Reiches 1804–1806. München, 1927
STADELMANN, R.: Scharnhorst. Schicksal und geistige Welt. Ein Fragment. Geleitwort von H. Rothfels. München, 1952
SYBEL, H. VON: Geschichte der Revolutionszeit 1789–1800. 5 Bde. Marburg, 1853 – Düsseldorf, 1879. Wohlfeile Ausg. 10 Bde. Stuttgart, 1897–1900
TAINE, H.: Les origines de la France contemporaine. 6 Bde. Paris, 1876–1894. Deutsch: Die Entstehung des modernen Frankreich. Revolution und Kaiserreich. Übers. L. Katscher. 3 Bde. Leipzig, 1877–1894
TALMON, J. L.: The origins of totalitarian democracy. (The history of totalitarian democracy, Bd. 1.) London, 1952. Deutsch: Die Ursprünge der totalitären Demokratie. (Die Geschichte der totalitären Demokratie, Bd. 1.) Köln, 1961
TOCQUEVILLE, A. CH. H. M. CLÉREL DE: L'ancien régime et la révolution. Paris, 1856. Krit. Ausg. Hrsg. J. P. Mayer. 2 Bde. Paris, 1952–1953. Deutsch: Das Alte Regime und die Revolution. (Werke und Briefe, hrsg. von J. P. Mayer, Bd. 3.) Stuttgart, 1959 (Die deutsche Übers. mit einer Einl. über »Tocqueville in Deutschland« von Th. Eschenburg.)
TREITSCHKE, H. VON: Deutsche Geschichte im 19. Jahrhundert. 5 Bde. Leipzig, 1879–1894
VALJAVEC, FR.: Die Entstehung der politischen Strömungen in Deutschland 1770–1815. München, 1951
VANDAL, A.: Napoléon Ier et Alexandre Ier. L'alliance russe sous le premier empire. 3 Bde. Paris, 1893–1896
WEBSTER, CH. K.: The Congress of Vienna. 3. Aufl. London, 1934
WEBSTER, CH. K.: The foreign policy of Castlereagh 1812–1815. Britain and the reconstruction of Europe. London, 1931. 2. Aufl. 1934. Neudr. 1950
WEBSTER, CH. K.: The foreign policy of Castlereagh 1815–1822. London, 1925. 2. Aufl. 1938

Die romantische Geistesbewegung

BALDENSPERGER, F.: »Romantique«, ses analogues et ses équivalents. Cambridge, Mass., 1937
BAXA, J.: Einführung in die romantische Staatswissenschaft. 2. Aufl. Jena, 1931
BÉGUIN, A.: L'âme romantique et le rêve. Essai sur le romantisme allemand et la poésie française. 2 Bde. 2. Aufl. Paris, 1946
BENZ, R.: Der Geist der romantischen Malerei. Dresden, 1934
BENZ, R.: Goethe und die romantische Kunst. München, 1940
BENZ, R.: Goethe und Beethoven. (Reclams Universal-Bibliothek) Leipzig, 1942. Neuaufl. Stuttgart, 1948
BENZ, R.: Die deutsche Romantik. Geschichte einer geistigen Bewegung. 5. Aufl. Stuttgart, 1956
BENZ, R., und A. VON SCHNEIDER: Die Kunst der deutschen Romantik. München, 1939
BORRIES, K. VON: Die Romantik und die Geschichte. Studien zur romantischen Lebensform. Berlin, 1925
DEUTSCHBEIN, M.: Das Wesen des Romantischen. Cöthen, 1929 (Die Grundzüge, am englischen Beispiel aufgezeigt)
EMMERICH, I.: Die Auffassung der Romantik von Kunst in ihrer historischen Erscheinung und gesellschaftlichen Bedeutung. Habilitationsschrift Jena, 1960
FARINELLI, A.: Il Romanticismo nel mondo latino. 3 Bde. Turin, 1927
FRIEDEMANN, K.: Die Religion der Romantik. Philosophisches Jahrbuch der Görresgesellschaft 38, 1925
FRIEDRICH, H.: Abbé Prevost in Deutschland. Ein Beitrag zur Geschichte der Empfindsamkeit. (Beiträge zur neueren Literaturgeschichte 12) Heidelberg, 1926
GESELLSCHAFT UND STAAT im Spiegel der deutschen Romantik. Die staats- und gesellschaftswissenschaftlichen Schriften deutscher Romantiker. Ausgew. und hrsg. von J. Baxa. (Die Herdflamme) Jena, 1924
GILLIES, H.: Herder und Ossian. Berlin, 1933
GROSS, E.: Die ältere Romantik und das Theater. (Theatergeschichtliche Forschungen 22) Hamburg, 1910
HABEL, R.: Joseph Görres. Studien über den Zusammenhang von Natur, Geschichte und Mythos in seinen Schriften. Wiesbaden, 1960
HARTMANN, N.: Die Philosophie des deutschen Idealismus. Tl. 1: Fichte, Schelling und die Romantik. Tl. 2: Hegel. 2 Tl.-Bde. Berlin, 1923-1929. Neuaufl.: In 1 Bd. 2. Aufl. Berlin, 1960
HAYM, R.: Die romantische Schule. Ein Beitrag zur Geschichte des deutschen Geistes. Berlin, 1870. Neudr. Berlin, 1902. Neudr. Darmstadt, 1961 (Die Ausg. letzter Hand). – 5. Aufl. Hrsg. O. Walzel. Berlin, 1928. 7. Aufl. Berlin, 1960 (Mit Bibliographie)
HEISS, H.: Die Romantik in den romanischen Literaturen. Freiburg i. Br., 1930
HUCH, R.: (Die Romantik.) Die Blütezeit der Romantik. Leipzig, 1899. – Ausbreitung und Verfall der Romantik. Leipzig, 1902. Neuaufl., unter dem Titel: Die Romantik. 2 Bde. 2./3. Aufl. Leipzig, 1908. Neuaufl., unter dem Titel: Die Romantik. Ausbreitung, Blütezeit und Verfall. Tübingen, 1951. Sonderausg.: (Die Bücher der Neunzehn) Tübingen, 1964
HUEBENER, G.: Theorie der Romantik. Deutsche Vierteljahresschrift für Literaturwissenschaft und Geistesgeschichte 10, 1932
ISTEL, E.: Die Blütezeit der musikalischen Romantik in Deutschland. 2. Aufl. (Aus Natur und Geisteswelt) Leipzig, 1921
KLUCKHOHN, P.: Das Ideengut der deutschen Romantik. 4. Aufl. (Handbücherei der Deutschkunde, Bd. 8) Tübingen, 1961
KLUCKHOHN, P.: Persönlichkeit und Gemeinschaft. Studien zur Staatsauffassung der deutschen Romantik. (Deutsche Vierteljahresschrift für Literaturwissenschaft und Geistesgeschichte, Buchreihe, 5) Halle/Saale, 1925
KÖRNER, J.: Romantiker und Klassiker. Die Brüder Schlegel in ihrer Beziehung zu Schiller und Goethe. Berlin, 1924
KORFF, H. A.: Das Wesen der Romantik. Zeitschrift für Deutschkunde 43, 1929
KORFF, H. A.: Der Geist der Goethezeit. Bd. 3: Die Frühromantik. 3. Aufl., Nachdr. Bd. 4: Die Hochromantik. 2. Aufl., Nachdr. Bd. 5: Register. Leipzig, 1956-1957
KRISENJAHRE DER FRÜHROMANTIK. (Briefe aus dem Schlegelkreis.) Hrsg. J. Körner. 2 Bde. Brünn, 1936-1937. Bd. 3: Kommentare. Bern, 1958
LEMBERG, E.: Die Grundlagen des nationalen Erwachens in Böhmen. Reichenberg i. B., 1932
LION, F.: Romantik als deutsches Schicksal. 2. Aufl. Stuttgart, 1963 (Historisch-politische Studie)
LUCAS, F. L.: The decline and fall of the Romantic ideal. Cambridge, 1937. Neuaufl. 1948
MARTIN, A. VON: Das Wesen der romantischen Religiosität. Deutsche Vierteljahresschrift für Literaturwissenschaft und Geistesgeschichte 2, 1924
MASON, E. C.: Deutsche und englische Romantik Eine Gegenüberstellung. (Kleine Vandenhoeck-Reihe) Göttingen, 1959
MEINECKE, FR.: Das Zeitalter der deutschen Erhebung (1795-1815). (Monographien zur Weltgeschichte) Bielefeld, 1906. 7. Aufl. (Kleine Vandenhoeck-Reihe) Göttingen, 1963
MOWAT, R. B.: The Romantic age. Europe in the early 19th century. London, 1937
NADLER, J.: Die Berliner Romantik 1800-1814. Ein Beitrag zur gemeinvölkischen Frage: Renaissance, Romantik, Restauration. Berlin, 1921 (Versucht die Romantik als eine Schöpfung des ostdeutschen, von der Renaissance nicht berührten Raumes zu deuten)
PAULI, G.: Die Kunst des Klassizismus und der Romantik. 3. Aufl., Nachdr. (Propyläen-Kunstgeschichte) Berlin, 1942 (Umfassendste Darstellung ihrer Art)

PETERLI, G.: Zerfall und Nachklang. Studien zur deutschen Spätromantik. (Züricher Beiträge zur deutschen Literatur- und Geistesgeschichte 14) Zürich, 1958 (Mit Bibliographie)
PETERSEN, J.: Die Wesensbestimmung der deutschen Romantik. Eine Einführung in die moderne Literaturwissenschaft. Leipzig, 1926
REHDER, H.: Die Philosophie der unendlichen Landschaft. Beitrag zur Geschichte der romantischen Weltanschauung. (Deutsche Vierteljahresschrift für Literaturwissenschaft und Geistesgeschichte, Buchreihe, 19) Halle/Saale, 1932
SALOMON, G.: Das Mittelalter als Ideal in der Romantik. München, 1922
SCHMITT, C.: Politische Romantik. 2. Aufl. München, 1925
SCHNEIDER, G.: Studien zur deutschen Romantik. Leipzig, 1962
SCHULTZ, F.: »Romantik« und »romantisch« als literarhistorische Terminologien und Begriffsbildungen. Deutsche Vierteljahresschrift für Literaturwissenschaft und Geistesgeschichte 2, 1924
SCHULTZ, F.: Klassik und Romantik der Deutschen. Tl. 1: Die Grundlagen der klassisch-romantischen Literatur. Tl. 2: Wesen und Form der klassisch-romantischen Literatur. 2 Bde. 3. Aufl. (Epochen der deutschen Literatur IV, 1-2) Stuttgart, 1959
SETSCHKAREFF, W.: Schellings Einfluß in der russischen Literatur der zwanziger und dreißiger Jahre des 19. Jahrhunderts. Leipzig, 1939
SOURIAU, M.: Histoire du romantisme en France. 3 Bde. Paris, 1927-1930
STOCKMANN, A.: Die jüngere Romantik. München, 1923

STOKOE, F. W.: German influence in the English Romantic period (1788-1818). Cambridge, 1926
STRICH, FR.: Deutsche Klassik und Romantik oder Vollendung und Unendlichkeit. Ein Vergleich. München, 1923. 5. Aufl. München, 1962
STRICH, FR.: Die Romantik als europäische Bewegung. In: Festschrift für Heinrich Wölfflin. Beiträge zur Kunst- und Geistesgeschichte. München, 1924
TIEGHEM, P. VAN: Le romantisme dans la litterature européenne. Paris, 1948
TIEGHEM, P. VAN: Le sentiment de la nature dans le préromantisme européen. Paris, 1960
TUMARKIN, A.: Die romantische Weltanschauung. Bern, 1920
ULLMANN, R., und H. GOTTHARD: Geschichte des Begriffs »Romantisch« in Deutschland vom ersten Aufkommen des Wortes bis ins dritte Jahrzehnt des 19. Jahrhunderts. Berlin, 1927
UNGER, R.: Vom Sturm und Drang zur Romantik. Eine Problem- und Literaturschau. Deutsche Vierteljahresschrift für Literaturwissenschaft und Geistesgeschichte 2, 1924; 4, 1926; 6, 1928
UNGER, R.: Hamann und die Romantik. In: R. Unger: Aufsätze zur Prinzipienlehre der Literaturgeschichte. Halle/Saale, 1929 (Zuerst 1925 in der Festschrift A. Sauer erschienen)
WAGNER, A. M.: Deutsche und polnische Romantik. Neue Jahrbücher für das klassische Altertum 39, 1917
WALZEL, O.: Klassizismus und Romantik als europäische Erscheinungen. In: Propyläen-Weltgeschichte. Bd. 7: Die Französische Revolution, Napoleon und die Restauration, 1789-1848. Berlin, 1929
WILLOUGHBY, L. A.: The Romantic movement in Germany. Oxford, 1930

Wirtschaft und Gesellschaft im Übergang zum Zeitalter der Industrie

ADELMANN, G.: Die soziale Betriebsverfassung des Ruhrbergbaus vom Anfang des 19. Jahrhunderts bis zum Ersten Weltkrieg. Unter besonderer Berücksichtigung des Industrie- und Handelsbezirks Essen. (Rheinisches Archiv 56) Bonn, 1962
ASHTON, T. S.: The industrial revolution, 1760 to 1830. (Home university library of modern knowledge) London, 1948
ASHTON, T. S.: An eighteenth-century industrialist. Peter Stubs of Warrington; 1756-1806. Manchester, 1961
BARNARD, FR. M.: Zwischen Aufklärung und politischer Romantik. Eine Studie über Herders soziologisch-politisches Denken. (Philologische Studien und Quellen, 17) Berlin, 1964
BAUMONT, M.: L'essor industriel et l'impérialisme colonial (1878-1904). 2. Aufl. (Peuples et civilisations, Bd. 18) Paris, 1949
BECHTEL, H.: Wirtschaftsgeschichte Deutschlands. Bd. 2: Vom Beginn des 16. Jahrhunderts bis zum Ende des 18. Jahrhunderts. Bd. 3: Im 19. und 20. Jahrhundert. München, 1952-1956

BOETCHER, H.: Zur revolutionären Gewerkschaftsbewegung in Amerika, Deutschland und England. Eine vergleichende Betrachtung. (Probleme der Weltwirtschaft, 37) Jena, 1922
BOWDEN, W., M. KARPOVICH und A. P. USHER: Economic history of Europe since 1750. New York, 1937
BRAUN, R.: Industrialisierung und Volksleben. Die Veränderungen der Lebensformen in einem ländlichen Industriegebiet vor 1800 (Züricher Oberland). Stuttgart, 1960
BRENTANO, L.: Eine Geschichte der wirtschaftlichen Entwicklung Englands. Bd. 3: Die Zeit der Befreiung und Neuorganisation. 1. Hälfte: Der Aufstieg des Bürgertums und der Arbeiterklasse. 2. Hälfte: Das Britische Weltreich. Jena, 1928-1929
BURGDOERFER, F.: Bevölkerungsdynamik und Bevölkerungsbilanz. Entwicklung der Erdbevölkerung in Vergangenheit und Zukunft. München, 1951
COBBAN, A.: The social interpretation of the French Revolution. Cambridge, 1964

DOLLÉANS, E., und G. DEHOVE: Histoire du travail en France. Mouvement ouvrier et législation sociale. 2 Bde. Paris, 1953–1955
DUNSHEATH, P., Hrsg.: A century of technology, 1851–1951. London, 1951
ERDMANN, G.: Die Entwicklung der deutschen Sozialgesetzgebung. (Quellensammlung zur Kulturgeschichte, 10) Göttingen, 1957
GEORGE, A. J.: The development of French Romanticism – the impact of the industrial revolution on literature. Syracuse, N.Y., 1955
GERSCHENKRON, A.: Economic backwardness in historical perspective. A book of essays. Cambridge, Mass., 1962
GOSDEN, P. H. J. H.: The Friendly Societies in England 1815–1875. Manchester, 1961
GREGG, P.: A social and economic history of Britain 1760–1950. London, 1950
GUTTMANN, H.: Die Weltwirtschaft und ihre Rohstoffe. (Die Welt des Wissens) Berlin, 1956
HAMMOND, J. L. und B.: The rise of modern industry. 7. Aufl. London, 1947
HARTKE, W.: Die Zeitung als Funktion sozialgeographischer Verhältnisse im Rhein-Main-Gebiet. Frankfurt/Main, 1952
HASEK, C. W.: The introduction of Adam Smith's doctrines into Germany. New York, 1925
HAUSHOFER, H.: Die deutsche Landwirtschaft im technischen Zeitalter. (Deutsche Agrargeschichte, Bd. 5.) Stuttgart, 1963
HAUSSHERR, H.: Wirtschaftsgeschichte der Neuzeit vom Ende des 14. bis zur Höhe des 19. Jahrhunderts. 3. Aufl. Köln, 1960
HENDERSON, W. O.: The state and the industrial revolution in Prussia. 1740–1870. Liverpool, 1958
HENDERSON, W. O.: The Zollverein. Chicago, Ill., 1959
HENDERSON, W. O.: The industrial revolution in Europe, 1815–1914. Chicago. Ill., 1961
HIRSCH, H.: Denker und Kämpfer. Gesammelte Beiträge zur Geschichte der Arbeiterbewegung. Frankfurt/Main, 1955
HOBSON, J. A.: The evolution of modern capitalism. A study of machine production. 3. Aufl. London, 1928
HÖHN, R.: Die vaterlandslosen Gesellen. Der Sozialismus im Licht der Geheimberichte der preußischen Polizei 1878–1914. Bd. 1: 1878 bis 1890. Köln, 1964
HOFFMANN, W.: Stadien und Typen der Industrialisierung. Ein Beitrag zur quantitativen Analyse historischer Wirtschaftsprozesse. (Probleme der Weltwirtschaft, 54) Jena, 1931
KNOWLES, L. C. A.: The industrial and commercial revolution in Great Britain during the nineteenth century. 4. Aufl. London, 1926
KNOWLES, L. C. A.: Economic development in the nineteenth century. France, Germany, Russia and the United States. London, 1932
KULISCHER, J.: Allgemeine Wirtschaftsgeschichte des Mittelalters und der Neuzeit. Bd. 2: Die Neuzeit. 2. Aufl. München, 1958 (Etwas veraltet, doch immer noch brauchbar)
LIST, F.: Das nationale System der politischen Oekonomie. Bd. 1: Der internationale Handel, die Handelspolitik und der deutsche Zollverein. Stuttgart, 1841. 8. Aufl. Hrsg. K. Th. Eheberg. Stuttgart, 1925. Neuausg.: Fr. List: Schriften, Reden und Briefe. Hrsg. E. von Beckerath u. a. Bd. 6. Berlin, 1930
LÜTGE, FR.: Deutsche Sozial- und Wirtschaftsgeschichte. Ein Überblick. 2. Aufl. (Enzyklopädie der Rechts- und Staatswissenschaft, Abt. Staatswissenschaften) Berlin, 1960
MARX, K.: Werke, Schriften, Briefe. Hrsg. H. J. Lieber. 7 Bde. (in 9 Tl.-Bdn.) Stuttgart, 1960 ff.
MASON, ST. F.: History of science. Main currents of scientific thought. London, 1953. Deutsch: Geschichte der Naturwissenschaften in der Entwicklung ihrer Denkweisen. Stuttgart, 1961
MICHEL, E.: Sozialgeschichte der industriellen Arbeitswelt, ihre Krisenformen und Gestaltungsversuche. 3. Aufl. Frankfurt/Main, 1953
MILL, J. ST.: The principles of political economy with some of their applications to social philosophy. 2 Bde. London, 1848. 7. Aufl. 1871. Deutsch: Grundsätze der politischen Ökonomie mit einigen ihrer Anwendungen auf die Sozialphilosophie. Übers. W. Gehrig. Einl. H. Waentig. 2 Bde. Bd. 1, 2. Aufl. (Sammlung sozialwissenschaftl. Meister, 17-18) Jena, 1921-1924
MILZ, H.: Das Kölner Großgewerbe 1750–1835. (Schriften zur rheinisch-westfälischen Wirtschaftsgeschichte, 7) Köln, 1962
NIEHANS, J.: Der Gedanke der Autarkie im Merkantilismus von einst und im Neomerkantilismus von gestern. (Züricher volkswirtschaftliche Forschungen, 37) Zürich, 1945
PENTMANN, J.: Die Zollunionsidee und ihre Wandlungen im Rahmen der wirtschaftspolitischen Ideen und der Wirtschaftspolitik des 19. Jahrhunderts bis zur Gegenwart. (Probleme der Weltwirtschaft, 27) Jena, 1917
PIETSCH, M.: Die industrielle Revolution. Von Watts Dampfmaschine zu Automation und Atomkernspaltung. (Herder-Bücherei) Freiburg i. Br., 1961
PÖNICKE, M.: Quellen zur Geschichte der industriellen Revolution. (Quellensammlung zur Kulturgeschichte, 17) Göttingen, 1964
ROHR, D. G.: Origins of social liberalism in Germany. Chicago, Ill., 1963
ROSTOW, W. W.: British economy in the nineteenth century. Oxford, 1948
SCHAAF, F.: Der Kampf der deutschen Arbeiterbewegung um die Landarbeiter und werktätigen Bauern 1848–1890. Berlin, 1962
SCHMIDT, D.: Die »Neue Rheinische Zeitung« im Kampf für eine selbständige Organisation der deutschen Arbeiterklasse. (Schriftenreihe für journalistische Schulung, 8) Berlin, 1953
SCHNABEL, F.: Deutsche Geschichte im neunzehnten Jahrhundert. Bd. 3: Erfahrungswissenschaften und Technik. 3. Aufl. Freiburg i. Br., 1954. Taschenbuchausg.: [Tl. 1:] Die Erfahrungswissenschaften. [Tl. 2:] Die moderne Technik und die deutsche Industrie. 2 Bde. (Herder-Bücherei) Freiburg i. Br., 1965
SCHUMPETER, J. A.: Business cycles. Bd. 1. New York, 1939. Deutsch: Konjunkturzyklen. Eine theoretische, historische und statistische Analyse des kapitalistischen Prozesses. Übers. K. Dockhorn. Bd. 1. (Grundriß der Sozialwissenschaft) Göttingen, 1961

SMITH, A.: An inquiry into the nature and causes of the wealth of nations. 2 Bde. London, 1776. 4. Aufl. 3 Bde. 1786. Deutsch: Eine Untersuchung über Natur und Wesen des Volkswohlstandes. Unter Zugrundelegung der Übers. Max Stirners... übers. von E. Grimfeld. Einl. H. Waentig. 3. Aufl. 3 Bde. (Sammlung sozialwissenschaftlicher Meister, 11-12, 1/2) Jena, 1923. Deutsch, Ausw.: Natur und Ursachen des Volkswohlstandes. Übers. und Bearb. Fr. Bülow. (Kröners Taschenausgaben) Leipzig, 1932
SOMBART, W.: Deutsche Volkswirtschaft im 19. Jahrhundert und im Anfang des 20. Jahrhunderts. Eine Einführung in die Nationalökonomie. 7. Aufl. Berlin, 1927
SOMBART, W.: Krieg und Kapitalismus. (Studien zur Entwicklungsgeschichte des modernen Kapitalismus, 2) München, 1913
SPANN, O.: Die Haupttheorien der Volkswirtschaftslehre auf lehrgeschichtlicher Grundlage. 25. Aufl. Heidelberg, 1949
THEIMER, W.: Der Marxismus. Lehre, Wirkung, Kritik. 4. Aufl. (Dalp-Taschenbücher) München, 1963
TODT, E., und H. RADANDT: Zur Frühgeschichte der deutschen Gewerkschaftsbewegung. 1800 bis 1849. (Studien zur Geschichte der deutschen Arbeiterklasse) Berlin, 1950
TOYNBEE, A.: Lectures on the industrial revolution of the eighteenth century in England. London, 1884. Neuausg. 9. Aufl. Einl. von A. Milner. London, 1937 (Prägte das Schlagwort von der »industriellen Revolution«)
TREUE, W.: Wirtschaftsgeschichte der Neuzeit. Im Zeitalter der industriellen Revolution 1700 bis 1960. (Kröners Taschenausgaben) Stuttgart, 1962
TREUE, W.: Wirtschafts- und Sozialgeschichte Deutschlands im 19. Jahrhundert. In: B. Gebhardt: Handbuch der Deutschen Geschichte. 8. Aufl., hrsg. von H. Grundmann, Bd. 3. Stuttgart, 1960
WEBER, M.: Wirtschaftsgeschichte. Abriß der universalen Sozial- und Wirtschaftsgeschichte. Aus den nachgelassenen Vorlesungen hrsg. von S. Hellmann und M. Palyi. 3. Aufl. Bearb. J. F. Winckelmann. Berlin, 1958
WRIGLEY, E. A.: Industrial growth and population change. A regional study of the coalfield areas of North-West Europe in the later nineteenth century. (Cambridge studies in economic history) Cambridge, 1961
ZORN, W.: Kleine Wirtschafts- und Sozialgeschichte Bayerns 1806-1933. München, 1962 (Zeigt die Entwicklung am regionalen Beispiel)

Der Roman im 19. Jahrhundert

ALLEN, W. E.: The English novel. A short critical history. 2. Aufl. (Pelican) London, 1959
BLACK, F. G.: The epistolary novel in the late eighteenth century. A descriptive and bibliographical study. (University of Oregon Monographs, Studies in Literature and Philology, 2) Eugene, Or., 1940
CROSS, W. L.: The development of the English novel. 7. Aufl. London, 1928. Nachdr. New York, 1949
DUCHEMIN, M.: Chateaubriand. Paris, 1938 (Mit ausführlicher Bibliographie)
DUHAMEL, G.: Essai sur le roman. Paris, 1925
FORSTER, E. M.: Aspects of the novel. London, 1927. Deutsch: Ansichten des Romans. Übers. W. Schürenberg. Frankfurt/Main, 1949. Neuaufl. (Bibliothek Suhrkamp) Frankfurt/Main, 1962
FOX, R. W.: The novel and the people. New York, 1937 (Behandelt das Thema unter soziologischen Aspekten)
FRIEDEMANN, K.: Die Rolle des Erzählers in der Epik. (Untersuchungen zur neueren Sprach- und Literaturgeschichte, N. F. 7) Berlin, 1910. Nachdr. Darmstadt, 1964
FRIEDRICH, H.: Drei Klassiker des französischen Romans. Stendhal, Balzac, Flaubert. 4. Aufl. Frankfurt/Main, 1961
GERHARD, M.: Der deutsche Entwicklungsroman bis zu Goethes »Wilhelm Meister«. (Deutsche Vierteljahresschrift für Literaturwissenschaft und Geistesgeschichte, Buchreihe, 9) Halle/Saale, 1926
KANY, C. E.: The beginnings of the epistolary novel in France, Italy and Spain. Berkeley, Calif., 1937
KAYSER, W.: Das sprachliche Kunstwerk. Eine Einführung in die Literaturwissenschaft. 9. Aufl. München, 1963
KAYSER, W.: Entstehung und Krise des modernen Romans. Deutsche Vierteljahresschrift für Literaturwissenschaft und Geistesgeschichte 28, 1954. Auch als S. A.: 4. Aufl. Stuttgart, 1964
KLEIN, A.: Die Entwicklung der proletarisch revolutionären Romanliteratur in Deutschland. Eine gattungsgeschichtliche Untersuchung. Dissertation Leipzig, 1962
LÄMMERT, E.: Bauformen des Erzählens. Stuttgart, 1955. Neudr. 1963
LUKÁCS, G.: Die Theorie des Romans. Ein geschichtsphilosophischer Versuch über die Formen der großen Epik. 2. Aufl. Neuwied, 1963 (Zuerst 1920 erschienen)
LUKÁCS, G.: Deutsche Realisten des 19. Jahrhunderts. [Ost-]Berlin, 1951. Jetzt in: Werke. Bd. 7: Zwei Jahrhunderte deutsche Literatur. Goethe und seine Zeit. Deutsche Realisten des 19. Jahrhundert. Thomas Mann. Neuwied, 1964
MARTINI, FR.: Geschichte und Poetik des Romans. Deutschunterricht 3, 1951
MARTINI, FR.: Zur Theorie des Romans im deutschen Realismus. In: Festgabe für Ed. Berend. Weimar, 1959
MAYER, H.: Der deutsche Roman im 19. Jahrhundert. In: Hans Mayer: Von Lessing bis

Thomas Mann. Wandlungen der bürgerlichen Literatur in Deutschland. Pfullingen, 1959 (Vortrag unter dem Titel »Bürgerliche Kultur im deutschen Roman des 19. Jahrhunderts« auf dem Germanistenkongreß 1955 in Rom)
MÜLLER, G.: Die Bedeutung der Zeit in der Erzählkunst. (Antrittsvorlesung) Bonn, 1946
MUIR, E.: The structure of the novel. 2. Aufl. London, 1932
NÖTZEL, K.: Einführung in den russischen Roman. München, 1920
ORTEGA Y GASSET, J.: Ideas sobre la novela. In: La deshumanización del arte e Ideas sobre la novela. Madrid, 1925. Neuaufl. in: Meditaciones del Quijote e Ideas sobre la novela. 5. Aufl. Madrid, 1958. Jetzt in: Obras completas, Bd. 3. 2. Aufl. Madrid, 1950. Deutsch: Gedanken über den Roman. Neue Schweizer Rundschau 20, 1927. Jetzt in: Gesammelte Werke, Bd. 2. Stuttgart, 1955
PASCAL, R.: The German novel. Manchester, 1956
PETER, C. VON: Die Entwicklung des französischen Romans von den Anfängen bis zur Gegenwart. Eine Studie. Berlin, 1913
PETSCH, R.: Wesen und Form der Erzählkunst. 2. Aufl. Halle/Saale, 1942
RYCHNER, M.: Welt im Wort. Literarische Aufsätze. Zürich, 1949
RYCHNER, M.: Arachne. Aufsätze zur Literatur. Zürich, 1957
RYCHNER, M.: Antworten. Aufsätze zur Literatur. Zürich, 1961 (Darin: »Der Roman im 19. Jahrhundert«)
SCHEIDWEILER, P.: Der Roman der deutschen Romantik. (Dissertation Freiburg i. Br.) Leipzig, 1915

SEIDLER, H.: Wandlungen des deutschen Bildungsromans im 19. Jahrhundert. Wirkendes Wort 11, 1961
SENGLE, F.: Der Romanbegriff in der ersten Hälfte des 19. Jahrhunderts. In: Festschrift für Franz Rolf Schröder. Heidelberg, 1959
SINGER, G. F.: The epistolary novel. Its origin, development, decline and residuary influence. Philadelphia, 1933 (Mit ausführlicher Bibliographie)
SPIERO, H.: Geschichte des deutschen Romans. Berlin, 1950
THIBAUDET, A.: Histoire de la littérature française de 1789 à nos jours. Paris, 1936. Deutsch: Geschichte der französischen Literatur von 1789 bis zur Gegenwart (1935). Übers. Fr. Greiner. 2. Aufl. Freiburg i. Br., 1954
THIBAUDET, A.: Réflexions sur le roman. Paris, 1938
TSCHIRCH, F.: Bedeutungswandel im Deutsch des 19. Jahrhunderts. Zugleich ein Beitrag zum Verständnis unserer Klassiker. Zeitschrift für deutsche Wortforschung, N. F. 1, 1960
VAN DOREN, C. C.: The American novel, 1789 to 1939. 7. Aufl. New York, 1951
VOSSLER, K.: Der Roman bei den Romanen. In: Aus der romanischen Welt, Bd. 1. Karlsruhe, 1948
WILPERT, G. VON: Art. »Roman«. In: Sachwörterbuch der Literatur. 3. Aufl. Stuttgart, 1961 (Führt eine Fülle weiterer Werke zum Roman an)
WOLFF, M. L.: Geschichte der Romantheorie mit besonderer Berücksichtigung der deutschen Verhältnisse. Nürnberg, 1915

Politische Entwicklung Europas und Amerikas 1815–1871

ADAMS, H. M.: Die Beziehungen zwischen Preußen und den Vereinigten Staaten 1775–1870. Würzburg, 1960
ARTZ, F. B.: France under the Bourbon restauration. 1814–1830. New York, 1963
AUBRY, O.: Le second empire. (Collection Historia) Paris, 1938. Neuausg. 1956. Deutsch: Das zweite Kaiserreich. Übers. H. Dühring. Zürich, 1938
BARKER, E.: Political thought in England, 1848 to 1914. 2. Aufl. London, 1954
BARRACLOUGH, G.: The origins of modern Germany. Oxford, 1957
BASLER, R. P.: Abraham Lincoln. His speeches and writings. Cleveland, Ohio, 1946
BEARD, CH. A. und M. R.: The rise of American civilisation. 4 Bde. New York, 1927–1942 (Die einzelnen Bde. seither in mehreren Neuaufl. erschienen)
BERTAUX, J.: 1848 et la seconde république. Paris, 1937
BIBL, V.: Kaiser Franz. Der letzte römisch-deutsche Kaiser. Leipzig, 1938
BIRKE, E.: Frankreich und Ostmitteleuropa im 19. Jahrhundert. Beiträge zur Politik und Geistesgeschichte. (Ostmitteleuropa in Vergangenheit und Gegenwart, 6) Köln, 1960

BIRTSCH, G.: Die Nation als sittliche Idee. Der Nationalstaatsbegriff in Geschichtsschreibung und politischer Gedankenwelt Johann Droysens. (Kölner Historische Abhandlungen 10) Köln, 1964
BLET, H.: Histoire de la colonisation française. Bd. 2: Les étapes d'une renaissance coloniale. 1789–1870. Grenoble, 1947
BRINTON, C. C.: The United States and Britain. 2. Aufl. (The American Foreign Policy Library 1) Cambridge, Mass., 1948
BURIAN, P.: Die Nationalitäten in »Cisleithanien« und das Wahlrecht der Märzrevolution 1848/49. Zur Problematik des Parlamentarismus im alten Österreich. (Veröffentlichungen der Arbeitsgemeinschaft Ost, 2) Graz, 1962
CALVEZ, J. Y.: La pensée de Karl Marx. Paris, 1956. Deutsch: Karl Marx. Darstellung und Kritik seines Denkens. Übers. Th. Sapper. Freiburg i. Br., 1964 (Umfassende und ausgewogene katholische Stellungnahme zu Karl Marx)
THE NEW CAMBRIDGE MODERN HISTORY. Bd. 10: The zenith of European power 1830–70. Hrsg. J. P. T. Bury. Cambridge, 1960 (Weltgeschichte mit Artikeln von mehreren Fachgelehrten, darunter »Nationalities and nationalism« von J. P. T. Bury)

CHABOD, F.: Italien-Europa. Studien zur Geschichte Italiens im 19. und 20. Jahrhundert. Göttingen, 1962
COLE, A. CH.: The irrepressible conflict 1850 to 1865. (A history of American life, 7) New York, 1934
COLLINS, I.: The government and the newspaper press in France 1814-1881. (Oxford Historical Series) Oxford, 1959
COMMAGER, H. S., Hrsg.: Documents of American history. 6. Aufl. (Crofts American History series) New York, 1958
D'ALMERAS, H.: La vie parisienne sous la restauration. Paris, o. J.
DIETRICH, W.: Simon Bolivar und die lateinamerikanischen Unabhängigkeitskriege. Hamburg, 1934
DROYSEN, J. G.: Politische Schriften. Hrsg. F. Gilbert. Berlin, 1933
ENGEL-JANOSI, FR., R. BLAAS und E. WEINZIERL: Die politische Korrespondenz der Päpste mit den österreichischen Kaisern. (Forschungen zur Kirchengeschichte Österreichs, 2) Wien, 1964
EYCK, E.: Bismarck. Leben und Werk. 3 Bde. 2. Aufl. Zürich, 1963
FABER, K. G.: Görres, Weitzel und die Revolution (1819). Historische Zeitschrift 194, 1962
FISH, C. R.: The rise of the common man 1830-1850. (A history of American life, 6) New York, 1927
FRIEDRICH, C. J.: Constitutional government and democracy. Theory and practice in Europe and America. 2. Aufl. Boston, Mass., 1950. Deutsch: Der Verfassungsstaat der Neuzeit. Übers. A. Mutter. (Enzyklopädie der Rechts- und Staatswissenschaft) Berlin, 1953
GAGERN, HEINR. FREIHERR VON: Briefe und Reden. Hrsg. vom Bundesarchiv und der Hessischen Historischen Kommission Darmstadt. Bearb. P. Wentzcke und W. Klötzer. [Bd. 1:] Deutscher Liberalismus im Vormärz. 1815-1848. Göttingen, 1959
ZUR ITALIENISCHEN GEISTESGESCHICHTE des 19. Jahrhunderts. (Studi Italiani 6) Köln, 1961 (Aufsätze verschiedener Autoren)
GERECKE, A.: Das deutsche Echo auf die polnische Erhebung von 1830. (Veröffentlichungen des Osteuropa-Instituts München, 24) Wiesbaden, 1964
GEUSS, H.: Bismarck und Napoleon III. Ein Beitrag zur Geschichte der preußisch-französischen Beziehungen. (Kölner historische Abhandlungen, 1) Köln, 1959
GOOCH, B. D.: Belgium and the February Revolution. den Haag, 1963
GOOCH, G. P.: History and historians in the nineteenth century. New York, 1913. Neuausg. London, 1959. Deutsch: Geschichte und Geschichtsschreiber im 19. Jahrhundert. Vom Verf. neubearb. und mit einem Ergänzungskapitel versehen. Übers. H. Lazarus. Frankfurt/Main, 1964
GRIEWANK, K.: Deutsche Studenten und Universitäten in der Revolution von 1848. Weimar, 1949
GRIEWANK, K.: Der Wiener Kongreß und die europäische Restauration 1814/15. 2. Aufl. Leipzig, 1954

GUICHEN, V. DE: La guerre de Crimée 1853-1856 et l'attitude des puissances européennes. Paris, 1936
HAAS, A. G.: Metternich, reorganization and nationality, 1813-1818. A story of foresight and frustration in the rebuilding of the Austrian Empire. (Veröffentlichungen des Instituts für europäische Geschichte, Mainz, 28) Wiesbaden, 1962
HAMMER, K.: Die französische Diplomatie der Restauration und Deutschland 1814-1830. (Pariser Historische Studien, 2) Stuttgart, 1963
HARING, C. H.: South America looks at the United States. New York, 1928
HERR, R.: Tocqueville and the Old Regime. Princeton, N. J., 1962
HERZFELD, H.: Die moderne Welt 1789-1945. (Geschichte der Neuzeit.) Tl. 1: Die Epoche der bürgerlichen Nationalstaaten 1789-1890. 4. Aufl. (Westermanns Studienhefte) Braunschweig, 1964
HESS, A.: Das Parlament, das Bismarck widerstrebte. Zur Politik und sozialen Zusammensetzung des preußischen Abgeordnetenhauses der Konfliktzeit 1862-1866. Köln, 1964
HOECKER, W.: Der Gesandte Bunsen als Vermittler zwischen Deutschland und England. (Göttinger Bausteine zur Geschichtswissenschaft, 1) Göttingen, 1951
HÖLZLE, E.: Rußland und Amerika. Aufbruch und Begegnung zweier Weltmächte. München, 1953 (Behandelt vornehmlich das 19. Jahrhundert)
HOFSTADTER, R.: The American political tradition and the men who made it. New York, 1948
HUBER, E. R.: Deutsche Verfassungsgeschichte seit 1789. 4 Bde. Stuttgart, 1957-1965
HUBER, E. R., Hrsg.: Dokumente zur deutschen Verfassungsgeschichte. 2 Bde. 2. erw. Aufl. der »Quellen zum Staatsrecht der Neuzeit«. Stuttgart, 1961—1964
JELAVICH, CH. und B.: The Balkans in transition. Essays on the development of Balkan life and political science in the eighteenth century. Berkeley, Calif., 1963
JÜRGENSEN, K.: Lamennais und die Gestaltung des belgischen Staates. Der liberale Katholizismus in der Verfassungsbewegung des 19. Jahrhunderts. (Veröffentlichung des Instituts für europäische Geschichte, Mainz, 29) Wiesbaden, 1963
KNECK, H.: Die »Göttinger Sieben«, ihre Protestation und ihre Entlassung im Jahre 1937. (Historische Studien, 258) Berlin, 1934
KOSSOK, M.: Im Schatten der Heiligen Allianz. Deutschland und Lateinamerika, 1815-1830. Studien zur Kolonialgeschichte und Geschichte der nationalen und kolonialen Befreiungsbewegung. Berlin, 1964
KROUT, J. A., und D. R. Fox: The completion of Independence 1790-1830. (A history of American life, 5) New York, 1944
LENZ, FR.: Friedrich List und die deutsche Einheit. 1789-1846. (Der Deutschenspiegel) Stuttgart, 1947

LILL, R.: Die Beilegung der Kölner Wirren, 1840–1842. Vorwiegend nach Akten des Vatikanischen Geheimarchivs. (Studien zur Kölner Kirchengeschichte, 6) Düsseldorf, 1962
LILL, R.: Die Vorgeschichte der preußisch-italienischen Allianz (1866). Beobachtungen zur preußisch-italienischen Allianz 1866. Quellen und Forschungen aus italienischen Archiven und Bibliotheken 42/43, 1963 und 44, 1964
LOBANOV-ROSTOVSKY, A.: Russia and Europe, 1825–1878. Ann Arbor, Mich., 1954
LÖWITH, K.: Von Hegel zu Nietzsche. Der revolutionäre Bruch im Denken des neunzehnten Jahrhunderts. Marx und Kierkegaard. 5. Aufl. Stuttgart, 1964
LUCAS-DUBRETON, J.: La restauration et la monarchie de juillet. Paris, 1937
MALO, H.: Thiers. Paris, 1932
MANN, G.: Deutsche Geschichte des neunzehnten und zwanzigsten Jahrhunderts. Neuaufl. Frankfurt/Main, 1963
MARTINI, FR.: Deutsche Literatur im Bürgerlichen Realismus 1848–1898. (Epochen der deutschen Literatur, V, 2) Stuttgart, 1962
MASUR, G.: Simon Bolivar und die Befreiung Südamerikas. Konstanz, 1949
MEINECKE, FR.: Weltbürgertum und Nationalstaat. München, 1908. 7. Aufl. 1928. Neuausg.: Fr. Meinecke: Werke. Hrsg. im Auftrag des Friedrich-Meinecke-Instituts der Freien Universität Berlin von H. Herzfeld, C. Hinrichs und W. Hofer. Bd. 5: Weltbürgertum und Nationalstaat. Hrsg. H. Herzfeld. München, 1962
MEINECKE, FR.: Die Idee der Staatsräson in der neueren Geschichte. München, 1924. Neuausg.: Fr. Meinecke: Werke. Hrsg... H. Herzfeld, C. Hinrichs und W. Hofer. Bd. 1: Die Idee der Staatsräson in der neueren Geschichte. Hrsg. W. Hofer. 3. Aufl. München, 1963 (Hier besonders: Drittes Buch: Macchiavellismus, Idealismus und Historismus im neueren Deutschland)
MEINECKE, FR.: Die Entstehung des Historismus. München, 1936. 2. Aufl. 1946. Neuausg.: Fr. Meinecke: Werke. Hrsg... H. Herzfeld, C. Hinrichs und W. Hofer. Bd. 3: Die Entstehung des Historismus. Hrsg. C. Hinrichs. München, 1959
MEINECKE, FR.: Ranke und Burckhardt. Ein Vortrag gehalten in der Deutschen Akademie der Wissenschaften zu Berlin. Berlin, 1948
MEYER, H. C.: Mitteleuropa in German thought and action, 1815–1945. den Haag, 1955
MICHAELIS, H.: Die Einigung Italiens. Triumph und Verhängnis Napoleons III. (Janus-Bücher) München, 1960
MOMMSEN, W.: Stein. Ranke. Bismarck. Ein Beitrag zur politischen und sozialen Bewegung des 19. Jahrhunderts. München, 1955
MONYPENNY, W. F., und G. E. BUCKLE: The life of Benjamin Disraely. London, 1929
MORGAN, R. P.: The German Social Democrats and the First International, 1864–1872. Cambridge, 1965
MORLEY, J., VISCOUNT: The life of William Ewart Gladstone. London, 1903
MORRIS, R. B., Hrsg.: Encyclopedia of American history. 2. Aufl. New York, 1961
MOSSE, E. W.: The European powers and the German question 1848–1871, with special reference to England and Russia. Cambridge, 1958
MUNRO, D. G.: The Latin American republics. A history. New York, 1942
NEVINS, A.: The emergence of modern America 1865–1878. (A history of American life, 8) New York, 1927
OMODEO, A.: L'età del Risorgimento italiano. 6. Aufl. Neapel, 1948. Deutsch: Die Erneuerung Italiens und die Geschichte Europas 1700–1920. Übers. D. Mitzky und G. Weiss. (Artemis-Bibliothek) Zürich, 1951
ONCKEN, H.: Lassalle. Eine politische Biographie. 4. Aufl. Stuttgart, 1923
ONCKEN, H.: Rudolf von Bennigsen. Ein deutscher liberaler Politiker. Stuttgart, 1910
PERKINS, D.: Hands off. A history of the Monroe Doctrine. 2. Aufl. Boston, Mass., 1942
PERKINS, D.: Castlereagh and Adams: England and the United States, 1812–1823. Berkeley, Calif., 1964
PIRENNE, J.-H.: La Sainte-Alliance. Organisation européenne de la paix mondiale. Les traités de paix 1814–1815. Neuchâtel, 1946 (Phil. Diss. Genf, 1936)
RANDALL, J. G.: Lincoln the president. 4 Bde. New York, 1945–1955
RANKE, L. VON: Zur Geschichte Deutschlands und Frankreichs im 19. Jahrhundert. Hrsg. A. Dove. (Sämtliche Werke, Bd. 49–50.) 3. Aufl. Leipzig, 1887
REDSLOB, E.: Die Welt vor hundert Jahren. Menschen und Kulturen der Zeitenwende um 1840. 3. Aufl. Leipzig, 1943
RUBEL, M.: Karl Marx devant le Bonapartisme. (Collection Société et idéologies, 2ᵉ sér., Documents et témoignages, 2) Paris, 1960
SCHIEDER, W.: Anfänge der deutschen Arbeiterbewegung. Die Auslandsvereine im Jahrzehnt nach der Julirevolution von 1830. (Industrielle Welt) Stuttgart, 1963
SCHLESINGER, A. M.: Political and social history of the United States 1829–1925. New York, 1925
SCHLESINGER, A. M.: New paths to the present. New York, 1949
SCHNABEL, F.: Deutsche Geschichte im neunzehnten Jahrhundert. 4 Bde. 2.–5. Aufl. Freiburg i. Br., 1949–1959. Taschenbuchausg.: 8 Bde. (Herder-Bücherei) Freiburg i. Br., 1964 bis 1965
SCHOEPS, H.-J.: Aus den Jahren preußischer Not und Erneuerung. Tagebücher und Briefe der Gebrüder Gerlach und ihres Kreises 1805 bis 1820. Berlin, 1963
SCHRAEPLER, E.: Quellen zur Geschichte der sozialen Frage in Deutschland. Bd. 1: 1800 bis 1871. 2. Aufl. (Quellensammlung zur Kulturgeschichte, 6) Göttingen, 1960
SCHRAMM, P. E.: Hamburg und die Welt. Leistung und Grenzen hanseatischen Bürgertums in der Zeit zwischen Napoleon I. und Bismarck. Ein Kapitel Deutscher Geschichte. 2. Aufl. Hamburg, 1952

SCHROEDER, P. W.: Metternich's diplomacy at its zenith 1820–1823. Austin, Texas, 1962
SCHURZ, C.: Lebenserinnerungen. 3 Bde. Berlin, 1906–1912. Neuaufl.: Lebenserinnerungen, Bd. 1: Bis zum Jahre 1852. Berlin, 1930. Neue Ausg.: Lebenserinnerungen. Bearb. S. von Radecki. (Manesse-Bibliothek der Weltliteratur) Zürich, 1948
SHANAHAN, W. O.: German Protestants face the social question. Bd. 1: The conservation phase, 1815–1871. Notre Dame, Ind., 1954 (Mehr bisher nicht erschienen). Deutsch: Der deutsche Protestantismus vor der sozialen Frage, 1815–1871. Übers. D. Voll. München, 1962
SIEBURG, H.-O.: Deutschland und Frankreich in der Geschichtsschreibung des neunzehnten Jahrhunderts. Wiesbaden, 1954
SIEMENS, W. VON: Lebenserinnerungen. Berlin, 1942. 16. Aufl. München, 1956
SMEND, R.: Die Göttinger Sieben. Rede zur Immatrikulationsfeier der Georgia Augusta zu Göttingen am 24. Mai 1950. 2. Aufl. Göttingen, 1958
SMITH, D. M.: Cavour and Garibaldi 1860. A study in political conflict. Cambridge, 1954
SMITH, H. N.: Virgin land. The American West as symbol and myth. Cambridge, Mass., 1950
SPRANGER, ED.: Wilhelm von Humboldt und die Reform des Bildungswesens. Berlin, 1910. Neuausg. Tübingen, 1960
SRBIK, H. RITTER VON: Deutsche Einheit. Idee und Wirklichkeit vom Heiligen Reich bis Königgrätz. 4 Bde. Bde. 1–2, 2. Aufl. München, 1936–1942
SRBIK, H. RITTER VON: Metternich. Der Staatsmann und der Mensch. 2 Bde. München, 1925. Neuaufl.: 3 Bde. Bde. 1–2, 3. Aufl. München, 1954–1960 (Der dritte Band enthält die Quellen und einen Literaturnachtr. 1925 bis 1952)
STADELMANN, R.: Soziale und politische Geschichte der Revolution von 1848. München, 1948
STRODE, H.: Jefferson Davis, American patriot. New York, 1955

TANK, K. L.: Frankreich zwischen Freiheit und Diktatur. Gambettas Kampf gegen Napoleon III. Hamburg, 1958
TAYLOR, A. J. P.: The course of German history. London, 1946
TAYLOR, A. J. P.: The Habsburg monarchy, 1809–1918. London, 1948
TREITSCHKE, H. VON: Deutsche Geschichte im 19. Jahrhundert. 5 Bde. Leipzig, 1878–1894. Neuausg. Leipzig, 1927–1928 (Reicht bis 1848)
TRITSCH, W.: Metternich und sein Monarch. Biographie eines seltsamen Doppelgestirns. Darmstadt, 1952
VALENTIN, V.: Geschichte der Deutschen Revolution von 1848–1849. Berlin, 1930
WEBER, R.: Kleinbürgerliche Demokraten in der deutschen Einheitsbewegung 1863–1866. Berlin, 1962
WEHLER, H.-U.: Sozialdemokratie und Nationalstaat. Die deutsche Sozialdemokratie und die Nationalitätenfrage in Deutschland von Karl Marx bis zum Ausbruch des ersten Weltkrieges. (Marburger Ostforschungen im Auftrage des Johann-Gottfried-Herder-Forschungsrates, 18) Würzburg, 1962
WIERER, R.: Der Föderalismus im Donauraum. (Schriftenreihe des Forschungsinstitutes für den Donauraum, 1) Graz, 1960
WINKLER, H. A.: Preußischer Liberalismus und deutscher Nationalstaat. Studien zur Geschichte der Deutschen Fortschrittspartei 1861 bis 1866. (Studien zur Geschichte und Politik, 17) Tübingen, 1964
WINTER, E.: Rußland und das Papsttum. Bd. 2: Von der Aufklärung bis zur großen sozialistischen Oktoberrevolution. (Quellen und Studien zur Geschichte Osteuropas VI, 2) Berlin, 1961
WITTRAM, R.: Das Nationale als europäisches Problem. Beiträge zur Geschichte des Nationalitätsprinzips vornehmlich des 19. Jahrhunderts. Göttingen, 1954
YOUNG, G. M., Hrsg.: Early Victorian England. 1830–1865. 2 Bde. 2. Aufl. London, 1951

Rußland im 19. Jahrhundert

BARON, S. H.: Plekhanov. The father of Russian Marxism. Stanford, Calif., 1963
CANNAC, R.: Netchaiev. Du nihilisme au terrorisme. Paris, 1961
DANILEWSKIJ, N. J.: Russija i Jewropa. St. Petersburg, 1871. 3. Aufl. 1888. Deutsch, gekürzt: Rußland und Europa. Eine Untersuchung über die kulturellen und politischen Beziehungen der slawischen zur germanisch-romanischen Welt. Hrsg. K. Nötzel. Stuttgart, 1920 (Die 1869/70 entstandene »Bibel des Panslawismus«, eine der wichtigsten Programmschriften des radikalen Panslawisten)
EUROPA UND RUSSLAND. Texte zum Problem des westeuropäischen und russischen Selbstverständnisses. Hrsg. D. J. Tschižewskij und D. Groh. Darmstadt, 1959

FALK, H.: Das Weltbild Peter J. Tschaadajews nach seinen acht »Philosophischen Briefen«. Ein Beitrag zur russischen Geistesgeschichte des 19. Jahrhunderts. (Veröffentlichungen des Osteuropa-Instituts München, 9) München, 1954 (Die wichtigsten Quellenschriften des »Westlers« Tschaadajew)
FISCHEL, A.: Der Panslawismus bis zum Weltkrieg. Ein geschichtlicher Überblick. Stuttgart, 1919
FLORINSKY, M. T.: Russia. A history and an interpretation. Bd. 2. New York, 1953
FRIESE, CH.: Rußland und Preußen im Krimkrieg bis zum polnischen Aufstand. (Osteuropäische Forschungen, N.F. 11) Berlin, 1931
GEYER, D.: Lenin in der russischen Sozialdemokratie. Die Arbeiterbewegung im Zarenreich

als Organisationsproblem der revolutionären Intelligenz 1890–1903. (Beiträge zur Geschichte Osteuropas, 3) Köln, 1962
GITERMANN, V.: Geschichte Rußlands. Bd. 3: Rußland in der Zeit von 1827 bis 1917. Frankfurt/Main, 1949
GRUNWALD, C. DE: Alexandre Ier, le tsar mystique. (Présence de l'histoire) Paris, 1955
HAXTHAUSEN, A. FREIHERR VON: Studien über die innern Zustände, das Volksleben und insbesondere die ländlichen Einrichtungen Rußlands. 3 Bde. Hannover und Berlin, 1847 bis 1852 (Zeitgenössischer Bericht eines westfälischen Agrarpolitikers mit ausführlicher Beschreibung der eigentümlichen russischen Dorfverfassung)
HERZEN, A. I.: Mein Leben. Memoiren und Reflexionen. 3 Bde. Berlin, 1962–1963 (Die lesenswerten Erinnerungen des den »Westlern« nahestehenden Publizisten)
HUCH, R.: Michael Bakunin und die Anarchie. Leipzig, 1923
KARPOVICH, M.: Imperial Russia, 1801–1917. (Berkshire Studies in European History) New York, 1957
KARPOVICH, M.: P. N. Tkachev, a forerunner of Lenin. Review of Politics 6, 1944
KEEP, J. L. H.: The rise of Social Democracy in Russia 1898–1907. Oxford, 1963
KIREJEWSKI, I. W.: Rußland und Europa. Hrsg. N. von Bubnoff. Stuttgart, 1948 (Programmatischer Aufsatz des bekannten »Slawophilen«)
KOHN, H.: Panslavism. Its history and ideology. Notre Dame, Ind., 1953. Deutsch: Die Slawen und der Westen. Die Geschichte des Panslawismus. Wien, 1956
LAUE, TH. H. VON: Sergei Witte and the industrialization of Russia. New York, 1963
LEMBERG, H.: Die nationale Gedankenwelt der Dekabristen. Köln, 1963
LEONTOVITSCH, V.: Geschichte des Liberalismus in Rußland. Frankfurt/Main, 1957
LETTENBAUER, W.: Russische Literaturgeschichte. 2. Aufl. Wiesbaden, 1958
MASARYK, TH. G.: Rußland und Europa. Studien über die geistigen Strömungen in Rußland. Erste Folge: Zur russischen Geschichts- und Religionsphilosophie. Soziologische Studien. 2 Bde. Jena, 1913. Nachdr., unter dem Titel: Zur russischen Geschichts- und Religionsphilosophie. 2 Bde. Düsseldorf, 1965
MAZOUR, A. G.: The first Russian revolution 1825. The Decembrist movement. Its origins, development, and significance. 2. Aufl. Stanford, Calif., 1961
MONAS, S.: The Third Section. Police and society in Russia under Nicholas I. Cambridge, Mass., 1961
MOSSE, W. E.: Alexander II and the modernization of Russia. (Teach Yourself History Library) London, 1959
PHILIPP, W.: Historische Voraussetzungen des politischen Denkens in Rußland. Forschungen zur osteuropäischen Geschichte 1, 1954
PIERCE, R. A.: Russian Central Asia 1867–1917. A study in colonial rule. Berkeley, Calif., 1960

PIPES, R.: Social Democracy and the St. Petersburg labor movement, 1885–1897. Cambridge, Mass., 1963
RAEFF, M.: Michael Speransky. Statesman of imperial Russia. 1772–1839. den Haag, 1957
RAUCH, G. VON: Rußland: Staatliche Einheit und nationale Vielfalt. Föderalistische Kräfte und Ideen in der russischen Geschichte. (Veröffentlichungen des Osteuropa-Instituts München, 5) München, 1953
RECUEIL DES TRAITÉS ET CONVENTIONS, conclus par la Russie avec les puissances étrangères. Hrsg. F. F. Martens. 15 Bde. St. Petersburg, 1874–1909 (Wichtige Quellensammlung)
RIASANOVSKY, N. V.: Rußland und der Westen. Die Lehre der Slavophilen. München, 1954
RIASANOVSKY, N. V.: Nicholas I and official nationality in Russia, 1825–1855. Berkeley, Calif., 1959
ROBINSON, T. C.: Rural Russia under the Old Regime. New York, 1949 (Wichtig für die Entwicklung des Bauerntums seit der Jahrhundertmitte)
SCHEIBERT, P.: Von Bakunin zu Lenin. Geschichte der russischen revolutionären Ideologien 1840–1895. Bd. 1: Die Formung des radikalen Denkens in der Auseinandersetzung mit deutschem Idealismus und französischem Bürgertum. (Studien zur Geschichte Osteuropas, 3) Leiden, 1956 (Umfaßt die Zeit bis zur Jahrhundertmitte)
SCHEIBERT, P.: Eine Denkschrift Speranskijs zur Reform des Russischen Reiches aus dem Jahre 1811. Forschungen zur osteuropäischen Geschichte 7, 1959
SCHELTING, A. VON: Rußland und Europa im russischen Geschichtsdenken. Bern, 1948
SCHIEMANN, TH.: Geschichte Rußlands unter Kaiser Nikolaus I. 4 Bde. Berlin, 1904–1919
SETON-WATSON, H.: The decline of imperial Russia, 1855–1914. London, 1952. Deutsch: Der Verfall des Zarenreiches 1855–1914. München, 1954
SMOLITSCH, I.: Geschichte der russischen Kirche 1700–1917. Bd. 1. (Studien zur Geschichte Osteuropas, 9) Leiden, 1964
STÄHLIN, K.: Geschichte Rußlands von den Anfängen bis zur Gegenwart. Bde. 3 und 4. Königsberg i. Pr., 1935–1939. Neudr. Graz, 1961
STEINMANN, F., und E. HURWICZ: Konstantin Petrowitsch Pobjedonoszew, der Staatsmann der Reaktion unter Alexander III. (Quellen und Aufsätze zur russischen Geschichte, 11) Königsberg i. Pr., 1933
THE TRANSFORMATION OF RUSSIAN SOCIETY. Aspects of social change since 1861. Hrsg. C. E. Black. Cambridge, Mass., 1960 (Soziologische Studien amerikanischer Autoren zu Einzelfragen der russischen und sowjetischen Geschichte)
TREADGOLD, D. W.: The great Siberian migration. Government and peasant in resettlement from emancipation to the First World War. Princeton, N. J., 1957
TROYAT, H.: La vie quotidienne en Russie au temps du dernier tsar. Paris, 1959. Deutsch: So lebten die Russen zur Zeit des letzten Zaren. 2. Aufl. Stuttgart, 1961

TSCHIZEWSKIJ, D.: Rußland zwischen Ost und West. Russische Geistesgeschichte, Tl. 2. (Rowohlts Deutsche Enzyklopädie) Hamburg, 1961
TUGAN-BARANOWSKI, M. I.: Geschichte der russischen Fabrik. Berlin, 1900 (Vom Verf. revidierte deutsche Ausg.)
WALKIN, J.: The rise of democracy in pre-revolutionary Russia. Political and social institutions under the last three czars. London, 1963
WEIDLÉ, W.: La Russie absente et présente. Paris, 1955. Deutsch: Rußland. Weg und Abweg. Stuttgart, 1956
WINKLER, M.: Zarenlegende. Alexander I. von Rußland. 2. Aufl. München, 1948 (Für ein breiteres Publikum geschriebene Lebensbeschreibung des »rätselhaften Zaren«)
WITTRAM, H.: Das Freiheitsproblem in der russischen inneren Geschichte. Jahrbücher für Geschichte Osteuropas, N. F. 2, 1954

Japan 1850–1890

AKAGI, R. H.: Japan's foreign relations, 1542-1936. A short history. Tokio, 1936
ALLEN, G. C.: A short economic history of modern Japan. 2. Aufl. London, 1962
BEASLEY, W. G.: Great Britain and the opening of Japan, 1834–1858. London, 1951
BEASLEY, W. G.: The modern history of Japan. London, 1963. Deutsch: Japan. Geschichte des modernen Japan. Mit einem Schlußkapitel von E. Ott. Köln, 1964
BEASLEY, W. G., Hrsg.: Select documents on Japanese foreign policy, 1853–1868. Hrsg. und Übers. W. G. Beasley. London, 1955 (Beste kurze Darstellung der auswärtigen Beziehungen Japans in diesem Zeitraum)
BLACKER, C.: The Japanese Enlightenment. A study of the writings of Fukuzawa Yukichi. Cambridge, 1964 (Die Beweggründe der Erneuerer Japans, aufgezeigt an den Schriften eines der wichtigsten Vorkämpfer)
BORTON, H.: Japan's modern century. New York, 1955
CONROY, H.: The Japanese seizure of Korea, 1868–1910. Philadelphia, 1960
CRAIG, A. M.: Chôshû in the Meiji restoration. Cambridge, Mass., 1961
EULENBURG, FR. GRAF ZU: Ostasien 1860–1862 in Briefen. Hrsg. Ph. Graf zu Eulenburg-Hertefeld. Berlin, 1900 (Graf Eulenburg begleitete als Regierungsbevollmächtigter die preußische Ostasien-Expedition)
DIE PREUSSISCHE EXPEDITION nach Ostasien. Nach amtlichen Quellen. 4 Bde. Berlin, 1864–1873 (Text deutsch, englisch und französisch)
GUBBINS, J. H.: The progress of Japan, 1853–1871. Oxford, 1911
HAUSHOFER, K.: Japans Reichserneuerung. Strukturwandlungen der Meiji-Ära bis heute. (Sammlung Göschen) Berlin, 1930
HAUSHOFER, K.: Mutsuhito, Kaiser von Japan. (Colemans kleine Biographien) Lübeck, 1933 (Knapper, doch nützlicher Lebensabriß dieses Kaisers, dessen Kaisername Meiji der Epoche ihren Namen gab)
JANSEN, M. B.: Sakamoto Ryôma and the Meiji restoration. Princeton, N. J., 1961 (Geschichte der Restauration in Gestalt der Biographie eines ihrer Verfechter)
KERST, G.: Die Anfänge der Erschließung Japans im Spiegel der zeitgenössischen Publizistik, untersucht auf Grund der Veröffentlichungen in der Kölnischen Zeitung. (Übersee-Schriftenreihe, H. 2) Hamburg, 1953 (Wichtig auch durch die im Anhang wiedergegebenen Vertragstexte von 1854/55)
KUNITOMO, T.: Japanese literature since 1868. Tokio, 1938
LENSEN, G. A.: Russia's Japan expedition of 1852–1855. Gainesville, Flor., 1955
LOCKWOOD, W. W.: The economic development of Japan. Growth and structural change 1868 to 1938. Princeton, N. J., 1954
OHRT, E.: Die preußische Expedition nach Ostasien 1860/61. Mitteilungen der Deutschen Gesellschaft für Natur- und Völkerkunde Ostasiens 13, 1911
PERRY, M. C.: Narrative of the expedition of an American squadron to the China Seas and Japan, performed in the years 1852, 1853 and 1854, under the command of Commodore M. C. Perry, by order of the Government of the United States. Published by order of the Congress of the United States. 3 Bde. Washington, D. C., 1856 (Der offizielle Bericht enthält im ersten Band Perrys eigene Schilderung; vgl. dazu den folgenden Titel)
PERRY, M. C.: Narrative of the expedition of an American squadron to the China Seas and Japan, performed in the years 1852, 1853 and 1854. Compiled from the original notes and journals of Commodore Perry and his officers, at his request and under his supervision. Hrsg. F. L. Hawks. New York, 1856. Neuaufl. 1857. Deutsch: Die Erschließung Japans. Erinnerungen des Admirals M. C. Perry von der Fahrt der amerikanischen Flotte 1853/54. Bearb. A. Wirth und A. Dirr. (Bibliothek denkwürdiger Reisen) Hamburg, 1910
RAMMING, M.: Über den Anteil der Russen an der Eröffnung Japans für den Verkehr mit den westlichen Mächten. Mitteilungen der Deutschen Gesellschaft für Natur- und Völkerkunde Ostasiens 21, 1926
RAMMING, M.: Die wirtschaftliche Lage der Samurai am Ende der Tokugawaperiode. Mitteilungen der Deutschen Gesellschaft für Natur- und Völkerkunde Ostasiens 22, 1928
REISCHAUER, E. O.: Japan, past and present. 2. Aufl. (Borzoi Books) New York, 1953. Deutsch: Japan. Übers. K. Krüger. Mit einem Anhang über die heutige Wirtschaftssituation von K. Krüger. (Die Welt von heute) Berlin, 1953

SANSOM, G. B.: The western world and Japan. A study in the interaction of European and Asiatic cultures. London, 1950
SCALAPINO, R. A.: Democracy and the party movement in prewar Japan. 2. Aufl. Berkeley, Calif., 1962
SIEMERS, B.: Japans Eingliederung in den Weltverkehr 1853–1869. (Historische Studien 316) Berlin, 1937 (Dissertation Kiel; fortgeführt durch die folgende Schrift)
SIEMERS, B.: Japans Aufstieg 1868–1880. (Historische Studien 341) Berlin, 1938
SMITH, T. C.: Political change and industrial development in Japan. Government enterprise, 1868–1880. (Stanford University Series; history, economics and political science, 10) Stanford, Calif., 1955
STORRY, R.: A history of modern Japan. (Pelican) Harmondsworth, 1960. Deutsch: Geschichte des modernen Japan. Übers. K. Müller. München, 1962. Taschenbuchausg.: (Goldmanns Gelbe Taschenbücher) München, 1964
TSUNODA, R., W. TH. DE BARY und D. KEENE: Sources of Japanese tradition. New York, 1958
VINACKE, H. M.: A history of the Far East in modern times. 5. Aufl. New York, 1950
WADA, T.: American foreign policy towards Japan during the 19th century. Tokio, 1928
YANAGA, C.: Japan since Perry. New York, 1949

Afrika bis zum Kommen der Europäer

ALIMEN, H.: Préhistoire de l'Afrique. Paris, 1955. Englisch: The prehistory of Africa. London, 1955
ARKELL, A. J.: History of the Sudan to 1821. London, 1955
BARTH, H.: Reisen und Entdeckungen in Nord- und Zentralafrika in den Jahren 1849 bis 1855. 5 Bde. Gotha, 1857–1859
BAUMANN, H.: Schöpfung und Urzeit im Mythus der afrikanischen Völker. Berlin, 1936
BLEEK, W. H. J., und L. C. LLOYD: Specimens of Bushman folklore. London, 1911
BURNS, A. C., BARONET: History of Nigeria. London, 1956
CAPOT-REY, R.: Le Sahara français. Paris, 1953
CATON-THOMPSON, G.: The Zimbabwe culture. Ruins and reactions. Oxford, 1931
CLARK, J. D.: The prehistory of Southern Africa. (Pelican) Harmondsworth, 1959
COLE, S.: The prehistory of East Africa. London, 1954
CORNEVIN, R.: Histoire des peuples de l'Afrique noire. Paris, 1960
COUPLAND, R.: East Africa and its invaders from the earliest times to 1856. London, 1938
DAVIDSON, B.: Old Africa rediscovered. London, 1959. Deutsch: Urzeit und Geschichte Afrikas. (Rowohlts Deutsche Enzyklopädie) Hamburg, 1961
DELAFOSSE, M.: Haut-Sénégal-Niger. 3 Bde. Paris, 1912
DELAFOSSE, M.: Les civilisations négro-africaines. Paris, 1925
DORMAN, S. S.: Pygmies and Bushmen of the Kalahari. London, 1925
DUFFY, J.: Portuguese Africa. Cambridge, Mass., 1959
ELLENBERGER, V.: Le fin tragique des Bushmen. Paris, 1953
FAGE, J. D.: An introduction to the history of West Africa. Cambridge, 1955. Revid. Aufl. 1962
FAGE, J. D.: An atlas of African history. London, 1958
FAGE, J. D.: Anthropology, botany, and the history of Africa. Journal of African History (London) 1958
FROBENIUS, L.: Kulturgeschichte Afrikas. Prolegomena zu einer historischen Gestaltlehre. Zürich, 1933. Neuaufl. 1954
GREENBERG, J. H.: Studies in African linguistic classification. New Haven, Conn., 1955
IBN BATTUTA (ABU 'ABDALLAH MUHAMMAD): Ibn Battuta travels in Asia and Africa 1325 to 1354. Hrsg. H. A. R. Gibb. 3. Aufl. London, 1953
IHLE, A.: Das alte Königreich Kongo. Leipzig, 1929
IMMENROTH, W.: Kultur und Umwelt der Kleinwüchsigen in Afrika. Leipzig, 1933
JOHNSON, S.: The history of the Yoruba. London, 1921. Neudr. 1956
JONES, A. H. M., und E. MONROE: A history of Abyssinia. New York, 1935
KAMMERER, A.: Essai sur l'histoire antique d'Abyssinie. Paris, 1926
KRAPF, J. L.: Reisen in Ostafrika in den Jahren 1837 bis 1855. 2 Bde. Stuttgart, 1858
LEAKEY, L. S. B.: The stone age races of Kenya. London, 1935
LEAKEY, L. S. B.: An outline of prehistory in Africa. London, 1936
LEAKEY, L. S. B.: Adam's ancestors. London, 1953
LEBZELTER, V.: Die Vorgeschichte von Süd- und Südwestafrika. Leipzig, 1930
LEBZELTER, V.: Eingeborenenkulturen in Süd- west- und Südafrika. Leipzig, 1934
LEO AFRICANUS (AL-HASAN IBN MUHAMMAD AL-WAZAZ AL-FASI): Descritione dell'Africa. 1526. Erstdr. in: G. B. Ramusio: Delle navigationi e viaggi, Bd. 1. Venedig, 1550. – Englisch: A Geographical Historie of Africa. Übers. J. Pory. London, 1600. Neuausg.: Hrsg. R. Brown, E. C. Ravenstein u. a. 3 Bde. (Hakluyt Society, Bd. 92–94) London, 1896
LEUZINGER, E.: Afrika. Kunst der Negervölker. 4. Aufl. (Kunst der Welt) Baden-Baden, 1964
LIVINGSTONE, D.: Missionary travels and researches in South Africa. 2 Bde. London, 1857. Deutsch: Missionsreisen und Forschungen in Südafrika. 2 Bde. Leipzig, 1859
LOPEZ, D.: A report on the kingdom of Congo, drawn out of the writings and discourses of

Duarte Lopez. Hrsg. und Übers. F. Pigafetta. London, 1881
MURDOCK, G. P.: Africa, its peoples and their culture. History. London, 1959
OLIVER, R., und G. Mathews: History of East Africa. Bd. 1. Oxford, 1962
PAULITSCHKE, PH.: Die geographische Erforschung des afrikanischen Continents. Wien, 1880
RICHARD MOLARD, J.: L'Afrique occidentale française. Paris, 1949
STRANDES, J.: Die Portugiesenzeit von Deutsch- und Britisch-Ostafrika. Berlin, 1899
SYDOW, E. VON: Die Kunst der Naturvölker und der Vorzeit. 4. Aufl. (Propyläen-Kunstgeschichte) Berlin, 1940
TEMPELS, P.: La philosophie bantoue. Elisabethville, 1945. Neuausg. Paris, 1949. Deutsch: Bantu-Philosophie. Ontologie und Ethik. Mit Beitr. von E. Dammann, H. Friedmann, A. Rüstow und J. Jahn. Heidelberg, 1956
URVOY, Y.: Histoire des populations du Soudan central. Paris, 1936
URVOY, Y.: Histoire de l'empire de Bornou. Paris, 1949
WALKER, E. A.: A history of Southern Africa. Revid. Aufl. London, 1957
WESTERMANN, D.: Geschichte Afrikas. Köln, 1952
WIEDNER, D. L.: A history of Africa south of the Sahara. New York, 1962 (Behandelt eingangs recht knapp die Zeit bis zum Kommen der Europäer)
WILSON, M.: Early history of the Transkei and Ciskei. African Studies 18, 1957
ZELISKO, J. V.: Felsgravierungen der südafrikanischen Buschmänner. Leipzig, 1925

Die Entwicklung des Völkerrechts

ANZILOTTI, D.: Corso di diritto internazionale. Bd. 1. 3. Aufl. Mailand, 1927. Deutsch: Lehrbuch des Völkerrechts. Übers. C. Bruns und K. Schmid. Berlin, 1929 (Beste Darstellung des klassischen Völkerrechts)
BERGSTRÄSSER, A.: Art. »Diplomatie«. In: Wörterbuch des Völkerrechts, 2. Aufl., hrsg. von H.-J. Schlochauer, Bd. 1. Berlin, 1960 (Geschichte und Aufgaben der Diplomatie; reiche Literaturhinweise)
DAHM, G.: Völkerrecht. 3 Bde. Stuttgart, 1958 bis 1961 (Umfassendste deutsche Darstellung)
DICTIONNAIRE de la terminologie du droit international. Paris, 1960
FLEISCHMANN, M.: Völkerrechtsquellen. Halle/Saale, 1905 (Die wichtigsten Urkunden von 1791 bis 1904)
GROTIUS, H.: De iure belli ac pacis. Paris, 1625. Deutsch: Drei Bücher vom Recht des Krieges und des Friedens. Nebst einer Vorrede von Christian Thomasius zur ersten deutschen Ausg. des Grotius vom Jahre 1707. Übers. W. Schätzel. (Die Klassiker des Völkerrechts, Bd. 1) Tübingen, 1950
GUGGENHEIM, P.: Traité du droit international public. 2 Bde. Genf, 1953–1954 (Beste schweizerische Darstellung)
HEFFTER, A. W.: Das europäische Völkerrecht der Gegenwart. 4. Aufl. Berlin, 1861
HEYDTE, FR. A. FREIHERR VON DER: Die Stellung des Hl. Stuhles im heutigen Völkerrecht. Österreichische Zeitschrift für öffentliches Recht 2, 1950
HEYDTE, FR. A. FREIHERR VON DER: Die Geburtsstunde des souveränen Staates. Ein Beitrag zur Geschichte des Völkerrechts, der allgemeinen Staatslehre und des politischen Denkens. Regensburg, 1952
HEYDTE, FR. A. FREIHERR VON DER: Völkerrecht. Ein Lehrbuch. 2 Bde. Köln, 1958–1960 (Gute Einführung)
HUBER, M.: Beiträge zur Kenntnis der soziologischen Grundlagen des Völkerrechts und der Staatengesellschaft. Jahrbuch des öffentlichen Rechts 4, 1910 (Grundlegend)
KELSEN, H.: Das Problem der Souveränität und die Theorie des Völkerrechts. Tübingen, 1920
KELSEN, H.: Principles of international law. 2. Aufl. New York, 1956
KRÜGER, H.: Art. »Hohe See«. In: Wörterbuch des Völkerrechts, 2. Aufl., hrsg. von H.-J. Schlochauer, Bd. 1. Berlin, 1960
KUNZ, J. L.: Die Anerkennung von Staaten und Regierungen im Völkerrecht. (Handbuch des Völkerrechts, III, 2) Stuttgart, 1928
KUNZ, J. L.: Die Staatenverbindungen. (Handbuch des Völkerrechts, IV, 2) Stuttgart, 1929
KUNZ, J. L.: Kriegs- und Neutralitätsrecht. Wien, 1935
LAMMASCH, H.: Die Lehre von der Schiedsgerichtsbarkeit in ihrem ganzen Umfange. (Handbuch des Völkerrechts, III, 3) Stuttgart, 1913
DIE HAAGER LANDKRIEGSORDNUNG. Das Übereinkommen über die Gesetze und Gebräuche des Landkriegs. Textausg. mit einer Einf. von R. Laun. 5. Aufl. Hannover, 1950
LEDERMANN, L.: Les précourseurs de l'organisation internationale. Neuchâtel, 1945
LEE, L. T.: Consular law and practice. (The Library of World Affairs, 50) London, 1961 (Beste Darstellung des Gegenstands)
LISZT, F. VON: Das Völkerrecht, systematisch dargestellt. 12. Aufl. Bearb. M. Fleischmann. Berlin, 1925 (Verbreitetste deutsche Darstellung des klassischen Völkerrechts)
McNAIR, A. L.: The law of treaties. 2. Aufl. New York, 1961 (Beste Darstellung des völkerrechtlichen Vertragsrechts)
MAKAROV, A. N.: Allgemeine Lehren des Staatsangehörigkeitsrechts. 2. Aufl. Stuttgart, 1962
MOSER, J. J.: Versuch des neuesten europäischen Völkerrechts in Friedens- und Kriegszeiten. Frankfurt/Main, 1777 (Erste deutschsprachige Darstellung des Themas)
OPPENHEIM, Z.: International law. 8. Aufl. Bearb. Sir H. Lauterpacht. 2 Bde. London, 1951 bis 1955 (Allgemeiner Teil, Friedensrecht [1. Bd.], sowie Streiterledigung, Kriegs- und

Neutralitätsrecht [2. Bd.]; beste englische Darstellung)
Papaligouras, P. A.: Théorie de la société internationale. Genf, 1941 (Zeigt die Schwäche dieser Gemeinschaft auf)
Preiser, W.: Art. »Völkerrechtsgeschichte«. In: Wörterbuch des Völkerrechts, 2. Aufl., hrsg. von H.-J. Schlochauer, Bd. 3. Berlin, 1962
Recueil des Cours de l'Académie de droit international de la Haye. Bde. 1–104. Paris, 1925 ff. (Sämtliche an der Akademie abgehaltenen Vorlesungen)
Recueil des Sentences Arbitrales – Reports of International Arbitral Awards. Hrsg. von den Vereinten Nationen. Bde. 1–8. New York, 1948 ff. (Die Judikatur des Schiedsgerichts)
Reibstein, E.: Die Anfänge des neueren Natur- und Völkerrechts. Bern, 1944
Reibstein, E.: Völkerrecht. Eine Geschichte seiner Ideen in Lehre und Praxis. Bd. 1: Von der Antike bis zur Aufklärung. Bd. 2: Die letzten zweihundert Jahre. (Orbis academicus) Freiburg i. Br., 1958–1963
Reibstein, E.: Art. »Völkerrechtsgeschichte«, 1648–1815. In: Wörterbuch des Völkerrechts, 2. Aufl., hrsg. von H.-J. Schlochauer, Bd. 3. Berlin, 1962
Scheuner, U.: Art. »Völkerrechtsgeschichte«, seit 1914. Wörterbuch des Völkerrechts, 2. Aufl., hrsg. von H.-J. Schlochauer, Bd. 3. Berlin, 1962
Scupin, H. U.: Art. »Völkerrechtsgeschichte«, 1815–1914. In: Wörterbuch des Völkerrechts, 2. Aufl., hrsg. von H.-J. Schlochauer, Bd. 3. Berlin, 1962
Triepel, H.: Völkerrecht und Landesrecht. Leipzig, 1899 (Klassische Darstellung)
Vanderpol, A.: La doctrine scolastique du droit de guerre. Paris, 1919 (Enthält die wichtigsten Quellen zur Lehre vom »gerechten Krieg«)

Vattel, E. von: Le droit des gens ou Principes de la loi naturelle appliquée à la conduite et aux affaires des nations et des souvereins. 12 Bde. Paris, 1758. Deutsch: Das Völkerrecht oder Grundsätze des Naturrechts, angewandt auf das Verhalten und die Angelegenheiten der Staaten und Staatsoberhäupter. Übers. W. Euler. (Die Klassiker des Völkerrechts, Bd. 3) Tübingen, 1959 (Früheste Darstellung in französischer Sprache, viel benutzt von den Diplomaten)
Verdross, A.: Die völkerrechtswidrige Kriegshandlung und der Strafanspruch der Staaten. Berlin, 1920 (Erste deutschsprachige Abhandlung über die Bestrafung von Kriegsverbrechen)
Verdross, A.: Le fondement du droit international. In: Recueil des cours de l'Académie de droit international 16, 1927 (Die philosophischen Grundlagen)
Verdross, A.: Les règles internationales concernant le traitement des étrangers. In: Recueil des cours de l'Académie de droit international 37, 1931 (Die völkerrechtliche Stellung von Ausländern)
Verdross, A.: Völkerrecht. 5. Aufl. Unter Mitarb. von St. Verosta und K. Zemanek neubearb. und erw. (Rechts- und Staatswissenschaften, Bd. 10) Wien, 1964
Victoria, F. de: De Indis recenter inventis et de iure belli Hispanorum in Barbaros. 1539. Neuausg.: Vorlesungen über die kürzlich entdeckten Inder und das Recht der Spanier zum Kriege gegen die Barbaren. Lateinisch-Deutsch. Hrsg. und Übers. W. Schätzel. (Die Klassiker des Völkerrechts, Bd. 2) Tübingen, 1952 (Trägt erstmals die Idee der universellen Staatengemeinschaft und des universellen Völkerrechts vor)
Visscher, Ch. de: Théories et réalités en droit international public. 3. Aufl. Paris, 1960 (Zeigt die politischen Grundlagen und Grenzen des Völkerrechts auf)

Das europäische Gleichgewicht und der neue Imperialismus

Allgemeine Darstellungen

Baumont, M.: L'essor industriel et l'impérialisme colonial (1878–1904). 2. Aufl. (Peuples et civilisations, Bd. 18) Paris 1949 (Handbuch mit ausführlichen Literaturangaben)
Bruce, M.: The shaping of the modern world, 1870–1939. Bd. 1: The world to 1914. London, 1958 (Eindrucksvolle, vielfach originelle, nach Staaten und Nationen gegliederte Darstellung)
The New Cambridge Modern History. Bd. 11: Material progress and world-wide problems, 1870–1898. Cambridge, 1962
Franzel, E.: Geschichte unserer Zeit, 1870 bis 1950. 3. Aufl. München, 1952 (Flüssig geschriebene Interpretation)
Salis, J. R. von: Weltgeschichte der neuesten Zeit. Bd. 1: Die historischen Grundlagen des 20. Jahrhunderts. 1871–1904. 3. Aufl. Zürich, 1961 (Großangelegte Zusammenstellung eines schweizerischen Historikers, mit besonderer Berücksichtigung der internationalen Beziehungen)

Wirtschaft, Gesellschaft, Technik

Clapham, J. H.: The economic development of France and Germany. 4. Aufl. Cambridge, 1961
Faulkner, H. U.: Politics, reform and expansion, 1890–1900. (The New American Nation Series, Hrsg. H. S. Commager u. R. B. Morris) New York, 1959
Feis, H.: Europe, the world's banker, 1870–1914. New Haven, Conn., 1930
Henderson, W. O.: The industrial revolution on the Continent. Germany, France, Russia, 1800–1914. London, 1961
Kirkland, E. C.: Industry comes of age, 1860 to 1897. (The Economic History of the United States, VI) New York, 1961

KNOWLES, L. C. A.: Economic development in the nineteenth century: France, Germany, Russia and the United States. London, 1932
LAUE, TH. H. VON: Sergei Witte and the industrialization of Russia. New York, 1963
LOCKWOOD, W. W.: The economic development of Japan. Princeton, N.J., 1954
TALBOT, F. A.: The railway conquest of the world. London, 1911
TREUE, W.: Wirtschafts- und Sozialgeschichte Deutschlands im 19. Jahrhundert. In: B. Gebhardt: Handbuch der deutschen Geschichte. 8. Aufl., hrsg. von H. Grundmann, Bd. 3. Stuttgart, 1960

Allgemeine Geschichte der internationalen Beziehungen

BEALE, H. K.: Theodore Roosevelt and the rise of America to world power. Baltimore, 1956 (Wohl die anschaulichste Darstellung der amerikanischen Außenpolitik dieser Periode)
JERUSSALIMSKI, A. S.: Die Außenpolitik und die Diplomatie des deutschen Imperialismus am Ende des 19. Jahrhunderts. [Ost-]Berlin, 1954 (International anerkanntes Werk eines führenden sowjetischen Historikers)
LANGER, W. L.: European alliances and alignments, 1871–1890. 2. Aufl. New York, 1950
LANGER, W. L.: The diplomacy of imperialism, 1890–1902. 2. Aufl. New York, 1951 (Obwohl etwas veraltet, bleiben die beiden Werke von Langer eine hervorragende Leistung)
MALOZEMOFF, A.: Russian Far Eastern policy, 1881–1904. Berkeley, Calif., 1958
RENOUVIN, P.,: Histoire des relations internationales. Bd. 6: Le XIXᵉ siècle. Tl. 2: De 1871 à 1914: L'apogée de l'Europe. Paris, 1955
SHUKOW, J. M.: Die internationalen Beziehungen im Fernen Osten, 1870–1945. [Ost-]Berlin, 1955 (Darstellung aus sowjetischer Sicht)
SUMNER, B. H.: Russia and the Balkans, 1870–1880. London, 1937 (Mustergültige Studie)
TAYLOR, A. J. P.: The struggle for mastery in Europe, 1848–1918. Oxford, 1954 (Maßgebende englische Übersicht)
WINDELBAND, K.: Bismarck und die europäischen Mächte, 1879–1885. Essen, 1942 (Neueste und wohl auch beste Darstellung der Bismarckschen Politik nach 1871)

Der Imperialismus

BRUNSCHWIG, H.: Mythes et réalités de l'impérialisme colonial français. Paris, 1960
FRAUENDIENST, W.: Deutsche Weltpolitik. Die Welt als Geschichte 19, 1959
HALLGARTEN, G. W. F.: Imperialismus vor 1914. Die soziologischen Grundlagen der Außenpolitik europäischer Großmächte vor dem Ersten Weltkrieg. 2 Bde. 2. Aufl. München, 1963 (Stoffreich, aber schematisch; mit Vorsicht zu benutzen)
HOBSON, J. A.: Imperialism. London, 1902. 3. Aufl. 1938 (Klassisches, noch immer lehrreiches Werk)
KOEBNER, R., und H. D. SCHMIDT: Imperialism. The story and significance of a political word, 1840–1960. Cambridge, 1964

MOON, P. T.: Imperialism and world politics. New York, 1928 (Maßgebende, aber etwas veraltete allgemeine Darstellung)
MURPHY, A.: The ideology of French imperialism, 1871–1881. Washington, D.C., 1948
ONCKEN, H.: Die Sicherheit Indiens. Ein Jahrhundert englischer Weltpolitik. Berlin, 1937
REINSCH, P. S.: World politics at the end of the nineteenth century. New York, 1900 (Interessante und immer noch wertvolle zeitgenössische Darstellung)
THORNTON, A. P.: The imperial idea and its enemies. London, 1959

Nationale Strömungen und Nationalitätenfragen in Europa

ANDLER, CH.: Le pangermanisme continental sous Guillaume II. Paris, 1915
AUERBACH, B.: Les races et les nationalités en Autriche-Hongrie. 2. Aufl. Paris, 1917
BROSZAT, M.: 200 Jahre deutsche Polenpolitik. (Thema) München, 1963
KANN, R. A.: The multinational empire [Österreich-Ungarn]. New York, 1950
KOHN, H.: Panslavism. Its history and ideology. Notre Dame, Ind., 1953. Deutsch: Die Slawen und der Westen. Die Geschichte des Panslawismus. Wien, 1956
JELAVICH, C.: Tsarist Russia and Balkan nationalism. Berkeley, Calif., 1958
MAI, J.: Die preußisch-deutsche Polenpolitik, 1885–1887. Berlin, 1962
TIMS, R. W.: Germanizing Prussian Poland. New York, 1941

*Asien und Afrika –
Europäische Einmischung und nationales Erwachen*

ANDREWS, C. F., und G. MOOKERJEE: The rise and growth of the Congress in India. London, 1938
BORSA, G.: L'estremo oriente fra due mondi. Bari, 1961 (Übersichtliche Zusammenfassung)
THE CAMBRIDGE HISTORY OF THE BRITISH EMPIRE. Bd. 3: The Empire-Commonwealth, 1870-1919. Cambridge, 1959 (Auch für die nichtbritische Kolonisation in Afrika wichtig)
GOLLWITZER, H.: Die gelbe Gefahr. Geschichte eines Schlagwortes. Studien zum imperialistischen Denken. Göttingen, 1962
HOURANI, A.: Arabic thought in the liberal age. London, 1962 (Schöne Studie über die geistige Erneuerung in der islamischen Welt)
HUDSON, G. F.: The Far East in world politics. London, 1937 (Beste kurze Zusammenfassung)
LOVELL, R. I.: The struggle for South Africa, 1875–1899. New York, 1934
LUCAS, SIR CH.: The partition and colonization of Africa. London, 1922 (Immer noch ausgezeichnete Darstellung)
NORMAN, H.: Japan's emergence as a world power, 1868–1914. New York, 1940
PIERCE, R. A.: Russian Central Asia, 1867–1917. Berkeley, Calif., 1960
ROBERTS, S. H.: A history of French colonial policy, 1870–1925. 2 Bde. London, 1929
TENG, SSU-YÜ, und J. K. FAIRBANK: China's response to the West. Cambridge, Mass., 1954 (Grundlegend)

DAS ZWANZIGSTE JAHRHUNDERT

Das Zeitalter des Imperialismus

ALBERTINI, L.: Le origini della guerra del 1914. 3 Bde. Mailand, 1942–1943. Englisch: The origins of the war of 1914. Übers. I. M. Massey. 3 Bde. London, 1952–1957 (Wertvolle Arbeit aus dem national – liberalen Lager Italiens)

ALBERTINI, R. VON: Freiheit und Demokratie in Frankreich. Die Diskussion von der Restauration bis zur Resistance. Freiburg i. Br., 1957 (Wesen und Wandel des späteren 19. Jahrhunderts)

BAUMONT, M.: L'essor industriel et l'imperialisme coloniale (1878–1904). 2. Aufl. (Peuples et civilisations, Bd. 18) Paris, 1949

THE NEW CAMBRIDGE MODERN HISTORY. Bd. 12: The era of violence, 1898/1901–1914. Hrsg. D. Thomson. Cambridge, 1960

CASSOU, J., E. LANGUI und N. PEVSNER: Les sources du vingtième siècle. (Le conseil de l'Europe 2) Paris, 1962. Deutsch: Durchbruch zum 20. Jahrhundert. Kunst und Kultur der Jahrhundertwende (1884–1914). München, 1962

CHASTENET, J.: Histoire de la troisième république. Bd. 3: La république triomphante 1893–1906. Bd. 4: Jours inquiets et jours sanglants 1906–1918. Paris, 1955–1957

CROCE, B.: Storia d'Italia dal 1871 al 1915. 3. Aufl. Bari, 1928. Deutsch: Geschichte Italiens 1871–1915. Übers. E. Wilmersdörffer. Berlin, 1928

CURTI, M. E.: The growth of American thought. New York, 1943. 2. Aufl. 1951. Deutsch: Das amerikanische Geistesleben von den Anfängen bis zur Gegenwart. Übers. H. Bernhard. Stuttgart, 1947

DEHIO, L.: Deutschland und die Weltpolitik im 20. Jahrhundert. Frankfurt/Main, 1961

ENSOR, R. C. K.: England, 1870–1914. 6. Aufl. (The Oxford History of England, XIV) Oxford, 1949 (Hauptwerk auf der Basis scharfer Kritik an Deutschland; vgl. hierzu das unten angeführte Werk von Wingfield-Stratford)

FRIEDELL, E.: Kulturgeschichte der Neuzeit. Die Krisis der europäischen Seele von der schwarzen Pest bis zum ersten Weltkrieg. Bd. 3: Romantik und Liberalismus. Imperialismus und Impressionismus. Neuausg. München, 1960

HALLGARTEN, G. W. F.: Imperialismus vor 1914. Die soziologischen Grundlagen der Außenpolitik europäischer Großmächte vor dem Ersten Weltkrieg. 2 Bde. 2. Aufl. München, 1963

HANTSCH, H.: Die Nationalitätenfrage im alten Österreich. Das Problem der konstruktiven Reichsgestaltung. (Wiener historische Studien 1) Wien, 1953

HARCAVE, S.: First blood. The Russian revolution of 1905. London, 1965

HARDY, G.: Histoire de la colonisation française. 5. Aufl. Paris, 1947

HAUSER, A.: Sozialgeschichte der Kunst und Literatur. Bd. 2. 2. Aufl. München, 1958

HERMELINK, H.: Das Christentum in der Menschheitsgeschichte. Von der Französischen Revolution bis zur Gegenwart. Bd. 3: Nationalismus und Sozialismus. 1870–1914. Stuttgart, 1955 (Aus der Sicht des evangelischen Theologen)

HERRE, P.: Die kleinen Staaten Europas und die Entstehung des Weltkrieges. München, 1937

HERZFELD, H.: Die moderne Welt 1789–1945. (Geschichte der Neuzeit.) Tl. 2: Weltmächte und Weltkriege. Die Geschichte unserer Epoche, 1890–1945. 3. Aufl. Braunschweig, 1960 (Ausgezeichnetes Literaturverzeichnis)

HEUSS, TH.: Friedrich Naumann: Der Mann, das Werk, die Zeit. 2. Aufl. Tübingen, 1949

HOETSCH, O.: Rußland. Eine Einführung auf Grund seiner Geschichte vom japanischen bis zum Weltkrieg. 2. Aufl. Berlin, 1917 (Wertvolles zeitgenössisches Werk eines soliden Rußlandkenners)

HUBATSCH, W.: Die Ära Tirpitz. Studien zur deutschen Marinepolitik. 1890–1918. (Göttinger Bausteine zur Geschichtswissenschaft 21) Göttingen, 1955

HUGHES, H. ST.: Consciousness and society. The reorientation of European social thought. New York, 1958 (Geistesgeschichtliche Untersuchung des Ineinanderwirkens von Psychologie, Soziologie und Literatur)

JOLL, J.: The Second International, 1889–1914. London, 1955 (Die internationale Arbeiterbewegung im Zeitalter größten sozialdemokratischen Einflusses)

KEHR, E.: Schlachtflottenbau und Parteipolitik, 1894–1901. (Historische Studien 197) Berlin, 1930
KENNAN, G. F.: American diplomacy 1900–1950 and the challenge of Soviet power. 5. Aufl. Chicago, Ill., 1953. Deutsch: Amerikas Außenpolitik 1900–1950 und ihre Stellung zur Sowjetmacht. Übers. E. Doblhofer. Zürich, 1952
KLEMPERER, K. VON: Germany's new conservatism. Its history and dilemma in the 20th century. Princeton, N. J., 1957. Deutsch: Konservative Bewegungen zwischen Kaiserreich und Nationalsozialismus. Übers. M. Schön. München, 1962
KOHN, H.: Pan-Slavism. Its history and ideology. (Vintage Russian library) New York, 1953. 2. Aufl. 1960. Deutsch: Die Slawen und der Westen. Die Geschichte des Panslawismus. Übers. H. Pross. Wien, 1956
KRUCK, A.: Geschichte des Alldeutschen Verbandes, 1890–1939. (Veröffentlichungen des Instituts für Europäische Geschichte, Mainz, 3) Wiesbaden, 1954
LANDAUER, C. A.: European socialism. A history of ideas and movements from the industrial revolution to Hitler's seizure of power. Bd. 1: From the industrial revolution to the First World War and its aftermath. Berkeley, Calif., 1959
LANGER, W. L.: The diplomacy of imperialism, 1890–1902. 2. Aufl. New York, 1951 (Standardwerk über die Ära 1890–1902)
LEGER, F.: Les influences occidentales dans la révolution de l'Orient. Inde, Malaisie, Chine, 1850–1950. 2 Bde. (Collection »Civilisations d'hier et d'haujourd'hui«) Paris, 1955
LEMBERG, E.: Geschichte des Nationalismus in Europa. Stuttgart, 1950
LENZ, F.: Die Vereinigten Staaten im Aufstieg zur Weltmacht. Stuttgart, 1946
MASUR, G.: Prophets of yesterday. Studies in European culture, 1890–1914. New York, 1961 (Hervorragende kulturgeschichtliche Übersicht)
MORAZÉ, CH.: Les bourgeois conquérants. (Collection Destin du monde) Paris, 1957. Deutsch: Das Gesicht des 19. Jahrhunderts. Die Entstehung der modernen Welt. Übers. O. Graf Finckenstein. (Epochen der Menschheit) Düsseldorf, 1959
MÜNCH, H.: Die böhmische Tragödie. Das Schicksal Mitteleuropas im Lichte der tschechischen Frage. Braunschweig, 1949
ONCKEN, H.: Das deutsche Reich und die Vorgeschichte des Weltkrieges. 2 Bde. (Der große Krieg 1914–1918, 6/7) Leipzig, 1933
REDLICH, J.: Das österreichische Staats- und Reichsproblem. Geschichtliche Darstellung der habsburgischen Monarchie von 1848 bis zum Untergang des Reiches. 2 Bde. Leipzig, 1920–1926
RENOUVIN, P.: Histoire des relations internationales. Bd. 6: Le XIXe siècle. Tl. 2: De 1871 à 1914: L'apogée de l'Europe. Paris, 1955
RITTER, G.: Staatskunst und Kriegshandwerk. Das Problem des »Militarismus« in Deutschland. Bd. 2: Die Hauptmächte Europas und das wilhelminische Reich (1890–1914). München, 1960
SCHUMPETER, J. A.: Zur Soziologie der Imperialismen. Archiv für Sozialwissenschaft und Sozialpolitik 46, 1918/19. Englisch: Imperialism and social classes. Übers. H. Norden. New York, 1951
SELL, F. C.: Die Tragödie des deutschen Liberalismus. Stuttgart, 1953
SPENDER, J. A.: Great Britain. Empire and Commonwealth 1886–1935. London, 1936 (Wertvolle, nüchterne Übersicht)
STADELMANN, R.: Die Epoche der deutsch-englischen Flottenrivalität in Deutschland und Westeuropa. Stuttgart, 1948
STÄHLIN, K.: Geschichte Rußlands von den Anfängen bis zur Gegenwart. Bd. 4. Berlin, 1939
SULZBACH, W.: Nationales Gemeinschaftsgefühl und wirtschaftliches Interesse. Leipzig, 1929
VAGTS, A.: Deutschland und die Vereinigten Staaten in der Weltpolitik. 2 Bde. London, 1935
WALDSCHMIDT, E., u. a.: Geschichte Asiens. (Weltgeschichte in Einzeldarstellungen) München, 1950
WINGFIELD-STRATFORD, E.: The Victorian aftermath, 1901–1914. London, 1934 (Abwägend kritische Darstellung als Gegensatz zu dem oben genannten Werk von R. C. K. Ensor)
ZIMMERMANN, A.: Geschichte der deutschen Kolonialpolitik. Berlin, 1914 (Objektives Werk eines Mitarbeiters und Kenners der damaligen Politik)
ZWEIG, ST.: Die Welt von Gestern. Erinnerungen eines Europäers. Frankfurt/Main, 1962 (Wertvolles Zeugnis für Ton und Stil der bürgerlichen Herrschaft vor der Katastrophe)

Erster Weltkrieg und Friede von Versailles

Quellen und Aktenpublikationen

BUNYAN, J., und H. H. FISHER: The Bolshevik revolution, 1917–1918. Documents and materials. (Hoover War Library publications 3) Stanford, Calif., 1934 (Sammlung der grundlegenden Quellen)
CARNEGIE ENDOWMENT for international peace. Division of economics and history: Economic and social history of the World War. Hrsg. J. T. Shotwell. New Haven/Oxford, 1921 ff. (Dieses vielbändige Werk – ca. 150 Bde. – der Carnegie-Stiftung, Washington, teilt sich in Länderserien, die meistens in der Landessprache veröffentlicht sind; eine kurze Übersicht über das Gesamtwerk findet sich in: A guide to historical literature, New York, 1949, S. 423, Nr. J 571 und S. 427, Nr. J 921 bis J 924)

MANTOUX, P., Hrsg.: Les délibérations du conseil des Quatre. (24 mars – 28 juin 1919). 2 Bde. Paris, 1955 (Aufzeichnungen des französischen Dolmetschers)

MATTHIAS, E., und R. MORSEY, Bearb.: Der interfraktionelle Ausschuß 1917/18. 2 Bde. (Quellen zur Geschichte des Parlamentarismus und der politischen Parteien I, 2) Düsseldorf, 1959

MATTHIAS, E., und R. MORSEY, Bearb.: Die Regierung des Prinzen Max von Baden. (Quellen zur Geschichte des Parlamentarismus und der politischen Parteien I, 2) Düsseldorf, 1962 (Beide Werke unentbehrlich zur inneren Krise Deutschlands im Weltkrieg)

PAPERS RELATING TO THE FOREIGN RELATIONS of the United States. Supplement: The World War 1914–1918. 8 Bde. Washington, 1928 bis 1937 (Einzige umfassende Edition diplomatischer Akten)

PAPERS RELATING TO THE FOREIGN RELATIONS of the United States. Supplement: The Paris Peace Conference 1919. 13 Bde. Washington, 1942–1947

SCHERER, A., und J. GRUNEWALD: L'Allemagne et les problèmes de la paix pendant la première guerre mondiale. Documents des affaires étrangères. Bd. 1: 1. VIII. 1914 – 31. I. 1917. Paris, 1962 (Ungedruckte deutsche Akten in französischer Übersetzung)

DER WELTKRIEG 1914 BIS 1918. Bearb. im Reichsarchiv: Die militärischen Operationen zu Lande. 14 Bde. (mit Erg.Bd.) Berlin, 1925 bis 1942 (Amtliche deutsche Aktenpublikation des Großen Generalstabs des Heeres; vgl. dazu die parallelen Generalstabswerke des Deutschen Marinearchivs, Bayerns, Englands, Frankreichs, Italiens, der Vereinigten Staaten und Österreichs)

DAS WERK DES UNTERSUCHUNGSAUSSCHUSSES der Verfassung gebenden Deutschen Nationalversammlung und des Deutschen Reichstages 1919–1930. Reihe 4: Die Ursachen des deutschen Zusammenbruches im Jahre 1918. Hrsg. A. Philipp u.a. 12 Bde. Berlin, 1925 bis 1929

Darstellungen

ALBERTINI, L.: Le origini della guerra del 1914. 3 Bde. Mailand, 1942–1943. Englisch: The origins of the war of 1914. Übers. I. M. Massey. 3 Bde. London, 1952–1957 (Gesamtdarstellung von internationalem Rang)

BIRNBAUM, K. E.: Peace moves and U-boat warfare. A study of imperial Germany's policy towards the United States April 18, 1916 to January 9, 1917. (Stockholm Studies in History 2) Stockholm, 1958 (Sorgfältige und abgewogene Arbeit über das umstrittene Thema)

CONZE, W.: Polnische Nation und deutsche Politik im Ersten Weltkrieg. Köln, 1958 (Beste deutsche Zusammenfassung des Themas)

BAILEY, TH. A.: Woodrow Wilson and the lost peace. New York, 1944

BAILEY, TH. A.: Woodrow Wilson and the great betrayal. New York, 1945 (Dieser Band bildet die Fortsetzung des vorigen Werkes)

CARR, E. H.: A history of Soviet Russia. Bde. 1–7/1, 2. London, 1950–1964 (Die bisher erschienenen Bände führen von 1917 bis 1926)

CHAMBERLIN, W. H.: The Russian revolution 1917–1921. 2 Bde. New York, 1935 (Noch immer grundlegende Darstellung)

EDMONDS, J.: A history of the First World War, 1914–1918. Oxford, 1951 (Sachlich knappe Zusammenfassung unter seltener Beherrschung des Materials der Generalstabswerke)

EPSTEIN, K. T.: Matthias Erzberger and the dilemma of German democracy. Princeton, N.J., 1959. Deutsch: Matthias Erzberger und das Dilemma der deutschen Demokratie. Übers. I. Kutscher. Berlin, 1962

FISCHER, F.: Griff nach der Weltmacht. Die Kriegspolitik des kaiserlichen Deutschlands 1914–1918. 3.Aufl. Düsseldorf, 1964 (Zur Beurteilung des Werkes vgl. H. Herzfeld, Vierteljahreshefte für Zeitgeschichte 11, 1963, sowie F. Fischer und E. Zechlin, Historische Zeitschrift 199, 1964)

GATZKE, H. W.: Germany's drive to the west. Baltimore, 1950 (Behandelt den deutschen Annexionismus)

GLAISE-HORSTENAU, E. VON: Die Katastrophe. Die Zertrümmerung Österreich-Ungarns und das Werden der Nachfolgestaaten. Wien, 1928

HAHLWEG, W.: Lenins Reise durch Deutschland im April 1917. Vierteljahreshefte für Zeitgeschichte 5, 1957

HAHLWEG, W., Hrsg.: Lenins Rückkehr nach Rußland. Die deutschen Akten. Leiden, 1957

HILGER, G.: Wir und der Kreml. Deutsch-sowjetische Beziehungen 1918–1941. Erinnerungen eines deutschen Diplomaten. 3.Aufl. Frankfurt/Main, 1964

HOELZLE, E.: Der Osten im Ersten Weltkrieg. Leipzig, 1944 (Gute Zusammenfassung)

KENNAN, G. F.: Soviet-American relations 1917 to 1920. Bd. 1: Russia leaves the war. Princeton, N.J., 1956 (Mehr nicht erschienen). Deutsch: Amerika und die Sowjetmacht. Bd. 1: Der Sieg der Revolution. Übers. H. D. Müller. Stuttgart, 1956

KEYNES, J. A.: The economic consequences of the peace. London, 1919. Deutsch: Die wirtschaftlichen Folgen des Friedensvertrages. Übers. M. J. Bonn und C. Brinkmann. München, 1920

KOMARNICKI, T.: Rebirth of the Polish republic, 1914–1920. Melbourne, 1957 (Darstellung aus polnischer Sicht)

LINK, A. S.: The road to the White House. New York, 1947

LINK, A. S.: Woodrow Wilson and the progressive era, 1910–1917. New York, 1957 (Maßgebende Wilsonbiographie)

LLOYD GEORGE, D.: The truth about the peace treaties. 2 Bde. London, 1938 (Eingehende englische Verteidigung der Friedensverträge)

MAY, E.: The world war and American isolation, 1914–1917. (Harvard Historical Studies 71) Cambridge, Mass., 1959

MAYER, A.: Political origins of the new diplomacy, 1917–1918. New Haven, Conn., 1959

MEYER, H. C.: Mitteleuropa in German thought and action, 1815–1945. den Haag, 1955

NICOLSON, H.: Peacemaking 1919. London, 1933. 3. Aufl. 1945. Deutsch: Friedensmacher 1919. Übers. H. Reisiger. Berlin, 1933
PINGAUD, P. M. A.: Histoire diplomatique de la France pendant la grande guerre. 3 Bde. Paris, 1938–1940 (Reich in der Benutzung französischer Akten)
RENOUVIN, P.: Histoire des relations internationales. Bd. 7: Les crises du XXe siècle. Tl. 1: De 1914 à 1929. Paris, 1957 (Beste politisch-diplomatische Gesamtübersicht)
RENOUVIN, P.: La crise européenne et la première guerre mondiale. 4. Aufl. (Peuples et civilisations, Bd. 19) Paris, 1962
RENOUVIN, P., E. PRÉCLIN und G. HARDY: L'époque contemporaine. Tl. 2: La paix armée et la grande guerre. 3. Aufl. (Collection Clio) Paris, 1960
RITTER, G.: Der Schlieffenplan. Geschichte eines Mythos. München, 1956 (Hierzu vgl. die unten angeführten Briefe Schlieffens)
RITTER, G.: Staatskunst und Kriegshandwerk. Das Problem des »Militarismus« in Deutschland. Bd. 3: Epoche der Weltkriege. Tl. 1: Die Tragödie der Staatskunst. Bethmann Hollweg als Reichskanzler (1914–1917). München, 1964
SCHLIEFFEN, A. GRAF VON: Briefe. Hrsg. E. Kessel. Göttingen, 1958 (Vgl. dazu das oben angeführte Werk Ritters über den Schlieffenplan)
SINCY, N. C.: The allied blockade of Germany, 1914–1918. Ann Arbor, Mich., 1957 (Neueste Gesamtuntersuchung)
TOSCANO, M.: Storia diplomatica dell' intervento italiano 1914/15. 2. Aufl. Mailand, 1934
TOSCANO, M.: Guerra diplomatica in estremo Oriente, 1914–1931. Turin, 1950
WELTWENDE 1917. Hrsg. H. RÖßLER. Göttingen, 1964 (Beiträge einer Tagung der Ranke-Gesellschaft)
WESTARP, K. GRAF: Das Ende der Monarchie am 9. XI. 1918. Hrsg. W. Conze. Oldenburg, 1952
WHEELER-BENNETT, J. W.: Brest-Litovsk. The forgotten peace, March 1918. Neuaufl. London, 1957
ZEMAN, Z. A. B.: The break-up of the Habsburg empire 1914–1918. A study in national and social revolution. London, 1961. Deutsch: Der Zusammenbruch des Habsburgerreiches. Übers. M. Schön. München, 1963

Die Russische Revolution

ANWEILER, O.: Die Rätebewegung in Rußland 1905–1921. (Studien zur Geschichte Osteuropas 5) Leiden, 1958
ANWEILER, O.: Geschichte der Schule und Pädagogik in Rußland vom Ende des Zarenreiches bis zum Beginn der Stalin-Ära. (Erziehungswissenschaftliche Veröffentlichungen des Osteuropa-Instituts an der Freien Universität Berlin 1) Heidelberg, 1964
ANWEILER, O., und KL. MEYER, Hrsg.: Die sowjetische Bildungspolitik seit 1917. Dokumente und Texte. Heidelberg, 1961
BASSECHES, N.: Stalin. Das Schicksal eines Erfolges. Bern, 1950. Englisch: Stalin. Übers. E. W. Dickes. London, 1952
BERDJAJEW, N. A.: Wahrheit und Lüge des Kommunismus. Mit einem Anhang: Der Mensch und die Technik. Übers. J. Schor. Luzern, 1934. Neuaufl., ohne den Anhang, Baden-Baden, 1957
BERDJAJEW (BERDYAYEV), N. A.: The origin of Russian Communism. Übers. R. M. French. London, 1937. Deutsch: Sinn und Schicksal des russischen Kommunismus. Ein Beitrag zur Psychologie und Soziologie des russischen Kommunismus. Übers. J. Schor. Luzern, 1937
BLACK, C. E., Hrsg.: Rewriting Russian history. Soviet interpretations of Russia's past. 2. Aufl. New York, 1692
BOCHENSKI, I. M.: Der sowjetrussische dialektische Materialismus (Diamat). 3. Aufl. (Dalp-Taschenbücher) München, 1960
BORKENAU, F.: The Communist International. London, 1938
BORKENAU, F.: European Communism. New York, 1953. Deutsch: Der europäische Kommunismus. Seine Geschichte von 1917 bis zur Gegenwart. München, 1952
BRAHM, H.: Trotzkijs Kampf um die Nachfolge Lenins. Die ideologische Auseinandersetzung 1923–1926. (Abhandlungen des Bundesinstituts zur Erforschung des Marxismus-Leninismus, Bd. 4) Köln, 1964
BROWDER, R. P., und A. F. KERENSKY, Hrsg.: The Russian Provisional Government, 1917. Documents. 3 Bde. (Hoover Institution Publications) Stanford, Calif., 1961
BUCHARIN, N. I.: Terija istoriticheskogo materialisma. Popularnij utschebnik marksistkoj sociologij. Moskau, 1923. Deutsch: Theorie des historischen Materialismus. Gemeinverständliches Lehrbuch der Marxistischen Soziologie. Übers. F. Rubiner. Moskau und Hamburg, 1922
BUNYAN, J., und H. H. FISHER: The Bolshevik revolution, 1917–1918. Documents and materials. (Hoover War Library publications 3) Stanford, Calif., 1934
CARR, E. H.: A history of Soviet Russia. Bde. 1–7/1, 2. London, 1950–1964 (Die bisher erschienenen Bände führen von 1917 bis 1926; die Bde. 1–3 behandeln die Revolutionszeit 1917–1923)
CASSIDY, H. C.: Moskau 1941–1943. Zürich, 1944
CHAMBRE, H.: Le marxisme en Union Soviétique. Idéologie et institutions, leur évolution de 1917 à nos jours. Paris, 1955
DAVIES, J. E.: Mission to Moscow. A record of confidential dispatches to the State Department, official and personal correspondence. 5. Aufl. New York, 1941. Deutsch: Als USA-

Botschafter in Moskau. Authentische und vertrauliche Berichte über die Sowjet-Union bis Oktober 1941. Übers. E. Rotten. Zürich, 1943
DENIKIN, A. J.: The white army. Übers. C. Zvegintzov. London, 1930
DEUTSCHER, I.: Stalin. A political biography. New York, 1949. Deutsch: Stalin. Eine politische Biographie. Übers. und Bearb. A.Heiss. 2.Aufl. Stuttgart, 1962
DEUTSCHER, I.: Trotsky. 3 Bde. New York, 1954 bis 1963. Deutsch: Trotzki. 3 Bde. Stuttgart, 1962–1963
DUBROWSKI, S.: Die Bauernbewegung in der russischen Revolution 1917. Berlin, 1929
EUDEN, X. J., und H. H. FISHER: Soviet Russia and the west, 1920–1927. A documentary survey. Zus. mit R. B. Jones. (The Hoover Library on War, Revolution, and Peace, publications, 26) Stanford, Calif., 1957
FISCHER, L.: The Soviets in world affairs. A history of the relations between the Soviet Union and the rest of the world, 1917–1929. 2 Bde. 2.Aufl. London, 1951
FISCHER, L.: The life of Lenin. London, 1964. Deutsch: Das Leben Lenins. Köln, 1965
FISCHER, R.: Stalin and German communism. Cambridge, Mass., 1948. Deutsch: Stalin und der deutsche Kommunismus. Der Übergang zur Konterrevolution. Übers. H.Langerhans. 2.Aufl. Frankfurt/Main, 1950
FLORINSKY, M. T.: The end of the Russian empire. New York, 1962
DER ZWEITE FÜNFJAHRPLAN der Entwicklung der Volkswirtschaft der UdSSR (1933–1937). Vorw. W. I. Mežlauk. Hrsg. von der staatlichen Plankommission beim Rat der Volkskommissare der UdSSR. Deutsche Ausg. Moskau, 1936
GESCHICHTE DER KOMMUNISTISCHEN PARTEI der Sowjetunion. Übers. G. und U. Kuhirt. 3.Aufl. (Bücherei des Marxismus-Leninismus 12) Berlin, 1960
GITERMANN, V.: Geschichte Rußlands. Bd. 3: Rußland in der Zeit von 1827 bis 1917. Frankfurt/Main, 1962
THE GOD THAT FAILED. Von A. Koestler, A. Gide, I. Silone, L. Fischer, R. Wright, S. Spender. Hrsg. R. Crossman. New York, 1949. Deutsch: Ein Gott, der keiner war. Von A. Koestler u. a. Hrsg. R. Crossman und F. Borkenau. 2.Aufl. Stuttgart, 1950. Neuausg. (dtv-Dokumente) München, 1962 (Die Autoren »schildern ihren Weg zum Kommunismus und ihre Abkehr«)
HANISCH, E.: Geschichte Sowjetrußlands 1917 bis 1941. Freiburg i. Br., 1943
HART, B. H. LIDDELL, E. VON MANSTEIN u.a., Hrsg.: The Soviet army. New York, 1956. Deutsch: Die Rote Armee. Übers. F. Beermann. Bonn, 1956
HINDUS, M.: House without a roof. Russia after 43 years of revolution. New York, 1961. Deutsch (gekürzt): Haus ohne Dach. Rußland nach viereinhalb Jahrzehnten Revolution. Übers. J. Salzner. 2.Aufl. Wiesbaden, 1963
HÖLZLE, E.: Lenin 1917. Die Geburt der Revolution aus dem Kriege. (Janus-Bücher) München, 1957

KERENSKIJ, A.: Erinnerungen. Vom Sturz des Zarentums bis zu Lenins Staatsstreich. Übers. O. Marbach. Dresden, 1928
KLEIN, F.: Die diplomatischen Beziehungen Deutschlands zur Sowjetunion 1917–1932. Berlin, 1952
KOMINTERN UND FASCHISMUS. Dokumente zur Geschichte und Theorie des Faschismus. Hrsg. Th. Pirker. (Schriftenreihe der Vierteljahreshefte für Zeitgeschichte, 10) Stuttgart, 1965
KOVALEVSKY, P.: Manuel d'histoire russe. (Bibliothèque historique) Paris, 1948
LENIN, W. I.: Ausgewählte Schriften. Hrsg. H. Weber. München, 1963 (Die sorgfältig bearbeitete Auswahl, nach der 2. russischen Aufl., 1927ff., gibt einen guten Überblick über das Gesamtwerk)
LIEB, F.: Rußland unterwegs. Der russische Mensch, Christentum und Kommunismus. Bern, 1945
LUDWIG, E.: Stalin. Zürich, 1945
MCKENZIE, K. E.: Comintern and world revolution, 1928–1943: The shaping of doctrine. (Studies of the Russian Institute, Columbia University) New York, 1963
MARTOW, J., und TH. DAN: Geschichte der russischen Sozialdemokratie. Berlin, 1926
MEISSNER, B.: Rußland, die Westmächte und Deutschland. Die sowjetische Deutschlandpolitik 1943–1953. (Abhandlungen der Forschungsstelle für Völkerrecht und ausländisches öffentliches Recht der Universität Hamburg 5) Hamburg, 1953
MEYER, A. G.: Leninism. (Russian Research Center studies 6) Cambridge, Mass., 1957
MIGLIESI, G.: La collectivisation des campagnes soviétiques. Paris, 1934
MILJUKOW, P. N., CH. SEIGNOBOS und L. EISENMANN: Histoire de Russie. 3 Bde. Paris, 1932 bis 1933
PIPE, R.: The formation of the Soviet Union. Communism and nationalism 1917–1923. 2.Aufl. (Russian Research Center studies 13) Cambridge, Mass., 1965
POKROWSKI, M.: Geschichte Rußlands. Leipzig, 1929
POLLACK, E.: The Kronstadt rebellion. The first armed revolt against the Soviets. New York, 1959
POPOV, N.: Grundriß der Geschichte des Bolschewismus. Deutsche Ausgabe. Moskau, 1934
POSSONY, S. TH.: Lenin: The compulsive revolutionary. (The Hoover Institute series) Chicago, Ill., 1964. Deutsch: Lenin – eine Biographie. Übers. B. Maurach und U.Gräfin von Kielmansegg. Köln, 1965
POTEMKIN, V. P., Hrsg.: Geschichte der Diplomatie. 3 Bde. Moskau, 1947–1948
PRICE, M. PH.: Die russische Revolution. Erinnerungen aus den Jahren 1917–1919. Hamburg, 1922
PROKOPOVIC, S. N.: Rußlands Volkswirtschaft unter den Sowjets. Übers. W. Jollos. Zürich, 1944
PROKOPOVIC, S. N.: Der vierte Fünfjahrplan der Sowjetunion 1946–1950. Zürich, 1948

PROZESSBERICHT über die Strafsache Trotzkistischen Zentrums. Vollständiger stenographischer Bericht (Deutsch). Hrsg. vom Volkskommissariat für Justizwesen der UdSSR. Moskau, 1937
PROZESSBERICHT über die Strafsache des antisowjetischen »Blocks der Rechten und Trotzkisten«. Vollständiger stenographischer Bericht in deutscher Sprache. Hrsg. vom Volkskommissariat für Justizwesen der UdSSR. Moskau, 1938
RAUCH, G. VON: Geschichte des bolschewistischen Rußland. Wiesbaden, 1956
RAUCH, G. VON: Lenin. Grundlegung des Sowjetsystems. 3. Aufl. (Persönlichkeit und Geschichte) Göttingen, 1962
DIE RUSSISCHE REVOLUTION 1917. Von der Abdankung des Zaren bis zum Staatsstreich der Bolschewiki. Hrsg. M. Hellmann. (dtv-Dokumente) München, 1964
ROSENBERG, A.: Geschichte des Bolschewismus von Marx bis zur Gegenwart. Berlin, 1932
RUBAN, M.-E.: Die Entwicklung des Lebensstandards in der Sowjetunion unter dem Einfluß der sowjetischen Wirtschaftspolitik und Wirtschaftsplanung. (Wirtschaftswissenschaftliche Veröffentlichungen des Osteuropa-Instituts an der Freien Universität Berlin 23) Berlin, 1965
RUTYCH, N.: Le parti communiste au pouvoir 1917-1960. Paris, 1961
DIE MOSKAUER SCHAUPROZESSE 1936-1938. Hrsg. Th. Pirker. (dtv-Dokumente) München, 1963
SCHELTING, A. VON: Rußland und Europa im russischen Geschichtsdenken. Bern, 1948

SCHILLER, O.: Die Landwirtschaft der Sowjetunion 1917-1953. Tübingen, 1954
SERGE, V.: Portrait de Staline. Paris, 1940
DER SOWJETKOMMUNISMUS. Dokumente. Hrsg. H.-J. Lieber und K.-H. Ruffmann. Bd. 1: Die politisch-ideologischen Konzeptionen. Bd. 2: Die Ideologie in Aktion. Zus. mit B. A. Osadczuk-Korab, H. Bahro, P. Knirsch u. a. 2 Bde. Köln. 1963-1964
SUWARIN (SOUVARINE), B.: Staline. Aperçu historique du bolchevisme. Paris, 1936. Englisch: Stalin. A critical survey of Bolshevism. London, 1939
THEIMER, W.: Der Marxismus. Lehre, Wirkung, Kritik. 4. Aufl. (Dalp-Taschenbücher) München, 1963
TROTZKI, L.: Geschichte der russischen Revolution. Übers. A. Ramm. 2 Bde. Berlin, 1931 bis 1933. Neuausg.: [In einem Bd.] (Fischer Paperbacks) Frankfurt/Main, 1960
TROTZKI, L.: Stalins Verbrechen. Übers. A. Pfemfert. Zürich, 1937
TROTZKI, L.: Stalin. An appraisal of the man and his influence. Übers. Ch. Malamuth. London, 1947. Deutsch: Stalin. Eine Biographie. Übers. R. Kuhlmann. Köln, 1952
TROTZKI, L.: Mein Leben. Versuch einer Autobiographie. Übers. A. Ramm. (Fischer Paperbacks) Frankfurt/Main, 1961
UTOPIE UND MYTHOS DER WELTREVOLUTION. Zur Geschichte der Komintern 1920-1940. Hrsg. Th. Pirker. (dtv-Dokumente) München, 1964
WETTER, G. A.: Der dialektische Materialismus. Seine Geschichte und sein System in der Sowjetunion. 5. Aufl. Freiburg i. Br., 1960

Japan zwischen den Kriegen

ABEGG, L.: Yamato. Der Sendungsglaube des japanischen Volkes. Frankfurt/Main, 1936
ALLEN, G. C.: A short economic history of modern Japan, 1867-1937. 2. Aufl. London, 1962
BORTON, H.: Japan since 1931. Its political and social development. New York, 1940
BORTON, H.: Japan's modern century. New York, 1955
BROWN, D. M.: Nationalism in Japan. An introductory historical analysis. Berkeley, Calif., 1955 (Hier besonders Kapitel 9 und 10)
BUELL, R. L.: The Washington Conference. New York, 1922
BUTOW, R. J. C.: Japan's decision to surrender. (The Hoover Library on War, Revolution and Peace, publications, 24) Stanford, Calif., 1954
BUTOW, R. J. C.: Tojo and the coming of the war. Princeton, N. J., 1961
BYAS, H.: Government by assassination. New York, 1942 (Terrorismus und Ultranationalismus im Japan der dreißiger Jahre)
CHAMBERLIN, W. H.: Japan over Asia. Boston, Mass., 1937 (Japans Expansionsdrang zum Festland und seine Bevölkerungsprobleme)
CHAMBERLIN, W. H.: America's second crusade. Chicago, Ill., 1950. Deutsch: Amerikas zweiter Kreuzzug. Kriegspolitik und Fehlschlag Roosevelts. Übers. E. Heymann. Bonn, 1952
COLEGROVE, K. W.: Militarism in Japan. Boston, Mass., 1936
CROWLEY, J. B.: Japanese army factionalism in the early 1930's. Journal of Asian Studies 22, 1962/63
CROWLEY, J. B.: A reconsideration of the Marco Polo Bridge incident. Journal of Asian Studies 22, 1962/63
EMBREE, J. F.: Suye Mura, a Japanese village. Chicago, Ill., 1939. Neudr. London, 1946
FAHS, CH. B.: Government in Japan. New York, 1940 (Japans politische Einrichtungen und Regierungsmethoden in der Vorkriegszeit)
FEIS, H.: The road to Pearl Harbor. The coming of the war between the United States and Japan. Princeton, N. J., 1950
GREW, J. C.: Report from Tokyo. A message to the American people. New York, 1942. Deutsch: Bericht aus Tokio. Eine Botschaft an das amerikanische Volk. (Overseas editions) New York, 1942
GREW, J. C.: Ten years in Japan, a contemporary record drawn from the diaries and private and official papers. New York, 1944. Deutsch: Zehn Jahre in Japan. Ein zeitgenössischer Bericht

nach Tagebüchern und privaten und amtlichen Papieren 1932–1942. Übers. H. G. Müller-Payer. Stuttgart, 1947 (Verf. war 1932–1942 Botschafter der USA in Tokio)
HALL, R. K., Hrsg.: Kokutai no hongi. Cardinal principles of the national entity of Japan. Cambridge, Mass., 1949 (Übersetzung eines ultranationalistischen japanischen Schulbuches; mit einer ausführlichen Einleitung)
HAUSHOFER, K.: Japan baut sein Reich. Berlin, 1941
HOLTOM, D. C.: The national faith of Japan. New York, 1938 (Politische Einflüsse des Shintoismus)
IKLÉ, F. W.: German-Japanese relations, 1936 to 1940. New York, 1956
IRIYE, A.: Japanese imperialism and aggression: Reconsiderations, II. Journal of Asian Studies 22, 1962/63
JONES, F. C.: Japan's new order in East Asia. Its rise and fall, 1937–1945. London, 1954 (Abhandlung über Japans Außenpolitik)
LIPPMANN, W.: United States foreign policy: Shield of the republic. Boston, Mass., 1943. Deutsch: Die Außenpolitik der Vereinigten Staaten. Zürich, 1944
LOCKWOOD, W. W.: The economic development of Japan. Growth and structural change, 1868 to 1938. Princeton, N. J., 1954
LU, D. J.: From Marco Polo Bridge to Pearl Harbor. A study of Japan's entry into World War II. Washington, D. C., 1961
LUPKE, H.: Japans Rußlandpolitik von 1939 bis 1941. (Schriften des Instituts für Asienkunde in Hamburg, Bd. 10) Hamburg, 1962
MAKI, J. M.: Japanese militarism; its cause and cure. New York, 1945
MAXON, Y. C.: Control of Japanese foreign policy. A study of civil – military rivalry, 1930–1945. Berkeley, Calif., 1957
OSTWALD, P.: Japans Weg von Genf nach San Francisco, 1933–1950. Stuttgart, 1955
PRESSEISEN, E. L.: Germany and Japan. A study in totalitarian diplomacy, 1933–1941. den Haag, 1958
PAPERS RELATING TO THE FOREIGN RELATIONS of the United States. Supplement: Japan 1931–1941. 2 Bde. Washington, D. C., 1943
SCALAPINO, R. A.: Democracy and the party movement in prewar Japan. Berkeley, Calif., 1953 (Beste politische Geschichte Japans dieser Zeit)
SHIGEMITSU, M.: Japan and her destiny. Struggle for peace. Übers. O. White. London, 1958. Deutsch: Die Schicksalsjahre Japans vom ersten bis zum Ende des zweiten Weltkrieges 1920–1945. Denkwürdigkeiten des letzten japanischen Außenministers im zweiten Weltkrieg. Übers. E. Heymann. Frankfurt/Main, 1959
SHUKOW, J. M., Hrsg.: Die internationalen Beziehungen im Fernen Osten, 1870–1945. Übers. W. Markov. Berlin, 1955
SOMMER, TH.: Deutschland und Japan zwischen den Mächten, 1935–1940. Vom Antikominternpakt zum Dreimächtepakt. Eine Studie zur diplomatischen Vorgeschichte des zweiten Weltkrieges. Tübingen, 1962
STORRY, R.: The double patriots. A study of Japanese nationalism. London, 1957
SURVEY OF INTERNATIONAL AFFAIRS. Hrsg. The Royal Institute of International Affairs. London, 1924ff. (Dokumentensammelwerk; vgl. besonders die Jahrgänge 1931 und 1937)
SWEARINGEN, R., und P. LANGER: Red flag in Japan. International Communism in action, 1919–1951. Cambridge, Mass., 1952
TAKEUCHI, T.: War and diplomacy in the Japanese empire. Chicago, Ill., 1935
TANIZAKI, J.: The Makioka sisters. New York, 1957 (Übersetzung eines bedeutenden japanischen Romans, der das Leben in Westjapan vor dem zweiten Weltkrieg beschreibt)
TOGO, SH.: The cause of Japan. New York, 1956. Deutsch: Japan im Zweiten Weltkrieg. Übers. E. Heymann. Bonn, 1958
INTERNATIONAL MILITARY TRIBUNAL for the Far East. Record of proceedings, exhibits, judgment, dissenting judgments, preliminary interrogations, miscellaneous documents. Tokio, 1946–1948
TSUNODA, R., u. a.: Sources of Japanese tradition. New York, 1958
YOUNG, A. M.: Japan in recent times, 1912–1926. New York, 1929
YOUNG, A. M.: Imperial Japan, 1926–1938. New York, 1938

Isoliertes Amerika

BAUR, J. I. H.: Revolution and tradition in modern American art. Cambridge, Mass., 1951
BERG, P.: Deutschland und Amerika 1918–1929. Über das deutsche Amerikabild der zwanziger Jahre. (Historische Studien 385) Lübeck, 1963
BLAKE, P.: The master builders. New York, 1960
BUELL, R. L.: The Washington Conference. New York, 1922
BLUM, J. M.: From the Morgenthau diaries. Bd. 1: Years of crisis 1928–1938. Boston, Mass., 1959
CHAMBERLIN, W. H.: America's second crusade. Chicago, Ill., 1950. Deutsch: Amerikas zweiter Kreuzzg. Kriegspolitik und Fehlschlag Roosevelts. Übers. E. Heymann. Bonn, 1952
COCHRAN, TH. C.: The American business system. A historical perspective, 1900–1955. Cambridge, Mass., 1957
CURTI, M., R. H. SHRYOCK, T. C. COCHRAN und F. HARRINGTON: An American history. 2 Bde. New York, 1950. Deutsch: Geschichte Amerikas. Übers. R. Freyh. 2 Bde. Frankfurt/Main, 1958

CURTI, M. E.: The growth of American thought. 2. Aufl. New York, 1951. Deutsch: Das amerikanische Geistesleben von den Anfängen bis zur Gegenwart. Übers. H. Bernhard. Stuttgart, 1947
DUDDEN, A. P., Hrsg.: Woodrow Wilson and the world of today. Essays by A. S. Link, W. L. Langer and E. Goldman. Philadelphia, 1957
FAULKNER, H. U.: American political and social history. 6. Aufl. New York, 1952. Deutsch: Der Weg zur Weltmacht. Geschichte der politischen und sozialen Entwicklung der Vereinigten Staaten von Amerika. Übers. K. Hesse. Wiesbaden, 1950
FEIS, H.: The diplomacy of the dollar. First era 1919–1932. Baltimore, 1950
FREIDEL, F. B.: Franklin D. Roosevelt. 3 Bde. Boston, Mass., 1952–1956
GERSON, L. L.: Woodrow Wilson and the rebirth of Poland, 1914–1920. A study in the influence on American policy of minority groups of foreign origin. New Haven, Conn., 1953. Deutsch: Woodrow Wilson und die Wiedergeburt Polens 1914–1920. Eine Untersuchung des Einflusses der Minderheiten ausländischer Herkunft auf die amerikanische Außenpolitik. Übers. K. O. Kurth. Würzburg, 1956
GOLDMAN, E. F.: Rendezvous with destiny. A history of modern American reform. New York, 1952
HOOVER, H. C.: The memoirs. 3 Bde. New York, 1951–1952. Deutsch: Memoiren. Übers. W. von Grünau. 3 Bde. Mainz, 1953–1954
IRWIN, W.: Herbert Hoover. A reminiscent biography. 3. Aufl. New York, 1928. Deutsch: Herbert Hoover. Biographische Erinnerungen. Übers. E. Mellinger. Berlin, 1929
KENNAN, G. F.: American diplomacy 1900–1950 and the challange of Soviet power. 5. Aufl. Chicago, Ill., 1953. Deutsch: Amerikas Außenpolitik 1900–1950 und ihre Stellung zur Sowjetmacht. Übers. E. Doblhofer. Zürich, 1952
KENNAN, G. F.: Soviet-American relations 1917–1920. Bd. 1: Russia leaves the war. Princeton, N. J., 1956 (Mehr nicht erschienen). Deutsch: Amerika und die Sowjetmacht. Bd. 1: Der Sieg der Revolution. Übers. H. D. Müller. Stuttgart, 1956

KEYSERLING, H. GRAF: Amerika, der Aufstieg einer neuen Welt. Stuttgart, 1931
LANGER, W. L.: The undeclared war 1940–1941. New York, 1953
LANGER, W. L., und E. GLEASON: The challenge to isolation 1937–1940. New York, 1952
LARKIN, O. W.: Art and life in America. New York, 1949
LINK, A. S.: Wilson the diplomatist. A look at his major foreign policies. Baltimore, 1957
LIPPMANN, W.: United States foreign policy: Shield of the republic. Boston, Mass., 1943. Deutsch: Die Außenpolitik der Vereinigten Staaten. Zürich, 1944
LOCHNER, L. P.: Herbert Hoover and Germany. New York, 1960. Deutsch: Herbert Hoover und Deutschland. Boppard a. Rh., 1961
MAY, E.: The world war and American isolation, 1914–1917. (Harvard Historical Studies 71) Cambridge, Mass., 1959
PEACE AND WAR. United States foreign policy 1931–1941. Washington, D. C., 1943 (Vorwiegend eine Dokumentensammlung)
SCHLESINGER, A. M. JR.,: The age of Roosevelt. 3 Bde. Boston, Mass., 1957–1960
SPILLER, R. E.: The cycle of American literature. An essay in historical criticism. New York, 1956
SPILLER, R. E., W. THORP, T. H. JOHNSON u. a., Hrsg.: Literary history of the United States. Bde. 2–3. New York, 1948. Deutsch: Literaturgeschichte der Vereinigten Staaten. [In einem Bd.] München, 1959
TANSILL, CH. C.: Back door to war. Chicago, Ill., 1952. Deutsch: Die Hintertür zum Kriege. Das Drama der internationalen Diplomatie von Versailles bis Pearl Harbour. Übers. H. Steinsdorff. Düsseldorf, 1956
WEILEMANN, A.: Theodor Roosevelt und die Außenpolitik der Vereinigten Staaten von Amerika. Eine Untersuchung von Roosevelts außenpolitischer Konzeption als Beitrag zum Verständnis der amerikanischen Außenpolitik. Zürich, 1953
WILSON, W.: Die Reden Woodrow Wilsons. Englisch und deutsch. Hrsg. Committee on Public Information of the United States of America. Bern, 1919
WRIGHT, F. L.: An autobiography. 5. Aufl. New York, 1943

Europa und der Völkerbund

BERGMANN, K.: Der Weg der Reparation: Von Versailles über den Dawesplan zum Ziel. Frankfurt/Main, 1926 (Autor war führend an den Reparationsverhandlungen beteiligt)
BONNEFOUS, É.: Histoire politique de la troisième république. Bd. 3: L'après-guerre 1919–1924. Bd. 4: Cartel des gauches et union nationale 1924–1929. Paris, 1959–1960
BRACHER, K. D.: Die Auflösung der Weimarer Republik. Eine Studie zum Problem des Machtverfalls in der Demokratie. 3. Aufl. Stuttgart, 1960

BROGAN, D. W.: The development of modern France 1870–1939. London, 1940 (Entwicklung Frankreichs aus englischer Sicht)
CARR, E. H.: A history of Soviet Russia. Bde. 1–7/1, 2. London, 1950–1964 (Die bisher erschienenen Bände führen von 1917 bis 1926)
CECIL, LORD R.: A great experiment. An autobiography by Viscount Cecil. London, 1941
COUDENHOVE-KALERGI, R. N.: Crusade for Pan-Europe: Autobiography of a man and a movement. New York, 1943. Deutsch: Eine Idee erobert Europa. Meine Lebenserinnerungen. München, 1958

CRAIG, G. A., und F. GILBERT, Hrsg.: The diplomats 1919-1939. Princeton, N.J., 1953
CURTIUS, J.: Der Young-Plan. Entstehung und Wahrheit. Stuttgart, 1950 (Rückblick des deutschen Außenministers und Nachfolgers Stresemanns auf die Endphase der Reparationen)
DEUTSCHER, I.: Stalin. A political biography. New York, 1949. Deutsch: Stalin. Eine politische Biographie. Übers. und Bearb. A. Heiss. 2. Aufl. Stuttgart, 1962
EYCK, E.: Geschichte der Weimarer Republik. 2 Bde. 3. Aufl. Stuttgart, 1962
FINER, H.: Mussolini's Italy. New York, 1935 (Analyse der faschistischen Staatsordnung)
FISCHER, L.: The Soviets in world affairs. A history of the relations between the Soviet Union and the rest of the world, 1917-1929. 2 Bde. 2. Aufl. London, 1951
GATHORNE-HARDY, G. M.: A short history of international affairs 1920-1939. 4. Aufl. London, 1960
GRAVES, R., und A. HODGE: The long week end. A social history of Great Britain 1918-1939. New York, 1941
HEIDEN, K.: Geschichte des Nationalsozialismus. Berlin, 1932 (Beste Übersicht über die Anfänge des Nationalsozialismus)
HELBIG, H.: Die Träger der Rapallo-Politik. (Veröffentlichungen des Max-Planck-Instituts für Geschichte 3) Göttingen, 1958
HIRSCH, F.: Gustav Stresemann. Patriot und Europäer. (Persönlichkeit und Geschichte) Göttingen, 1964
HIRST, F.: The consequences of the war to Great Britain. London, 1934
JORDAN, W. M.: Great Britain, France and the German problem, 1918-1939. A study of Anglo-French relations in the making and maintenance of the Versailles settlement. London, 1943
KESSLER, H. GRAF VON: Tagebücher 1918 bis 1937. Frankfurt/Main, 1961 (Deutschland und Europa aus der Sicht eines deutschen Weltbürgers)
KEYNES, J. M.: The economic consequences of the peace. London, 1919. Neuaufl. 1950.

Deutsch: Die wirtschaftlichen Folgen des Friedensvertrages. Übers. M. J. Bonn und C. Brinkmann. München, 1920 (Grundlegende Kritik des Versailler Vertrages durch einen britischen Wirtschaftler)
MANTOUX, É.: The Carthaginian peace or the economic consequences of Mr. Keynes. Einf. R. C. K. Ensor. New York, 1952 (Versucht die Keynes'schen Thesen zu widerlegen)
RONDE, H.: Von Versailles bis Lausanne. Der Verlauf der Reparationsverhandlungen. Stuttgart, 1950
ROSENBERG, A.: Entstehung und Geschichte der Weimarer Republik. Hrsg. K. Kersten. Neuaufl. Frankfurt/Main, 1962
SCHNEIDER, H. W.: Making the Fascist state. New York, 1928 (Behandelt das faschistische System in Italien)
SCHÜDDEKOPF, O.: Das Heer und die Republik. Quellen zur Politik der Reichswehrführung 1918-1933. Frankfurt/Main, 1955
SCHWARZ, A.: Die Weimarer Republik. Sonderdr. aus: Handbuch der Deutschen Geschichte, Bd. 4, Tl. 2. Konstanz, 1958 (Mit reichhaltigen Quellenangaben)
SETON-WATSON, H.: Eastern Europe between the wars. 1918-1941. Cambridge, 1945
SOMERVELL, D. C.: British politics since 1900. London, 1950
STERN-RUBARTH, E.: Three men tried. London, 1939. Deutsch: Drei Männer suchen Europa – Briand, Chamberlain, Stresemann. München, 1947
THIMME, A.: Gustav Stresemann. Eine politische Biographie zur Geschichte der Weimarer Republik. Frankfurt/Main, 1957
TURNER, H. A., JR.: Stresemann and the politics of the Weimar Republic. Princeton, N.J., 1963 (Behandelt hauptsächlich die Innen- und Parteipolitik Stresemanns)
WALTERS, F. P.: A history of the League of Nations. 2 Bde. London, 1952
ZIMMERMANN, L.: Deutsche Außenpolitik in der Ära der Weimarer Republik. Göttingen, 1958
ZIMMERN, SIR A.: The League of Nations and the rule of law, 1918-1935. 2. Aufl. London, 1939

Weltwirtschaft und Weltwirtschaftskrise

AVENEL, G., VICOMTE D': L'évolution des moyens de transport. Voyageurs, lettres, marchandises. Paris, 1919
BONN, M. J.: Befreiungspolitik oder Beleihungspolitik? Berlin, 1928 (Der Dawes-Plan und seine Probleme)
BRIEFS, G.: Art. »Kriegswirtschaftslehre und Kriegspolitik«. In: Handwörterbuch der Staatswissenschaften. 4. Aufl., Bd. 5. Jena, 1923
CASSEL, G.: Deutschlands wirtschaftliche Widerstandskraft. Berlin, 1916 (Wichtig des Verfassers Ausführungen über die Valutaprobleme)
CASSEL, G.: The downfall of the gold standard.

Oxford, 1936. Deutsch: Der Zusammenbruch der Goldwährung. Übers. B. Pfister. Stuttgart, 1937
DER DAWES- UND MCKENNA-BERICHT mit Anlagen. Nach dem Originaltext redigierter Wortlaut. Frankfurt/Main, 1924
DEUTSCHLAND UND DIE WELTKRISE. Verhandlungen des Vereins für Sozialpolitik in Dresden 1932. (Schriften des Vereins für Sozialpolitik, Bd. 187) München, 1932
ELSTER, K.: Von der Mark zur Reichsmark. Jena, 1928
FRIED, F.: Das Ende des Kapitalismus. Jena, 1931 (Der Verfasser gehörte dem damals stark beachteten Tatkreis an)

GROTKOPP, W.: Die große Krise. Lehren aus der Überwindung der Wirtschaftskrise 1929/32. Düsseldorf, 1954
GUTMANN, F.: Art. »Reparationen«. In: Handwörterbuch der Staatswissenschaften. 4. Aufl., Bd. 7. Jena, 1926
HARMS, B.: Volkswirtschaft und Weltwirtschaft. Versuch der Begründung einer Weltwirtschaftslehre. 3. Nachdr. Jena, 1923
HARMS, B.: Strukturwandlungen der Weltwirtschaft. Jena, 1927
HESSE, A.: Die wirtschaftliche Entwicklung des Deutschen Reichs. Jena, 1913
KEYNES, J. M.: The economic consequences of the peace. London, 1919. Neuaufl. 1950. Deutsch: Die wirtschaftlichen Folgen des Friedensvertrages. Übers. M. J. Bonn und C. Brinkmann. München, 1920
KEYNES, J. M.: The end of laissez-faire. London, 1926. Deutsch: Das Ende des Laissez-faire. Ideen zur Verbindung von Privat- und Gemeinwirtschaft. Übers. R. Hilferding. München, 1926
KROLL, G.: Von der Weltwirtschaftskrise zur Staatskonjunktur. Berlin, 1958 (Darstellung der theoretischen Grundlagen der Krisenbekämpfungs- und Arbeitsbeschaffungsmaßnahmen)
LEDERER, E.: Wege aus der Krise. 2. Aufl. Tübingen, 1931
LEWINSOHN, R.: Die Umschichtung der europäischen Vermögen. Berlin, 1925 (Übersicht über die Auswirkungen der Inflation auf die europäischen Vermögen)
MISES, L.: Die Ursachen der Wirtschaftskrise. Ein Vortrag. Tübingen, 1931
NECKARSULMER, E.: Der alte und der neue Reichtum. Berlin, 1925
NÖLL VON DER NAHMER, R.: Der volkswirtschaftliche Kreditfonds. Versuch einer Lösung des Kreditproblems. Berlin, 1934 (Die Schrift enthält die theoretischen Grundlagen für eine nicht-inflatorische zusätzliche Geldschöpfung zur Überwindung der Wirtschaftskrise)
NÖLL VON DER NAHMER, R.: La lutte de l'Allemagne contre le chômage. Revue économique internationale (Brüssel) II, 1, 1937
NÖLL VON DER NAHMER, R.: Vom Werden des neuen Zeitalters. Heidelberg, 1957 (Behandelt die wirtschaftliche Entwicklung des 19. und 20. Jahrhunderts und Ursachen und Verlauf der Weltwirtschaftskrise)
PRIESTER, H. E.: Das Geheimnis des 13. Juli. Ein Tatsachenbericht von der Bankkrise. Berlin, 1932 (Überblick über die Ereignisse im Jahre 1931)
RAAB, F., Hrsg.: Das Wirtschaftsjahr, Tatsachen, Entwicklungsbedingungen und Aussichten der deutschen Volkswirtschaft 1932/33. Leipzig, 1933
RAUCH, B.: The history of the New Deal 1933–1938. Toronto, 1944
REINHARDT, F.: Die Arbeitsschlacht der Reichsregierung. Berlin, 1933
REINHARDT, F.: Generalplan gegen die Arbeitslosigkeit. Vortrag. Oldenburg, 1933 (Der Verf. war im Dritten Reich Staatssekretär im Reichsfinanzministerium. Beide Broschüren enthalten eine Zusammenstellung der zur Überwindung der Arbeitslosigkeit getroffenen Maßnahmen)
ROOSEVELT, F. D.: Looking forward. New York, 1933. Deutsch: Blick vorwärts. Übers. P. Wit. Berlin, 1933
ROOSEVELT, F. D.: On our way. New York, 1934. Deutsch: Unser Weg. Übers. D. von Mikusch. Berlin, 1934
SARTORIUS VON WALTERSHAUSEN, A.: Begriff und Entwicklungsmöglichkeit der heutigen Weltwirtschaft. Straßburg, 1913
SARTORIUS VON WALTERSHAUSEN, A.: Art. »Weltwirtschaft«. In: Handwörterbuch der Staatswissenschaften. 4. Aufl., Erg.-Bd. Jena, 1929
SCHACHT, H.: Die Stabilisierung der Mark. Stuttgart, 1927
SCHACHT, H.: Das Ende der Reparationen. Oldenburg, 1931
SOMARY, F.: Krisenwende? Berlin, 1932
SOMBART, W.: Das Wirtschaftsleben im Zeitalter des Hochkapitalismus. 2 Bde. München, 1927
STOLPER, G.: German economy 1870–1940. New York, 1948. Deutsch: Deutsche Wirtschaft 1870–1940. Kaiserreich, Republik, Drittes Reich. Übers. T. Stolper. Stuttgart, 1950. Neuausg., unter dem Titel: Deutsche Wirtschaft seit 1870. Fortgef. von K. Häuser und K. Borchardt. Tübingen, 1964
STUCKEN, R.: Deutsche Geld- und Kreditpolitik 1914 bis 1963. 3. Aufl. Tübingen, 1964
TEUBERT, W.: Die Welt im Querschnitt des Verkehrs. Berlin, 1928
TERHALLE, F.: Art. »Gold und Goldwährung«. In: Handwörterbuch der Staatswissenschaften. 4. Aufl., Bd. 4. 2. Aufl. Jena, 1927
WELTAGRARMARKT UND DEUTSCHER AGRARMARKT. 1931 Rückblick, Ausblick 1932. Blätter für landwirtschaftliche Marktforschung II, 1932
WYGODZINSKI, W.: Wandlungen der deutschen Volkswirtschaft im 19. Jahrhundert. Köln, 1912
DER YOUNG-PLAN: Der Schlußbericht der Pariser Sachverständigenkonferenz im Wortlaut. Dazu eine Einleitung über seine Entstehung und Bedeutung. Hrsg. F. Heymann. Frankfurt/Main, 1929

Zusammenbruch des Versailler Systems und zweiter Weltkrieg

ADLER, H. G.: Theresienstadt 1941–1945. Das Antlitz einer Zwangsgemeinschaft. Geschichte, Soziologie, Psychologie. 2. Aufl. (Civitas Gentium) Tübingen, 1960 (Gesamtanalyse eines Konzentrationslagers)
AKTEN ZUR DEUTSCHEN AUSWÄRTIGEN POLITIK 1918 BIS 1945. Aus den Akten des Auswärtigen Amtes, Serie C–D: 1933–1945. Baden-Baden, 1950ff.
ANSEL, W.: Hitler confronts England. Durham,

1960 (Besonders zur Frage der England-Invasion 1940/41)
ARENDT, H.: The origins of totalitarianism. New York, 1951. Deutsch: Elemente und Ursprünge totalitärer Herrschaft. Von der Verf. übers. 2. Aufl. Frankfurt/Main, 1958
ARON, R.: Histoire de Vichy 1940-1944. Paris, 1955
ARON, R.: Histoire de la libération de la France. Paris, 1959
BELOFF, M.: The foreign policy of Soviet Russia 1929-1941. 2 Bde. London, 1947-1949
BENEDIKT, H., u. a., Hrsg.: Geschichte der Republik Österreich. Wien, 1954
BONHOEFFER, D.: Gesammelte Schriften. Hrsg. E. Bethge. 4 Bde. München, 1958-1961 (Zeugnisse des Kirchenkampfes und der Widerstandsbewegung)
BOVERI, M.: Der Verrat im 20. Jahrhundert. Für und gegen die Nation. 4 Bde. (Rowohlts deutsche Enzyklopädie) Hamburg, 1956 bis 1960
BRACHER, K. D.: Die Auflösung der Weimarer Republik. 4. Aufl. Stuttgart, 1960
BRACHER, K. D.: Deutschland zwischen Demokratie und Diktatur. München, 1964
BRACHER, K. D., W. SAUER und G. SCHULZ: Die nationalsozialistische Machtergreifung. Studien zur Errichtung des totalitären Herrschaftssystems in Deutschland 1933/34. 2. Aufl. (Schriften des Instituts für politische Wissenschaft 14) Stuttgart, 1962
BROSZAT, M.: Nationalsozialistische Polenpolitik 1939-1945. Stuttgart, 1961
BULLOCK, A.: Hitler. A study in tyranny. 3. Aufl. London, 1960. Deutsch: Hitler. Eine Studie über Tyrannei. Übers. W. und M. Pferdekamp. Neuaufl. Düsseldorf, 1962. Taschenbuchausg.: 2 Bde. (Fischer Bücherei) Frankfurt/Main, 1964
BUTOW, R. J. C.: Tojo and the coming of the war. Princeton, N.J., 1961
BUTTINGER, J.: Am Beispiel Österreichs. Ein geschichtlicher Beitrag zur Krise der sozialistischen Bewegung. Köln, 1953 (Erinnerungsbericht über den sozialistischen Widerstand in der Periode Dollfuß-Schuschnigg)
CELOVSKY, B.: Das Münchener Abkommen 1938. Stuttgart, 1958 (Zuerst Phil. Diss. Heidelberg, 1954)
CHURCHILL, SIR W. S.: The second world war. 6 Bde. London, 1948-1954. Deutsch: Der Zweite Weltkrieg. Übers. I. Muehlon u. a. 6 Bde. Stuttgart, 1949-1954
CRAIG, G. A.: The politics of the Prussian army 1640-1945. Oxford, 1955. Deutsch: Die preußisch-deutsche Armee. Staat im Staate. Übers. W. und M. Pferdekamp. Düsseldorf, 1960
CRAIG, G. A., und F. GILBERT, Hrsg.: The diplomats 1919-1939. Princeton, N.J., 1953 (Glänzende Studie über den Apparat und Charakter der Außenpolitik der verschiedenen Staaten)
DALLIN, A.: German rule in Russia, 1941-1945. A study of occupation policies. London, 1957. Deutsch: Deutsche Herrschaft in Rußland, 1941-1945. Eine Studie über Besatzungspolitik. Übers. W. und M. Pferdekamp. Düsseldorf, 1958

DEAKIN, F. W.: The brutal friendship. Hitler and the fall of Italian Fascism. London, 1962. Deutsch: Die brutale Freundschaft. Hitler, Mussolini und der Untergang des italienischen Faschismus. Köln, 1964 (Sammelband einer Konferenz mit internationalen Beiträgen)
I DOCUMENTI DIPLOMATICI ITALIANI. Rom, 1952 ff.
DOCUMENTS ON BRITISH FOREIGN POLICY. London, 1949 ff. (Hierzu vgl. P. Kluke: Die englischen und deutschen diplomatischen Akten. Historische Zeitschrift 175, 1953)
DRUMMOND, D. F.: The passing of American neutrality 1937-1941. Ann Arbor, Mich., 1955
DUROSELLE, J.-B.: Les relations germanosoviétiques de 1933 à 1939. Paris, 1954
EICHSTÄDT, U.: Von Dollfuß zu Hitler. Geschichte des Anschlusses Österreichs 1933 bis 1938. Wiesbaden, 1955
FEILING, K.: The life of Neville Chamberlain. London, 1946
FEIS, H.: Churchill, Roosevelt and Stalin: The war they waged and the peace they sought. Princeton, N.J., 1957
FEIS, H.: Between war and peace: The Potsdam conference. Princeton, N.J., 1961. Deutsch: Zwischen Krieg und Frieden. Das Potsdamer Abkommen. Übers. E. Heymann. Frankfurt/Main, 1962
FRIEDLÄNDER, S.: Hitler et les États-Unis (1939-1941). (Études d'histoire économique, politique et sociale, 46) Genf, 1963
GAULLE, CH. DE: Mémoires de guerre. 3 Bde. Paris, 1954-1959. Deutsch, gekürzt: [Bd. 1.] Memoiren 1940-1942. Übers. G. Preconi. Frankfurt/Main, 1955. [Bd. 2.] Memoiren 1942-1946. Übers. W. und M. Pferdekamp. Düsseldorf, 1961
GEBHARDT, B.: Handbuch der deutschen Geschichte. 8. Aufl., hrsg. von H. Grundmann. Bd. 4: K. D. Erdmann: Die Zeit der Weltkriege. 2., verb. Nachdr. Stuttgart, 1961
GOEBBELS, J.: Tagebücher aus den Jahren 1942 bis 1943. Hrsg. L. P. Lochner. Zürich, 1948
GOUTARD, A.: La guerre des occasions perdues. Paris, 1956 (Kritische Analyse der Niederlage Frankreichs 1940)
GRUCHMANN, L.: Nationalsozialistische Großraumordnung. Die Konstruktion einer »Deutschen Monroe-Doktrin«. (Schriftenreihe der Vierteljahreshefte für Zeitgeschichte, 4) Stuttgart, 1962
HAGEMANN, W.: Publizistik im Dritten Reich. Hamburg, 1948 (Analyse von Träger und Technik der Manipulation der öffentlichen Meinung.)
HEIBER, H.: Joseph Goebbels. Berlin, 1962. Taschenbuchausg.: (dtv-Taschenbücher) München, 1965
HEIDEN, K.: Adolf Hitler. Das Zeitalter der Verantwortungslosigkeit. 2 Bde. Zürich, 1936 bis 1937. Englisch: Der Fuehrer: Hitler's rise to power. Übers. R. Manheim. Boston, Mass., 1944 (Beste der frühen Darstellungen Hitlers und des Nationalsozialismus)
HILBERG, R.: The destruction of the European Jews. Chicago, Ill., 1961
HILLGRUBER, A.: Hitler, König Carol und Marschall Antonescu: Die deutsch-rumänischen Beziehungen 1938-1944. Wiesbaden, 1954

HITLER, A.: Hitlers zweites Buch. Ein Dokument aus dem Jahre 1928. Hrsg. G. Weinberg, Geleitw. H. Rothfels. (Quellen und Darstellungen zur Zeitgeschichte 7) Stuttgart, 1961
HITLER, A.: Hitler's secret conversations 1941–1944. Hrsg. H. R. Trevor-Roper. London, 1953
HITLER, A.: Hitlers Tischgespräche im Führerhauptquartier 1941–1942. [Aufgez.] von H. Picker. Neu hrsg. von P. E. Schramm. Zus. mit A. Hillgruber und M. Vogt. Stuttgart, 1963
HOFER, W.: Die Entfesselung des zweiten Weltkrieges. Eine Studie über die internationalen Beziehungen im Sommer 1939. Mit Dokumenten. [Neubearb. Neuaufl.] Frankfurt/Main, 1964. Taschenbuchausg.: Neubearb. Ausg. (Fischer Bücherei) Frankfurt/Main, 1960
HOFER, W.: Die Diktatur Hitlers bis zum Beginn des zweiten Weltkriegs. Sonderdr. aus: Handbuch der Deutschen Geschichte, Bd. 4, Tl. 2. Konstanz, 1960
HOPTNER, J. B.: Yugoslavia in crisis 1934–1941. (Columbia University East Central European Studies) New York, 1962
HUBATSCH, W.: »Weserübung«. Die deutsche Besetzung von Dänemark und Norwegen 1940. Nach amtlichen Unterlagen dargest. Mit einem Dokumentenanhang. 2., neubearb. Aufl. von »Die deutsche Besetzung von Dänemark und Norwegen 1940«. (Studien und Dokumente zur Geschichte des Zweiten Weltkrieges, Bd. 7) Göttingen, 1960
JACOBSEN, H.-A., [Hrsg.]: 1939–1945. Der Zweite Weltkrieg in Chronik und Dokumenten. 5. Aufl., Nachdr. Darmstadt, 1961
JACOBSEN, H.-A., und H. DOLLINGER, Hrsg.: Der Zweite Weltkrieg in Bildern und Dokumenten. 3 Bde. München, 1962–1963
JACQUEMYNS, G.: La société belge sous l'occupation allemande 1940–1944. 3 Bde. Brüssel, 1950
JONES, F. C.: Japan's new order in East Asia. Its rise and fall, 1937–1945. London, 1954
JONG, L. DE: De duitse vijfde colonne in de tweede wereldoorlog. Arnheim, 1953. Deutsch: Die deutsche Fünfte Kolonne im Zweiten Weltkrieg. Übers. H. Lindemann. (Veröffentlichung des Instituts für Zeitgeschichte, München) Stuttgart, 1959
KOGON, E.: Der SS-Staat. Das System der deutschen Konzentrationslager. Neuaufl. Frankfurt/Main, 1961 (Erste eindringliche Darstellung eines inhaftierten Sozialwissenschaftlers)
KRANNHALS, H. VON: Der Warschauer Aufstand 1944. 2. Aufl. Frankfurt/Main, 1964
LANGER, W. L.: The undeclared war 1940–1941. New York, 1953 (Klassische Darstellung der amerikanischen Außenpolitik vor dem Kriegseintritt)
LANGER, W. L., und E. GLEASON: The challenge to isolation 1937–1940. New York, 1952
LEUSCHNER, J.: Volk und Raum. Zum Stil der nationalsozialistischen Außenpolitik. (Kleine Vandenhoeck-Reihe) Göttingen, 1958
MARCUS, J. T.: French Socialism in the crisis years 1933–1936. Fascism and the French Left. New York, 1958

MAU, H., und H. KRAUSNICK: Deutsche Geschichte der jüngsten Vergangenheit 1933 bis 1945. Nachw. P. Rassow. 5. Aufl. Tübingen, 1961
MEINCK, G.: Hitler und die deutsche Aufrüstung. Wiesbaden, 1959
MEISSNER, B.: Rußland, die Westmächte und Deutschland. Die sowjetische Deutschlandpolitik 1943–1953. (Abhandlungen der Forschungsstelle für Völkerrecht und ausländisches öffentliches Recht der Universität Hamburg 5) Hamburg, 1953
MEISSNER, B.: Die Sowjetunion, die baltischen Staaten und das Völkerrecht. Köln, 1956
MICHEL, H.: Histoire de la résistance 1940–1944. Paris, 1950
MOLTMANN, G.: Amerikas Deutschlandpolitik im zweiten Weltkrieg. Kriegs- und Friedensziele 1941–1945. Heidelberg, 1958
NEUMANN, F. L.: Behemoth, the structure and practice of National Socialism. 2. Aufl. New York, 1944 (Beste systematische Analyse aus sozialistischer Sicht)
NEUMANN, S.: Permanent revolution. The total state in a world at war. New York, 1942 (Studie über den revolutionären Charakter totalitärer Systeme, am Beispiel des »Dritten Reiches« dargestellt)
ÖRUIK, N.: Decline of neutrality 1914–1941, with special reference to the USA and the northern neutrals. Oslo, 1953
OSTWALD, P.: Japans Weg von Genf nach San Francisco, 1933–1950. Stuttgart, 1955
RAUSCHNING, H.: Gespräche mit Hitler. Zürich, 1939. 4. Aufl. Zürich, o. J. (Eröffnet glaubwürdige Einblicke in die Gedankenwelt Hitlers 1933/34)
REICHMANN, E. G.: Hostages of civilisation. The social sources of National Socialist anti-Semitism. Boston, Mass., 1951. Deutsch: Flucht in den Haß. Die Ursachen der deutschen Judenkatastrophe. Frankfurt/Main, 1956 (Sozialpsychologische Analyse des Antisemitismus im 19. und 20. Jahrhundert)
REITLINGER, G.: The final solution. The attempt to exterminate the Jews of Europe 1939–1945. New York, 1953. Deutsch: Die Endlösung, Hitlers Versuch der Ausrottung der Juden Europas 1939–1945. Übers. J. W. Brügel. 4. Aufl. (Beiträge zur Zeitgeschichte) Berlin, 1961. Taschenbuchausg.: (Kindler Taschenbücher) München, 1964
FOREIGN RELATIONS OF THE UNITED STATES. Diplomatic papers. Washington, 1949 ff.
EUROPEAN RESISTANCE MOVEMENTS, 1939–1945. 2 Bde. (International Conference on the History of the Resistance Movements, 1–2) Oxford, 1960–1964
RITTER, G.: Carl Goerdeler und die deutsche Widerstandsbewegung. Neuaufl. Stuttgart, 1956. Taschenbuchausg.: (dtv-Taschenbücher) München, 1964
RÖNNEFARTH, H.: Die Sudetenkrise in der internationalen Politik, Entstehung, Verlauf, Auswirkung. 2 Bde. Wiesbaden, 1961
ROOS, H.: Polen und Europa. Studien zur polnischen Außenpolitik 1931–1939. Tübingen, 1957

ROTHFELS, H.: Die deutsche Opposition gegen Hitler. Eine Würdigung. 2. Aufl. Krefeld, 1949. Taschenbuchausg.: Neuaufl. (Fischer Bücherei) Frankfurt/Main, 1964
SCHLABRENDORFF, F. VON: Offiziere gegen Hitler. Nach einem Erlebnisbericht bearb. und hrsg. von G. von Schulze-Gaevernitz. 4. Aufl. Zürich, 1951. Taschenbuchausg.: Neuaufl. (Fischer Bücherei) Frankfurt/Main, 1962
SCHOLL, I.: Die weiße Rose. 3. Aufl. Frankfurt/Main, 1952. Taschenbuchausg.: Neuaufl. (Fischer Bücherei) Frankfurt/Main, 1963 (Darstellung der Widerstandsgruppe Münchener Studenten 1942/43)
SCHRAMM VON THADDEN, E.: Griechenland und die Großmächte im zweiten Weltkrieg. Wiesbaden, 1955
SEABURY, P.: The Wilhelmstrasse. A study of German diplomats under the Nazi regime. Berkeley, Calif., 1954
SHIRER, W.: The rise and fall of the Third Reich. A history of Nazi Germany. London, 1960. Deutsch: Aufstieg und Fall des Dritten Reiches. Übers. W. und M. Pferdekamp. Köln, 1961. Taschenbuchausg.: 2 Bde. Neuaufl. (Knaur Taschenbücher) München, 1963 (Gesamtdarstellung, aber unausgewogen und lückenhaft)
SIEBERT, F.: Italiens Weg in den zweiten Weltkrieg. Frankfurt/Main, 1962
SNELL, J. L.: Illusion and necessity. The diplomacy of global war 1939–1945. Boston, Mass., 1963
SOMMER, TH.: Deutschland und Japan zwischen den Mächten 1935–1940. Vom Antikominternpakt zum Dreimächtepakt. Eine Studie zur diplomatischen Vorgeschichte des zweiten Weltkrieges. Tübingen, 1962
STRAUCH, R.: Sir Neville Henderson. Bonn, 1959
SURVEY OF INTERNATIONAL AFFAIRS. Hrsg. The Royal Institute of International Affairs. London, 1924 ff. (Dokumentensammelwerk)
TAYLOR, A. J. P.: The origins of the second world war. 3. Aufl. London, 1961. Deutsch: Die Ursprünge des zweiten Weltkrieges. Übers. D. Werner. Gütersloh, 1962 (Umstrittene Darstellung, vernachlässigt den totalitären Charakter der Hitlerschen Außenpolitik)
TELPUCHOWSKI, B. S.: Die sowjetische Geschichte des Großen Vaterländischen Krieges 1941 bis 1945. Im Auftrag des Arbeitskreises für Wehrforschung hrsg. und krit. erläutert von A. Hillgruber und H.-A. Jacobsen. Frankfurt/Main, 1961
THE THIRD REICH. International council for philosophy and humanistic studies. London, 1955 (Beiträge internationaler Fachgelehrter)
THE THIRD REICH: First phase. 4 Bde. (Documents on German foreign policy 1918–1945, Ser. C: 1933–1945, 1–4) London, 1957–1960
TOSCANO, M.: Le origini diplomatiche del patto d'acciaio. 2. Aufl. Florenz, 1956 (Entstehung der Achse Berlin–Rom)
TREVOR-ROPER, H. R.: The last days of Hitler. Neuaufl. London, 1952. Deutsch: Hitlers letzte Tage. Übers. J. Kalmer. Zürich, 1948
LA VIE DE LA FRANCE sous l'occupation 1940 à 1944. 3 Bde. Paris, 1957 (Aufzeichnungen und Dokumente)
VIERTELJAHRSHEFTE FÜR ZEITGESCHICHTE, München, Jahrgang 1 ff., 1953 ff. (Führende Zeitschrift mit Dokumentation und Bibliographie)
VILLARI, L.: Italian foreign policy under Mussolini. New York, 1956
DIE VOLLMACHT DES GEWISSENS. München, 1956 (Diskussionen, Dokumente, Darstellungen und Bibliographie zum deutschen Widerstand)
WAGENFÜHR, R.: Die deutsche Industrie im Kriege. Berlin, 1954
WARMBRUNN, W.: The Dutch under German occupation 1940–1945. Stanford, Calif., 1963
WEINBERG, G. L.: Germany and the Soviet Union 1939–1941. Leiden, 1954
WEISENBORN, G., Hrsg.: Der lautlose Aufstand. Berichte über die Widerstandsbewegung des deutschen Volkes 1933–1945. Hamburg, 1953. Taschenbuchausg.: (Rowohlts Rotations-Romane) Hamburg, 1962
WIEDER, J.: Stalingrad und die Verantwortung des Soldaten. München, 1962
WILMOT, CH.: Struggle for Europe. New York, 1952. Deutsch: Der Kampf um Europa. Übers. H. Steinsdorff. 2. Aufl. Frankfurt/Main, 1954. Neuausg.: (Fischer Paperbacks) Frankfurt/Main, 1960
WISKEMANN, E.: The Rome–Berlin axis. Oxford, 1949
WOHLSTETTER, R.: Pearl Harbour, warning and decision. Stanford, Calif., 1962
WOODWARD, SIR E. L.: British foreign policy in the second World War. (History of the second World War) London, 1962
ZELLER, E.: Geist der Freiheit. Der 20. Juli. 4. Aufl. München, 1963

Neue Wissenschaft

Physik und Chemie

BÄUMLER E.: Ein Jahrhundert Chemie. Mit zwei Beitr. von G. Ehrhart und V. Muthesius. Düsseldorf, 1963
BAVINK, B.: Ergebnisse und Probleme der Naturwissenschaften. Eine Einführung in die heutige Naturphilosophie. Mit Beitr. von A. Wenzl, W. Gerlach. u.a. 10. Aufl. Zürich, 1954
BECKER, FR.: Geschichte der Astronomie. Bonn, 1947
BECKER, FR.: Die Astronomie unserer Zeit. (Reclams Universal-Bibliothek) Stuttgart, 1957
BERRY, A. J.: Modern chemistry. Some sketches of its historical development. New York, 1946
BOHR, N.: Atomphysik und menschliche Erkenntnis. (Die Wissenschaft) Braunschweig, 1958
BOLTZMANN, L.: Populäre Schriften. 3. Aufl. Braunschweig, 1925

BOPP, FR., Hrsg.: Werner Heisenberg und die Physik unserer Zeit. Beitr. von G. Beck, L. Biermann, F. Bloch u.a. Braunschweig, 1961
BORN, M.: Die Relativitätstheorie Einsteins. Unter Mitarb. von W. Biem. 4. Aufl. (Heidelberger Taschenbücher) Berlin, 1964
BORN, M.: Physik im Wandel meiner Zeit. 3. Aufl. (Die Wissenschaft) Braunschweig, 1959
BORN, M.: Physik und Politik. (Kleine Vandenhoeck-Reihe) Göttingen, 1960
CALDER, R.: Science makes sense. London, 1956. Deutsch: Die Naturwissenschaft. Übers. L. Wick. (In eigener Sache) München, 1957
CHEMIE HEUTE. Eine Vortragsreihe des Bayerischen Rundfunks. Hrsg. B. Freudenfeld. München, 1960
EDDINGTON, SIR A. S.: The nature of the physical world. Cambridge, 1928. Deutsch: Das Weltbild der Physik und ein Versuch seiner philosophischen Deutung. Braunschweig, 1931
EDDINGTON, SIR A. S.: New pathways in science. Cambridge, 1935. Deutsch: Naturwissenschaft auf neuen Wegen. Braunschweig, 1935
EINSTEIN, A.: Über die spezielle und allgemeine Relativitätstheorie (Gemeinverständlich). 19. Aufl. (Sammlung Vieweg) Braunschweig, 1963
EINSTEIN, A., und L. INFELD: The evolution of physics. New York, 1938. Deutsch: Die Evolution der Physik. Übers. W. Preusser. Neuaufl. Wien, 1961. Taschenbuchausg.: Die Evolution der Physik. Von Newton bis zur Quantentheorie. (Rowohlts Deutsche Enzyklopädie) Hamburg, 1956
GERLACH, W.: Humanität und naturwissenschaftliche Forschung. (Die Wissenschaft) Braunschweig, 1962
GERLACH, W.: Die Sprache der Physik. (Mathematisch-naturwissenschaftliche Taschenbücher) Bonn, 1962
HAHN, O.: Vom Radiothor zur Uranspaltung. Eine wissenschaftliche Selbstbiographie. Braunschweig, 1962
HARTMANN, H.: Max Planck als Mensch und Denker. Thun, 1953
HARTMANN, M.: Atomphysik, Biologie und Religion. (Der Deutschenspiegel) Stuttgart, 1947
HARTMANN, M.: Die philosophischen Grundlagen der Naturwissenschaften. Erkenntnistheorie und Methodologie. 2. Aufl. Stuttgart, 1959
HEISENBERG, W.: Wandlungen in den Grundlagen der Naturwissenschaft. Zehn Vorträge. 9. Aufl. Stuttgart, 1959
HEISENBERG, W.: Das Naturbild der heutigen Physik. (Rowohlts Deutsche Enzyklopädie) Hamburg, 1955
HEISENBERG, W.: Physik und Philosophie. Stuttgart, 1959. Taschenbuchausg.: (Ullstein-Bücher) Frankfurt/Main, 1959
HEITLER, W. H.: Der Mensch und die naturwissenschaftliche Erkenntnis. 3. Aufl. (Die Wissenschaft) Braunschweig, 1964
HELLWEGE, A. M.: Einführung in die Physik der Atome. 2. Aufl. (Heidelberger Taschenbücher) Berlin, 1964
HOPPE, E.: Geschichte der Physik. Braunschweig, 1926. Neudr. 1965

JEANS, SIR J. H.: Physics and philosophy. London, 1942. Deutsch: Physik und Philosophie. Neuaufl. Zürich, 1951
JEANS, SIR J. H.: The growth of physical science. London, 1947. Deutsch: Der Werdegang der exakten Wissenschaft. (Sammlung Dalp) Bern, 1948
JORDAN, P.: Atom und Weltall. Eine Einführung in den Gedankeninhalt der modernen Physik. 9., neugest. und erw. Aufl. der »Physik des 20. Jahrhunderts«. (Die Wissenschaft) Braunschweig, 1956
JUHOS, B.: Die Erkenntnis und ihre Leistung. Die naturwissenschaftliche Methode. Wien, 1950
LANGE, H.: Geschichte der Grundlagen der Physik. Bd. 1: Die formalen Grundlagen. Zeit, Raum, Kausalität. Bd. 2: Die materialen Grundlagen. Impuls, Energie, Wirkung. 2 Bde. (Orbis academicus) Freiburg i. Br., 1954–1961
LAUE, M. VON: Geschichte der Physik. 3. Aufl. (Geschichte der Wissenschaften, II: Naturwissenschaften) Frankfurt/Main, 1950. Taschenbuchausg.: 4. erw. Aufl. (Ullstein-Bücher) Frankfurt/Main, 1959
LAUE, M. VON: Die Relativitätstheorie. Tl. 1: Die spezielle Relativitätstheorie. 7. Aufl. Hrsg. F. Beck. Tl. 2: Die allgemeine Relativitätstheorie. 4. Aufl. 2 Bde. (Die Wissenschaft) Braunschweig, 1956–1961
LOCKEMANN, G.: Geschichte der Chemie in kurzgefaßter Darstellung. Tl. 2: Von der Entdeckung des Sauerstoffs bis zur Gegenwart. (Sammlung Göschen) Berlin, 1955
LORENZEN, P.: Die Entstehung der exakten Wissenschaften. (Verständliche Wissenschaft) Berlin, 1960
MARCH, A.: Die physikalische Erkenntnis und ihre Grenzen. Bearb. F. Cap. 3. Aufl. (Die Wissenschaft) Braunschweig, 1964
MARCH, A.: Das neue Denken der modernen Physik. (Rowohlts Deutsche Enzyklopädie) Hamburg, 1957
MASON, ST. F.: Geschichte der Naturwissenschaft in der Entwicklung ihrer Denkweisen. Deutsche Ausg. hrsg. von B. Sticker unter Mitwirk. von M. Meyer-Abich. (Kröners Taschenausgaben) Stuttgart, 1961
PAULI, W.: Aufsätze und Vorträge über Physik und Erkenntnistheorie. (Die Wissenschaft) Braunschweig, 1961
PLANCK, M.: Physikalische Abhandlungen und Vorträge. Aus Anlaß seines 100. Geburtstages (23.4.1958) hrsg. Bd. 3. Braunschweig, 1958 (Enthält alle Vorträge und die Wissenschaftliche Selbstbiographie)
SCHENK, G.: Vor der Schwelle der letzten Dinge. Über die neuesten Forschungen und Erkenntnisse der Chemie und Physik. Neuaufl. (Die Welt des Wissens) Berlin, 1959 (Populärwissenschaftliches Sachbuch)
SCHILPP, P. A., Hrsg.: Albert Einstein, philosopher-scientist. (The Library of Living Philosophers 7) Evanston, Ill., 1949. Deutsch: Albert Einstein als Philosoph und Naturforscher. (Philosophen des 20. Jahrhunderts) Stuttgart, 1955
SCHINDEWOLF, U.: Physikalische Kernchemie. (Die Wissenschaft) Braunschweig, 1959

SPEISER, A.: Die geistige Arbeit. (Wissenschaft und Kultur) Basel, 1955
WEIZSÄCKER, C. FR. VON: Zum Weltbild der Physik. 10. Aufl., Nachdr. Stuttgart, 1963
WEIZSÄCKER, C. FR. VON: Die Verantwortung der Wissenschaft im Atomzeitalter. 4. Aufl. (Kleine Vandenhoeck-Reihe) Göttingen, 1963
WEIZSÄCKER, C. FR. VON, und J. JUILFS: Physik der Gegenwart. 2. Aufl. (Kleine Vandenhoeck-Reihe) Göttingen, 1958
ZIMMER, E.: Umsturz im Weltbild der Physik. Gemeinverständlich dargestellt. Geleitwort von M. Planck. 12. Aufl., Nachdr. München, 1961

Astronomie

EDDINGTON, SIR A. S.: Stars and atoms. Cambridge, 1926. Deutsch: Sterne und Atome. Mit Ergänzungen des Autors. Übers. O. F. Bolinow. Berlin, 1928 (Darstellung der grundlegenden Gedanken, die zu einer Theorie des inneren Aufbaues der Sterne führten)
HARTMANN, J.: Astronomie. (Die Kultur der Gegenwart, III, 3, 3) Leipzig, 1921 (Übersicht über den Gesamtinhalt unseres gegenwärtigen astronomischen Wissens)
HECKMANN, O.: Theorien der Kosmologie. Berlin, 1942 (Mit umfassender Bibliographie)
HOERNER, S. VON, und K. SCHAIFERS, Hrsg.: Meyers Handbuch über das Weltall. 3. Aufl. Mannheim, 1964 (Umfassende lexikographische Darstellung der astronomischen Forschung einschließlich Radioastronomie und Weltraumforschung)
HUBBLE, E.: The realm of the nebulae. New Haven, Conn., 1936. Deutsch: Das Reich der Nebel. Übers. K. O. Kiepenheuer. (Die Wissenschaft) Braunschweig, 1938
HUBBLE, E.: The observational approach to cosmology. Oxford, 1937 (Bericht über die Ausweitung des astronomischen Weltbildes)
KIENLE, H.: Unendlichkeit? Das Weltbild der Astronomie. Potsdam, 1929 (Astronomie als »angewandte Physik«)
KIENLE, H.: Einführung in die Astronomie. (Sammlung Piper) München, 1963 (10 Vorlesungen über die Entwicklung der Astronomie von 1910–1960)
NEWCOMB – ENGELMANNS Populäre Astronomie. 5. Aufl. Hrsg. P. Kempf. Leipzig, 1914. 8. Aufl. Hrsg. W. Becker, R. Müller und H. Schneller. Leipzig, 1948 (Der Vergleich beider Auflagen zeigt den Fortschritt in der ersten Hälfte des 20. Jahrhunderts)
SHAPLEY, H.: Star clusters. (Harvard observatory monographs, 2) New York, 1930 (Grundlagen für die Erforschung der Struktur des »Größeren Galaktischen Systems«)
SITTER, W. DE: Kosmos. A course of six lectures on the development of our insight into the structure of the universe. Cambridge, Mass., 1932
STRÖMGREN, E. und B.: Lehrbuch der Astronomie. Berlin, 1933
STRUVE, O.: Elementary astronomy. Zus. mit B. Lynds und H. Pillans. Oxford, 1959. Deutsch: Astronomie. Einführung in ihre Grundlagen. Übers. H. Klauder. 2. Aufl. Berlin, 1963 (Behandelt im wesentlichen die physikalischen Grundlagen, Prinzipien und Methoden)
STRUVE, O., und V. ZEBERGS: Astronomy of the 20th century. New York, 1962 (Mit Zeittafel aller wichtigen Entdeckungen und Fortschritte)
WELLMANN, P.: Radioastronomie. Eine Einführung in ihre Methoden und Ergebnisse. (Dalp-Taschenbücher) München, 1957
ZINNER, E.: Astronomie. Geschichte ihrer Probleme. (Orbis academicus) Freiburg i. Br., 1951

Der Weg der Medizin seit dem 19. Jahrhundert

ASCHOFF, L.: Rudolf Virchow. Wissenschaft und Weltgeltung. Hamburg, 1940
BAADE, FR.: Welternährungswirtschaft. (Rowohlts Deutsche Enzyklopädie) Hamburg, 1956
BRANDT, M.: Wege und Umwege der Sowjetmedizin. (Berichte des Osteuropa-Instituts an der Freien Universität Berlin, H. 29; Medizinische Folge 12) Berlin, 1957
CONRAD-MARTIUS, H.: Utopien der Menschenzüchtung. Der Sozialdarwinismus und seine Folgen. München, 1955 (Sozialdarwinismus und Biologismus im Dritten Reich)
GEBSATTEL, V. E. FREIHERR VON: Prolegomena einer medizinischen Anthropologie. Ausgewählte Aufsätze. Berlin, 1954 (Enthält Beiträge zur Anthropologie der Angst)
HELMHOLTZ, H. L. F. VON: Das Denken in der Medizin. Rede, gehalten zur Feier des Stiftungstages der militärischen Bildungsanstalt. Leipzig, 1877. Wiederabgedr. in: Vorträge und Reden. 2 Bde. Braunschweig, 1903
JASPERS, K.: Die geistige Situation der Zeit (1931). 5. Neudr. der 5. Aufl. von 1932. (Sammlung Göschen) Berlin, 1960
JUNG, C. G.: Seelenprobleme der Gegenwart. Vorträge und Aufsätze. (Psychologische Abhandlungen, Bd. 3.) 5. Aufl. Zürich, 1950
KLOSE, FR.: Gesundheitspolitische Probleme unserer Zeit. (Deutsche Zentrale für Volksgesundheitspflege, Kongreßberichte 1956) Frankfurt/Main, 1957
KOLLATH, W.: Zivilisationsbedingte Krankheiten und Todesursachen. Ein medizinisches und politisches Problem. 2. Aufl. Ulm, 1962
KOLLER, G.: Johannes Müller. Stuttgart, 1958
LUSTIG, B.: Sowjetische Psychiatrie. (Berichte des Osteuropa-Instituts an der Freien Universität Berlin, H. 17; Medizinische Folge 5) Berlin, 1954
MANN, TH.: Freud und die Zukunft. Vortrag 1936. In: S. Freud: Abriß der Psychoanalyse – Das Unbehagen in der Kultur. (Fischer-Bücherei) Frankfurt/Main, 1958

MEYER-STEINEG, TH., und K. SUDHOFF: Geschichte der Medizin im Überblick mit Abbildungen. Jena, 1921. 5. Aufl. Hrsg. R. Herrlinger und F. Kudlien. Stuttgart, 1964 (Klassisches, materialreiches Werk)
SCHNABEL, F.: Deutsche Geschichte im 19. Jahrhundert. Bd. 3: Erfahrungswissenschaften und Technik. 3. Aufl. Freiburg i. Br., 1954. Taschenbuchausg.: [Tl. 1:] Die Erfahrungswissenschaften. (Herder-Bücherei) Freiburg i. Br., 1965
SCHWANN, T.: Mikroskopische Untersuchungen über die Übereinstimmung in der Struktur und dem Wachstum der Tiere und Pflanzen (1839). Neuaus. Hrsg. von H. Hünseler. Leipzig, 1910
SHRYOCK, R. H.: The development of modern medicine. Neuaufl. New York, 1947. Deutsch: Die Entwicklung der modernen Medizin. Übers. H. Hönig und P. Fohr. 2. Aufl. Stuttgart, 1947
UEXKÜLL, TH. VON: Grundfragen der psychosomatischen Medizin. (Rowohlts Deutsche Enzyklopädie) Hamburg, 1963
VIRCHOW, R.: Die Cellularpathologie in ihrer Begründung auf physiologische und pathologische Gewebelehre. (Vorlesungen über Pathologie, Bd. 1.) 4. Aufl. Berlin, 1871

Biologie und Anthropologie

ARBER, A.: The mind and the eye. Cambridge, 1954
BARTHELMESS, A.: Vererbungswissenschaft. (Orbis academicus) Freiburg, 1952
BROOM, R., J. T. ROBINSON und G. W. H. SCHEPERS: Sterkfontain Ape – Man Plesianthropus. (Transvaal Museum, memoirs, 4) Pretoria, 1950 (Seit dieser Vortrag geschrieben worden ist, hat ein seit Jahrzehnten bekanntes Fossil, Oreopithecus bambolii, aus der Toscana, großes Aufsehen erregt: In der neuen Deutung durch J. Hürzeler erscheint dieses Wesen als ein Prähominide, womit die Evolution der Hominidenlinie bis ins Miozän bezeugt wird)
BUYTENDIJK, F. J. J.: Mensch und Tier. Ein Beitrag zur vergleichenden Psychologie. (Rowohlts Deutsche Enzyklopädie) Hamburg, 1958
DARWIN, CH.: The autobiography. The first complete version. Hrsg. N. Barlow. 3. Aufl. London, 1958. Deutsch: Autobiographie. Leipzig, 1958
DRIESCH, H.: Philosophie des Organischen. 4. Aufl. Leipzig, 1928
EISELEY, L.: Darwin's century. Evolution and the men who discovered it. New York, 1958
FREY-WYSSLING, A.: Elektronen-Mikroskopie. Vierteljahrsschrift der Naturforschenden Gesellschaft in Zürich 95, 1951, Beih. 4
FRISCH, K. VON: Aus dem Leben der Bienen. 7. Aufl. (Verständliche Wissenschaft) Berlin, 1963
GEHLEN, A.: Der Mensch. Seine Natur und seine Stellung in der Welt. 7. Aufl. Frankfurt/Main, 1962
GEHLEN, A.: Urmensch und Spätkultur. Philosophische Ergebnisse und Aussagen. 2. Aufl. Frankfurt/Main, 1964
GOLDSTEIN, K.: Der Aufbau des Organismus. Einführung in die Biologie unter besonderer Berücksichtigung der Erfahrungen am kranken Menschen. den Haag, 1934
GRASSÉ, P.-P.: Traité de zoologie. Anatomie, systematique, biologie. 17 Bde. Paris, 1951 bis 1955
HARTMANN, N.: Philosophie der Natur. Abriß der speziellen Kategorienlehre. Berlin, 1950
HEBERER, G., Hrsg.: Die Evolution der Organismen. Ergebnisse und Probleme der Abstammungslehre. 2 Bde. 2. Aufl. Stuttgart, 1959
HENDERSON, L. J.: The fitness of the environment. An inquiry into the biological significance of the properties of matter. New York, 1913. Deutsch: Die Umwelt des Lebens. Eine physikalisch-chemische Untersuchung über die Eignung der Anorganischen für die Bedürfnisse des Organischen. Übers. R. Bernstein. Wiesbaden, 1914
DE HOMINE. Der Mensch im Spiegel seines Gedankens. Hrsg. M. Landmann, G. Diem, P. L. Lehmann u. a. (Orbis academicus) Freiburg i. Br., 1962
HOOYKAAS, R.: Natural law and divine miracle. Leiden, 1959
HUXLEY, J. S.: Evolution, the modern synthesis. London, 1942
HUXLEY, J. S.: New bottles for new wine. Essays. London, 1957 (Über Evolutionsprobleme)
KUHN, W.: Die Gestalt großer Moleküle als Beispiel für das Wesen spezieller und allgemeiner Forschung. (Baseler Universitätsreden, H. 36) Basel, 1955
LE GROS CLARC, W. E.: The importance of the Fossil Australopithecinae in the study of human evolution. Science Progress (London) 35, 1947
MERLEAU-PONTY, M.: La structure du comportement. Paris, 1949
METZGER, W.: Gesetze des Sehens. Hrsg. von der Senckenbergischen Naturforschenden Gesellschaft zu Frankfurt am Main. (Senckenberg-Buch, 33) Frankfurt/Main, 1953
OPARIN, A. I.: Die Entstehung des Lebens auf der Erde. Übers. D. Bernhardt. 3. Aufl. [Ost-]Berlin, 1957
PIVETEAU, J.: Traité de paléontologie. Bisher 7 Bde. Paris, 1952 ff.
PLESSNER, H.: Die Stufen des Organischen und der Mensch. Einleitung in die philosophische Anthropologie. 2. Aufl. Berlin, 1964
PORTMANN, A.: Biologische Fragmente zu einer Lehre vom Menschen. 2. Aufl. Basel, 1951. Taschenbuchausg., unter dem Titel: Zoologie und das Bild des Menschen. (Rowohlts Deutsche Enzyklopädie) Hamburg, 1959
PORTMANN, A.: Biologie und Geist. 2. Aufl. Zürich, 1956. Taschenbuchausg.: (Herder-Bücherei) Freiburg i. Br., 1963
PORTMANN, A.: Neue Wege der Biologie. 3. Aufl. (Sammlung Piper) München, 1965

PORTMANN, A.: Das Tier als soziales Wesen. 2. Aufl. Zürich, 1962. Taschenbuchausg.: (Herder-Bücherei) Freiburg i. Br., 1964
RENSCH, B.: Neuere Probleme der Abstammungslehre. Die transspezifische Evolution. 2. Aufl. Stuttgart, 1954
RUYER, R.: La genèse des formes vivantes. Paris, 1958
SCHELER, M.: Die Stellung des Menschen im Kosmos. Darmstadt, 1930. 6. Aufl. München, 1962
SCHILLER, C. H., Hrsg.: Instinctive behavior. The development of a modern concept. (Mit Beiträgen von D. J. Kuenen, K. Lorenz, N. Tinbergen, P. H. Schiller und J. von Uexküll). London, 1959
SCHWIDETZKY, I.: Das Menschenbild der Biologie. Ergebnisse und Probleme der naturwissenschaftlichen Anthropologie. Stuttgart, 1959
SPEMANN, H.: Experimentelle Beiträge zu einer Theorie der Entwicklung. Berlin, 1936
STAUDINGER, H.: Makromolekulare Chemie und Biologie. Basel, 1947
STRAUS, E.: Vom Sinn der Sinne. Ein Beitrag zur Grundlegung der Psychologie. 2. Aufl. Berlin, 1956
SZILASI, W.: Wissenschaft als Philosophie. Zürich, 1945
TAX, S., und C. CALLENDER, Hrsg.: Evolution after Darwin. 3 Bde. 2. Aufl. Chicago, Ill., 1961
TINBERGEN, N.: The study of instinct. Oxford, 1951. Deutsch: Instinktlehre. Vergleichende Erforschung angeborenen Verhaltens. 3. Aufl. Berlin, 1964
UEXKÜLL, J. VON: Umwelt und Innenwelt der Tiere. 2. Aufl. Berlin, 1921
UEXKÜLL, J. VON, und G. KRISZAT: Streifzüge durch die Umwelten von Tieren und Menschen. Ein Bilderbuch unsichtbarer Welten. (Rowohlts Deutsche Enzyklopädie) Hamburg, 1956
WADDINGTON, C. H.: Principles of embryology. London, 1956
WEIZSÄCKER, C. FR. VON: Die Geschichte der Natur. Zwölf Vorlesungen. Zürich, 1948. 5. Aufl. (Kleine Vandenhoeck-Reihe) Göttingen, 1962. Neuausg.: Geschichte der Natur. Stuttgart, 1964
WYSS, W. VON: Charles Darwin. Ein Forscherleben. Zürich, 1958
ZIMMERMANN, W.: Evolution. Die Geschichte ihrer Probleme und Erkenntnisse. 2. Aufl. (Orbis academicus) Freiburg i. Br., 1954

Soziologie

ADORNO, TH. W., E. FRENKEL-BRUNSWIK, D. J. LEVINSON und R. N. SANFORD: The authoritarian personality. New York, 1950 (Psychoanalyse des Faschismus)
ARON, R.: Paix et guerre entre les nations. Paris, 1962. Deutsch: Frieden und Krieg. Eine Theorie der Staatenwelt. Übers. S. von Massenbach. Frankfurt/Main, 1963
BARNES, H. E.: Historical sociology. Its origins and development. New York, 1948. Deutsch: Soziologie der Geschichte. Theorien zur Entwicklungsgeschichte der menschlichen Gesellschaft. Übers. D. Straub. Stuttgart, 1951
BERELSON, B. R., P. F. LAZARSFELD und W. N. MCPHEE: Voting. A study of opinion formation in a presidential campaign. Chicago, Ill., 1954
COMTE, A.: Soziologie. Übers. V. Dorn. Einl. H. Waentig. 3 Bde. 2. Aufl. (Sammlung sozialwissenschaftlicher Meister, 8-10) Jena, 1923 (Übersetzung der letzten drei Bände des »Cours de philosophie positive« von A. Comte)
COOLEY, CH. H.: Social organization. Human nature and the social order. Glencoe, Ill., 1956
DURKHEIM, E.: Les règles de la méthode sociologique. 11. Aufl. Paris, 1950. Deutsch: Die Regeln der soziologischen Methode. Übers. und Hrsg. R. König. (Soziologische Texte) Neuwied, 1961 (Darstellung der Soziologie als eigenständige, von allen Sozialwissenschaft anwendbare Methode der Analyse sozialer Tatbestände, die als kollektives Bewußtsein verstanden werden)
FREYER, H.: Theorie des gegenwärtigen Zeitalters. Neuaufl. Stuttgart, 1963 (Kultur- und sozialhistorische Strukturanalyse der modernen Welt der allbeherrschenden rationalen »sekundären Systeme«)
GEIGER, TH.: Demokratie ohne Dogma. Die Gesellschaft zwischen Pathos und Nüchternheit. München, 1963
GURVITCH, G.: La vocation actuelle de la sociologie. 2 Bde. 2. Aufl. Paris, 1957-1963
HOMANS, G. C.: The human group. 3. Aufl. London, 1959. Deutsch: Theorie der sozialen Gruppe. Übers. R. Gruner. Köln, 1960
KÖNIG, R., Hrsg.: Handbuch der Empirischen Sozialforschung. Zus. mit H. Maus. Bd. 1. Stuttgart, 1962 (Mehr noch nicht erschienen)
LIPSET, S. M., M. A. TROW und J. S. COLEMAN: Union democracy. The internal politics of the International Typographical Union. Glencoe, Ill., 1956
LYND, R. S. und H. M.: Middletown. A study in American culture. New York, 1929
LYND, R. S. und H. M.: Middletown in transition. A study in culture conflicts. New York, 1937
MANNHEIM, K.: Ideologie und Utopie. (Schriften zur Philosophie und Soziologie 3) Bonn, 1929. Englisch: Ideology and Utopia. An introduction to the sociology of knowledge. Übers. L. Wirth und E. Shils. New York, 1936. 5. Aufl. 1951. Deutsch, Neuausg.: Ideologie und Utopie. Übers. H. Maus. 3. Aufl. Frankfurt/Main, 1952 (Versuch der theoretischen Begründung einer Soziologie des Wissens)
MAYO, E.: The social problem of an industrial civilization. Boston, Mass., 1945. Deutsch: Probleme industrieller Arbeitsbedingungen. Übers. R. Proske. Frankfurt/Main, 1950

MERTON, R. K.: Social theory and social structure. 2. Aufl., Neudr. Glencoe, Ill., 1961
MICHELS, R.: Zur Soziologie des Parteiwesens in der modernen Demokratie. Untersuchungen über die oligarchischen Tendenzen des Gruppenlebens. Hrsg. W. Conze. Neuaufl. (Kröners Taschenausgaben) Stuttgart, 1964
MORENO, J. L.: Who shall survive? Foundations of sociometry, group psychotherapy and sociodrama. Neuausg. Beacon, N. Y., 1953. Deutsch: Die Grundlagen der Soziometrie. Wege zur Neuordnung der Gesellschaft. Übers. G. Leutz. Bearb. K. G. Specht. Köln, 1954
MÜHLMANN, W. E.: Chiliasmus und Nativismus. Studien zur Psychologie, Soziologie und historischen Kasuistik der Umsturzbewegungen. Berlin, 1961
OGBURN, W. F.: Social change. New York, 1922 (Theorie des sozialen Wandels, insbesondere der »Nichtangepaßtheit« der immateriellen Kultur an die schneller voranschreitende materielle Kultur)
OPPENHEIMER, F.: System der Soziologie. 4 Bde. Jena, 1923-1935 (Eines der letzten großen im Grunde historisch angelegten »Systeme« der Soziologie)
PARETO, V.: Trattato di sociologia generale. 2. Aufl. 3 Bde. Florenz, 1923. Deutsch, Ausw.: Vilfredo Paretos System der allgemeinen Soziologie. Übers. G. Eisermann. Stuttgart, 1962 (Aufweis der Irrationalität sozialen Handelns, stark von Naturwissenschaften und Mathematik beeinflußt, von großer wissenschaftlicher und politischer Wirkung)
PARSONS, T.: The structure of social action. Glencoe, Ill., 1937 (Entwurf einer allgemeinen Theorie des sozialen Handelns unter besonderem Einfluß Max Webers)
PARSONS, T.: The social system. Glencoe, Ill., 1951. Deutsch: Beiträge zur soziologischen Theorie. Hrsg. D. Rüschemeyer. Übers. B. Mitchel. (Soziologische Texte) Neuwied, 1964 (Versuch einer umfassenden Theorie der sozialen Systeme)
POPITZ, H., H. P. BAHRDT, E. A. JÜRES und H. KESTING: Das Gesellschaftsbild des Arbeiters. Soziologische Untersuchungen in der Hüttenindustrie. Tübingen, 1957
RIESMAN, D., R. DENNEY und N. GLAZER: The lonely crowd. A study in the changing American character. 6. Aufl. New Haven, Conn., 1955. Deutsch: Die einsame Masse. Eine Untersuchung der Wandlungen des amerikanischen Charakters. Übers. R. Rausch. Einf. in die deutsche Ausg. von H. Schelsky. Neuwied, 1956. Taschenbuchausg.: (Rowohlts Deutsche Enzyklopädie) Hamburg, 1960
ROSS, E. A.: Principles of sociology. New York, 1920. Deutsch: Das Buch der Gesellschaft. Grundlagen der Soziologie und Sozialreform. Übers. R. Hilferding, Vorw. L. von Wiese. (Bibliothek der Soziologie und Politik 2) Karlsruhe, 1926
RÜSTOW, A.: Ortsbestimmung der Gegenwart. Eine universalgeschichtliche Kulturkritik. Bd. 1: Ursprung der Herrschaft. 4. Aufl. Bd. 2: Weg der Freiheit. 2. Aufl. Bd. 3: Herrschaft oder Freiheit? 3 Bde. Erlenbach, 1957-1964 (Kultursoziologische Analyse als »universalgeschichtliche Kulturkritik«)
SCHELER, M.: Gesammelte Werke. Bd. 8: Die Wissensformen und die Gesellschaft. 2. Aufl. Bern, 1960
SCHELSKY, H.: Wandlungen der deutschen Familie in der Gegenwart. Darstellung und Deutung einer empirisch-soziologischen Tatbestandsaufnahme. 4. Aufl. Stuttgart, 1960
SCHUMPETER, J. A.: Capitalism, socialism and democracy. New York, 1942. 3. Aufl. 1950. Deutsch: Kapitalismus, Sozialismus und Demokratie. 2. Aufl. (Mensch und Gesellschaft) München, 1950
SIMMEL, G.: Soziologie. 3. Aufl. München, 1923 (Begründung der formalen Soziologie)
SOMBART, W.: Der moderne Kapitalismus. 3 Bde. 7. Aufl. München, 1928 (Sozial- und wirtschaftshistorische Analyse des Kapitalismus)
SOREL, G.: Les illusions du progrès. 2. Aufl. Paris, 1911
SOROKIN, P. A.: Society, culture and personality. New York, 1947
SPENCER, H.: The principles of sociology. 3 Bde. London, 1876-1896. Deutsch: Die Prinzipien der Soziologie. 4 Bde. Stuttgart, 1885
STOUFFER, S. A., u. a.: The American soldier. Bd. 1: Adjustment during army life. Bd. 2: Combat and its aftermath. 2 Bde. Princeton, N. J., 1949
THOMAS, W. J., und F. ZNANIECKI: The Polish peasant in Europe and America. 2 Bde. 3. Aufl. New York, 1958
THURNWALD, R.: Die menschliche Gesellschaft in ihren ethno-soziologischen Grundlagen. 5 Bde. Berlin, 1931-1935
TÖNNIES, F.: Gemeinschaft und Gesellschaft. 8. Aufl. Leipzig, 1935
TROELTSCH, E.: Die Soziallehren der christlichen Kirchen und Gruppen. (Gesammelte Schriften, Bd. 1.) Neudr. Aalen, 1961
TROELTSCH, E.: Der Historismus und seine Probleme. Buch 1: Das logische Problem der Geschichtsphilosophie. (Gesammelte Schriften, Bd. 3.) Neudr. Aalen, 1961
VEBLEN, TH.: The theory of the leisure class. An economic study of institutions. London, 1899. Neudr. New York, 1953. Deutsch: Theorie der feinen Leute. Eine ökonomische Untersuchung der Institutionen. Übers. S. Heintz and P. von Haselberg. Köln, 1958
VIERKANDT, A.: Gesellschaftslehre. 2. Aufl. Stuttgart, 1928 (Entwicklung einer Theorie der sozialen Grundverhältnisse)
VIERKANDT, A., Hrsg.: Handwörterbuch der Soziologie. Zus. mit G. Briefs, F. Eulenburg, F. Oppenheimer u. a. Neudr. Stuttgart, 1959 (Repräsentativer Querschnitt durch die deutsche Soziologie der Weimarer Zeit)
WARNER, W. LL.: Yankee city series. Bd. 1: The social life of a modern community. Bd. 2: The status system of a modern community. Bd. 3: The social system of American ethnic groups. Bd. 4: The social system of the modern factory. Bd. 5: The living and the dead. A study of the symbolic life of the Americans. 5 Bde. New Haven, Conn., 1941-1959

WEBER, A.: Kulturgeschichte als Kultursoziologie. Neuaufl. München, 1951. Neue Ausg.: (Piper Paperback) München, 1963 (Theorie und Anwendung kultursoziologischer Geschichtsanalyse)
WEBER, M.: Gesammelte Aufsätze zur Religionssoziologie (1920/21). 3 Bde. 3.–5. Aufl. Tübingen, 1963
WEBER, M.: Wirtschaft und Gesellschaft. Grundriß der verstehenden Soziologie. Mit einem Anh.: Die rationalen und soziologischen Grundlagen der Musik. 2 Bde. 4. Aufl. Neu hrsg. von J. Winckelmann. Tübingen, 1956. Neue Ausg.: Vollst. Studienausg. 2 Bde. Köln, 1964 (In methodischer und systematischer Hinsicht ein Standardwerk)
WHYTE, W. F.: Street corner society. The social structure of an Italian slum. Chicago, Ill., 1960
WIESE, L. VON: System der allgemeinen Soziologie als Lehre von den sozialen Prozessen und den sozialen Gebilden der Menschen (Beziehungslehre). 3. Aufl. Berlin, 1955 (Grundlegende Darstellung der von Leopold von Wiese entwickelten analytischen Beziehungslehre)

DIE WELT VON HEUTE

Chinesische Revolution

ABEGG, L.: Chinas Erneuerung. Der Raum als Waffe. Frankfurt/Main, 1940 (Bericht über die ersten beiden Jahre des chinesisch-japanischen Krieges 1937–1939)

BLAND, J. O. P., und E. BACKHOUSE: China under the Empress Dowager, being the history of the life and times of Tzu Hsi. Compiled from the state papers and the private diary of the comptroller of her household. London, 1910. Revid. Neuaufl. Peking, 1939. Deutsch: China unter der Kaiserin-Witwe. 2. Aufl. Berlin, 1913 (Behandelt besonders eingehend die Boxer-Erhebung von 1900)

BODDE, D.: Peking diary. A year of revolution. New York, 1950. Deutsch: Peking-Tagebuch. Ein Jahr Revolution in China. Übers. M. Müller. Wiesbaden, 1952 (Die Ereignisse vor und unmittelbar nach der Besetzung Pekings durch die chinesischen Kommunisten von 1948/49)

BRANDT, C.: Stalin's failure in China, 1924 to 1927. (Russian Research Center Studies) Cambridge, Mass., 1958 (Die Rolle der Komintern bei der Revolution in China)

BRANDT, C., B. SCHWARTZ und J. K. FAIRBANK, Hrsg.: A documentary history of Chinese Communism. Cambridge, Mass., 1952. Deutsch: Der Kommunismus in China. Eine Dokumentargeschichte. München, 1955

CHANG, CHUNG-LI: The Chinese gentry. Studies on their role in nineteenth-century Chinese society. Seattle, Wash., 1955 (Grundlegende Analyse)

CH'ÊN, J.: Mao and the Chinese Revolution. With 37 poems by Mao Tse-tung, transl. by M. Bullock and J. Ch'ên. Oxford, 1965

CHESNEAUX, J.: Le mouvement ouvrier chinois de 1919 à 1927. (Le Monde d'outre-mer passé et présent, 1, 17) Paris, 1962

CHIANG KAI-SHEK: China's destiny, and Chinese economic theory. Hrsg. Ph. Jaffe. New York, 1947 (Übersetzung zweier wichtiger programmatischer Schriften aus dem Jahr 1943)

CHIANG KAI-SHEK: Soviet Russia in China. A summing-up at seventy. New York, 1957. Deutsch: Sowjetrußland in China. Übers. Credo. Bonn, 1959 (Sehr subjektive Kampf- und Propagandaschrift, doch aufschlußreich für Chiang Kai-sheks Denken und Handeln)

CH'IEN TUAN-SHENG: Government and politics of China. Cambridge, Mass., 1950 (Die politischen Verhältnisse in der Chinesischen Republik)

CHINA NEWS ANALYSIS. Weekly Newsletter. Hongkong, 1953 ff. (Wöchentlich erscheinende kritische Auswertung der Presse des kommunistischen China)

THE CHINA QUARTERLY. London, 1960 ff. (Behandelt auf wissenschaftlich-kritischer Grundlage Probleme des heutigen China)

CHOW TSE-TSUNG: Research guide to the May Fourth Movement. Intellectual revolution in modern China 1915–1924. (Harvard East Asian Series, 13) Cambridge, Mass., 1963

CHU, V.: Ta Ta, Tan Tan (Fight Fight, Talk Talk). The inside story of Communist China. New York, 1963. Deutsch: Ta Ta Tan Tan – Die Wirklichkeit Rotchinas. Düsseldorf, 1965

CH'Ü TUNG-TSU: Local government in China under the Ch'ing. Cambridge, Mass., 1962 (Die örtlichen Kreisverwaltungen im kaiserlichen China, die weitgehend auch noch in republikanischer Zeit bestehen blieben)

CLUBB, O. E.: Twentieth century China. New York, 1964

COHEN, A. A.: The Communism of Mao Tse-tung. Chicago, Ill., 1964

COMPTON, B.: Mao's China. Party reform documents, 1942–1944. Übers. B. Compton. (Washington University Publications on Asia) Seattle, Wash., 1952

FAIRBANK, J. K.: The United States and China. Neuaufl. Cambridge, Mass., 1959

FAN WÖN-LAN: Neue Geschichte Chinas. Bd. 1 (1840–1901). Übers. L. A. Behrsing. Darmstadt, 1960 (Darstellung aus chinesisch-kommunistischer Sicht)

FEIS, H.: The China tangle. The American effort in China from Pearl Harbor to the Marshall Mission. Princeton, N. J., 1953

FRANKE, O.: Ostasiatische Neubildungen. Beiträge zum Verständnis der politischen und kulturellen Entwicklungsvorgänge im Fernen Osten. Hamburg, 1911 (Sammlung von Auf-

sätzen zur Zeitgeschichte aus den Jahren 1898–1909)
FRANKE, W.: Chinas kulturelle Revolution. Die Bewegung vom 4. Mai 1919. (Janus-Bücher) München, 1957
FRANKE, W.: Das Jahrhundert der chinesischen Revolution, 1851–1949. München, 1958
FRANKE, W.: The reform and abolition of the traditional Chinese examination system. Cambridge, Mass., 1960
FRANKE, W.: Die Rolle der Tradition im heutigen China. Moderne Welt (Köln) 3, 1961/62
FRANKE, W.: China und das Abendland. (Kleine Vandenhoeck-Reihe) Göttingen, 1962 (Chinas Beziehungen zum Westen in ihrer historischen Entwicklung)
GROSSMANN, B.: Die wirtschaftliche Entwicklung der Volksrepublik China. Methoden und Probleme kommunistischer Entwicklungspolitik. (Ökonomische Studien 6) Stuttgart, 1960
HSIAO, KUNG-CH'ÜAN: Rural China. Imperial control in the nineteenth century. Seattle, Wash., 1960 (Eingehende, reich dokumentierte Analyse der Verhältnisse, die sich zur republikanischen Zeit nicht wesentlich änderten und die Voraussetzung für die kommunistische Erhebung waren)
HSÜ, CHUNG-YÜH: China's entrance into the family of nations: The diplomatic phase, 1858–1880. Cambridge, Mass., 1960 (Grundlegende Studien zu Chinas Verhältnis zum Abendland)
HSÜEH CHÜN-TU: Huang Hsing and the Chinese revolution. (Stanford Studies in history, economics and political science, 20) Stanford, Calif., 1961 (Behandelt einen engen Mitarbeiter Sun Yat-sens)
HU SHIH: The Chinese renaissance. (Chicago University, Haskell Lectures in comparative religion, 1933) Chicago, Ill., 1934 (Einige Aspekte der Bewegung vom 4. Mai 1919)
ISAACS, H. R.: The tragedy of the Chinese revolution. Rev. Aufl. Stanford, Calif., 1951 (Darstellung der revolutionären Ereignisse 1925 bis 1927 mit Analyse der verschiedenen Richtungen im chinesischen revolutionären Lager wie in Moskau; der Autor steht der Trotzkischen Richtung nahe)
JANSEN, M. B.: The Japanese and Sun Yat-sen. Cambridge, Mass., 1954
JOHNSON, CH. A.: Peasant nationalism and Communist power. The emergence of revolutionary China. 1937–1945. Stanford, Calif., 1962
K'ANG YU-WEI: Ta T'ung Shu. The one-world philosophy of K'ang Yu Wei. Übers. L. G. Thompson. London, 1957
LANGER, W. L.: The diplomacy of imperialism, 1890–1902. 2. Aufl. New York, 1951
LAST, J.: Lu Hsün – Dichter und Idol. Ein Beitrag zur Geistesgeschichte des neuen China. (Schriften des Instituts für Asienkunde in Hamburg, 5) Frankfurt/Main, 1959 (Die Bedeutung des revolutionären Dichters sowie seine Beurteilung von kommunistischer Seite)
LI CHIEN-NUNG: The political history of China 1840–1928. Hrsg. und Übers. Ssu-yü Teng und J. Ingalls. Princeton, N. J., 1956 (1948 erschienenes chinesisches Werk, dessen Verfasser parteipolitisch nicht gebunden war)
LIU, F. F.: Military history of modern China, 1924–1949. Princeton, N. J., 1956 (Behandelt insbesondere den Aufstieg Chiang Kai-sheks und der Whampoa-Offiziersclique)
MAO TSE-TUNG: Collected works. 4 Bde. New York, 1954–1956. Deutsch: Ausgewählte Schriften. 4 Bde. [Ost-] Berlin, 1956. Deutsche Ausw.: Ausgewählte Schriften. Hrsg. T. Grimm zus. mit Chr. Herzer und B. Wiethoff. (Fischer Paperback) Frankfurt/Main, 1964 (Die englische Ausgabe geht auf die Originalschriften zurück; die Ostberliner Ausgabe ist eine Nachübersetzung aus dem Russischen und daher nicht unbedingt zuverlässig)
MAYBON, A.: La république chinoise. Vorw. St. Pichon. Paris, 1914 (Zeitgenössische Darstellung der Revolution von 1911)
MENDE, T.: China and her shadow. London, 1961. Deutsch: China, Weltmacht von Morgen. 2. Aufl. Düsseldorf, 1962. Taschenbuchausg.: (Goldmanns Gelbe Taschenbücher) München, o. J. (Einer der wenigen um eine sachliche und unvoreingenommene Darstellung bemühten Berichte über die Volksrepublik)
MORSE, H. B.: The international relations of the Chinese empire (1834–1911). 3 Bde. Shanghai, 1910–1918
PAYNE, R.: Mao Tse-tung. Ruler of Red China. 2. Aufl. London, 1950. Deutsch: Mao Tse-Tung. Eine Biographie. Übers. F. Meister-Weidner. Hamburg, 1951. Neuausg.: (Die Bücher der Neunzehn) Hamburg, 1965 (Berücksichtigt besonders die intellektuelle Entwicklung; eine Darstellung aus recht positiver Sicht)
SCHWARTZ, B.: Chinese Communism and the rise of Mao. 2. Aufl. (The Russian Research Center Studies, 4) Cambridge, Mass., 1952 (Die kommunistische Bewegung in China von 1920 bis 1932 und der Aufstieg Mao Tsetungs, mit besonderer Berücksichtigung der ideologischen Entwicklung)
SNOW, E.: Red star over China. Einl. J. K. Fairbank. Neuausfl. New York, 1961 (Erster ausführlicher Bericht eines westlichen Journalisten, der 1936/37 die kommunistische Basis in Yenan besuchte)
STEIGER, G. N.: China and the occident. The origin and development of the Boxer movement. (Amasa Stone Mather memorial publication fund) New Haven, Conn., 1927
SUN YAT-SEN: Aufzeichnungen eines Revolutionärs. Hrsg. und eingel. durch eine Darstellung der Entwicklung Sun Yat Sens und des Sun-Yat-Senismus von K. A. Wittfogel. Wien-Berlin, 1927 (Trotz stark marxistischer Tendenz die beste Lebensbeschreibung Sun Yat-sens in deutscher Sprache)
SUN YAT-SEN: San min chu I. The three principles of the people. Übers. F. W. Price. Hrsg. L. T. Chen. Schanghai-New York, 1929 (Die »Drei Grundlehren vom Volk«)
TAI TSCHI TAO: Die geistigen Grundlagen des Sun Yat Senismus. Mit 1 Systemtabelle der Philosophie des Volkslebens. Übers. H. C. Tsian. Berlin, 1931

TENG, SSU-YÜ: Historiography of the Taiping Rebellion. Cambridge, Mass., 1962 (Quellen und Ergebnisse neuerer Forschungen zur Geschichte der Taiping-Revolution, Neubearb. der 1950 erschienenen Schrift »New light on the history of the Taiping Rebellion«)
TENG, SSU-YÜ, und J. K. FAIRBANK: China's response to the West. A documentary survey, 1839–1923. Cambridge, Mass., 1954 (Übersetzung chinesischer Texte mit einleitenden Kommentaren)
WHITE, TH. H., und A. JACOBY: Thunder out of China. New York, 1946. Deutsch: Donner aus China. Stuttgart, 1949 (Bericht zweier amerikanischer Journalisten über die Vorgänge und Zustände in der chinesischen Kriegshauptstadt Chungking, 1939–1944)
WRIGHT. M. C.: The last stand of Chinese conservatism. The T'ung-Chih restoration, 1862 to 1874. (Stanford Studies in history, economics and political science, 13) Stanford, Calif., 1957

Neue Staaten in Asien und Afrika

ALMOND, G. A., und J. S. COLEMAN, Hrsg.: The politics of the developing areas. Princeton, N.J., 1960
ANTONIUS, G.: The Arab awakening. The story of the Arab national movement. London, 1961
ASCHINGER, FR.: Indien, Pakistan, Irak. Entwicklungsprobleme. Zürich, 1956
BECHTOLDT, H.: Indien oder China. Die Alternative in Asien. 2. Aufl. Stuttgart, 1961
BEHRENDT, R. F.: Die wirtschaftliche und soziale Revolution in den unentwickelten Ländern. 2. Aufl. Bern, 1959
BOVERI, M.: Indisches Kaleidoskop. (Kleine Vandenhoeck-Reihe) Göttingen, 1961
BRIMMEL, J. H.: Communism in South East Asia. A political analysis. London, 1959
BRZEZINSKI, Z. K.: The Soviet bloc. Unity and conflict. Cambridge, Mass., 1960. Deutsch: Der Sowjetblock. Einheit und Konflikt. Köln, 1962
BUSS, C. A.: The Far East. A history of recent and contemporary international relations in East Asia. New York, 1955
CAMERON, J.: Die afrikanische Revolution. (DuMont-Dokumente) Köln, 1961
CHILDERS, E. B.: The road to Suez. A study of Western-Arab relations. London, 1962
CORNEVIN, R.: Histoire des peuples de l'Afrique noire. (Mondes d'outre mer, série Histoire) Paris, 1960
EDWARDES, M.: Asia in the European age, 1498–1955. London, 1962
EMERSON, R.: From empire to nation. The rise to self-assertion of Asian and African peoples. Cambridge, Mass., 1960
FIFIELD, R. H.: The diplomacy of Southeast Asia: 1954–1958. New York, 1958
FRANKEL, S. H.: The economic impact on underdeveloped societies. Essays on international investment and social change. Cambridge, Mass., 1953
GANDHI, M. K.: The story of my experiments with truth. 2 Bde. Ahmedabad, 1927–1929. Neuausg.: An autobiography or The story of my experiments with truth. Übers. [aus dem Gujarati] M. Desai. Ahmedabad, 1948. Deutsch: Autobiographie. Die Geschichte meiner Experimente mit der Wahrheit. Nach der englischen Übers. aus dem Gujarati von M. Desai. Übers. Fr. Kraus. Freiburg i. Br., 1960
HODGKIN, T.: Nationalism in colonial Africa. London, 1956

BRITISH INTERESTS in the Mediterranean and Middle East. A report. Hrsg. The Royal Institute of International Affairs. London, 1958
JONES, F. C.: Japan's new order in East Asia. Its rise and fall, 1937–1945. London, 1954
LAMBERT, J.: Amérique latine. Structures sociales et institutions politiques. (Collection Thémis, série Sciences politiques) Paris, 1963
LAQUEUR, W. Z.: Communism and nationalism in the Middle East. 2. Aufl. London, 1957
LATOURETTE, K. S.: A short history of the Far East. 4. Aufl. New York, 1964. Deutsch: Geschichte der Fernen Ostens in den letzten hundert Jahren. Hrsg. Institut für Asienkunde in Hamburg. Frankfurt/Main, 1959
LÖWENTHAL, R. F.: Chruschtschow und der Weltkommunismus. (Politische Paperbacks) Stuttgart, 1963
NEHRU, J. P.: Independence and after. A collection of speeches 1946–1949. New York, 1950
NEHRU, J. P.: An autobiography. With musings on recent events in India. Neuaufl. London, 1958. Deutsch: Indiens Weg zur Freiheit. (Zeugnisse unserer Zeit) Hamburg, 1950
PADMORE, G.: Pan-Africanism or Communism? The coming struggle for Africa. London, 1956
PANIKKAR, K. M.: Asia and Western dominance. New York, 1954. Deutsch: Asien und die Herrschaft des Westens. Übers. R. Frank. Zürich, 1955
PANIKKAR, K. M.: Survey of Indian history. 2. Aufl. London und Bombay, 1954. Deutsch: Geschichte Indiens. Düsseldorf, 1957
PANIKKAR, K. M.: The Afro-Asian states and their problems. London, 1959
PANIKKAR, K. M.: Revolution in Africa. London, 1961
POPLAI, S. L., Hrsg: Asia and Africa in the modern world. Basic information concerning independent countries. Bombay, 1955
RIENCOURT, A. DE: Die Seele Chinas. Konstanten der chinesischen Geschichte. Übers. A. R. L. Gurland. (Fischer Paperbacks) Frankfurt/Main, 1962
ROMEIN, J.: Das Jahrhundert Asiens. Geschichte des modernen asiatischen Nationalismus. Zus. mit J. E. Romein. Bern, 1958
SARKISYANZ, E.: Südostasien seit 1945. (Veröffentlichung des Forschungsinstituts der Deutschen Gesellschaft für auswärtige Politik) München, 1961

SARKISYANZ, E.: Asien in der Weltlage der Gegenwart. (Schriftenreihe der deutschen UNESCO-Kommission) Düsseldorf, 1962
SCHWARTZ, B.: Chinese Communism and the rise of Mao. 2. Aufl. (The Russian Research Center Studies, 4) Cambridge, Mass., 1952
SPIRO, H. J.: Politics in Africa. Prospects south of the Sahara. Englewood Cliffs, N.J., 1962
STRACHEY, J.: The end of empire. London, 1959
THAYER, P. W., Hrsg.: Nationalism and progress in free Asia. Baltimore, 1956
THAYER, P. W., Hrsg.: Tensions in the Middle East. Einf. Ch. Malik. Baltimore, 1958
WALDSCHMIDT, E., L. ALSDORF und B. SPULER: Geschichte Asiens. (Weltgeschichte in Einzeldarstellungen) München, 1950
WEIGT, E.: Beiträge zur Entwicklungspolitik in Afrika. Zur aktuellen Problematik der Entwicklungsländer. Wirtschaftliche und soziale Probleme der neuen Staaten Ostafrikas. (Die industrielle Entwicklung, Abt. C, 3) Köln, 1964
ZINKIN, M.: Asien und der Westen. Köln, 1953

Rußland und Osteuropa

AHLBERG, R.: Weltrevolution durch Koexistenz. Hrsg. Otto-Suhr-Institut an der Freien Universität Berlin u. Landeszentrale für politische Bildungsarbeit Berlin. (Zur Politik und Zeitgeschichte 10) Berlin, 1962
BIRKE, E., und R. NEUMANN, Hrsg.: Die Sowjetisierung Ost-Mitteleuropas. Untersuchungen zu ihrem Ablauf in den einzelnen Ländern. Zus. mit E. Lemberg. Frankfurt/Main, 1959
BOETTCHER, E.: Die sowjetische Wirtschaftspolitik am Scheidewege. (Veröffentlichungen der Akademie für Gemeinwirtschaft, Hamburg) Tübingen, 1959
BROUÉ, P.: Le parti bolchevique. Histoire du P. C. de l'U.R.S.S. (Arguments) Paris, 1963
BRUMBERG, A., Hrsg.: Russia under Khrushchev. An anthology from problems of Communism. London, 1962 (Aufsatzsammlung)
BUSEK, V., und N. SPULBER, Hrsg.: Czechoslovakia. Veröffentlicht im Auftrag des Mid-European Studies Center of the Free Europe Committee. New York, 1957
DALLIN, D. J.: Soviet foreign policy after Stalin. London, 1962. Deutsch: Sowjetische Außenpolitik nach Stalins Tod. Köln, 1961
DELLIN, L. A. D., Hrsg.: Bulgaria. Veröffentlicht im Auftrag des Mid-European Studies Center of the Free Europe Committee. New York, 1957
DINERSTEIN, H. S.: Der Krieg und die Sowjetunion. Die Atomwaffen und der Wandel im militärischen und politischen Denken der Sowjets. Köln, 1960
DJILAS, M.: Die neue Klasse. Eine Analyse des kommunistischen Systems. München, 1958. Taschenbuchausg.: (Kindler Taschenbücher) München, 1963
EMBREE, G. D.: The Soviet Union between the 19th and 20th party congresses, 1952–1956. den Haag, 1959
FAINSOD, M.: How Russia is ruled. (Russian Research Center Studies, 11) Cambridge, Mass., 1953
FISCHER-GALATI, ST., Hrsg.: Rumania. Veröffentlicht im Auftrag des Mid-European Studies Center of the Free Europe Committee. New York, 1957
HALECKI, O., Hrsg.: Poland. Veröffentlicht im Auftrag des Mid-European Studies Center of the Free Europe Committee. New York, 1957
HELMREICH, E. C., Hrsg.: Hungary. Veröffentlicht im Auftrag des Mid-European Studies Center of the Free Europe Committee. New-York, 1957
HOFFMAN, G. W., und F. W. NEAL: Yugoslavia and the new Communism. New York, 1962
INKELES, A., und K. GEIGER, Hrsg.: Soviet society. A book of readings. Boston, Mass., 1961
KORAB, A.: Die Entwicklung der kommunistischen Parteien in Ost-Mitteleuropa. Tl. 1: Polen – Ungarn – Tschechoslowakei. Hamburg, 1962
LAPENNA, I.: State and law: Soviet and Yugoslav theory. (London School of Economics and Political Science, Papers in Soviet and East European law, economics, and politics, 1) London, 1964
LAQUEUR, W. Z.: Communism and nationalism in the Middle East. 2. Aufl. London, 1957
LAQUEUR, W. Z., und G. LICHTHEIM, Hrsg.: The Soviet cultural scene. 1956–1957. (Atlantic Books) New York, 1958 (Darstellung des »Tauwetters« in der Sowjetunion)
LEONHARD, W.: Kreml ohne Stalin. 2. Aufl. Köln, 1959
MACKINTOSH, J. M.: Strategy and tactics of Soviet foreign policy. London, 1962. Deutsch: Strategie und Taktik der sowjetischen Außenpolitik. (Politische Paperbacks) Stuttgart, 1963
MEHNERT, K.: Der Sowjetmensch. Versuch eines Porträts nach 13 Reisen in die Sowjetunion 1929–1959. 9. Aufl. Stuttgart, 1962
MEHNERT, K.: Peking und Moskau. Neuaufl. Stuttgart, 1963. Taschenbuchausg.: (dtv-Taschenbücher) München, 1964
MEISSNER, B.: Rußland im Umbruch. Der Wandel in der Herrschaftsordnung und sozialen Struktur der Sowjetunion. (Dokumente und Berichte des Europa-Archivs, 9) Frankfurt/Main, 1951
MEISSNER, B.: Die Kommunistische Partei der Sowjetunion vor und nach dem Tode Stalins. Parteiführung – Parteiorganisation – Parteiideologie. (Dokumente und Berichte des Europa-Archivs, 12) Frankfurt/Main, 1954
MEISSNER, B.: Das Ostpakt-System. Dokumentensammlung. Frankfurt/Main, 1955
MEISSNER, B.: Sowjetrußland zwischen Revolution und Restauration. Köln, 1956

MEISSNER, B.: Das Ende des Stalin-Mythos. Die Ergebnisse des 20. Parteikongresses der KPdSU. Parteiführung – Parteiorganisation – Parteiideologie. (Dokumente und Berichte des Europa-Archivs, 13) Frankfurt/Main, 1956
MEISSNER, B.: Rußland unter Chruschtschow. (Forschungsinstitut der Deutschen Gesellschaft für auswärtige Politik, Dokumente und Berichte, 15) München, 1960
MEISSNER, B.: Das Parteiprogramm der KPdSU 1903–1961. (Dokumente zum Studium des Kommunismus, 1) Köln, 1962
MEISSNER, B., Hrsg.: Der Warschauer Pakt. Dokumentensammlung. (Dokumente zum Ostrecht, 1) Köln, 1962
RIPKA, H.: Eastern Europe in the post-war world. Einl. H. Seton-Watson. London, 1961
RUBAN, M.-E.: Die Entwicklung des Lebensstandards in der Sowjetunion unter dem Einfluß der sowjetischen Wirtschaftspolitik und Wirtschaftsplanung. (Wirtschaftswissenschaftliche Veröffentlichungen des Osteuropa-Instituts an der Freien Universität Berlin, 23) Berlin, 1965
SETON-WATSON, H.: The East European revolution. 3. Aufl. (Praeger University Series) New York, 1961. Deutsch: Die osteuropäische Revolution. Übers. J. Hahn. München, 1956
SETON-WATSON, H.: From Lenin to Krushchev. The history of world Communism. New York, 1960
SKENDI, S., Hrsg.: Albania. Veröffentlicht im Auftrag des Mid-European Studies Center of the Free Europe Committee. New York, 1957
THALHEIM, K. CH.: Grundzüge des sowjetischen Wirtschaftssystems. (Abhandlungen des Bundesinstituts zur Erforschung des Marxismus-Leninismus, 1) Köln, 1962
TITO, J. B.: Tito contra Stalin. Der Streit der Diktatoren in ihrem Briefwechsel. Hamburg, 1949
USCHAKOW, A.: Der Rat für gegenseitige Wirtschaftshilfe (COMECON). (Dokumente zum Ostrecht, 2) Köln, 1962 (Darstellung und Wiedergabe der wichtigsten Dokumente)
YUGOSLAVIA. Einf. von R. F. Byrnes. Veröffentlicht im Auftrag des Mid-European Studies Center of the Free Europe Committee. New York, 1957
ZINNER, P. E.: Revolution in Hungary. New York, 1962

Die Atlantische Welt

Quellen

ACHESON, D. G.: Strengthening the forces of freedom. Selected speeches and statements. February 1949 – April 1950. The Department of State. Washington, 1950
BRENTANO, H. VON: Deutschland, Europa und die Welt. Reden zur deutschen Außenpolitik. Hrsg. F. Böhm. Bonn, 1962
CHURCHILL, SIR W. L. S.: War speeches. Hrsg. Ch. Eade. 3 Bde. London, 1951–1952. Deutsch: Reden. 7 Bde. Zürich, 1946–1950
CHURCHILL, SIR W. L. S.: Post-war speeches. 3 Bde. London, 1948–1961
DULLES, J. F.: War or peace. New York, 1957
EDEN, SIR R. A.: Memoirs. 2 Bde. London, 1960 bis 1962. Deutsch: Memoiren. 1945–1957. Übers. W. und M. Pferdekamp. Köln, 1960
EISENHOWER, D. D.: Crusade in Europe. Garden City, N. Y., 1948. Deutsch: Kreuzzug in Europa. Übers.W. Preusser. Amsterdam, 1948
EISENHOWER, D. D.: Report of General Dwight D. Eisenhower, Supreme Allied Commander, Europe, to Members of the Congress. The Department of State Bulletin, 12. Febr. 1951
EISENHOWER, D. D.: Mandate for change, 1953 to 1956. London, 1963. Deutsch: Die Jahre imWeißen Haus. 1953–1956. Düsseldorf, 1964
FORRESTAL, J.: The Forrestal diaries. The inner history of the cold war. Hrsg. W. Millis. London, 1952
GAULLE, CH. DE: Discours de guerre. [Tl. 1.] (juin 1940 – déc. 1942). (Collection Le cri de la France, n. s. 1) 1944. [Tl. 2.] (janv. 1943 – mai 1944). [Tl. 3.] (mai 1944 – sept. 1945). (Collection Le cri de la France, n. s. 2/3) Freiburg i. Ü.-Paris, 1945

HERTER, CHR. A.: Toward an Atlantic Community. Veröffentlicht im Auftrag des Council on Foreign Relations. New York, 1963
HOPKINS, H. L.: The White House papers of Harry L. Hopkins. An intimate history. Hrsg. R. E. Sherwood. 2 Bde. London, 1948 bis 1949
ISMAY, LORD H. L.: Nato. The first five years 1949–1954. 2. Aufl. Utrecht, 1956
PASSERON, A.: De Gaulle parle. Vorw. J.-R. Tournoux. Paris 1962
SCHUMAN, R.: Pour l'Europe. (Écrits politiques) Paris, 1963. Deutsch: Für Europa. Vorw. K. Adenauer. München, 1963
TRUMAN, H. S.: Memoirs. 2 Bde. Garden City, N.Y., 1955–1956. Deutsch: Memoiren. Übers. E. Thorsch. 2 Bde. Stuttgart, 1955–1956
VANDENBERG, A. H.: The private papers of Senator Vandenberg. Hrsg. A. H. Vandenberg, jr. Boston, Mass., 1952
WEYMAR, P.: Konrad Adenauer. Die autorisierte Biographie. 3. Aufl. München, 1957

Darstellungen

THE ATLANTIC COMMUNITY. An introductory bibliography. Hrsg. von der Conference on Atlantic Community. 2 Bde. Brügge-Leiden, 1961 (Sehr ausführliche Bibliographie mit Inhaltsangaben und kritischen Anmerkungen)
THE ATLANTIC COMMUNITY: progress and prospects. Hrsg. F. O. Wilcox und H. F. Haviland. New York, 1963
BARRACLOUGH, G.: History in a changing world. London, 1955. Deutsch: Geschichte in einer sich wandelnden Welt. Vom Verf. durchges. Übers. von M. Bauer. Göttingen, 1957

BARRACLOUGH, G.: European unity in thought and action. London, 1963. Deutsch: Die Einheit Europas als Gedanke und Tat. (Kleine Vandenhoeck-Reihe) Göttingen, 1964
BERENDSEN, F.: Deutschland in der atlantischen Gemeinschaft. Außenpolitik 8, 1956
BIRRENBACH, K.: Die Zukunft der atlantischen Gemeinschaft. Europäisch-Amerikanische Partnerschaft. Freiburg i. Br., 1962
BORRIES, K.: Deutschland im Kreis der europäischen Mächte. Eine historisch-politische Analyse. Stuttgart, 1963
CATLIN, G.: The Atlantic community. London, 1959
DEUTSCH, K. W., und L. J. EDINGER: Germany rejoins the powers. Mass opinion, interest groups, and elites in contemporary German foreign policy. Stanford, Calif., 1959
GODECHOT, J., und R. R. PALMER: Le problème de l'Atlantique du XVIIIe au XXe siècles. In: X Congresso internazionale di scienze storiche, Relazioni, Bd. 5. Florenz, 1955
GOTTMANN, J.: La politique des états et leur géographie. (Collection Sciences politiques) Paris, 1952
GROSSER, A.: La démocratie de Bonn, 1947–1957. (Collection Sciences politiques) Paris, 1958. Deutsch: Die Bonner Demokratie. Deutschland von draußen gesehen. Düsseldorf, 1960
GROSSER, A.: La quatrième république et sa politique extérieure. Paris, 1961
GROSSER, A.: La politique extérieure de la Ve république. Paris, 1965

HAYES, C.: The American frontier – frontier of what? American Historical Review 1957
LAYTON, SIR W.: The British Commonwealth and world order. (Sydney Ball Lecture, 1944) London, 1944
LIPPMANN, W.: United States foreign policy: Shield of the republic. Boston, Mass., 1943. Deutsch: Die Außenpolitik der Vereinigten Staaten. Zürich, 1944
PIRENNE, J. und J. H.: La Belgique devant le nouvel équilibre mondial. Neuchâtel, 1947
SCHUSTER, R.: Deutschlands staatliche Existenz im Widerstreit politischer und rechtlicher Gesichtspunkte 1945–1963. (Forschungsinstitut der Deutschen Gesellschaft für auswärtige Politik, Dokumente und Berichte, 20) München, 1963
BRITISH SECURITY. A report by a Chatham House study group. London, 1956
STRAUSZ-HUPÉ, R., J. E. DOUGHERTY und W. R. KINTNER: Building the Atlantic world. New York, 1963
URI, P.: Partnership for progress. A program for Transatlantic action. New York, 1963. Deutsch: Dialog der Kontinente. Programm der atlantischen Partnerschaft. Köln, 1964
VALEURS DE BASE DE LA COMMUNAUTÉ ATLANTIQUE. La Conférence sur la Communauté atlantique. Von E. Bieri, H. Brugmans, M. Drachkovitch u. a. Leiden, 1961
WARTMANN, U.: Wege und Institutionen zur Integration Europas 1945–1961. (Internationale Schriftenreihe für soziale und politische Wissenschaften, Rh. Europäische Probleme, 1) Paris – Köln, 1961

Lateinamerika Heute

ADAMS, R. N., u. a.: Social change in Latin America today. Its implications for United States policy. Veröffentlicht im Auftrag des Council on Foreign Relations. New York, 1960
ALEXANDER, R. J.: Communism in Latin America. New Brunswick, N. J., 1957 (Trotz neuerer Einzeldarstellungen immer noch der beste Gesamtüberblick)
ALEXANDER, R. J.: Prophets of the revolution. Profiles of Latin American leaders. New York, 1962 (Biographische Essays über die bekanntesten Sozialreformer Lateinamerikas)
BALLESTEROS-GAIBROIS, M., und J. ULLOA SUÁREZ: Indigenismo americano. Madrid, 1961 (Die eingeborene Bevölkerung Lateinamerikas und ihre kulturellen und sozialen Probleme)
BANNON, J. F.: History of the Americas. 2 Bde. New York, 1952
BEMIS, S. F.: The Latin American policy of the United States. A historical interpretation. New York, 1943
BENTON, W.: The voice of Latin America. 3. Aufl. New York, 1961 (Die gegenwärtigen Probleme Lateinamerikas im Überblick)
BERNSTEIN, H.: Modern and contemporary Latin America. Philadelphia, 1952

CHRISTENSEN, A. N., Hrsg.: The evolution of Latin American government. A book of readings. New York, 1951 (Sammlung von Artikeln zur politischen Organisation und zu den Regierungsformen)
DOZER, D. M.: Are we good neighbours? Three decades of Inter-American relations 1930 to 1960. Gainesville, Flor., 1961
ELLIS, H. S., und H. C. WALLICH, Hrsg.: Economic development for Latin America. (Proceedings of a Conference held by the International Economic Association, 1957) London – New York, 1961
ENCYCLOPÉDIE DE L'AMERIQUE LATINE, politique, économique, culturelle. Paris, 1954 (Nützlich zur allgemeinen Orientierung)
FERNÁNDEZ-SHAW, F. G.: La organización de los estados americanos. Una nueva visión de América. Madrid, 1959 (Problem der OAS mit historischem Rückblick auf das Interamerikanische System seit seinen Anfängen)
FRIELINGSDORF, W.: Lateinamerika im Aufbruch. Bd. 1: Soziale und wirtschaftliche Leitbilder. Bd. 2: Gegebenheiten und Möglichkeiten. (Schriften des Hamburgischen Welt-Wirtschafts-Archivs 15, 17) Hamburg, 1962–1963

GANTENBEIN, J.W., Hrsg.: The evolution of our Latin American policy. A documentary record. New York, 1950
GARCIA CALDERÓN, F.: Les démocraties latines de l'Amérique. Paris, 1912. Deutsch: Die lateinischen Demokratien Amerikas. Übers. M. Pfau. Leipzig, 1913 (Fast schon »klassisch« gewordenes Werk, immer noch sehr lesenswert)
GOLDENBERG, B.: Lateinamerika und die kubanische Revolution. Köln, 1963
GORDON, W. C.: The economy of Latin America. New York, 1950
GROSSMANN, R.: Das geistige Ibero-Amerika von heute. Vortrag. (Veröffentlichungen des Ibero-Amerikanischen Vereins Hamburg-Bremen) Hamburg, 1950
HANSON, S. G.: Economic development in Latin America. An introduction to the economic problems of Latin America. Washington, 1951
HERNÁNDEZ SÁNCHEZ BARBA, M.: Historia universal de América. 2 Bde. Madrid, 1962–1963
HERRING, H. C.: A history of Latin America from the beginnings to the present. New York, 1955
HIRSCHMANN, A. O., Hrsg.: Latin American issues. Essays and comments. New York, 1961 (Elf Aufsätze verschiedener Autoren zu den Wirtschaftsproblemen)
HOUSTON, J. A.: Latin America in the United Nations. (United Nations Studies) New York, 1956
HUMPHREYS, R. A.: The evolution of modern Latin America. New York, 1946
IBERO-AMERIKA. Ein Handbuch. Hrsg. Ibero-Amerikanischer Verein Hamburg-Bremen. 5. Aufl. Hamburg, 1964
IRELAND, G.: Boundaries, possessions, and conflicts in South America. Cambridge, Mass., 1938
IRELAND, G.: Boundaries, possessions, and conflicts in Central and Northern America and the Caribbean. Cambridge, Mass., 1941
JOHNSON, J. J.: Political change in Latin America. The emergence of the middle sectors. Stanford, Calif., 1958
JORRIN, M.: Governments of Latin America. (Van Nostrand Political Science Series) New York, 1953
JORRIN, M.: Lateinamerika. In: Die Internationale Politik. Jahrbücher des Forschungsinstituts der Deutschen Gesellschaft für auswärtige Politik. Hrsg. A. Bergstraesser und W. Cornides. Bd. 1. München, 1958 (Behandelt die Zeit von 1945–1955)
KONETZKE, R.: Mittelamerika und Südamerika. In: Weltgeschichte der Gegenwart. Bd. 1: Die Staaten. München, 1962 (Behandelt vor allem die Zeit vom Ende des ersten Weltkrieges bis zur Gegenwart)
MACDONALD, A. F.: Latin American politics and government. 2. Aufl. New York, 1954
MARTIN, P. A.: Latin America and the war. Baltimore, 1925
MATTHEWS, H. L., Hrsg.: The United States and Latin America. 2. Aufl. Englewood Cliffs, N. J., 1963 (Darstellungen der wirtschaftlichen, sozialen und politischen Fragen)

MEYER-LINDENBERG, H.: Die Außenpolitik der Staaten Lateinamerikas in den Jahren 1956 und 1957. In: Die Internationale Politik. Jahrbücher des Forschungsinstituts der Deutschen Gesellschaft für auswärtige Politik. Hrsg. A. Bergstraesser und W. Cornides. Bd. 2. München, 1961
MOORE, W. E.: Industrialization and labor. Social aspects of economic development. (Studies of the Institute of World Affairs) Ithaca, N. Y., 1951
MORALES PADRÓN, F.: Historia general de América. (Manual de historia universal, Bde. 5–6) Madrid, 1962 (Bd. 5 behandelt die Kolonialzeit, Bd. 6 die Unabhängigkeit und die moderne Geschichte)
MUNRO, D. G.: Intervention and dollar diplomacy in the Caribbean 1900–1921. Princeton, N. J., 1964
PALMER, TH. W.: Search for a Latin American policy. Gainesville, Flor., 1957 (Die Politik der USA unter besonderer Berücksichtigung von Guatemala, Bolivien, Argentinien und Brasilien; verdeutlicht die Probleme der Beziehungen zwischen den USA und Lateinamerika)
PIERSON, W. W., und F. G. GIL: Governments of Latin America. (McGraw-Hill Series in Political Science) New York, 1957 (Die politischinstitutionellen Probleme, dazu Kapitel über Land, Bevölkerung und Wirtschaft; gut ausgewählte Bibliographien)
PIKE, F. B., Hrsg.: Freedom and reform in Latin America. Notre Dame, Ind., 1959 (Fragen der Erziehung, Ursachen der Revolutionen, Landreformen und kulturelle Heterogenität in Lateinamerika)
DIE INTERNATIONALE POLITIK. Jahrbücher des Forschungsinstituts der Deutschen Gesellschaft für auswärtige Politik. Eine Einführung in das Geschehen der Gegenwart. Hrsg. A. Bergstraesser und W. Cornides. 2 Bde. München, 1958–1961
QUELLE, O.: Geschichte von Iberoamerika. In: Die Große Weltgeschichte, Bd. 15: Geschichte Amerikas außer Kanada. Leipzig, 1942 (Immer noch beste deutsche Darstellung)
RIPPY, J. F.: Latin America and the industrial age. 2. Aufl. New York, 1947
RIPPY, J. F.: Globe and hemisphere. Latin America's place in the postwar foreign relations of the United States. Chicago, Ill., 1958
SAMHABER, E.: Südamerika. Gesicht – Geist – Geschichte. Hamburg, 1939 (Populärwissenschaftliche Darstellung der südamerikanischen Geschichte seit der Entdeckung, weitergeführt durch den folgenden Band)
SAMHABER, E.: Spanisch-Südamerika. Berlin, 1941
SAMHABER, E.: Südamerika von Heute. Stuttgart, 1954
SCHOEN, W. FREIHERR VON: Geschichte Mittel- und Südamerikas. Neuaufl. (Weltgeschichte in Einzeldarstellungen) München, 1953
SENIOR, C. O.: Land reform and democracy. Gainesville, Flor., 1956
STARK, H.: Social and economic frontiers in Latin America. Dubuque, Iowa, 1961 (Breit angelegter Versuch, jedoch durch gedrängte Darstellung oft zu ungenau)

STOKES, W. S.: Latin American politics. New York, 1959 (Reiche bibliographische Angaben)
TANNENBAUM, F.: Ten keys to Latin America. 3. Aufl. New York, 1963. Deutsch: Lateinamerika. Kontinent zwischen Castro und Kennedy. Übers. E. Gaenschalz und A. Heiß. Stuttgart, 1963 (Behandelt besonders sozialgeschichtliche Fragen und das Verhältnis zu den USA)
THOMAS, A. B.: Latin America, a history. New York, 1956 (Ausführliche Bibliographie)
URQUIDI, V. L.: Lateinamerika heute. Der Vertrag von Montevideo über die Lateinamerikanische Freihandelsassoziation. Übers. W. Aippersbach. (Schriftenreihe zum Handbuch der Entwicklungshilfe, 7) Baden-Baden, 1962
WENDT, H.: Der schwarz-weiß-rote Kontinent. Lateinamerika, Reformer und Rebellen. Oldenburg, 1964 (Populärwissenschaftlicher Überblick)
WHITAKER, A. P.: The United States and South America. The northern republics. (The American Foreign Policy Library) Cambridge, Mass., 1948
WHITAKER, A. P.: The western hemisphere idea: its rise and decline. Ithaca, N. Y., 1954
WILHELMY, H.: Südamerika im Spiegel seiner Städte. (Hamburger romanistische Studien, Reihe B) Hamburg, 1952 (Vorwiegend geographisch)
WYTHE, G.: Industry in Latin America. 2. Aufl. New York, 1949 (Entwicklungsprobleme der lateinamerikanischen Industrie im 20. Jahrhundert)
YEPES, J. M.: Del Congreso de Panamá a la Conferencia de Caracas 1826–1954. 2 Bde. Caracas, 1955 (Die lateinamerikanischen Interessen am Panamerikanismus)

Bibliographien

KONETZKE, R.: Mittel- und Südamerika. In: G. Franz, Hrsg.: Bücherkunde zur Weltgeschichte vom Untergang des Römischen Weltreiches bis zur Gegenwart. Zus. mit L. Alsdorf, O. Benl, G. Dahms u. a. München, 1956 (Übersichtliche Zusammenstellung der wichtigsten Quellen, Darstellungen und Hilfsmittel sowie Hinweise auf Zeitschriften)
POHL, H.: Einige allgemeine bibliographische Hilfsmittel zur lateinamerikanischen Geschichte. In: Jahrbuch zur Geschichte von Staat, Wirtschaft und Gesellschaft Lateinamerikas, Bd. 1. Köln, 1964

Weltdiplomatie: Fronten und Pakte

ADAMS, R. N., u. a.: Social change in Latin America today. Its implications for United States policy. Veröffentlicht im Auftrag des Council on Foreign Relations. New York, 1960
ARON, R.: Paix et guerre entre les nations. Paris, 1962. Deutsch: Frieden und Krieg. Eine Theorie der Staatenwelt. Frankfurt/Main, 1963
BOETTCHER, E., Hrsg.: Ostblock, EWG und Entwicklungsländer. (Politische Paperbacks) Stuttgart, 1963
BRZEZINSKI, Z. K.: The Soviet bloc. Unity and conflict. Cambridge, Mass., 1960. Deutsch: Der Sowjetblock. Einheit und Konflikt. Köln, 1962
BUTWELL, R. A., und A. VANDENBOSCH: Southeast Asia among the world powers. Lexington, Ky., 1957
CH'ENG, T'IEN-FANG: A history of Sino-Russian relations. Washington, D. C., 1957
COBLENTZ, G., und R. DRUMMOND: Duell am Abgrund. John Foster Dulles und die amerikanische Außenpolitik 1953–1959. Köln, 1961
DALLIN, D. J.: Soviet foreign policy after Stalin. London, 1962. Deutsch: Sowjetische Außenpolitik nach Stalins Tod. Köln, 1963
DE GRAZIA, A., und TH. H. STEVENSON: World politics. A study in international relations. New York, 1962
DEUTSCHER, I.: The great contest. Russia and the West. London, 1960. Deutsch: Der große Wettkampf. Rußland und der Westen. Dordrecht, 1960
FISCHER, L.: Russia, America and the world. New York, 1961
HART, B. H. LIDDELL: Deterrent or defense. A fresh look at the West's military position. New York, 1960. Deutsch: Abschreckung und Abwehr. Gedanken zur Verteidigung des Westens. Wiesbaden, 1960
HARTMANN, F. H.: The relations of nations. 2. Aufl. New York, 1962
INGRAM, K.: History of the cold war. London, 1955
JESSUP, P. C., Hrsg.: Atoms for power. US policy in atomic energy development. New York, 1957
KARDELJ, E.: Vermeidbarkeit oder Unvermeidbarkeit des Krieges. Die jugoslawische und die chinesische These. (Rowohlts Deutsche Enzyklopädie) Hamburg, 1961
KENNAN, G. F.: American diplomacy 1900 to 1950 and the challenge of Soviet power. 5. Aufl. Chicago, Ill., 1953. Deutsch: Amerikas Außenpolitik 1900–1950 und ihre Stellung zur Sowjetmacht. Übers. E. Doblhofer. Zürich, 1952
KENNAN, G. F.: Russia, the atom, and the West. (The Reith Lectures) Princeton, N. J., 1957. Deutsch: Rußland, der Westen und die Atomwaffe. (Ullstein-Bücher) Frankfurt/Main, 1958
KISSINGER, H. A.: Nuclear weapons and foreign policy. Vorw. von G. Dean. (Publications of the Council on Foreign Relations) New York, 1957. Deutsch: Kernwaffen und auswärtige Politik. Einl. von F. von Senger und Etterlin. (Forschungsinstitut der Deutschen Gesellschaft für auswärtige Politik) München, 1959
KNORR, K.: NATO and American security. Princeton, N. J., 1959

KULSKI, W. W.: Peaceful co-existence. An analysis of Soviet foreign policy. Chicago, Ill., 1959
LAQUEUR, W. Z.: The Soviet Union and the Middle East. London, 1959
LINCOLN, B., u. a.: International stability and progress. New York, 1957
LONDON, K., Hrsg.: Unity and contradiction. Major aspects of Sino-Soviet relations. New York, 1962
MARLOW, J.: Arab nationalism and British imperialism. A study in power politics. London, 1961
MURRAY, TH. E.: Nuclear policy for war and peace. Cleveland, Ohio, 1960
NIEBUHR, R.: The structure of nations and empires. A study of the recurring patterns and problems of the political order in relation to the unique problems of the nuclear age. New York, 1962. Deutsch: Staaten und Großmächte. Probleme staatlicher Ordnung in Vergangenheit und Gegenwart. Übers. F. Meister-Weidner. Gütersloh, 1960
NORTHEDGE, F. S.: British foreign policy. The process of readjustment 1945–1961. (Minerva Series of students' handbooks) London, 1962
PADELFORD, N. J., und R. EMERSON, Hrsg.: Africa and world order. New York, 1963
PARAF, P.: Les démocraties populaires. Albanie, Bulgarie, Hongrie, Pologne, Roumanie, Tchécoslovaquie, Yougoslavie, République Démocratique Allemande. (Bibliothèque historique) Paris, 1962
PEARSON, L. B.: Diplomacy in the nuclear age. (The William L. Clayton Lectures on international economic affairs and foreign policy) Cambridge, Mass., 1959
ROBERTS, H. L.: Russia and America. Dangers and prospects. Vorw. J. J. Mc Cloy. Veröffentlicht im Auftrag des Council on Foreign Relations. New York, 1956
ROSE, S.: Politics in southern Asia. London, 1963
SCHATTEN, F.: Afrika – schwarz oder rot? Revolution eines Kontinents. München, 1961
SETON-WATSON, H.: Neither war nor peace. The struggle for power in the postwar world. (Praeger Paperbacks) New York, 1962. Deutsch: Weltgeschehen seit Hiroshima. Das Kräftespiel der großen Mächte. Graz, 1962
THOMPSON, K. W.: Political realism and the crisis of world politics. An American approach to foreign policy. Princeton, N. J., 1960
WEI, H.: China and Soviet Russia. Princeton, N. J., 1956

Die zweite industrielle Revolution

Zur Gesamtsituation

ANDERS, G.: Die Antiquiertheit des Menschen. Über die Seele im Zeitalter der zweiten industriellen Revolution. Sonderausg. München, 1961
BRANDT, L.: Die zweite industrielle Revolution. (List-Bücher) München, 1957 (Münchener Rede von 1956)
BRANDT, L.: Die zweite industrielle Revolution. – C. SCHMID: Mensch und Technik. Die sozialen und kulturellen Probleme im Zeitalter der zweiten industriellen Revolution. Berlin, 1956 (Die beiden Reden in einem Band zusammengefaßt)
DRUCKER, P. F.: America's next twenty years. New York, 1957. Deutsch: Die nächsten zwanzig Jahre. Ein Blick auf die Wirtschaftsentwicklung der westlichen Welt. Übers. W. Schwerdtfeger. Neuaufl. Düsseldorf, 1958
DRUCKER, P. F.: The landmarks of tomorrow. London, 1959. Deutsch: Das Fundament für morgen. Die neuen Wirklichkeiten in Wirtschaft, Wissenschaft und Politik. Übers. W. Schwerdtfeger. Neuaufl. Düsseldorf, 1963
FOURASTIÉ, J.: Le grand espoir du XXᵉ siècle. 4. Aufl. Paris, 1958. Deutsch: Die große Hoffnung des zwanzigsten Jahrhunderts. Übers. B. Lutz. Köln, 1954
FOURASTIÉ, J.: La grande métamorphose du XXᵉ siècle. Essais sur quelques problèmes de l'humanité d'aujourd'hui. 2. Aufl. Paris, 1962. Deutsch: Die große Metamorphose des 20. Jahrhunderts. Übers. A. und K. Recht. Düsseldorf, 1964
FREYER, H.: Theorie des gegenwärtigen Zeitalters. Neuaufl. Stuttgart, 1963
RÜHLE VON LILIENSTERN, H.: Die Industrie-Wirtschaft von morgen. Ein Blick hinter den Schleier der Zukunft. Düsseldorf, 1965
SALIN, E.: Die neue Etappe der industriellen Revolution. In: Zur Ökonomie und Technik der Atomzeit. Hrsg. H. W. Zimmermann. Tübingen, 1957
SIEGFRIED, A.: Aspects du XXᵉ siècle. Paris, 1955. Deutsch: Aspekte des zwanzigsten Jahrhunderts. Übers. W. Lenz. München, 1956

Zur militärischen Revolution

BRENNAN, D. G., Hrsg.: Arms control, disarmament, and national security. New York, 1961. Englische Ausg.: Arms control and disarmament. American views and studies. London, 1961. Deutsch: Strategie der Abrüstung. Achtundzwanzig Problemanalysen. Übers. H.-D. Lohnherr u. a. Deutsche erweiterte Ausg. hrsg. in Verb. mit dem Forschungsinstitut der Deutschen Gesellschaft für auswärtige Politik von U. Nerlich. Gütersloh, 1962
BRODIE, B.: Strategy in the missile age. Princeton, N. J., 1959
KISSINGER, H. A.: Nuclear weapons and foreign policy. Vorw. von G. Dean. (Publications of the Council on Foreign Relations) New York, 1957. Deutsch: Kernwaffen und auswärtige Politik. Einl. von F. von Senger und Etterlin. (Forschungsinstitut der Deutschen Gesellschaft für auswärtige Politik) München, 1959

KISSINGER, H. A.: The necessity for choice. Prospects of American foreign policy. New York, 1961. Deutsch: Die Entscheidung drängt. Grundfragen westlicher Außenpolitik. Übers. M. Jordan. Düsseldorf, 1961
SCHMIDT, H.: Verteidigung oder Vergeltung. Ein deutscher Beitrag zum strategischen Problem der NATO. Stuttgart, 1961
STERNBERG, F.: Die militärische und die industrielle Revolution. Berlin, 1957
STRAUSS, L. L.: Men and decisions. New York, 1962. Deutsch: Kette der Entscheidungen. Amerikas Weg zur Atommacht. Übers. W. J. und Chr. Helbich. Düsseldorf, 1964
TURNER, G. B., und R. D. CHALLENDER, Hrsg.: National security in the nuclear age. Basic facts and theories. New York, 1960

Zur Kernenergienützung

ANGELOPAOULOS, A.: Atomenergie und die Welt von morgen. Göttingen, 1956
ARLEY, N., und H. SKOV: Atomenergiens udnyttelse. En introduktion til atomalderens tekniske, medicinske eg biologiske problemer. Oslo, 1957. 2. Aufl., unter dem Titel: Atomkraft. Oslo, 1959. Deutsch: Atomkraft. Eine Einführung in die Probleme des Atomzeitalters. (Verständliche Wissenschaft) Berlin, 1960
BRANDT, L.: Staat und friedliche Atomforschung. Köln, 1956 (Eine Rede)
ECONOMIC ASPECTS OF ATOMIC POWER. An exploratory study. Hrsg. S. H. Schurr und J. Marschak. New York, 1950
GERLACH, W.: Wesen und Bedeutung der Atomkraftwerke. München, 1955
WINNINGER, A.: Atomspaltung und Energieversorgung der Zukunft. Zürich, 1954

Zur Automation

ASPEKTE DER AUTOMATION. Die Frankfurter Tagung der List-Gesellschaft. Gutachten und Protokolle. Hrsg. H. W. Zimmermann. (Veröffentlichungen der List-Gesellschaft, C, 16) Basel und Tübingen, 1960
BITTORF, W.: Automation. Die zweite industrielle Revolution. 2. Aufl. (Lebendige Wirtschaft, Veröffentlichungen der Deutschen Volkswirtschaftlichen Gesellschaft, 17) Opladen, 1959
BUCKINGHAM, W.: Automation. Its impact on business and people. New York, 1961. Deutsch: Automation und Gesellschaft. (Fischer Paperbacks) Frankfurt/Main, 1963
DIEBOLD, J.: Automation. The advent of the automatic factory. Princeton, N. J., 1952. Deutsch: Die automatische Fabrik. Ihre industriellen und sozialen Probleme. Übers. K. K. Doberer. 3. Aufl. Frankfurt/Main, 1956
DOBERER, K. K.: Sinn und Zukunft der Automation. (Res novae) Frankfurt/Main, 1962
GERTEIS, M.: Automation. Ihr Wesen und ihre Bewältigung. Chancen und Folgen für Mensch und Wirtschaft. Stuttgart, 1964
GÜNTHER, G.: Das Bewußtsein der Maschinen. Eine Metaphysik der Kybernetik. 2. Aufl. Baden-Baden, 1965
POLLOCK, FR.: Automation. Materialien zur Beurteilung der ökonomischen und sozialen Folgen. Neuausg. (Res novae) Frankfurt/Main, 1964
ROEPER, H.: Die Automatisierung. Neue Aspekte in Deutschland, Amerika und Sowjetrußland. Stuttgart, 1958
SCHACHTSCHABEL, H. G.: Automation in Wirtschaft und Gesellschaft. (Rowohlts Deutsche Enzyklopädie) Hamburg, 1961
STEINBUCH, K.: Automat und Mensch. Kybernetische Tatsachen und Hypothesen. 2. Aufl. Berlin, 1963
WIENER, N.: The human use of human beings. Cybernetics and society. Boston, Mass., 1950. Deutsch: Mensch und Menschmaschine. Kybernetik und Gesellschaft. 2. Aufl. Frankfurt/Main, 1964. Taschenbuchausg.: (Ullstein-Bücher) Frankfurt/Main, 1958
WIENER, N.: Cybernetics, or control and communication in the animal and the machine. New York, 1961. Deutsch: Kybernetik. Regelung und Nachrichtenübertragung im Lebewesen und in der Maschine. 2. Aufl. Düsseldorf, 1963
WIENER, N.: God and Golem. A comment on certain points where cybernetics impinges on religion. Cambridge, Mass., 1964. Deutsch: Gott und Golem Inc. Düsseldorf, 1965

Zu den Freizeitproblemen

BLÜCHER, V. GRAF: Freizeit in der industriellen Gesellschaft. Dargestellt an der jüngeren Generation. Stuttgart, 1956
FRIEDMANN, G.: Zukunft der Arbeit. Perspektiven der industriellen Gesellschaft. Übers. B. Lutz. Köln, 1953
HABERMAS, J.: Soziologische Notizen zum Verhältnis von Arbeit und Freizeit. In: Festschrift E. Rothacker. Bonn, 1958
RIESMAN, D., R. DENNEY und N. GLAZER: The lonely crowd. A study in the changing American character. 6. Aufl. New Haven, Conn., 1955. Deutsch: Die einsame Masse. Eine Untersuchung der Wandlungen des amerikanischen Charakters. Übers. R. Rausch. Einf. in die deutsche Ausg. von H. Schelsky. Neuwied, 1956. Taschenbuchausg.: (Rowohlts Deutsche Enzyklopädie) Hamburg, 1960
SCHELSKY, H.: Die sozialen Folgen der Automatisierung. Düsseldorf, 1957
WEBER, A.: Die Bewältigung der Freizeit. In: Revolution der Roboter. Untersuchungen über Probleme der Automatisierung. Eine Vortragsreihe der Arbeitsgemeinschaft sozialdemokratischer Akademiker. München, 1956

Zur wirtschaftlichen Problematik der Entwicklungsländer

BEHRENDT, R. F.: Problem und Verantwortung des Abendlandes in einer revolutionären Welt. (Recht und Staat in Geschichte und Gegenwart 191/192) Tübingen, 1956
BILLERBECK, K.: Reform der Entwicklungshilfe. Auf der Basis bisheriger Erfahrungen. (Schriften des Hamburgischen Welt-Wirtschafts-Archivs) Hamburg, 1961

BILLERBECK, K.: Die Konsequenzen der Industrialisierung der Entwicklungsländer für die Industrieländer. Köln, 1964
FEIS, H.: Foreign aid and foreign policy. New York, 1964
DIE WIRTSCHAFTLICH und gesellschaftlich unterentwickelten Länder und wir. Stellungnahmen aus Wissenschaft und Praxis. Vorträge und Diskussionen eines Kolloquiums des Instituts für Soziologie und sozio-ökonomische Entwicklungsfragen an der Universität Bern. Hrsg. R. F. Behrendt. (Berner Beiträge zur Soziologie, 7) Bern, 1961
LEWIS, W. A.: The theory of economic growth. 2. Aufl. London, 1956. Deutsch: Die Theorie des wirtschaftlichen Wachstums. Übers. im Auftrag der List-Gesellschaft von H. v. Beckerath. (Hand- und Lehrbücher aus dem Gebiet der Sozialwissenschaften) Tübingen und Zürich, 1956
MEIMBERG, R., und H. JÜRGENSEN: Probleme der Finanzierung von Investitionen in Entwicklungsländern. Hrsg. R. Stucken. (Schriften des Vereins für Socialpolitik, N. F., 16) Berlin, 1959
MYRDAL, G.: An international economy. Problems and prospects. London, 1956. Deutsch: Internationale Wirtschaft. Probleme und Aussichten. Übers. B. Lehbert und D. Anderson. Berlin, 1958
MYRDAL, G.: Economic theory and underdeveloped regions. London, 1957. Nachdr. 1959. Deutsch: Ökonomische Theorie und unterentwickelte Regionen. Übers. B. Lehbert. Stuttgart, 1959
PERROUX, F.: La coexistence pacifique. 3 Bde. Paris, 1958. Deutsch: Feindliche Koexistenz? Übers. W. Tritsch. Stuttgart, 1961
SALIN, E.: Unterentwickelte Länder: Begriff und Wirklichkeit. Kyklos 12, 1959
SPINDLER, J. VON: Das wirtschaftliche Wachstum der Entwicklungsländer. Eine Einführung. Stuttgart, 1963

Internationale Gewerkschaftsbewegung

Deutschland

BRAUER, T.: Die Gewerkschaft als Organ der Volkswirtschaft. 2. Aufl. Berlin, 1922
BRAUN, A.: Die Gewerkschaften vor dem Kriege. 2. Aufl. Berlin, 1921
BRENTANO, L.: Arbeiter-Gilden der Gegenwart. 2 Bde. Leipzig, 1871–1872
BRENTANO, L.: Das Arbeitsverhältnis gemäß dem heutigen Recht. Leipzig, 1877
BRENTANO, L.: Art. »Gewerkschaftswesen«. In: Handwörterbuch der Staatswissenschaften. 3. Aufl. Bd. 4. Jena, 1910
BRIEFS, G.: Art. »Theoretische Grundlegung der Gewerkschaft«. In: Handwörterbuch der Staatswissenschaften. 4. Aufl. Bd. 4. Jena, 1927
BRIEFS, G.: Art. »Die dynamische Theorie der Gewerkschaften«. In: Handwörterbuch der Sozialwissenschaften. Lfg. 50: Gewaltenteilung-Griechenland. Göttingen, 1964
CASSAU, TH.: Die Gewerkschaftsbewegung. Ihre Soziologie und ihre Kraft. 2. Aufl. (Soziale Organisation der Gegenwart, 8) Halberstadt, 1930
GEWERKSCHAFTEN im Aufbau der Gesellschaft. Hrsg. Bundesverlag. Köln-Deutz, 1963
LEDERER, E., und J. MARSCHAK: Die Klassen auf dem Arbeitsmarkt. In: Grundriß der Sozialökonomik, IX,2. Jena, 1927
NESTRIEPKE, S.: Die Gewerkschaftsbewegung. 3 Bde. 2./3. Aufl. Stuttgart, 1923–1925
PFISTER, B.: Besitzen die Gewerkschaften Monopolmacht? Jahrbücher für Nationalökonomie und Statistik, Mai 1958
REINDL, J.: Die deutsche Gewerkschaftsbewegung. Koalitionsrecht und Koalitionen der Arbeiter in Deutschland seit der Reichsgewerbeordnung (1869). Altenburg, 1922
STEINER, K.: Die Gewerkschaften in der heutigen Wirtschaftsordnung. Zürich, 1960
WEBER, AD.: Der Kampf zwischen Kapital und Arbeit. Gewerkschaften und Arbeitgeberverbände in Deutschland. 6. Aufl. Tübingen, 1954

England

ALLEN, V. L.: Power in trade unions. London, 1954
COLE, G. D. H.: Organised labor. London, 1924
COLE, G. D. H.: Introduction to trade unionism. London, 1953. New York, 1954
THE ECONOMIST (London), 8., 15., und 22. Febr. 1958 (Enthält drei Aufsätze über das britische Gewerkschaftswesen, die eine gute Zusammenfassung der Situation bieten)
GOLDSTEIN, J.: The government of British trade unions. London, 1952
HICKS, J. H.: The theory of wages. New York, 1948
ROBERTS, B. C.: Trade unions in a free society. London, 1959
WEBB, S., und B. WEBB: The history of trade unionism. London, o. J. (Klassisches Werk zum Thema)

Vereinigte Staaten

BRIEFS, G.: Unionism reappraised – from classical unionism to union establishment. Washington, D. C., 1960
CHAMBERLIN, E.: The economic analysis of labor union power. Washington, D. C., 1958
DUNLOP, J. T.: Wage determination under trade unions. New York, 1944
HOXIE, R. F.: Trade unionism in the United States. New York, 1920 (Bedeutsame Arbeit mit neuer methodischer Analyse)
PERLMAN, S.: History of the trade unionism in the United States. New York, 1922
PERLMAN, S.: A theory of the labor movement. New York, 1928. Neuaufl. 1949

Petro, S.: The labor policy of the free society. New York, 1957
Phelps, B.: Introduction into labor economics. New York, 1955
Ross, A. M.: Trade union wage policy. Berkeley, Calif., 1948
Wright, D. M., Hrsg.: The impact of the labor union. New York, 1951

Frankreich

Dolléans, E.: Histoire du mouvement ouvrier. Revid. Aufl. Paris, 1949
Garmy, R.: Histoire du mouvement syndical en France. 2 Bde. Paris, 1934
Jouhoux, L.: Le syndicalisme français. Paris, 1913
Lefranc, G.: Histoire du mouvement syndical français. Paris, 1937
Levasseur, E.: Histoire des classes ouvrières et de l'industrie en France 1789–1870. 2. Aufl. Paris, 1903–1904
Levasseur, E.: Questions ouvrières et industrielles en France sous la troisième république. Paris, 1907
Perroux, F.: Syndicalisme et capitalisme. Paris, 1938
Weill, G.: Histoire du mouvement social en France. 3. Aufl. Paris, 1924

Gesellschaft und Kultur

Arendt, H.: Vita activa oder vom tätigen Leben. Stuttgart, 1960 (Eine philosophische Theorie des Herstellens, des Handelns und der Arbeit, gipfelnd in einer Theorie der modernen Arbeitswelt)
Beckerath, H. von: Großindustrie und Gesellschaftsordnung. Industrielle und politische Dynamik. (Hand- und Lehrbücher aus dem Gebiet der Sozialwissenschaften) Tübingen und Zürich, 1954
Blöcker, G.: Die neuen Wirklichkeiten. Linien und Profile der modernen Literatur. 3. Aufl. Berlin, 1961
Brinkmann, C.: Wirtschafts- und Sozialgeschichte. 2. Aufl. (Grundriß der Sozialwissenschaft, 18) Göttingen, 1953
Burnham, J.: The managerial revolution. What is happening in the world. New York, 1941. Deutsch: Das Regime der Manager. Stuttgart, 1951
Dahrendorf, R.: Soziale Klassen und Klassenkonflikt in der industriellen Gesellschaft. Stuttgart, 1957
Drucker, P. F.: The new society. The anatomy of the industrial order. New York, 1950. Deutsch: Gesellschaft am Fließband. Eine Anatomie der industriellen Ordnung. Übers. W. Mende. Frankfurt/Main, 1952
Ellul, J.: La technique ou l'enjeu du siècle. (Collection Sciences politiques) Paris, 1954
Forsthoff, E.: Verfassungsprobleme des Sozialstaats. 2. Aufl. Münster, 1961
Fourastié, J.: Machinisme et bien-être. (L'Homme et la machine, 1) Paris, 1951
Freyer, H.: Theorie des gegenwärtigen Zeitalters. Neuaufl. Stuttgart, 1963
Freyer, H.: Das soziale Ganze und die Freiheit des Einzelnen unter den Bedingungen des industriellen Zeitalters. Göttingen, 1957
Friedmann, G.: Problèmes humains du machinisme industriel. Paris, 1946. Deutsch: Der Mensch in der mechanisierten Produktion. Übers. B. Lutz und K. Fuchs. Köln, 1952
Gehlen, A.: Sozialpsychologische Probleme in der industriellen Gesellschaft. (Schriftenreihe der Akademie Speyer 2) Tübingen, 1949. Neubearb., unter dem Titel: Die Seele im technischen Zeitalter. Sozialpsychologische Probleme in der industriellen Gesellschaft (Rowohlts Deutsche Enzyklopädie) Hamburg, 1957
Gehlen, A.: Zeit-Bilder. Zur Soziologie und Ästhetik der modernen Malerei. Frankfurt/Main, 1960
Geiger, Th.: Die Klassengesellschaft im Schmelztiegel. Köln, 1949
Jaspers, K.: Die geistige Situation der Zeit (1931). 5. Neudr. der 5. Aufl. von 1932. (Sammlung Göschen) Berlin, 1960
Leibholz, G.: Strukturprobleme der modernen Demokratie. Karlsruhe, 1958
Mills, C. W.: White collar. The American middle classes. New York, 1951. Deutsch: Menschen im Büro. Ein Beitrag zur Soziologie der Angestellten. Köln, 1955
Mills, C. W.: The power elite. New York, 1959. Deutsch: Die amerikanische Elite. Gesellschaft und Macht in den Vereinigten Staaten. Übers. H. Stern u. a. Hamburg, 1962
Ortega y Gasset, J.: La rebelión de las masas. Madrid, 1930. 33. Aufl. 1959. Jetzt in: Obras completas, Bd. 4. 2. Aufl. Madrid, 1951. Deutsch: Der Aufstand der Massen. Übers. H. Weyl. Erweiterte und aus dem Nachlaß ergänzte Neuausg. Stuttgart, 1963. Auch in: Gesammelte Werke, Bd. 3. Stuttgart, 1956. Taschenbuchausg.: (Rowohlts Deutsche Enzyklopädie) Hamburg, 1960
Packard, V.: The status seekers. New York, 1959. Deutsch: Die unsichtbaren Schranken. Theorie und Praxis des Aufstiegs in der »klassenlosen« Gesellschaft. Düsseldorf, 1961
Packard, V.: The hidden persuaders. New York, 1957. Deutsch: Die geheimen Verführer. Der Griff nach dem Unbewußten in Jedermann. Düsseldorf, 1964. Taschenbuchausg.: (Ullstein-Bücher) Frankfurt/Main, 1964
Riesman, D., R. Denney und N. Glazer: The lonely crowd. A study in the changing American character. 6. Aufl. New Haven, Conn., 1955. Deutsch: Die einsame Masse. Eine Untersuchung der Wandlungen des amerikanischen Charakters. Übers. R. Rausch. Einf. in die deutsche Ausg. von H. Schelsky. Neuwied, 1956. Taschenbuchausg.: (Rowohlts Deutsche Enzyklopädie) Hamburg, 1960

RÖPKE, W.: Die Gesellschaftskrisis der Gegenwart. 5. Aufl. Zürich, 1948
SCHELSKY, H.: Die skeptische Generation. Eine Soziologie der deutschen Jugend. 4. Aufl. Düsseldorf, 1960. Sonderausg.: (DMS – Das moderne Sachbuch) Düsseldorf, 1963
SCHUMPETER, J. A.: Capitalism, socialism, and democracy. New York, 1942. Deutsch: Kapitalismus, Sozialismus und Demokratie. 2. Aufl. (Mensch und Gesellschaft) München, 1950
SEDLMAYR, H.: Verlust der Mitte. Die bildende Kunst des 19. und 20. Jahrhunderts als Symptom und Symbol der Zeit. 7. Aufl. Salzburg, 1955. Taschenbuchausg.: 8. Aufl. (Ullstein-Bücher) Frankfurt/Main, 1963
SEDLMAYR, H.: Die Revolution der modernen Kunst. (Rowohlts Deutsche Enzyklopädie) Hamburg, 1958
SOROKIN, P. A.: The crisis of our age. The social and cultural outlook. 10. Aufl. New York, 1946. Deutsch: Die Krise unserer Zeit. Ihre Entstehung und Überwindung. Frankfurt/Main, 1950
THIBON, G.: Retour au réel. Paris, 1943
TRUMAN, D. B.: The governmental process. Political interests and public opinion. New York, 1953
WHITEHEAD, A. N.: Science and the modern world. New York, 1925. Deutsch: Wissenschaft und moderne Welt. Übers. G. Tschiedel und F. Bondy. (Sammlung Erkenntnis und Leben) Zürich, 1949

Religiöses Denken in der heutigen Welt

ASMUSSEN, H., und TH. SARTORY: Gespräch zwischen den Konfessionen. (Fischer Bücherei) Frankfurt/Main, 1959
BARTH, K.: Theologische Existenz heute! 9. Aufl. (Theologische Existenz heute, 1) München, 1934
BOCHÉNSKI, J. M.: Die zeitgenössischen Denkmethoden. 2. Aufl. (Sammlung Dalp) München, 1959
BORNKAMM, G., und W. KLAAS: Mythos und Evangelium. Zum Programm R. Bultmanns. (Theologische Existenz heute, N. F., 26) München, 1951
BRUNNER, E.: Gerechtigkeit. Eine Lehre von den Grundgesetzen der Gesellschaftsordnung. Zürich, 1943
BULTMANN, R.: Glauben und Verstehen. Gesammelte Aufsätze. 3 Bde. 2.–4. Aufl. Tübingen, 1961–1962
BULTMANN, R.: Theologie des Neuen Testaments. 4. Aufl. (Neue theologische Grundrisse) Tübingen, 1961
DICTIONNAIRE DE THÉOLOGIE CATHOLIQUE, contenant l'exposé des doctrines de la théologie catholique, leurs preuves et leur histoire. Begr. unter Leitung von A. Vacant, fortgef. unter Leitung von E. Mangenot. Bde. 1–15. Paris, 1905–1950 (Umfangreiches und sehr ausführliches Unternehmen zu den Fragen der katholischen Theologie; reiche bibliographische Angaben)
GABLENTZ, O. H. VON DER: Die Krisis der säkularen Religionen. In: Kosmos und Ekklesia, Festschrift für W. Stählin zu seinem 70. Geburtstag. Hrsg. H. D. Wendland. Kassel, 1953
GOGARTEN, F.: Entmythologisierung und Kirche. 2. Aufl. Stuttgart, 1953
GOLDAMMER, K.: Die Formenwelt des Religiösen. Grundriß der systematischen Religionswissenschaft. (Kröners Taschenausgaben) Stuttgart, 1960
HARNACK, A. VON: Das Wesen des Christentums. Neuaufl. zum 50. Jahrestag des ersten Erscheinens. Stuttgart, 1950
HEIDEGGER, M.: Sein und Zeit. 10. Aufl. Tübingen, 1963
HEIMANN, E.: Vernunftglaube und Religion in der modernen Gesellschaft. Liberalismus, Marxismus und Demokratie. (Veröffentlichungen der Akademie für Gemeinwirtschaft, Hamburg) Tübingen, 1955
HOEFELD, F.: Der christliche Existenzialismus G. Marcels. Eine Analyse der geistigen Situation der Gegenwart. (Studien zur Dogmengeschichte und systematischen Theologie, Bd. 9) Zürich, 1956
HUXLEY, J.: Man in the modern world. An eminent scientist looks at life to-day. New York, 1948. Deutsch: Der Mensch in der modernen Welt. Nürnberg, 1950
JASPERS, K.: Die geistige Situation der Zeit (1931). 5. Neudr. der 5. Aufl. von 1932. (Sammlung Göschen) Berlin, 1960
JASPERS, K., und R. BULTMANN: Die Frage der Entmythologisierung. München, 1954
KARRER, O.: Das Religiöse in der Menschheit und das Christentum. 4. Aufl. Frankfurt/Main, 1949
LALANDE, A.: Vocabulaire technique et critique de la philosophie. 9. Aufl. Paris, 1962
LE BRAS, G.: Études de sociologie religieuse. 2 Bde. (Bibliothèque de sociologie contemporaine) Paris, 1955–1956
LEEUW, G. VAN DER: Der Mensch und die Religion. Anthropologischer Versuch. (Philosophia universalis) Basel, 1941
LEXIKON FÜR THEOLOGIE UND KIRCHE. Begr. von M. Buchberger. 2. Aufl. Hrsg. J. Jöher und K. Rahner. Bde. 1–9. A – Tetzel. Freiburg i. Br., 1957–1964 (Katholisches Standardwerk; Artikel signiert und mit genauen Literaturangaben)
LOTZ, J., und J. DE VRIES: Die Welt des Menschen. Ein Grundriß christlicher Philosophie. 2. Aufl. (Veröffentlichung des katholischen Bildungswerkes [Dortmund]) Regensburg, 1951
MACQUARRIE, J.: An existentialist theology. A comparison of Heidegger and Bultmann. 2. Aufl. London, 1965
MARCEL, G.: Les hommes contre l'humain. Paris, 1953. Deutsch: Die Erniedrigung des

Menschen. Übers. H. P. M. Schaad. 2. Aufl. Frankfurt/Main, 1964
Marcel, G.: L'homme problématique. Paris, 1955. Deutsch: Der Mensch als Problem. Erw. um einen in deutscher Sprache gehaltenen Vortrag: Das Sein vor dem fragenden Denken. Übers. H. P. M. Schaad. 3. Aufl. Frankfurt/Main, 1964
Marcel, G.: Présence et immortalité. Paris, 1959. Deutsch: Gegenwart und Unsterblichkeit. Übers. H. P. M. Schaad. Frankfurt/Main, 1961
Mensching, G.: Soziologie der Religion. Bonn, 1947
Monnerot, J.: Sociologie du communisme. Neuaufl. Paris, 1963. Deutsch: Soziologie des Kommunismus. Köln, 1952
Otto, R.: Das Heilige. Über das Irrationale in der Idee des Göttlichen und sein Verhältnis zum Rationalen. Neuaufl. München, 1963
Prüfer, G.: Das Testament des Abendlandes. Probleme und Wege des religiösen Sozialismus. Heidelberg, 1947
Radhakrishnan, S.: Religion and society. 3. Aufl. London, 1956. Deutsch: Religion und Gesellschaft. Persönliche Freiheit und soziale Bindung. Darmstadt, 1953
Die Religion in Geschichte und Gegenwart. Handwörterbuch in gemeinverständlicher Darstellung. Hrsg. Fr. M. Schiele. 2. Aufl. 5 Bde. Tübingen, 1909–1913. 3. Aufl., mit neuem Untertitel: Handwörterbuch für Theologie und Religionswissenschaft. Hrsg. K. Galling. 6 Bde. Tübingen, 1957–1962 (Evangelisches Standardwerk; Artikel signiert und mit Literaturangaben)
Schmidt, H.: Philosophisches Wörterbuch. Begr. von H. Schmidt. 16. Aufl. Bearb. und Hrsg. G. Schischkoff. (Kröners Taschenausgaben) Stuttgart, 1961 (Knapp gefaßtes, nützliches Nachschlagewerk)

Schniewind, J.: Entmythologisierung. Eine Auseinandersetzung zwischen J. Schniewind, R. Bultmann und K. Barth. (Schriftenreihe der Bekennenden Kirche, 4) Stuttgart, 1949
Schomerus, H. W.: Indische und christliche Enderwartung und Erlösungshoffnung. Gütersloh, 1941
Schumann, F. K.: Der Gottesgedanke und der Zerfall der Moderne. Tübingen, 1929
Schuster, J. B.: Die Soziallehre nach Leo XIII. und Pius XI. unter Berücksichtigung der Beziehungen zwischen Einzelmensch und Gemeinschaft. Freiburg i. Br., 1935
Teilhard de Chardin, P.: Le phénomène humain. (Oeuvres, Bd. 1.) Paris, 1955. Deutsch: Der Mensch im Kosmos. Übers. O. Marbach. 7. Aufl. München, 1965
Teilhard de Chardin, P.: L'avenir de l'homme. (Oeuvres, Bd. 5.) Paris, 1959. Deutsch: Die Zukunft des Menschen. Übers. L. Häfliger und K. Schmitz-Moormann. (Werke, Bd. 5.) Freiburg i. Br., 1963
Tillich, P.: Systematic theology. 2. Aufl. 2 Bde. Chicago, Ill., 1951–1958. Deutsch: Systematische Theologie. Übers. R. Albrecht und G. Stöber. Besorgt von A. Rathmann. 3. Aufl. Bde. 1–2. Bd. 1 vom Verf. überarb. Stuttgart, 1956–1959
Toynbee, A. J.: A historian's approach to religion. 2. Aufl. London, 1956. Deutsch: Wie stehen wir zur Religion? Die Antwort eines Historikers. Übers. J. von Kempski. Zürich, 1958
Wendland, H.-D.: Die Kirche in der modernen Gesellschaft. Entscheidungsfragen für das kirchliche Handeln im Zeitalter der Massenwelt. 2. Aufl. (Soziale Wirklichkeit) Hamburg, 1958
Wenzl, A.: Unsterblichkeit. Ihre metaphysische und anthropologische Bedeutung. (Sammlung Dalp) München, 1951

NAMEN- UND SACHREGISTER

QUELLENVERZEICHNIS
DER ABBILDUNGEN

NAMEN- UND SACHREGISTER

A

Aachen (Aquae, Aquisgranum) 395, 410, 413—416, 441
'Abbāsiden, islamische Dynastie in Bagdad 249, 256, 268—275
—, islamische Dynastie in Kairo 273
Abaelard, Peter, französischer Philosoph der Scholastik 432—435
—, »Sic et non« (1121/22) 432
Abendland 289f., 292f., 299f., 306, 314f., 318f., 322, 326, 330f., 334, 336ff., 340, 345, 348, 350f., 353, 358f., 365 bis 446 (siehe auch Europa)
Abessinien 244, 246
Abraham, Stammvater Israels 34, 261
Abū Bakr, erster Kalif in Medina 251, 254, 267
Abū Hanīfa, islamischer Theologe und Gründer einer orthodoxen Rechtsschule (Hanafiten) 257
Achaia, lateinisches Fürstentum auf der Peloponnes 330
Achaier, Volksstamm auf der Peloponnes 71
Achaiischer Bund, altgriechischer Städtebund 68, 98
Achaimeniden, persische Dynastie 99
Achilles Tatius von Alexandrien, griechischer Romanschriftsteller 337
Acton, Lord John Emeric Edward Dalberg-Acton, englischer Historiker 485, 515
Adams, Henry, amerikanischer Historiker 515
Adel 488f.
— im Mittelalter 401—407, 420f., 424, 426, 431, 435ff, *Abb. 401*
Adelheid, Tochter König Rudolfs II. von Hochburgund, Gemahlin König Lothars II. von Italien und hernach Kaiser Ottos des Großen 415, 424
Adso (Azo, Asso), Hemericus, Abt des Benediktinerklosters Montier-en-Der, Haute-Marne, Frankreich 375
Ägäis, Teil des Mittelmeeres zwischen Griechenland und Kleinasien 71, 100

Ägäische Wanderung, Große oder 68
Ägypten 29—63, 67, 99, 114, 127, 244f., 251f., 255, 271, 276, 280, 311f., 317, 322, 324, 333, 388, 459f., 471, 473, 498, 530, *Abb. 32f.*
—, Altes Reich 46, 53
—, Staat 41ff., 45, 48, 50f., 54
—, Stadt 30, 41ff., 48
—, Erziehung und Ausbildung 55, 57, 60f.
—, Familie 50f., 53
—, Feudalismus 43, 45, 55
—, Frau, Stellung der 50, 55
—, Gaufürsten 43, 45, 52
—, Geschichtsschreibung 27, 58f.
—, Gesellschaft 40—50, 52, 54 bis 57, 60ff.
—, Gott-Königtum 31, 40, 42—47, 49—52, 54, 61, 99
—, Hieroglyphenschrift 29f., 35, 42, 60
—, Kult 51—54, 56, 58
—, Kunst 27, 30ff., 34f., 37, 55ff., 62
—, Literatur 27, 32, 37, 56f.
—, Maat 45ff., 50f., 54f., 57, 60
—, Medizin 32, 60
—, Menschenrechte 46
—, Priestertum 45, 51—54, 57ff., 61
—, Recht 27, 32, 54f.
—, Religion 27, 32, 37, 44, 46, 54, 60
—, Revolution von 1952 285
—, Säkularisierung 32
—, Sklaven 55
—, Sprache 27
—, Tempelbesitz 45, 51, 61
—, Theologie 32, 58
—, Totenkult 27, 51, 53
—, Wirtschaft 61f.
—, Wissenschaft 55, 57—60
—, Zeitrechnung 35f., *Abb. 57*
Äsop (Aisopos), griechischer Fabeldichter 457
Äthiopien (Abessinien) 244, 324
Äthiopier 454
Afghanistan 271
Africa, römische Provinz 312, 369, 385, 387, 450
Afrika 282, 284, 449—476, 489, 498, 503, 508, 522, *Abb. 469*
—, Nord- 252, 282f., 303, 305, 386
—, Ost- 266, 278f.
—, West- 278f.

Afrikanische Kultur 464—476, *Abb. 464f., 468*
Afrikanische Sprachen 454f.
—, Bantu 454
—, Khoisan 455
—, Kwa-Gruppe 463
—, Niger-Kongo 455
—, westafrikanische 454
—, der Yoruba 463
Agamemnon, mythischer König von Mykene 53, 58
Agathias Scholastikos, griechischer Dichter und Geschichtsschreiber 339, 342
Agathokles, Tyrann von Syrakus 94
Ager publicus, römisches Staatsland 127f.
Aghlabiden, arabische Dynastie in Nordafrika 270
Agisymba, Bezeichnung des Ptolemaeus für Afrika 450, 459, 461ff.
Agnes von Poitou, Tochter Wilhelms V. von Aquitanien, Gemahlin Kaiser Heinrichs III. 411
Agobard, Erzbischof von Lyon 398, 400

Ailly, Pierre d' (Petrus d'Alliaco), aus Compiègne, französischer Kleriker und Universitätslehrer 371
Aischylos (Aeschylus), attischer Tragiker aus Eleusis 383
Aitolischer Bund 68, 98
Akbar, Mogul-Kaiser 226—229
Akkade (sumerisch Agade), Babylonien 28, 32, 36, 41
Akkader, Bewohner Nordbabyloniens 38, 42
Akropolis, hochgelegene Burg altgriechischer Städte 70, *Abb. 84*
Akropolites, Georgios, griechischer Historiker und Diplomat 347
Alarich I., König der Westgoten 385, 390
Alaska, russisches Territorium in Nordamerika 507
Albertus Magnus, Graf Albrecht von Bollstädt, Dominikanermönch und scholastischer Philosoph 369, 436
Albigenser, nach der Stadt Albi benannte Gruppe der Katharer in Südfrankreich 331, 429

NAMEN- UND SACHREGISTER

Alemannen (Alamannen), westgermanisches Volk 388, 398, 407
Alexander III., der Große, König von Makedonien 32f., 38, 49, 53, 58, 83, 340, 359, 383
Alexander III., vorher Orlando Bandinelli, Kardinal, Papst 426, 430, 439
Alexander III. Alexandrowitsch, Zar von Rußland 525
Alexander von Roes, Kölner Kanoniker 369f., 432
—, »Noticia seculi« (1288) 369
Alexandreia, Ägypten 255, 324, 359
Alexios I. Komnenos, byzantinischer Kaiser, vorher Heerführer 314, 329
Alexios III. Angelos, Bruder Isaaks II., byzantinischer Kaiser 309
Alfons X., der Weise, Sohn Ferdinands III., König von Kastilien, zum deutschen König gewählt 441
Alfred der Große, angelsächsischer König 420
Algerien 282
'Alī, Schwiegersohn Muhammads, vierter Kalif, schī'itischer Haupttheiliger, Ahnherr der 'Aliden 256, 271
Alkwin (Alkuin, Alcuin), northumbrischer Mönch, Lehrer und Vertrauter Karls des Großen 413
Almohaden (arabisch: al-muwahhidūn), islamische Glaubenssekte 255
Alsdorf, Ludwig, Indologe 211, 232f., 237
Alt, Albrecht Georg, deutscher Alttestamentler und Orientforscher 41
Amarna, Tell el-(Mittelägypten) 51, 56, 61
— zeit, Teil der Regierungszeit Echnatons, König von Ägypten 33
Ambrosius von Mailand, lateinischer Kirchenlehrer, Heiliger 381
Amenemhet I. Sehetepibrê, König von Ägypten 33
Amerika 482, 503
—, Bürgerkrieg (Sezessionskrieg) 489f.
—, Revolution 481, 484, 489, 499, 501, 509
al-Amīn, abbasidischer Kalif in Bagdad 274f.
Amīr Khusrau, persischer Dichter am Hof der Khiljī 224
Ammianus Marcellinus, römischer Geschichtsschreiber, Grieche aus Antiocheia 295, 337f., 360
Amoriter (Amoräer, akkadisch Amurru), vorisraelisches Volk in Palästina 38

Amphiktyonie, kultisch-politischer Verband von Nachbarstaaten in Altgriechenland 41
— von Delphi 71
Amun (Amun-Re, Amon), ägyptischer Gott 52, 58
Amyklai, vordorische Stadt in Lakonien 76
Anaklet (II.), Gegenpapst, vorher Petrus Leonis, Kardinal, aus der Familie Pierleoni 422
Anastasios I. Dikoros, oströmischer Kaiser 317, 322
Anatolien (Kleinasien) 35, 39, 90, 101, 127, 278, 291, 299, 327, 359f., 387, 391, 488
Andalusien 382
Andreades, Andreas Michael, griechischer Wirtschaftshistoriker 296
Angeloi, byzantinische Dynastie 346
Angelsachsen 371, 382, 388, 392, 394f., 404, 407ff., 421
Ankole, Tafelland in Uganda, Afrika 455
Anna Komnene, Tochter Alexios' I. Komnenos, Gemahlin des Feldherrn Nikephoros Bryennios 333, 346
—, »Alexias« (Geschichte der Jahre 1096–1118) 346
Annuität in Griechenland, Prinzip der einjährigen Amtsdauer von Wahlbeamten 72, 121
— in Rom 101f., 121
Anselm von Canterbury, aus Aosta (Piemont), italienischer scholastischer Philosoph, Erzbischof von Canterbury 432
Anselm von Havelberg, Prämonstratenser, Bischof von Havelberg, Erzbischof von Ravenna 434
Antike 67–128, 299, 316, 319, 331, 334, 360, 381–387, 389 bis 392, 433f., 480, 482, 492, 515
—, Spät- 117f., 120, 128, 334, 376, 381, 384
Antiocheia am Orontes, Syrien 255, 308, 324f., 359
Antipater (Antipatros) König von Mazedonien 84
Antonius Pius, römischer Kaiser 312
Antonius der Große (Vater des Mönchstums), Heiliger 385
—, »Vita Antonii« 385
Apella, Versammlung der Wehrgemeinde in Sparta 76
Apionen, großfürstliches Geschlecht in Byzanz 307
Apokalyptik, Lehre von der Offenbarung über das Weltende 517
Apokryphen, altjüdische unterschobene Schriften 344
Apollon Patroos, griechischer Gott 78

Aquileia, Venetien 403
Aquitanien 429
Araber 38, 132f., 147, 245, 248, 250, 253ff., 299, 302, 309, 312, 324, 331, 339f., 344f., 359, 361, 383–388, 391f., 408, 433
—, der arabische Denkstil 260 bis 265
Arabien 244–251, 253f., 271f.
Aramäer, semitisches Nomadenvolk Vorderasiens 32, 38
Āranyaka (Waldtexte), Teil der Brāhmana 201, 204
Archaische Zeit von Griechenland 95, 97
—, Entstehung der Polis 68–76
—, Kolonisation 96
—, die Tyrannis 88
Archon (griechisch, Herrscher), oberster Beamter in der griechischen Polis 74, 79
Areopag (nach Areios pagos, Areshügel), Adelsrat von Athen 74
Arethas von Caesarea, Erzbischof und Universitätslehrer 336
Argolis, Landschaft auf der Peloponnes 71
Argos, Stadt auf der Peloponnes 94
Argyropulos, Johannes, byzantinischer humanistischer Gelehrter in Italien 293
Arianismus, Lehre des Arius, Presbyters in Alexandreia 389
Arier (altindisch: Ārya), Völker des indo-iranischen Zweiges der indo-germanischen Sprachfamilie 200ff., 204, 209
Aristandros, Seher und Opferbeschauer aus Telmessos 53, 58
Aristokratie (Herrschaft der Besten) 70–75, 92, 103
Aristophanes aus Athen (?), griechischer Komödiendichter 82, 383
Aristoteles, griechischer Philosoph aus Stageiros 79f., 84, 90f., 370, 383, 432f.
—, »Ethik« 383
—, »Ökonomik« 383
—, »Poetik« 383
—, »Politik« 79f., 84, 90f., 383
Aristotelismus, die Lehre des Aristoteles und ihre Weiterbildung 339ff., 345, 351f.
Arius, Presbyter in Alexandreia 389
Armenier 361, 489
Arminius, Fürst der Cherusker 392
Arnulf, illegitimer Sohn König Karlmanns und der Liutswinda, Markgraf von Kärnten, König von Ostfranken, römischer Kaiser 410
Arnulf, Sohn Markgraf Luitpolds, Herzog der Baiern 410
Arras, im Artois 429

NAMEN- UND SACHREGISTER

Arthashāstra, siehe Cānakya
Ārya, altindisch für Arier 200 ff., 204, 209
Ārya Samaj, reformerische Hindu-Sekte 234 f.
Aschanti, westafrikanisches Negerreich 472 f.
al-Asch'ari l-Hasan 'Ali ibn Isma'il, arabischer Theologe 257
Asch'ariten 257
Ashoka Piyadasi, König der Maurya 214, 217, 228
Asien 503, 522
—, Mittel- 132 f.
—, Ost- 132, 480
—, Südost- 183
—, West- 99
Assur, assyrischer Gott 34
Assur (Nordbabylonien) 67
Assurbanipal, König von Assyrien 33
Assurnassirpal I., König von Assyrien 33
Assyrer (Subaräer), semitisches Volk 34
Assyrien
—, altassyrische Sechstagewoche 36
—, Neuassyrisches Reich 33
Astronautik 536, 538, 540, *Abb 537*
Astronomie in Ägypten 36
— in China 157, 193
Atabeg (türkisch), Vormund, Erzieher, Oberbefehlshaber 276
Atatürk, früher Mustafa Kemal Pascha, türkischer General und Staatsmann 284, 359
Ataulf, Erster König der Westgoten 385 ff.
Athanasios, griechischer Kirchenvater, Heiliger 338, 389
Athen 47, 71 f., 74, 89, **92–95**, 97 f., 101, 110, 112 f., 123, 383, *Abb. 84 f.*
—, Bürgerrecht 76, 94, *Abb. 85*
—, Dreißig Tyrannen 82, 84
—, Verfassung 76–85
Athenais-Eudokia, Gemahlin des Kaisers Theodosius II. 338
Athener 76
Athos, griechisch-orthodoxe Mönchsrepublik 291, 297, 358
Attika, griechische Halbinsel 71, 76, 79, 94
Atlantischer Block 284
Attila (Etzel), König der Hunnen 338, 387, 394
Attischer Seebund, Erster (auch Delischer Bund) 86, 95, 100, 110, 123
Ātman, das Selbst jedes Einzelwesens 205, 207
Aufklärung (siehe auch Emanzipation, die europäische) 134, 343, 352, 481, **494–498**, 518 f.
Augsburg 400, 438, 441
Augustinus, Aurelius, aus Tagaste in Numidien, der größte der Kirchenväter 295, 338, 369, 371, 377, 379, 381, 384 ff., 430
—, »De civitate Dei« (Über den Gottesstaat, 413) 338, 384 f.
Augustus, Gaius Octavianus (nach Adoption durch Caesar: Gaius Iulius Caesar Octavianus), römischer Kaiser 33, 107 f., 114, 123, 299 f., 314, 373 f., 414
Aulard, François Victor Alphonse, französischer Historiker 515
Aurangzēb (Muhī ad-Dīn Ālamgīr I.), Sohn des Shāhjahān, Mogul-Kaiser 222, 229
Australien
Austroasiatische Völker 187
Austronesische Völker 187
Averroës, siehe Ibn Ruschd
Awaren, turktatarisches, den Hunnen verwandtes Volk 339, 387, 391
Axum, abessinisches Reich 460 f.

B

Babenberger, nach Babenberg (Bamberg) benanntes ostfränkisches Adelsgeschlecht 393
Bābur, Zāhir ad-Dīn Muhammad, Mogul-Kaiser 226
Babylonien 54, 67, 299 f.
—, Neubabylonisches Reich 33
Babylonier (Semiten) 36
Bacon, Roger, englischer Franziskaner, Philosoph und Naturforscher 539
Bagdad 271 f. *Abb. 272*
Bahmanī (Bahmaniden), Dynastie im Dekhan 225 f.
Baiern (Bajuwaren) 398 f.
Baiern, Stammesherzogtum 399
Baikalsee, Burjätische Mongolei 305
Balázs, Étienne, französischer Sinologe 154
Balkan 333 f., 348, 357, 359 f., 387
—, türkischer 488
Bambara, den Mandingos angehörender Sudanesenstamm beiderseits des oberen Niger, Westafrika 473
Bamberg 334
Bancroft, George, nordamerikanischer Historiker und Staatsmann 515
Bardas, Caesar, Bruder der Theodora, Gemahlin des byzantinischen Kaisers Theophilos 336
Bardas Phokas, Mitregent der Kaiserin Theodora 327
Bardas Skleros, Bruder des Bardas Phokas, Frondeur gegen das byzantinische Kaisertum 327
Bardesanes, syrischer Gnostiker 337
Barlaam aus Kalabrien, Mönch, Gegner der Hesychasten 345, 348
Barros, João de, portugiesischer Geschichtsschreiber 134
—, »Geographie« 134
Basileios I., der Makedonier, byzantinischer Kaiser 327, 343, 356, 417
Basileios II. Bulgaroktónos (Bulgarentöter), Sohn Romanos' II., byzantinischer Kaiser 327, 334
Basiliken, von dem byzantinischen Kaiser Basileios I. angefangene, 887 vollendete griechische Bearbeitung der Justinianischen Gesetzgebung 316
Basra, am Schatt el-Arab, Mesopotamien 256, 258, 269
Batschkovo bei Plovdiv, Kloster 334
Baumwolle 280 f.
Bayern 497
Bayle, Pierre, französischer Philosoph und Schriftsteller 494
»Beamter« im alten Griechenland, gewählter politischer Funktionsträger 72, 74, 77, 102
Beard, Charles Austin, nordamerikanischer Historiker 515
Beda Venerabilis, aus Northumbrien, angelsächsischer Kirchenlehrer und Geschichtsschreiber 372, 406
—, »De ratione temporum« 372
—, »De temporibus« 372
—, »Historia ecclesiastica gentis Anglorum« (Kirchliche Geschichte des anglischen Volkes) (55 v. Chr.–731) 372, 406
Beiram Khan, indischer Minister unter Akbar 227
Belgien 488
Benedikt von Aniane, ursprünglich Witiza, Westgote, Abt des Klosters Inda (Kornelimünster) bei Aachen 421
Benedikt von Nursia (Umbrien), Heiliger, Stifter des Mönchsordens der Benediktiner 421 f.
Bengalen, nordostindische Landschaft 232, 234
Benin, Königreich am Niger 462 f.
Bentinck, Lord William, Generalgouverneur von Indien 234
Berber, Sammelname für die nichtsemitischen Völker Nordafrikas 252, 266
Berdjajew, Nicolaj Aleksandrowitsch, russischer Philosoph 366
Berengar II., Markgraf von Ivrea, König von Italien 415
Berengar von Tours, Archidiakon von Angers, Scholastiker 432
Bern, Schweiz 485
Bernhard von Clairvaux, aus Burgund, Zisterzienserabt, französischer Kirchenreformator 422, 429, 432

694 NAMEN- UND SACHREGISTER

al-Bērūnī (Bīrūnī), Abū'r-Raihan Muhammad al-Bērūn, arabischer Gelehrter persischer Herkunft, Geograph und Astronom 222
Bessarion, Johannes, Erzbischof von Nicaea, römischer Kardinal und Gelehrter 293, 343, 346, 352
—, »Gegen die Verleumder Platons« (1503) 352
Bethlehem 385
Bettelorden 423, 430, 436
Bibel 381, 385, 389, 400f., 429f.
—, Altes Testament 28, 34, 36f., 40f., 59, 369f., 376, 380, 401f., 408, 419
—, —, Daniel-Buch 374f., 414
—, Neues Testament 37, 369, 371, 373, 402, 407, 419f., 430, 437
—, gotische 389, 397
—, Vulgata, lateinische Übersetzung 374, 381, 401
Bilderstreit, byzantinischer 317f., 326, 335, 340f., 356
Bill of Rights (Declaration of Right), englisches Staatsgrundgesetz (1689) 499
Bill of Rights, Menschen- und Bürgerrechte, die 1776 von einigen nordamerikanischen Kolonien erklärt wurden 499
Bīrūnī, siehe Bērūnī
Bismarck, Otto Fürst von, Staatsmann 486, 500, 502
Blemmydas, Nikephoros, byzantinischer Mönch 345
Bodin (Bodinus), Jean, französischer Jurist und Schriftsteller 375, 435
—, »Methodus ad facilem historiarum cognitionem« (1566) 375
—, »République« (1576) 375
—, »Colloquium heptaplomeres de rerum sublimium arcanis abditis« (1596 postum) 435
Böhmen 418, 430, 488
Boëthius, Anicius Manlius Torquatus Severinus, römischer Staatsmann und Philosoph 383
Bogomilen (Gottesfreunde), dualistisch-manichäische Sekte 318, 331, 344f., 348f., 429
Bohr, Niels, dänischer Atomphysiker 482
Boiotien (Böotien), Landschaft in Mittelgriechenland 71, 97
Bojana bei Sofia, altbulgarische Kirche 334
Bollandisten, Arbeitsgemeinschaft von Jesuitengelehrten 294
Bologna 418, 431
—, Rechtsschule 396, 431, 436
—, Universität 431, 433, 436
Bolschewiken 489, 509, 515
Bombay, Westküste Indiens 230
Bongars, Jacques, französischer Gelehrter und Diplomat 294

Bonifatius (eigentlich Winfrid, Winfrith), aus Wessex, angelsächsischer Mönch und Missionar, Erzbischof von Mainz 404, 408
Borst, Arno, Historiker 366
Bosnien 331
Bosporus 326
Bossuet, Jacques Bénigne, Bischof von Meaux 517
Bourbon, französisches Herrschergeschlecht 485, 500
Bouvines, Schlacht (1214) 440
Boxer der Rechtlichkeit und Eintracht, chinesischer Geheimbund 181
Brāhman, letzte Wesenheit des Weltalls 205, 209, 218
Brāhmana, Abhandlungen über die heilige Wissenschaft in den Veden 200f., 204
Brāhmane, Mitglied der obersten Kaste der Hindu 201—206, 208f., 211f., 214—219, 225, 228, 232
Brāhmanismus (indo-arische Kultur) 202, 206
Brāhma Samaj, indische Sekte 234
Breslau, Schlesien 441
Bretonen, die ursprünglichen Bewohner der Bretagne 382
Britannien 382, 388, 404
Brittonen, schottische, Besatzung des römischen Limes im Odenwald 312
Brogne, bei Namur, Reformkloster 423
Bronzezeit 460
Bruno von Köln, der Heilige, Gründer des Kartäuser-Ordens 423
Brun(o), Bruder Ottos des Großen, Erzbischof von Köln, Statthalter in Lothringen 411
Bryennios, Nikephoros, byzantinischer Feldherr und Historiker 329
Buddha (Sanskrit, Erleuchteter), eigentlich Siddhārtha Gautama 205, 341, *Abb. 200*
Buddhismus in China 154, **180** bis 184, 188f., 191, 196, *Abb. 200f.*
— in Indien 202, 205f., 209, 214f.
Bürgerkrieg (lateinisch: bellum civile), römischer 106
Bürgerrecht im alten Griechenland 76, 94, 112, 118
—, römisches 101, 105, 112, 118
Bürgertum 488f., 501
— im Mittelalter 436—442
Büjiden, persische Dynastie 271f., 274
Bukellarion, byzantinisches Thema in Kleinasien 313
Bulgarien 334, 344
Bundesgenossenkrieg in Italien 118

Bundesstaat in der hellenistischen Zeit Griechenlands 98f., 118f.
Burckhardt, Jacob, Kunst- und Kulturhistoriker 84, 131, 159, 371, 390, 525f.
Burgund 382, 418, 424, 429, 439
Burgunder, ostgermanisches Volk 382, 388ff., 398
Burke, Edmund, englischer Politiker und Publizist 496
Bury, John Bagnell, englischer Historiker 295
—, »History of the Later Roman Empire« (1958) 295
Buschmänner, Jäger- und Sammlervolk in Südwestafrika 455, 458
Byblos (phönikisch: Gubla), Syrien 33
Byzantinisches Reich 243ff., 252, 289—362, 383f., 390ff., 409, 413—418, 434
—, Frankenherrschaft, siehe Lateinisches Kaiserreich
—, Lateinisches Kaiserreich der Kreuzfahrer 300, 314, 330, 359, 374
—, von Nikaia 330, 336, 345, 347, 360, 374
—, von Trapezunt 291
—, Bauerntum 307, 316, 321, 323, 326f., 331, 334
—, Feudalismus 300, 307, 327, 329ff., 334, 350, 360
—, Großgrundbesitz 307, 321, 323, 326—330
—, Heer, Militärpartei 300, 307ff., 312, 316, 325, 328f.
—, Kaisertum **299—306**, 307—320, 323, 326, 353, 374, 387f., 390, 392, *Abb. 304*
—, Kirche und Staat 308, 316 bis 319, 322, 327f., 330, 345
—, Kunst 299, 352—361
—, Literatur 336—347
—, Ministerien, Bürokratie 309ff., 313—316, 325, 328
—, Mönchtum, Klöster 291, 306, 318, 325, 325, 327, 329f., 335, 337f., 340f., 345, 358, *Abb. 337*
—, Recht 311, 315f., 326, 339
—, Senat 300, 307ff., 316, 320ff., 328
—, Themenverfassung 312ff.
—, Welthandel 324ff., 330f., 334, *Abb. 321*
—, Wirtschaftsleben 320—331
—, Zirkusparteien 300, 308f., 313, 316
Byzantinistik 290, **292—298**
Byzanz (Konstantinopel) 101, 127, 289f., 298, 308, 322, 324, 330, 332, 334f., 345, 355f., **358**ff., 374, 384, 386f., 390f., 417, 439
—, Apostelkirche 356
—, Hagia Sophia 301, 341, **355** bis **358**
—, Universität 335f., 343

NAMEN- UND SACHREGISTER

C

Caesar, Gaius Iulius, römischer Feldherr und Staatsmann 33, 36, 118, 359, 407, 413
Calcutta, Bengalen 230f.
Caligula, Gaius Iulius Caesar, genannt Caligula, römischer Kaiser 109
Calvinisten 511, 531
Cānakya (Kautilya), Brāhmane —, »Kautalīya Arthashāstra«, indische politische Schrift 214ff.
Capitularien (capitularia, eingeteilt in capitula, Abschnitte), Verfügungen der Merowinger- und Karolingerkönige 398
Caracalla, Marcus Aurelius Severus Antonius, ursprünglich Septimus Bassianus Caracalla, römischer Kaiser 109
Carion, Johannes, Mathematiker, Astronom und Geschichtsschreiber 371, 375
Carlyle, Thomas, englischer Historiker und Philosoph 515, 524
Cassiodor, weströmischer Staatsmann und Schriftsteller 394
Catal Hüyük, archäologische Fundstätte in Kleinasien 15
Catalonien 382
Cervantes, Saavedra, Miguel de, spanischer Dichter 482
Césaire, Aimé, afro-karibisch. Dichter französischer Sprache 471
Chadīdscha, Gemahlin Muhammads 247
Chalkis, Euboia 71
Chalkokondyles, Demetrios, griechischer Grammatiker 293
Chalkokondyles, Laonikos, oströmischer Historiker 347
—, »Geschichte des Byzantinischen Reiches« 347
Chang Hsien-chung, chinesischer Rebellenführer 185
Chang Hsüeh-ch'eng, chinesischer Historiker 155
Chang Tao-ling, chinesischer Taoist 184
Chansons de Geste, epische Dichtung des französischen Mittelalters 394
Chao Kao, chinesischer Kanzler 176
Chāridschiten (chawāridsch), islamische Sekte 254, 256
Charsianon, Festung in Kleinasien 327
Chartreuse Grande (Große Kartause), erstes Kloster des Kartäuserordens in den französischen Alpen bei Grenoble 423
Chavannes, Edouard, französischer Sinologe 138
Chekiang, chinesische Provinz 166
Cheng Ho, chinesischer Eunuch, Seefahrer 185

Cheng I, chinesischer Philosoph 191
Cheng-t'ung (Faden der Legitimität), Lehre von der Legitimität der chinesischen Kaiserdynastien 164, 167
Cheops (Chufu), König von Ägypten 33
Chephren (Re-chaf), König von Ägypten Abb. 56
Chia-ch'ing, chinesischer Kaiser Abb. 144
Chi Ch'ao-ting, chinesischer Wissenschaftler 148, 156
Childerich I., König der Franken 388
Ch'in, chinesische Dynastie (220 bis 420) 149f., 161, 163, 165, 169, 172, 174, 176, 178
—, Shih Huang-ti, Erster Kaiser 148, 160, 178, 187
China 131—196, 324, 482f., 490, 498, 504, 508, 530, Abb. 145
—, Adel 165f., 168, 171—174, 176, 179, 185
—, Astrologie 152f., 158, 185
—, Astronomie 157, 193
—, Bauern 149f., 159, 162, 171 bis 174, 177f., 180
—, Beamte, siehe Literaten-Beamte
—, Dichtkunst 143
—, Eunuchen 176ff., 180, 185, 191
—, Feudalismus 160—163, 165, 172, 190, Abb. 180
—. Fünf-Elemente-Theorie 156, 163
—, Geheimgesellschaften 181—185, 192, 196
—, Gentry 166, 168, 171—174, 176, 178—181, 191
—, Geographische Lage 147—151, 195
—, Geschichtsliteratur 135, 143, 152, 154, 183, Abb. 137
—, Geschichtsphilosophen 142, 155, 161, 164
—, Geschichtsschreibung 135, 137, 141, 144, 151—159, 163f., 166, 173, 176, 179, 195
—, Handwerker 177ff.
—, Kaisertum 158f., 162—170, 172f., 175ff., 180, Abb. 189
—, Kaufleute 177—180, 185
—, Kommunismus 170, 183, 194f.
—, Königtum 159, 163
—, Kultur 132, 141ff., 146f., 151f., 185—189, Abb. 188, 201
—, Kuo, Begriff des Staates 149, 155, 164, 167, 170
—, Legalismus 160ff., 165, 167, 169, 171, 178, 180, 182, 185, 190, 192, 195f.
—, Literaten-Beamte 133, 136, 141, 146, 148, 152f., 157ff., 162 bis 181, 183ff., 188, 191
—, Loyalismus 165—168, 170, 181
—, Mauer, chinesische 132, 147, 187

China, Militär 174ff., 185, Abb. 181
—, Nationalismus 167, 170
—, Nord- 147, 186ff.
—, Pazifismus 174f., 182
—, Philosophie 144, 182f., siehe auch Geschichtsphilosophie
—, Priesterschreiber 152f., 158
—, Priestertum 152, 160, 165, 177, 180, 190
—, Regionalismus 148
—, Reich, Begriff des Reiches (T'ien-hsia) 148f., 155, 160, 163f., 167, 186, 188
—, Religion 181f., 188f., 192
—, Schrift 133, 144—147, 195
—, Shan-jang, Abdankungszeremonie chinesischer Kaiser 164, 173
—, Sprache 142—147, 195
—, Staatsprüfungen 165f., 170f., 173f., 179
—, Süd- 147, 187f., 191
—, T'ien-hsia, siehe Reich
—, Wirtschaft 149ff., 188, 195
—, Zeitbegriff 142ff., 152, 156
—, Zensoratsamt 168f.
Ch'ing (Manchu), Dynastie in China (1636/1644—1911) 134, 150, 154, 158, 165ff., 169, 177, 180f., 189
—, K'ang-hsi, Kaiser 166
—, Yung-cheng, Kaiser 166
Chlodwig (Chlodowech) I., König der Franken 388f., 397f., 407, 420, 425
Choniates, Niketas, byzantinischer Geschichtsschreiber 346f.
Chorasan, Landschaft in Iran 270
Chou, chinesische Dynastie (1100 bis 256 v.Chr.) 148f., 152f., 156, 158, 160, 163f., 165, 172ff., 176, 182, 186, 190
Chou, Herzog von, chinesischer Autor und Staatsmann. Sohn des Wên Wang. Wahrscheinlich Autor des Chou-li. Auch unter dem Namen Chou Kung bekannt 190
Chou (Chou-hsin), der letzte König der Shang-Dynastie 152f., 156
Chou-li (Ritual der Chou), altchinesisches Ritualhandbuch 191
Christen 319, 373f., 379, 384f., 389, 408
—, Arianer 384, 389
—, Athanasianer 384, 389
— und der Islam 250, 253, 255, 257, 264ff., 278, 283, 286
— in Ägypten 245
— in Arabien 253
— im Irak 255, 265
— in Spanien 266
— in Syrien 245, 255
— in der Türkei 282
Christenheit 428

Christentum 36f., 54, 120f., 136, 192, 194, 209, 243, 264, 298f., 302, 305, 316, 352, 373, 381f., **385—392**, 400, 402, **404—407**, 409, 412f., 420, 430, 433, 461, 517, 520, *Abb. 304, 376*
—, griechisch-orthodoxes 291, 294, 298, 317, 354, 356, 362, 384
—, lateinisch-katholisches 384
— und Islam 279, 286
Christologie, in der Dogmatik die Lehre von der Person Christi 337, 339
Christus 372f.
Chronologie, Wissenschaft von der Zeit 372
Chrysoloras, Emmanuel, byzantinischer Gelehrter, Lehrer des Griechischen in Italien 293
Chrysostomus, Johannes, Heiliger, Kirchenlehrer 336ff., 343, 384
Chu Hsi, chinesischer Staatsmann, Philosoph und Geschichtsschreiber 155, 191f.
—, »T'ung-chien kang-mu« 155, *Abb. 137*
Ch'un-ch'iu (Frühlinge und Herbste), Annalen des Staates Lu 153, 155, 158, 190
Churchill, Sir Winston Leonhard Spencer, englischer Staatsmann 515
Churriter, Bewohner von Churrum (Churri) 39
—, Mythen 36
Chusro (Chosrau, Chosroës) I. Anoscharwan, König von Persien 325
Chu Yüan-chang, chinesischer Bauernsohn, Begründer der Ming-Dynastie 168, 176, 184
Cicero, Marcus Tullius, römischer Philosoph, Redner und Staatsmann 115, 381, 457
Citeaux (Cistercium), Mutterkloster des Zisterzienserordens in Burgund 422
Clari, Robert de, französischer Geschichtsschreiber des Vierten Kreuzzuges 330
Claudius Nero Germanicus, Tiberius, römischer Kaiser 124
Clausewitz, Karl von, preußischer General 488, 491
Clemens VII., vorher Giulio de'Medici, natürlicher Sohn Giulianos de'Medici, Erzbischof von Florenz, Kardinal, Papst 418
Cluniazenser, Kongregation der Benediktiner 421ff.
Cluny, Benediktinerabtei in Burgund, Reformkloster 421f., 435
Cochin, Südwestindien 230
Codex Theodosianus, vom Kaiser Theodosius II. gesammelte, 438 Gesetz gewordene Verordnungen von Konstantin bis Theodosius 323
Cola di Rienzo, Nicolaus Laurentii, römischer Volkstribun, religiöser Schwärmer 440
Colombo, Ceylon 230
Commodianus, christlich-lateinischer Dichter 295
Commodus, Lucius Aelius Aurelius, römischer Kaiser 109
Commonwealth of Nations, British 284
»Compagnie des Indes Orientales«, französische 230
Comte, Auguste, französischer Philosoph und Soziologe 494
Constantius II., Flavius Iulius, römischer Kaiser 360
Constitutio Antoniniana (312), Verordnung des Caracalla über das römische Bürgerrecht 405
Corpus iuris canonici, Sammlung der von der Kirche ausgehenden Gesetzgebung im Mittelalter 431
Corpus iuris civilis, spätere Bezeichnung der Gesetzessammlung Justinians 316, 326, 339, 387, 431
Corsali, Andrea, florentinischer Reisender 133
Cortés, Hernan (oder Hernando), spanischer Soldat, Eroberer von Mexiko 380
Crassus, Petrus, Jurist aus Ravenna 431
Cromwell, Oliver, Lordprotektor der englischen Republik 443, 538
Crusius (Kraus), Martin, Lehrer der griechischen Sprache 293
Curie, Teil der römischen Bürgerschaft 101
Curtin, Philip D., amerikanischer Historiker 454, 455, 475
Cusanus, siehe Nikolaus von Cues
Cypern 357

D

Dänemark 418, 441
Dahome, Königreich, Goldküste 471
Dalmatien 385
Damaskus, Syrien 246, 258
Dampfschiff 281
Daniel, jüdischer Prophet 374
Dante Alighieri, aus Florenz, italienischer Dichter 375, 378, 382, 419, 433
—, »Göttliche Komödie (Divina Commedia)« 378
Daphni, byzantinisches Kloster bei Athen 357
Dār al-Islām, islamischer Herrschaftsbereich 284
Darius (Dareios) I., König von Persien 38, *Abb. 92*

Darwin, Charles Robert, englischer Naturforscher 192, 511
Darwinismus, die Lehre Charles Robert Darwins 453
Dāsa (Dasyu), altindisches Volk 201
Dauer, Alfons Michael, Musikwissenschaftler 466
David, König der Juden 34, 41, 59
Dayānand Sarasvatī, Brāhmane aus Guzerāt 234
Deinomeniden, Adelsgeschlecht auf Sizilien 90, 93
Dekhan, Hochebene Vorderindiens 225f.
Delhi (Dillika, Shājahānābād), Indien 225f.
Delphi, Heiligtum des Apollo in Griechenland 54, 120
Demen (von démos), die einzelnen Gemeindebezirke Attikas 79
Demetrios Chomatianos, byzantinischer Kirchenrechtler, Erzbischof von Ochrida 306
Demokratie (Volksherrschaft) 102f., 118, 122f.
—, attische 76—85, 92, 104, 383
—, griechische 75—85, 90, 92f., 94, 102
—, Kritik 81f., 84, 85
—, —, griechische 80ff., 84, 85, 112
—, moderne 484, 487f., 490f., 493, **498—506**, 509, 511f., 528
Descartes, René (Renatus Cartesius), französischer Philosoph und Wissenschaftler 495
Deutsche 375, 394, 487f.
Deutsches Reich, im Mittelalter 409ff., **413—419**, 424f.
—, (1871) 488f.
—, Republik (1919) 500, 509
Deutsch-französischer Krieg (1870/71) 490, 524ff.
Deutschland 331, 410ff., 418, 423f., 439f., 481, 483, 489, 491, 493, 500, 503, 505, 519, 526, 531
—, Bundesrepublik 500, 509
Dewey, John, amerikanischer Philosoph und Pädagoge 512f.
Dexippos, Herennios, griechischer Politiker, Feldherr, Rhetor und Geschichtsschreiber 338
Dharma (in Pāli: dhamma), das moralische und religiöse Gesetz 207—213, 216ff., 238
Dharmabücher, indische Moraltexte 208, 212, 214, 216ff.
Diehl, Michel-Charles, französischer Byzantinist 296
—, »L'Afrique byzantine« 296
—, »Figures byzantines« 296
—, »Justinien et la civilisation byzantine au sixième siècle« 296
—, »Manuel d'art byzantin« 296
Digenes Akritas, Held des gleichnamigen byzantinischen Nationalepos 344ff., 361

NAMEN- UND SACHREGISTER

Diokletian (ursprünglich Diocles), Gaius Aurelius Valerius Diocletianus, genannt Iovius, römischer Kaiser 311, 313
Dionysios I., der Ältere, Tyrann von Syrakus 90
Dionysius Areopagita, Pseudo D.A., unter dem Namen D.A., später als Pseudo D. bezeichnete Schriften 338, 340, 343
Dionysius Exiguus, Skythe, Abt in Rom 372
Diplomatie 451 f., 484, 491 f.
Dölger, Franz, Byzantinist 297
Dominikaner, Predigerorden 133, 430, 436, *Abb. 432*
Dominikus, aus Caleruega, Kastilien, spanischer Ordensgründer 430, 436
Domitian(us), Titus Flavius, römischer Kaiser 109
Donauländer 387—390
Dorische Wanderung 76
Dortmund 439
Dostojewskij, Feodor Michailowitsch, russischer Schriftsteller 362, 482, 494
Dreißigjähriger Krieg 493
Droysen, Johann Gustav, Historiker 515
Dschihād (arabisch, Anstrengung), im Islam Glaubenskrieg 251 ff., 263
Du Cange, Sieur, Charles du Fresne, französischer Historiker 294 f.
Duhem, Pierre, französischer Gelehrter 434
Dukas, Johann, griechischer Historiker 347
Dynastien (siehe auch Kaisertum, mittelalterliches, Königtum, mittelalterliches,) 444, 481, 484 ff., 491, 493, 500

E

Eberhard, Wolfram, Sinologe 158, 173, 183, 186
—, »Lokalkulturen im alten China« 183, 186
Echnaton (Neferchepurê Amenophis IV.), König von Ägypten 56
Eckhart, Meister, von Hochheim, Dominikaner, thüringischer Mystiker 432
Edessa, Mesopotamien 324
Einhard, Abt, Vertrauter Karls des Großen und Ludwigs des Frommen 395, 398, 413, 421
Eirene (Irene), Gemahlin Kaiser Leons IV., byzantinische Kaiserin 314, 318, 325, 413
Ekklesia (Gesamtheit der Berufenen), Volksversammlung in altgriechischen Staaten 80

Elamiter, Bewohner von Elam 39
Elephantine (heute Dschesire), Nilinsel bei Assuan 48
Eleusis, Attika 53, 120
Elisabeth I., Tochter Heinrichs VIII., Königin von England 230, 485
Elisabeth von Ungarn, Gemahlin Landgraf Ludwigs IV. von Thüringen, Heilige 437
Emanzipation, die europäische 480 f., **494—498**, 522 f.
Empirizismus 495
Engländer 133, 280, 479, 499, 516 f.
England 253, 280 f., 382, 398, 409, 411 f., 418, 420, 424 f., 427, 440 f., 487, 491, 497, 505, 507, 509, 530 f.
— und Indien 199, 229—237
—, Bürgerkrieg (1641) 499
—, Glorious revolution (1688) 443, 499, 516
Enßlin, Wilhelm, Historiker 297
Entwicklungshilfe 513
Enzyklika »Quanta cura« des Papstes Pius IX. 523
Epameinondas, thebanischer Feldherr und Staatsmann 97
Ephesos, Westkleinasien 356
Ephraim der Syrer, Heiliger, Kirchenvater der syrischen Kirche 337
Epirus (Epeiros), Landschaft im nordwestlichen Griechenland 68
Eratosthenes, hellenistischer Gelehrter aus Kyrene 451
Eretria, Euboia 71
Ermanarich, König der Ostgoten 394
Eschatologie, Lehre von den letzten Dingen 182—185, 192
Essex, Britannien 382
Etrusker (Tusci), altitalisches Volk umstrittener Herkunft 73, 93
Euagrios (Evagrius) Pontikos, oströmischer Kirchenhistoriker 337, 348, 358
Eumolpiden, eleusinisches Priestergeschlecht 120
Eurich, König der Westgoten 397
Euripides, attischer Tragiker aus Salamis 383
Europa 243, **289—446**, **479—540**, *Abb. 521*
— und Afrika 452 f., 459 ff., 475
— und Alter Orient 35, 37
— und China **132—137**, 144, 148 f.
— und Indien 229—237
— und der Islam **277—286**
Eusebios (Eusebius), Bischof von Kaisareia (Caesarea), Kirchenhistoriker 298 f., 336 f., 385
—, »Weltchronik« 385
Eustathios, Erzbischof von Thessalonike 347
Euthymios, Patriarch von Konstantinopel 342, 345

F

al-Fadl ibn Sahl, Wesir des Kalifen al-Ma'mūn 275
Fallmerayer, Jakob Philipp, Historiker und Publizist 297
Familie bei den Ägyptern 50 f., 53
— bei den Chinesen 171
— bei den Griechen 51, 53
— bei den Römern 55
al-Fārābī, Abu Nassr, arabischer Philosoph 257, 345
Faschismus 283, 285 f.
Fathpur Sikri, westlich Āgra, Zentralindien 226
Fātima, Tochter Muhammads 271
Fātimiden, arabische Dynastie in Nordafrika und Ägypten 271 f.
Faustkeilkulturen (Abbevillien-Acheuléen) 38
Ferdinand II., Sohn Erzherzogs Karl von Kärnten und Steiermark, deutscher König und Kaiser 442
Fichte, Johann Gottlieb, Philosoph 523
Ficino, Marsilio, italienischer Humanist, Arzt und Priester 352
Finnland 488
Firdausī (Firdusī), eigentlich Abū 'l-Qasim Mamsūr, altpersischer Epiker 265
—, »Schāh-Nāma« (Buch der Könige) 265
Flandern 440
Flaubert, Gustave, französischer Schriftsteller 524 ff.
—, »Madame Bovary« (1857) 524
—, »Bouvard et Pécuchet« (1881) 524
Florenz 485
Florida, spanische Kolonie in Nordamerika, später Bundesstaat der USA 507
Fontenelle, Bernard Le Bovier de, französischer Schriftsteller 537
Ford, Henry, amerikanischer Industrieller 518, 529
Fränkel, Hermann, Altphilologe 78
Franke, Herbert, Sinologe 149
Franken, westgermanisches Volk 303, 314, 330, 359, 375, 382, 388 f., 398 f., 404 f., 407 f., 410, 414, 438
Frankenreich 372, 388, 390 ff., 398 f., 408 f., 411, 414, 421
Franklin, Benjamin, amerikanischer Philosoph, Staatsmann und Schriftsteller 513, *Abb. 509*
Frankreich 230, 253, 294, 331, 382, 398, 410 ff., 418, 420, 424 f., 427, 429 f., 440, 484 f., 487 f., 493, 497, 500, 509, 530 f.
Franz I. von Angoulême, König von Frankreich 294, 487

Franziskaner, Mitglieder der drei auf Franz von Assisi zurückgehenden Orden 133, 372, 380, 430, 434, 436f.
Franziskus, Franz von Assisi, eigentlich Giovanni Benadone, Heiliger 430, 436f.
Französische Revolution (1789) 481, 485, 487ff., 493, 499ff., 514, 518, *Abb. 500*
Franzosen 280, 282f., 394
Freidank (Künstlername), Dichter 403
—, »Bescheidenheit« 403
Freimaurer 37
Freyer, Hans, Soziologe 366
Friedell, Egon, österreichischer Kulturhistoriker 132
Friedrich I. Barbarossa, Herzog von Schwaben (als Friedrich III.), deutscher König und Kaiser 376, 396, 404, 415, 419, 423f., 431, 434, 439
Friedrich II. (Friedrich-Roger), deutscher König und Kaiser 315, 369, 371, 375, 398, 403, 411, 418, 435, 440
Friedrich III., Sohn Herzog Ernsts des Eisernen von Österreich, deutscher König und Kaiser 417
Friedrich I., Ritter von Staufen, Herzog von Schwaben 411
Friedrich I., Sohn des Großen Kurfürsten, König in Preußen (als Kurfürst von Brandenburg Friedrich III.) 485
Friedrich II., der Große, Sohn Friedrich Wilhelms I., König von Preußen 375, 401, 481, 485, 515
Friedrich, Erzbischof von Mainz 423
Friedrich Wilhelm I., Kurfürst von Brandenburg, König von Preußen 484f., *Abb. 485*
Friesen, westgermanisches Volk 398
Froude, James Anthony, englischer Historiker 515
Fürsten, deutsche 411, 485
Fugger, Jakob, der Reiche, Augsburger Patrizier 438, 441f.
Fugger, Kaufmannsfamilie in Augsburg 531
Full Employment Act (1946) in den USA 533

G

Galata, Stadtteil von Konstantinopel 326
Galilei, Galileo, italienischer Mathematiker und Physiker 434, 482, 495, 522
Galla Placidia, Tochter Kaiser Theodosius' I., des Großen 385

Gallien 369, 382, 387ff., 397f., 404f., 420, 438
Gama, Vasco da, später Graf von Vidigueira, portugiesischer Seefahrer 226, 380
Gana (Ghana, Ganata), Reich im westlichen Sudan 461, 472f.
Ganda, afrikanischer Volksstamm 455
Gandhi, Mōhandās Karamchand, genannt Mahatma, Führer der indischen Freiheitsbewegung 211, 236—239
Ganges, Fluß in Indien 200
Ganshof, François L., belgischer Historiker 366
Gao, historische Stadt in Afrika seit dem 7.Jh. 473
Gaulle, Charles de, französischer General und Staatsmann 483, 515
Gaza, Palästina 246
Gegenreformation 497
Geiserich, König der Vandalen 385
Gela, Sizilien 90
Gelasius I., Papst und Heiliger 306
Gelon, Tyrann von Gela und Syrakus 87
Genua 326
Georgien (Grusien), Landschaft am Südabhang des Kaukasus 341
Georgios Pachymeres, byzantinischer Philosoph und Historiker 347
Georgios Pisides, byzantinischer Dichter 339
Georgios Synkellos, byzantinischer Chronist 341
Germanen 303, 305, 384f., — 388 bis 392, 397, 404ff., 409, 438
Germanentum 381f., 389f.
Geschichtsbewußtsein, europäisches 515—522, 528
— im Mittelalter 368—376, 379ff., 434, 442
Geschichtsschreibung, ägyptische 27, 58f.
—, byzantinische 303, 336—342, 344, 346f.
—, chinesische 135, 137, 141, 144, 151—159, 163f., 166, 173, 176, 179, 195
—, europäische 494, 517—522
—, griechische 28, 59, 291, 339, 348, 516
—, indische 213, 224
—, islamische 260, 264f.
—, römische 291f., 348
—, russische 291f., 348
Geschlechterstaat, patrizischer in Rom 101
Gewerkschaften 285f., 531
Ghassāniden, arabische Dynastie 244
Ghazna(Ghaznīn),Afghanistan 272
Ghaznawiden, türkische Dynastie 272, 278

al-Ghazzālī, Abū Hāmid Muhammad, islamischer Theologe und Philosoph 257f., 260, 272
Gibbon, Edward, englischer Historiker 294
—, »History of the Decline and Fall of the Roman Empire« (6 Bde. 1776—1788) 294f.
Gierke, Otto von, Rechtsgelehrter 72
Gilbert de la Porrée, Bischof von Poitiers, französischer scholastischer Philosoph und Theologe 432
Glasenapp, Otto Max Helmuth von, Indologe 217
Gnosis (Erkenntnis), religiös-philosophische Bewegung im Altertum 121, 344
Goa (Sindabur) 226, 230
Goethe, Johann Wolfgang von, Dichter 136f., 518
Goës, Benito de, portugiesischer Jesuitenmissionar und Reisender 133
Goldene Bulle Karls IV. von Nürnberg und Metz (1356) 405, 411, 426
Goldenes Horn, Hafenbucht von Konstantinopel 323
Gondwāna (Land der Gond), das östliche Zentralindien 225
Gonzales de Mendoza, Juan, spanischer Augustinermönch 134
—, »Historia de las cosas más notables, ritos y costumbres del gran reyno de la China« 134
Gorze, Benediktinerabtei bei Metz, Reformkloster 423
Goslar 429, 439
Goten, Hauptvolk der Ostgermanen 382, 389
Gottesfriede (treuga Dei) 422, 439
Gottfried von Straßburg, Meister der höfischen Epik 403
—, »Tristan und Isolde« (Versepos, um 1210) 403
Granada, Andalusien 386
Gratian, oberitalienischer Kamaldulensermönch, Systematiker des Kirchenrechts 431
—, »Decretum Gratiani« (um 1145) 431
Great Society, Sozialprogramm Lyndon B. Johnsons 516, 535
Greco, El, eigentlich Dominikos Theotokópoulos, griechisch-spanischer Maler und Bildhauer 358f.
Grégoire, Henri, belgischer Professor für griechische und byzantinische Geschichte 297
Gregor von Nazianz, genannt der Theologe, griechischer Kirchenlehrer 334, 343, 384
Gregor von Nyssa, griechischer Kirchenvater, Heiliger 384

NAMEN- UND SACHREGISTER

Gregor I., der Große, Papst und Kirchenlehrer, Heiliger 371, 388, 392
Gregor V., vorher Brun, Bischof von Augsburg, Papst 416
Gregor VII., der Heilige, vorher Hildebrand, Mönch aus Soana, Papst 411, 418, 422, 427, 432, 494, 517
—, »Dictatus Papae« (1075) 427
Gregor IX., vorher Ugolino, Graf von Segni, Kardinalbischof von Ostia, Papst 435
Gregor XI., vorher Pierre Roger de Beaufort, Kardinaldiakon, Papst 400
Gregor XIII., vorher Ugo Buoncompagni, Kardinal von San Sisto, Papst 36, 372
Gregor, eigentlich Georgius Florentinus, Bischof von Tours 407
Gregoras, Nikephoros, byzantinischer Geschichtsschreiber 331, 345, 347
Grekow, Boris Dmitriewitsch, russischer Historiker 292
Griechen 32, 35f., 63, 73, 86, 96, 99, 114, 124, 214, 293, 361f., 383, 392, 414
Griechenland 31, 36, 41, 49, 60 bis 63, 67–101, 110–116, 118 bis 127, 291, 317, 331, 351, 357f., 360, 488, 516
Griechentum 73, 77f., 92, 114, 289, 291, 298, 337, 350, 361f.
—, Adel 47f., 69–77, 92, 122
—, Erziehung 57, 61
—, Kunst 28, 56
—, Literatur 28, 57
—, Priestertum 53, 54, 58, 120f.
—, Religion 28, 54, 99
—, Sprache 28, 338, 360, 383f., 392
—, Staaten, Außenpolitik der 83f., 86, 94–101
—, —, Zusammenhang der Außen- mit der Innenpolitik 83f., 86
—, Wissenschaft 60
Grundmann, Herbert, Historiker 480f., 517
Guardini, Romano, katholischer Religionsphilosoph 366
Gujarāt, Landschaft in Indien 226
Gundebald (Gundobad), König der Burgunder 397
Gundischapur, Elymais 255
Gustav II. Adolf Wasa, König von Schweden 485
Gutäer (Qutäer, Quti), Volksstamm 38
Gutenberg, Johann(es), Sohn des Friele Gensfleisch vom Hof zu Gutenberg in Mainz, Erfinder der Buchdruckerkunst 444

H

Habsburger, deutsches Herrschergeschlecht 411, 418, 485, 488, 503

al-Hādī, abbasidischer Kalif in Bagdad 274
Haithabu (Habe auf der Heide, dänisch Hedeby; vordem Sliaswich), an der Schlei südlich Schleswig 438
Halde, Jean-Baptiste du, französischer Gelehrter 135
—, »Description géographique, historique, chronologique, politique de l'empire de la Chine« (1735) 135
—, »Lettres édifiantes et curieuses etc.« (1702–1776) 135
—, »Mémoires concernant l'Histoire, etc. des Chinois« (1776–1814) 135
Hammurabi, König von Babylon 33, 44
—, Gesetzessammlung 28
Han, chinesische Dynastie (206 v. Chr.–220 n. Chr.), 141, 153, 156, 158, 161–166, 169, 172, 174ff., 187, 190
—, Wuti (Wu-di), Kaiser 165, 174
Hanafiten, siehe Abū Ḥanīfa
Hanbaliten, siehe Ibn Hanbal
Han Fei, chinesischer Philosoph 152, 160
Hanse, deutscher Kaufmannsbund im Mittelalter 437f., 441
Harappa- oder Induskultur (Neolithikum) 38
Harnack, Adolf von, evangelischer Theologe 490
Harsha, König von Thanesvar, Indien 215
Hārūn ar-Rašīd (der recht Geleitete), abbasidischer Kalif in Bagdad 274
Hāschim, Sippe der Koraisch 256, 267
Hastings, Warren, erster Generalgouverneur von Indien 231
Haussa (Hausa), mohammedanisches Mischvolk in Nordnigeria 455
Hawaii-Inseln, Inselgruppe im nördlichen Stillen Ozean 508
Hegel, Georg Friedrich Wilhelm, Philosoph 14, 17, 138f., 418, 445, 481f., 486, 491, 494f., 515, 517, 536
—, »Die Verfassung Deutschlands« (1801/2) 418
—, »Vorlesungen über die Philosophie der Geschichte« (1837) 138, 517
Hegemonie in der klassischen Zeit Griechenlands, Vormachtstellung eines Staates 96ff.
Heimpel, Hermann, Historiker 444
Heine, Heinrich (ursprünglich Harry), Dichter 525f.
Heinrich I., Herzog der Sachsen, deutscher König 399, 410, 415

Heinrich II., der Heilige, Sohn Heinrichs II., des Zänkers, Herzog von Baiern, deutscher König und Kaiser 399, 416, 422
Heinrich III., Sohn Konrads II., deutscher König und Kaiser 417, 424
Heinrich IV., Sohn Heinrichs III., deutscher König und Kaiser 399, 411, 418, 422, 427, 431, 439
Heinrich V., Sohn Heinrichs IV., deutscher König und Kaiser 424, 431 Abb. 417
Heinrich VI., Sohn Friedrichs I., deutscher König und Kaiser 395, 399, 411, 419, 440
Heinrich VII., Sohn Graf Heinrichs III. von Luxemburg, deutscher König und Kaiser 375
Heinrich III., König von Frankreich 133
Heinrich IV., Sohn Antons von Bourbon und der Johanna d'Albret, König von Navarra, später König von Frankreich 485, 487
Heinrich I. (Beauclerc, der schöne Gelehrte), jüngster Sohn Wilhelms I., König von England 412
Heinrich II., Sohn Gottfried Plantagenets und der Mathilde, Tochter König Heinrichs I., König von England 412, 432
Heinrich VIII., Sohn Heinrichs VII., König von England 485
Heisenberg, August, Byzantinist 297
Heliand, altsächsische Evangeliendichtung 395, 404
Heliodoros, hellenistischer Dichter 337
Hellenismus, von Johann Gustav Droysen eingeführte Bezeichnung für die Kulturperiode von Alexander bis Augustus 84, 93f., 98–101, 127, 331, 339, 351, 354ff., 359ff., 482
—, Städte 98–101, 114f.
Hellenistische Herrschaftsethik 99, 123f.
Hellespont (Dardanellen) 326
Heloten, versklavte, an die Scholle gebundene Bauernschaft Lakoniens 72
Hephtaliten (Kidariten, Huna, Weiße Hunnen), zentralasiatisches Nomadenvolk 325
Herakleia Pontika am Schwarzen Meer 127
Herakleios, byzantinischer Kaiser 305, 307f., 313, 317, 339f., 390
Herder, Johann Gottfried von, Historiker und Philosoph 515

NAMEN- UND SACHREGISTER

Herodot, griechischer Geschichtsschreiber 59, 62, 81, 93, 291, 339, 383, 516
Hesiod(os), griechischer Epiker und Rhapsode aus Askra 58, 338, 383
—, »Theogonie« (episches Lehrgedicht) 36
Hesychasten, Mönchssekte der morgenländischen Kirche 318, 337, 343, 346, 348f., 358
Hetairie (hetaireia, Kameradschaft), in den griechischen Staaten politischer Klub der Aristokratie 82
Hethiter, indogermanisches Volk 36, 39, 44
Hethiterreich 30, 32, 67
Hidschra, Hedschra (arabisch, Auswanderung) 247
Hierakonpolis (Oberägypten) 42
Hieron I., Tyrann von Gela und Syrakus 87
Hieronymus, römischer Kirchenvater 336, 374, 381, 384ff.
Hilarianus, Quintus Iulius, Bischof in Afrika 369, 371
—, »De cursu temporum« 369
—, »De duratione mundi« 369
Hildebrandslied, germanisches Heldenlied 395
Hildegard von Bingen, Äbtissin im Benediktinerkloster Rupertsberg bei Bingen, Mystikerin 376, 378, 402, 434
Hima (Bahima, Wahima, Wahuma), nilotisches Volk in Uganda 455
Himera septentrionalis, Fluß an der Nordküste Siziliens 90
Hindu, Anhänger des Hinduismus in Indien 199, 206, 209—212, 219—229, 235ff.
Hinduismus 202, 205—212, 219f., 223—229, 232, 234, 238ff.
Hippo Regius, Hafenstadt in Nordafrika (heute Bône in Algerien) 369, 385
Hirsau, im nördlichen Schwarzwald, Benediktinerkloster 423
Historismus, Betrachtungsweise, die in geschichtlichen Bedingungen die Erklärungsgründe sieht 518f., 524
Hitler, Adolf, »Führer« und Reichskanzler 522, 538
Hobbes, Thomas, englischer Philosoph und Staatstheoretiker 494
Hochkulturen, Ursprung 29ff., 34, 150
—, Entfaltung 31f.
Hohenzollern, Herrschergeschlecht 502
Holländer 133, 226, 230, 280, 479
Homer(os), griechischer Dichter 63, 69, 73, 99, 335, 361, 382
—, »Ilias« 69f., 382
—, »Odyssee« 382

Honan, chinesische Provinz *Abb. 145*
Honorius (II.), vorher Petrus Cadalus, Kanzler Kaiser Heinrichs III., Bischof von Parma, Gegenpapst *Abb. 422*
Hopf, Karl, Historiker 297
Horaz, Quintus Horatius Flaccus, aus Venusia, römischer Dichter 381
Hornung, Erik, Ägyptologe 58
Hosios Lukas, byzantinisches Kloster bei Delphi 357
Hottentotten (Khoi-Khoin), Völkerfamilie in Süd- und Südwestafrika 455
Hsin, chinesische Dynastie 164
Hsiung-nu (Hiung-nu, Hunnen), zentralasiatisches Nomaden- und Reitervolk 188
Huang Ch'ao, chinesischer Rebellenführer 180
Huang-ho (Hoang-ho, Gelber Fluß) 151, 163, 172, 186f.
—, -Tal 148
Hübinger, Paul Egon, Historiker 387f., 391
Hugo, Abt von Cluny, Heiliger 422
Hulsewé, Anthony François Paulus, niederländischer Sinologe 159
Humanismus 293, 353, 372, 375
—, im Oströmischen Reich 328, 342f., 346, 348
Humāyūn, Sohn des Bābur, Mogul-Kaiser 227
Humbert von Moyen-Moutier, Kardinal, Bischof von Silva Candida 424f.
—, »Libri tres adversus simoniacos« (1057/58) 424f.
Hunain, Schlacht (630) 251, 268
Hunnen 361, 387, 390
Hu Shih, chinesischer Gelehrter 153, 190
Hussiten, Anhänger des Jan Hus in Böhmen 430
Hutten, Ulrich von, Reichsritter und Humanist 442
Hutu (Bahutu), Bantu-Stamm in Ruanda/Urundi 455
Humiliaten, aus einer Büßerbruderschaft frommer Laien in der Lombardei hervorgegangener Orden 430
Hyksos, asiatisches Volk 45

I

Ibn Hanbal, Ahmad ibn Muhammad, islamischer Theologe und Gründer einer orthodoxen Rechtsschule (Hanbaliten) 259
Ibn Ruschd, Abū'l-Walīd Muhammad ibn Ahmad ibn Muhammad (Averroës), arabischer Philosoph 345, 370

Ibn Sīnā, Abū 'Alī 'l-Husain ibn 'Abdallāh (Avicenna), islamischer Arzt und Philosoph 257, 345
Ibn-Tajmijja, arabischer Theologe und Jurist 259
Ibsen, Henry, norwegischer Dichter 525
Idrīsiden, schī'itische Dynastie im westlichen Nordafrika 270
Ife (Ilife), kulturelles Zentrum des alten Yorubareiches, Südnigeria 463
I Ging (I Ching), Buch der Wandlungen, kanonisches Buch des Konfuzianismus 152, 157, 182
Ikone, Tafelbild der griechisch-orthodoxen Kirche 356ff.
Illyrer, indogermanische Volksgruppe 361
Imām (arabisch, Führer, Vorbild), geistliche Würde des Kalifen 272, 274
Imperialismus 136, 487, 490, 508
Inder 199ff., 207ff., 213, 218, 221ff.
Indien 38, 132, 138, 144, 153, **199—240**, 246, 272, 277f., 280f., 324, 349, 479, 482f., 498, 530
—, Adel 201, 203, 211, 214, 216, 225
—, Bauern 201, 211
—, Gesellschaftsordnung 199f., 203, **206—212**, 214f., 218, 223, 229, 231, 238ff.
—, Handelsleute 201, 211
—, Indische Union 199, 229, 237, 239
—, Kastenwesen 206, 208, 210ff., 219, 223f., 229, 231, 238ff.
—, Kult 202—204, *Abb. 208f.*
—, Kultur **200—207**, 218f., 223
—, Nationalkongreß 233, 235f.
—, Proklamation vom 1.11.1858 232f.
—, Religion **200—207**, **209—212**
—, Ritualwesen, siehe Kult
— und China 147
—, Volksglauben 201, 204
—, Wiedergeburt 204f., 207, 209, 219
Indischer Ozean 277, 324
Indochina 209
Indologie 231, 234
Indonesien 209, 230, 278f., 479
Indra, indischer Gott 201
Indus (Sindhu), Fluß in Nordostindien 29
Indus- oder Harappa-Kultur (Neolithikum) in Nordindien 38
Industrie, Industriegesellschaft 280, 490, 493, 502, 504f., **528 bis 535**
Innenpolitik im alten Griechenland, als Funktion der Außenpolitik 83, 84
—, selbständige 84
Innozenz III., vorher Lotario Graf von Segni, Kardinal von San Sergio, Papst 430

NAMEN- UND SACHREGISTER

Innozenz IV., vorher Sinibaldo de' Fieschi, aus Genua, Papst 375
Inquisition, Glaubensgericht 429f.
Institutionen Justinians, Teil des Corpus iuris civilis 431
Interregnum in Deutschland (1254 bis 1273) 440f.
Investiturstreit 422, 424f., 427 bis 430, 439, *Abb. 417*
Ioner, griechische Stammesgruppe 96
Ionischer Aufstand 92
Irak 245, 250f., 254f., 265, 271
Iran, siehe Persien
Iren 382, 388, 409
Irene (Eirene), Gemahlin Kaiser Leons IV., byzantinische Kaiserin 314, 318, 325, 413
Irland 409
Irnerius (Guarnerius), aus Bologna, Jurist, Grammatik- und Rhetoriklehrer 431
Isaak I. Komnenos, byzantinischer Kaiser 328
Isidor von Milet, oströmischer Baumeister 355, 358
Isidor(us) von Sevilla, aus Cartagena, spanischer Erzbischof und Kirchenlehrer, Heiliger 266, 451
Islam 243—286, 293, 305, 317, 331, 337, 349, 357, 361, 383f., 391f., 412
—, in Indien 199f., 209, 218 bis 230, 235ff.
—, Dichtung 255, 266
—, Expansion, erste 250—254, 273, 277
—, —, zweite 278f.
—, Gesellschaftsordnung 276 bis 279, 285, *Abb. 424f.*
—, Heer 249, 252f., 273
—, Kultur 219, 223, 254—266, 277—280, 285, 361, *Abb. 257*
—, Minderheitenpolitik 250, 268, 279
—, Religion 243, 246, 248, 253 bis 256, 266
—, Staat 249—253, 262
—, Stammesstruktur 249f., *Abb. 248*
—, Tradition, Rolle der 258ff., 269
—, Umma, Gemeinschaft der Gläubigen 248f.
—, Verwaltung 253, 268, 275f.
—, Wissenschaft 259f., 264, 266, *Abb. 272f.*
Ismāʿīl, Safawiden-Schah von Persien 274
Ismāʿīliten, schīʿitische Sekte 271
Isokrates, griechischer Rhetor 53
Isolationismus in den USA 507
Israel 34, 39, 54, 282, 488
—, Geschichtsschreibung 28, 59
—, Königtum 40f.
—, Literatur 28, 32
—, Religion 32, 34, 37
—, Säkularisierung 32

Israeliten 34, 38, 42
Italien 69, 111ff., 289, 293, 331, 343, 358, 360, 387, 389f., 397, 408, 414f., 420, 424, 429, 438ff., 481, 483, 485, 488f., 492, 497, 500, 530
—, Bauern 128
—, Mittel- 404, 440
—, Nord- 388, 404, 418, 425, 440
—, römische Städte 116
—, Romanisierung 113
—, Seestädte 439
—, Stadtstaaten 325, 330f., 440, 484
—, Stammestum 69
—, Unter- (Süd-) 127, 315, 357, 387, 398, 418f., 440
Italischer Bund 113
Iustinian I., Flavius Anicius Iustinianus, oströmischer Kaiser 289, 300, 302ff., 307, 310ff., 316f., 321ff., 325f., 339, 355f., 359, 387f., 390, 417, 431
—, »Corpus Iuris Civilis« 316, 326, 339, 387, 431
Iustinian II., Sohn Konstantins IV., byzantinischer Kaiser 308
Iustinus II., oströmischer Kaiser 325
Iwan IV. Wasiljewitsch, Grosnij (der Schreckliche), Sohn Wasilijs III., Zar von Rußland 292, 502

J

Jahāngīr (Salīm), Sohn des Akbar, Mogul-Kaiser 228, 230
Jahjā, Sohn des Chālid, Wezir der ʿAbbāsiden 269
Jahve, Eigenname Gottes im Alten Testament 41
Jaina, siehe Jina
Jakobiner, einflußreicher politischer Klub während der Französischen Revolution 487, 518
Jakobiten, antiochenische Monophysiten 317
Jamblichos, griechischer Neuplatoniker aus Chalkis 351
Japan 148, 157, 183, 189f., 480, 498
—, Kaiserhaus 305
Jaspers, Karl, Philosoph 140
Jaurès, Jean Léon, französischer Politiker und Philosoph 515
Jeanne d'Arc, französische Nationalheldin, Heilige 412
Jefferson, Thomas, Präsident der Vereinigten Staaten 499, 518
Jemen 244
Jericho, Palästina 30, 34
Jerusalem (hebräisch: Jeruschalajim, arabisch: el Kuds) 244, 378, 428

Jerusalem, lateinisches Königreich 330, 428
Jesaja, der erste der großen jüdischen Schriftpropheten 39
—, Deutero-, Prophet der jüdischen Exilszeit 39
Jesuiten, Orden der Gesellschaft Jesu (Societas Jesu) 133f., 136, 138, 227
Jesus von Nazareth 36f., 517, 522
Jina (Jaina), Angehöriger der indischen Jina-Sekte 215, 227
Jinismus (Jainismus), nach Jina, indische Sekte 205f., 209
Jinnah, Mohammed Ali, pakistanischer Politiker *Abb. 284*
Jiretschek, Constantin Joseph, serbischer Historiker 296
Joachim di Fiore (von Floris), Abt des Zisterzienserklosters in Fiore (Kalabrien) 371, 434f.
Johann I. Ohneland, jüngster Sohn Heinrichs II., König von England 440
Johannes der Täufer, Sohn des Zacharias 44, 373
Johannes von Damaskos, Heiliger, Mönch im Kloster Saba bei Jerusalem 340f., 343, 362
—, »Barlam und Joasaph« 341
—, »Pege gnoseos (Quelle der Erkenntnis)« 341
Johannes I. Tzimiskes, byzantinischer Kaiser 327, 342
Johannes II. Komnenos, byzantinischer Kaiser 329
Johannes VI. Kantakuzenos, byzantinischer Kaiser 331, 345, 347
—, »Geschichten« 347
Johannes V., Syrer, Papst 308
Johannes Italos, byzantinischer Philosoph 345
Johannes Kinnamos, byzantinischer Historiker 346
Jolly, Julius, Indologe und Indogermanist 218
Jones, Sir William, englischer Orientalist und Jurist 231
Jorga, Nikolai, rumänischer Historiker und Politiker 291, 296
Joseph II., König von Ungarn, Kaiser 481
Joyce, James Augustine Aloysius, irisch-englischer Dichter 528
Juden 282, 437, 517
— und der Islam 250, 253, 255, 264
Judentum 37, 39, 51, 298, 302, 304, 331, 337, 344
Julian Apostata, Flavius Claudius Iulianus, römischer Kaiser 54, 121, 337f., 350f., 357, 361, 384
Jurchen, tungusisches Volk in der Manchurei 165, 175, 188
Justinian, siehe Iustinian

NAMEN- UND SACHREGISTER

K

Kabasilas, N., griechischer Theologe 350
Kabīr, nordindischer religiöser Reformer 224 f.
Kabīrpanthis, nach dem Reformer Kabīr, indische Sekte 224
Kadesch am Orontes 58
Kairo, Al-Azhar-Universität 286
–, Moristan, Krankenhaus aus dem 13. Jahrhundert Abb. 273
Kaisareia (Caesarea), Kappodokien 327
Kaiserkanal, 1290 durch Khubilai Khan vollendet, China 147, 187
Kaisertum, byzantinisches 299 bis 306, 307–320, 323, 326, 353, 374, 387 f., 390, 392, 413, 416 f., Abb. 304
–, chinesisches 158 f., **162–170**, 172 f, 175 ff., 180
–, lateinisches 300, 314, 330, 359, 374, 391
–, mittelalterliches 374 f., 386, 407, 409, **413–419**, 424 f., 484 f., 494, Abb. 416
–, römisches 373 ff.
Kaiser-Wilhelm-Gesellschaft zur Förderung der Wissenschaften (gegründet 1911) 490
Kalchas, Wahrsager im griechischen Heer vor Troja 53, 58
Kalenitsch, Serbien 358
Kalif (arabisch: chalīfa), die Nachfolger Muhammads als weltliche Herrscher 250, 267–273, 305, 317
Kalifat **267–273**, 275
Kalifornien, mexikanisches Territorium in Nordamerika, später Bundesstaat der USA 507
Kalitsunakis, Johannes, griechischer Philologe 297
Kallisthenes, griechischer Geschichtsschreiber 92
Kambyses II., König von Persien 38
Kamose Wadjcheperrê, König von Ägypten 58
Kanaan, Küstentiefland von Palästina 34
Kanada 507
K'ang-hsi, Kaiser der Ch'ing 166
K'ang Yu-wei, chinesischer Politiker 169, 180, 193 f.
–, »Buch über die Große Gemeinschaft« (Ta-t'ung-shu) 193
Kanonistik, Lehre vom geistlichen Recht, siehe Recht, kanonisches
Kant, Immanuel, Philosoph 486 f., 494 f., 499, 502, 514, 518
Kapetinger, nach Hugo Capet benanntes französisches Königsgeschlecht 398, 410, 412

Kapitalismus 529 ff.
Kappadokien 357
Kappadoker, die drei großen Kirchenlehrer, die Heiligen Basilius, Gregor von Nazianz und Gregor von Nyssa 336 f.
Karl I., der Große, König der Franken und Kaiser 374 f., 384, 388, 391, 395, 398 f., 404, 407, 409 f., 413 f., 421, 481
Karl II., der Kahle, Sohn Ludwigs des Frommen und der Judith, König von Westfranken und Italien, Kaiser 409
Karl III., der Dicke, jüngster Sohn Ludwigs des Deutschen, König von Ostfranken, Italien, Westfranken, Kaiser 410
Karl IV. (ursprünglich Wenzel), Sohn Johanns von Böhmen, deutscher König und Kaiser 375, 403, 405
Karl V., Sohn Philipps des Schönen von Österreich und der Johanna von Kastilien und Aragon, König (Karl I.) von Spanien, deutscher König und Kaiser 375, 398, 418, 442, 444
Karl I. Stuart, Sohn Jakobs I., König von England 485
Karl X. Gustav, Sohn Johann Kasimirs von Pfalz-Zweibrücken, König von Schweden 485
Karl XII., Sohn Karls XI., König von Schweden 485
Karl Martell, Herzog und Hausmeier des Frankenreiches 252, 391, 408
Karlmann, Sohn Karl Martells, Hausmeier in Austrien, Alemannien und Thüringen 408
Karlmann, Sohn Pippins des Kleinen, Mitkönig Karls des Großen 409
Karman (die Tat), Gesetz des 205, 207 f., 210, 212, 219, 234
Karolinger, fränkisches Herrschergeschlecht 372, 391 f., 394, 404, **408–411**, 420 f.
Kartäuser, von Bruno von Köln gegründeter und nach dem ersten Kloster Chartreuse genannter Einsiedlerorden 422 f.
Karthago (arpt-hadascht), Nordafrika 73, 90, 93, 385
Kaspisches Meer 324
Kassiten (Kossäer), turanides Gebirgsvolk 38
Katalaunische Felder (nach Catalauni, Stamm der Belger) in der Champagne 387
Katharer, vom Balkan nach Westeuropa sich ausbreitende christlich-manichäische Sekte 429 f., 435, 443
Kaufleute im Mittelalter 437 ff., 441 f.

Kaukasus 277, 323, 359
Kautilya (Cānakya), indischer Politiker 214
–, »Arthashāstra« (politisches Handbuch) 214 ff.
Kawadh I., König von Persien 325
Kedrenos, Georgios, byzantinischer Mönch und Chronist 346
Kekaumenos, byzantinischer Schriftsteller 246
Kelten, indogermanische Völkergruppe 73, 382, 392, 394
Kemal Pascha, Mustafa (Kamal Atatürk), türkischer Staatsmann 284, 359
Kepler, Johannes, Mathematiker und Astronom 379
Kerullarios (Caerularius), Michael, Patriarch von Konstantinopel 318
Khitan (Ch'i-tan), mongolisches Volk 175, 188
Khubilai (Chubilai, Kublai), Enkel des Tschinghis Khan, Großkhan der Mongolen, Kaiser der Yüan 168
Kierkegaard, Soren Aabye, dänischer Philosoph 523
Kiew, am Dnjepr, Großfürstentum 291
Kirche, christliche 535
–, griechisch-orthodoxe 291, 319, 350 f., 370
–, -(oströmische) 306, 316–319, 337–341, 345, 348 ff., 352, 361, 384, 388, 430
–, -(russische) 291 f., 340, 348, 370
–, jakobitische 317
–, koptische 317
–, römisch-katholische (lateinische) 134, 384, 388 f., 392, 402, **404–407**, 409 f., 413, 417 f., **420–431**, 435 ff., 480 f., 494 f., 497, 511, 522
Kirchenreform im Mittelalter 384, **424–432**
Kirchenunion von Florenz (1274) 318
Kirchenstaat (lateinisch: Patrimonium Petri) 424
Klaproth, Heinrich Julius, Orientalist 137
Kleinasien, Anatolien 35, 39, 90, 101, 127, 278, 291, 299, 327, 359 f., 387, 391
Kleisthenes, athenischer Staatsmann 76, 78 f., 101
Kloster 420–423, 428
–, Reform 421 f., 429
Königtum, afrikanisches 459, 468, 471 ff.
– in Ägypten 31, 40, **42–47**, **49–52**, 54, 61, 99
– in Deutschland 398, 410, **423** bis **426**, 440, 494
–, fränkisches 68
– in Griechenland 44, 68 ff., 74, 99 f.
– in Indien 203, 214–218

Königtum, mittelalterliches 420, 431
— in Rom 73, 101 f.
Kolonat, bäuerliche Siedlungsform im Römischen Reich 128
Kolonialismus 278, 490
Kolonien, Auflösung der 509
Kolonisation, griechische 49, 96, 111
—, römische 73, 111
Kolumbus, Christoph (Christoforo Colombo, Christóbal Colón), italienischer Seefahrer 380, 444
Kommunismus 283, 285f., 480, 502
— in China 170, 183, 194f., 504
—, Parteien 490, 498
Kommunisten, russische 281, 489, 504, 514
Kommunistisches Manifest (1847/1848) 523
Komnenen, byzantinische Dynastie 329f., 345f., 357f.
Komödie, attische 82
Kondakow, Nikodim Pawlowitsch, russischer Kunsthistoriker 295
Konfuzianismus 134, 149, 153, 155, 157f., 160—165, 169ff., 174f., 178—183, 185, 189—196
Konfuzius (K'ung fu-tzu, Meister K'ung, K'ung Chung-ni, K'ung Ch'iu) 134, 137, 153, 158, 160, 163, 167, 182, 190, 193
—, »Ch'un-ch'iu (Frühlinge und Herbste)« 153, 155, 158, 190
Kongo, Mittelafrika 450
Konkordat zwischen Papst Paschalis II. und König Heinrich I. von England (1107) 432
—, Wormser (1122) 424, 427
Konrad I., Herzog der Franken, deutscher König 410
Konrad II., deutscher König und Kaiser 399, 424
Konrad III., Sohn des Staufers Friedrich von Schwaben, deutscher König und Kaiser 330, 416, 418
Konrad IV., Sohn Friedrichs II., deutscher König 418
Konstantin I., der Große, Flavius Valerius Constantinus, römischer Kaiser 310f., 316f., 321, 334—338, 355, 371, 373f., 382, 384, 387—390, 392, 414, 420
Konstantin V. Koprónymos, Sohn Leons III., byzantinischer Kaiser 308
Konstantin VII. Porphyrogénnetos, Sohn Leons VI., byzantinischer Kaiser 291, 301, 303, 315, 336, 338, 342f., 357
—, »De administrando imperio« (950) 342
—, »Themenbuch« 342
—, »Zeremonien des byzantinischen Hofes« 301, 303, 342

Konstantin IX. Monomáchos, byzantinischer Kaiser 328
Konstantin Asen, bulgarischer Zar Abb. 320
Konstantinische Schenkung (donatio Constantini), gefälschtes Dokument über die weltlichen Herrschaftsansprüche des Papstes 431
Konstantinopel (Byzanz) 101, 127, 289f., 298, 308, 322, 324, 330, 332, 334f., 346, 355f., 358ff., 374. 384, 386f., 390f., 417, 439
—, Apostelkirche 356
—, Hagia Sophia 301, 341, 355 bis 358
—, Universität 335f., 343
Konstanze, Tochter Rogers II. von Sizilien, Gemahlin Kaiser Heinrichs VI. 418f.
Konzil, ökumenisches, erstes, zu Nicaea (325), 384, 389
—, —, zweites, zu Konstantinopel (381), 317, 389
—, —, viertes, zu Chalkedon (451) 317, 339
—, —, sechstes, zu Konstantinopel (681) 384
—, —, siebentes, zu Nicaea (787) 340, 384, 409, 413
—, —, erstes Lateran- (1123) 427
—, —, drittes Lateran- (1179) 426, 430
—, —, viertes Lateran- (1215) 400, 430
—, —, dreizehntes, zu Lyon (1245) 375
—, —, sechzehntes, zu Konstanz (1414—18) 427
—, —, siebzehntes, zu Basel-Ferrara-Florenz (1431—45) 351, 427
—, —, tridentinisches (1545—63) 427
—, —, I. Vaticanum (1869—70) 427
—, —, II. Vaticanum (1962—) 522
Kopernikus, Nikolaus, Astronom 379, 434, 443f.
—, »De revolutionibus orbium coelestium libris VI« (1543) 443
Kopten, Anhänger der christlich-monophysitischen Kirche in Ägypten und Abessinien 244f., 255; 317
Koran (Qur'ān), das heilige Buch des Islam 246, 248, 250, 253 bis 265, 267—270
Korea 147, 514
Korinth, Peloponnes 94, 96
Koyré, Alexandre, französischer Kulturhistoriker und Pädagoge 381
Krakau, Polen 441
Kreta (Kaptar, Keftiu), Mittelmeerinsel 35, 68, 71, 77, 127
Kreuzfahrer im Hochmittelalter 346, 380, 390

Kreuzzüge 272, 278, 307, 331, 334, 357, 386, 434, 438
—, (1096—99, Erster) 391, 428
—, (1147—49, Zweiter) 416
—, (1202—04, Vierter) 374, 391
—, (1228/29, Sechster oder Fünfter) 403
Krieg, der europäische 483, 486, 488, 490, 491—494
Kriegsächtungspakt (Briand-Kellog-Pakt, 1928) 514
Kriegsverbrecherprozeß 514
Krishna, indischer Gott 206
Kritias, bedeutendster der »Dreißig Tyrannen« in Athen 82
Kritobulos, griechischer Historiker 347
Krumbacher, Karl, Byzantinist 296f.
—, »Geschichte der byzantinischen Literatur« (1891) 296f.
Kruschewatz, Serbien 358
Kshatriya, Kriegerkaste der Hindus 201
Kuba, Insel der Großen Antillen 508
Kütschük-Kainardsche in der Dobrudscha 281
Kûfa, Irak 257f., 269
Kukules, Phaidon I. 296
Kulakowskij, Julian Andrejevič, russischer Archäologe 296
Kung-yang-chuan, altchinesisches Geschichtswerk 190
Kunik, Arist Aristovič, russischer Historiker 295
K'un-lun, Gebirge Innerasiens 185
Kuo Mo-jo, chinesischer Dichter, Historiker und Politiker 139
Kurfürstenkollegium 399, 424, 441
Kusch, Land (Nubien) 460
Kushāna (Kushan), indoskythische Dynastie 214
Kuttāb (arabisch, Einzahl: kātib), Schreiber, Sekretäre 259, 269, 275
Kuwabara, Jitsuzō, japanischer Sinologe 138
Ku-wen, literarische Bewegung in China 189
Kyrill von Alexandrien, Kirchenvater, Heiliger 384
Kyrillos (eigentlich Konstantinos) aus Thessalonike, Apostel der Slawen, Heiliger 337, 342
Kyros II., König von Persien 38

L

Labbé, Philipp, französischer Gelehrter, Jesuit 294
Lactantius, Lucius Caecilius Firmianus, lateinischer Kirchenschriftsteller 371

NAMEN- UND SACHREGISTER

Lakedaimon, antiker Name des Staatsgebiets von Sparta 72. 95
Lampros, Spyridon P., griechischer Historiker 296
Lancaster, englisches Adelsgeschlecht 412
Lao-tzu, chinesischer Philosoph 182
—, »Tao-te-ching« 182
Laskaris, Konstantinos, byzantinischer Grammatiker 293
Lateinisches Kaiserreich der Kreuzfahrer in Konstantinopel 300, 314, 330, 359, 374, 391
Lateinische Sprache 299, 339, 360, 381, 383, 387f., 392—395, 397, 433
Latinischer Bund in Altitalien 111
Latmos, Höhlen bei Milet 357
Lattimore, Owen, amerikanischer Historiker 186
Lechfeld, zwischen Lech und Wertach, Schlacht 415
Legge, James, englischer Missionar 137
Leibniz, Gottfried Wilhelm, Philosoph, Mathematiker, Physiker, Jurist, Historiker, Schriftsteller 134f., 137, 494f.
—, »Novissima Sinica« (1697) 135, 137
Leiturgie (Volksdienst), unentgeltliche Leistung für den Staat, in Griechenland 79
Lelantischer Krieg 71
Lenin, eigentlich Uljanow, Wladimir Iljitsch, Begründer des Sowjetregimes in Rußland 500
Leo III., Papst 413
Leo IX., vorher Brun, Graf von Egisheim-Dagsburg, Bischof von Toul, Papst, Heiliger 425
Leon (Leo) I., der Große, oströmischer Kaiser 300
Leon (Leo) III., der Syrer, byzantinischer Kaiser 308, 318. 417
Leon (Leo) IV., der Chazar, Sohn Konstantins V. und einer Chazarenprinzessin, byzantinischer Kaiser 308
Leon (Leo) V., der Armenier, byzantinischer Kaiser *Abb. 336*
Leon, byzantinischer Mathematiker 336
Leon Diakonos, byzantinischer Schriftsteller 342f.
Leonardo da Vinci, italienischer Maler, Bildhauer, Naturforscher, Baumeister, Erfinder 434
Leontios von Byzanz, Kirchenschriftsteller 339, 341
Lessing, Gotthold Ephraim, Dichter und Kritiker 435, 495
—, »Nathan der Weise« (1779) 435
—, »Erziehung des Menschengeschlechts« (1780) 435
Leuktra, Stadt und Landschaft in Boiotien 97

Levante, Küstenländer des östlichen Mittelmeers 437
Levenson, Joseph Richmond, englischer Sinologe 149
Lewis, Sinclair, amerikanischer Schriftsteller 491
—, »Babbitt« (1922) 491
Lewtschenko, Mitrofan Vasiljewitsch, russischer Byzantinist 292
Liang Ch'i-ch'ao, chinesischer Geschichtsphilosoph und Politiker 194
Liao P'ing, chinesischer Philosoph 193
Libanios, griechischer Rhetor und Sophist 337
Liberalismus 286, 506, 519
Li-chi, altchinesisches Ritualhandbuch 190
Lichudes (Konstantinos III.), Patriarch von Konstantinopel 328
Lietzmann, Hans, evangelischer Theologe 297
Limburg, Schatzkammer des Doms zu 305
Lindsay, Jack, englischer Historiker 321
Litauen 412
Li Tzu-ch'eng, chinesischer Rebellenführer 177
Liu Chih-chi, chinesischer Gelehrter 155
Liu Hsin, chinesischer Bibliothekar 191, 193
Livius, Titus, römischer Geschichtsschreiber 383, 516
Locke, John, englischer Philosoph 494f., 499
Lodi, indische Dynastie 226
Löwenklau, Johann, Sprachwissenschaftler, Historiker, Rechtsgelehrter 294, 338
Lombardei 382, 404, 415, 425f., 429ff., 439
Lombardischer Städtebund (1167) 440
London 440
Longos, griechischer Schriftsteller 337
—, »Daphnis und Chloë« (um 300) 337
Lopnor, Morastgebiet in Chinesisch-Turkestan 324
Lothar I., Sohn Ludwigs des Frommen, Kaiser 409, 414
Lothar III., Graf von Supplinburg, Herzog von Sachsen, deutscher König und Kaiser 411
Lothringen 410, 423, 425
Louisiana, französische Kolonie in Nordamerika, später Bundesstaat der USA 507
Lu Chiu-yüan (Lu Hsiang-shan), chinesischer Philosoph 193
Lucanus, Marcus Annaeus, römischer Dichter 382
—, »Pharsalia« 382

Ludwig I., der Fromme, König des Frankenreiches, Kaiser 395, 409f., 413f., 421
Ludwig II., der Deutsche, Sohn Ludwigs des Frommen, König von Ostfranken 409
Ludwig II., Sohn Lothars I., König von Italien, Kaiser 414
Ludwig IV., das Kind, Sohn Arnulfs von Kärnten, König von Ostfranken, der letzte Karolinger im Ostfrankenreich 375, 410
Ludwig IV., der Bayer, Sohn Herzog Ludwigs II., Herzog von Bayern und der Rheinpfalz, deutscher König, Kaiser 375, 418, 440
Ludwig IX., der Heilige, Sohn Ludwigs VIII., König von Frankreich 330, 481
Ludwig XI., Sohn Karls VII., König von Frankreich 485, 487
Ludwig XIV. (Dieudonné), Sohn Ludwigs XIII., König von Frankreich 45, 483, 485, 487, 493, 497, 515, 523, *Abb. 484*
Ludwig XVI., Enkel Ludwigs XV., König von Frankreich 493
Lü Pu-wei, chinesischer Staatsmann, Minister des Königs Ts'in 178
Lübeck 403, 438, 441
Lukianos, griechischer Schriftsteller aus Samosata 342
Lumumba, Patrice, kongolesischer Politiker 450
Luschan, Felix von, Ethnograph 462
Luther, Martin, Reformator 371, 375, 427, 430, 442, 444
Luxemburger (Lützelburg), Herrschergeschlecht 411

M

Macaulay, Thomas Babington, Lord M. of Rothley, englischer Historiker und Politiker 232, 515
Machiavelli, Niccolò, florentinischer Staatsmann und Schriftsteller 483, 486, 519
Magistrat, gewählter Träger der vollziehenden Gewalt in Rom 102—105
Magistrat cum imperio (Prätoren) 104
Magna Charta libertatum, altenglisches Grundgesetz (15.6.1215) 440, 499
Magyaren 491
Mahdî-Staat, Sudan 279, 284
Maier, Anneliese, Historikerin 434
Mailand 385, 425, 439

NAMEN- UND SACHREGISTER

Maillac, Joseph-Anne-Marie de Moria de 135, 139
—, »Histoire générale de la Chine« (1777—1783) 135, 155
Mainz 425
Maitreya, zukünftiger Buddha 182 bis 184
Makarios der Ägypter, Mönch, Heiliger 337, 348
Makedonien, nordwestgriechischer Staat 68, 97, 99, 101
Makedonische Dynastie, byzantinisches Herrscherhaus 308f., 326, 329, 344
Malalas, Johannes, byzantinischer Chronist 339
Malaya 278f.
Mali, Reich am oberen Niger, Westafrika 473
Mamlūken, ägyptische Dynastie 276
al-Ma'mūn, 'Abdallāh, abbasidischer Kalif in Merw und Bagdad 257, 274f.
Manchu (Ch'ing), chinesische Dynastie (1636/44—1911), 134, 150, 154, 158, 165ff., 169, 177, 180f., 189
—, K'ang-hsi, Kaiser 166
—, Yung-cheng, Kaiser 166
Manchu, tungides Volk Ostasiens 134 136, 149, 164, 169, 177

Mandasor (Mandasaur), Städt in Zentralindien 211
Mandingo (Mandinka, Mande), Gruppe von Stämmen zwischen Obersenegal und Niger, Westafrika 473
Manegold von Lautenbach, Augustiner-Chorherr, Anhänger Papst Gregors VII. und Gegner Heinrichs IV. 427
Manetho, ägyptischer Priester 59
Maniakes, Georgios, byzantinischer Heerführer, Gegenkaiser 328
Manichäismus, persische Religion 182, 317, 429
Mantzikert, Armenien 328
Manu, in der indischen Mythe Stammvater und erster König. Ihm wird ein Rechtsbuch (Manusmriti) zugeschrieben 218
Manuel I. Komnenos, Sohn Johannes' II., byzantinischer Kaiser 303, 330, 346
Manuel II. Palaiologos, Sohn Kaiser Johannes' V., byzantinischer Kaiser 350
Mao Tse-tung, chinesischer Staatsmann 194
Marathen (Mahratten), indisches Volk im Dekhan 235
Marokko 252, 270, 277
Marshall-Plan, Wirtschaftshilfsprogramm der USA nach dem Zweiten Weltkrieg 513

Martin(us), Bischof von Tours, Heiliger 369
Marx, Karl Heinrich, Begründer des materialistischen Sozialismus (Marxismus) 80, 139, 150, 445, 490, 501f., 503ff., 523, 529, 539
Marxismus, Lehre von Karl Marx 13, 102, 125, 139f., 157, 192, 194, 480, 496, 501f., 504, 531
Massachusetts, Bundesstaat der USA 483
Massalia (Massilia, Marseille), Südfrankreich 77, 460
Materialismus, dialektischer 496
Mathematik im Altertum 36, *Abb*, 33
Mathilde, Tochter König Heinrichs I. von England, Gemahlin Kaiser Heinrichs V. und danach Gottfried Plantagenets, Grafen von Anjou 412
Maulà (Plural: māwālī), neu zum Islam Bekehrter 249, 268
Maurikios (Mauricius), oströmischer Kaiser 308
Maurya (Moriya), altindische Dynastie 216
Maxim Grek (M. der Grieche), Mönch auf dem Athos 291
Maximilian I., Sohn Friedrichs III., deutscher Kaiser 418, 442
Maximos Konfessor, byzantinischer Theologe 340, 343
McKinley, William, Präsident der USA 516
Meder 38
Medici, florentinisches Patrizier- und Handelsherrengeschlecht 442, 485
Medici, Cosimo (il Vecchio) de', Sohn des Giovanni de Bicci de' Medici, Haupt der Volkspartei von Florenz 351
Medina (Madīnat an-nabī, vorislamisch: Jathrib) 246—251, 256, 258, 261, 269
Megenberg, Konrad von, Regensburger Domherr 378
—, »Buch der Natur« 378
Megiddo, Palästina 58
Mehmed II., der Eroberer, Sohn Murāds II., Sultan des Osmanischen Reiches 347
Mekka 246f., 251, 261
—, Kaufleute von 244, 246ff., 252, 268
Melanchthon (eigentlich Schwarzert), Philipp, Magister und Professor zu Wittenberg, Theologe und Pädagoge 371, 375
Melchisedek, König von Salem und Priester 306
Memphis, Unterägypten 49
Mencius (Meng-tzu, Meister Meng, Meng K'o), chinesischer Philosoph 158, 160, 164, 168, 190

Menes (Narmer), König von Ägypten 33
Menschen- und Bürgerrechte 46f., 499ff., 505, *Abb*. 500
Merikarê, König von Ägypten 43
Merkantilismus, wirtschaftspolitisches System des europäischen Absolutismus 494
Meroe (Beruwa), am Blauen Nil, Hauptstadt des äthiopischen Reiches 460
Merowinger, fränkisches Herrschergeschlecht 388, 391, 398, 407f.
Mesembria, Bulgarien 358
Mesopotamien (Zweistromland) 29ff., 34, 38f., 41, 62, 68
—, Geschichte 28, 30
—, Kunst 30ff., 35, 37
—, Literatur 32, 36f.
—, Recht 28, 32
—, Religion 32
—, Säkularisierung 32
—, Schrift 27—30
—, Sprache 28
—, Städte 62
—, Wissenschaft 34
Messenien, Landschaft auf der Peloponnes 71, 96
Methodios aus Thessalonike, Bruder des Kyrillos, Apostel der Slawen, Heiliger 337, 342
Metochites, Theodoros, byzantinischer Gelehrter und Staatsmann 345, 347
—, »Miscellanea« 345
Metternich, Klemens Wenzel Lothar, Fürst von, österreichischer Staatsmann 497
Mexiko 380
Michael VI. Stratiotikós, byzantinischer Kaiser 328
Michael VII. Dukas Parapinákes, Sohn Konstantins X., byzantinischer Kaiser 328
Michael VIII. Palaiologos, Sohn des Statthalters Andronikos Palaiologos, Kaiser von Nikaia 318, 326
Michael Attaleiates, griechischer Jurist und Geschichtsschreiber 328, 346
Michelet, Jules, französischer Historiker 515
Mihna (arabisch), Glaubensprüfung 270, 273
Millet, Gabriel, französischer Byzantinist 295
Minderheiten, nationale 488, 505
Ming, chinesische Dynastie (1368 bis 1662), 133f., 141, 147, 150, 158, **166**—169, 175, 179, 184, 187, 189, 192
—, Chu Yüan-chang, Erster Kaiser 168, 176, 184
Ministeriale, Dienstadel des europäischen Mittelalters 403

NAMEN- UND SACHREGISTER

Mission, christliche, angelsächsische 372, 388
—, —, in China 133f., 136f., 192
—, —, in Indien 234
—, —, im islamischen Bereich 283
Mistra (Mistras), westlich von Sparta, Lakonien 350f., 353, 357—360
Mitanni, Königreich in Mesopotamien 38
Mithridates VI. Eupátor, König von Pontos 115
Mittelalter, europäisches 365 bis 446, 480f., 484, 494f., 499, 517
—, —, Raumbewußtsein 376—381, *Abb. 377*
—, —, Zeitbewußtsein und Zeitbild 368—376, 379ff., 434, 442, *Abb. 376*
Mittelamerika 479, 508
Mittelmeer
—, Küstengebiete 49, 460
—, byzantinische Länder am 324
— als Handelsraum 441
Mittelmeerwelt 289, 336, 359
Mönchtum 384
—, griechisch-orthodoxes 291, 306, 318, 325, 327, 329f., 337f., 340f., 345, 358
—, lateinisch-katholisches 388, 402, **421—424**, 430, **434—437**
—, —, Reform- **421—424**, 430, 434 bis 437
Moguln (Moghuln), islamische Dynastie in Indien 220, **226** bis **231**, 278
Mohammed V., Sultan des Osmanischen Reiches 253
Mohammed, Begründer des Islams, siehe Muhammad
Mohenjo-daro, Induskultur von 38
Molosser, illyrischer Volksstamm in Epirus 68
Moltke, Helmuth Graf von, preußischer Generalfeldmarschall 525
Monachos, Georgios, byzantinischer Schriftsteller 291, 341
Monarchie im hellenistischen Griechenland 99f., 110, 114, 118, 127
Mongolen 133f., 164f., 167ff., 175, 177, 180, 188f., 272f., 278, 352
Monophysiten, Anhänger der Lehre von der einen Natur Christi 245, 308, 317
Monroe-Doktrin (1823) 507
Montesquieu, Charles de Secondat, Baron de la Brède et de, französischer Philosoph und politischer Schriftsteller 162, 499
Moore, Henry, englischer Bildhauer 37
Moravcsik, Gyula, ungarischer Byzantinist 298

Morea, siehe Peloponnes
Moses, Gesetzgeber der Juden 34
Moskau, Drittes Rom, russische Vorstellung vom christlichen Endreich 292, 295
—, Großfürsten von 374
Moslem-Liga, 1906 gegründete Organisation der islamischen Minderheit in Indien 236f.
Mos maiorum (lateinisch), Sitte der Vorfahren in Rom 103, 123
Mossi, Stammesgruppe zwischen oberem Volta und mittlerem Niger, Westafrika 473
Mo Ti, chinesischer Philosoph 184
Mufti, islamischer Rechtsgelehrter 259
Muhammad (Mohammed), ibn 'Abdallah, Begründer des Islams **244—251**, 254, 256, 258, **260—263**, 267, 271, 289, 391f., *Abb. 249, 256*
Muhammad 'Ali, Statthalter von Ägypten, Begründer der Dynastie der Khediven 282, 286
»Muhammedan Anglo-Oriental College«, Aligarh, Indien 235
Mullah (arabisch: maulà), islamischer Rechtsgelehrter und Lehrer in Indien 226f.
Muslim, Anhänger des Islams 243, 249, 252ff., 256, **261—265**, 267f., 273, **275—278**, **281—286**
—, in Indien 199f., 212, 219—229, 235ff.
Mu'tazila, islamische Sekte 257
Mykene
—, Epoche 67, 69, 71
—, Kultur 35
Mykerinos (Menkaurê), König von Ägypten *Abb. 56*
Mystik, abendländische 432
—, indische 349
—, islamische 349
—, ostchristliche 299, 338, 340, 343, 345f., 348ff., 359, 362

N

Nabupolassar, König von Babylonien 34
Nanda, Dynastie in Indien 216
Nānak (Guru), Gründer der Sikh-Sekte 225
Napata, Reich in Nubien (um 1000 v.Chr. gegründet) 460
Napoleon I. Bonaparte, Kaiser der Franzosen 281, 294, 401, 481, 487f., 515, 518
Napoleon III. Bonaparte, Charles Louis, Kaiser der Franzosen 486
Naramsuēn (später Naramsin), König von Akkade 44
Narbonne (Narbo), Frankreich 385
Narses, Feldherr Iustinians 311

Nasser (Abd an-Nasir), Gamal ad-Din, ägyptischer Politiker *Abb. 285*
Nationalismus 444, 484, **486** bis 490, 527
— in Amerika 507
—, islamischer 284f.
—, im Mittelalter 350f.
Nationalsozialismus 505
Nationalstaaten 444, 481, **486f.**, 489f., 500, 508, 519
Nationen, Begriff der Nation 444, **486**ff., 490, 500, 519
Naturrecht 480
Nea Moni, byzantinisches Kloster auf Chios 357
Nebukadnezar (Nabukudurriussur) I., König von Babylonien 33
Nebukadnezar II., König des neubabylonischen Chaldäerreiches 34, 374
Nehru, Jawāharlāl, indischer Staatsmann 233, 237, 520
—, »Glimpses of World History« (1934) 520
Neolithikum, Jungsteinzeit 31, 458f.
Neomerkantilismus 494
Nero, Lucius Domitius Ahenobarbus, nach Adoption durch Claudius: Nero Claudius Caesar, römischer Kaiser 109, 407
Nestorianer, aus der christlichen Kirche Persiens hervorgegangene, häretische Sekte 245, 255
Neumann, Carl, Kunst- und Kulturhistoriker 390
Neuplatonismus, griechische Philosophenschule 338, 343, 345, 348f., 351f., 354, 356, 358, 383
Neutralitätsgesetz der USA (1937) 508
New Deal, Programm Franklin D. Roosevelts 516, 535
New Frontier, Programm John F. Kennedys 516
Nibelungenlied 393f.
Niebuhr, Reinhold, amerikanischer Theologe 513f.
Niederlande 281, 484, 487
Nietzsche, Friedrich Wilhelm, Philosoph 482, 494, 523f., 526ff.
—, »Vom Nutzen und Nachteil der Historie für das Leben« (1874) 524
—, »Ecce Homo« (postum 1888) 523, 527
Niger, Fluß in Westafrika 451
Nigeria, Westafrika 450, 463
Nikaufstand (532), Aufstand der Zirkusparteien in Byzanz 307
Nikaia, byzantinisches Kaiserreich 330, 336, 345, 347, 360, 374
Nikephoros I., byzantinischer Kaiser 325
Nikephoros II. Phokas, byzantinischer Kaiser 327, 334, 342

Nikephoros III. Botaneiates, byzantinischer Kaiser 329
Nikephoros, Patriarch von Konstantinopel 340f.
Nikolaus II., vorher Gerhard von Burgund, Bischof von Florenz, Papst 426
Nikolaus V., vorher Tommaso Parentucelli, Kardinal, Bischof von Bologna, Papst 417
Nikolaus I. Pawlowitsch, Zar von Rußland 280, 497
Nikolaus II. Aleksandrowitsch, Zar von Rußland 525
Nikolaus von Cues (Nikolaus Cusanus), Kardinal, Humanist und Theologe 371, 435, 445, 482
—, »De pace fidei« (Vom Frieden des Glaubens) 435
Nilsson, Nils Martin Person, schwedischer klassischer Philologe und Religionshistoriker 122
Nisibis, Mesopotamien 324
Nitzsch, Karl Wilhelm, Historiker 444
Nivison, David Shepherd, englischer Historiker 169
Nobilität (nobilitas), Beamtenaristokratie in Rom 103—107, 112f.
Nomaden 245, 247, 250f., 455
Nomadentum 245, 247f.
Nominalismus, Richtung in der Scholastik 348, 494
Nonnos von Panopolis, griechischer Epiker 338
—, »Dionysiaka« 338
Norbert von Xanten, Graf von Gennep, Erzbischof von Magdeburg, Gründer des Prämonstratenserordens 423, 429
Normandie, Frankreich 382
Normannen (Wikinger), nordgermanisches Volk 315, 347, 382, 398, 409, 412, 438
Norwegen 488
Nowgorod (Groß-Nowgorod), Nordrußland 358
Nubien, Landschaft in Nordost-Afrika 49, 459ff.
Numidien, Landschaft in Nordafrika 385

O

Ockham, Wilhelm von, siehe Wilhelm von Ockham
Odilo, Abt von Cluny, Heiliger 422
Odo, Sohn Roberts des Tapferen, Graf von Paris, König der Westfranken 410
Odoaker (Audwaker), Heerführer aus dem Stamme der Skiren 387
Oesterreich 393, 488, 497

Oligarchie (Herrschaft der Wenigen), Staatsform, in der nur die Adligen (Aristokratie) oder die Reichen (Timokratie) regieren 75, 76, 82f., 85, 90, 92, 118, 122f.
Opicinus de Canistris, italienischer Priester, Zeichner und Miniaturist 378
Optimaten (optimates, die Besten), römische Adelspartei 123
Orden, geistliche 133f., 136, 138, 227, 372, 380, 421ff., 429f., **434—437**
Orient **27—63**, 67, 99, 132, 147, 289f., 302, 315, 317, 340
—, Alter **27—63**, 299, 356, 361
Origenes, Beiname Adamantios, griechischer neuplatonischer Theologe 337, 362
Orissa, Landschaft an der Mahānadī, Indien 226
Orléans, Frankreich 429
Oropos, Mittelgriechenland 94
Orosius, Paulus, Kirchenschriftsteller aus Braga (Portugal) 338, 385f.
—, »Historiae adversus paganos« 385
Osmanen (Ottomanen), türkische Dynastie 250, 272f., 276, 278, 281f., 331, 351, 355f.
Osmanisches Reich 280ff., 293
Osterfestberechnung 372
Ostfalen 399
Ostgoten (Ostrogoten) 389f., 398, 404
Ostindische Kompanie (East India Company), englische 230ff.
—, Aufstand der Inder (»The Mutiny« von 1857) 232—235
Ostrakismos (Scherbengericht), Verbannungsspruch 79, *Abb. 85*
Oströmisches Reich, siehe Byzantinisches Reich
Ostrogorsky, Georg, jugoslawischer Byzantinist 298
Ostsee 438, 441
Otfrid, Mönch und Schulvorsteher im Kloster Weißenburg 395
Otto I., der Große, Sohn König Heinrichs I., deutscher König und Kaiser 375, 399, 409ff., 415, 417, 423f.
Otto II., Sohn Ottos des Großen, deutscher König und Kaiser 415, 417, 423
Otto III., Sohn Ottos II., deutscher König und Kaiser 411, 416, 422
Otto IV., Sohn Heinrichs des Löwen, deutscher König und Kaiser 418, 440
Otto von Freising, Sohn Markgraf Leopolds III. von Österreich, Bischof von Freising, Geschichtsschreiber 372, 404, 428, 434

Ottonen (Liudolfinger), sächsisches Herrschergeschlecht 411, 439
Ou-yang Hsiu, chinesischer Staatsmann, Gelehrter und Schriftsteller 164f.
Oxford, englische Universität 137, 433f.

P

Pakistan 199, 222, 237, 284, *Abb. 284*
Paläolithikum, Altsteinzeit 38
Palästina 244, 282, 355, 386, 428, 438
Palaiologen, byzantinische Dynastie 300, 308, 326, 330, 336, 352, 357f.
Palamas, Gregorios, Theologe und Hesychastenführer 348ff., 353
Palestrina, Giovanni Pierluigi, italienischer Komponist 482
Pāli, altindische Sprache 211
Palmyra (Tadmor), Syrien 324
Panjāb (Fünfstromland), obere Indus-Ebene 209, 219, 225, 252
Pannonien 387f.
Papsttum 289, 304, 318, 342, 384, 408, 411, 413ff., **417ff.**, 421, 433, 484, 494
—, Reform- **424—428**, 439
—, Exil in Avignon 440
Paris 440
—, Collège de France 137
—, Universität 370, 432f., 436
Parsen, die indischen Anhänger Zarathustras 227
Paschalis II., vorher Rainer, Mönch in Cluny, Papst 424, *Abb. 417*
Passau 334
Patarener (Patarini), im 13.Jh. oft Bezeichnung für lombardische Katharer 331
Patristik, frühchristliche Literatur 381, 384, 409, 414, 430, 432
Patrizier (patricius), im alten Rom Mitglied des Geschlechtsadels 101ff., 105, 123
Paulikianer, ostkirchliche, dualistisch-manichäische Sekte 344
Paulus (hebräischer Name Saul) von Tarsos, Apostel 36, 373, 401, 405, 407, 424, 430
Pavia, Oberitalien 415
—, Rechtsschule 397
Pax Islamica 249, 251, 263
Peisistratos, Tyrann von Athen 62, 79, 88
Peking, China 179
Peloponnes (Morea), griechische Halbinsel 347, 350
Peloponnesischer Bund 97
Peloponnesischer Krieg 49, 81f., 90, 97, 122

Periander (Periandros), Tyrann von Korinth, einer der Sieben Weisen Griechenlands 88, 93
Perikles, athenischer Feldherr und Staatsmann 79, 81, 383
Perioikoi (griechisch, Umwohner), in halbfreier Abhängigkeit von der herrschenden Schicht stehende Bevölkerungsgruppe 72
Perser, indogermanisches Volk 38, 39, 90, 92, 97, 101, 123, 265, 273 f., 308, 324, 391
Perserkriege, Griechenland 92, 97
Persien 38, 268 f., 284, 299, 344, 361
—, islamisches 265 f., 272, 274
—, Persisches Reich 96, 243 ff., 252, 265, 281, 303, 324 f.
Persischer Golf 244, 324
Peter I. Aleksejewitsch, der Große, Zar von Rußland 481, 485, 502
Petra am Schwarzen Meer 324
Petrarca, Francesco Petracco, aus Arezzo, italienischer Dichter 371, 382, 403, 440
Petrus (aramäisch: Kephas) eigentlich Simon, Apostel 408
Petrus Venerabilis, Theologe, Abt von Cluny 422
Phalanx, geschlossene, mehrere Glieder tiefe Schlachtreihe der Griechen 76
Phanarioten, im Stadtteil Phanar in Konstantinopel ansässige griechische Familien 293, 331
Philipp (Philippos) II., König von Makedonien 49, 69, 98, 101, 304
Philipp, jüngster Sohn Friedrichs I. und Beatrix von Burgund, Herzog von Schwaben, deutscher König 376, 418
Philipp II., Sohn Kaiser Karls V., König von Spanien 485
Philipp II. August, Sohn Ludwigs VII., König von Frankreich 440
Philipp IV., der Schöne, König von Frankreich 485, 487
Philipp von Opus, Schüler Platons 35
Philippinen, Inselgruppe im Malaiischen Archipel 508
Philister, Volksstamm in Südwestpalästina 41
Philopatris, byzantinische Satire 342
Philosophie, ägyptische 32, 58
—, amerikanische 494, 511 ff.
—, in Byzanz 339, 345 f., 348, 350 ff.
—, chinesische 144, 155, 161, 164, 182 f.
—, griechische 55, 58, 60, 255, 257 f., 260, 302, 341, 354, 362, 391, 433 f.
—, indische 200, 205, 207, 209, 213
—, islamische 257 f., 271, 433 f.
—, jüdische 433 f.

Philosophie, mittelalterliche (Scholastik) 345, 370, 383, 432 ff.
—, moderne europäische 494 bis 497, 502
Philotheos, Atriklinos, byzantinischer Beamter 313
—, »Kletorologion« (Ranglistenverzeichnis) 313
Phöniker (Fenchu) 34, 49, 62, 73
Phokas, oströmischer Kaiser 307, 312, 335
Photios, byzantinischer Gelehrter, Patriarch von Konstantinopel 336, 342
—, »Aphilochia« 342
—, »Bibliothek« 342
—, »Lexikon graecum« 342
Phratrie (griechisch), Bruderschaft, Geschlecht, Sippe 70, 78
Phyle (griechisch, Stamm), Bluts- und Sippenverband der altgriechischen Stämme 70, 77, 79
Piasten, polnisches Herrschergeschlecht 412
Picasso (eigentlich Ruiz y Picasso), Pablo, spanischer Maler 482
Pico della Mirandola, Giovanni, italienischer Humanist 371
Pilgrim, Bischof von Passau 394
Pindar(os) aus Kynoskephalai bei Theben, griechischer Lyriker 93, 347
Pippin der Kleine, Sohn Karl Martells, Hausmeier und König der Franken 408
Pirenne, Henri, belgischer Historiker 391
—, »Mahomet et Charlemagne« (postum 1937) 391
Pisa, Italien 326
Pitra, Jean Baptiste, französischer Kardinal 338
Pius IX., vorher Graf Mastai-Ferretti, Papst 523
Platon (Plato), griechischer Philosoph 35, 57, 82, 94, 343, 351, 386
—, »Timaios« 383
Platonische Akademie von Florenz 351 f.
Platonismus, die Lehre Platons und deren Weiterbildung 337–341, 343, 345 f., 349–352, 354, 358
Plautus, Titus Maccius, römischer Komödiendichter aus Sarsina, Umbrien 383
Plebejer, Angehöriger der Plebs, der nichtadeligen, städtischen Bevölkerung Roms 101 ff., 105, 113
Plethon, Gemisthos Georgios, byzantinischer Gelehrter 343, 346, 348, 350–353, 358, 361
Plotin(os), griechischer Philosoph aus Lykopolis 354
Plutarch(os), griechischer Philosoph und Historiograph aus Chaironeia, Boiotien 383

Pöl (Fulani oder Fulbe), Hirtenvolk im mittleren und westlichen Sudan 455
Poitiers (Pichavium), Poitou, Frankreich 252
Polemarchos, Archon für das Heerwesen in Athen 74
Polen 394, 412, 418, 488, 492
Polis, Stadtstaat im alten Griechenland 31, 43, 47, 49, 62, 70 ff., 74–90, 94–101, 110 ff., 114 ff., 118 f., 122
—, Entstehung 68 ff., 94 f.
—, Geschlechter- 70–75, 88, 94
Politen (Bürger) im alten Griechenland 47, 75–80, 89
Polo, Marco, venezianischer Entdeckungsreisender 133
Polybios, griechischer Historiker aus Megalopolis 102, 338 f., 383, 516
Pondicherry (Pondichéry), Südost-Indien 230
Pontifikalkollegium in Rom 121
Popularen (populus, Volk), römische Partei 123
Portugal 412, 481
Portugiesen 133, 210, 226, 230, 280
Positivismus 496, 505, 511
Prämonstratenser, von Norbert von Xanten gegründeter Orden von Regularchorherren 423, 429
Prätor, römischer Heerführer, später auch Magistrat der Zivilgerichtsbarkeit und Verwaltungsbeamten 114 f.
Pragmatismus, amerikanischer, philosophische Richtung, die Tun und Handeln über Denken und Theorie stellt 509 ff., 529
—, römischer 78, 108
—, Predigerorden, siehe Dominikaner
Prémontré, Stammkloster des Prämonstratenserordens bei Laon in Nordfrankreich 423
Preußen 485, 488, 497, 519
Priskos, griechischer Historiker 338
Prodromos, Theodoros, byzantinischer Schriftsteller 347
—, »Ptochoprodromos« 347
Proklos, Diadochos, griechischer Neuplatoniker 343, 351, 354
Prokop(ios), oströmischer Geschichtsschreiber 303 f., 319 bis 323, 338 f., 351, 355 f.
—, »Anecdota« (oder »Arcana historia«, Geheimgeschichte) 319–323
Protestanten 294
Protestantismus 473
Provinzialverwaltung, römische 114
Provokationsrecht, Berufungsrecht in Rom 105, 123
Psammetich I., Wahibrê, König von Ägypten 33

NAMEN- UND SACHREGISTER

Psellos, Michael, byzantinischer Philosoph und Staatsmann 327f., 336, 339, 342ff., 346, 352
Pseudo Dionysios, siehe Dionysios Areopagita
Pseudo-Isidor, unbekannter fränkischer Verfasser einer vorwiegend gefälschten Dekretalensammlung unter dem Pseudonym Isidorus Mercator 431
Ptahhotep, ägyptischer Wesir 57, 60
Ptolemäer, makedonische Dynastie in Ägypten 59, 99f., 322, 324
Ptolemaeus, Claudius, Geograph, Mathematiker und Astronom in Alexandria 450
Publizistik, politische, im alten Griechenland 82, 99
Puerto Rico, Insel der Großen Antillen 508
Pūjā (Sanskrit, Verehrung), die unter Gebeten und Blumenspenden vor sich gehende Verehrung eines hinduistischen Idols 204, 206
Pulcheria, Aelia, oströmische Kaiserin, Heilige 314, 355
Pulleyblank, Edwin George, englischer Schriftsteller 139
Purāna, 18 alte indische Schriften 206
Puritaner 511
Purohita, königlicher Hauspriester in Indien 203, 215f.
Pygmäen, afrikanische Zwergstämme 451

Q

Quaison-Sackey, Alex, ghanesischer Diplomat 449

R

Rājan, Rāja (indisch, König) 214
Rājputāna, Staat in Nordwestindien 226
Rājputen (Königssöhne), Kriegerkaste in Rājasthān 227
Rama Krishna, Sri, indischer Reformator 235
Rambaud, Alfred-Nicolas, französischer Historiker 295
Rām Mohan Roy, indischer religiöser Reformator 234
Ramses II., Usermaatrê, König von Ägypten 58
Ramses III., Usermaatrê, König von Ägypten 33
Ranke, Leopold von, Historiker 14, 139, 336, 366, 444, 452, 515, 519

Raskolniki-Bewegung, der Abfall von Dissidenten von der russischen Kirche 292, 295
Rastatt, Friede von (1714) 493
Rat, altgriechischer lebenslänglicher Adels- 74, 77, 79, 92
— der Vierhundert (Solon), Athen 77
Rathenau, Walter, Politiker 529
—, »Zur Kritik der Zeit« (1912) 529
Rationalismus 495
Ravenna 355f., 385, 394f.
Recht, ägyptisches 27, 32, 54f.
—, Alemannen- 400
—, Bürger-, siehe Bürgerrecht
—, Burgunder- 397f.
—, Franken-, salfränkisches —, Lex Salica 397ff.
—, der ripuarischen Franken, Lex Ribuaria 398
—, Frankreich, Coutumes 400
—, Friesen- 398
— bei den Griechen 28
—, indisches 208, 214—218, 231
—, islamisches 250, 256—260, 262, 268f., 272, 277
—, kanonisches, Kirchen- 396ff., 400f., 423f., 428, 430f.
—, Langobarden-, Edictus Rotharii 397
—, Magdeburger 400
— im Mittelalter 396—401
—, Ostgoten- 397
—, römisches, Corpus iuris Kaiser Iustinians 54f., 124, 315f., 326, 339, 387, 396ff., 400f., 431f.
—, Sachsen-, Lex Saxonum, Sachsenspiegel 398—401, Abb. 400
—, Schwabenspiegel 400
—, Stadt-, mittelalterliches 439f.
—, Thüringer- 398
—, Völker- 492f.
—, Westgoten- 397f.
Reconquista (spanisch), die Rückeroberung Spaniens 412
»Reform der hundert Tage«, 1898 in China unter dem Kaiser Tê-tsung 193
Reformation 427, 442f.
Regensburg 441
Regino, Abt von Prüm, Verfasser einer Weltchronik 410
Reichstag, Worms (1076) 427
—, Augsburg (1530) 375
Reichwein, Alfred, Ethnologe
—, »China und Europa im 18. Jahrhundert« (1923) 135
Reims, Frankreich 414, 423, 425
Reinmar von Zweter aus Rheinfranken, mittelalterlicher Spruchdichter 403
Reiske, Johann Jakob, Altphilologe und Orientalist 297, 301
Religion 495f., 511f.
Remigius, Bischof von Reims, Heiliger 389

Rémusat, Abel, französischer Sinologe 137
Renaissance 293, 341, 343, **350** bis 353, 358, 390, 404, 442f., **483**, 495
Renan, Ernest, französischer Historiker, Philosoph und Schriftsteller 104, 520, 522
Repetundenverfahren (pecuniae repetundae, wiederzuerstattende Gelder), in Rom 115
Repgow (Repchow, Reppechowe) Eike von, aus edelfreiem anhaltischem Geschlecht 399ff.
—, »Sachsenspiegel« 399f., Abb. 400
Reuchlin, Johann(es), Humanist, Hochschullehrer in Heidelberg, Ingolstadt, Tübingen 293
Reval (estnisch: Tallinn), Estland 438
Revolution, Begriff und Rolle in der neuzeitlichen Geschichte 442f., **498—506**, 515, 528, Abb. 500f.
Reza Schah Pahlewi, früher Riza Khan, Schah von Persien 284
Rheinischer Städtebund (1254) 441
Rhodos, ionische Insel 101
Ricci, Matteo, italienischer Jesuit, Missionar in Indien und China, Schriftsteller 134f., Abb. 136
Richard, Sohn König Johanns von England, Graf von Cornwall, deutscher König 441
Richelieu, Armand-Jean du Plessis, Herzog von, Kardinal, französischer Staatsmann 515
Rilke, Rainer Maria, Dichter 349
Rittertum im europäischen Mittelalter 403, 436
Römer 32, 35, 73, 78, 99, 103, 113ff., 124, 387f., 392, 404, 407, 413, 418, 440
Römische Bündnispolitik 111f.
Römische Religion 120f.
Römisches Priestertum 120f.
Römisches Recht, Corpus iuris Kaiser Iustinians 54f., 124, 315f., 326, 339, 387, 396ff., 400f., 431f.
Römisches Reich (Imperium romanum) 48, 68, 87, 105, 108 bis 118, 124, **373—376**, 382, 384, 387f., 390f., 414, 484f.
Rörig, Fritz, Historiker 441
Rolandslied, nach Roland, Markgraf der Bretagne 394
Rom 516
—, Bauernstand 127f.
—, Heer 104, 107
—, Italiens Unterwerfung 111ff.
—, Kaisertum **106—110**, 116f., 120, 123f., 128, Abb. 120f.
—, Königtum 73, 101f.
—, Republik **101—107**, 120, 123, 126, 128, Abb. 104

710 NAMEN- UND SACHREGISTER

Rom, Senat 102, **107—110**, 123
—, Stadt 36, 43, 69, 73, 77, 110, 119, 355, 374, 383, **385—388**, 392, 405, 413—416, 418, 420, 424f., 440
—, Stadtstaat, Auflösung als 118f.
—, Ständekampf 103, 105, 113, 120, 123
—, Zeitalter der Revolution 105f., 123, 126, *Abb. 105*
Romanik 37
Romanisierung des Römischen Reiches 114
—, Italiens 113
Romanos I. Lakapenos, byzantinischer Kaiser 327, 417
Romanos III. Argyros, byzantinischer Kaiser 328
Romanos IV. Diogenes, byzantinischer Kaiser 328
Romanos Melodos, oströmischer Hymnendichter 338
Romantik 518, 523, 526f.
Romulus Augustus (Spottname Augustulus), römischer Kaiser 387
Ronkalische Beschlüsse Kaiser Friedrichs I. im Jahre 1158 431
Roosevelt, Franklin Delano, Präsident der USA 508, 510
Rosenkriege, Krieg zwischen den englischen Adelshäusern York und Lancaster 412
Rosenstock-Huessy, Eugen, Rechtshistoriker und Soziologe 427
Rostovtzeff, Michail Iwanowitsch, russischer Historiker und Archäologe 292, 296
Rostow, Walt Whitman, amerikanischer Volkswirtschaftler 537
»Rote Augenbrauen«, Bund aufständischer Bauern in China 181
Rotes Meer (Sinus Arabicus) 324
Rothari, Herzog von Brescia, König der Langobarden 397
—, »Edictus Rotharii« 397
Rousseau, Jean Jacques, französischer Schriftsteller 80, 136, 494, 510, 523
»Royal Asiatic Society of Bengal«, bedeutendste wissenschaftliche Gesellschaft Indiens 231
Ruanda, Zentralafrika 455, 463
Rubruk (Ruysbroeck), Wilhelm von, Gesandter von Papst Innozenz IV. und König Ludwig IX. von Frankreich an den Mongolenherrscher 133
Rudolf, Graf von Rheinfelden, Herzog von Schwaben, deutscher Gegenkönig 411
Rudolf I., Sohn Graf Albrechts IV., Graf von Habsburg, deutscher König 369, 437, 440
Rumänien 308, 488

Rumjančew, N. P., russischer Historiker 292
Rupert von Deutz, Benediktinerabt, mystisch-theologischer Schriftsteller 434
Russell, Bertrand Lord, englischer Mathematiker und Philosoph 494
Rußland 281, 290ff., 303, 308, 319, 358, 360, 384, **485—488**, 497f., 500

S

Sachsen 497
Sachsen, germanisches Volk 398f., 404, 410, *Abb. 400*
Sachsenspiegel, von Eike von Repgow geschaffenes deutsches Rechtsbuch des Mittelalters 398—401, *Abb. 400*
Safawiden, persische Dynastie 274
Sahara 277, 458, 460
Saken (Sacae, Sai-wang, Sakauraker, Shaka, Skythen), indogermanisches Nomadenvolk 214
Salerno, Universität 433
Salier, fränkisches Herrschergeschlecht 407, 411
Sallust(ius) Crispus Gaius, römischer Historiker und Politiker 381, 383
Salomo, König in Israel 34
Sāmāniden, persische Dynastie in Buchārā 271
Samarkand, Sogdiana 252
Sambia, afrikanischer Staat 450
Samier, ionische Griechen auf Samos 94
Samniten, umbrisch-sabellisches Volk 69
Samnitenkriege 69
Samnitischer Bund 69
Samsāra, Wiedergeburt, ständiger Kreislauf 207f., 210, 234
Sanskrit, klassische Sprache der Inder 200, 206, 231
Sargon (Scharrukin), König von Akkade 33
Sasaniden, persische Dynastie 299, 305, 325
Saul, König der Juden 41
Savigny, Friedrich Carl von, Rechtswissenschaftler 297
Savoyen, italienisches Herrscherhaus 502
Sayyid Aḥmad Khan, Sir, muslimischer Erzieher und Reformator 235f.
asch-Schāfi'ī, Muḥammad ibn Idrīs, islamischer Theologe und Gründer einer orthodoxen Rechtsschule (Schāfi'īten) 258
Scharī'a (arabisch), das religiöse Gesetz des Islam 263, 269, 272, 277f.

Schedel, Hartmann, Nürnberger Humanist, Geschichtsschreiber 373
Schehu, Ahmadu Lobbo, westafrikanischer Staatsmann 279
Schenk von Stauffenberg, Alexander Graf, Historiker 388
Schī'a (arabisch), Partei ('Alīs), islamische Glaubensrichtung 274
—, Schī'iten 227, 254, 256, 267, 269—273
Schiller, Johann Christoph Friedrich von, Dichter und Philosoph 346, 518
Schisma (Kirchenspaltung), Konzil von Chalkedon (451) 317
—, morgenländisches (1054) 289, 318, 384
Schlumberger, Gustave-Léon, französischer Historiker 295
—, »L'épopée byzantine au dixième siècle« (1896—1905) 295
Schmitt, Carl, Staatsrechtler 485
Schönberg, Arnold, österreichischer Komponist 482
Scholastik, christliche Philosophie des Mittelalters 345, 370, 383, 432f., 480, 495
Schotten 382
Schrift, Buchstaben- 35
—, chinesische 133, **144—14**, 195
—, Hieroglyphen- 29f., 35, 42, 60
—, japanische 145
—, Keil- 27ff., 55
Schubart, Wilhelm, Altertumswissenschaftler 297
Schwaben, Stammesherzogtum 410
Schwarzes Meer (Pontos Eúxeinos) 49
Schweden 488
Schweinfurth, Philipp, Kunsthistoriker 297
Schweiz (Eidgenossenschaft) 485
Schwyzer, Eduard, Altphilologe 297
Segu, Reich am Niger, Westafrika 473
Seidenhandel 132, 324f.
Seisachthie (Schuldenabschüttelung), Einrichtung Solons zugunsten der Schuldner 79
Selbstbestimmungsrecht der Völker 488, 490
Seldschuken, türkische Dynastie 272, 274f., 278
Seleukiden, makedonische Dynastie 99ff., 214
Seligman, Charles-Gabriel, englischer Anthropologe 455
—, »Les races de l'Afrique« 455
Semiten, Sprachfamilie, der Völker aus Nordostafrika und dem Nahen Osten angehören 30, 38, 44
Seneca, Lucius Annaeus, römischer Dichter, stoischer Philosoph 381, 383

Senghor, Leopold Sedar, afrikanischer Dichter und Politiker 464, 476
Serbien 308, 334
Serer (Seres), Chinesen 132
Sergios, Patriarch von Konstantinopel
—, »Ekthesis« (638) 327
Sesostris III., Chakaurê, König von Ägypten 33
Severus Alexander, Marcus Aurelius, ursprünglich Alexianus Bassianus, römischer Kaiser 312
Severus, Patriarch von Antiocheia 338
Shāhjahān (Shihāb ad-Dīn Khurram), Sohn des Jahāngīr, Mogul-Kaiser 228
Shang (Yin), chinesische Dynastie (1766—1122 v. Chr.) 148, 151 f., 158, 160, 163, 165, 182, 186, 190
—, Chou (Chou-hsin), der letzte König 152f., 156
Shanhaikuan-Paß, am östlichen Ende der Großen Mauer, China 177
Shih Huang-ti, Erster Kaiser der Ch'in-Dynastie 148, 160, 178, 187
Shih-lu, staatliche Regestensammlungen in China 141
Shiva, vedischer Gott 206, 209, 225
Shūdra, unterste Kaste der Hindu 201, 211, 216
Shun, legendärer chinesischer Kaiser 163
Sidon (Saida), Phönikien 73
Sieyès, Abbé, Emanuel Joseph Comte S., französischer Staatsmann 518
Sigebert von Gembloux, aus Brabant, Benediktinermönch und Chronist 428
Siger von Brabant, Philosoph an der Universität Paris, Führer des lateinischen Averroismus 433
Signorie (signoria), Herrschaftssystem in italienischen Städten des Mittelalters 87, 93
Sikh, indische Reform-Sekte 225, 227
Si-kiang, Fluß in Südchina 148
Silentiarios, Paulos, griechischer Dichter 339, 355
Silvester II., vorher Gerbert von Aurillac, Erzbischof von Reims und von Ravenna, Papst 416
Simmel, Georg, Philosoph und Soziologe 446
Sinai, Katharinenkloster 291
Sindh, Landschaft am Indus 219
Sindhu, siehe Indus
Sinologie, Chinawissenschaft 132, 135—138, 141, 148
Sizilien 90, 315, 357, 411
—, Süditalien, Königreich 418f.,440
Skandinavien 305, 394, 412, 438

Skandinavier 438
Sklaverei, antike 125ff.
Skylitzes, Johannes, byzantinischer Historiker 346
Slawen 289, 291, 303, 326, 337, 344, 358, 361, 382, 384, 392, 490
Slawophile, politisch-kulturelle Richtung in Rußland 295
Snófru, König von Ägypten 33
Sofia, Nationalmuseum 359
Sogdiana, Landschaft in Nordostiran 324
Sokrates, griechischer Philosoph 57, 383
Solinus, Gaius Iulius, römischer Schriftsteller 451
Solon, athenischer Gesetzgeber, einer der Sieben Weisen Griechenlands 62, 76—79, 89, 101
—, Gesetzgebungswerk 78, 79, 82
—, Gedichte 78
Songhai (Sonrhai), Volk am mittleren Niger, Westafrika 473
Soninke, Zweigvolk der Mandingo am Niger, Westafrika 473
Sophokles, attischer Tragiker aus Kolonos 383
Sopoćani, Jugoslawien 359
Souveränität, Begriff der 484f., 487, 492, 499f., Abb. 485
Sowjetideologie 290
Sowjetischer Block 284
Sowjetunion 283, 290, 491, 503ff., 530—534, 539
Sowjetwissenschaft 290, 292, 295f., 321, 326
Soyter, Gustav, Byzantinist und neugriechischer Philologe 298
Sozialdemokratie, europäische 496, 505
Sozialismus 285f., 502, 504
Spanien 385f., 388, 391, 397, 412, 418, 438, 481, 486f., 497f., 508
—, islamisches 252, 255, 266, 270, 277
Spanischer Erbfolgekrieg 493
Sparta, antike Stadt und Königreich auf der Peloponnes 47, 71f., 77, 83, 88, 92, 95ff., 119, 123, 127
—, Doppelkönigtum 68
—, politische Reform 76
Spartacus, thrakischer Führer im dritten Sklavenkrieg in Rom 126
Spencer, Herbert, englischer Philosoph 192, 494
Spengler, Oswald, Geschichtsphilosoph 13, 140, 366, 445, 480, 482, 494, 515, 520f.
—, »Der Untergang des Abendlandes«. Umrisse einer Morphologie der Weltgeschichte« (2 Bde. 1918—20) 140, 521
Speyer 421
Spinoza (eigentlich Bento Despinosa), Baruch, portugiesisch-holländischer Philosoph 495

Ssu-ch'uan, chinesische Provinz 148
Ssu-ma Ch'ien, chinesischer Historiker 153 f.
—, »Shih-chi« (Aufzeichnungen des Geschichtsschreibers) 153, 155
Ssuma Kuang, chinesischer Staatsmann, Historiker 155
—, »Tzu-chih t'ung-chien« (Geschichtlicher Spiegel für das Amt des Regierens) 155
Staat in Europa 102, 444, 482 bis 491, 494, 497, 499f., 528f.
—, europäisches Staatensystem 444, 483, 492 f.
—, europäisches Gleichgewicht 507, Abb. 521
»Staat der Athener« (Politeía Athenáion), politisches Pamphlet eines unbekannten Verfassers, unter die Schriften Xenophons geraten 82
Staatstheorie, griechische 80—83, 87, 93f., 99, 121f.
—, römische 102
Stadt in Ägypten 30, 41—43, 48
—, antike 116—119, 127f., 404, 438—441
— in China 179
— in Mesopotamien 62
— im Mittelalter 70, 117, 405, 436ff., 480, 494
— im Alten Orient 438
—, in Syrien 43, 73
Stadtstaat 30, 31, 95, 101, 110f., 404
— im alten Griechenland, siehe Polis
Städtebund 439
—, Lombardischer (1167) 440
—, am Mittelrhein 440
—, Rheinischer (1254) 441
Stalin, Jossif Wissarionowitsch (eigentlich Sosso Dschugaschwili, Deckname Koba), sowjetrussischer Staatsmann 292, 530, 539
—, »Der Marxismus und die Fragen der Sprachwissenschaft« 292
Stammesverband im alten Griechenland 68, 98. 118
— in Italien 101, 118
Statius, Publius Papinius, römischer Dichter 382
—, »Thebaïs« 382
—, »Achilleïs« 382
Staufer, schwäbisches Herrschergeschlecht 404, 411, 419
Stein, Ernst, Althistoriker 297
—, Lorenz von, Volkswirtschaftler und Soziologe 501
—, Rolf Alfred, Schriftsteller 185
Stendhal, eigentlich Marie Henri Beyle, französischer Schriftsteller 525f.
Stephan II., Papst 408

Stockholm 441
Stralsunder Frieden (1370) 403
Stroew, P. M., russischer Historiker und Archäologe 292
Stuart (Stewart), schottisches Herrschergeschlecht 483, 493
Studitenmönche (nach dem Ordensgründer Theodoros Studites) der morgenländischen Kirche 318, 340
Stutz, Ulrich, Kirchenrechtslehrer und Rechtshistoriker 404
Sudan, Savannenland vom Cap Verde bis zum Roten Meer 455, 458—461
Südafrika, Republik 453
Südamerika 479, 508
Südamerikanische Republiken 488
Südslawien 488
Sueton(ius) Tranquillus, Gaius, römischer Schriftsteller 381, 383
Sūfī (arabisch, Wollträger), Angehöriger der Sūfīk, einer mystisch-theosophischen Richtung im Islam 224
Sui, chinesische Dynastie (581 bis 618), 172 f.
Sulpicius Severus, lateinischer Kirchenschriftsteller 369
Sultan (aramäisch, Macht), islamischer Titel 253
Sumerer, Volk im Alten Orient 29 f., 38, 44
—, frühsumerische Hochkultur 30 f., 68
—, Gesetzessammlung 28
Sun En, chinesischer Rebell 185
Sung, chinesische Dynastie (960 bis 1126/1279) 41, 147 f., 154 f., 157, 162, 164 ff., 168—171, 173—176, 178 f., 181, 184, 191 f.
Sunna (arabisch, Weg), Sammlung von Vorschriften nach Aussprüchen und Taten Muhammads und der ersten vier Kalifen 258 f., 261
Sunniten, islamische Glaubensrichtung 227, 257 ff., 263, 270 bis 273, 275
Sussex, Britannien 382
Symbolismus, literarische Bewegung 295
Symeon, Heiliger, genannt der Neue Theologe, Mystiker der griechischen Kirche 337, 343, 348, 358
Symeon Metaphrastes, byzantinischer Hagiograph 341
Synode, Kirchenversammlung 420, 425
— zu Hiereia (754) 340
— zu Frankfurt am Main (794) 384, 409, 413
— zu Konstantinopel (815) 340, Abb. 336
—, Lateran- zu Rom (1059) 426
Syrakus, Sizilien 90, 127
Syrer (ägyptisch: Horiter) 35

Syrien 30—35, 38 f., 43, 49, 62, 73, 127, 244 f., 250 ff., 254 f., 271, 317, 321, 328, 355, 386

T

at-Tabarī, Abū Dscha'far Muhammad ibn Dscharīr, arabischer Theologe und Historiker 264
Tacitus, Cornelius, römischer Geschichtsschreiber 17, 109, 383, 392, 402, 404, 438
—, »Annales« 383
—, »Germania« 383, 392
—, »Historiae« 383
Tagore, Rabindranath, indischer Dichter und Philosoph 237
Tāhir ibn al-Hossein, Statthalter von Chorasan 270
Tai, Volk vorwiegend palämongolider Rasse 187
Tā'if, Stadt südöstlich von Mekka 244
Taine, Hippolyte Adolphe, französischer Philosoph, Kritiker und Historiker 487, 515
Taiping, kommunistisch-christliche Sekte in Südchina 192
Taiping-Revolution (1851—1864), China 169, 192
Taj-Mahal, Grabmal der Mogul-Kaiserin Mumtaz-Mahal in Agra 226
Tallgren, Arne Michaël, finnischer Archäologe 296
T'ang, chinesische Dynastie (618 bis 937/976) 147, 154 f., 166, 173—180, 187, 189 Abb. 89
Tanis (Auaris, Ramses) Nildelta 49
T'an Ssu-t'ung, chinesischer Politiker 193
Taoismus 154, 160 f., 177, 180 bis 185, 188—190, 192, 195 f.
Tao-te-ching, siehe Lao-tzu
Tarquinius Superbus, siebenter (letzter) mythischer König Roms 127
Tataren 443
Taurus (Tauros), Gebirgskette Kleinasiens 277
Tawney, Richard Henry, englischer Wirtschaftswissenschaftler und Soziologe 531
Terenz, Publius Terentius Afer, römischer Komödiendichter 383
Tertullian(us), Quintus Septimius Florens T., lateinischer Kirchenschriftsteller 373
Texas, mexikanisches Territorium in Nordamerika, später Bundesstaat der USA 507
Thales aus Milet, griechischer Philosoph, einer der Sieben Weisen der alten Welt 96
Theben (Thebai), Boiotien 97
—, Hegemonie 97

Theben, Oberägypten 49
Themistokles, athenischer Staatsmann und Feldherr 97
Theodahad, Ostgotenkönig 321
Theoderich der Große, König der Ostgoten 305, 355, 383, 386 f., 389 f., 394 f., 397 f.
Theodor von Studion, byzantinischer Abt 357
Theodora, Gemahlin Kaiser Iustinians I. 304, 317, 417
Theodoros II. Palaiologos, Sohn Manuels II., Despot von Morea 350
Theodoros Studites, griechischer Theologe, Heiliger 318, 334, 341
Theodoros von Gaza, italienischer Grammatiker 293
Theodosius I., der Große, Flavius, römischer Kaiser 300, 316 f., 335, 369, 384 f., 389 f.
Theologie 121
—, ägyptische 32, 58
—, griechisch-orthodoxe 298 f., 305 f., **337—343**, 345, 348 f., 354, 357, 361 f., 384
—, indische 205
—, islamische **256—260**, 269 ff.
—, lateinisch-katholische 385, 430, 432 f., 437
Theophanes Confessor, byzantinischer Geschichtsschreiber 325, 341 f.
Theophanes der Grieche, byzantinischer Maler 358
Theophanu, byzantinische Prinzessin, Gemahlin Kaiser Ottos II. 411, 415 ff.
Theophylaktos Simokattes, oströmischer Geschichtsschreiber 339
Theopomp, griechischer Historiker und Redner 304
Thersites, Figur in Homers »Ilias« 73
Thessalien, Landschaft in Griechenland 71, 127, 330
Thessaloniki (Saloniki), Makedonien 330 f., 346, 359, 373
Theten (thétes, Taglöhner), vierte und unterste Einkommensklasse in Athen 72
Theudebert I., Sohn Theuderichs I., König der Franken (in Austrien) 388
Thidreks-Saga, um 1250 in Norwegen entstandene Kompilation deutscher Heldensagen 395
Thomas von Aquino, italienischer Dominikaner, hochscholastischer Philosoph 340, 369, 371, 432 f., 436 f., 494
—, »Summa theologica« 433
Thomas von Kempen (a Kempis, eigentlich Hamerken), mystischer Theologe 350
—, »Imitatio Christi« 350

NAMEN- UND SACHREGISTER

Thomasin von Zirkläre, mittelhochdeutscher Dichter aus Friaul, Geistlicher 403
—, »Der Welsche Gast« 403
Thraker, indogermanisches Volk 361
Thüringer, Nachkommen der germanischen Hermunduren 398
Thukydides, Sohn des Oloros, griechischer Geschichtsschreiber aus Athen 59, 96, 122, 293, 383, 516
—, »Rede des Perikles vor den Gefallenen« 81
Thule, Island 305
Thutmosis III. Mencheperrê, König von Ägypten 33, 58
Tiberius, Caesar Augustus, römischer Kaiser 373
Tibet, asiatisches Hochland 186
Tilak, Bāl Gangādhar, indischer Politiker 235
Timokratie, Staatsform mit Abstufung der Rechte und Pflichten nach Einkommen und Vermögen 101
Timur Leng (Tamerlan), Khan der Mongolen 225
Tiro, afrikanischer Sekretär Ciceros 457
Tiro, Prosper (Prosper von Aquitanien), Chronist
—, »Epitoma Chronicon« 393
Toba, Volksstamm türkischen, mongolischen oder tibetanischen Ursprungs 172
Tocqueville, Alexis Clérel Comte de, französischer Schriftsteller und Staatsmann 484, 503, 505f., 515
—, »L'Ancien Régime et la Révolution« (unvollendet, Bd. 1 1856) 484
Tolstoj, Lew (Leo) Nikolajewitsch Graf, russischer Dichter 525
Tournai, Hennegau 388
Tours, Frankreich 252
Toynbee, Arnold Joseph, englischer Historiker und Geschichtsphilosoph 13, 15, 22, 140, 366, 445, 480, 482, 515, 520f.
Tragödie, attische 57
Trajan, Marcus Ulpius, römischer Kaiser 337
Transoxanien 271f., 277
Trapezunt, am Schwarzen Meer, Kaiserreich 291
Treitschke, Heinrich von, Historiker und politischer Schriftsteller 515
Tribonianus, oströmischer Justizminister 311
Tribus, Teil der römischen Bürgerschaft 101
Tribuskomitien, Einrichtung, in denen das römische Volk tribusweise abstimmte 101f.
Tridentinum, siehe Konzil, tridentinisches

Trigault, Nicolas, französischer Jesuitenmissionar 134
—, »De christiana expeditione apud Sinas, etc.« (1616) 134
Trotzkij, eigentlich Leib Bronstein, Lew Davidowitsch, sowjetrussischer Politiker 502
Tschechen 394, 488
Tscherkessen, kaukasisches Volk 276
Tschinghis Khan (Tschinghiz Chan, ursprünglich Temudschin, Temüdzin), Großkhan der Mongolen 189
Tseng Kuo-fan, chinesischer Gelehrter, Heerführer und Staatsmann 169
Tso chuan, altchinesisches Geschichtswerk 153, 155
Tudor, englisches Herrschergeschlecht 412
Türkei 284, 489
Türken, turanides Volk 188, 219, 270, 272f., 276, 293, 325f., 333f., 361, 374, 380, 386, 390, 443
Tunesien 270f.
Tung-lin-Gruppe, Schule politischer Kritiker in China 176
Tunhuang (Throana), Oasenstadt an der Seidenstraße in Kansu 151
Tunis 386
Turfan, Provinz Sinkiang, China 324
Tussi (Batussi, Watussi), Bantu sprechendes nilotisches Volk in Ruanda und Burundi 455
Tu Yu, chinesischer Historiker
—, »T'ung-tien« 155
Tyrannis 118, 124
—, griechische 87—94, 96, 99, 106, 108, 123, *Abb. 93*
Tyros (Tyrus, Sor), Phönikien 73, 323

U

Uiguren, türkischer Volksstamm 177
'Ulamā, islamische Rechtsgelehrte 259, 269f.
Ulfila (Wulfila), Bischof und Führer der Westgoten 389, 397, 405
Umajjaden (nach Umajja ibn 'Abd Schems aus dem Stamme der Koraisch), islamische Dynastie in Damaskus 249, 256, 268ff., 273ff., *Abb. 257*
'Umar I. ibn al-Chattāb, Kalif in Medina 251f.
Umma (Muhammaddijja), die Gemeinschaft der muslimischen Gläubigen 249ff.
UN, United Nations, auch UNO, United Nations Organization, Vereinte Nationen 285, 480, 539f.

Unabhängigkeitserklärung der nordamerikanischen Kolonien (1776) 499, 508f., *Abb. 508*
Ungarn 278, 281, 412, 415, 418
Universitäten 370, 431ff., 435f., 444, 487, *Abb. 433*
Upanishaden (Sanskrit, vertrauliche Belehrung), kleinere religionsphilosophische Texte 201, 204f., 207, 214
Urartäer (Chalder), Bewohner Armeniens 39
Urban II., vorher Odo de Lagery, Bischof von Ostia, Papst 422, 428
Usman dan-Fodio, afrikanischer Staatsmann 279, 284
Uspenskij, F. I., russischer Historiker
—, »Geschichte des Byzantinischen Reiches« 292
'Uthmān ibn 'Affān, Kalif in Medina 268
Utrecht, Friede von (1713) 493

V

Vaishya, Bauern- und Handwerkerkaste der Hindus 201, 211
Valdes, Petrus(?), Kaufmann aus Lyon, Stifter der Waldenser-Sekte 430, 437
Valois, französisches Herrscherhaus 398, 412
Vandalen, ostgermanisches Volk 382, 385, 387, 389f.
Vasiliev, Alexander Alexandrowitsch, russischer Althistoriker 296
Vasmer, Max, Slawist 297
Vatopedi, Kloster der Mönchsrepublik Athos 291
Veda (Sanskrit, Wissen), die vier ältesten heiligen Schriften der Inder 200—204, 206, 209, 211, 234
Venedig 293, 315, 326, 330, 333, 357, 359, 439, 484f.
—, Markusbibliothek 352
—, Markuskirche 356
Verdun, Vertrag von (843) 409, 414
Vereinigte Arabische Republik (VAR), Gründung *Abb. 285*
Vereinigte Staaten von Amerika (USA) 280—286, 483f., 486, 489, 491, 494, 496, 499f., 503ff., 506—515, 523, 530—535, *Abb. 508*
—, Verfassung 509ff., 516
Vereinte Nationen, siehe UN
Vergil, Publius Vergilius Maro, römischer Dichter 124, 374, 381f.
—, »Aeneis« 374, 382, 405
Verne, Jules, französischer Schriftsteller 194

Verona (Bern), Venezien 395
Versailles, Vertrag von (1919) 493
Vesal (latinisiert: Vesalius), Andreas, flämischer Arzt, Begründer der neuzeitlichen Anatomie 434
Vico, Giovanni Battista (Giambattista), italienischer Kulturund Geschichtsphilosoph 445
—, »Principi di una scienza nuova d'intorno alla commune natura delle nazioni« (1725) 445
Vietnam 514
Vijayanagar, an der Tungabhadrā, Vorderindien 225
Villehardouin, Geoffroi de, französischer Historiker und Staatsmann 294, 350
Vishnu, Hauptgott des Hinduismus 206, 209, 225, *Abb. 208*
Vivekananda, Swami, indischer Reformator 235
Völkerbund 285, 508
Völkerwanderung 68, 382
Vogt, Joseph, Historiker 388
Volksversammlung in Griechenland, siehe Ekklesia
Voltaire, eigentlich François Marie Arouet, französischer Schriftsteller 146, 486, 493 ff., 499, 511, 513, 515, 518, 523, *Abb. 509*
—, »Essai sur les moeurs et l'esprit des nations« (1756) 134
—, »Candide ou l'optimisme« (1759) 493
Vulgata, lateinische Bibelübersetzung 374, 381, 401

W

Wagadugu, Reich im Nigerbogen, Westafrika 473
Waldenser, Arme von Lyon, religiöse Sekte 430
Waley, A. D., englischer Übersetzer von chinesischer und japanischer Literatur 142
Walthari(us), lateinisches Epos nach germanischem Sagenstoff 394
Wang An-shih, Minister der Sung 180
Wang Fu-chih, chinesischer Philosoph 169
Wang Hui-tsu, chinesischer Historiker und Verwaltungsbeamter der Manchu-Zeit 171
Wang Mang, Kaiser der Wang-Dynastie 164, 191
Wang O, chinesischer Historiker 159
Waräger, Normannen ursprünglich schwedischer Herkunft 327, 361, 438
Wartburg, Bergschloß bei Eisenach 437
Wasiliewskij, W. G., russischer Historiker 292
Watussi, siehe Tussi
Wazīr (Wesir), erster Minister der Kalifen 269, 275
Waz(z)o von Lüttich, Graf von Jülich, Bischof von Lüttich 424
Weber, Alfred, Volkswirtschaftler und Soziologe 366
—, Max, Volkswirtschaftler, Jurist und Soziologe 72, 140, 529 ff.
—, »Gesammelte Aufsätze zur Religionssoziologie« (3 Bde. 1920—21) 140
—, Wilhelm, Althistoriker 298
Wechsel der Staatsverfassungen (metabolé tés politeías), griechische Staatstheorie 83, 86
Wei (Wei-ho), Fluß in China 151, 186
Wei Chung-hsien, chinesischer Eunuch 176
Wells, Herbert George, englischer Schriftsteller 515, 518, 520
—, »Outline of History« (1920) 518, 520
Weltkrieg, Erster 486, 488, 490, 493, 508
—, Zweiter 486, 490, 493, 504 f.
Wesir, höchster Beamter der ägyptischen Könige 54
Wessex, Britannien 382
Westermann, Diedrich, Afrikanist 453
Westfalen 438
Westgoten (Wisigoten) 385, 387 f., 390 f., 398
Whigs, ursprünglich antikatholische Parlamentspartei in England, aus der sich die Liberale Partei entwickelte 499
Widukind, sächsischer Mönch in Corvey, Chronist 415
Wien 293
Wik (lateinisch: vicus), Dorf, Gehöft, Stadtviertel 438
Wikinger, skandinavische Nordgermanen 305, 409, 438
Wilcken, Ulrich, Althistoriker 297
Wilhelm I., der Eroberer, Sohn Herzog Roberts I. von der Normandie, König von England 398, 412
Wilhelm, Prinz von Preußen, ab 1858 Prinzregent, ab 1861 als Wilhelm I. König von Preußen und 1871 deutscher Kaiser 486, *Abb. 520*
Wilhelm II., deutscher Kaiser und König von Preußen 486
Wilhelm, illegitimer Sohn Ottos des Großen, Erzbischof von Mainz 411
Wilhelm I., der Fromme, Herzog von Aquitanien 421
Wilhelm von Ockham (Occam), englischer Franziskaner, scholastischer Philosoph 348
Wilson, Thomas Woodrow, Jurist, Präsident der USA 508
Winckelmann, Johann Joachim, Altertumsforscher 358
Winternitz, Moritz, Indologe und Ethnologe 217
Wipo, Kaplan Kaiser Konrads II., Geschichtsschreiber 399
Wirtschaft, antike 62, 125 f.
—, der griechische Kaufmann 48, 62
—, moderne 438, **528—535**, *Abb. 440 f., 536*
Wissenschaft, europäische 444, 490, 498, 504, 512 ff., 524, 529, 539 f., *Abb. 433*
Wittfogel, Karl August, deutschamerikanischer Sozialwissenschaftler und Sinologe 147, 150
—, »Oriental Despotism. A Comparative Study of Total Power« (1957) 150
Wladimir I., der Heilige, Sohn Swjatoslaws, Großfürst von Kiew 327
Worms 439 f.
Wormser Konkordat (1122) 424, 427
Würzburg 439
Wuhan, zusammenfassende Bezeichnung für die Städte Wuch'ang, Hankou und Hanjang 187
Wu hou, Kaiserin der Tang 173
Wulff, Oskar, Kunsthistoriker 296 f.
—, »Geschichte der altchristlichen und byzantinischen Kunst« (1936) 296
Wulfila, siehe Ulfila
Wu San-kuei, chinesischer Heerführer der Ming und der Ch'ing 177
Wu-tai-Zeit (die Zeit der fünf Dynastien 907—960), China 164, 167
Wu-ti (Wu-di), Kaiser der Han-Dynastie, China 165, 174
Wu Yü, chinesischer Kommunistenführer 194

X

Xenophon, griechischer Schriftsteller aus Athen 383
Xiphilinos, Johannes, Patriarch von Konstantinopel 328, 343

Y

Yājñavalkya, indischer Seher 217
Yang Ch'ing K'in, chinesischer Historiker 170

Yangtzu-kiang (Chiang), Fluß in China 151, 185, 187
— Tal 148
Yao, legendärer chinesischer Kaiser 163
Yoga, indische Erlösungslehre und -praxis 349
York, englisches Adelsgeschlecht 412
Yoruba (Joruba), Stammesgruppe in Südwestnigeria 463
Yü, legendärer chinesischer Kaiser 163
Yüan (Mongolen), chinesische Dynastie (1222—1368) 179
Yünnan, Provinz Südwestchinas 185
Yung-cheng, Kaiser der Ch'ing 166

Z

Zachariä von Lingenthal, Karl Salomo, Rechtsgelehrter 297, 326
Zacharias, Papst 408

Zarathustra, iranischer Religionsstifter 344
Zarathustrismus, iranische Religion 245, 265
Zarismus 292
Zeitbewußtsein und Zeitbild im Mittelalters **368—376**, 379 ff., 434
Zeitkritik in Europa **522—528**, *Abb. 521*
Zeitrechnung 35 ff., 372
—, ägyptische 35 f.
—, islamische 246
—, Kalender, Alexandrinischer 36
—, —, Gregorianischer 36
—, —, Julianischer 36
Zenon I., Tarasicodissa aus Isauria, oströmischer Kaiser 317
Zensur, römisches Amt mit Aufsichtsrecht 104
Zenturie, Hundertschaft im antiken Rom 101
Zenturienversammlung (comitia centuriata) im antiken Rom 101 f.

Zeus Herkeios, griechischer Gott 78
Zisterzienser (nach dem Kloster Cîteaux), Mönchsorden 422 f.
Zlatarski, V. N., russischer Byzantinist 296
Zoë, Tochter Kaiser Konstantins VIII., Gemahlin der Kaiser Romanos III., Argyros, Michael IV. und Konstantin IX. Monomachos 314
Zölibat, Gebot der Ehelosigkeit 425
Zonaras, Johannes, byzantinischer Geschichtsschreiber 329, 346
Zoroaster, siehe Zarathustra
Zoser, König von Ägypten 33
Zosimos, griechischer Geschichtsschreiber 338
Zürich, Schweiz 441
Zulu (Ama-Zulu, Sulu), Stammesgruppe der Nguni in Natal, Südafrika 455
Zweistromland, siehe Mesopotamien

QUELLENVERZEICHNIS DER ABBILDUNGEN

Die Aufnahmen stammen von: Fratelli Alinari, Florenz (105, 376, 484) – American School of Classical Studies, Athen, Agora Excavations (85, 93) – Archiv für Kunst und Geschichte, Berlin (485, 501) – Bayerische Staatsbibliothek, München (137) – Bibliothèque Nationale, Paris (521) – Bildstelle und Denkmalsarchiv im Hauptamt für Hochbauwesen, Nürnberg (441) – Wulf-Diether Graf zu Castell, München (145) – Hermann Claasen, Köln (33) – Deutsches Archäologisches Institut, Bagdad (272) – Deutsches Archäologisches Institut, Teheran (92) – dpa-Bild (284) – Paul Elek Productions Ltd., London, nach Emel Esin »Mecca the Blessed, Madinah the Radiant« (249) – EME-Foto über Staatliche Museen, Berlin (32) – Giraudon, Paris (304) – Dr. Herbert Härtel, Berlin (201) – Carlfred Halbach, Ratingen (330) – Konrad Helbig, Frankfurt a. M. (337, 469) – Hirmer Verlag, München (56, 84, 321) – Jürg Klages, Zürich (468) – Ralph Kleinhempel, Hamburg (104) – Landesbildstelle Württemberg, Stuttgart (416) – James S. Lo, Taiwan (180, 188) – Robert Löbl, Bad Tölz/Obb. (401) – Leonard von Matt, Buochs N. W. (305, 432) – Orientalisches Seminar der Goethe-Universität, Frankfurt a. M. (273) – Karl-Heinrich Paulmann, Berlin (136) – Photo Bulloz, Paris (509) – Rapho, Foto: Louis Frédéric, Paris (225) – Hans Retzlaff, Tann/Rhön (200, 209) – Jean Roubier, Paris (120) – Emil Schulthess mit Erlaubnis von Conzett & Huber, Zürich (464, 465) – Smithsonian Institution, Freer Gallery of Art, Washington (189) – Wilkin H. Spitta, Regensburg (440) – Walter Steinkopf, Berlin (208, 433) – Ullstein Bilderdienst, Berlin (285; – Wieczorek: 536; – dpa: 537) – M. Wolgensinger, Zürich (257) – Paul Zierow, Heidelberg (400) – Alle anderen Fotos verdanken wir den in den Bildunterschriften genannten Museen und Archiven.